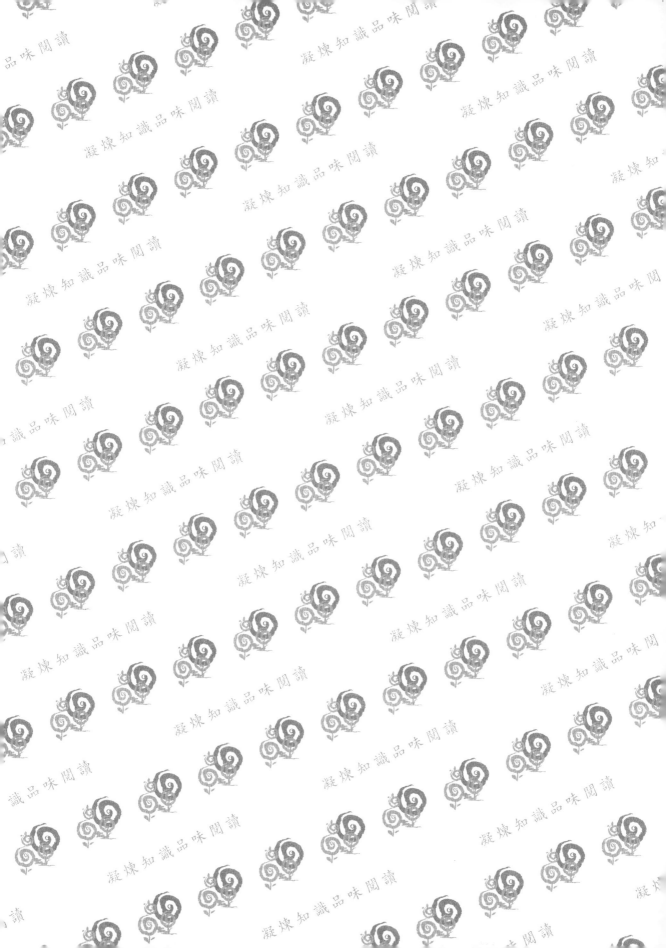

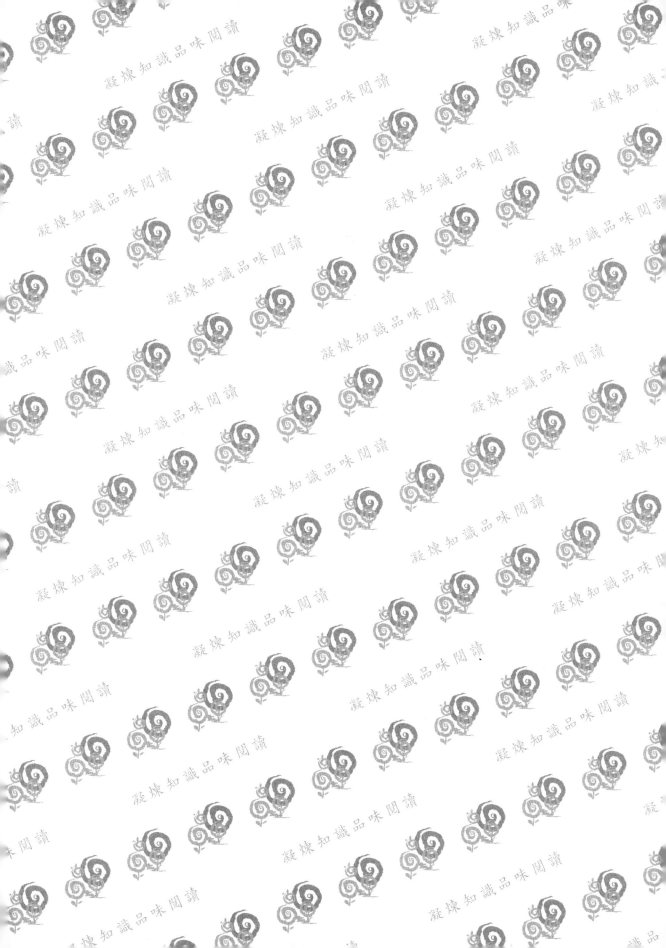

研究&方法

Meta分析實作
使用Excel與CMA程式

第二版 —————— 張紹勳 著

五南圖書出版公司 印行

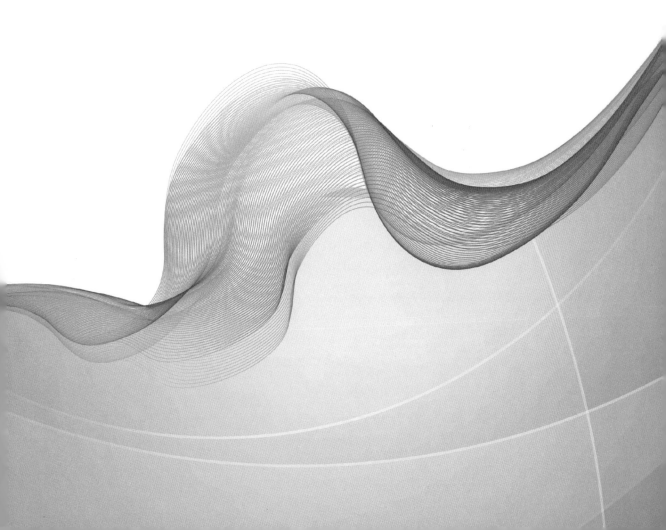

　　Comprehensive Meta-analysis (CMA) 是 Meta 分析最出名的統計軟體，CMA v3 新推 Meta 分析，除有傳統常用效果量 (ES) 分析，還新增 Meta 迴歸、一個（以下）共變數對「x → y」的調節作用，CMA 值得大家學習。

　　對照初級資料統計，次級資料「統合分析 (Meta-analysis)」是另一數據科學的典範。所謂效果量是指在 Meta 分析的研究過程上，所分析的每一個研究的實驗處理效果的大小，也就是每一個實驗設計中接受實驗處理的實驗組與控制組之間的差別。為了統計處理，這些實驗處理結果的差別需先經過標準化的處理，才能進行比較與合計。所謂標準化的處理就是把實驗處理的實驗組（吃新藥）與控制組（吃安慰劑）之間的差別除以控制組的標準差 (standard deviation)。

　　效果量的值可以代表就某一項研究主題而言，實驗組和控制組之間差異的大小，值越大，代表實驗處理的功效越大；值越小，代表實驗處理的功效越小。

　　迄今，Meta-analysis 已在：基礎研究、生物學、醫學、心理學、社會學、刑事司法、金融和經濟學、政治學、市場營銷、生態學、教育學和遺傳學等領域，開枝散葉。

　　Meta 分析使研究者可以將數項個別研究的結果合併為一個統合分析，以提供對所關注效果的整體估計。對於希望使用 CMA 進行 Meta 分析，並展示了分析步驟、解釋 Meta 分析（如何產生高度靈活的圖形顯示；如何使用 Meta 迴歸；如何檢查發表偏誤；如何進行個別研究初級數據的 Meta 分析；如何進行 Meta 迴歸分析；以及間接證據之 network Meta-analysis），本書是不可缺少的顯學。

　　由於科學是一門累積的學習課程，但在資料搜尋過程中，我們常會發現因為研究者、樣本、時間、地區、研究方法、研究程序的不同，導致相似的研究方向卻有不同的研究結果，令人有「眾說紛紜，莫衷一是」的矛盾感。再加上傳統的文獻探討法多

仰賴研究者的經驗、邏輯思考加上主觀的判斷，在選擇文獻的過程當中，常會下意識的選擇有利於己、忽視不利於己之研究的相關文獻；亦常根據直觀的想法，主觀的統整與下結論，而讓最後的研究結果產生了偏頗。

為解決上述盲點，Meta-analysis 於是誕生了，它嘗試用科學的、系統的、客觀的方法來結合相關的研究數據，是一種量化的系統性文獻探討法。Meta-analysis 不但經濟實惠，且內外效度都高，值得大家來學習。

畢竟工欲善其事，必先利其器。研究者除了要精通自己領域的「理論」基礎外，正確選用創新性之「研究法」及「統計」技術（即 Stata 及軟體實作），三者間如何有效整合應用，更是成為頂尖研究者不可缺乏的基本功夫。本書內容，著重理論、統計及方法三者的結合；適合自然科學及社會科學的研究者來研讀。

本書中附有 Excel、CMA 之 Meta 分析的範例及 ES 單位轉換的 Excel 程式，利於讀入 Meta 各種不同格式（4 變數、6 變數、2 變數、3 變數），易用易懂，使得讀者能迅速執行實證分析，進而理解 Meta-analysis 報表意義的解釋。此外，為了讓各位能精熟 Meta，本書提供許多實證 Meta 分析的範例，讓讀者可以實際操作分析，進而深入體會 Meta 研究的程序與應用。

為符合社會科學的研究特性，本書所附光碟中，作者設計「Excel 程式」供讀者做 Meta 分析；能將每篇個別研究之統計值（卡方、t 值、F 值、Pearson's r 值，Cohen's d 值），自動「單位轉換」成其對應的效果量 (d_i, r_i, Fishers Zr_i, Z_i, Winner t_i)，並自動執行異質性 Q 檢定、發表偏誤檢定，最後一併算出「平均效果量」及其顯著性檢定（Zc 的顯著性檢定、Winner't 顯著性）。「Excel 公式轉換」亦附有各種效果量的轉換，利於 coding 個別研究之不同資料格式。

張紹勳 敬上

目　錄

第3章　理論模型、Meta 研究設計　　173

第4章　本書 Excel 實作 Meta-analysis　　251

第5章　生物醫學之研究法：觀察法及實驗法之效果量　　319

第 1 章
統合分析 (Meta-analysis, MA) 法

META

相較於傳統的資料統整方法，統合分析整合多個符合研究主題變數的樣本進行整合，可增強統計的檢定力、解釋力及推論性 (Conn & Armer, 1996)，提升整合研究的品質，並提高研究結論的效度，更具系統結構性及明確性。

統計學來看，統合分析 (Meta-analysis, MA)，又稱後設分析、整合分析、綜合分析、元分析、薈萃分析，是指將多個個別研究結果（次級資料）整合在一起的統計方法。就用途而言，它是系統性文獻回顧的新方法。文獻回顧的傳統方法是敘事式的，由作者自行挑選覺得重要的前人研究，當各研究結論衝突時，由作者自行判斷哪一種結論較具價值。但統合分析有其章法，依據科學方法來組合這些個別研究的效果量，成為一個合理的因果推論模型。Meta 分析例子：運動是否可以改善癌症相關疲倦 (cancer-related fatigue, CRF) 的問題？

Meta 分析旨在將學術界歷年針對某個主題所做的實徵研究運用系統性的歸納分析及統計量化方法，探究變數之間的關係模式，以改良敘述性綜述 (review) 僅具質性論述的不足 (Glass, McGaw, & Smith, 1981)，可避免敘述性綜述因為研究者個人見解而可能過於主觀之缺失。

相對地，AI 領域中，機器學習的 Lasso 推論模型，則是針對感測器所取樣的巨量初級 (primary) 資料，對眾多外在干擾變數加以「控制」之後，再做因果推論（請見作者《機器學習》一書）。

由於研究風氣盛行，很多國家或是研究單位多以論文作為升遷或是教職升等的重要指標，因此每年全世界發表的論文數量年年增加；預期未來每年發表的論文篇數將會越來越多，如何在這麼多的研究論文中快速獲取結論，是資訊爆炸時代中很重要的議題。誠如 Glass(1977) 所說：「雖然沒有一篇研究是完美的，但是我們應該合理的相信透過整合這些不完美的研究，也能夠歸結出一個合理的結論」；因而有了統合分析 (Meta-analysis) 的興起。

統合分析 (Meta-analysis) 的定義

原意是「more comprehensive」，也就是對一系列研究的結果，做更加廣泛全面的研究，即「分析的再分析」。利用系統性的文獻回顧，將一群已完成且具有相關研究問題的研究結果，以定量的統計方法分析評估，以總結出一個研究結論。統合分析的核心理念是：「既然個別的初級研究，無法找出令人信服的結論，那麼就把大量相關的初級研究放在一起，進一步進行統計分析，從而找出較令人信服的結論」。

統合分析的理論基礎在解決實證研究之研究結果不一致情況（馬信行，2007）；

此一定量的統計方法將一群已完成且具有相關研究問題的研究結果分析評估，以總結出一個研究結論。

1-1 統合分析 (Meta-analysis) 的起源

早在 17 世紀，天文學界就發現將數個觀察到的小型資料整合後，會比單從資料中挑選合適資料要來的更準確。Meta 分析命名最早由英國教心學者 Glass(1976) 命名，代表透過統計技術來統合與分析眾多相同變數的實徵研究，以獲得最有代表性的結論的過程與方法。

Meta 分析涵義為分析的分析，是量化研究法之一，旨在用有系統地結合並評估以前的研究結果，以求出該研究議題的結論 (Haidich, 2010)。Meta 分析是「研究的研究」，係將諸多研究結果的實證資料彙總出一個總結。Meta 分析的英文原文為 Meta-analysis (MA)，中文又譯：統合分析、彙總分析、綜合分析、薈萃分析、元分析等。

統計學者 Pearson(1904) 首次統合數個「用血清接種的治療方式來預防傷寒熱 (enteric fever)」的小型研究，因而發現該治療法係有效的。1950 年代，心理學家對心理治療的有效性提出正反論辨，一直到 1970 年代中期，儘管有關心理治療的研究已達數百多篇，但結論仍是莫衷一是。有鑑於此，美國心理學家 Glass 與 Smith，綜合 375 篇心理治療研究分析之結果，以統計方法彙總相關一撐文獻，進而提出「心理治療對病人確實是有效」的結論，進而也決解樣本數少的研究之統計檢定力 (power=1-β) 偏低的問題。可見統合多個研究結果的堆疊，係可更準確分析數據（外部效度較高）。

1980 年代，統合分析逐漸應用到醫學議題，擴及心臟醫學、腫瘤醫學，以及週產期照護的領域。1990 年代，英國公部門正式成立「The Foundation of The Cochrane Collaboration」(http://www.cochrane.org)，專門負責定期更新醫學議題的系統性文獻回顧和統合分析，以獲得可信的醫學證據，從此醫界統合研究和論文發表進入了另一蓬勃發展的時代。

發展至今，統合分析已被廣泛使用在各領域。你只要在 Google Scholar 打上關鍵字：「Meta-analysis」，結果傳回的書籍／期刊文章至少有 316 萬篇研究。它橫跨：基礎研究、生物學、醫學、心理學、社會學、刑事司法、金融和經濟學、政治學、市場營銷、生態學和遺傳學等不同領域。

1-1-1 彙整原始文獻之研究法

學術界藉由文獻的發表互相溝通研究結果，隨著學術研究的蓬勃發展，探討同一議題的文獻數量也隨之倍增。同一議題的眾多文獻由於眾多研究者的研究情景與目的不同，以致研究對象與方法相異，因此產出不盡一致的研究結果。此外，即使研究對象與方法相同，但因研究定義、工具或統計方法相異，也可能導致研究結果不一致（王姵方，2020）。

為了彙整往昔眾多研究者智慧的精華，統整出同一議題多篇原始文獻的總體結論，彙整原始文獻的研究法應運而生。彙整原始文獻的研究法彷彿站在巨人的肩膀上將人類知識向更高更遠的境界拓展。

一、彙整原始文獻研究法之演進史

彙整原始文獻研究法的歷史演進過程，說明如下 (Borenstein, Hedges, Higgins, & Rothstein, 2011)：

1. 敘事性綜論 (narrative reviews)

敘事性綜論法是研究者閱讀同一議題的諸多原始文獻後，挑選自行認定重要的研究，若各研究結論有衝突時，則自行判斷何種結論較具價值。部分研究者的做法是分別計算研究結果為顯著正相關的文獻篇數，及顯著負相關的文獻篇數，再以篇數較多者，及敘述性的質化寫作方式，做出整體的結論。

敘事性綜論備受質疑過於主觀，其限制包括（王姵方，2020）：

(1) 採納各個原始文獻的標準不一，欠缺透明性。

(2) 各個原始文獻的條件相異，例如：樣本數不同、探討的情境不一致，因此不宜將各個研究的結果直接加總。

(3) 不易合理分配各個原始文獻的重要性（即權重）。

(4) 結論僅能顯示變數之間關係的方向（負相關或正相關），而無法得知關係的強度。

(5) 根據 p 值來評價文獻的效果，因此缺乏良好的機制來評價各個文獻效果的一致性。例如：一個 p 值是 0.03 的研究與另一個 p 值是 0.04 的研究並不表示前者的效果較好。因為 p 值代表 0.03 效果量較大，但也可能是大型研究（樣本數大的研究）中度或較小的效果量。同理，p 值是 0.04 雖然可能代表其效果量較小（或為 0），但也可能代表是小型研究（樣本數少的研究）較大的效果量。

2. 系統性綜論 (systematic reviews)

System review 是一種透過系統性搜索文章的方式，盡量減少選擇偏差，納入盡量客觀（注意：是客觀，不是全部）的資料。

其中，上述幾點可能是都要考慮的：

1. 投票：要票票等值嗎？還是樣本數越大，個別研究之效果量就應加權越大。
2. 看誰樣本數較大：若兩個都很大，怎麼辦？
3. 看誰研究設計的較佳：若都是隨機對照試驗（真實驗設計），怎麼辦？
4. 看誰發表年代最近：比較老的文獻不會是經典嗎？

為了突破敘事性綜論的限制，系統性綜論於 1980 年代至 1990 年代興起。系統性綜論以透明的機制明確規範檢索原始文獻、採納原始文獻，及排除原始文獻等準則。

系統性綜論是針對某一研究議題，透過詳盡地搜尋、依據明確的納入與排除準則，及嚴謹地閱讀、歸納後，以質性論述的寫作方法統合該議題的研究結果。

3. Meta 分析

Meta-analysis（統合分析）是一種在確保你的證據是客觀的之後，將所有研究根據樣本數給於一個投票的權重，並且同時考驗不同實驗設計、不同年代的研究、是否結果不一的統計（共變數的調節效果）。

系統性綜論是透過質性論述統合多篇原始文獻的研究結果，Meta 分析則是奠基於系統性綜論，並更進一步以量化統計方法合併原始文獻的研究結果，以萃取該研究議題的精華。

Meta 分析方法彙整諸多相關但獨立的原始文獻之研究結果，分配適當的權重給各個原始文獻，再加以量化方法合併各個原始文獻的整體研究結果。

4. 初始資料的聚合再分析 (pooled reanalysis)

為了更精確地分析所納入的原始文獻數據，研究者蒐集所採納的每一篇原始文獻之每一筆原始數據，彙總重新輸入，再加以重新計算各個原始文獻總體合併之研究結果。

二、四種統合原始文獻研究法之比較

表 1-1   四種統合原始文獻研究法之比較

研究法	準備詳盡的研究計畫	文獻檢索（包含納入及排除準則）	計算總體效果、異質性、出版偏差及敏感度等	彙總及輸入每一篇論文的每一筆數據
敘事性綜論	×	×	×	×
系統性綜論	○	○	×	×
Meta 分析	○	○	○	×
聚合再分析	○	○	○	○

資料來源：修改自莊其穆 (2011)。

◆ 1-2 統合分析 (Meta-analysis) 是什麼 ◆

　　科學是累積的，因此，幾乎每一個研究者在探討某一個問題之前，都會先做一番文獻回顧 (literature review)；尤其在一個領域已經發展到某種程度時，這種探討更形重要。在社會科學的研究中，由於研究者、樣本、時間、地點、研究程序等的不同，研究結果往往不一致，使人常有「眾說紛紜，莫衷一是」的感覺。Meta-analysis 的方法是嘗試用科學的、系統的、客觀的方法來做文獻探討 (Light & Pillemer,1984)。

　　合併 (pooling) 初始研究結果的方法，有 3 種：

(1) 敘述性文獻探討 (narrative review)，即批判性分析 (critical review) 法。

(2) 計票法（顯著正效果標記「+」，顯著反效果標記「−」；無顯著者標記「neutral」）。接著再以 bar 圖呈現這 3 個分類結果的次數。

(3) 檢定的組合 (combined tests)，例如：以機率 p 或相關 r 來合併二個（以上）獨立的個別研究。此亦是 Meta 的精神所在。

　　傳統的文獻分析，只做敘述性文獻探討，研究者將相關的研究文獻進行歸納整理，採敘述性評論和簡易計量的方式進行；種方法可能會因研究者所蒐集的樣本、研究程序的不同，或者是選擇有利於支持研究假設之文獻，易流於個人的見解、偏好、期待的主觀影響，且易陷入追求 $p < 0.05$ 的迷思，而未考慮統計檢定力 (power) 及型 II 誤差 (type II error) 的問題單一（少數幾篇）的研究結果。

> 定義 Systematic review: the entire process of collecting, reviewing and presenting all available evidence.

> 定義 Meta-analysis: the statistical technique involved in extracting and combining data to produce a summary result.

統合分析技術的產生可說是針對傳統文獻分析中敘述性資料整合 (narrative integration) 的缺失而成，因此 Meta 分析可說是 systemic qualitative review，故 Meta 分析，可做也可不做 Systematic review。

例如：圖 1-1 有 5 篇隨機控制試驗 (RCT) 及 4 個次族群（干擾）之敘述性文獻回顧，儘管它有記錄所有治療過程的證據及結果，可惜它仍無法證明「實驗處理」的治療是明顯有效的，故須靠統合分析 (Meta-analysis) 來佐證。

隨機控制試驗研究之回顧						
來源 Source	病人數 No. of Patients	Randomized to Pretreatment After Decision for Catheterization or PCI	預先處理 Pretreatment	時機 Timing	未預先處理 No Pretreatment	Major Coronary Event End Points	追 Follow-up
1.隨機控制的試驗							
PROBE-CIPAMI,[7] 2011[a]	335	Yes	600 mg		600 mg LD in catheter laboratory	Death, MI, or UTVR	7 d or hospital discharge
ARMYDA5 PRELOAD,[17] 2010	409	Yes	600 mg LD	4-8 h Before PCI	600 mg LD in catheter laboratory before PCI	CV death, MI, or UTVR	30 d
Davlouros et al,[16] 2009	199	Yes	900 mg LD	Plus 2-h wait to PCI	900 mg LD + direct PCI	Death, MI, stroke, or UTVR	30 d
PRAGUE-8,[18] 2008	1028	Yes	600 mg LD	>6 h Before PCI	600 mg LD in catheter laboratory before PCI	Death, periprocedural MI, stroke, or UTVR	7 d or hospital discharge
CREDO,[3] 2002	2116	No	300 mg LD	3-24 h Before PCI (mean, 9.8 h) then long term MD	No pretreatment 28-d clopidogrel	Death, MI, or UTVR per protocol analysis	28 d to 1 y
2.隨機的次族群							
After randomization subgroup[b] ACUITY PCI,[20] 2007[c]	5026	No	300 mg LD (subgroup)	Before PCI or in catheter laboratory	300 mg LD after PCI <2 h (subgroup)	Death, MI, or UTVR	30 d to 1 y
PCI CLARITY,[6] 2005	1863	Yes	300 mg LD	Before PCI or in catheter laboratory (median 3 d) then 75 mg MD	Placebo LD and MD open-label 300 mg LD then 75 mg MD if PCI	CV death, MI, or stroke	30 d to 1 y
REPLACE-2,[19] 2004[c]	5919	Yes	300 mg LD	PCI (≤48 h) then 75 mg MD for at least 30 d	300 mg LD after PCI then 75 mg MD for at least 30 d	Death, MI, or UTVR	30 d to 1 y
PCI CURE,[5] 2001[b]	2658	No	300 mg LD	Median 10 d before PCI, then 75 mg MD for 3-12 mo	No LD then 75 mg for 4 wk	CV death, MI, or UTVR	30 d to 1 y

▶ 圖 1-1　敘述性文獻探討實例（歸納整理相關的 5 篇研究文獻）

統合分析 (Meta-analysis) 是一種量化的統計分析方法，將一群具有相關問題的研究匯集，針對其研究的第一手資料，彙整分析後獲得一個特定結論的過程；此法將傳統敘述性的文獻回顧提升至科學研究法層次，可改善傳統文獻法容易偏向主觀的缺點 (Conn & Armer, 1994; DerSimonian & Laird, 1986)。

通常要做統合分析之前，一定會針對研究主題，進行所謂的系統性文獻回顧／系統性綜論 (systematic reviews)。系統性綜論是指針對一個明確的問題，使用有系統且清楚的方法來確認、篩選及評判相關原始研究文獻，選出高品質的文獻，針對其結果加以整合分析討論的回顧文獻。倘若相關原始文獻測量結果的方式很相似，文獻的同質性很高，就可以更進一步使用統計的方法來將數值量化整合（以「單位變換」為比較基礎），即統合分析。統合分析結論，可讓我們對非實驗設計或實驗設計「處理」（治療）的結果，有更好的佐證證據。

綜合上述，統合分析的特點如下：

1. 統合分析法係以數學與統計技術做「單位變換」，將傳統高統之統計值（χ^2, t, F, p 值）變換至「等值」的效果量 (effect size, ES)，即「Fisher's Zr, Cohen's d, Hedges's g, Odds ratio」，以供各研究效果量之比較基準點，進而彌補直覺思考上的盲點與謬誤。

2. 增加效度，以得出整體的實驗處理（治療）效果。通常欲得到精確的實驗處理（治療）效果，至少須統計數以百、千計的事件或結果，統合分析就是運用各個研究的效果量組合來增加研究的精確度。在醫界，例如：「轉移性乳癌 (metastatic breast cancer) 之化療持續時間」就是「回溯臨床試驗」之一，旨在延長患者整體存活率 (overall survival) 與無惡化存活率 (progression free survival)。有學者蒐集資料庫文獻進行「隨機分派研究」，統合 11 篇臨床試驗 2,269 位乳癌患者，其 Meta 分析發現：一線化療持續時間越長，整體乳癌存活率 (Hazard Ratio = 0.91, P = 0.046) 越長，且無惡化存活率 (Hazard Ratio = 0.64, p < 0.001) 也越長。

3. 將一些小樣本的研究作整合，可擴大樣本數，解決個別研究間樣本數太少的疑問，提高統計檢定力 (power)。假設檢定的檢定力是 Prob（拒絕 $H_0 | H_0$ 為假），公式 power = $1 - \beta$，其中，β 為型 II 誤差。可以換個方式說，power 是當事實為假時，其「拒絕」虛無假設的機率 (it is the probability of rejecting the null hypothesis when it is in fact false)。再換個方式說，power 是避免錯誤接受虛無假設的機率。假設你有一個實驗，有兩組人，一組用 A 藥，一組用安慰劑（也就是控制組）。A 藥是事實上真的有效的，在這個例子中，power 就是發現這兩組不同的機率。舉數字來

說，如果 power 是 0.8，而且這個實驗作了無數次。Power = 0.8 的解讀就是：80% 的機率，我們會發現兩組之間的差異。從另外一方面來說，20% 的機率 (β) 我們不會發現兩組之間的差異，雖然兩組確實存在差異的。

4. 解決各個研究之間的差異，化解正反兩方意見的歧見。即使研究同一主題，因為樣本數不同、條件不同等因素，也可能得到互異的結果。透過一個大型的研究或統合分析的方法，或許就能為這些爭議提供一個決定性的解答。例如：嬰兒使用安撫奶嘴就有正反兩方辯證，有人發現：使用安撫奶嘴可預防舌頭回堵呼吸道造成窒息、減少胃食道逆流發生的頻率、增加氧氣飽和度以及提升警醒能力 (Cozzi & Morini, 2002)；相反地，有人持不同觀點，認為使用安撫奶嘴不利於母乳哺餵、容易造成蛀牙、急性中耳炎等，甚至會造成新生兒意外事件，包括，因為吐奶卻因為安撫奶嘴阻礙而造成窒息 (Scott et al., 2006)。這時正反兩方辯證即利用統合分析來判定真偽。

5. 將多個研究文獻作一個摘要性的歸納與整合，並分析比較各研究間的差異，提供決策者參考及進一步研究之參考。有別於傳統「文獻探討」(literature review，亦稱「文獻回顧」)，只針對該篇研究進行相關文章的探討，統合分析 (Meta-analysis) 乃整理一群研究文章的結果，即「各個獨立研究的綜效」(research synthesis)。

6. 發現及糾正發表偏誤（出版偏誤，publication bias）。當研究結果呈現「顯著」差異者會較「未顯著」差異者，更有機會被選上公開發表時，其所產生的發表偏誤就無法被忽視，如此才能避免統合分析研究結果的高估現象。為了降低發表偏誤，可透過定性及定量方法（如 Fail-safe N）來測量發表偏誤的情形。

1-3 統合分析 (Meta-analysis) 之分析流程

1-3-1 Meta 分析之標準程序

Moher 等人 (2010) 發表 PRISMA 聲明 (Preferred Reporting Items for Systematic Reviews and Meta-analysis Statement)，做為系統性綜論及 Meta 分析研究的項目性指標之依據。

PRISMA 聲明包含 27 個項目的檢核表清單 (check list) 與 1 個流程圖（圖 1-2），指導研究者寫作系統性綜論及 Meta 分析研究，並明確標示研究應有的資訊。

有關 PRISMA 重點舉例如下表：

部分	項　　目
標題、摘要及引言	第 1 項為論文標題需敘明是系統性綜論、Meta 分析或兩者兼具。 第 2 項則是對摘要內容的寫作要求，包含背景、目標、數據來源、研究資格標準、參與者及介入措施、研究評估與綜合方法、結果、侷限性、關鍵發現的結論與涵義等。 第 3～4 項是對引言的寫作要求，須明確陳述 PICOS 項目，即 Participants（參與者）、Interventions（介入措施）、Comparisons（對照比較）、Outcomes（結果），及 Study design（研究設計）。
方法	第 5 項為檢核正在進行的研究是否已註冊。 第 6 項是須闡述個別樣本文獻的特徵，包含研究特徵，如：PICOS 項目（即參與者、介入措施、對照比較、結果、研究設計），及報告特徵，如：年分、語言，與出版狀態。 第 7～8 項是須敘明搜尋個別樣本文獻過程的資訊，包含搜尋資料庫的策略及搜尋截止日期。 第 9 項是描述篩選個別樣本文獻的流程。 第 10～11 項是摘錄各項研究欄位的細節。 第 12 項是評估個別樣本文獻可能出現偏差的風險。 第 13～15 項是敘明統計分析的彙總數據，包含合併後之平均效果量，如：風險比 (Risk ratio)、標準化平均數差值 (Standardized mean difference)、相關係數 (Correlation coefficient) 等，異質性指標，如：I^2 等，及出版偏差 (Publication bias)。 第 16 項是敘明附加的統計分析數據，包含敏感性 (sensitivity)、次群組分析 (subgroup analyses)、Meta 迴歸分析 (Meta-regression)。
結果	第 17 項為說明如何依階段納入及排除所搜尋到的樣本文獻，最好檢附流程圖。 第 18 項是敘述各項研究欄位的特徵。 第 19 項為若有個別樣本文獻出現偏誤風險的情形，則呈現該資料。 第 20～21 項是須報告合併後之平均效果量的信賴區間與異質性，及最好檢附森林圖。 第 22 項為呈現跨樣本文獻偏誤風險的評估結果。 第 23 項是提供附加的分析結果，如：敏感性、次群組分析、Meta 迴歸。
討論	第 24 項為總結主要發現。 第 25 項是討論研究限制。 第 26 項為解釋結果並提供對未來研究的啟示。
資金	第 27 項則是敘述本研究的經費贊助來源。

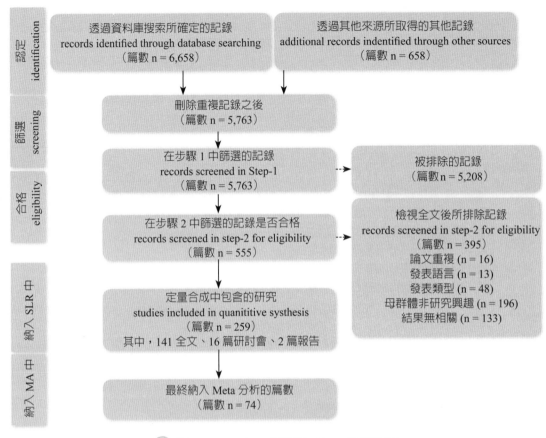

圖 1-2　PRISMA 聲明之 Meta 分析流程

1-3-2 統合分析 (Meta-analysis) 應注意要點

1. 哪些變數需要加以編碼？編碼的過程為何？如何將已經編碼過的資料予以組織起來？

除了要知道統合分析的步驟之外，還要對你想要進行統合分析的相關理論與實證文獻有所了解。有時候特定的資訊必須加以保留，舉例來說，如果每個研究之參與者平均年齡是很重要的話，則可將這個平均年齡列入編碼。

為了確保，嚴格評讀搜尋到的證據之正確性、影響性及適用性，Meta 在論文納入編碼表之前，醫學論文的評讀 (critical appraisal)，有下列幾個檢核項：

(1) 評估文章的效度 (validity) 和實用性（注意研究選入病人的條件）：

(a) 病人的分組是隨機分派的嗎？(random allocation)

(b) 對照組與實驗組在進入試驗時，病人數是否相似？

(c) 分派的方法是否保密？(concealment of allocation)

(d) 病人的追蹤是否夠久、夠充足完整？(follow-up duration)（最好要 > 80% 追蹤率）

(e) 治療方法對病患、醫護人員、研究者是否 blinded（都不知情）？

(f) 原始分析時是否利用 intention-to-treat 原則？是否所有的病人都被放到原先分派的組別中做分析？

(g) 除了研究治療項目以外，其他的治療在各組間是否相同？

(h) 兩組在治療開始時的比較基準點 (baseline) 是否相似？

(2) 在閱讀每一篇文章時，要注意是否符合這些基本原則，如果沒有，是為什麼沒有，對於結果有沒有影響？另外還要考慮文章的結果對病人實際上的意義為何？重不重要（impact 指標：可用 NNT 或 NNH）？

(3) 當有了一個有效度的結果，接下來要評估這個結果的臨床意義，文章常以 RRR (relative risk reduction) 來表示療效，但以 NNT (number needed to treat)、NNH (number needed to harm) 來表達更為直接。

上述文獻評讀之準則，值得社會科學來學習，如何嚴選實驗法之論文好壞。

2. 當在計算效果量 (ES) 的時候，該以哪一個變數來做為標準差 S_i？

答：$Cohen's\ d_i = \dfrac{M_i^E - M_i^C}{S_i}$，其中，多數人選 $S_i = \sqrt{\dfrac{(n_i^E-1)(s_i^E)^2 + (n_i^C-1)(s_i^C)^2}{n_i^E + n_i^C - 2}}$

(Hedges & Olkin, 1985, p.76)

3. 由於樣本的效果量是母群體效果量的一個偏誤估計值，該如何校正這個偏誤呢？Hedges(1981) 指出，小樣本的效果量一定會有偏誤的，但是當樣本數超過 20 的時候，偏誤就會降至 20%，或甚至更低。為了得到一個真正的效果量不偏估計值，可以將效果量乘以下列公式中的校正係數 (correction factor, c)：

$$g_i = c_i \times d_i = (1 - \frac{3}{4m_i - 9}) \times d_i = (1 - \frac{3}{4(n_i^E + n_i^C) - 9}) \times \frac{M_i^E - M_i^C}{S_i}$$

4. 需要根據樣本數大小來對效果量做加權處理嗎？

答：要。

5. 所有樣本的效果量都是來自於同一個母群體的效果量嗎？

答：若都來自單一 (single) 母群體的效果量，則採固定效果模型；反之，若來自多組 (multiple) 母群體的效果量，則採隨機效果模型。

6. 哪些統計方法對分析效果量來說是適當的？

　　答：見表 4-1 說明。

7. 如果一個樣本的效果量包含了離群值，該如何將它找出來？

　　答：(1) 在迴歸模式中，偏離平均值太多的效果量，可以藉由檢查迴歸方程式的殘差 (residual) 加以分辨出來，而殘差的絕對值則可以透過減去平均值再除以標準差的方式，予以標準化成為 Z 分數。

　　　　(2) 經過將殘差標準化之後的效果量，如果它的值大於 2，通常會被認為是具有偏離平均值太多的潛在可能性，因為它們已超出 95% 的常態分配範圍。

　　此外，採用統合分析的研究和進行任何其他類型的研究都一樣，研究者必須很清楚地呈現出研究的步驟。統合分析是否能得到有效的結論，需注意每一個研究步驟都要嚴謹，在整個研究過程，有 8 項步驟要注意 (Ressing et al., 2009)：

Step 1：嚴格定義研究的主題

　　在作 Meta 分析之前，一定要先嚴格定義研究主題，才能夠找出真正有相關性的論文。例如：研究「同步放療化療對於局部廣泛型子宮頸癌 (locally advanced cervical cancer) 的治療效果」，則對於「只有接受放射治療」或是「在放射治療後才安排化療」的試驗 (trial) 就要「排除」。

Step 2：定義納入條件和排除條件

　　作任何研究一定要定義出你的受試者或是你欲研究的論文的列入和排除條件，這個流程可以減少個別研究間之異質性 (heterogeneity)。

　　統合分析在篩選文章時都想盡可能地選入與研究問題相關的文章。但是，文章總有差異，為降低選文偏差 (selection bias)，在研究方法上必須明確地描述選入或排除的定義並審慎執行。

　　在醫界，統合分析就是一種「回溯臨床試驗」的方法，一開始納入及排除的準則 (criteria) 訂定就很重要，選擇錯誤可能會扭曲分析的結果，例如：蕭如君、蔡崇弘 (2011) 採用 Meta-analysis 來比較「doxazosin GITS 與 tamsulosin 藥」這兩個藥物，對攝護腺肥大病人的綜合療效。首先設定「納入」文獻的準則，是研究病人為：(1) 大於 50 歲被診斷出有 BPH 症狀且國際前列腺症狀評分表總評分 total IPSS (international prostate symptom score) ≥ 12。(2) 最大尿流速 Qmax ≥ 5 mL/s 且≤ 15 mL/s 及膀胱空間盛裝尿液總體積≥ 150 mL，經 doxazosin GITS（4～8 mg/ 天）或 tamsulosin（0.4～0.8 mg／天）的治療後追蹤 8 週以上的結果之隨機對照試驗。而用來評估療效的項目為

total IPSS（也可設定更多項目加以比較）。「排除」可能干擾因素，如：病人的治療有手術的介入 (intervention)、有潛在的嚴重疾病等。

Step 3：搜尋論文時要減少漏抓的疏失

　　文獻蒐集的周全性，將影響分析的效度。搜尋論文的標的包括：已出版的書籍、雜誌論文、未出版之博碩士論文、研究報告 (fugitive literature)、研討會發表論文、個人檔案電腦資料庫、現有文章所附之參考文獻、諮詢專家、政府或機構委託研究報告，並盡量嘗試去補足所有新舊文獻資料。

　　現今網路科技發展一日千里，各大電子資料庫蒐集內容豐富，許多學術資訊都可以透過這些資料庫從網路取得。要記住所有的相關資料庫 (database) 都要搜尋，才不會遺漏重要論文。在界定的題目之下，尋找資料的方法可以分二種：

(1) 上溯法 (ancestry approach)：利用文章後面的書目、各種摘要（例如：Psychological Abstracts），以及電腦資料庫等資源尋找有關資料。

(2) 下延法 (descendency approach)：利用引文索引（例如：Social Science Citation Index）向下尋找後續的研究 (Cooper, 1994)。

　　實證醫學主要的四個資料庫：

(1) ACP Journal Club：含括「ACP Journal Club」（American College of Physicians，美國內科醫師學會出版）與「Evidence-Based Medicine」（ACP 與 British Medical Journal Group 合作出版）兩種出版品，每月至少過濾 50 種以上之核心期刊，搜尋最佳之原始與評論性文章，結構化整理摘要出其中重要實證所得。

(2) DARE：Database of Abstracts of Reviews of Effectiveness 收錄評論性文章的全文型資料庫，由 National Health Services' Centre for Reviews and Dissemination (NHS CRD) 組織出版，此一組織針對部分經過評估、挑選有學術價值的醫學期刊中選出系統性評論的文章，並將之集合而成 DARE。

(3) CDSR：Cochrane Database of Systematic Reviews 為「Cochrane 合作研究機構」(Cochrane Collaboration) 所出版，其為一個人與機構共同組成之國際性網路組織，有系統的研究上百種期刊文獻，專門從事有系統的評論儲備、維護和傳遞影響醫療保健相關之業務主題性評論。

(4) CCTR：Cochrane Central Register of Controlled Trials 超過 300,000 筆有關健康保健的控制實驗樣品參考型書目資料，內容包括 RCT〈Randomized Controlled Trials〉及 CCT〈Clinical Controlled Trials〉。由 Cochrane groups 及其單位組織將 Medline

及 EMBASE 檢索出來的隨機樣品文獻登記集中而成。

Step 4：界定是否要做已發表文獻的合併分析

有些研究者發現統合分析有一定的局限性，因此，流行病學家們想到以直接獲得各個研究者的「原始資料 (primary raw data)」再進行合併分析 (pooled analysis, PA) 之迴歸分析，但這要原始作者同意提供原始資料，才有用；否則只能退而求其次，利用 Meta 分析論文上的統計量。舉例來說：(1) 某藥物安全資料的合併分析 (pooled analysis)，可顯示注射部位疼痛的發生率低 (< 2%) 且由於副作用而退出治療的人數極少 (5%)。(2) 以 NONMEM 法進行 pooled population analysis，可更精準了解兒童靜脈注射、口服和 rectal diclofenac 三者的療效比較。

Step 5：呈現所蒐集到的論文之描述性分析

對於蒐集到的相關論文作出描述性的表格，可清楚呈現這些論文的特點。圖 1-3 為臺北榮總醫院婦產部與其他國家所發表的卵巢癌腹膜腔灌注化學治療 (IP) 的統合分析的描述性表格，可清楚呈現所蒐集各論文的比較。但「描述性分析」仍無法判定，何者 (IV vs. IP) 處理配方對卵巢癌較有療效。

第一作者 (年代)	研究代號	病人數目 IV	病人數目 IP	IV配方	IP配方
Alberts (1996)	SWOG-8501/ ECOG/ GOG-104	279	267	Cisplatin 100mg/m^2 IV + Cyclophosphamide 600 mg/m^2 IV every 3 weeks for six cycles	Cisplatin 100mg/m^2 IP + Cyclophosphamide 600 mg/m^2 IV every 3 weeks for six cycles
Armstrong (2006)	GOOG-172	210	205	Paclitaxel 135 mg/m^2 over 24 h IV day 1 + cisplatin 75 mg/m^2 IV day 2 every 3 weeks for six cycles	Paclitaxel 135 mg/m^2 over 24 h IV day 1 + cisplatin 100 mg/m^2 IP day 2 + paclitaxel 60 mg/m^2 IP day 8 every 3 weeks for six cycles
Gadducci (2000)	NWOG	57	56	Cisplatin 50mg/m^2 IV + epidoxorubicin 60 mg/m^2 IV + cyclophosphamide 600 mg/m^2 IV every 4 weeks for six cycles	Cisplatin 50mg/m^2 IP + epidoxorubicin 60 mg/m^2 IV+ cyclophosphamide 600 mg/m^2 IV every 4 weeks for six cycles
Kirmani (1994)	UCSD	33	29	Cisplatin 100mg/m^2 IV + Cyclophosphamide 600 mg/m^2 IV every 3 weeks for six cycles	Cisplatin 200mg/m^2 IP + etoposide 350 mg/m^2 IP every 4 weeks for six cycles
Markman (2001)	SWOG/ ECOG/ GOG-114	227	235	Paclitaxel 135 mg/m^2 over 24 h on day 1 + cisplatin 75 mg/m^2 IV day 2 every 3 weeks for six cycles	Carboplatin (AUC=9)IV every 4 weeks for two courses, followed 4 week later by paclitaxel 135 mg/m^2 IV over 24h on day 1 + cisplatin 100mg/m^2 IP on day 2
Yen(2001) (台北榮民總醫院顏明賢醫師)	Veterans General Hospital, Taipei(Taipei Study)	63	55	Cyclophosphamide 500 mg/m^2 IV over1 h day 1 + adriamycin or epirubicin 50 mg/m^2 over 1 h IV day 1 + cisplatin 50 mg/m2 IV every 3 weeks for six courses	Cyclophosphamide 500 mg/m2 IV over1 h day 1 + adriamycin orepirubicin 50 mg/ m^2 over 1 h IV day 1 + cisplatin 100 mg/m^2 IP rapid infusion every 3 weeks for six courses

摘自 Hess LM, Benham-Hutchins M, Herzog TJ, et al.: Int J Gynecol Cancer 2007;17:561-570.

▶ 圖 1-3　卵巢癌腹膜腔灌注化學治療相關論文之描述性分析（6 篇研究）

Step 6：呈現個別論文的效果量和合併後之平均效果量

　　對於每篇論文的效果量以及合併後平均效果量的解釋，都可用森林圖 (forest plot) 或平均效果量公式 ($\overline{Zr} = \dfrac{\sum_{i=1}^{k}(N_i - 3)Zr_i}{\sum_{i=1}^{k}(N_i - 3)}$) 的「顯著性檢定」來呈現。其中，效果量又分連續型變數、勝算比 (odds ratio, OR)、相對風險 (RR)、存活資料等類型。

(1) Zc 的顯著性檢定 $Stouffer'Z = \dfrac{\sum_{i=1}^{k}Z_i}{\sqrt{K}}$，共 K 篇論文。Z 類型之常態標準分數，包括 Fisher's Zr。

(2) Winner' t 顯著性 $Z_c = \dfrac{\sum_{i=1}^{K}t_i}{\sqrt{\sum_{i=1}^{K}\left(\dfrac{df_i}{df_i - 2}\right)}}$

　　許多統合分析的軟體（如 Comprehensive Meta-analysis、Stata、MetaWin 或 RevMan）都有提供像圖 1-4 這類森林圖，來呈現各個研究之效果量（HR, OR, Std diff in means, Zr 等）。

　　以「卵巢癌腹膜腔灌注化學治療 (IP)」為例，其 Meta 分析結果，如圖 1-4，結果就可判定：6 篇卵巢癌化療，有 4 篇傾向灌注化療 (IP) 可降低死亡率，2 篇研究認為化療無效。因這 6 篇研究之間有異質性，故採隨機效果模型 (random effect model) 來估計其總平均效果，結果 Z = −3.383(p = 0.0007)，達 0.05 顯著水準，所以我們可大膽斷定，化療 (IP) 是有療效（死亡率 Hazard ratio = 0.799，小於 1）。

　　相對地，如果改採用合併分析(PA)，則要將彙整後的原始資料檔案重新跑統計。PA 常用的統計方法包括：(1) 依變數為二分類別變數之邏輯斯迴歸 (logistic regression) 分析或 (2) 依變數為連續變數之線性迴歸分析 (linear regression)。

　　不論 CMA、Stata、MetaWin 或 RevMan 軟體執行 Meta 分析，其估計合併之平均效果，有兩種估計法：(1) 固定效果模型（只有一個真效果），適合同質性之眾多個別研究，也是軟體預設的估計法。(2) 隨機式模型（有多個真效果），適合異質性之眾多個別研究，即 Cochran Q 的 p < 0.05 顯著時適用它。

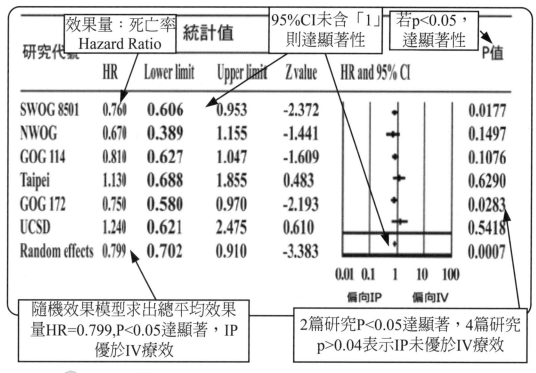

圖 1-4 卵巢癌腹膜腔灌注化學治療的效果分析（6 篇論文的森林圖）

來源：Hess, et al.(2007).

　　以「doxazosin GITS 與 tamsulosin 藥這兩個藥物，對攝護腺肥大病人的綜合療效」為例，按照流程鍵入基本背景資料後，再鍵入四篇臨床試驗數據，如圖 1-5 所示，一一鍵入 total IPSS 差異值（距離基準的差異值）之平均值 (mean) 及標準差 (SD)，RevMan 軟體將依各臨床試驗的樣本數及標準差做不同加權（Weights 欄位），最後一併算出總平均效果量（Mean Difference 欄位），並以圖 1-5 森林圖來呈現整個分析結果。由森林圖 95%CI 可看出：第 4 個試驗與其他 3 個試驗的結果傾向是不同的。此森林圖亦顯示出各論文之間異質性高 (χ^2 = 207.71, p < 0.05，I^2 > 50%)，故須改採隨機效果來重算總平均效果量，結果如圖 1-6 所示；顯示「總平均效果 Mean Difference = –1.06」95% CI = [–1.16, –0.95]，不含「0」，都達 0.05 顯著水準。表示 4 個試驗中，3 個出現實驗處理比較有效，1 個出現控制組比較有效，但總體來看，實驗組的處理是顯著有成效 (total overall effect Z = 20.03, p < 0.05)。

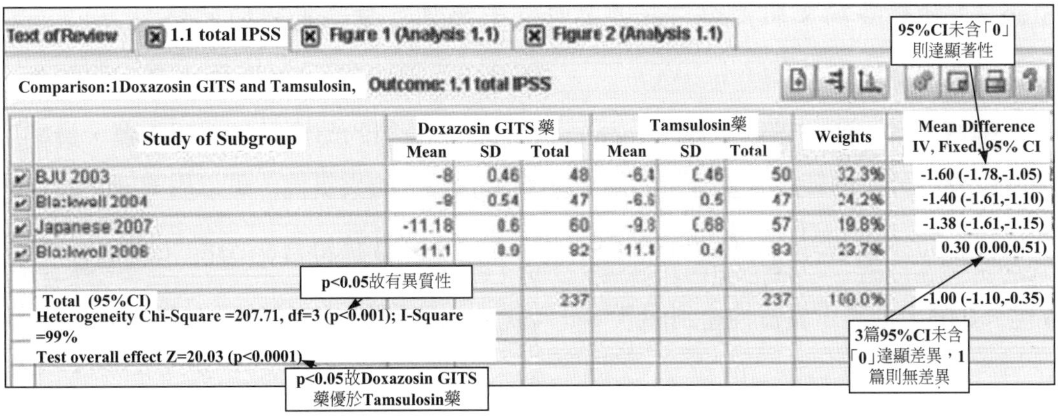

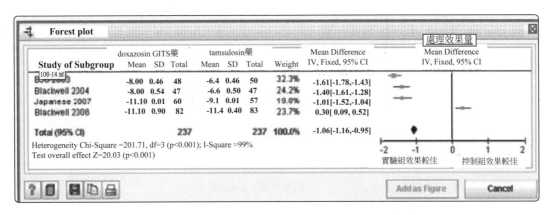

圖 1-5　RevMan 統計分析結果（納入 4 篇「doxazosin GITS vs.tamsulosin 藥效」論文）

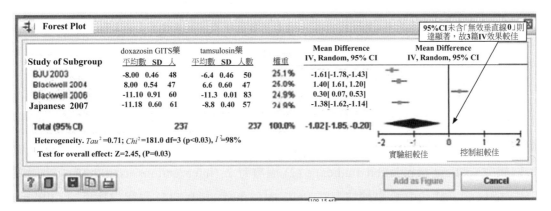

圖 1-6　Revman 分析結果之森林圖（因異質，故固定效果要改為隨機效果）

圖 1-7　隨機模型分析（實驗處理平均成效是顯著，total overall effect Z = 2.45, p < 0.05）

Step 7：分析各論文間是否存在異質性、敏感性、發表偏誤的問題

1. 異質性的問題

篩選文章之間若異質性 (heterogeneity) 很高，資料的整合勢必出現困難，最後可能會影響到分析的結論。要分析各論文間是否有很大的異質性，可以用 Cochran Q 異質性檢定（公式 $Q = \sum_{i=1}^{k} \left[w_i (r_i - \bar{r})^2 \right]$）來分析。Cochran Q 係符合 χ^2 分配（圖 1-8），若 p 值 < 0.05，則表示異質性達到顯著，此時可改採隨機效果模型來估計平均效果量。

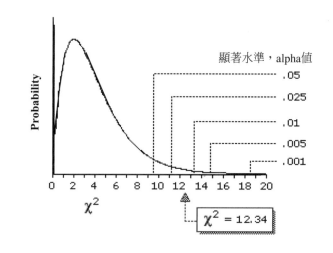

圖 1-8 卡方分配圖

舉例來說，由 CMA、Stata 或 RevMan 軟體所繪的森林圖，如圖 1-9，即可看出 8 篇個別研究之間有明顯的異質性，其中，4 篇研究顯示「實驗處理」係有效的；2 篇無差異；2 篇偏向無效的。像這種異質性現象，其原因可能來自於：(1) 不同的病人群研究 (patient population studies)。(2) 治療方法 (interventions used)。(3) 附加治療 (co-interventions)。(4) 結果評估方式 (outcomes measured)。(5) 研究設計不同 (different study design features)。(6) 研究品質 (study quality)。(7) 隨機誤差 (random error)。

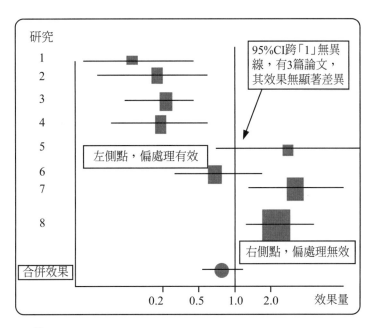

● 圖 1-9　統合分析中呈現不同研究結果的明顯差異性

　　原則上，如果出現了異質性，則不要先急著作統合分析，而是應該找出可能的原因，或是看看有哪幾篇論文造成了異質性的產生，必要時可以再重新評估；將某些論文刪除後，再重新計算異質性的統計值。當我們遇到欲選取的論文存在有明顯的異質性時，目前有兩種方法解決：

(1) 次群組分析 (subgroup-analysis)：也就是將欲選取的論文，找出具有明顯的 category 差別的變數，按照此變數的 level 分別作統合分析。因此就可能產生兩個或三個的森林圖。CMA、Stata、MetaWin、RevMan 軟體都有供「Select by」按鈕，讓你 case by case 做次群組（干擾變數）之細部分析。對醫學而言，次群組分析，可更進一步了解：

(a) 這些次族群分析具有生物及臨床意義？

(b) 這些次族群分析在臨床及統計上具備有意義的差異？

(c) 這些差異的假設是在實驗前就存在，並非本回顧對資料數字的推論？

(d) 這些差異曾經由其他獨立實驗驗證過？

(2) 統合性迴歸分析 (Meta-regression)：原則上如果總論文數小於 10 篇以下，則不要作統合性迴歸分析。統合性迴歸分析的目的是在將某些變數當作共變數 (covariates)，去探索 (explore) 有哪幾個變數會造成異質性。CMA、RevMan 等軟體都有供

「統計迴歸法 (Meta-regression)」功能。舉例來說，陳麗琴等人（2005）以 Meta-regression 分析「臺灣地區森林遊憩經濟價值之效益移轉」時，做有系統的整理並依據與經濟理論上福利效益測量有關的變數加以分類包括地區、資源、遊憩活動種類、與評估方法等，並應用統合迴歸法，尋求最適當的效益移轉 (benefit transfer) 模型。本例收納 11 篇森林遊憩經濟價值評估，合計 67 個經濟效益估計值。統計採用直線及指數迴歸 2 種模型，這 2 個模型迴歸係數顯著性差異並不大，其 β 值及其標準誤可代表各資源變數有無情況的遊憩效益量相對效益大小。若比較 2 種模型對遊憩效益量預測的效率，發現：直線迴歸絕對平均殘差為新臺幣 167 元，但指數迴歸絕對平均殘差為新臺幣 1.4 元，顯示指數迴歸模型較為適當。由指數迴歸模型所求出各資源經濟效益相對重要性，顯示除調查方法對遊憩效益量有顯著影響外，森林遊樂區的位置，森林資源包括河流、海洋與特殊景觀的有無對遊憩效益量也有差異，但森林遊樂區的各種活動及活動的數量對遊憩效益量均不顯著，所以很顯然的，使用者對使用森林遊樂區的效益較著重於位置及其資源，反倒是使用者對做什麼活動的效益並不顯著。

2. 敏感度分析 (sensitivity analysis)

敏感性分析是指，研究數學模型或數值系統的輸出 (output) 不確定性，如何受到不同來源輸入 (input) 所造成的。

敏感性分析主要用途是：

1. 測試模型或系統在不確定性的清況下，強健性 (robustness) 的穩定度。
2. 更細部了解，一個系統或模型的輸入和輸出變數之間的關係。
3. 減少不確定性：如果 robustness 要（也許是透過進一步研究）增加，則識別導致模型輸出有顯著不確定性的輸入，將是人們關注的焦點。
4. 尋找在模型中的錯誤（當遇到輸入和輸出之間關係不在預測狀況時）。
5. 模型簡化：修復那些對輸出沒有影響模型的輸入，或查明和消除模型結構的冗餘部分。
6. 加強建模到決策者之間的溝通（例如：讓提出建議更加可信、易懂、引人注目、更有說服力）。
7. 尋找輸入因素對模型輸出的局部最大、最小，或最符合的某準則（見 optimization and Monte Carlo filtering）。

從經濟學例子來看，在任何預算編制過程中，總是有不確定的**變數**，包括未來稅率、利率、通貨膨脹率、員工人數、營業費用等**變數**。敏感度分析就要回答此問題：「如果有些變數造成預期偏離，它的影響原因是什麼（是業務、模式、系統、或遺漏重要解釋變數嗎？），以及哪個變數才是造成最大偏差者」？

Meta 敏感度分析主要的目的，是將某些不合適的論文（例如：壁報論文或品質差的論文）刪除後，看看剩餘論文的合併效果是否會因此更改，藉以測試綜合性效果的穩定度。

Meta 敏感度分析有下列二種情況：

(1) 如果某篇論文被刪除後，造成剩餘論文的綜合性效果明顯改變，那麼就應該在論文的討論時，說明此篇論文對於整體綜合性效果的重要性。

(2) 次族群當干擾變數，再分割 primary data 時 case by case 之干擾 (moderate) 下，重新判斷整體平均效果量的正負方向的改**變**，如果平均效果量差異不大，表示該干擾效果在 Meta 分析之中並不敏感。

所謂敏感性測試意味抽掉一個或更多我們所懷疑的試驗，理論上得出的結果應該要跟總結果之間的差異性不大才對。目前漏斗圖 (funnel plot) 是一個很有用的評估工具，由漏斗圖可看出結果是否有很嚴重的偏差，也可看出結果的精確度。以圖 1-6 為例，假設抽掉第 4 個試驗重做 Meta，若發現所得結果與總結果並無太大差異性；其效果量 RR（風險比）的 95%CI = [–1.02, –1.48]，也不包含「0」。表示刪第 4 篇論文後，統計學亦保持顯著意義，表示第 4 個治療對總體療效的影響力不敏感。

3. 發表偏誤 (publication bias)

發表偏誤是指進行統合分析時只針對已出版的研究做整合，而忽略了未出版的研究。一般而言，將所蒐集到的期刊研究報告進行效果量的計算，其結果會高於未出版的論文、研究報告的效果量，若以這樣的樣本進行研究將會得到偏差的結果。因此，Glass 等人 (1981) 極建議將未出版的研究也納入，特別是碩士及博士論文，以便比較出版與未出版研究之間的差別。

公開文章發表，通常是正面顯著結果 (positive study) 為多數，未顯著研究占少數，所以在蒐集與所探討主題相同的研究文章時，往往會出現發表偏誤。

發表偏誤的檢測法，常見的有下列二種：

方法 1：計算安全篇數 (fail-safe N)

為解決「發表偏誤」問題，Rosenthal's 率先提出「安全偏誤值 (Fail-Safe N, N_{fs})」

來代表綜合 (Meta) 結果的穩定性。N_{fs} 又稱 file drawer，係指 Meta 分析所使用的研究樣本中，需要納入幾篇「不顯著」的研究，也就是效果量接近 0 (Cohen's, HR, d_i, OR = 1, RR = 1 或 Hedges's ≈ g0)，才能推翻 Meta 分析的結論（才能使得原有的平均效果量降低到使原來的 Meta 結論不成立）。即 Fail-Safe N 的功能是在反應 Meta 研究分析結果被推翻的可能性，通常取 p = 0.05 或 0.01（如下公式），N_{fs} 值越大，代表發表偏誤在該 Meta 分析的影響不大，越沒有發表偏誤，Meta 分析結果越穩定；反之，N_{fs} 值越小，代表該 Meta 發表偏誤越嚴重，也代表該 Meta 分析越不穩定。Rosenthal (1991) 提出的「5K + 10」係判斷門檻，其中，K 為研究論文的篇數，若計算所得的 N_{fs} > 5K + 10，即 N_{fs} 夠大，則代表發表偏誤的問題並不嚴重。Rosenthal (1991) 認為最低容忍數為 N_{fs} = 20。

$$N_{fs_{0.05}} = (\frac{\sum_{i=1}^{K} Z_i}{1.64})^2 - K，當 p = 0.05（Z 可能是標準化分數、Fisher's Zr）$$

$$N_{fs_{0.01}} = (\frac{\sum_{i=1}^{K} Z_i}{2.33})^2 - K，當 p = 0.01$$

其中，K 為研究篇數，Z 為個別研究的效果量 Z 值。

方法 2：漏斗圖 (funnel plot)

在系統性綜論 (systematic reviews) 或 Meta 分析中，可用漏斗圖來檢查是否存在發表偏誤，它假定「效果最大」的研究將遠離平均值的左 / 右方，「無效果」的研究將分散在平均的兩側 (Light & Pillemer, 1984)，從漏斗圖的變化可以呈現發表偏誤的情況。

早期漏斗圖，係在 X 軸上標記治療效果 (treatment effect)，在 Y 軸上標記樣本數（呈倒漏斗形的樣本數分布），小樣本之研究結果會落在圖之底部且分布較廣；大樣本之研究結果落在中間且分布較窄；因此整個圖呈 inverted funnel 狀，但事實上，統計之檢定力 (power) 與樣本數及 event of interest 皆有關，漸漸的學者們改以效果量的標準誤（即「$\frac{1}{個別權重}$」）取代「樣本數」，就像圖 1-10 所示。

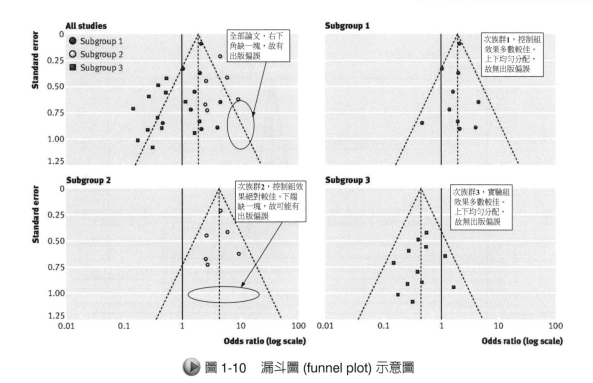

All studies 圖中文字：

全部論文，右下角缺一塊，故有出版偏誤

次族群1，控制組效果多數較佳。上下均勻分配，故無出版偏誤

次族群2，控制組效果絕對較佳。下端缺一塊，故可能有出版偏誤

次族群3，實驗組效果多數較佳。上下均勻分配，故無出版偏誤

Subgroup 1 ● Subgroup 2 ○ Subgroup 3 ■

Standard error：0, 0.25, 0.50, 0.75, 1.00, 1.25

Odds ratio (log scale)：0.01　0.1　1　10　100

▶ 圖 1-10　漏斗圖 (funnel plot) 示意圖

換句話說，要診斷統合分析所選取的論文有無出版性偏差，可利用漏斗圖 (funnel plot) 來檢視 (Dwan, et al., 2008)。圖 1-11 是另一個漏斗圖的案例，(A) 代表沒有出版性偏差，而 (B) 則有出版性偏差。

有時用目測會不準，您亦可改用統計方法來測定此漏斗圖是否「非對稱性」(asymmetry)，即 linear regression test。假設依變數爲 binary outcome 則迴歸公式爲：

$$Y_i = \beta_0 + \beta_r X_i，下標 i 爲第 i 篇論文$$

其中，$Y_i = \dfrac{\log_e(OR_i)}{s.e[\log_e(OR_i)]} = \dfrac{OR_i 的自然對數}{OR_i 自然對數的標準誤} = \log_e(OR_i) \times \sqrt{W_i}$

$X_i = \dfrac{1}{s.e[\log_e(OR_i)]} = \sqrt{W_i}$

如果截距 $\beta_0 \neq 0$，表示有發表偏誤。

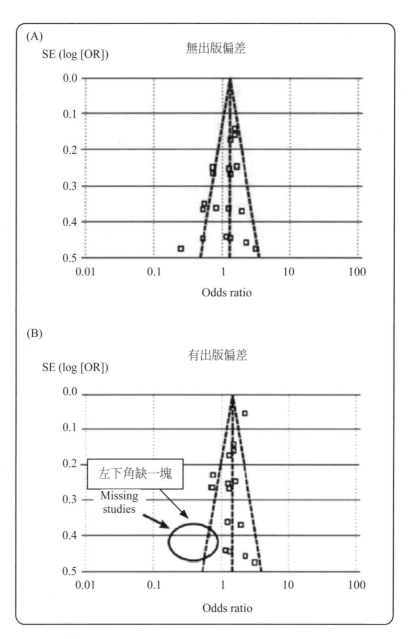

🔽 圖 1-11　(A) 無出版性偏差，(B) 有出版性偏差

Step 8：詮釋研究結果

　　醫界在詮釋統合分析結果時，對於所選取的每篇論文的品質、病人年齡分布、治療方式、給藥劑量、或追蹤長短（等干擾變數／次族群），都要和其他論文比較找出這些論文的相同或相異之處。

統合分析雖然有許多優點，但應有專業知識為研究基礎。統計者若在沒有專業基礎下進行研究，很容易造成搜尋偏差、選文偏差、異質性結果的整合困難等問題，而所做出的結果勢必無法說服他人。

◆ 1-4 統合分析 (Meta-analysis) 的優缺點 ◆

Meta 分析的特性

Glass、McGaw 與 Smith (1981) 歸納 Meta 分析特性有三（王姵方，2020）：

1. Meta 分析是量化的

Meta 分析是以統計方式統合與分析眾多相同變數的實徵研究，因此係屬量化方法。

2. Meta 分析不以品質來預判研究發現

某些樣本文獻被認為研究法有缺失，例如：研究設計欠佳、測量工具不良，以及研究對象、研究程序、研究工具種類太過繁複等，因此通常會被主觀地捨棄。但 Cooper (2010) 認為 Meta 分析不可因研究品質而對研究發現預做主觀的判定。Meta 分析可加以探討「有瑕疵的研究法」其與「研究發現」之間的關聯性，此為 Meta 分析與其他統合原始文獻研究法之最大差異。

3. Meta 分析旨在尋求一般性總結論

Meta 分析是將各自獨立的原始樣本文獻的研究結果彙整找出統合的結論。

▋ 1-4-1 統合分析優點

為何要採用統合分析，主要目的是要將傳統敘述性的文獻回顧提升到科學研究法的層次，藉由客觀的方式整理相關研究資料，針對相關或相同的假設、實證性研究，加以整合進行統計分析 (Light & Pillemer, 1984)。

採用統合分析研究的優點，主要是可以藉由客觀的方式整理相關研究資料，以了解在不同時期研究的主題其發展趨勢，同時分析研究主題所著重之觀點，並了解可能的主要研究族群，進而鉅觀地觀察研究成果的差異性 (Beck, 1999)。

綜合各家學者的看法，統合分析的優點包括：

1. 藉由統合分析，可增強統計的檢定力、解釋力及推論性 (Conn & Armer, 1996)，研究重點在探究效果值在的大小 (Wolf, 1986)。

2. 提升整合研究的品質，並提高研究結論的效度，更具系統結構性及明確性 (Lipsey & Wilson, 2001)、統合分析可處理大量的研究報告，檢視更多的研究變數 (Beck, 1999)、也可彌補許多小型研究樣本數不足的限制並提供較有證據性的次群組分析。

3. 單一研究的效果無論是正面、負面、高顯著或不顯著都會被列入分析考慮，參加效果的總評，故可避免選擇偏頗的問題。

4. Meta 分析可避免重複執行曾經做過的研究，可釐清先前諸多研究中較敏感的結果指標，可讓研究者發現過去研究不足之處，有助於尋找中介變數、發掘單一研究無法洞悉的趨勢，及規劃未來新研究的方向。因此許多國家鼓勵研究者在進行其資助的研究前，先對已有的文獻做 Meta 分析（王姵方，2020）。

5. 客觀評估證據：Meta 分析運用科學化、系統化、客觀化的操作方式及明確的公式，故可降低研究的主觀性。在處理各個研究結果不一致的狀況時，更能彰顯此優點。

6. 可以減少假陰性（false negative，疾病組誤判為健康者）結果的可能性。

7. 可辨識諸多研究效果間的異質性：異質性可透下列兩種方式及其對應的程序來體現：

(1)臨床異質性：需要根據臨床依據進行評估。

(2)方法的異質性：需要統計量化。在這種情況下，null 假設是主要研究之間存在異質性。因此，拒絕 H_0 意味著在這些研究中有足夠的同質性（通常 p <0.10 是可以接受的）。統計檢定的局限性在於，在 n 較小且幾項基礎研究很少的基礎研究中，它們檢定統計顯著同質性的能力會減弱。

8. 避免了 Simpson's 的悖論 (paradox): 即在某個條件下的兩組數據，分別討論時都會滿足某種性質，可是一旦合併考慮，卻可能導致相反的結論。

9. 統合分析可澄清及協助解決研究結果或臨床處置之間的不確定性，或相互矛盾的情形，提供進一步研究的方向 (Harrison, 1996)。

10.節省研究成本、提高研究效益 (Harrison, 1996)。不用重做 primary 研究，只須系統性綜論往昔文獻，再經單位變換為效果量，即可獲得非常有說服力的結論。

　　對醫學而言，統合分析的優點，包括（臺北榮總，2013）：

(一)統合分析可彌補許多小型研究不足的某些限制

　　小型研究爲人所詬病的就是樣本數目不足，沒有足夠的檢定力 (power) 來檢測醫界兩種治療方法的眞實差異。公式：$power = 1 - \beta$，β 爲型 II 誤差。

　　醫界，早期有幾例較有名的統合分析研究，包括：(1)beta-blockers 對於心肌梗塞的二度預防效果研究 (Yusuf, et al., 1985)。(2)stcroid 對於胎兒肺成熟度的影響 (Crowley, 1999)。(3)adjuvant tamoxifen 對乳癌的影響 (Early Breast Cancer Trialists' Collaboration Group, 1988)。這 3 個主題都是統合了幾篇相關的小型研究，而使相關醫學爭議獲得統合性的一致結論，進而化解正反雙方紛爭。統合分析的發展，也使西方醫學由教授的威權式個人的經驗傳承，進步到由較客觀公正的統計方法，來針對特定醫學議題進行統合分析，由於分析的結果較客觀也較公正，因此也較經得起考驗，也較有機會在不同的醫院或國家傳播研究的結果，年輕醫師也可以藉由公正客觀的分析獲得某特定醫學議題的統合分析結果的知識。

(二) 系統性綜論 (systemic reviews) 和統合分析可以點出具有爭議性的醫學題目

　　例如：傳統醫界在腸道手術後一般認爲應該禁食，但是隨後的統合分析卻發現禁食有可能帶來較多缺點，因此，這篇統合分析的結論建議針對此議題進行一個大規模 (large scale) 研究，才能解決其爭議性 (Lewis, et al., 2001)。此外，統合分析結果有可能和隨機分派研究 (randomized controlled trials, RCT) 結果相牴觸；最有名的例子就是「鎂離子對於心肌梗塞」的研究，統合分析指出了鎂離子的有效性 (Teo, et al., 1991)，然而隨後的大型 Fourth International Study of Infarct Survival (ISIS-4) 卻發現鎂離子是無效的 (Collaborative Group, 1995)。當遇到統合分析和隨機分派結果相牴觸時，我們必須花時間去找出兩者間的研究差異性。隨後的探討發現 ISIS-4 的鎂離子灌注時機和統合分析的鎂離子「灌注方法」是不同的。

(三)統合分析可提供較有證據性的次群組分析(subgroup analysis)

　　次群組分析也就是將欲選取的論文，找出具有明顯的 category 差別的變數，按照此干擾 (moderate) 變數的 level 分別作統合分析。因此 CMA、Stata、RevMan 等軟體就可能產生兩個或三個的森林圖。

　　次群組分析也是敏感性分析 (sensitivity test) 之一。敏感度分析主要的目的是將某些不合適的論文（例如：壁報或品質差的論文）刪除後，看看剩餘論文的合併效果

是否會因此更改，藉以測試綜合性效果的穩定度。如果某篇論文被刪除後，造成剩餘論文的綜合性效果明顯改變，那麼就應該在論文的討論部分說明此篇論文對於整體綜合性效果的重要性。例如：醫界某一針對 tamoxifen 對於可手術性乳癌的 55 個研究做統合分析，結果發現 tamoxifen 對於 estrogen 接受體陰性的病人而言，是不具有效益的，但這篇分析對統合研究的貢獻，係影響到日後的乳癌病理檢驗必須分別提供「estrogen 接受體」和「progesterone 接受體」的免疫染色報告 (Early Breast Cancer Trialists' Collaboration Group, 1991)。

1-4-2 統合分析的缺失

統合分析將不同的測量尺度、研究方法，以及研究設計所得到的研究發現組合在一起，就好像是把蘋果和橘子混在一起。故須要有一共同比較基準點，稱為「單位變換之效果量」。

一、統合分析的盲點

自統合分析發展以來，有其盲點，一直受到某些學者的批判，故研究者亦要注意以下四方面疑慮，分述如下：

1. 操作上的問題：統合分析的主要考量是整合的資料是否具有代表性，相關的研究數量不足時，統合分析的外在效度將受到質疑，不宜做統合分析。許多出版公布的研究結果多是經過選擇修飾的，亦即許多學術研究可能未達統計顯著性而未被選中公布，可能都留在原作者的抽屜中，此現象被稱為「文雁問題」(file drawer problem)。如果統合分析只針對發表的文章，則可能只看到事實的一部分，造成嚴重的偏差，因此在進行資料蒐集的過程中，除了數量要足夠外，應盡力尋找相關未發表的文獻，如學位論文、研討會、組織機構的研究報告、會議記錄等，使研究結果更完整 (Onyskiw, 1996)。

2. 分析上的問題：有些學者認為統合分析法將品質好與不好的研究共同整合，會造成品質的降低，其整合結果不具解釋力。多數學者傾向於納入統合分析的文獻需具有一定程度的品質，且樣本數越多者（研究品質越好）其加權越大，這是因品質較差的研究，將會影響到分析結果 (Beck, 1999; Conn & Armer, 1994; Onyskiw, 1996)。

3. 概念上的問題：統合分析法最被爭議的問題是「蘋果與橘子的比較」(apples and

oranges issue)，由於各個不同研究的自變數、依變數或收樣地點均不同，將一群相似變數卻不同理論及操作性定義混合一起分析時，其統合分析結果必定遭受質疑，故須「單位轉換」當比較的基準點。由於變數不同必然無法統合，即使變數名稱相同，概念意義也未必一樣，因此盡可能選擇相同概念或相似理論的研究變數，以免把橘子當成了蘋果 (Onyskiw, 1996; Theis & Johnson, 1995)。

4. 其他統合分析的問題：研究者可能因未參與實際研究，而無法深入了解實際研究情況，或對某些研究內容解讀偏差，造成統合分析結果上的誤差 (Beck, 1999)。

二、統合分析的缺點

缺點 1：Glass、McGaw 與 Smith(1981) 認為 Meta 分析會產生「出版偏差 (publication bias)」問題。意即由於原始文獻的研究結果若是呈現統計上顯著性，則比較會被期刊接受而出版；研究結果若是呈現不顯著，則很可能不會被出版。Meta 分析所蒐集的原始文獻大多是已出版文獻，所以其所彙整之結論會有偏差 (Dickersin, Chan, Chalmersx, Sacks, & Smith, 1987)。

補救措施：例如：Slavin(1995) 認為部分未出版的博士論文的品質可能比某些劣質期刊文獻的品質好。因此 Meta 分析蒐集的原始文獻除了期刊文獻之外，尚可考慮納入博碩士論文、學術會議或專業會議所發表的文章、政府機關或研究機構的報告，甚至直接向相關領域的專家索取未發表論文等。

缺點 2：Sharpe(1997) 認為 Meta 分析可能會產生「蘋果與橘子 (apple and oranges)」問題，即 Meta 分析彙整諸多不同的原始文獻，這些文獻研究假設不同、研究設計不同、研究法不同、樣本數不同，彷彿將一堆蘋果與橘子混合起一起彙整，因此缺乏說服力。

反駁說明：Meta 分析彙整諸多不同的原始文獻時，並非直接加總各個研究結果的統計量，而是經由轉換為適當的效果量再進行彙整。因此可譬喻是一堆不同品種的蘋果混合起一起彙整（王姵方，2020）。

缺點 3：Cheung 與 Chan(2004) 認為 Meta 分析的權重若分配不當，則會導致彙整的結果數據偏移，造成偏誤。

補救措施：Meta 分析彙整諸多不同的原始文獻時，有固定效果模式及隨機效果模式兩種模式可選擇，此二者權重之分配方式不同。固定效果模式分配給各個文獻的權重大小差距較懸殊，隨機效果模式分配給各個文獻的權重大小差距較均衡。若各個原始文獻之間的異質性高，則選擇隨機效果模式（王姵方，2020）。

三、統合分析的潛在缺點

一般而言，Meta 分析常見的缺點，包括：

1. 不同人口變數、方法、結果、品質都會造成異質性。

2. 研究選擇問題（選有顯著，不發表無顯著）和研究數據可能會產生偏誤 (bias)。

3. 使用 summary 數據而非 individual 數據。

4. 包含或排除個別論文的準則可能不夠詳細。

5. 發表偏誤（許因很多負面研究都未發表）。

在醫界，統合分析也有其潛在的缺點，包括：

(一)統合分析的研究結果絕非是完全值得信賴的

有很多的統合分析忽略了偏差 (bias) 的存在。由於統合分析的分析絕非盡善盡美，因此也有許多研究指出統合分析的缺失。如圖 1-12 的統合分析，顯示尚未發表研究結果會低估約 10% 的治療效果；而非英語系的論文會高估約 12% 的治療效果；而非 medline index 的論文則會高估約 5% 的治療效果。

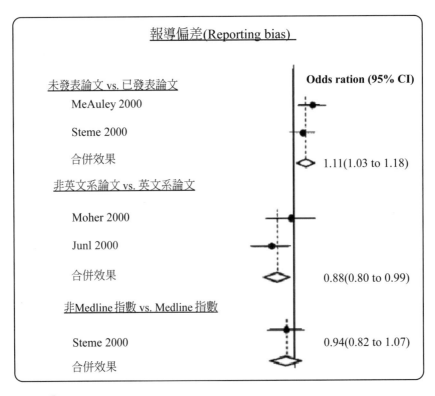

圖 1-12 統合分析的報導偏差的影響（臺北榮總，2013）

　　所以，如果 Meta 論文篇數夠多，你可分割原始資料的方式：即以「是否為發表的論文」、「是否為英文論文」、「是否為 medline 指數」三者當干擾變數，case by case 細分各干擾變數的加入（即分割原始資料）；其影響總平均療效的正負「方向」，若方向有改變，表示此干擾變數是不可漠視的情境因素。此時，干擾變數就須納入權變管理之考量因素。

　　干擾變數（次族群）的另一例子，如圖 1-13 所示：(1) 如果所列入的論文含有不足夠或不明的治療分派保密 (concealment of allocation) 時，則會高估 30% 的治療效果；(2) 而沒有雙盲的研究會比有雙盲的研究高估了 15% 的治療效果。

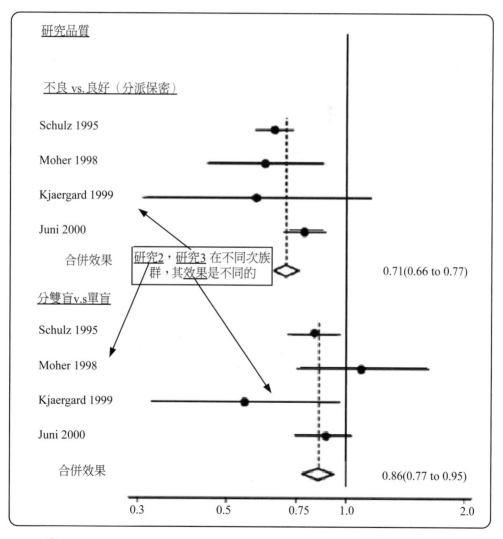

🔽 圖 1-13　統合分析的研究品質對分析結果的影響（臺北榮總，2013）

(二)統合分析結果有可能和隨機分派研究 (randomized controlled trials, RCT) 的結果相牴觸

統合分析和隨機分派的結果相牴觸時有所聞。醫界最有名的例子，就是「鎂離子對於心肌梗塞」的研究，統合分析指出了鎂離子是有效性 (Teo, et al., 1991)，然而，隨後的大型 Fourth International Study of Infarct Survival (ISIS-4) 卻發現鎂離子是無效的 (Collaborative Group, 1988)。當遇到統合分析和隨機分派結果相牴觸時，我們必須花時間去找出兩者間的研究差異性。隨後的探討發現 ISIS-4 的鎂離子「灌注時機」和統合分析的鎂離子「灌注方法」是不同的。

另外一個重要的概念，就是僅由單一一個隨機分派研究的結果來下結論是一種比較危險的行為，萬一這個結果有隨機誤差時 (error by chance)，我們就有可能對某個醫學議題造成誤判；相對的，統合分析可以提供較客觀的整合分析結果，對於不合適的研究我們也可藉由敏感性分析將其剔除，而使分析結果更正確。圖 1-14 指出了統合分析和隨機分派研究為何有時會有不同的結果，原因就是在於隨機分派研究之間會有異質性的存在，在作統合分析有可能會讓特定族群過度呈現 (over-presented)。

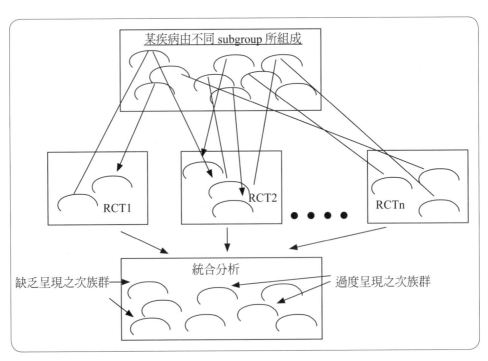

▶ 圖 1-14　統合分析和隨機分派研究論文結果牴觸的可能原因：某些特定族群被過度呈現 (over-presented)

來源：臺北榮總 (2013)

1-4-3 統合分析的改進方法

Meta 分析就是研究不同人的研究結果；也就是蒐集相同主題的初級研究資料，以進行次級研究分析。Meta 分析的核心理念是：「既然個別的初級研究，無法找出令人信服的結論，那麼就把大量相關的初級研究放在一起，進一步進行統計分析，從而找出較令人信服的結論」。

沒有一種研究法是完美無瑕的，當然，Meta 分析也不例外。但是重點在於研究者如何取長補短。

Glass 等人（1981）就一般學者的批評，分述以下四點：

(1) 無相同標準、樣本不同、程序不同、工具不同的研究數據，不應該放在一起計算；

(2) 研究品質好壞摻雜，有鼓勵低品質研究的產生；

(3) 研究文獻有出版偏差的問題；

(4) 資料不獨立問題，亦即可能將一個研究的多項結果當作獨立的研究結果來分析 (Onyskiw, 1996; Theis & Johnson, 1995; Beck, 1999; Conn & Armer, 1994)，作了澄清及改進方法，茲分述如下表：

表 1-2　Meta 分析法相關缺失與改進方法 (Glass et al., 1981)

Meta 缺失及批評	定性改進方法	定量改進方法
1. 各研究間無相同標準，樣本不同、程序不同、工具不同。因此這些測得數據不應放在一起計算。	Meta 分析就是要解決因各種不同標準所產生的誤差或結果，探究變數間真正的關係。因此如研究各種條件皆相同的話，就不需要 Meta 分析了，因為理想上除了誤差以外，應該都會有一樣的結果。	使用同質性 Q 檢定，如 發現研究間異質，則需先找出可能的中介變數，不可放在一起分析。 $Q = \sum_{i=1}^{k} \frac{(d_i - d_u)^2}{\sigma^2_{(d_i)}}$。 $Q \sim \chi^2$ 分配。
2. 研究品質好壞不分，有鼓勵低品質研究的產生。	(1) 研究品質和分析結果並無相關存在。 (2) 可將研究品質當成干擾變數，順便探討其和效果量大小間的關係。 (3) 將研究品質（與樣本數成正比）作為計算效果量的加權依據。	針對各研究的結果進行加權。 (1) Stouffer 組合檢定法 $Z_c = \frac{\sum df_i \times Z_i}{\sqrt{\sum df_i^2}}$ (2) 可以各研究變異數的倒數、自由度、樣本數為加權量。

Meta 缺失及批評	定性改進方法	定量改進方法
3. 發表偏誤 (publication bios) 問題。有可能因為蒐集到的已出版研究做 Meta 分析，導致忽略了未出版的研究。而出版與未出版之間可能有存在著系統性的差異。	盡可能蒐集未出版之研究報告。	1. 計算 Fail-Safe N： $$N_{f.s0.5} = \left(\frac{\sum_{i=1}^{k} Z_i}{1.645} \right)^2 - K$$ 此值越大，表示越可忽略發表偏誤；此值越小，表示發表偏誤越嚴重。 為何選 1.645? 因為 Z=1.645，其標準常態分配之機率值為 0.95。 2. 或直接刪除偏離值 (outlier) 的論文，再重做 Meta。
4. 資料不獨立問題，亦即可能將一個研究的多項結果當作獨立的研究結果來分析。	如果單一研究的多項結果來自對依變數很相似的定義，則可以將它們合併。否則最好根據依變數的定義，分開實施統合分析。	無，只能定性處理。

　　統合分析將不同的測量尺度、研究方法，以及研究設計所得到的研究發現組合在一起，就好像是把蘋果和橘子混在一起，一定要有「統計面之比較基準的單位」，例如每篇論文的統計摘要表都轉換成「相關 Pearson r 或 Fisher' Zr 值、Cohen's d、Hedges' g、Odds ratio」。

　　Hedges (1981, 1982a, 1982b) 以及 Hedges 與 Olkin (1983, 1985) 已經將 Glass (1997) 原先的方法做了衍生，並提出一套新的技巧及統計檢定，特別改善下列統合分析所受的批判：

1. 哪些變數需要加以編碼？編碼的過程爲何？如何將已經編碼過的資料予以組織起來？你可仿照第 3 章理論模型建構之二途徑 (intention vs. extension) 來做。
2. 當在計算效果量的時候，該以哪一個變數來做爲標準差？主流的做法，是以「df 或樣本數，標準誤」當權重。
3. 由於樣本的效果量是母群體效果量的一個偏差估計值，該如何校正這個偏差呢？若同質則採固定效果模型；反之則採隨機效果模型來估計平均效果量。
4. 需要根據樣本數大小來對效果量做加權處理嗎？Rosenthal 的建議是要的。
5. 所有樣本的效果量都是來自於同一個母群體的效果量嗎？故須異質性 Q 檢定來判定。

6. 哪些統計方法對分析效果量 (ES) 來說是適當的？基本上，不論是二分類別變數、連續變數 (t、F)、已知效果量 (Cohen's d, Hedges' g)、或 r 族系等變數，都適合做 Meta 分析，

7. 如果一個樣本的效果量包含了離群值，該如何將它找出來？利用森林圖之 95%CI 即可發現：那個個別研究是偏離值 (outlier)。

　　統合分析缺點的改善，有下列方法：

(一)哪些變數需要編碼

　　想要在選擇編碼項目和發展編碼計畫，對於你要進行統合分析的相關理論與實證文獻要有所了解。

　　有時候特定的資訊必須加以保留，舉例來說，如果每個研究之參與者平均年齡是很重要的話，則可將這個平均年齡列入編碼。

(二)選擇效果量的標準差

　　當使用效果量來比較實驗組和控制組，但這兩組的變異數不相等時，就利用控制組的標準差來計算所有研究的效果量，易有偏差。故我們建議用 Hedges(1981) 合併 (spooled) 兩組的變異數來當估計值，公式如下：

以 $S_{pooled} = \sqrt{\dfrac{(N_E-1)^2 S_E^2 + (N_C-1)^2 S_C^2}{N_E + N_C - 2}}$，代入 $g_i = \dfrac{M_E - M_C}{S_{pooled}}$ 效果量公式

其中，N_E：實驗組的樣本數（第一組）

　　　N_C：控制組的樣本數（第二組）

　　　S_E^2：實驗組的變異數（第一組）

　　　S_C^2：控制組的變異數（第二組）

(三)計算受試者內實驗設計的效果量

　　由於研究者常要計算受試者內實驗設計 (within-subjects design) 的效果量，這種實驗設計通常是比較前測與後測的差異，來考驗一個實驗處理的效果（例如：實驗組）。計算這個效果量的適當公式，就是使用前測的標準差，對於未經過實驗處理的變異數而言，這是避免將前測和後測的平均值之差異予以標準化之最佳代表方式。

(四)使用效果量做為實驗處理效果的估計值

Hedges(1981) 指出，小樣本的效果量一定會有偏差的，但是當樣本數 N 超過 20 的時候，偏差就會降至 20%，或甚至更低。為了得到一個真正的效果量不偏估計值，可以將效果量乘以下列公式中的校正係數 (correction factor, C)：

$$C = 1 - \frac{3}{4N-9} \text{，即 Hedges's } d_i \cong \left(1 - \frac{3}{4(n_E+n_C)-9}\right) \times g_i$$

每一個效果量在被平均或是進一步分析之前，都應該加以校正。如果每一個效果量在被平均之前沒有加以校正的話，那麼即使是由很多的效果量加以平均，仍然是有偏差的，因為它只是對於一個不正確的數值，加以更精確地計算而已。

Hedges(1981) 指出，效果量的變異數，可以直接由下列公式計算出來：

$$Var(ES_i) = \frac{N_E+N_C}{N_E N_C} + \frac{ES_i^2}{2(N_E+N_C)} \text{，即 } \hat{\sigma}^2(d_i) = \frac{n_E+n_C}{n_E n_C} + \frac{d_i^2}{2(n_E+n_C)}$$

其中，N_E：實驗組的樣本數（第一組）

　　　N_C：控制組的樣本數（第二組）

　　　ES_i：論文第 i 篇之效果量 (ES)

(五)異質性Q檢定

異質性 Q 檢定 (Q test)，是特別設計來考驗虛無假設 H_0：

$$H_0 : ES_1 = ES_2 = \cdots = ES_i$$

這個虛無假設的意思是說：所有個別的效果量都是來自於有同樣效果量的一個母群體。

使用異質性 Q 檢定來進行定量改進，事先找出可能的中介變數或將所有文獻所有參與者的資料切割成次群體 (subgroup)，進行次群體間的比較，但不將無相同標準、樣本不同、程序不同、工具不同的研究放在一起分析。

(六)變異數分析與Meta迴歸

目的是用來檢驗效果量之解釋模型 (explanatory model) 的方法。

(七) 離群值(outlier)的考驗

在迴歸模型中，偏離平均值太大的效果量，可以藉由檢查迴歸方程式的殘差 (residual) 加以分辨出來，而殘差的絕對值則可以透過減去平均值再除以標準差的方式，予以標準化成為 z 分數。

經過將殘差標準化之後的效果量，如果它的值大於 2，通常會被認為是具有偏離平均值太多的潛在可能性，因為它們已超出 95% 的常態分配範圍。

(八) 研究在發表時產生的偏誤

Hedges 與 Olkin(1985) 提出一種技術，用來估計有多少篇未發表的研究，且其研究結果為研究變數之間並無顯著影響或效果存在；意即應該要將這些研究的效果量平均值減低到不具重要性才對。

$$K_0 = \frac{K(d_{\overline{ES}} - d_{ES\_trivial})}{d_{ES\_trivial}}$$

其中，K_0：需將效果量 (ES) 降低的研究篇數

　　　K：使用統合分析的研究篇數

　　　$d_{\overline{ES}}$：在統合分析研究中，所有效果量 (ES) 的平均值

　　　$d_{ES\_trivial}$：沒有達到顯著差異水準的效果量 (ES) 估計值。

▌小結

Meta 分析是一種可以將極大數量的研究，歸納簡化為一種基礎原理、原則的工具。進行統合分析研究時，有許多注意事項必須加以考量，例如：選擇標準差以計算效果量、樣本偏差的效果量之加權、離群值考驗，與分析過程中所需使用的統計步驟等都是需要不斷加以改善的。

量性品質評析包含五項目的，一是做為篩選文章時的最低標準，二是文獻品質的差異性，可用來解釋研究結果所產生的異質性，三是做為統合分析時加權之參考依據，四是可成為輔助研究結果參考價值之強度，最後是為未來研究設計的建議。

◆ 1-5 Meta-analysis 軟體 ◆

　　有鑑於社會科學專用 Meta 軟體非常缺乏，故本書光碟有附「作者設計 Excel 程式」，特別適合，將個別研究之統計值（卡方、t 值、F 值、d 值），自動「單位轉換」成其對應的效果量 (r_i, Fishers Zr_i, Z_i, Winner t_i)，並自動進行異質性 Q 檢定

（$Q = \sum_{i=1}^{k} \left[w_i \left(r_i - \bar{r} \right)^2 \right]$）、發表偏誤（$N_{f.s.0.5} = \left(\dfrac{\sum_{i=1}^{K} Z_i}{1.645} \right)^2 - K$），最後再算出「平均效果量」

（$\overline{Zr} = \dfrac{\sum_{i=1}^{k}(N_i - 3)Zr}{\sum_{i=1}^{k}(N_i - 3)}$）及其顯著性檢定 $Stouffer' Z = \dfrac{\sum_{i=1}^{K} Z_i}{\sqrt{K}}$（$Z_c$ 的顯著性檢定、Winner' t

顯著性 $Z_c = \dfrac{\sum_{i=1}^{K} t_i}{\sqrt{\sum_{i=1}^{K} \left(\dfrac{df_i}{df_i - 2} \right)}}$）。

■ 1-5-1 專有名詞

定義風險 (Risk)：發生特定事件的機會或機率（一組中有該事件的參與者數除以參與者總數）

定義賠率／勝算 (Odds)：事件與非事件的比率（發生事件的風險除以沒有發生事件的風險）

定義勝算比 (Odds Ratio, OR)：一組發生的事件的機率除以另一組發生的事件的機率

定義 Relative risk or Risk Ratio (RR)：一組事件的風險除以另一組事件的風險

定義 Risk difference (RD; -1 to +1)：實驗組的風險減去對照組的風險

1-5-2 Comprehensive Meta-analysis 軟體

Comprehensive Meta-analysis(CMA) 是一套操作介面容易，又非常強大足以滿足您所有研究需要的分析套裝軟體 (http://www.meta-analysis.com)。

Meta 分析是結合來自多項研究的數據統計程序。當治療效果（效果量，effect size）的研究是一致時，Meta 分析可以用來識別當前普遍的影響，從一項研究中至下一項的效果變化，Meta 分析可被用來確定變化的原因。

一、CMA 之綜合分析的特色

1. 採用電子表格界面，亦可分開鍵入實驗組 vs. 控制組的「次群樣本 (subsets data)」。
2. 自動計算實驗處理（治療）效果（即「勝算比 (Odds ratio)」效果量）。如圖 1-17。
3. 一個單一的點擊創建一個高解析度的森林圖 (forest plot)。Meta 分析常以森林圖做總結 (95%CI, p-value)。
4. 執行累積 Meta 分析。
5. 可進行敏感性分析 (sensitivity analysis)。
6. 評估發表偏誤 (publication bias) 的潛在影響。
7. 於數據中進行「多群組 subsets data」分析。CMA 畫面有「Select by」按鈕。
8. 提供固定效果 vs.隨機效果讓你選擇。

1. Comprehensive Meta-Analysis 軟體的簡介，你可前往網址：
   http://www.meta-analysis.com/pages/comprehensive_meta-analysis_tour.php
2. Comprehensive Meta-Analysis 軟體的線上教學網址：
   http://www.meta-analysis.com/pages/videotutorials.php?gclid=CNPa24KQjLsCFQHKpAodNHYAmA

你可在速算表的左半之白色區，「直接」鍵入「眾多個別研究」
data,或從其他軟體「import」data

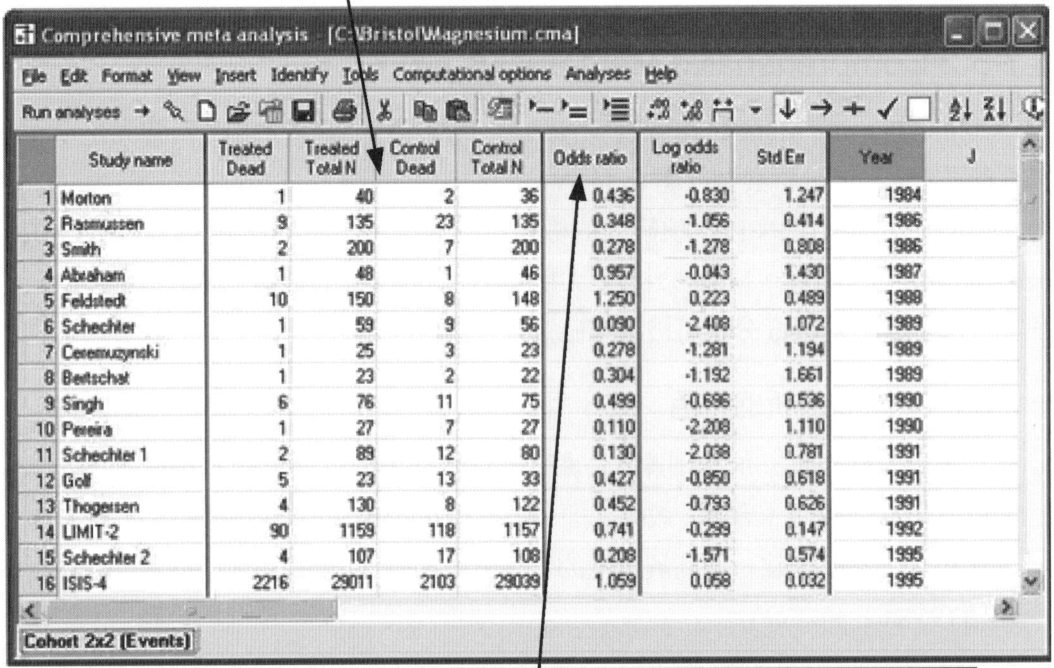

	Study name	Treated Dead	Treated Total N	Control Dead	Control Total N	Odds ratio	Log odds ratio	Std Err	Year	J
1	Morton	1	40	2	36	0.436	-0.830	1.247	1984	
2	Rasmussen	9	135	23	135	0.348	-1.056	0.414	1986	
3	Smith	2	200	7	200	0.278	-1.278	0.808	1986	
4	Abraham	1	48	1	46	0.957	-0.043	1.430	1987	
5	Feldstedt	10	150	8	148	1.250	0.223	0.489	1988	
6	Schechter	1	59	9	56	0.090	-2.408	1.072	1989	
7	Ceremuzynski	1	25	3	23	0.278	-1.281	1.194	1989	
8	Bertschat	1	23	2	22	0.304	-1.192	1.661	1989	
9	Singh	6	76	11	75	0.499	-0.696	0.536	1990	
10	Pereira	1	27	7	27	0.110	-2.208	1.110	1990	
11	Schechter 1	2	89	12	80	0.130	-2.038	0.781	1991	
12	Golf	5	23	13	33	0.427	-0.850	0.618	1991	
13	Thogersen	4	130	8	122	0.452	-0.793	0.626	1991	
14	LIMIT-2	90	1159	118	1157	0.741	-0.299	0.147	1992	
15	Schechter 2	4	107	17	108	0.208	-1.571	0.574	1995	
16	ISIS-4	2216	29011	2103	29039	1.059	0.058	0.032	1995	

Cohort 2x2 (Events)

速算表的右半之白色區，CMA會顯示「眾多個別研究」之二種
odds ratio 效果量

▶ 圖 1-15　Comprehensive Meta-analysis 輸入 data 後之速算表介面

你可在速算表的左半之白色區，「直接」鍵入「眾多個別研究」中，已有多重結果(multiple outcomes)之data。

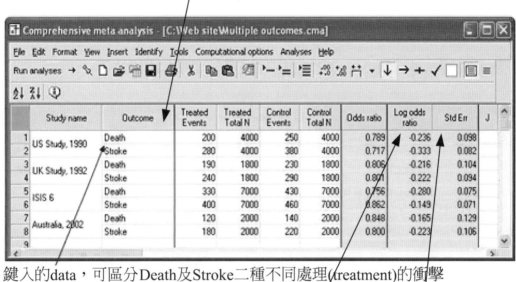

鍵入的data，可區分Death及Stroke二種不同處理(treatment)的衝擊

Natural logarithm of the risk ratio: $Lrr_i = Ln(\frac{P_E}{P_C})$ $V(Lrr) = \frac{1 - P_E}{n_E P_E} + \frac{1 - P_C}{n_C P_C}$

Natural logarithm of the odds ratio: $Lor_i = Ln[\frac{P_E(1 - P_C)}{P_C(1 - P_E)}]$

$$V(Lor) = \frac{1}{a} + \frac{1}{b} + \frac{1}{c} + \frac{1}{d}$$

▶ 圖 1-16 Comprehensive Meta-analysis 之分析報表

研究1及研究2，只key in「實驗組 vs. 控制組」的events值及樣本人數N

研究3及研究4，只key in「Odds ratio及信賴區間」

CMA計算出所有「各data格式」的效果量(Odds ratio) 及其標準誤

	Study name	Data format	Treated Died	Treated Total N	Control Died	Control Total N	Odds ratio	Lower Limit	Upper Limit	Confidence level	Odds ratio	Log odds ratio	Std Err
1	Valentine, 2000	Cohort 2x2 (Events)	9	40	12	43					0.750	-0.288	0.509
2	Shadish, 1992	Cohort 2x2 (Events)	16	140	22	142					0.704	-0.351	0.353
3	Sutton, 1996	Odds ratio					0.880	0.580	1.335	0.950	0.880	-0.128	0.213
4	Altman, 1998	Odds ratio					0.740	0.420	1.304	0.950	0.740	-0.301	0.289
5													
6													

▶ 圖 1-17 Comprehensive Meta-analysis 亦可鍵入不同格式 (format) 的資料

在往後幾章中，本書會陸續介紹 CMA 實作的例子，讓你不再恐懼 Meta 的軟體操作。

1-5-3 Stata 軟體

Stata 軟體 (www.stata.com) 功能強大且多元化，如圖 1-20 所示。

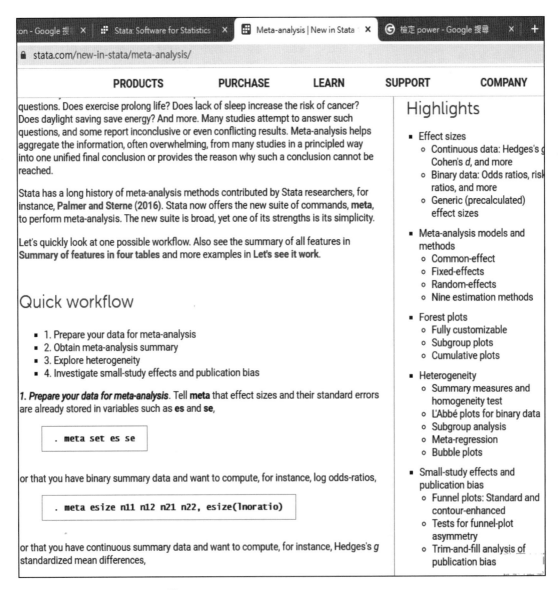

圖 1-18　Stata 網站 (www.stata.com)

1-6 type I、type II error 及 power

　　顯著水準 (Type I error-α rate)、統計檢定力 (power)、樣本人數與母群的效果量 (effect size) 是四個相互關聯的統計參數，其中任何一個都可以視為其他三個的函數；也就是說，其中三個如果決定了，第四個也就被決定了 (Cohen, 1977)。簡單來說，顯著水準可視為拒絕虛無假設 (null hypothesis) 時所可能犯的誤差率，統計檢定力可視為正確拒絕虛無假設的機率，而母群的效果量可視為研究者所希望偵測出來的、存在母群體中的真正效果或相關。當其他兩個條件保持恆定時：(1) 顯著水準定的越嚴格，統計檢定力就越低。(2) 樣本人數越少時，統計檢定力就越低。(3) 母群效果量越小時，越不容易被偵測到，統計檢定力也就越低。很多研究者都知道，如果想要偵測到一個不太大但真正存在母群體的效果或相關，則樣本人數不能太少，否則研究結果很難有顯著的機會。

　　檢定進行時，除了可探測結果之顯著性，相對的存在一定的風險，即可能發生誤差的機會；常態分布是一個連續性的機率分布，檢測時所設之可信賴區間，以外之部分即為發生誤差之機率。根據檢定之前提與結果正確與否，可產生兩種不同之誤差情況，分別在第一型誤差及第二型誤差（圖 1-19）。

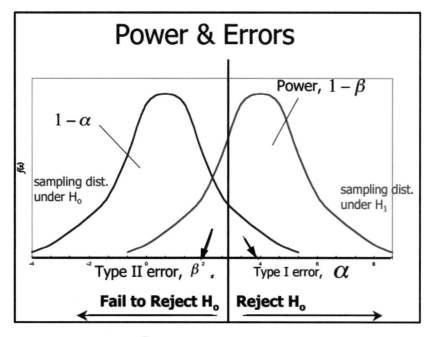

　▶ 圖 1-19　檢定力 vs. 誤差

　　當我們在進行統計檢定時，基本上根據有限的樣本數量，對母體的實際分布作一推估，必然會有誤差之風險。這種「誤差」可分二種：

(1) 型 I 誤差 (Type I error)：當虛無假設 H_0 為眞，卻因抽樣誤差導致決策爲拒絕 H_0 (the probability of rejecting a true null hypothesis)，此種誤差稱爲誤差。犯 Type I error 之機率即爲 α。

(2) 型 II 誤差 (Type II error)：當虛無假設 H_0 爲假，卻因抽樣誤差導致決策不拒絕 H_0(the probability of failing to reject a false null hypothesis)，此種誤差稱爲誤差。Type II error 之機率爲 β。

表 1-3　型 II 誤差 (α) 及型 II 誤差 (β) 之解說

決定 (Decision)	真實情況 (TRUE STATE)	
	H_0 爲眞	H_1 爲眞
未拒絕 H_0	正確決定 機率 $p = 1 - \alpha$	Type II error 機率 $p = \beta$
拒絕 H_0	Type I error 機率 $p = \alpha$	正確決定 機率 $p = 1 - \beta$

決定 (Decision)	真實情況 (TRUE STATE)	
	H_0 爲眞：嫌疑犯眞的無作案	H_1 爲眞：嫌疑犯眞的有作案
嫌疑犯無罪	正確決定 機率 $p = 1 - \alpha$	Type II error 機率 $p = \beta$
嫌疑犯有罪	Type I error 機率 $p = \alpha$	正確決定 機率 $p = 1 - \beta$

　　由於世界是充滿矛盾的，因爲當我們設定很小之 α 水準（顯著水準）想盡量避免犯第一類誤差時，我們卻相對的增加了犯下另一種誤差之可能。因爲當我們增加非臨界區的面積時，我們就減少了樣本統計測定之值落入臨界區的可能，而這種情況有可能使我們犯下第二類誤差 (Type II error) 或 Beta 誤差，也就是未能拒絕一個事實上爲假之 H_0 的誤差。見圖 1-21，犯第一類誤差的機率雖然是和犯第二類誤差之機率成反比之關係，但是 β 值（犯 Type II error 之機率）「並不是」等於 $1 - \alpha$。β 值的大小是以所謂統計檢定力 (power) 來決定，一個統計測定之 power 即爲 $1 - \beta$。

　　檢定力的計算，可用「R 語言」之函數。例如：相關／複迴歸這類型，假設

Pearson 相關 r=-0.58, alpha=0.05，樣本數 n=15 篇，則「R 語言」之指令如下：

```
>library(pwr)
>pwr.r.test(n=15, r=-0.58, sig.level=.05, alternative=c("two.sided"))
```

結果得：power = 0.63，即 $1 - \beta = 0.63$，所以 Type II error $\beta = 0.37$。

相對地，若要求 ANOVA 的 Power，假設 levels = 3 組，每一組有 10 人，alpha = 0.05，F 值 = 0.25，「R 語言」對應之指令如下：

```
>library(pwr)
>pwr.anova.test(k=3, n=10, F=0.25, sig.level=.05, power=NULL)
```

至於卡方檢定、t 檢定的 power，其「R 語言」對應之指令如下：

```
>library(pwr)
> pwr.chisq.test(w = NULL, N = NULL, df = NULL, sig.level = 0.05, power = NULL)
> power.t.test(n = NULL, delta = NULL, sd = 1, sig.level = 0.05,
              power = NULL,
              type = c("two.sample", "one.sample", "paired"),
              alternative = c("two.sided", "one.sided"),
              strict = FALSE)
```

例如：做單尾測定時，在同樣之顯著水準下，假如 $\alpha = 0.05$，臨界區是放在抽樣分配之一端，而非平分放在兩端，而 $Z_{(critical)}$ 是 +1.65（或 –1.65）（見圖 1-20）。

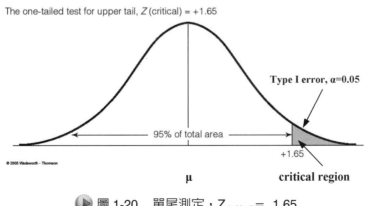

The one-tailed test for upper tail, Z (critical) = +1.65

Type I error, α=0.05

95% of total area

+1.65

© 2005 Wadsworth - Thomson

μ

critical region

▶ 圖 1-20　單尾測定，$Z_{(critical)} = 1.65$

若判定（實驗組 vs. 控制組）兩組樣本有顯著差異之標準過高，則有可能在有差異（H_0 為假）時判定為無差異，是為型 II 誤差；反之，標準過低則為型 I 誤差。

故 Meta-analysis、或次族群 Meta 分析（或刪除某偏離值 (outlier) 時，若高敏感性之檢定則容易有型 I 誤差，異異性高之檢定則容易有型 II 誤差。

▌小結

統合分析的發展，起源傳統文獻分析的問題，做「敘述性的評論」：將蒐集的文獻內容，依個人判斷歸納成結論。但它易流於個人的見解、偏好、期待的主觀影響，且易陷入追求 p < 0.05 的迷思，而未考慮統計檢定力及型 II 誤差的問題單一（少數幾篇）的研究結果。無法解答某項特定的議題，故改利用統合分析，通常可以得到更大的正確性、客觀性及研究的重驗性。統合分析的發展，起源於推論誤差。如果研究的結果報告都能包括：效果量的估計值與顯著性檢定，就更能避免犯「型 I」(α) 與「型 II」(β) 誤差，導致推論無效。

在社會與行為科學中，犯「型 II」誤差（結果說「X 與 Y 無關」而實際卻相關）遠比「型 I」誤差的可能性要大。我們若能注意估計效果量，有可能讓「型 II」誤差下降。

Meta 要選入多少篇的文獻，才夠進行 Meta 分析呢？若以 Type I 誤差 $\alpha = 0.05$，Type II 誤差 $\beta = 0.8$ 來計算，理想上是 24 篇以上，但事實很少找到這麼多的相似的文獻。

第 2 章
Meta 效果量的轉換

META

統合分析 (Meta-analysis) 是一種可以讓研究者將不同研究所獲得的發現加以彙整的一種技術 (Cooper & Hedges, 1994)。它藉由計算個別研究效果量 (effect size, ES) 來描述不同研究的研究結果，然後再將這些個別研究的效果量根據其加權值求得一個整體平均的效果量（CMA 有 18 類型 ES），並以該整體平均效果量來代表不同研究整合後所發現的結論。

Meta 常見依變數的資料型態 (types of data)，包括：

(1) 二分變數 (Dichotomous data)，例如：生 vs. 死、男 vs. 女、受試對象分為實驗組與對照組。我們經常做的結果可能不是真正的二分法，只是為了使它們更易於管理和理解。例如：將血液中的膽固醇（對連續量表測定）分為：(1) 超過臨界值「高膽固醇」者、(2) 未超過臨界值「非高膽固醇」者。

(2) 事件計數 (Counts of events)，例如：懷孕次數、犯罪次數。

(3) 短次序 (Short ordinal scales)，例如：「無 / 輕 / 中度 / 重度」的疼痛量表。

(4) 長次序 (Long ordinal scales)，例如：簡短 36 題之生活型態量表或憂鬱指數的量表。有時 Long ordinal 資料，常視為連續數據來進行分析。

(5) 連續量表測定結果的數據 (continuous data)，例如：膽固醇濃度、血壓，膝關節的運動範圍、學數成績。

(6) 刪失數據或存活數據 (censored data or survival data)，例如：癌症復發的時間，在研究結束時，你並無法在病人身上來事先測量。

為了適應上述 6 種資料型態，Meta 分析分為兩個重點：顯著性之檢定與效果量之計算。(1) 顯著性檢定目的在探討所有的研究結果，並檢定其顯著水準是否可以拒絕虛無假設，通常以 Z 值、p 值、95%CI（含不含 0 或 1 無效垂直線）來呈現。(2) 計算平均效果量，並檢定其 95% 信賴區間。效果量之計算是用以估計效果量的大小，正代表變數間關係之強弱。一般用積差相關 r 值、Fisher's Zr 值、Cohen's d 或是 Hedges's g 不偏估計值來表示。

【統合分析之各種效果量轉換的 Excel 程式】

為補救 p 值的不足或其他效果量之間的轉換，Google 查詢可下載「Excel 公式轉換」來轉換各效果量，包括：「p to t.xls」、「p-values and Critical Values.xls」、「r to d & d to r_1.xls」、「Odds Ratio to r.xls」、「Effect Size Corrections.xls」、「Fail Safe N.xls」、「Calculating g and d.xls」、「Converting effect sizes.xls」、「Odds Ratio to r.xls」、「p-values and Critical Values.xls」、「r to d & d to r_1.xls」等。

【統合分析常見類型】

過去 30 多年統合分析的發展，尤以 Hedges & Olkin(1983)、Rosenthal(1991) 及 Hunter & Schmidt(1990) 所提方法最受歡迎，使得各領域研究結果之整合方法更有系統、更明確也更具體化。其中 Hedges & Olkin(1983) 技術較適用於「實驗組 vs. 控制組」之間的差異性檢定（t 檢定），所需要的資料是成對「實驗組 vs. 控制組」的平均數與標準差。Rosenthal(1991) 技術以及 Hunter & Schmidt(1990) 技術則較適用於相關係數的資料（要注意正負方向），亦即著重在分析變數之間的關聯性，其所需的資料是變數間的相關係數。相關統合分析技術類型如下：

1. Hedges & Olkin(1983)

採用的統合分析技術主要是利用平均數與標準差作為分析的基礎，以變異數的倒數當加權數。效果量的指標為 d 值，也就是把每一對平均數及標準差標準化，此一標準化動作也使得不同單位的原始資料可以進行劑量性結合，藉由此以探究累積資料的效果量。

2. Rosenthal(1991)

採用的統合分析技術為將相關係數各研究結果轉換為單尾機率 Z 值（標準常態分布），再經由 Fisher's 將這些 Z 值轉換成無偏誤的 Zr，並以此代表效果量來進行運算，Rosenthal 提出之統合技術方法以自由度為加權值，並且特別強調同質性分析。在進行統合分析之前，需先考驗各個研究之 P 值或效果量是否具有異質性 (Q test)，若達到同質性顯著，需進行調節變數 (moderator variable) 之探究。

3. Hunter & Schmidt(1990)

以相關係數為基本統計量，並且以樣本為加權值，Hunter 等人認為在估計母群相關係數時，各研究相關係數之加權平均數較非加權平均數更適合。此方法具有多種校正誤差之技術，包含抽樣誤差、測量誤差、全距不一致性等。此外，Hunter & Schmidt 不採用顯著性而是使用信賴區間的方式，主要是因為信賴區所犯的第一類型誤差 (α) 可控制在 5%，而顯著性檢定則不行。

◆ 2-1 Meta 分析法之單位轉算法 ◆

統合分析是一種將過去個別研究的結果綜合起來作計量結合的技術 (Glass, Mc-

Gaw, & Smith, 1981)，並在此過程中消除各種誤差來源，以發現變數間的眞正關係及其強度 (Hunter & Schmidt, 1990)。因此它是一種與傳統敘述性的文獻分析 (narrative literature reviews) 相反的方法，它從個別的研究結果中使用統計的過程，以蒐集實證性的發現，研究的重點在效果量的大小。因此我們可稱統合分析爲「對研究統合的量化方法」(Wolf, 1986)。

　　Lush(1931) 最早將類似統合分析的觀念使用在農業方面。早期在農業研究有兩個主要的取向：(1) 從各研究結果中做統計顯著性檢定。(2) 從各研究中去估計組合的處理效果 (Hedges & Olkin, 1985)。雖然統計顯著性 (significance) 檢定很多學者加以探討，可是其仍然面臨一些不易克服的缺失，而這缺失最主要爲統計顯著性檢定無法告知實驗研究者其實驗處理的效果 (ES) 有多大。因此便有第二種取向的產生一組合 (combined) 各研究效果的方式（機率 p、積差相關 r、Z 組合法），並從中排除各種誤差，以探求眞正 (truth) 的效果有多大。

▌2-1-1 效果量之類型：基於平均數、基於二元資料、基於相關資料

　　如圖 2-6 所示「Comparison of two group, time-points, or exposures (includes correlation)」各種資料格式。

　　效果量是 Meta 分析的基本分析單位，是依據各個原始樣本文獻的研究結果求得的。Meta 分析所使用合併各個原始樣本文獻之研究結果的公式則是原始研究所用公式的擴展。例如：研究人員在原始文獻的研究中顯示其樣本的平均數及標準差，或以變異數分析與多元迴歸求出各個變數的相關係數。同樣地，Meta 分析也採用相似的做法呈現統整原始文獻後的平均數、標準差與相關係數。

　　由於各個樣本文獻的研究結果呈現形式可能不一，Meta 分析爲了以客觀量化的方式合併各個研究結果，因此需先將各個研究結果轉算成統一尺度及統一形式的效果量 (effect sizes)。常用效果量可分三類，說明如下 (Borenstein et al., 2011)：

一、基於平均數的效果量

　　當樣本文獻的自變數爲類別變數，依變數（應變數）爲連續變數且呈現平均數及標準差時，常使用基於平均數的效果量，舉例如下：

1. D（raw mean difference，原始平均數差值），屬於未標準化平均數差值。

2. d，即 Cohen's d，standardized mean difference，標準化平均數差值。Cohen's d 爲

母群體參數 (population parameter)δ 的樣本估計值。

3. g，即 Hedges'g，校正後標準化平均數差值。因樣本數量小時，d 對母群體參數 δ 的估計過高，即 d 有偏誤 (bias)，需透過簡單校正得到 δ 的不偏估計 (umbiased estimate)Hedges'g(Hedges, 1981)。

二、基於二元資料的效果量：

當樣本文獻的自變數與應變數皆為二分變數，即研究結果呈現兩組發生和未發生的群體（即典型的 2×2 列聯表）時，常使用基於二元資料的效果量，舉例如下：

(1) RR(Risk ratio)，風險比，亦稱為相對風險性，為兩組風險率的比值。無單位，用於隨機試驗 (randomised trials) 及世代研究 (cohort studies)。

(2) OR(Odds ratio)，勝算比，為病例 - 對照研究中，實驗組中發生疾病的勝算與控制組中發生疾病的勝算比值，或罹患疾病的病患暴露於某變因的勝算除以控制組暴露的勝算。範例請見：圖 2-21「Odds ratio 之示意圖」、圖 2-23 畫面「Type of studies included」有四大類可圈選。

三、基於相關資料的效果量

當樣本文獻的自變數與應變數皆為連續變數，且研究結果呈現自變數與依變數兩者間的關係（即相關係數 correlation coefficient, r），則使用相關係數本身作為效果量。

【各統計量與相關係數 r 效果量之尺度轉算】

Pearson 積差相關係數 (The Pearson product-moment correlation coefficient, Pearson's r) 用以檢驗研究變數之間，兩兩相關的強度和方向性。相關係數越接近 +1 或 –1，表示變數間的關聯性越強，即關係越密切。

Rosenthal(1986) 認為因為許多統計量皆易於轉換為 Pearson 積差相關係數，故以 Pearson 相關係數 r 做為 Meta 分析的效果量 (effect sizes) 是很棒的做法。

因此本研究使用的效果量為 Pearson 相關係數 r，鑒於各個樣本文獻的研究結果係依其相異的檢定方法而以不同形式的統計量呈現，以下舉例說明不同的檢定方法之統計量轉換為 Pearson 相關係數 r 的數學公式（張紹勳，2014）：

一、t 檢定 (t-test)：實驗組 vs. 控制組效果，case 組 -control 組效果

自變數為類別變數，依變數為連續變數，獨立樣本兩組平均數差異顯著性檢定，σ^2（母體變異數）的不偏估計數是 $\hat{S}^2$（樣本變異數）。

當兩組母體標準差 σ_1 與 σ_2 未知，若兩組樣本標準差 $\hat{S}_1$ 與 $\hat{S}_2$ 差異不大，則假設且 $\sigma_1 = \sigma_2 = \sigma$，故採用 t 檢定。

t 檢定值轉算為 Pearson 相關係數 r 之公式為：

$$r_i = \sqrt{\frac{t_i^2}{t_i^2 + df_i}} \text{，其中 } df_i = n_1 + n_2$$

二、F 檢定 (F-test)

自變數為類別變數，依變數為連續變數，獨立樣本兩組平均數差異顯著性檢定，σ_2（母體變異數）的不偏估計數是 $\hat{S}^2$（樣本變異數）。

當兩組母體標準差 σ_1 與 σ_2 未知，若兩組樣本標準差 $\hat{S}_1$ 與 $\hat{S}_2$ 差異較大，則假定 $\sigma_1 \neq \sigma_2$，故採用 F 檢定。

F 檢定值轉算為 Pearson 相關係數 r 之公式為：

$$r_i = \sqrt{\frac{F_i}{F_i + df(e_i)}} \text{，其中 } df(e_i) = n_1 + n_2 - 2$$

三、卡方檢定 (χ^2-test)

自變數與依變數皆為類別變數，則採用卡方檢定。

卡方檢定值轉算為 Pearson 相關係數 r 之公式為：

$$r_i = \sqrt{\frac{\chi_i^2}{N}} \text{，其中 } N = n_1 + n_2 \text{，適用於 } df = 1$$

四、單因子變異數分析檢定 (One-way analysis of variance, One-way ANOVA)

自變數為類別變數，依變數為連續變數，研究一個自變數對依變數的影響，獨立樣本三組以上平均數差異顯著性檢定，採用單因子變異數分析檢定。

單因子變異數分析檢定的做法是檢定組間變異數與組內變異數的比值，並使用 F 分配檢定。

單因子變異數分析，F 檢定值轉算為 Pearson 相關係數 r 之公式為：

$$r_i = \sqrt{\frac{F_i}{F_i + df(e_i)}} \text{，其中 } df(e_i) = n_1 + n_2 - 2$$

五、雙因子變異數分析檢定 (Two-way analysis of variance, Two-way ANOVA)

自變數爲類別變數，依變數爲連續變數，研究兩個自變數對依變數的影響，獨立樣本三組以上平均數差異顯著性檢定，採用雙因子變異數分析檢定。

雙因子變異數分析檢定的做法是檢定組間變異數與組內變異數的比值，並使用 F 分配檢定。

雙因子變異數分析，F 檢定值轉算爲 Pearson 相關係數 r 之公式爲：

$$\eta = \sqrt{\frac{F_a \times df_a}{(F_a \times df_a) + (F_b \times df_b) + (F_{ab} \times df_{ab}) + df(e)}}$$

六、簡單迴歸檢定

$$Y = a + bX，其中爲迴歸係數$$

迴歸係數 b_i 轉算爲 Pearson 相關係數 r 之公式爲：

$$\eta = \frac{S_X}{S_Y} \times b_i，b_i 爲未標準化迴歸係數$$

▌2-1-2 平均效果量之組合法

由於各個研究測量數據單位不同，必須先進行格式的轉換才能合併分析。在 Meta 分析中，關於共同單位 (common metric) 有個專有名詞稱做「效果量」(effect size, ES)，它可以顯示出實驗組與對照組間的差異性，以及實驗處理（e.g. 治療）介入 (Intervention) 的影響程度和方向。而效果量有許多指數 (index)，例如：實驗組與對照組測量平均數的差 (mean difference, MD)，一般是直接將實驗組數值減去對照組的。有些會進一步標準化，將「平均數差 ÷ 標準差」來減少背景的影響。

在 Meta 分析的平均效果量之組合法，有三種：機率組合法 (combination of probabilities)、母體相關係數估計法 (estimate of population correction)、效果量估計組合法 (combination of effect size estimation)。這三種單位轉算法概述如下：

一、機率 p 組合法

根據中央極限定理 (central limit theorem, CLT)，當樣本數很大 ($n \geq 30$) 時，不論母群體是何種機率分配，樣本平均數 ($\overline{X}_i$) 的抽樣分配爲近似常態分配（Z 分數）。

如果 n ≥ 30，t 值亦會趨近於 Z 分數（標準常態分布，平均值 = 0，變異數 = 1）。t 分布係以自由度 df 作為圖形的參數，相較於標準常態分布來的矮寬；自由度越大表示曲線越集中、越高窄、越接近標準常態分布。

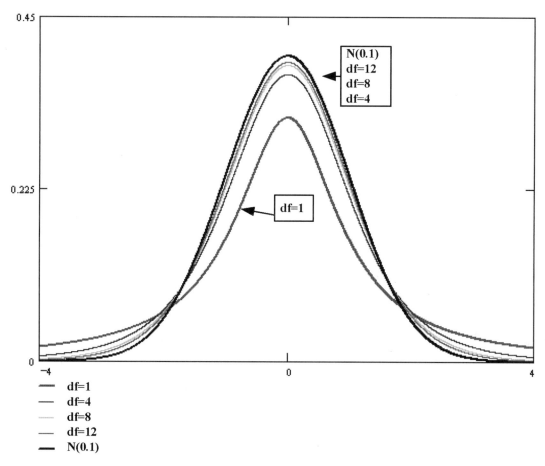

圖 2-1　t 分布 df 越大越趨近於 Z 分布

Z 檢定 (Z-test)：當母體標準差已知時，可以常態標準化方式進行檢定。檢定時又因目的的不同，而進行雙尾檢定或單尾檢定二種方式。雙尾檢定一般用於證明與欲檢定之期望值（平均數）相等與否。而單尾檢定則用於檢定抽樣平均值大於或小於期望值時，Meta 也是單尾檢定。

機率組合法可求得標準分數 (Standard Score)（又稱為 Z- 分數），Z 值代表原始分數和母體平均值之間的距離，以標準差為單位計算。當原始分數低於平均值時 Z 則為負數，反之則為正數。其公式如下：

標準化 $Z = \dfrac{X - \mu}{\sigma}$，其中，$\mu$ 為母群平均數，σ 為母群標準差。

機率組合法主要是應用各研究統計值之機率值 (p-value) 加以組合進行檢定。

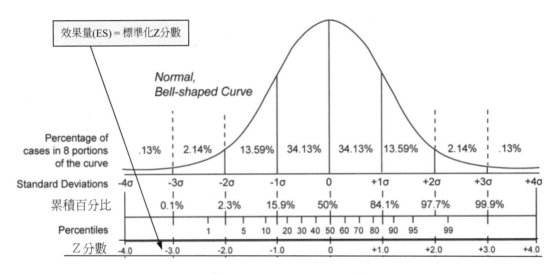

圖 2-2　標準常態分配

　　Z 檢定一般用於大樣本（即樣本數大於 30）或小樣本（樣本數小於 30）的平均值差異性檢驗的方法。它是用標準正態分布的理論來推斷差異發生的概率，從而比較兩個平均數的差異是否顯著。Z 檢定是先對總體的分布規律作出某種假設，然後根據樣本提供的數據，透過統計運算，根據運算結果，對假設作出肯定或否定的決策。如果要檢驗實驗組和對照組的平均數（μ_1 和 μ_2）有沒有差異，其步驟為：

1. 建立虛無假設，即先認為兩者沒有差異，用 $H_0 : \mu_1 = \mu_2$ 表示。
2. 透過統計運算，確定假設 H_0 成立的概率 p。
3. 若 $p < 0.05$，則拒絕虛無假設 H_0。

(一)「右尾檢定」之解說

　　假設一般人血液中平均膽固醇含量為 180mg/ml，其標準差為 50mg/ml。調查 A 地區 16 個成人之平均膽固醇為 230mg/ml，請問 A 區成人之膽固醇是否高於一般人？設顯著水準為 5%（即 $\alpha = 0.05$）

〔解答〕：

　　1. H_0：A 地區成人之膽固醇不高於一般人 ($\mu \leq 180$)

2. H_1：A 地區成人之膽固醇高於一般人 ($\mu > 180$)

3. 顯著水準 $\alpha = 0.05$，$Z_{0.05} = 1.645$

4. 計算 Z 值：

$$Z = \dfrac{\overline{X} - \mu}{\dfrac{\sigma}{\sqrt{n}}} = \dfrac{230 - 180}{\dfrac{50}{\sqrt{16}}} = 4$$

5. $Z = 4 > Z_{0.05} = 1.645$，故支持 H_1

6. 表示在 $\alpha = 0.05$ 情形下，A 地區成人之膽固醇顯著高於一般人。

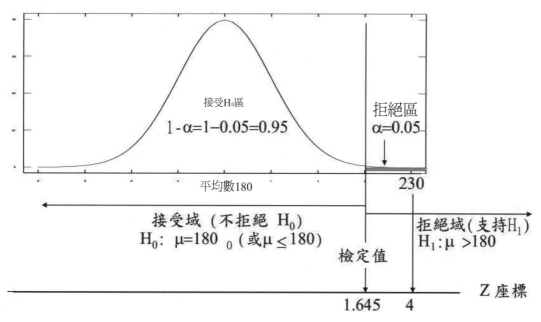

接受H_0區

$1-\alpha = 1 - 0.05 = 0.95$

拒絕區
$\alpha = 0.05$

平均數180

230

接受域（不拒絕 H_0）
H_0：$\mu = 180_0$（或$\mu \le 180$）

拒絕域（支持H_1）
H_1：$\mu > 180$

檢定值

Z 座標

1.645　　4

▶ 圖 2-3　右尾檢定之示意圖

　　常態分布是變數不受其因素的影響，而使其所有可能值以平均數為中心，左右兩側對稱的鐘形分布。它具有集中性、對稱性和均勻變動性等特點，是次數分布中最重要、最常見的一種連續型分布，是許多統計方法建立的基礎。Z 分數本身就是標準化常態分配。

　　統計右尾、左尾跟雙尾都可算 Z 值，但 Z 值要怎麼轉為 p 值？(1) 在單尾 $\alpha = 0.05$ 下，若 $Z_{0.05} = 1.645$，查下表可求得右尾面積 p-value = 0.05。(2) 在雙尾 ($\alpha/2$) = 0.25 時，$Z_{0.05} = 1.96$，則查下表得機率 p-value = 0.025。

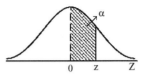

Z 分配表

P(0 < Z < z) = α

Z	0.00	0.01	0.02	0.03	0.04	0.05	0.06	0.07	0.08	0.09
0.0	0.0000	0.0040	0.0080	0.0120	0.0160	0.0199	0.0239	0.0279	0.0319	0.0359
0.1	0.0398	0.0438	0.0478	0.0517	0.0557	0.0596	0.0636	0.0675	0.0714	0.0753
0.2	0.0793	0.0832	0.0871	0.0910	0.0948	0.0987	0.1026	0.1064	0.1103	0.1141
0.3	0.1179	0.1217	0.1255	0.1293	0.1331	0.1368	0.1406	0.1443	0.1480	0.1517
0.4	0.1554	0.1591	0.1628	0.1664	0.1700	0.1736	0.1772	0.1808	0.1844	0.1879
0.5	0.1915	0.1950	0.1985	0.2019	0.2054	0.2088	0.2123	0.2157	0.2190	0.2224
0.6	0.2257	0.2291	0.2324	0.2357	0.2389	0.2422	0.2454	0.2486	0.2517	0.2549
0.7	0.2580	0.2611	0.2642	0.2673	0.2704	0.2734	0.2764	0.2794	0.2823	0.2852
0.8	0.2881	0.2910	0.2939	0.2967	0.2995	0.3023	0.3051	0.3078	0.3106	0.3133
0.9	0.3159	0.3186	0.3212	0.3238	0.3264	0.3289	0.3315	0.3340	0.3365	0.3389
1.0	0.3413	0.3438	0.3461	0.3485	0.3508	0.3531	0.3554	0.3577	0.3599	0.3621
1.1	0.3643	0.3665	0.3686	0.3708	0.3729	0.3749	0.3770	0.3790	0.3810	0.3830
1.2	0.3849	0.3869	0.3888	0.3907	0.3925	0.3944	0.3962	0.3980	0.3997	0.4015
1.3	0.4032	0.4049	0.4066	0.4082	0.4099	0.4115	0.4131	0.4147	0.4162	0.4177
1.4	0.4192	0.4207	0.4222	0.4236	0.4251	0.4265	0.4279	0.4292	0.4306	0.4319
1.5	0.4332	0.4345	0.4357	0.4370	0.4382	0.4394	0.4406	0.4418	0.4429	0.4441
1.6	0.4452	0.4463	0.4474	0.4484	0.4495	0.4505	0.4515	0.4525	0.4535	0.4545
1.7	0.4554	0.4564	0.4573	0.4582	0.4591	0.4599	0.4608	0.4616	0.4625	0.4633
1.8	0.4641	0.4649	0.4656	0.4664	0.4671	0.4678	0.4686	0.4693	0.4699	0.4706
1.9	0.4713	0.4719	0.4726	0.4732	0.4738	0.4744	0.4750	0.4756	0.4761	0.4767
2.0	0.4772	0.4778	0.4783	0.4788	0.4793	0.4798	0.4803	0.4808	0.4812	0.4817
2.1	0.4821	0.4826	0.4830	0.4834	0.4838	0.4842	0.4846	0.4850	0.4854	0.4857
2.2	0.4861	0.4864	0.4868	0.4871	0.4875	0.4878	0.4881	0.4884	0.4887	0.4890
2.3	0.4893	0.4896	0.4898	0.4901	0.4904	0.4906	0.4909	0.4911	0.4913	0.4916
2.4	0.4918	0.4920	0.4922	0.4925	0.4927	0.4929	0.4931	0.4932	0.4934	0.4936
2.5	0.4938	0.4940	0.4941	0.4943	0.4945	0.4946	0.4948	0.4949	0.4951	0.4952
2.6	0.4953	0.4955	0.4956	0.4957	0.4959	0.4960	0.4961	0.4962	0.4963	0.4964
2.7	0.4965	0.4966	0.4967	0.4968	0.4969	0.4970	0.4971	0.4972	0.4973	0.4974
2.8	0.4974	0.4975	0.4976	0.4977	0.4977	0.4978	0.4979	0.4979	0.4980	0.4981
2.9	0.4981	0.4982	0.4982	0.4983	0.4984	0.4984	0.4985	0.4985	0.4986	0.4986
3.0	0.4987	0.4987	0.4987	0.4988	0.4988	0.4989	0.4989	0.4989	0.4990	0.4990
3.1	0.4990	0.4991	0.4991	0.4991	0.4992	0.4992	0.4992	0.4992	0.4993	0.4993
3.2	0.4993	0.4993	0.4994	0.4994	0.4994	0.4994	0.4994	0.4995	0.4995	0.4995
3.3	0.4995	0.4995	0.4995	0.4996	0.4996	0.4996	0.4996	0.4996	0.4996	0.4997
3.4	0.4997	0.4997	0.4997	0.4997	0.4997	0.4997	0.4997	0.4997	0.4997	0.4998
3.5	0.4998	0.4998	0.4998	0.4998	0.4998	0.4998	0.4998	0.4998	0.4998	0.4998

 圖 2-4 標準常態分配之對應的 Z 值表

(二) 機率p值組合法

機率 p 值組合法 (combination of probabilities) 主要是應用各研究統計值之機率值 (p-value) 加以合併進行檢定。從統計理論觀點來看，各研究結果所應表達的重點應在於結果可能產生的機會有多少，而不僅僅只是檢定其假設是否成立，或達到多少特定的顯著水準而已，因為後者的資料對於結論的推斷性強度無法了解。致使在預測與應用時，所可能造成的最大誤差也不能清楚掌握。因此，將研究結果之統計量所對應之機率值（或稱顯著水準）呈現出來，是近幾年來統計學者所提倡的方法。

Rosenthal(1984) 倡導的機率 p 值組合法，共有九種方法。主要是應用各研究統計值之機率值 (p-value) 加以合併進行檢定。這九種合併機率值的方法，皆有其優劣及限制之處，而且可能發生不一致的情況。建議在使用時，若研究樣本少時，最好能採用加總 Z 值法，並至少再用另外二種方法，而且要把三種方法的總 p 值要估計出來，以減少偏誤的機率。

機率值組合法的缺點是，當研究篇數很多時，則易傾向拒絕 H_0，即認為變數 X 與 Y 間有關係存在；但當各研究結果值很小或研究樣本數少時，則易傾向接受 H_0，即認為變數 X 與 Y 間沒有關係存在。此外，機率 p 值組合法只是檢定假設是否存在，因此無法提供相關強度之說明。Rosenthal(1991) 建議對最好每一種組合的 p 估計值作出其效果量估計值，且如果可能的話，每一個效果量最好伴隨有信賴區間。

由於 Meta 分析的篇數通常相當多，且研究者傾向採用限制較少的方法，因此針對不同的樣本大小，有不同的結合方式。研究者根據不同的情況，將處理流程圖整理如下：

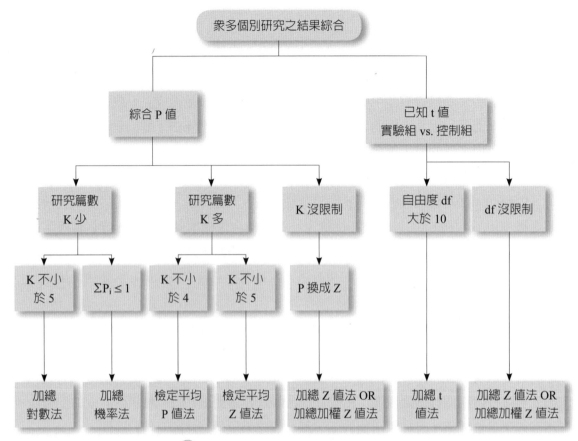

● 圖 2-5　機率值組合法之處理流程圖

依九種方法的所需樣本篇數的多寡及其優缺點，做成比較為表 2-1。

表 2-1　Rosenthal 九種組合機率值的方法（第 i 篇論文統計值的加總）

方法	組合機率之公式	應用限制
1. 加總對數法 (Adding Logs)	$\chi^2_{(df=2N)} = \sum_{i=1}^{K}[-2 \times Ln(P_i)]$ 查表 $\chi^2_{(2N)}$ 找出對應 p 值（單尾），是否大於臨界值。	累積有限；可支持相反理論，可應用於個別研究樣本數 N 很小時（≦5）。
2. 加總機率法 (Adding p's)	$P = \dfrac{(\sum\limits_{i=1}^{K} P_i)^n}{N!}$	當 $\sum\limits_{i=1}^{K} P_i$ 近於或小於 1 時，都可應用。

（續前表）

方法	組合機率之公式	應用限制
3. 加總 t 值法 (Adding t's)	$Z = \dfrac{\sum\limits_{i=1}^{K} t_i}{\sqrt{\sum\limits_{i=1}^{K}[df_i/(df_i-2)]}}$ 由標準化 Z 值，查表找出對應 p 值，是否大於臨界值。	df 最好 ≥ 10，且各研究內樣本大小 n_i 最好 ≥ 3。
4. 加總 Z 值法 (Adding Z's)	$Z = \dfrac{\sum\limits_{i=1}^{K} Z_i}{\sqrt{N_i}}$，由標準化 Z 值，查表找出對應 p 值。	任何時候。
5. 加總加權 Z 值法 (Adding weighted Z's)	$Z = \dfrac{\sum\limits_{i=1}^{K} df_i \times Z_i}{\sqrt{df_i^2}}$	需要加權時。
6. 平均 P 值檢定法 (Testing Mean p)	$Z = (0.5 - \overline{P})(\sqrt{12N_i})$，由標準化 Z 值，查表找出對應 p 值。	計算簡單，要個別研究樣本數 $N \geq 4$。
7. 平均 Z 值檢定法 (Testing Mean Z)	$t = \dfrac{\sum\limits_{i=1}^{K}\dfrac{Z_i}{N_i}}{\sqrt{\sum\limits_{i=1}^{K} S_{(Z)}^2/N_i}}$ 或 $F = \dfrac{(\sum\limits_{i=1}^{K} Z_i)^2}{S_{(Z)}^2 \times N_i}$，查 t 表或 F 表對應 p 值（單尾）。	個別研究樣本數 $N \geq 5$，當研究大小 N 很小時，檢定力低。
8. 計算法 (Counting)	$\chi^2 = \sum\limits_{i=1}^{K}\dfrac{(O_i - E_i)^2}{E_i}$，$O_i$ 實際值；E_i 理想值。查 χ^2 表，即可找出對應臨界的 p 值（單尾）。	當個別研究樣本數 N 極大時。
9. 區隔法 (Blocking)	χ^2 找出對應 p 值（單尾）。 ANOVA	當 N 很大時，很費事。

*K 代表個別論文數

　　上述九種組合機率法，Rosenthal 認為沒有任何一種方法適用於所有情況，但其中以 Z 值加總法及 Z 值加總加權法適用於多數情況且最常被採用。

　　舉例來說，假設有五篇論文之 t 檢定（即實驗組 vs. 對照組平均差或迴歸係數 b 的顯著性檢定）如表 2-2，其中 t 值若為正，表示實驗處理效果比控制組佳（或迴歸斜率為正）。

表 2-2　五篇論文 t 檢定之摘要表

Studies	t 值	自由度 df	單尾 p	Pearson's r	標準常態 Z	$-2Ln(p)$
1	+1.19	40	.12	0.18	+1.17	4.24
2	+2.39	60	.01	0.29	+2.33	9.21
3	-0.60	10	.72	-0.19	-0.58	0.66
4	+1.52	30	.07	0.27	+1.48	5.32
5	+.98	20	.17	0.21	+0.95	3.54
Σ	+5.48	160	1.09	+0.76	+5.35	22.97
平均值	+1.10	32	.22	-.15	+1.07	4.59
中位數	+1.19	30	.12	+.21	+1.17	4.24

　　Rosenthal 九種組合機率法中，前七種是較常見的。以表 2-2 為例，其實驗機率的組合法之計算如下：

1. 加總對數法：$\chi^2(df = 2N) = \sum -2Ln(p) = 22.97$，p = 0.011，單尾。

2. 加總機率法：當 $\sum p$ 近似於 1 時可用。此法 $= \dfrac{(\sum p_i)^N}{N!} = \dfrac{(1.09)^5}{5!} = 0.13$，單尾。

3. 加總 t 值法：$\overline{Z} = \dfrac{\sum t_i}{\sqrt{\sum \dfrac{df_i}{df_i - 2}}} = \dfrac{5.48}{\sqrt{\dfrac{40}{38} + \dfrac{60}{58} + \dfrac{10}{8} + \dfrac{30}{28} + \dfrac{20}{18}}} = \dfrac{5.48}{\sqrt{5.5197}} = 2.33$，p = 0.01，

  單尾。

4. 加總 Z 值法：$\overline{Z} = \dfrac{\sum Z_i}{\sqrt{N}} = \dfrac{5.35}{\sqrt{5}} = 2.39$，p = 0.009，單尾。

5. 加總加權 Z 值法：

$$\overline{Z} = \dfrac{T}{\sigma_T} = \dfrac{\sum df_i \times Z_i}{\sqrt{\sum df_i^2}} = \dfrac{40(1.17) + 60(2.33) + \cdots + 20(0.95)}{\sqrt{40^2 + 60 + \cdots + 20^2}} = \dfrac{244.2}{\sqrt{6,600}} = 3.01$$，p = 0.013，

  單尾。

6. 檢定平均 P 值法：$\overline{Z} = (.50 - \overline{p})\sqrt{12N} = (.50 - .22)\sqrt{12(5)} = 2.17$，p = 0.015，單尾。

7. 檢定平均 Z 值法：$\overline{t} = \dfrac{\sum Z_i / N}{\sqrt{S_{(Z)}^2 / N}} = \dfrac{1.07}{\sqrt{.22513}} = 2.26, df = 4$，p < 0.05，單尾。

  或 $\overline{F} = \dfrac{(\sum Z_i)^2}{N \times S_{(Z)}^2} = 5.09, df = (1,4)$，p < 0.05，單尾。

(三)CMA二分變數之鍵入格式有14種

前章節敘述 7 種「機率 p 值組合法」，大多數在 Comprehensive Meta-analysis (CMA) 軟體，都可對應到。CMA 軟體計對「二分類別 (Dichotomous)」變數，共提供 5 Unmatched group + 9 Computed ES = 14 種風險 (risk) 的「單位變換」，如圖 2-6（上端）所示。

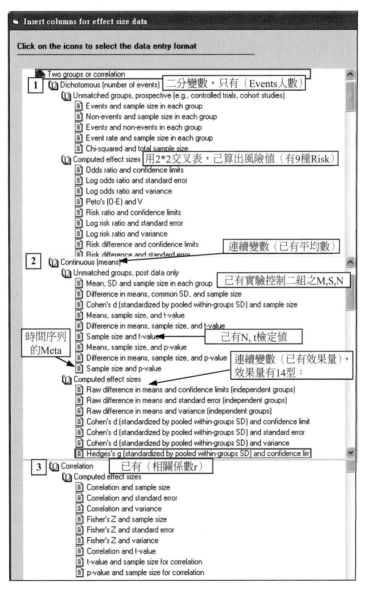

圖 2-6 「Comparison of two group, time-points, or exposures (includes correlation)」各種資料格式

(四)機率p值組合法之實例：迴歸模型的Meta法

以張火燦等人（2007）「員工工作滿意、組織承諾與離職意圖關係的統合分析」為例，其研究架構如圖 2-7。它是簡單迴歸模型 $Y_i = a + bX_i + e_i$ 的代表，旨在於估計能夠正確描述 X 與 Y 關係的截距 a 與斜率 b。

此例在選擇論文樣本時，必須以同時包含「工作滿意、組織承諾與離職意圖」3 構念的個別研究作為統合分析的樣本資料，所以符合此條件的樣本僅 37 篇。為提高研究的效度，在所蒐集的研究樣本中再針對其構念、量測、資料型態、資料遺漏等進行逐一篩選，最後僅採取 10 個研究樣本來做統合分析，根據 Rosenthal 統合分析的方法，2 篇以上的研究即可進行統合分析研究 (Rosenthal, 1991)。

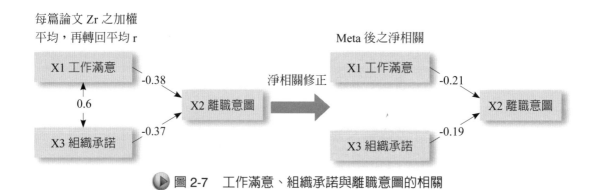

● 圖 2-7　工作滿意、組織承諾與離職意圖的相關

Step 1：機率 p 組合法來求出 Meta 平均效果量 r

本例旨在求出圖 2-7（左半部）工作滿意、組織承諾與離職意圖，三者的迴歸模型的 Meta 後的相關 r。它採機率 p 組合法來求出 Meta 平均效果量 r。迴歸模型之 Meta 法，詳細公式計算，請見「2-1-3b 迴歸模型之效果量轉算程序」。本例只採較簡單的迴歸模型之單位變換法：若原始研究中所給的資料不足，無法計算出確切的效果量時，則由研究中所給的單尾 p 值來估計效果量 r 值；即第 i 篇論文，可先將 p_i 值轉換為 Z_i 值（見圖 2-4 標準常態分配之對應的 Z 值表），再由公式 2-5 將 Z_i 值轉為 r_i 值，最後 r_i 值再轉成 Zr_i，並校正 Z_i 為 $Zr_{ci} = (Zr_i - \dfrac{r_i}{2(N_i - 1)})$。接著算出平均效果量 $\overline{Zr_{ci}}$ $\dfrac{\sum\limits_{i=1}^{k}(w_i \times Zr_{ci})}{\sum\limits_{i=1}^{k} w_i}$，此 $\overline{Zr_{ci}}$ 再還原成 Pearson's $\overline{r}$，結果顯示：(1) 工作滿意、組織承諾相關 $\overline{r}$ 為 0.6。(2) 組織承諾與離職意圖的相關 $\overline{r}$ 為 –0.37。(3) 工作滿意與離職意圖的

相關 $\bar{r}$ 爲 –0.38。

Step 2：平均效果量 r 之 95% 信賴區間

　　Meta 之平均效果量 95% 信賴區間，其公式如下，若 95%CI 不包含 0，表示兩變數間達 0.05 顯著水準之相關。本例「工作滿意與離職意圖」平均 $\overline{r_{12}} = -0.38$，95%CI = [0.31, 0.69]，因 95%CI 不包含 0，表示「工作滿意與離職意圖有顯著負相關」。

步驟 1a. $^{U}Zr = \overline{Zr} + 1.96 \times \sqrt{\dfrac{1}{n-3}}$, $U = 95\%CI$ 的 *upper*，n 爲每篇論文樣本數的總和。

步驟 1b. $^{L}Zr = \overline{Zr} - 1.96 \times \sqrt{\dfrac{1}{n-3}}$, $L = 95\%CI$ 的 *lower*

步驟 2. r 的 95%CI $\begin{cases} ^{U}r = \dfrac{(e^{2\times^{U}Zr} - 1)}{(e^{2\times^{U}Zr} + 1)} \\ ^{L}r = \dfrac{(e^{2\times^{L}Zr} - 1)}{(e^{2\times^{L}Zr} + 1)} \end{cases}$, $e = 2.71828$

　　套用上列公式求得，本例「組織承諾與離職意圖」平均 r 值 $\bar{r}_{32} = -0.37$，95%CI = [0.31, 0.68]，因 95%CI 不包含 0，表示「組織承諾與離職意圖有顯著負相關」。

Step 3：以淨相關來校正 $\bar{r}$

　　由於工作滿意與組織承諾呈現高度正相關 ($\bar{r} = 0.60$)，會高估三個迴歸式彼此的相關。故再以下列淨相關公式，分別求「工作滿意與離職意圖淨相關 $\gamma_{12.3} = -0.21$」、「組織承諾與離職意圖的淨相關 $\gamma_{23.1} = -0.19$」。分析結果支持本研究假設，亦即，由於工作滿意與組織承諾的高度正相關，使得變數間的淨相關低於過去統合分析的研究結果。故工作滿意與離職意圖以及組織承諾與離職意圖的相關，會因組織承諾與工作滿意的高度相關而有較低的淨相關。

(1) 工作滿意與離職意圖排除組織承諾影響後的淨相關（排除 X_3 的影響）：

$$\gamma_{12.3} = \frac{\gamma_{12} - (\gamma_{13}\gamma_{23})}{\sqrt{1-\gamma_{13}^2}\sqrt{1-\gamma_{23}^2}} = \frac{(-0.383) - (0.604 \times (-0.372))}{\sqrt{1-0.604^2}\sqrt{1-(-0.372)^2}} = -0.21$$

(2) 組織承諾與離職意圖排除工作滿意影響後的淨相關（排除 X_1 的影響）

$$\gamma_{32.1} = \frac{\gamma_{32} - (\gamma_{13}\gamma_{12})}{\sqrt{1-\gamma_{13}^2}\sqrt{1-\gamma_{12}^2}} = \frac{(-0.372) - 0.604 \times (-0.383)}{\sqrt{1-0.604^2}\sqrt{1-(-0.383)^2}} = -0.19$$

(五)標準常態分數Z之組合法實例：華人vs.美國學生之數學能力比較

例如：Wang & Lin (2009)(A Meta-analysis of comparative studies on Chinese and US students' mathematics performance)，利用 Meta 分析，比較華人學生 vs. 美國學生之數學能力，其中數學能力共十二項指標，包括：

(1) Number concepts：基本的數字感、現象、關係或圖案，檢查學生的理解。

(2) Measurement：測量屬性和單位的評估學生的理解以及使用測量工具，技術或公式。

(3) Representation：衡量學生的發展和翻譯象徵、代數、圖形、表格或用於各種數學與現實世界的幾何表示能力。

(4) Geometry：檢查學生的理解空間、型態、規模、空間格局、關係和利用推理、計算和表述來解決幾何問題。

(5) Algebra：學生理解的變數，包括公式、線性和非線性方程及其模型、分析和解決現實世界的能力和形式化的數學問題。

(6) Statistics：衡量學生在系統地蒐集、整理、描述數據、構建、閱讀和解釋表格、圖表和圖形或製造和評估的基礎上的數據分析能力的參數。

(7) Problem solving：問題學生的理解，找出自己的特點、形成了相關聲明、制定解決方案、反映和溝通解決問題的過程。

(8) Patterns identification：學生的能力來識別數字、符號、圖形圖案，並用數學表達出來。

(9) Fraction and proportionality：包括評估學生的分數意識的任務、使用機型為涉及零碎小數或經營上的等值分數應用。

(10) Mathematics reasoning：學生可以畫出基於顯式的假設，並有能力證明一個正式的系統內的數學陳述的邏輯結論，而不依賴於計算。

(11) Computation：學生在計算單和多步的問題，涉及加法、減法、乘法、除法、分數和能力。

(12) Estimation：數學的學生的理解並超越確定精確解、見解概念和程序、用數字和測量靈活性或有能力判斷結果的合理性。

此例子，華人 (G1) 和美國 (G2) 這二組學生之數學能力之效果量，計算步驟依序為 (Lipsey & Wilson, 2001)：

Step 1：個別效果量 Hedges' g

$$ES_i = g_i = \frac{M_{G1} - M_{G2}}{S_{(pooled)}} \ (\text{源自 } t \text{ 檢定} = \frac{\overline{X}_1 - \overline{X}_2}{S_{(pooled)}})$$

Step 2：平均效果量

$$\overline{ES} = \frac{\sum\limits_{i=1}^{K} w_i \times ES_i}{\sum\limits_{i=1}^{K} w_i} \ (\text{共 K 篇論文})$$

其中 $w_i = (N_i - 3)$，為第 i 篇論文的權重。

Step 3：平均效果量 (population effect size) 的顯著性檢定，使用 Z 分數 (Lipsey & Wilson, 2001)：

$$\text{平均效果量 } Z = \frac{\overline{|ES|}}{S.E_{\overline{ES}}}, \ \text{其中 } SE_{\overline{ES}} = \sqrt{\frac{1}{\sum w_i}} \ 。$$

若單尾 $Z > 1.96$，則達 $p \leq 0.05$ 顯著水準。若雙尾 $Z > 2.58$，則達 $p \leq 0.01$ 顯著差異水準。

Step 4：每篇研究間之異質性 Q 檢定 (Rosenthal & Rubin, 1982)：

$$Q = \sum_{i=1}^{K} w_i \times (ES_i - \overline{ES})^2 \sim \text{符合 } \chi^2_{(K-1)} \text{ 分配。}$$

若 $Q > \chi^2_{(K-1), 0.05}$ 分配的臨界值，則表示每篇研究間具有異質性 (Hedges & Olkin, 1985)。

　　此例根據上述公式，Meta 分析 16 篇論文共 28 個資料檔 (data sets)，結果整理成表 2-3。這些 28 個資料檔學生，包括：中、港澳、臺的華人學生，pre-Kindergarten (Pre-K), K (Kindergarten), 1st, 3rd, 4th, 5th, 7th, 8th grade 及高中 levels，華人對美國學生數學能力的比較，得 overall mean effect size = 0.35，$Z = 43.76(p < 0.01)$，表示整體而言，華人學生 12 項數學能優於美國學生。但 28 個資料檔間之具有異質性 ($Q = 1.19$, df = 27)，亦達 0.05 顯著水準，故應改隨機效果模型來估計平均效果的誤差。

　　干擾 (moderate) 變數來看，以「次族群 (subgroup)」來分割資料檔，結果顯示，華人對美國學生 pre-school to 1st grade levels 的平均效果量為 0.05，$Z = 22(p > 0.05)$ 未達顯著差異；$Q = 1.59(df = 4)$，$p > 0.05$，未達顯著的異質性。但從 higher elementary 到 high school level，華人對美國學生數學能力，學童年齡越大差距就越大，次族群的平均效果量 (ES) 依序為 0.32, 0.29, 及 0.46；Z 值依序為 19.2, 22.42, 及 36.68，均達 0.05 顯著差異水準。異質性 Q 檢定結果，顯示 elementary 3–5 grades, middle school 6–8 grades 及 high school 9–12 grades，Q 值依序為：$Q = 1.10(df = 8)$, $Q = 1.14(df = 6)$ 及 $Q = 1.14(df = 6)$，均未達 0.05 顯著水準，故應視為同質。

注意，Q_{Model} 與 I^2 二者都是異質性考驗的指標。

由表 2-3 Meta 結果顯示，若由 12 項數學測量成績來看，華人學生整體數學成績優於美國學生。然而，從學前班到一年級，華人學生整體表現並不比美國學童優。但隨著年級越高，華人學生似乎比美國越來越優秀。

此外，本例亦可細部來看，華人及美國學生，分別在 12 項數學能力指標之個別差異（共 12 個 Meta 摘要表）。基於篇幅的原因，在此就省略不再說明。

表 2-3　Individual data set statistics for overall mathematics competence

Comparison of overall mathematics competence between Chinese and US students.							
來源	Chinese group[a]	Chinese N	US group[b]	US N	Grade level	Effect Size	Measurement instrument
1 Huntsinger 等人 (1997)	2	40	2	40	Pre-K	0.13	TEMA-2 Mathematics 測驗
2 Huntsinger 等人 (1997)	2	40	3	40	Pre-K	0.04	TEMA-2 Mathematics 測驗
3 Stevenson Lee 和 Stigler(1986)	2	286	1	288	K	0.00	School Content Based 測驗
4 Stevenson 等人 (1985)	2	240	1	240	1	0.07	School Content Based 測驗
5 Chen 和 Stevenson(1995)	2	169	1	213	1	0.08	School Content Based 測驗
6 Mullis 等人 (1997)	3	4,396	1	3,819	3	0.32	TIMSS Standardized 測驗
7 Mullis 等人 (1997)	3	4,411	1	7,296	4	0.19	TIMSS Standardized 測驗
8 Mullis 等人 (2004)	2	4,661	1	9,829	4	0.45	TIMSS Standardized 測驗
9 Mullis 等人 (2004)	3	4,608	1	9,829	4	0.32	TIMSS Standardized 測驗

（續前表）

	來源	Chinese group[a]	Chinese N	US group[b]	US N	Grade level	Effect Size	Measurement instrument
10	Tuss Zimmer 和 Ho(1995)	2	226	1	204	4	0.14	School Content Based 測驗
11	Stevenson 等人 (1985)	2	240	1	240	5	0.10	SchoolContent Based 測驗
12	Gu(1997)	1	44	1	95	5	0.55	WRAT-3:Math 測驗
13	Benjamin(2006)	2	361	1	95	5	0.17	WRAT-3:Math 測驗
14	Benjamin(2006)	1	272	1	95	5	0.12	WRAT-3:Math 測驗
15	Beaton 等人 (1996)	3	3,413	1	3,886	7	0.26	TIMSS Standardized 測驗
16	Livingstone(1986)	3	5,495	1	6,648	8	0.05	SIMS Standardized 測驗
17	Mullis 等人 (2000)	2	5,772	1	9,072	8	0.35	TIMSS Standardized 測驗
18	Mullis 等人 (2000)	3	5,179	1	9,072	8	0.32	TIMSS Standardized 測驗
19	Mullis 等人 (2004)	3	5,379	1	8,912	8	0.43	TIMSS Standardized 測驗
20	Beaton 等人 (1996)	2	3,339	1	7,087	8	0.30	TIMSS Standardized 測驗
21	Mullis 等人 (2004)	3	4,972	1	8,912	8	0.28	TIMSS Standardized 測驗
22	Chen 和 Stevenson(1995)	2	169	1	213	HS	0.08	School Content Based 測驗
23	Ho(2003)	3	4,405	1	3,700	HS	0.45	PISA Standardized 測驗
24	PISA(2004a)	3	1,250	1	5,456	HS	0.48	PISA Standardized 測驗
25	PISA(2004a)	4	4,478	1	5,456	HS	0.30	PISA Standardized 測驗
26	PISA(2007)	2	4,645	1	5,611	HS	0.54	PISA Standardized 測驗

Comparison of overall mathematics competence between Chinese and US students.

（續前表）

	來源	Chinese group[a]	Chinese N	US group[b]	US N	Grade level	Effect Size	Measurement instrument
27	PISA(2007)	3	8,815	1	5,611	HS	0.31	PISA Standardized 測驗
28	PISA(2007)	4	4,760	1	5,611	HS	0.77	PISA Standardized 測驗

Comparison of overall mathematics competence between Chinese and US students.

干擾變數（次族群）分析

年級 Level	平均效果量	$Z*$	異質性 Q	機率 p	自由度 df
整體數學能力之 Meta 摘要					
Pre-K to ES1	0.05	0.22	1.59	9.48	4
ES 3-5	0.32	19.20*	1.10	15.51	8
MS 6-8	0.29	22.42*	1.14	12.59	6
HS 9-12	0.46	36.68*	1.14	12.59	6

期間 Period	平均效果量	$Z*$	Q	p	df
整體數學能力之 Meta 摘要					
Pre-2000	0.25	17.16*	1.18	22.36	13
Post-2000	0.42	44.21*	1.11	22.36	13

Overall mean effect size	$Z*$	Q	p	df
Summary statistics of overall mathematics competence				
Final results	0.35	43.76*	1.19*	40.11	27

Pre-K, pre-Kindergarten; ES, elementary school; MS, middle school; HS, high school.

a 1, Mainland China; 2, Taiwan; 3, Hong Kong; 4, Macao.

b 1, General US; 2, Caucasians; 3, Asian-Americans.

*p < .05.

二、母體相關係數估計法

母體相關係數估計法 (estimate of population correction) 是由 Hunter, Schmids 與 Jackson 於 1982 年提出，主要方法是將各研究結果的相關係數值，扣除若干的人為誤

差 (artifacts) 包括抽樣誤差 (sampling error)，測量誤差 (measurement error) 及範圍變異 (rangevariation) 三項之後，判斷各研究間結果差異的原因是否存在干擾變數 (moderate variable) 的影響，並求出母體相關係數的信賴區間估計值，以了解研究變數之間相關的真正程度。

此法的產生主要是爲了解決傳統文獻評論的缺點。因爲傳統上累積知識最常用到的便是統計顯著性結果計數法 (counting statistically significant findings)，亦稱爲傳統投票法 (traditional voting method)，主要是將各篇顯著的研究結果集合，看多數的研究是屬於哪一方。依照顯著性的比例來判斷中介變數是否存在，及關係結果的推論。

Hunter 等人認爲此種分析方式所給的結論很可能完全是錯誤的，其原因是各研究間不一致的研究結果，很可能純屬虛擬誤差的因素所造成，因此干擾變數的影響效果 (moderator effect) 也可能是機遇原因所引起；若以顯著性比例來判斷中介變數的存在，很不精確，而且很可能發現這只是虛構的推想和解釋。Hunter 的方法並未討論異質性，而認爲各研究之間不一致的研究結果，很可能純屬人爲誤差 (artifacts) 因素所造成，因此在整合前應當應用較嚴格的數量方法消除各種虛擬誤差（例如：抽樣誤差、測量誤差及範圍變異等人爲因素）。若各研究結果在消除這些人爲因素誤差後，仍然有很大的差異，便需進一步探索是否存在著中介變數的影響；而對於所獲得的整合樣本相關係數，其對母體相關係數之推論，建議採用信賴區間法估計母體相關係數的程度而不用顯著性檢定。

三、（非）實驗設計之效果量組合法

由於顯著水準組合法所表達的意義仍然有限，於是有學者便提出除了顯著水準合併外，應再對影響各研究結果差異之效果量 (effect size, ES) 進行分析，以了解影響差異的大小及顯著性 (Glass, 1976)。

統合分析除了要篩選一個研究問題外，統合分析也比單一研究 (primary study) 多出兩個步驟：(1) 將研究的綜合所使用的研究方法予以明確化。(2) 將不同的研究結果予以量化，成爲一個標準的共同比較單位，稱爲「效果量」，使不同研究有了共同的比較單位之後，才能求出「總平均效果量」，來判定往昔研究正反兩方（或實驗組與控制組效果的平均差）的辯解，哪方才是正確的（實驗處理是否有效）？

效果量的計算方法很多，依研究者對效果量定義不同而有差異，而 Holbert 及 Daniel(1993) 將效果量分爲三種類型：(1) 檢視實驗組和對照組間之成效差異。(2) 檢視變數之間的相關係數。(3) 檢視相對危險性 (relative risk) 或勝算比 (odds ratio)。其

中，由於機率值組合法所表達的意義有限，所以有學者便提出除了將機率值合併之外，應再計算各研究結果差異之效果量，以了解差異的大小及顯著性。

上述效果量之三種類型，詳述如下：

(一)實驗組和對照組間之成效差異

效果量的觀點最常應用在實驗設計方面的實證研究上，如精神醫療、心理治療方面，將樣本分為實驗組及控制組二組進行比較觀察，最後分析二組對某一變數的反應差異現象。例如：由知覺動作訓練的統合分析研究結果得知，知覺動作訓練幾乎是不具有任何訓練效果的。此外，有心智練習比沒有任何心智練習來得好，但是差異不大。

此種效果量 (ES) 一般有 4 種算法，包括 Glass's Δ（M_1-M_2/ 控制組的 S）、Cohen's d（M_1-M_2/ 合併的 σ）、Hedges's g（M_1-M_2/ 合併的 S），這三種算法差別只在分母不同 (Rosenthal, 1991)。這類的應用例子有：(1) 使用局部麻醉藥降低靜脈穿刺及靜脈留置針疼痛效果之統合分析 (Fetzer, 2002)。(2) 糖尿病衛教措施效果之統合分析 (Brown, 1988)。

旨在求出實驗組與控制組的差值，最常見的便是標準化的平均差值。因各個研究者對效果量有不同的定義，而有不同的算法。若以單一公式來看效果量的單位變換，較出色的有：Glass's Δ、Hedges' g、Cohen' d、Rosenthal 等四類型，本書整理如下：

1. Glass 估計值 Δ (Glass's Δ)

$$\Delta = \frac{\overline{X_E} - \overline{X_C}}{S_C} \text{，} S_C = \sqrt{\frac{\sum\limits_{i=1}^{K}(X_i - \overline{X_C})^2}{n_C}}$$

其中，$\overline{X_E}$, $\overline{X_C}$ 分別為實驗組、控制組之平均數。K 為 Meta 總篇數。

S_C 控制組之標準差。

n_C 控制組之樣本數。

這公式明顯的缺點是，只用控制組的標準差來標準化兩組的平均值差，這樣的方法明顯是不妥的，但它為以後的效果量計算方法的基礎。

2. Hedges' g 值

統合分析最有名的個別研究效果量 d_i 之公式，就屬 Hedges 與 Olkin(1985) 之個

別研究的效果量，稱爲 g 值。它針對 Glass 的估計值進行了修改，改用實驗組和控制組的合併後標準差 $S_{(pooled)}$，求得 g 值，其公式如下：

$$個別研究之效果量\ g_i = \frac{M_1 - M_2}{S_{(pooled)}}\ (延自\ t\ 檢定 = \frac{\overline{X_1} - \overline{X_2}}{S_{(pooled)}})$$

$$合併的標準差\ S_{(pooled)} = \sqrt{\frac{(N_1 - 1)S_1^2 + (N_2 - 1)S_2^2}{N_1 + N_2 - 2}}$$

其中，M_1 爲第一組（實驗組）平均數；M_2 爲第二組（控制組）平均數。

S_1^2 爲第一組（實驗組）變異數；S_2^2 爲第二組（控制組）變異數。

N_1 爲第一組（實驗組）研究篇數；N_2 爲第二組（控制組）研究篇數。

i 爲第 i 篇論文。

可是，當總樣本數過小時，計算所得的個別研究效果量 g 值會有一些誤差，對此，Hedges 與 Olkin 提出一個公式來校正 g 值，所求得的校正值稱爲 d_i 值，如公式所示：

$$個別研究之修正效果量\ d_i = (1 - \frac{3}{4(n_E + n_C) - 9}) \times g_i$$

其中，$n_T = n_E + n_C$ 爲個別研究之總樣本數。若 d_i 值 < 0，則代表第二組（控制組）的效果量高於第一組（實驗組）。

3. Cohen 估計值 d(Cohen's d)

接著，Hedges' g Cohen 再針對 Cohen's d 提出了另一個修正公式：

$$源始自\ d_i = \frac{(\overline{X_E} - \overline{X_C})}{\sigma_i}，\sigma_i = \sqrt{\frac{(n_E - 1)S_E^2 + (n_C - 1)S_C^2}{n_E + n_C}}$$

Cohen's d 主要是針對獨立的觀測資料。從式中可以清楚發現 g 值與 d 值間的關係式爲：

$$再修正爲\ g_i = \sqrt{\frac{n_E + n_C - 2}{n_E + n_C}} \times d_i$$

以上三種方法，至今已普遍使用在「實驗組 vs. 對照組」之比較分析。故對此種類型的研究在 Meta 分析時，應對各研究的效果量先予以計算，再進行一連串的處理

分析。

有關 Hedges' g 值的 Meta 實作，請見本書「2-2-2 CMA 實作：繪本教學成效 g」。

Cohen(1960) 及 Hunter & Schmidt(1990) 等人，所擴充「個別效果量」的轉換公式，可整理成表 2-4。

表 2-4 各統計量轉換為「個別效果量」d_i 之公式

轉換為 d 值之公式			
已知統計量	求出個別效果量 d_i	符號說明	注意事項
$\overline{X}_E$、$\overline{X}_C$、S_p	$d_i = t \text{ 值} = \dfrac{\overline{X}_E - \overline{X}_C}{S_p}$ $\left(S_p = \sqrt{\dfrac{(N_E-1)S_E^2 + (N_C-1)S_C^2}{N_E - N_C - 2}}\right)$	$\overline{X}_E$ = 實驗組平均數 $\overline{X}_C$ = 控制組平均數 S_p = 合併標準差 S_E = 實驗組標準差 S_C = 控制組標準差 N_E = 實驗組樣本數 N_C = 控制組樣本數	只適用獨立樣本 t 檢定 (Hedges & Olkin, 1980)
	$d_i = \dfrac{\overline{X}_E - \overline{X}_C}{S_p}$ $\left(S_p = \dfrac{S_E + S_C}{2}\right)$		Cooper(1998) 提出另一公式
t 值	$d_i = \dfrac{2t_i}{\sqrt{df_i}}$	相依樣本 t 值轉 d 值的另一公式	可用在成對或非成對 t 檢定
F 值	$d_i = \sqrt{\dfrac{F}{df(e)}}$		只能適用在單因子變異數分析
r 值	$d_i = \dfrac{2r}{\sqrt{1-r^2}}$		積差相關 r 轉 d

來源：Cohen(1960); Friedman(1989); Hunter & Schmidt(1990)

依據Cohen(1977)對效果量(ES)的界定，當 ES 值 $d \approx 0.2$ 左右，代表「微量 (small) 效果」；當 ES 值為 0.5 左右，代表「中度 (medium) 效果」；當 ES 值為 0.2 左右，代表「強烈 (large) 效果」。但這只是直觀的認定，故本書 Excel 及 CMA 軟體，都是採用嚴謹的「標準常態 Z」來判定，若 P < 0.05 則達「顯著水準」。

上述可見，個別研究結果之統計量，無論 χ^2、t 值，將它們除以樣本人數，即可獲得效果量估計值。此種方法比前述的 Cohen's d 或 Hedges' g 必須獲得各組之平均值與標準差的限制來得有彈性，特別是對於在社會科學研究中，非實驗設計、性質（非人為控制）的研究，也可以使用此法獲得效果量估計值。故本書 Excel 亦納入此演算法。

小結

上述 4 種效果量 (ES) 單位變換，只適合「實驗組 vs. 控制組」之實驗處理效果，但這公式，你亦可延伸非實驗設計「男生組 vs. 女生組」這類調查法之認知差異比較。

有關 Cohen's d 的 Meta 實作，請詳見本書「第 3 章　理論模型、Meta 研究設計」。

(二)檢視連續間的相關係數「r」

除了「標準化平均差」效果量外，我們還可以使用其他方式去估計標準化效果量，例如：用相關係數 (correlation coefficient)。相關係數直接估計兩個變數的關係，即使如上述實驗組、控制組的情況，也可以用點二系列相關 (point biserial correlation) 來表達實驗效果的大小，而不必用到平均數、標準差。由於很多時候，所蒐集到的研究並未提供平均數、標準差等資料，以至於 Glass 的 g' 或 Hedges 的 d 都無法計算，因此，Rosenthal(1984, p.23) 比較偏好用皮爾遜相關係數 (Pearson r) 做為標準化效果量的估計，因為很多統計數都可以很輕易的轉化為相關係數 (Rosenthal, 1984, pp.24-26)。

若是相關性研究設計，在探討變數間關係時，此時第一手研究之相關性統計可能用 Pearson's r、Spearman's rank-order 或 ψ（乘積動差相關）表示，可將其轉換為 Pearson's r 來衡量其效果量。若是推論之調查研究，其統計值可能包含 t、F 或 Z，而這些統計值皆可轉換為相關係數「r」（詳見表 2-5），再依公式求得平均效果量 (Reynolds, et al., 1992)。這類例子較有名的有：產後憂鬱症對母嬰互動的影響之統合分析 (Beck, 1995)、產後憂鬱症的預測因子之統合分析 (Beck, 1996)。

Rosenthal 認為以積差相關係數 r 為效果量估計值，來進行 Meta 分析，是更佳的方法，它比 Cohen's d 或 Hedges' g 更廣泛性，原因有二：

1. Cohen's d 或 Hedges' g 必須有各組平均數及標準差才可以獲得各研究之效果量估計值，但當研究中只提供最後檢定統計量值，就無法求得算式，但若以 r 值為效果量估計值，便可經由上表格中所列的計算公式獲得，故限制較少，因此被應用機會較廣。

2. Cohen's d 或 Hedges' g 必須假設是二組獨立樣本的觀察，才能計算二組間的效果量估計值，但若以 r 值為效果量估計值，則不必假定二組為獨立樣本。因為如果是相依樣本觀察或重複測量下所獲得的觀察值與獨立樣本所獲得的觀察值在求效果量估計值 r 是相同的，不需經任何轉換公式（即 $t_i = \dfrac{r_i}{\sqrt{1 - r_i^2}} \times \sqrt{df_i}$，t 值不限定

是獨立樣本或相依樣本假定），而 Cohen's d 或 Hedges' g 則無法有此便利。

此外，若從「平均效果量」$\bar{r}$ 值（即效果量）的平方，即決定係數 (r^2)，亦可看出該研究中，因子（自變數）對依變數「可解釋的變異量」的大小。

表 2-5　各種統計量轉換為積差相關 (Pearson's r_i) 摘要表（第 i 篇論文）

Primary study 的統計量	轉換為 Pearson's r 的公式
t 統計量及自由度 df 值	效果量 $r_i = \sqrt{\dfrac{t^2_i}{t^2_i + df_i}}$
$F_{(1, df)}$ 統計量及自由度 df 值	(1) 先算 $t_{(df)} = \sqrt{F_{(1, df)}}$ 再代入上式 (2) $r_i = \sqrt{\dfrac{F_{(1,\sim)}}{F_{(1,\sim)} + df_{error}}}$
簡單迴歸中之迴歸係數 b Y = a + bX	$r_i = \dfrac{\hat{S}_X}{\hat{S}_Y} \times b_i$，$b_i$ 為末標準化迴歸係數
效果量 Hunter's d	$r_i = \dfrac{d_i}{\sqrt{d_i^2 + \dfrac{4(N_i - 2)}{N_i}}}$ （當 $n_E = n_C = \dfrac{N}{2}$）
效果量 Cohen's d	(1) $r_i = \dfrac{d_i}{\sqrt{d_i^2 + \dfrac{1}{pq}}}$，當 $p \neq q$，p 成功率，q 失敗率。 (2) $r_i = \dfrac{d_i}{\sqrt{d_i^2 + 4}}$，當 $p = q = \dfrac{1}{2}$。
效果量 Hedges's g	$r_i = \sqrt{\dfrac{g_i^2 \times n_1 \times n_2}{g_i^2 \times n_1 \times n_2 + (n_1 + n_2)df_i}}$

來源：應立志、鍾燕宜 (2000)，p.75

由於 Rosenthal 倡導使用 r 值為效果量估計值，使得許多研究本屬於非實驗設計性質的研究，亦可透過此法獲得各研究的 r 值以進行比較及合併分析。而在應用 r 值為效果量估計值時，在計算過程中需先將 r 值轉換成 Fisher's Zr，這樣兩個 r 之間差異的顯著性檢定才會比較準確。

由於 Rosenthal 倡導使用 Pearson's r 值為效果量估計值，使得許多研究本屬於非實驗設計性質的研究。實務上，我們應用 r 值為效果量估計值時，其計算過程中，需

先將 r 值轉換成常態化的 Fisher's Zr，這樣兩個 r 之間差異的顯著性檢定才會比較準確。r 與 Zr 的關係如下：

第 i 篇論文之 ES：$Zr_i = \dfrac{1}{2} Ln(\dfrac{1+r_i}{1-r_i})$

表 2-6 即可以找到 r 值與 Fisher's Zr 的對應表。轉換 Zr 之後，就可用此標準化的 Z 機率組合法來求加權平均效果量 $\overline{Zr_+}$ (Hedges & Olkin, 1985)：

$$Z_p = \overline{Zr_+} = \sum_{i=1}^{K} w_i Z_{r_i}$$

其中，$w_i = \dfrac{N_i - 3}{\sum\limits_{j=1}^{K}(N_j - 3)}$，$N_i$ 與 N_j 都是每篇研究的樣本數。

表 2-6　Pearson r 值與 Fisher's Z_r 的對應表

r	Zr	r	Zr	r	Zr
0.00	0.0000	0.36	0.3769	0.72	0.9076
0.01	0.0100	0.37	0.3884	0.73	0.9287
0.02	0.0200	0.38	0.4001	0.74	0.9505
0.03	0.0300	0.39	0.4118	0.75	0.9730
0.04	0.0400	0.40	0.4236	0.76	0.9962
0.05	0.0500	0.41	0.4356	0.77	1.0203
0.06	0.0601	0.42	0.4477	0.78	1.0454
0.07	0.0701	0.43	0.4599	0.79	1.0714
0.08	0.0802	0.44	0.4722	0.80	1.0986
0.09	0.0902	0.45	0.4847	0.81	1.1270
0.10	0.1003	0.46	0.4973	0.82	1.1568
0.11	0.1104	0.47	0.5101	0.83	1.1881
0.12	0.1206	0.48	0.5230	0.84	1.2212
0.13	0.1307	0.49	0.5361	0.85	1.2562
0.14	0.1409	0.50	0.5493	0.86	1.2933
0.15	0.1511	0.51	0.5627	0.87	1.3331
0.16	0.1614	0.52	0.5763	0.88	1.3758
0.17	0.1717	0.53	0.5901	0.89	1.4219

（續前表）

r	Zr	r	Zr	r	Zr
0.18	0.1820	0.54	0.6042	0.90	1.4722
0.19	0.1923	0.55	0.6184	0.91	1.5275
0.20	0.2027	0.56	0.6328	0.92	1.5890
0.21	0.2132	0.57	0.6475	0.93	1.6584
0.22	0.2237	0.58	0.6625	0.94	1.7380
0.23	0.2342	0.59	0.6777	0.95	1.8318
0.24	0.2448	0.60	0.6931	0.96	1.9459
0.25	0.2554	0.61	0.7089	0.97	2.0923
0.26	0.2661	0.62	0.7250	0.98	2.2976
0.27	0.2769	0.63	0.7414	0.99	2.6467
0.28	0.2877	0.64	0.7582		
0.29	0.2986	0.65	0.7753		
0.30	0.3095	0.66	0.7928		
0.31	0.3205	0.67	0.8107		
0.32	0.3316	0.68	0.8291		
0.33	0.3428	0.69	0.8480		
0.34	0.3541	0.70	0.8673		
0.35	0.3654	0.71	0.8872		

小結

有關「r 族系列」之 Meta 實作，請見本書：

例 1.「2-1-3b 迴歸模型之效果量轉算程序」。

例 2.「2-1-4 CMA 實作 Meta：兩性強迫性上網行為之差異性 -Zr, n 型」。

例 3.「4-3-3 多重因果的論文回顧：電子商務顧客忠誠度」。

例 4.「4-3-4 多重因果的論文回顧：網路銀行經營績效」。

例 5.「4-4 Excel 實作多重因果 Meta：科技」。

(三)檢視類別變數之相對危險性(relative risk, RR)或勝算比(odds ratio, OR)

在自然科學領域中，RR, OR 效果量的計算法比 Cohen's d、Glass's Δ 與 Hedges's g 的範圍更廣。

除了 RR, OR 外，亦可用比例間差異指標，如 Cohen's g(*p*-.50)、Cohen's d (*p1-p2*) 及 Cohen's h(*p1-p2*)，其 *p* 值要先轉換成角度，用弧來測量：2 arcsin $\sqrt{p}$) (Rosenthal, 1991)。這類型的研究，較有名的例子是，每天飲酒相較於不飲酒者，其發生乳癌之相對危險性有多高 (Holbert & Daniel, 1993)。

Rosenthal 對 Meta 貢獻方面，首先他提出加權 (weight) 觀念，認為「檢定統計值 ＝ 效果量 × 樣本數」，因此所有研究都可經由研究結果檢定統計值除以樣本數而得到效果量之值（詳見表 2-7、表 2-8）。第二再提出相關來取代「標準化平均差」，進而將實驗設計 Meta 跨向非實驗性研究（調查法）中。

表 2-7　獨立觀察之檢定統計量與效果量關係

已知統計量	=	求出效果量	×	樣本數
$\chi^2_{(1)}$	=	ϕ^2	×	N
Z	=	ϕ	×	$\sqrt{N}$
t	=	$\dfrac{r}{\sqrt{1-r^2}}$	×	$\sqrt{df}$
t	=	$\left(\dfrac{M_1-M_2}{S_c}\right)^a$	×	$\dfrac{1}{\sqrt{\dfrac{1}{n_1}+\dfrac{1}{n_2}}}$
t	=	$\left(\dfrac{M_1-M_2}{S_{pooled}}\right)^b$	×	$\left[\dfrac{\sqrt{n_1 n_2}}{n_1+n_2}\times\sqrt{df}\right]$
t	=	$\left(\dfrac{M_1-M_2}{\sigma}\right)^c$	×	$\left[\dfrac{\sqrt{n_1 n_2}}{n_1+n_2}\times\sqrt{df}\right]$
t	=	d	×	$\dfrac{\sqrt{df}}{2}$

註：a. 亦稱為 Glass's Δ。b. 亦稱為 Hedge's g。c. 亦稱為 Cohen's d
來源：Rosenthal, 1991, p.15

表 2-8　相關觀察之檢定統計量與效果量關係表

已知統計量	=	求出效果量	×	（已知）樣本數
F^a	=	$\dfrac{r_i^2}{1-r_i^2}$	×	df_{error}
F^b	=	$\dfrac{eta_i^2}{1-eta_i^2}$	×	$\dfrac{df_{error}}{df_{means}}$
F^b	=	$\dfrac{S_{means}^2}{S^2}$	×	n_i
t^c	=	$\dfrac{r_i^2}{\sqrt{1-r_i^2}}$	×	$\sqrt{df_i}$
t^c	=	$\dfrac{\overline{D}}{S_D}$	×	$\sqrt{n_i}$
t^c	=	d_i	×	$\sqrt{df_i}$

註：a. 分子自由度為 1。b. 分子自由度可為任意數。c. 觀察相關
來源：Rosenthal(1991), p.15

▌小結

使用 CMA 軟體進行 Meta 分析的資料可以分為三大類：(1) 二元類別資料 (dichotomous data)。例如：陽性或陰性；通過或失敗。常用的單位有：相對風險比 (relative risk 或稱 risk ratio, RR)、風險差 (risk difference, RD)、勝算比 (odds ratio) 等。(2) 連續性資料 (continuous data)，常用平均數的差來表示結果。(3) 相關 r 族系 (Pearson r, Fisher's Zr)。

有關「二元類別資料」(odds ratio) 之 Meta 實作，請見第一章範例。

四、檢定與信賴區間之關係

樣本統計是點估計，是我們的猜測。區間估計則是母體參數有可能落在其中的眾多點估計。要正確估計母體參數是不可能的，但是可以假設母體參數應該落在一定的區間，稱為信賴區間 (confidence interval)。點估計加減誤差便是區間估計。

信賴區間的定義：由樣本資料定義一段數值區間，宣稱有多少信心以估計母體的參數包含於此區間內 (The level of uncertainty in the estimate of treatment effect)。該數

值區間上、下限稱為信賴界限 (confidence limit)。用以估計的信心程度稱為信賴（心）水準 (confidence level)。因此，信賴區間估計常表示為：

$$[p - Z_{1-\alpha/2} \times (s.e), p + Z_{1-\alpha/2} \times (s.e)]$$

當母體為連續變數時，我們使用樣本平均值推論母體平均值。$\overline{X}$ 的標準誤 (s.e) 為 $\dfrac{S_x}{\sqrt{n}}$。

一般常以 95% 或 99% 為信賴水準指標；相對應的 Z 分數（相差幾個標準差）分別為 1.96 與 2.58。即 CI 可表示為：

(1) 95% 信心估計母群體平均數，在樣本平均數 ±1.96×（母群體標準差 / 樣本數 n 的平方根）的範圍內。當我們抽樣夠多次，則其中約有 95% 左右個（100 個之中有 95 個）信賴區間會包含 μ。

(2) 99% 信心估計母群體平均數，則在樣本平均數 ±2.58×（母群體標準差 / 樣本數 n 的平方根）的範圍內。

CI 科學符號表示有二方式：

$$\mu \text{ 之 95\% CI} = \overline{X} \pm 1.96 \times \frac{\sigma}{\sqrt{n}}$$

$$\mu \text{ 之 99\% CI} = \overline{X} \pm 1.96 \times \frac{\sigma}{\sqrt{n}}$$

由上式可看出，抽樣樣本 n 越大，相同的樣本變異數 σ^2 下，樣本平均值的標準誤越小，則信賴區間也越小，也就是不確定程度越小。

例如：平均值標準誤 (standard error of the mean)，它是我們藉著手邊的樣本 (sample) 資料，對母群體 (population) 平均值做估計時，對這個估計結果誤差程度的表示方法。我們也可以把標準誤轉換成信賴區間的方式，來表示對所估計母群體平均值的把握程度。因此，若我們的樣本數 (sample size) 越大，所得的標準誤越小，亦即信賴區間越小，表示我們對所獲得的數據（平均值）越有把握。例如：當電腦報表上印出 10 位病人的血壓平均為 120.4mmHg，標準差 13.2mmHg，和標準誤 4.18mmHg 時，意味著這種情況的病人血壓大約為以 120.4mmHg 為中心，呈現標準差為 13.2mmHg 之分散程度的分布。由於這個資料乃根據 10 位病人的血壓值來估計，以樣本平均血壓 120.4mmHg 來估計母群體平均血壓的誤差程度為標準誤 4.18mmHg，我們並可計算由此樣本所得母群體平均值的 95% 信賴區間 (95% confidence interval) 為 111.0mmHg 至 129.8mmHg；簡言之，在此區間 (111.0 mmHg, 129.8mmHg) 內有

95% 的機率會包括眞實的母群體平均血壓値。

標準差 (S) 及標準誤 (se)，這兩種表示法傳遞不同的訊息。當以「平均值 ± 標準差」來描述資料時，是表示了這個資料的中央趨勢（用平均值來描述）和分散程度（用標準差來描述）兩樣性質。而若以「平均值 ± 標準誤」時，則僅描述了這個資料的中央趨勢（用平均值來描述），以及對母群體平均值估計的可能誤差程度。

在同樣型 I 誤差（α 値）的情形下，信賴區間可以用來判定樣本平均值與假定母體平均值是否有顯著差異，結論會跟雙尾檢定相同。若以樣本平均值推論出 μ 的信賴區間，包含了原本假定的母體平均值，則表示樣本平均數與母體平均值沒有顯著差異。若以樣本平均值推論出 μ 的信賴區間，不包含原本假定的母體平均值，則表示樣本平均數與母體平均值有顯著差異。

常態母體，σ 未知時。假設型 I 誤差 $= \alpha$，自由度 $= n - 1$，平均數的信賴區爲：
$\overline{Y} \pm t_{\alpha/2, n-1} \times (se)$，其中 $se = \dfrac{S}{\sqrt{n}}$。

例如：從一常態母體中隨機抽出 n = 25 的樣本，並得到樣本平均數 $\overline{Y} = 50$, 樣本標準差 S = 8。則母體平均數的 95% 信賴區間爲：

$$\overline{Y} \pm t_{\alpha/2, n-1} \times \frac{S}{\sqrt{n}} = 50 \pm 2.0639 \times \frac{8}{\sqrt{25}}$$

如果 n ≥ 30，t 値亦會趨近於 Z 分數。當樣本標準差 S 已知，且樣本個數大於 30，我們改用 Z 分配求 95%CI：

$$95\%CI = \overline{X} \pm Z_{\alpha/2} \times \frac{S}{\sqrt{n}} = \overline{X} \pm 1.96 \times \frac{S}{\sqrt{n}}$$

▌2-1-3a Meta 分析處理 Pearson 相關係數之運作原理

如圖 4-9「CH04 Excel 兩性工作滿足（公式稽核）.xls」檔、圖 4-14「顧客忠誠度之 Excel 實作程式」，都是作者運用 Excel 做 Meta 分析單位的轉換。

一、處理 Pearson 相關係數之運作流程

求各個原始樣本文獻的 Pearson 相關係數彙總後之平均效果量時，不可直接將 Pearson 相關係數相加求平均數，必須先將各個文獻的 Pearson 相關係數效果量初始尺度（即初始分數）轉換成 Fisher's z 分數，再算出各個已轉化爲 Fisher's z 分數尺度

效果量的平均,最後將所得之「Fisher's z 分數尺度的合併後平均效果量」再還原回 Pearson 相關係數的初始尺度,始得平均效果量。流程示意圖如下:

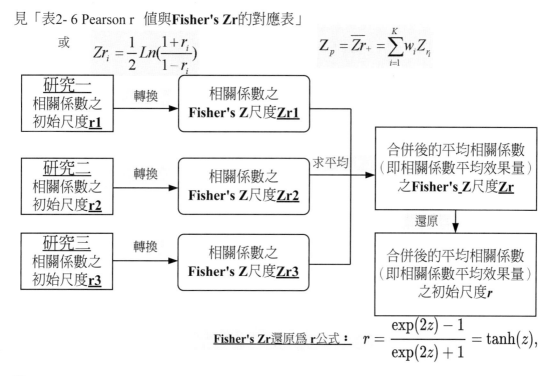

見「表2- 6 Pearson r 值與**Fisher's Zr**的對應表」

或 $Zr_i = \frac{1}{2} Ln(\frac{1+r_i}{1-r_i})$

$Z_p = \overline{Zr_+} = \sum_{i=1}^{K} w_i Z_{r_i}$

Fisher's Zr還原為**r**公式: $r = \dfrac{\exp(2z) - 1}{\exp(2z) + 1} = \tanh(z),$

▶ 圖 2-8 使用 Fisher's z 轉換求相關係數平均效果量之 Meta 分析流程 (改自 Borenstein et al., 2011)

註:範例請見圖 7-39「X 正向心理資本與 Y 幸福感」之研究架構。

所有分析及合併的運作皆以轉換後的值進行,分析的結果。如:平均效果量及信賴區間 (confidence interval, CI) 再還原回初始尺度。

運作說明及公式如下:

(一)將樣本相關係數的初始尺度轉換為Fisher's z值

1. r 值轉換為 Fisher's z 值之公式:

$$z = \frac{1}{2} \times ln\left(\frac{1+r}{1-r}\right)$$

費希爾 Zr 變換是改造方式來抽樣分布的皮爾森 r(即相關係數),使之成為常態

分布。Fisher Z 中的「Z」代表 z 分數。

將 r 轉換爲 z 分數的公式爲：

$$Zr = .5 \, [\ln(1 + r) - \ln(1 - r)]$$

例如：假設相關係數 r = 0.4，代入轉換公式：

$$Zr = .5 \, [\ln(1 + 0.4) - \ln(1 - 0.4)]$$
$$Zr = .5 \, [\ln(1.4) - \ln(0.6)]$$
$$Zr = 0.5 \, [0.33647223662 - -0.51082562376]$$
$$Zr = 0.5 \, [0.84729786038]$$
$$Zr = 0.4236$$

其中 ln 是自然對數。

2. Fisher's z 值的變異數（最佳近似值）公式：

$$V_z = \frac{1}{n-3}$$

3. Fisher's z 值的標準誤公式：

$$SE_z = \sqrt{V_z}$$

(二) 在 Fisher's z 值的尺度中，計算各個樣本文獻效果量的加權平均數，做爲合併之效果量（即平均效果量）

1. 各個樣本文獻效果量的權重是各個樣本文獻變異數的倒數之公式：

$$W_i = \frac{1}{V_{Y_i}}$$

2. 各個樣本文獻效果量的加權平均數（即合併之效果量，平均效果量）之公式：

$$M = \frac{\sum_{i=1}^{k} W_i Y_i}{\sum_{i=1}^{k} W_i}$$

(三)在Fisher's z值的尺度中，計算合併之效果量（即平均效果量）的95%
信賴區間

1. 合併之效果量（即平均效果量）的變異數是權重之和的倒數：

$$V_M = \frac{1}{\sum_{i=1}^{k} W_i}$$

2. 合併之效果量（即平均效果量）的標準誤是變異數的平方根：

$$SE_M = \sqrt{V_M}$$

3. 合併之效果量 (即平均效果量) 的 95% 信賴區間的下限之值：

$$LL_M = M - 1.96 \times SE_M$$

4. 合併之效果量 (即平均效果量) 的 95% 信賴區間的上限之值：

$$UL_M = M + 1.96 \times SE_M$$

(四)Fisher's z 值還原回初始尺度 r 值之公式

$$r = \frac{e^{2z} - 1}{e^{2z} + 1}$$

二、使用 Fisher's z 轉換處理 Pearson 相關係數之理由

　　Pearson 相關係數之母群體參數 ρ 的估計值是其樣本統計量 r。r 的變異數之近似值為 $V_r = \frac{(1 - r^2)^2}{n - 1}$，其中 n 為樣本大小。

　　上式 V_r 為一次項，r^2 為二次項，因此可知 V_r 和 r 有強烈的非線性關係，即「相關係數的變異數」和「相關係數」有強烈的非線性關係，且當相關係數較大時，相關係數的抽樣分配是有偏的。所以 Meta 分析計算各個原始樣本文獻的 Pearson 相關係數合併之效果量（即平均效果量）時，不可將 Pearson 相關係數直接相加求平均，必須先轉換成 Fisher's z 分數尺度，再求平均，最後再還原回初始尺度，以求出合併後的平均相關係數。

■ 2-1-3b 迴歸模型之效果量轉算程序

$Y_i = a + bX_i + e_i$，簡單線性迴歸分析旨在於此估計能夠正確描述 X 與 Y 關係的截距 a 與斜率 b。

後來，簡單線性迴歸演變成複迴歸。接著再演變成：縱橫／追蹤資料 (panel data) 迴歸、多層次或縱貫性 (multilevel and longitudinal) 模型、處理效果 (treatment effects) 模型（虛擬變數）。而時間序列之迴歸，依序出現 ARIMA、向量自我迴歸 (VAR)、向量誤差修正模型 (VECM)、半對數和分量迴歸模型等。相對地，類別依變數的迴歸，包括：Probit 模型、survival 模型、Multinomial Logit 等。詳情請見作者《Stata 廣義時間序列：Panel data 迴歸模型》一書。

上述這些迴歸分析，都可用 Meta 分析來統整正反兩派的辯正。總體而言，迴歸的目的有四：

1. 將 X 與 Y 的關係以一種量化的方式來表達 (quantify a theory)。
2. 檢驗有關於 X 與 Y 之間關係的理論 (test a theory)。
3. 測量 X 與 Y 之間的關係強度 (measuring the strength of relationships)。
4. 在已知 X 值得條件下，對 Y 作樣本外預測 (forecasting)。

以官蔚菁（2004）「臺灣健康信念模型研究之統合分析」研究為例，針對國內將健康信念模型應用於健康行為的研究作統合分析，希望了解此模型對健康行為的解釋效果及模型中主要的四自變數（自覺罹病性、自覺嚴重度、自覺行動利益、自覺行動障礙）對健康行為之關係。其研究架構如下圖。

一、研究架構（含次族群之干擾變數）

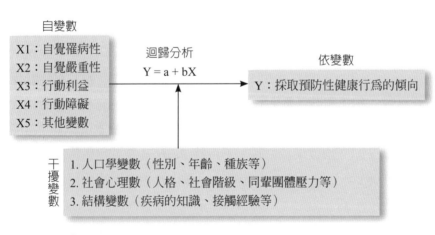

● 圖 2-9　健康信念模型（改自 Rosenstock, 1974）

根據 Rosenstock(1974) 之健康信念模型 (health belief model)，其組成要素包括：

1. 自覺罹病性 (perceived susceptibility)：指個人對罹患疾病之可能性的主觀評估。因為這是一個主觀的變數，所以每一個人對於自覺罹病性的感受差異非常大，有人可能覺得自己很容易就罹患某疾病，但也有人認為自己絕不會得此疾病。在健康信念模型中認為，自覺罹病性越強烈，越容易採取行動。

2. 自覺嚴重性 (perceived seriousness)：指個人對罹患某病嚴重性的感受。此為主觀之感受，因此每個人的差異性很大，主要受到個人對某疾病的看法，以及個人認為此疾病是否會影響其生活，甚至造成其死亡之主觀的評估。健康信念模型認為，自覺嚴重性越強烈，越容易採取行動。

3. 自覺行動利益 (perceived benefits of taking action)：指個人對所採取的行動是否能降低罹病性或嚴重性，這些利益之主觀性評估。關於自覺行動利益這個信念，會受個人社會團體的規範及壓力所影響而採取不同的行動。在健康信念模型中認為，自覺行動利益越強烈，則越容易採取行動。

4. 自覺行動障礙 (perceived barriers of taking action)：指個人在行動過程中，對可能存在之障礙的評估。例如：個人可能覺得要採取此行動存在有太貴、很痛苦或不舒服等負向因素，會影響到個人不願採取行動，這些因素即為行動障礙。在健康信念模型中認為，自覺行動障礙越強烈，則越不容易採取行動。

5. 其他還有人口學、社會心理和結構等因素，會直接及間接影響健康行為的表現。

在 Rosenstock(1974) 提到健康信念模型假設個人採取某健康行為和其自覺可能罹患某病（自覺罹病性），及自覺罹患該病後的可能嚴重後果（自覺嚴重性）有關，若感覺自己易罹患該病，且後果會十分嚴重，而採取某種行為以預防此種疾病之益處超過障礙時，此時若有適當的行動線索刺激，則他真正採取這些行為的可能性會增大。

本例將研究樣本所貢獻之四個變數對健康行為之解釋效果量，定義為研究層次 (study level) 的效果量。接著分別計算出每篇樣本的四個變數，包括自覺罹病性、自覺嚴重度、自覺行動利益、自覺行動障礙與健康行為間的關係效果量，定義為結果層次 (outcome level) 的效果量（官蔚菁，2004）。

二、研究工具

1. 編碼表 (coding sheet)

編碼表主要參考 Lipsey 及 Wilson(2001) 以及 Brown(2003) 修改而成，內容包括五大部分：第一部分「研究特徵」包括：作者姓名、作者數、第一作者背景、第一作

者學歷、出版年代、出版類別及出版資料等 7 項；第二部分「樣本特性」包括：個案性別、各性別人數、個案平均年齡（± 標準差）、個案年齡全距、婚姻狀況、教育程度、疾病狀況、居住狀況、宗教信仰及回收率等十項；第三部分「方法學特徵」包括：理論架構、研究設計、樣本數、取樣方法、資料取得方式、自覺罹患性工具信效度、自覺嚴重性工具信效度、自覺行動利益工具信效度、自覺行動障礙工具信效度、收案場所、自覺罹患性定義、自覺嚴重性定義、自覺行動利益定義、自覺行動障礙定義、健康行為定義及健康行為分類等 16 項；第四部分，原始資料的「效果量相關資料」包括：迴歸係數 b 值、S.E.$_{(b)}$ 值、β 值、p 值、N(df)、t 值、r 值、Fisher's Zr 值、R^2 值等 9 項（如表 2-9）；第五部分「其他」包括：編碼時間、選入與否及選入原因等 3 項。

表 2-9　primary data 之編碼表

欄位	統計量		自覺罹病性	自覺嚴重度	自覺行動利益	自覺行動障礙	4 自變數對健康之總解釋
7	登錄 4 變數分別之 slope 資料，比較重要性	b 值	登錄在作迴歸分析時，健康信念模型 4 個自變數之迴歸係數 b 值，若資料經由計算而得，需以紅筆書寫，若缺乏此資料則寫 NA				
8		S.E.$_{(b)}$	登錄在作迴歸分析時，健康信念模型 4 個自變數之「迴歸係數 b 值的標準誤」，若資料經由計算而得，需以紅筆書寫				
9		β 值	登錄在作迴歸分析時健康信念模型 4 個自變數之「標準化迴歸係數 β 值」				
10		p 值	登錄在作迴歸分析時健康信念模型 4 個自變數之「p 值」。並註記單尾或雙尾檢定，若只提供 p < 0.05，則 p 登錄為 0.05，其餘則類推，若缺乏此資料則寫 NA，例如：0.05（單尾）				
11		N(df)	樣本數（自由度）				
12		直接由研究中獲得或計算得統計量 t 值	迴歸係數 b 值之顯著性檢定 t 值；若資料經由計算而得，需以紅筆書寫				
13		由統計量 t 或由 p, N 值轉為效果量 r 值	(1) 由登錄欄位 12 所獲得之 t 值及 df 欄位 11 之 N-1，代入下列公式轉換為效果量 r 值： $$r = \sqrt{\frac{t^2}{t^2 + df}}$$				

（續前表）

欄位	統計量		自覺罹病性	自覺嚴重度	自覺行動利益	自覺行動障礙	4自變數對健康之總解釋
			(2) 由登錄欄位 10 所獲得之 p 值及欄位 11 所獲得之 N，依公式： $r = \dfrac{Z}{\sqrt{N}}$ 轉換為效果量 r 值 因資料經由計算而得，需以紅筆書寫。				
14	迴歸係數 b 之 Fisher's Zr		由登錄欄位 13 所獲得之 r 值，經由公式 Fisher's Zr = $\dfrac{1}{2} LN(\dfrac{1+r}{1-r})$ 轉換而得，需以紅筆書寫				
	總解釋力	R^2 值					

2. 編碼簿 (codebook)

編碼簿主要是將編碼表的登錄方法作詳細的說明及規定，以利登錄者進行登錄工作，及提高登錄的可信度。編碼簿的內容是依據編碼表來訂定，其依照編碼表的項目一一說明如何作登錄，或說明每個號碼代表之意義。

三、效果量的轉算

(一)「研究層次」（混合4個自變數對1個依變數）的效果量

在效果量估計時，本例採用 Rosenthal 建議的 r 值來計算。在研究層次的效果量部分，本例登錄原始論文之 R^2 值，主要分為兩類：(1) 是 4 個變數對健康行為之解釋效果量。(2) 是 4 個變數加上「其他變數」對健康行為之解釋效果量。登錄 R^2 值後再將其轉為效果量 r 值做計算，因原始論文中皆有提供 R^2 值，故可直接取平方根得正的效果量 r 值。

由於在「研究層次」的效果量部分，會有單一論文產生多重效果量之情形，在此情形下，本例採用 Cooper(1989) 的建議，使用「改變分析的單位」方法，把每個統計檢定一開始都當作獨立事件登錄。

(1) 在合併同一論文之多重效果量時，則計算該研究的「平均效果量」，以平均效果量為分析單位，所以對於整體的評估，每篇論文只提供單一個「平均效果量」。

(2) 但是，當檢驗可能影響整個關係的「其他變數」之時，只有在「其他變數」的不

同類別之間，來累積其研究結果。

根據以上這 2 個計算方式，在研究層次的效果量方面，一共 24 篇論文符合納入標準，共產生了 35 個效果量，總個案數為 22,423 人，每一個研究產生之效果量數目範圍從 1 到 4。故在研究層次所計算的效果量中，全部都是根據原始論文之 R^2 值，再直接取平方根得正的效果量 r 值。

(二)「結果層次」的效果量

在結果層次的效果量方面，自覺罹病性、自覺嚴重度、自覺行動利益、自覺行動障礙與健康行為間的關係，分別是用複迴歸或逐步 (stepwise) 迴歸中的係數 b 來算出效果量 r 值。故原始論文中所提供的原始資料主要分為兩類：

1. 迴歸分析 (Y = a + bX) 已提供「β 值與 p 值」或「b 值與 p 值」

先依公式 2-1 求出 b 值，再依公式 2-2 求出 S_b，最後由公式 2-3 求出 t 值，再根據公式 2-4 得效果量 r 值。

若原始研究中所給的資料不足，無法計算出確切的效果量時，則由研究中所給的 p 值來估計效果量 r 值；即可先將 p 值轉換為 Z 值（見圖 2-4 標準常態分配之對應的 Z 值表），再由公式 2-5 將 Z 值轉為 r 值，最後 r 值再轉成 Zr。

Step 1：迴歸係數 $b_i = \beta_i \dfrac{\hat{S}_X}{\hat{S}_Y}$，β 為標準化迴歸係數　　　　　　　　　（公式 2-1）

Step 2：迴歸係數標準差 $S_b = \sqrt{\dfrac{S_{y.12}^2}{\sum(x-\overline{x})^2(1-r_{12}^2)}}$　　　　　　　　（公式 2-2）

Step 3-1：Student's $t = \dfrac{b}{S_b}$　　　　　　　　　　　　　　　　　　（公式 2-3）

Step 3-2：Pearson's $r = \sqrt{\dfrac{t^2}{t^2 + df_{error}}}$　　　　　　　　　　　　　（公式 2-4）

Step 4：Pearson's $r = \dfrac{Z}{\sqrt{N}}$　　　　　　　　　　　　　　　　　（公式 2-5）

2. 迴歸係數 b（即 Y = a + bX）已提供顯著性檢定 t 值

直接由公式 2-4 算出效果量 r 值。

算出效果量估計值 r 之後，再配合樣本數 N 與研究設計，計算其顯著性（單尾 p 值）。計算過程中，最後再根據公式 2-6 將 r 值轉換成 Fisher's Zr 值。因為 Zr 則是 r

經過 Fisher 轉換後的 Z 值，會比 Pearson's r 相關來得準確。接著，再代入公式 2-7 與公式 2-8 中求出平均 Fisher's Zr 值與加權平均 Fisher's Zr+ 值，本例是依參考 Rosenthal(1991) 的建議，以每一個研究之效果量之變異數的倒數 (wj = Nj – 3) 來加權，之後再將平均 Fisher's Zr 值與加權平均 Fisher's Zr+ 值依公式 2-9 轉換回效果量 Pearson's r。接著，先求 Zr 的 95%CI，先由而 Fisher's Zr 帶入公式 2-10 及公式 2-11，最後由公式 2-12 還原求出效果量 r 之 95% 信賴區間。由 95%CI 未含「0」，即可判定「達顯著性」。

Step 1：Fisher's $Zr = \dfrac{1}{2}Ln(\dfrac{1+r}{1-r})$ （公式 2-6）

Step 2-1：平均 Fisher's $\overline{Zr} = \dfrac{\sum Zr}{K}$，K 論文篇數 （公式 2-7）

Step 2-2：加權平均 Fisher's $\overline{Zr}_+ = \dfrac{\sum w_j \times Zr_j}{\sum w_j}$ （公式 2-8）

Step 3：Perason's $r = \dfrac{(e^{2\times Zr} - 1)}{(e^{2\times Zr} + 1)}$ （公式 2-9）

Step 4-1：$^U Zr = \overline{Zr} + 1.96 \times \sqrt{\dfrac{1}{n-3}}$，$U = 95\%CI$ 的 *upper* （公式 2-10）

Step 4-2：$^L Zr = \overline{Zr} - 1.96 \times \sqrt{\dfrac{1}{n-3}}$，$L = 95\%CI$ 的 *lower* （公式 2-11）

Step 5：r 的 95%CI $\begin{cases} ^U r = \dfrac{(e^{2\times ^U Zr} - 1)}{(e^{2\times ^U Zr} + 1)}, e = 2.71828 \\ ^L r = \dfrac{(e^{2\times ^L Zr} - 1)}{(e^{2\times ^L Zr} + 1)} \end{cases}$ （公式 2-12）

　　公式 2-10 及公式 2-11 所求出 Fisher's $\overline{Zr}$ 的 95%CI，若未含「0」，則達 0.05 顯著水準；反之，95%CI 含「0」則不顯著。

　　由於在「結果層次」的效果量部分，會有單一論文產生「多重效果量」之情形，在合併同一篇論文之多重效果量時，則可計算該研究的「平均效果量」，以平均效果量為分析單位。故每篇論文對自覺罹病性、自覺嚴重度、自覺行動利益、自覺行動障礙對健康行為關係的效果量，都各只提供單一個效果量，所以每篇論文都會有 4 個效果量。在檢驗「結果層次」效果量時，本例採用 Cooper(1989) 的建議，使用「改變

分析的單位」方法，把每個統計檢定一開始都當作「獨立事件」登錄，在檢驗可能影響整個關係的其他變數之時，只有在「其他變數」的不同類別之間，累積其研究結果。根據此方式，在結果層次的效果量方面，一共 24 篇研究符合納入標準，產生了 140 個效果量，總個案數為 22,423 人，每篇研究產生之效果量數目範圍從 4 到 16。在「結果層次」的效果量中，53% 是根據「β 值與 p 值」或「b 值與 p 值計算」而得，47% 是由迴歸係數 b 的 t 值轉換來的。

由於每篇論文皆會產生自覺罹病性、自覺嚴重度、自覺行動利益、自覺行動障礙與健康行為關係的 4 個效果量，因此，每一個研究都有 4 個效果量，而這樣的方式會造成效果量間的非獨立性。故本例在結果層次效果量的比較中，也採用無母數統計分析中之 Friedman 檢定法做顯著性檢定，若有顯著差異則再用 Hollander-Wolfe 之多重比較做事後檢定來分析效果量之間的差異情形，在本例中，將整個實驗訂於 α = 0.30，即每一組比較之 α = 0.05(Daniel, 1990)。

▋補充資料

一、Friedman 檢定：多組有關樣本的推論法

若我們某一資料集，可表示成有 k 行（表示處理）n 列（表示各樣本組數目），如下所示：

處理 集區	1	...	...	j	...	...	k
1	X_{11}	...	...	X_{1j}	...	...	X_{1k}
2	X_{21}	...	...	X_{2j}	...	...	X_{2k}
⋮	⋮	⋮	⋮	⋮	⋮	⋮	⋮
i	X_{i1}	...	...	X_{ij}	...	...	X_{ik}
⋮	⋮	⋮	⋮	⋮	⋮	⋮	⋮
⋮	⋮	⋮	⋮	⋮	⋮	⋮	⋮
n	X_{n1}	...	...	X_{nj}	...	...	X_{nk}

我們可以將每一個集區去做排序並給予等級，如下表：

集區 \ 處理	1	...	...	j	...	...	k
1	R_{11}	...	...	R_{1j}	...	...	R_{1k}
2	R_{21}	...	...	R_{2j}	...	...	R_{2k}
⋮	⋮	⋮	⋮	⋮	⋮	⋮	⋮
i	R_{i1}	...	...	R_{ij}	...	...	R_{1k}
⋮	⋮	⋮	⋮	⋮	⋮	⋮	⋮
⋮	⋮	⋮	⋮	⋮	⋮	⋮	⋮
n	R_{n1}	...	...	R_{nj}	...	...	R_{nk}
等級和	R_1	...	...	R_j	...	...	R_k

進而可計算檢定統計量 $F_r = \dfrac{12}{nk(k+1)} \sum_{i=1}^{k} R_i^2 - 3n(k+1) \sim \chi^2_{(k-1)}$ 分配。

檢定步驟

1. $\begin{cases} H_0：各個處理一樣好 \\ H_1：各個處理不一樣好 \end{cases}$

2. 假設顯著水準 $\alpha = 0.05$

3. 計算檢定統計量：$\chi^2_{(k-1)} = \dfrac{12}{nk(k+1)} \sum_{i=1}^{k} R_i^2 - 3n(k+1)$

4. 決策：若臨界值 $\chi^2 \geq \chi^2_{0.05,(k-1)}$，則拒絕 H_0

理論基礎

當 k 組有關樣本所來自母體相同或 k 種處理效應相同，則 k 組等級和 R_i 應相去不遠，使得卡方值較小，故各組等級和 R_i 相差太多，則拒絕虛無假設。

範例

以 12 名受訪者，進行 A 案、B 案、C 案三種包裝設計滿意順序的測驗，得下表：

受訪者（人）	1	2	3	4	5	6	7	8	9	10	11	12
A 案	1	2	1	2	1	1	1	2	1	1	1	2
B 案	2	3	2	1	2	3	3	1	2	3	2	1
C 案	3	1	3	3	3	2	2	3	3	2	3	3

試以 α = 0.05 檢定三種設計方案是否一樣好？

答：

受訪者（人）	1	2	3	4	5	6	7	8	9	10	11	12	等級和
A 案	1	2	1	2	1	1	1	2	1	1	1	2	16
B 案	2	3	2	1	2	3	3	1	2	3	2	1	25
C 案	3	1	3	3	3	2	2	3	3	2	3	3	31

$$\chi^2_{(3-1)} = \frac{12}{nk(k+1)} \sum_{i=1}^{k} R_i^2 - 3n(k+1) = \frac{12}{12 \times 3(4)}(16^2 + 25^2 + 31^2) - 3 \times 12(3+1) = 9.5$$

查表：$\chi^2_{0.05,2} = 5.991$

因為手算卡方值 9.5 > 查表 5.991，故拒絕「H_0：三種包裝設計一樣好」。

Friedman Test 此方法可以檢定序列尺度彼此間是否有統計上的差異，它可用 SPSS 來計算，在 SPSS 選「Select Analyze Nonparametric Tests K Related Samples」，畫面即可出現圖 2-10。

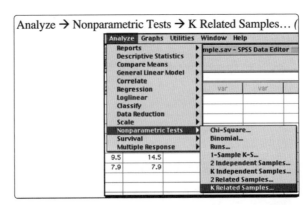

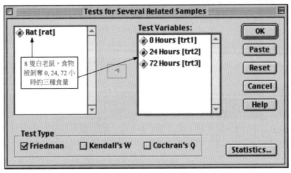

▶ 圖 2-10　SPSS 之 Friedman Test 畫面

舉例來說，假設 8 項「森林功能」代碼，依序爲：R_1 涵養水源、R_2 國土保安、R_3 碳吸存、R_4 森林產物、R_5 森林遊憩、R_6 自然教育、R_7 景觀美質、R_8 自然資源保育。以序列尺度分析方法，並採用 Friedman 法及 Hollander-Wolfe 檢測，「森林功能」在山坡地及平地之重要性排序，所得結果：呈現此兩區位在森林功能的重要性上呈現不一致的現象，民眾認爲森林的功能以「國土保安」和「涵養水源」在山坡地最爲重要；但在平地則以「碳吸存」和「涵養水源」最爲重要。

本例之假設爲：

H_0：民眾對於造林功能之排序相同（無明顯差異）

H_1：民眾對於造林功能之排序不同（具有顯著差異）

$$
F_r = \frac{\dfrac{12}{nk(k+1)}\displaystyle\sum_{i=1}^{k} R_i^2 - 3n(k+1)}{1 - \dfrac{\displaystyle\sum_{j=1}^{C}(\sum t_j^2 + \sum t_j)}{nk(k^2-1)}} \sim \chi^2_{(k-1)} \text{分配}
$$

其中，k：表示 8 項森林功能。n：樣本數量。R_i：表示各功能之等級和。

　　t_j：第 j 列之等級相同者個數。

　　F_r 爲近似 (k-1) 個自由度的卡方分配。若 F_r 小於等於卡方分配的臨界值，則接受虛無假設 H_0，即民眾對於森林功能之排序沒有明顯差異。反之，若 F_r 大於卡方分配的臨界值，則拒絕虛無假設 H_0，表示民眾對於森林功能之排序具明顯差異，則需再以 Hollander-Wolfe 之多重比較不同森林功能之差異性。

二、Hollander-Wolfe 多重比較

　　經過 Friedman 檢定法後，所得的結果如呈顯著（項目間具有差異性存在），本例採用 Hollander-Wolfe 之多重比較，此統計方法常用以序列尺度之比較，其公式如下：

$$
\left| R_i - R_j \right| > Z\sqrt{\frac{nk(k+1)}{6}}
$$

其中，R_i、R_j：第 i，j 處理的等級和。

　　k：表示 8 項功能。n：樣本數。

　　Z：機率 $1 - \dfrac{\alpha}{k(k-1)}$ 所相當的標準常態隨機變量。

2-1-4 CMA 實作 Meta：兩性強迫性上網行為之差異性 - Zr, n 型

在因果模型或複迴歸中，都可見到相關分析。舉例來說，陳瑋婷 & 蕭金土（2012）曾以 Meta 分析「學生性別與網路成癮關聯性」。探討 1998 至 2010 間 59 篇國小、國中、高中及大專學生，旨在探討性別與各類型網路成癮相關性。其 Meta 研究結果發現，學生的性別與強迫性上網行為、戒斷與退癮反應、耐受性、時間管理及人際與健康關係等構面上，網路成癮 (internet addiction) 均具有正向關聯性，表示男學生在五構面的網路成癮均顯著高於女學生。

一般而言，網路成癮的核心內涵可分為強迫性上網行為 (compulsive use)、戒斷與退癮反應 (withdrawal)、耐受性 (tolerance)、時間管理問題 (time management problems) 及人際與健康問題 (interpersonal and health problems) 等內涵。(1) 強迫性上網行為係指網路使用者具有渴望上網的慾望與衝動；(2) 戒斷與退癮反應是指網路使用者在被迫突然離開電腦時，容易出現負向情緒反應；(3) 耐受性意味隨著網路使用時間增加，網路使用者得藉由獲取更多網路內容或更長上網時間，才能維持與原先相同的滿足感；(4) 時間管理問題意指網路使用者，因沉迷於網路的時間太長而使生活作息較不正常；(5) 人際與健康問題則指網路使用者隨著上網時間增長而產生社交活動減少或身體不適等現象。

為簡化 CMA(Comprehensive Meta-analysis) 的實作，本例只介紹兩性學生在強迫性上網行為的關聯強度。

一、研究方法

陳瑋婷 & 蕭金土（2012）網路成癮論文，主要以「全國博碩士論文資訊網」、「中華民國期刊論文索引影像系統」、「CEPS 中文電子期刊服務網」、「EBSCO-host -ASP」及 Google 等檢索系統並以「網路成癮」、「網路沉迷」或「網路使用」等為關鍵字，蒐集臺灣國小至大專階段學生性別與網路成癮相關之問卷調查研究。在進行原始論文的正式編碼之前，先了解編碼過程中，可能遭遇的難題及資料特性，再編製正式登錄表並採封閉性填答；每張登錄表須填寫：研究者、發表年代、發表型態、研究對象所屬教育階段、研究對象人數及計算效果量之相關資訊。本例選取原始研究報告的編碼標準說明如下：

1. 研究報告需清楚註明作者及發表年代。
2. 所採納研究必須以國小、國中、高中職或大專等教育階段之學生為研究對象。

3. 所納入論文，應包含「已有統計量」或「人工可算出」之「性別和強迫性上網行為」、「性別和『戒斷與退癮反應』」、「性別和耐受性」、「性別和時間管理」與「性別和『人際與健康關係』」等效果量之相關係數值。

4. 若單篇研究報告的研究對象涵蓋兩個教育階段或兩個組別以上且個別呈現各組研究結果，則分別登錄各組數據。諸如陳冠名（2004）的研究對象囊括國中、高中職與大專學生，則登錄成國中組、高中組與大專組等三筆資料。

5. 對於內容重複的原始研究報告，諸如同時具有碩士論文與期刊論文兩種發表形式之研究，則只收錄最完整資訊之研究報告。

二、資料單位轉換：人工編碼表手算或 Excel 程式都可轉換

在原始資料的登錄上，本例根據原始 pdf 檔進行編碼表之登錄及單位轉換。

(一) 計算效果量Fisher's Zr

本例選定相關係數 Pearson's r 做為效果量的比較基礎。因此，事先將各篇原始研究報告所得之 Hedges' g、F 值、t 值或 χ^2 值均轉換成 Pearson r，r 再轉成 Fisher's Zr，接著才可在 CMA 系統來進行 Meta 分析。編碼時，若 Pearson r 為正值，表示該論文支持：男學生之網路成癮程度較女學生高，若 r 為負值則代表男學生的網路成癮程度較女學生為低。各類型轉換公式彙整，如表 2-10 所示。

表 2-10　第 i 篇論文，單位轉換為效果量 r_i 的編碼表公式

轉換項目	轉換公式（第 i 篇論文）	註
g_i 轉 r_i	$r_i = \dfrac{g_i^2 n_E n_C}{g_i^2 n_E n_C + (n_E + n_C) df_i}$	n_E, n_C：男及女人數 $g_i = \dfrac{M_E - M_C}{S_{spooled}}$
F_i 轉 r_i	$r_i = \sqrt{\dfrac{F_i}{F_i + df_i}}$	$S_{spooled} = \sqrt{\dfrac{(n_E - 1)S_E^2 + (n_C - 1)S_C^2}{n_E + n_C - 2}}$
t_i 轉 r_i	$r_i = \sqrt{\dfrac{t_i^2}{t_i^2 + df_i}}$	最後再將每篇論文的 r 轉成 Fisher's Zr，即能以 Zr 及樣本數這二欄，在 CMA 軟體來執行 Meta
χ_i^2 轉 r_i	$r_i = \sqrt{\dfrac{\chi_i^2}{n_E + n_C}}$	$Zr_i = \dfrac{1}{2} Ln\left(\dfrac{1 + r_i}{1 - r_i}\right)$
r_i 轉 g_i	$g_i = \dfrac{2r_i}{\sqrt{1 - r_i^2}}$	

(二) 篩選符合本例子的相關論文

本例子共收錄 59 篇論文，探討性別分別與強迫性上網行為、戒斷與退癮反應、耐受性、時間管理或人際與健康關係等網路成癮之關聯性的原始研究報告。如下表所示。

表 2-11　收錄 59 篇文獻，單位轉換成 Fisher's Zr（本例 CMA 僅分析網底之數字）

Fisher's Zr 作者	型態	樣本數 N	性別 * 強迫性上網 行為	性別 * 戒斷與退癮 反應	性別 * 耐受性	性別 * 時間管理	性別 * 人際與健康 關係
蕭銘鈞（1998）	1	742	.08	--	--	--	--
朱美慧（2000）	1	584	.07	--	--	.09	--
陳淑惠（2000）	1	1,926	.09	.07	.09	.16	.10
韓佩凌（2000）	1	342	.14	.01	.15	.06	.02
林以正（2001）	1	1,652	.11	.05	.07	.20	.18
林以正（2001）	2	270	.08	.03	.06	.18	.10
徐西森（2001）	2	213	.22	.18	.22	--	--
楊佳幸（2001）	1	722	.09	.10	.10	--	--
王勝欽（2002）	1	1,146	.02	.07	.04	.05	.04
張仁獻（2002）	1	910	.04	.05	.05	.04	.05
董潔如（2002）	1	604	--	--	--	.16	--
吳雅玲（2003）	1	824	.21	.16	.16	.31	.30
林靜茹（2003）	2	403	.18	.03	.10	.25	.29
楊正誠（2003）	1	587	.25	.10	.11	.33	.24
陳冠名（2004）	1	448	.16	.19	.18	.283	.25
陳冠名（2004）	1	456	.13	.12	.16	.25	.21
陳冠名（2004）	1	295	.06	-.00	.04	.24	.13
彭郁歡（2004）	1	1,845	.19	.15	.14	.23	.22
劉文尚（2004）	1	390	.20	.25	.20	.24	.15
盧浩權（2004）	1	435	.25	.20	.19	.31	.35
王錦慧（2005）	1	1,126	.15	.13	.14	.22	.23
李星謙（2005）	2	359	.19	.13	.19	.27	.28
蔡沛錡（2005）	1	816	.23	.21	.20	.19	.20

（續前表）

Fisher's Zr 作者	型態	樣本數 N	性別 * 強迫性上網行為	性別 * 戒斷與退癮反應	性別 * 耐受性	性別 * 時間管理	性別 * 人際與健康關係
王薇甄（2006）	1	540	.16	.10	.13	.29	.21
陳玟如（2006）	1	1,052	.21	.26	.12	.20	.11
廖思涵（2006）	1	978	.19	.22	.17	.22	.24
鄭淳憶（2006）	1	708	.22	.16	.19	.23	.28
郭吉峰（2007）	1	476	.02	.02	.03	.04	.03
陳波汎（2007）	1	428	.23	.12	.19	.13	.16
陳國文（2007）	1	1,000	.14	.14	.18	.19	.18
陳細鈿（2007）	2	572	.09	.06	.01	.24	.13
許淑惠（2007）	1	588	.14	.12	.09	.12	.10
黃佳寧（2007）	1	479	.14	.18	.05	.21	.14
謝寶蓮（2007）	1	2,109	.12	.15	.13	.16	.17
周正華（2008）	1	468	.13	.09	.04	.21	.19
林怡杉（2008）	1	1,056	.26	.26	.20	.24	.23
林唯斯（2008）	1	594	.20	.07	.30	.48	.45
林國星（2008）	1	845	.08	.07	.07	.20	.16
林懿珍（2008）	1	1,105	.06	.04	.07	.20	.13
洪麗美（2008）	2	1,134	.06	.03	.07	--	.11
涂大節（2008）	1	786	-.45	-.33	-.34	-.25	-.17
許仲毅（2008）	1	772	.15	.22	.14	.15	.20
陳佩庭（2008）	1	903	.23	.22	.22	.31	.24
黃明華（2008）	1	836	.18	.17	.18	.24	.26
黃琪皎（2008）	1	905	.12	.04	-.01	.24	.23
黃慧鈞（2008）	1	1,111	.17	.21	.04	--	.22
溫婉玉（2008）	1	539	.12	.03	.03	.22	.20
傅義婷（2008）	1	525	.24	.20	.22	.19	.23
林孟琦（2009）	1	476	.15	.20	.15	.21	.23
陳朝昇（2009）	1	1,167	.08	.02	.04	.22	.19
葉士如（2009）	1	539	.22	.20	.15	.21	.22
廖家和（2009）	1	384	.11	.06	.09	.17	.09

（續前表）

Fisher's Zr 作者	型態	樣本數 N	性別 * 強迫性上網行為	性別 * 戒斷與退癮反應	性別 * 耐受性	性別 * 時間管理	性別 * 人際與健康關係
鄭雅芬（2009）	1	543	.08	.03	.02	.12	.04
盧永欽（2009）	1	1,772	.15	.08	.06	.24	.20
李盈數（2010）	1	406	.23	.23	.24	.26	.21
林琦君（2010）	1	429	.12	.08	.01	.17	.10
陳淑慧（2010）	1	162	.07	.16	.01	.20	.00
陳淑慧（2010）	1	161	.09	.08	.12	.17	.17
葉雅萍（2010）	1	477	.22	.21	.21	.27	.28
劉子利（2010）	2	390	.12	.31	.30	.35	-.08
盧秀珍（2010）	1	402	.18	.12	.12	.30	.23
龔慧玲（2010）	1	444	.11	.15	-.03	.25	--

註：發表型態：1 代表未出版研究；2 代表已出版研究。

　　將各篇論文之各統計值，轉換為 Pearson's r 之後，再將 r 轉換為 Zr。並以 Zr 的變異數倒數進行加權，以便求算各論文 Zr 的加權平均效果量及 95% 信賴區間。之後將加權平均 Zr 轉換為加權平均 r，且將加權平均 Zr 的 95% 信賴區間轉回為加權平均 r 之 95%CI，由 95%CI 若未含「0」，則表示「達 0.05 顯著水準」。

　　在加權平均 Zr_+ 的大小判斷上，經驗法則顯示，若 Zr_+ 值的絕對值小於或等於 0.10 表示有低效果量存在；0.25 左右表示具有中度效果量；大於或等於 0.40 則顯示為高度效果量 (Cohen, 1992)。

三、CMA 操作程序

Step 1：新建原始資料之鍵入格式

　　首先在 CMA 系統，新建「Study, Fisher's Zr, sample size」三個欄位。因此依序選按「Insert → Study names」、「Insert → Effect size data」，如下圖所示。

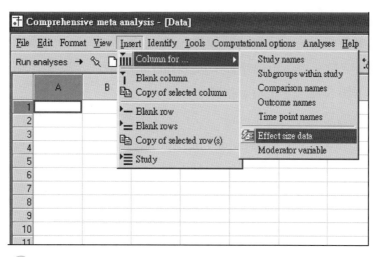

▶ 圖 2-11　選按「Insert → Column for → Effect Size data」

　　為了新建原始資料之「效果量 Fisher's Zr」欄位。首先，在 CMA 軟體之選擇表上，選「Insert → Column for → Effect size data」，即圖 2-10 之畫面。接著，再圈選「Show common formats only」，即打開圖 2-11 之「Insert columns for effect size」畫面，它又分四大類「Type of studies included」。

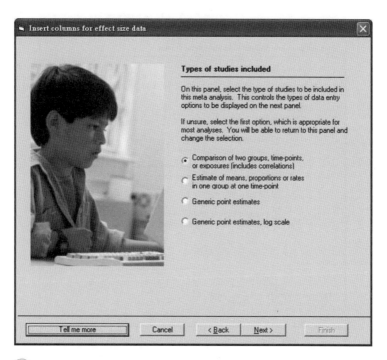

▶ 圖 2-12　畫面「Type of studies included」有四大類可圈選

Step 2：挑選你蒐集論文之研究設計形式

　　通常，你事先要將一手研究的統計量（t 檢定，F 值），用手算或本書 Excel 計算法，將個別研究結果做「單位變換」成 Fisher's Zr 個別效果量 (ES) 之後，再將效果量 Zr、及樣本數 N 輸入至 CMA 軟體中。

　　由於本例原始資料，僅「Fisher's Zr 及樣本數」二欄位。故我們挑選第 1 類「Comparison of two group, time-points, or exposures (includes correlation)」來做「實驗組 vs. 控制組」的 Meta 比較。此大類又細分三中類：(1) 二分變數（e.g. 已知 Events 數、樣本數、2×2 交叉表的 odds ration 等）。(2) 連續變數（e.g. 已知實驗組 控制組的平均數、標準差、95%CI 等）。(3) 相關族系（e.g. 已知 Pearson r, Fisher's r, 及樣本數等）。

Step 3：依個別研究之資料特性（兩性類別變數 vs. 網路上網行為），挑選適當
　　　　的鍵入資料格式 (format)

　　因蒐集的 59 篇論，都有事先轉成 Zr 值及樣本數 N，故在 CMA 畫面上，再勾選「Correlation → Fisher's and sample size」，如圖 2-12 所示。接著畫面出現圖 2-13 畫面，讓你鍵入個別論文「Fisher's and sample size」。

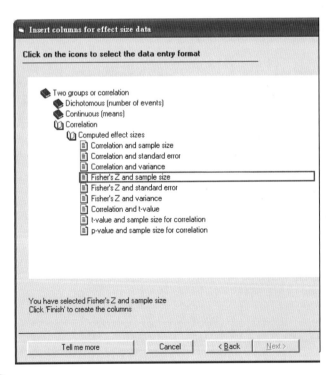

🔘 圖 2-13　勾選「Correlation → Fisher's and sample size」

▶ 圖 2-14　空白速算表，讓你鍵入 59 篇論文的「Zr、樣本數」

Step 4：鍵入 59 篇論文之原始統計值

Study name	Fisher's Z	Sample size	Effect direction	Correlation	Std Err	Fisher's Z	Std Err
1 蕭銘鈞(1998)	0.080	742	Positive	0.080	0.037	0.080	0.037
2 朱美慧(2000)	0.070	584	Positive	0.070	0.041	0.070	0.041
3 陳淑惠(2)	.090	1926	Auto	0.090	0.023	0.090	0.023
4 韓佩凌(2)	.140			0.139	0.053	0.140	0.054
5 林以正(2)	.110			0.110	0.024	0.110	0.025
6 林以正(2001)	0.080			0.080	0.061	0.080	0.061
7 徐西森(2001)	0.220	213	Positive	0.217	0.066	0.220	0.069
8 王勝欽(2002)	0.020	1146	Positive	0.020	0.030	0.020	0.030
9 張仁獻(2002)	0.040	910	Positive	0.040	0.033	0.040	0.033
10 董潔如(2002)		641	Positive				
11 吳雅玲(2003)	0.210	824	Positive	0.207	0.033	0.210	0.035
12 林靜茹(2003)	0.180	403	Positive	0.178	0.048	0.180	0.050
13 楊正誠(2003)	0.250	587	Positive	0.245	0.039	0.250	0.041
14 陳冠名(2004)	0.160	448	Positive	0.159	0.046	0.160	0.047
15 陳冠名(2004)	0.130	456	Positive	0.129	0.046	0.130	0.047
16 陳冠名(2004)	0.060	295	Positive	0.060	0.058	0.060	0.059
17 彭郁歡(2004)	0.190	1845	Positive	0.188	0.022	0.190	0.023
18 劉文尚(2004)	0.200	390	Positive	0.197	0.049	0.200	0.051
19 盧浩權(2004)	0.250	435	Positive	0.245	0.045	0.250	0.048
20 王錦慧(2005)	0.150	1126	Positive	0.149	0.029	0.150	0.030
21 楊佳幸(2001)	0.090	722	Positive	0.090	0.037	0.090	0.037
22 李星謙(2005)	0.190	359	Positive	0.188	0.051	0.190	0.053
23 蔡沛錡(2005)	0.230	816	Positive	0.226	0.033	0.230	0.035
24 王薇甄(2006)	0.160	540	Positive	0.159	0.042	0.160	0.043
25 陳玫如(2006)	0.210	1052	Positive	0.207	0.030	0.210	0.031
26 廖思涵(2006)	0.190	978	Positive	0.188	0.031	0.190	0.032
27 鄭淳憶(2006)	0.220	708	Positive	0.217	0.036	0.220	0.038
28 郭吉峰(2007)	0.020	476	Positive	0.020	0.046	0.020	0.046
29 陳波汎(2007)	0.230	428	Positive	0.226	0.046	0.230	0.049
30 陳國文(2007)	0.140	1000	Positive	0.139	0.031	0.140	0.032

此欄一定要

Zr>0，表示男>女

▶ 圖 2-15　鍵入 59 篇論文之效果量 Zr 及樣本數 N

註：CMA 資料檔，存在光碟片「CH02 CMA 性別強迫性上網 .cma」檔中

　　鍵入完 59 篇論文數據之後，選擇表再選 CMA「Analyses → Run analyses」，即可算出個別效果量及平均效果量。

Step 5：CMA 算出個別效果量、95%CI 及平均效果量（如下圖）

　　CMA 的個別效果量、平均效果量、標準化 Z 的 p-value 及其對應的 95% 信賴區間，均以森林圖 (forest plot) 來總結。森林圖以方框和橫線表示各篇個別研究的效果值及其 95%CI。中線則代表無效垂線 (zero vertical line)。菱形圖則是統合的結果，當 95% 信賴區間不包含 0，判定「總平均效果量」達統計 0.05 顯著水準，反之若 95% 信賴區間含 0，則顯示未達顯著性。

　　本例分析結果，平均效果量「correlation 欄位」$\bar{r} = +0.150(p < 0.05)$，達顯著水準，顯示男生組的強迫上網症高於女生組，總體而言，男女性別對中小學強迫上網症是有影響力。

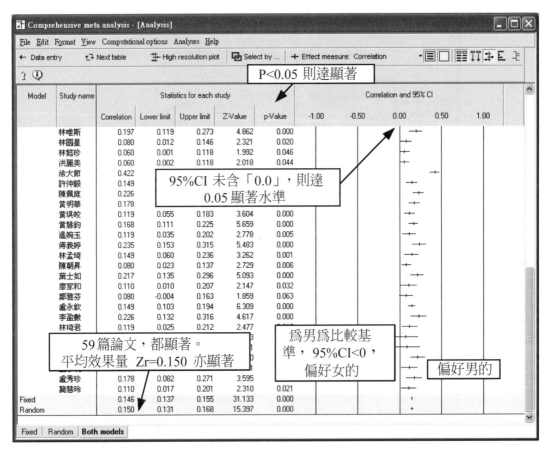

● 圖 2-16　59 篇論文之個別效果量及平均效果量

Step 6：異質性 Q 檢定

　　儘管 CMA 預設個別研究之間誤差是同質的，但經驗法則來看，大部分 Meta 分析都是「個別論文的誤差間是異質性」，故須做異質性 Q 檢定。

　　所以在 CMA「[Analyses]」畫面上方，接著按「Next Table」按鈕，即可出現「Q 檢定」表格。結果顯示本例有異質性 $Q_{(60)}$ = 240.762 (p < 0.05)。

　　圖 2-15 中 CMA 畫面左下角，有兩種模型常用來檢驗實驗結果與事實真相之間的假設，分別為固定效果模型 (fixed effect model) 與隨機效果模型 (random effect model)。統合分析時，檢測各研究結果之異質性 (heterogeneity)，有 2 種統計檢定法：(1)Q 檢定，(2) 量化不一致性值 (I^2)。當 Q 呈現顯著差異時 (p < 0.05)，表樣本間有異質性；而 I^2 值介於 0-100% 之間，I^2 可表低 (25%)、中 (50%)、高 (75%) 之異質性，I^2 值高表示兩研究間之差異來自於異質性而非偶然，如果 I^2 > 75% 為高異質性，則採隨機效果模型以納入組間及組內抽樣誤差；反之，若為同質性 (hemogeneity)，則採固定效果模型統計分析 (Higgins, et al., 2003)。

　　假設，同質性檢定 Q 值為 382.68，且達顯著水準 (p < 0.001)，表示拒絕同質性的虛無假設 H_0，表示研究樣本為異質性，此時就應以隨機效果量 (random effects) 作為解釋。例如：I^2 值為 84.582，顯示該研究具高度的異質程度，所得之平均值能解釋 84.582% 之變異，亦即效果值的變異程度可能超過抽樣誤差範圍，代表有調節變數或中介變數的存在，使研究結果產生差異。而產生異質性的原因或許是不同研究所訂定的標準、研究時間、變異分析等的不同。

　　若發現：少數幾個個別研究之效果值不具同質性，則可採隨機效果模式。例如：下表，自變數 X 與依變數 Y 之效果值 r 為 0.471，其 95% 信賴區間介於 0.418 至 0.521 之間（不含無異 0 值），將估計值所得之效果值轉換成 Z 值為 15.089，並達顯著水準 0.001，依 Cohen(1992) 所提出之參考指標為解釋基準，r ≤ 0.10 表示低效果量，r ≥ 0.50 表示高效果量，0.10 < r < 0.50 為中效果量。顯示動態能力與知識相關能力具有中度且正向相關。

表 2-12　動態能力與知識相關能力相關性之統合分析摘要表

	研究數	效果值	95%CI		Z 值	同質性考驗	
			LL	UL		Q	I^2
固定效果	60	0.502	0.483	0.521	42.841***	382.682***	84.582
隨機效果	60	0.471	0.418	0.521	15.089***		

***p < .0001
註：CI = 信賴區間；LL = 下限；UL = 上限

由於出現異質性，故在 CMA 畫面左下角，須改按「Random effect 或 Both」，畫面即會出現「隨機模型之平均效果量」（如下圖），計算後得整體成效值為 Zr = 0.150(p < 0.05)，95% 信賴區間 [0.131, 0.168]（不含「1」），達統計上的顯著差異，表示男女學生在上網沉迷行為有顯著差異。從森林圖之呈現亦可推測：男學生在上網沉迷行為高於女學生，有 59 個成效值皆屬正向效果，證實研究假設：男女性別學生在上網沉迷行為有顯著差異。

Model	Comprehensive meta analysis - [Analysis]											

File Edit Format View Computational options Analyses Help

← Data entry　↑↓ Next table　High resolution plot　Select by ...　＋ Effect measure: Correlation

Model		Effect size and 95% interval			Test of null (2-Tail)		Heterogeneity				Tau-squared	
Model	Number Studies	Point estimate	Lower limit	Upper limit	Z-value	P-value	Q-value	df (Q)	P-value	I-squared	Tau Squared	Standard Error
Fixed	61	0.146	0.137	0.155	31.133	0.000	240.762	60	0.000	75.079	0.004	0.001
Random	61	0.150	0.131	0.168	15.397	0.000						

圖 2-17　異質性 $Q_{(60)} = 240.762$

Step 7：CMA 計算發表偏誤（出版偏誤）

在發表偏誤分析方面，考量研究文獻篇數不多或未被納入分析的文獻可能會有研究數量偏低的疑慮，故透過漏斗圖 (trim and fill funnel plot) 檢視，從漏斗圖中可看出文獻分析的缺口及建議文獻的分布，漏斗圖以成對對稱的型態為主 (Cooper, 2010)，若圖形偏左或偏右，則須以 plot obs and imputed 檢視。從下圖檢視，研究之文獻分布偏左，但從 plot obs and imputed 檢視結果中並無發表偏誤之存在。

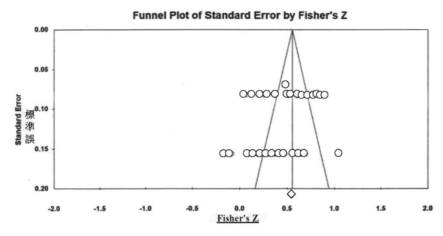

圖 2-18　自變數 X 與依變數 Y 之漏斗圖

在 CMA 選擇表中，可選按「Analyses → Publication bias」，畫面即會出現漏斗圖 (Funnel Plot)，但由於圖形「上下」不對稱，多數集中在漏斗上端，下端完全沒有，可見 59 篇論文有發表偏誤，忽略了「不太顯著 / 未顯著」的論文發表。

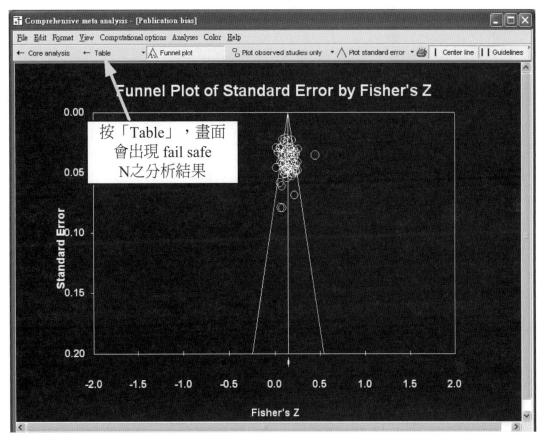

圖 2-19　59 篇論文之漏斗圖

由於統合分析初步完成後，亦應注意是否有發表偏誤 (publication bias) 的情況。因此，接著在 CMA 圖 2-18「Funnel Plot」畫面中，再按「Table」，即可出現圖 2-19。顯示：fail-safe $N = 6.73850(p = 0.000)$，結果顯示：達 0.05 顯著水準，並無發表偏誤問題。

雖經檢視整體研究的漏斗圖發現有不對稱的情形，但於本次研究中計算出的 Fail-Safe N 的 $Z = 6.7385$，「Number of missing studies that bring p to > alpha」要納入「87」篇不顯著的初步研究才會推翻本次研究正向成效的結論。因此，於本次研究中不容易出現發表偏誤的問題。

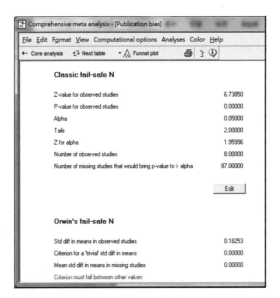

▶ 圖 2-20　fail-safe N =6.73850，達 0.05 顯著的發表偏誤

通常 N_{fs} 越大越好，N_{fs} 值越大，代表發表偏誤在該 Meta 分析的影響不大。而且，I^2 值所代表的低 (25%)、中 (50%)、高 (75%) 之異質性，因本研究 $I^2 > 75\%$ 為高異質性，高 I^2 值表示 59 篇論文間之差異來自於異質性而非偶然，則採隨機效果模型以納入組間及組內抽樣誤差。

例如：檢視統合分析的篩選樣本是否會因樣本偏已發表的學術期刊而造成效果值的高估。透過公式計算可算出需要幾篇不顯著的樣本才能推翻統合分析中的顯著性結果。另外，若安全篇數大於 5N + 10（N 為統合分析研究中之所有樣本數），表示未顯著的研究不會影響既有的顯著性結果。如下表所示，可知自變數 X 與依變數 Y 之發表偏誤需 3,902 篇才能推翻該結果；且本研究之安全篇數為 310 篇，可知本研究所蒐集的研究對象不違反發表偏誤錯誤。

表 2-13a　自變數 X 與依變數 Y 之發表偏誤分析摘要表

變數	N	Fail Safe N	5N + 10
知識相關能力	60	3,902	310

Step 8：Meta 結論

「性別和強迫性上網行為」之平均效果量 Zr = 0.150 (K = 59 篇，N = 44,746)，

由於其 95% 信賴區間並未經過 0，表示不同性別學生的強迫性上網行爲具有顯著差異。經轉算後之 $\overline{g} \approx 0.27$，代表男學生的強迫性上網行爲顯著高於女學生 0.27 個標準差。另則經異質性 Q 檢定 (p < 0.05)，表示這 59 篇論文不同質。

2-1-5 個別效果量之變異數估計

Meta 統計分析，將每篇文獻測量的結果轉換成相同的計量，然而大多數的研究會使用不同的量表，此時就必須將這些結果做一個適當的轉換，然後才能整合。對於探討介入成效的研究，若爲類別型的資料則是轉換爲風險比 (risk ratio, RR)、勝算比 (odds ratio, OR) 或絕對風險減少率 (absolute risk reduction, ARR)；而連續型的資料則是轉換爲組間的平均差 (mean difference)、加權後的平均差 (weighted mean difference, WMD) 或標準化的平均差 (standardized mean difference, SMD)。組間的平均差是指二組平均值的差異；加權後的平均差主要是用於以同一種量表來測量同一個結果，且各研究間的變異性不大時；標準化的平均差則是用於以不同量表來測量同一個結果時，將數值轉爲同一單位。其中以標準化的平均差較常被使用於統合分析中，標準化的平均差又常以效果量 (effect size) 爲代表。

Comprehensive Meta-analysis(CMA) 軟體，在鍵入原始資料時，除了 d_i, g_i, $955CI$,等外，亦須提供個別效果量之變異數（或標準誤）。變異數的估計法包括勝算比、勝算比之自然對數 (Natural logarithm of the odds ratio, LOR) 這幾種類比變數之變異數，個別效果量 (d_i, OR, LOR 等) 之變異數估計值 $\hat{\sigma}_i^2$，其對應的公式如下表。

表 2-13b　個別效果量及其對應的「研究間」抽樣變異數

效果量之指標	個別研究之效果量 (ES)	變異數估計值 $\hat{\sigma}_i^2$
Mean difference（連續變數之平均差）	$D_i = \overline{Y}_E - \overline{Y}_C$	$V(D) = \dfrac{S_E^2}{n_E} + \dfrac{S_C^2}{n_C}$
Standardized mean difference（連續變數之標準化平均差）	Cohen's $d_i = (1 - \dfrac{3}{4N-9})\dfrac{\overline{Y}_E - \overline{Y}_C}{S}$	$V(d) = \dfrac{n_E + n_C}{n_E n_C} + \dfrac{d^2}{2(n_E + n_C)}$
Risk difference（類別變數之風險差）	$rd_i = P_E - P_C$	$V(rd) = \dfrac{P_E(1-P_E)}{n_E} + \dfrac{P_C(1-P_C)}{n_C}$
Natural logarithm of the risk ratio（風險比的自然對數）	$Lrr_i = Ln(\dfrac{P_E}{P_C})$	$V(Lrr) = \dfrac{1-P_E}{n_E P_E} + \dfrac{1-P_C}{n_C P_C}$

（續前表）

效果量之指標	個別研究之效果量 (ES)	變異數估計值 $\hat{\sigma}_i^2$
Natural logarithm of the odds ratio（勝算比的自然對數）	$Lor_i = Ln[\dfrac{P_E(1-P_C)}{P_C(1-P_E)}]$	$V(Lor) = \dfrac{1}{a} + \dfrac{1}{b} + \dfrac{1}{c} + \dfrac{1}{d}$
Pearson correlation coefficient（積差相關係數）	$r_{xy} = \dfrac{\sum\limits_{i=1}^{n}(x_i - \bar{x})(y_i - \bar{y})}{\sqrt{(x_i - \bar{x})^2}\sqrt{(y_i - \bar{y})^2}}$	$V(r_{xy}) = \dfrac{(1 - r_{xy}^2)^2}{N - 2}$
Fisher's Z（修正相關係數之 Zr）	$Zr = Ln(\dfrac{1 + r_{xy}}{1 - r_{xy}})$	$V(Zr) = \dfrac{1}{N - 3}$

其中，$\bar{Y}_E, \bar{Y}_C$：分別代表實驗組、控制組的平均數。

S_E^2, S_C^2：分別代表實驗組、控制組的變異數。

n_E, n_C：分別代表實驗組、控制組的樣本大小。而 $N = n_E + n_C$。

S：代表實驗組、控制合併後的標準差。

P_E, P_C：分別代表實驗組、控制組的成功率（失敗率）。

一、勝算比 (Odds Ratio, OR)、勝算比之自然對數 (Natural Log of Odds Ratio, LOR) 的定義

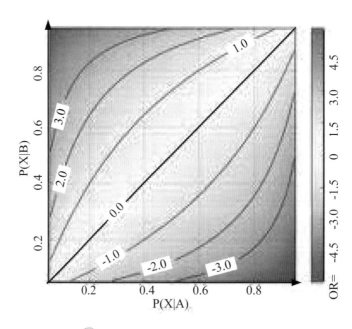

▶ 圖 2-21　Odds Ratio 之示意圖

下表 2×2 交叉表中，a, b, c, d 分別代表實驗組、控制組的成功失敗的細格人數 (cell frequenceies)。

表 2-14　2×2 交叉表之示意

	實驗組 (treated group)	對照組 (not treated group)
失敗 (Events)	a_i 人	b_i 人
成功 (Non-Events)	c_i 人	d_i 人

定義：勝算比、勝算比之自然對數

以上面之 2×2 交叉表來說，勝算比 (OR) $= \dfrac{a \times d}{c \times b}$

勝算比之自然對數 (LOR) $= Ln(\dfrac{a \times d}{c \times b})$

二、勝算比、勝算比之自然對數的實例

表 2-15　以人數來計算 OR 及 LOR 之示意

公式	OR $= \dfrac{a \times d}{c \times b}$	LOR $= LN(\dfrac{a \times d}{c \times b})$
	實驗組 (treated group)	對照組 (not treated group)
Events	a_i 人	b_i 人
Non-Events	c_i 人	d_i 人

實例 1：實驗組與控制組之效果沒顯著差異

有關風險的計算，OR 及 LOR 的算法，如下二個表所示。

表 2-16　OR 及 LOR 的計算值（情況一，以「負面事件」人數來算）

人數	OR = 1	LOR = 0	OR = 1	LOR = 0
	Experimental group（有處理）	Control group（無處理）	Experimental group（有處理）	Control group（無處理）
Events	10 人	10 人	100 人	100 人
Non-Events	5 人	5 人	50 人	50 人

實例 2：實驗組效果顯著優於控制組

表 2-17　OR 及 LOR 的計算值（情況二，以「成敗」人數來算）

人數	OR = 4	LOR = 1.39	OR = 0.25	LOR = −1.39
	實驗組之處理	對照組	實驗組之處理	對照組
失敗 (Events)	20 人	10 人	10 人	20 人
成功 (Non-Events)	10 人	20 人	20 人	10 人

實例 3：機率來算 OR, LOR

　　相對地，若 2×2 交叉表，改以聯合機率分配 (population cell probabilities)，則其風險的計算，如下表所示。

表 2-18　OR 及 LOR 的計算值（情況三，以「成敗」機率來算）

機率	OR = 1	LOR = 0	OR = 16	LOR = 2.77
	實驗組之處理	對照組	實驗組之處理	對照組
失敗 (Events)	0.4	0.4	0.4	0.1
成功 (Non-Events)	0.1	0.1	0.1	0.4

　　表 2-19「實例：風險減少」、表 2-20「實例：風險增加」來說，其對應的各種風險之公式，可整理成表 2-22。

表 2-19　實例：風險減少（∵勝算比＜1）

	Experimental group (E)	Control group (C)	合計
Events (E)	EE = 15	CE = 100	115
Non-Events (N)	EN = 135	CN = 150	285
合計 subjects (S)	ES = EE + EN = 150	CS = CE + CN = 250	400
Event rate (ER)	EER = EE/ES = 0.1, or 10%	CER = CE/CS = 0.4, or 40%	

表 2-20　實例：風險增加（∵勝算比＞1）

	Experimental group (E)	Control group (C)	合計
Events (E)	EE = 75	CE = 100	175
Non-Events (N)	EN = 75	CN = 150	225

（續前表）

	Experimental group (E)	Control group (C)	合計
合計 subjects (S)	ES = 150	CS = 250	400
Event rate (ER)	EER = 0.5 (50%)	CER = 0.4 (40%)	

三、其他風險的計算公式

表 2-21 「odds ratio」交叉表的應用數據

Treatment	Event: Positive	Event: Negative	合計
Exposed（實驗組）	a = 1	b = 29	30
Not Exposed（控制組）	c = 9	d = 21	30
合計	10	50	50

表 2-22 各種風險之計算公式

方程式 (Equation)	變數定義	縮寫	實例 1	實例 2
ARR = CER − EER 其中 EER = a/a + b = 0.033。 CER = c/c + d = 0.30。	< 0：absolute risk reduction	ARR	(-)0.3, 或 (-)30%	N/A
	> 0：absolute risk increase	ARI	N/A	0.1, or 10%
$RR = \dfrac{(CER - EER)}{CER}$ 或 Relative Risk = EER/CER = (a/a + b)/(c/c + d) = 0.11	< 0：relative risk reduction	RRR	(-)0.75, 或 (-)75%	N/A
	> 0：relative risk increase	RRI	N/A	0.25, or 25%
$\dfrac{1}{CER - EER}$	< 0：number needed to treat	NNT	(-)3.33	N/A
	> 0：number needed to harm	NNH	N/A	10
$\dfrac{EER}{CER} = \dfrac{實驗組}{控制組}$	relative risk（相對風險）	RR	0.25	1.25
OR = Relative Odds = $\dfrac{\text{Experiment event Odds}}{\text{Control event Odds}}$ $= \dfrac{a/b}{c/d} = 0.08$	odds ratio（勝算比）	OR	0.167	1.5

(續前表)

方程式 (Equation)	變數定義	縮寫	實例 1	實例 2
AR = EER – CER Relative Risk = EER/CER = (a/a + b)/(c/c + d) = 0.11	attributable risk（歸因風險）	AR	(-)0.30, 或 (-)30%	0.1, or 10%
$ARP = \dfrac{RR - 1}{RR}$	attributable risk percent	ARP	N/A	20%

(一) 相對風險(relative risk)意義

某事件的風險 (Risk of an event) = 某事件 (Event) 發生的機率。

$$相對風險\ (relative\ risk) = \frac{probability\ that\ event\ occurs\ for\ group\ 1}{probability\ that\ event\ occurs\ for\ group\ 2}$$

假設有一 2×2 交叉表如下，則其相對風險 (relative risk, RR) 是：

Risk of Disease for Exposed $= \dfrac{a}{a + b}$

Risk of Disease for Exposed $= \dfrac{c}{c + d}$

故相對風險 $RR = \dfrac{a/(a + b)}{c/(c + d)}$。

表 2-23 風險之交叉表示意

	Disease: Event	No Disease: No event	合計
Exposed Group：實驗組	a	b	a + b
Not Exposed Group：控制組	c	d	c + d

相對風險 RR 之 95% 信賴區間的公式，與 Odds ratio 算法一樣。請見下一段文章。只是 RR 的標準誤要改為：

$$SE_{RR} = \sqrt{\frac{b}{a(a+b)} + \frac{d}{d(c+d)}}$$

原始 scale 的 $95\%CI = Ln(RR) = 1.96 \times \sqrt{\dfrac{b}{a(a+b)} + \dfrac{d}{d(c+d)}}$

假設求出的 95%CI = (m, n)，則再用 Excel 指數函數 EXP( )，將它還原成 original scale 95%CI 值 = (e^m, e^n)，若信賴區間 (e^m, e^n) 不含「1」，則達 0.05 顯著性。

(二) 勝算比(Odds Ratio)意義

舉例來說，如果今天我們想知道：吃了 A 家快餐店跟拉肚子有沒有相關性？

表 2-24　Odss ration 之交叉表示意

	D（診斷出疾病的人）拉肚子	D_bar（沒有疾病的人）沒有拉肚子
實驗組：吃 A 家快餐店 E（有暴露於危險因子的人）	a 人	b 人
控制組：無吃 A 家快餐店 E_bar（無暴露於危險因子的人）	c 人	d 人

其中：

E：吃了 A 家快餐店的人數

E_bar：沒有吃 A 家快餐店的人數

D：有拉肚子的人數

D_bar：沒有拉肚子的人數

1. Odds Ratio 計算公式

$$對於吃了 A 家快餐店的人們，\frac{有拉肚子人數}{沒拉肚子人數} = \frac{a}{b} \qquad （公式 1）$$

$$沒吃 A 家快餐店的人們，\frac{有拉肚子人數}{沒拉肚子人數} = \frac{c}{d} \qquad （公式 2）$$

$$\text{Odds Ratio (OR)} = \frac{吃了 A 家快餐店拉肚子比率}{沒吃 A 家快餐店拉肚子比率} = \frac{a \times d}{c \times b}$$

(1) 若 Odds Ratio(OR) > 1，那就表示，吃了 A 家快餐店的人，拉肚子的 Odds 高於沒吃的人（而且 OR 越高，這個趨勢越明顯）。

(2) 若 Odds Ratio(OR) = 1，那就表示，有沒有吃 A 家快餐店跟拉肚子沒有什麼相關。兩者 Odds 一樣多。

(3) 相反地，若 OR < 1，則吃 A 家快餐店的人，拉肚子的 Odds 低於沒吃的人。

2. 當我們藉由統計得出 Odds Ratio 之時，往往還要搭配信賴區間來看最後的結果。這是怎麼說呢？

承接本例子，如果我們不幸得出 OR = 1.5，單純看來，似乎 A 家快餐店不要吃比較好。

但是如果我們又算出了 95% 信賴區間是 [0.9, 2.1]，包含「OR = 1」點，所以有一定機率，A 家快餐店還是可以吃的（OR = 1, 有沒有吃跟拉肚子沒有相關）。

反之，如果今天 95%CI = [1.2, 1.8]，未含「OR = 1」點，則 A 家快餐店就不能吃了。

上述例子，A 家快餐店能不能吃，係實驗設計的 OR 值；相對地，OR 亦可應用至非實驗設計之調查法。例如：下表所示，OR = 0.436(< 1)，顯示隔代教養會提高「子女偏差行為」的風險比。

表 2-25　「Odds Ratio」交叉表的應用數據

	實地實驗組：隔代教養	對照組：正常家庭	
Event：偏差行為	已知 1 人	已知 2 人	$\text{Odds Ratio} = \dfrac{1 \times 34}{39 \times 2} = 0.436$
No Event：正常行為	推算 (40 − 1) = 39	推算 (36 − 2) = 34	$\text{LN(Odds Ratio)} = \text{LN}(0.436) = -0.83$
合計	已知 $N_E = 40$	已知 $N_E = 36$	

■ 2-1-6 CMA 類別變數之風險估計

一、個別研究的原始資料，輸入至「Comprehensive Meta-analysis 軟體」之格式

由於 CMA 類別的原始資料，有 14 種格式（二分變數 4 種；交叉表 9 種）之多。想要了解 CMA 的功能操作，首要之務，就是了解它可以處理「原始資料」類別效果量的格式（亦可詳見第 1 章的初步說明）。

首先在 CMA 畫面，選按「Insert → Column for → Effect Size data」，即可出現下圖之畫面。

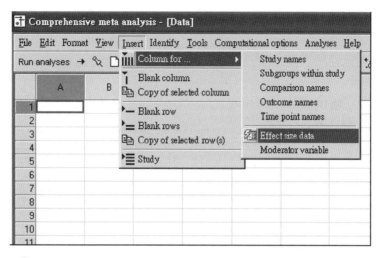

▶ 圖 2-22　選按「Insert → Column for → Effect Size data」

　　在 CMA 軟體之選擇表，選「Insert → Column for → Effect size data」（圖 2-22）。
接著，再圈選「Show common formats only」，即打開圖 2-23「Insert columns for ef-
fect size」畫面。再圈選「Comparison of two groups, time-point, or exposures」，結果
出現圖 2-24 畫面，勾選「二分變數之 Raw data 的『Events and sample size』」。

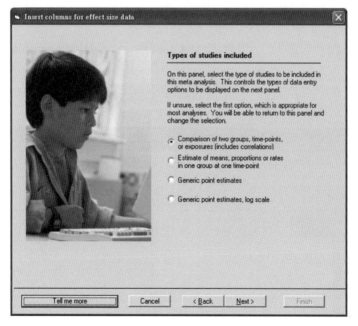

▶ 圖 2-23　畫面「Type of studies included」有四大類可圈選（病例 - 對照研究「實驗組
　　vs. 控制組」）

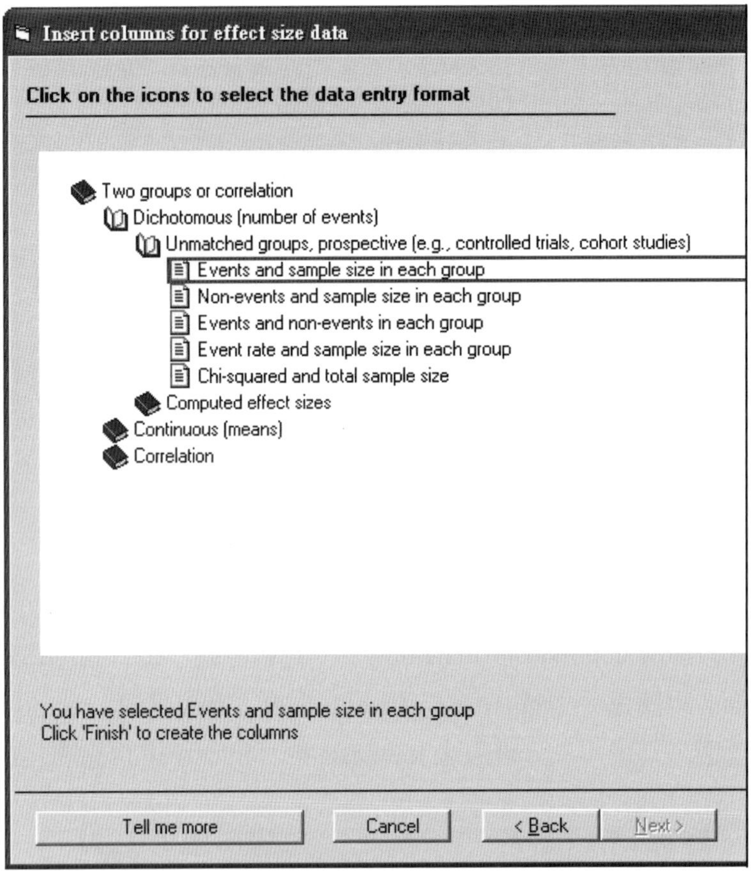

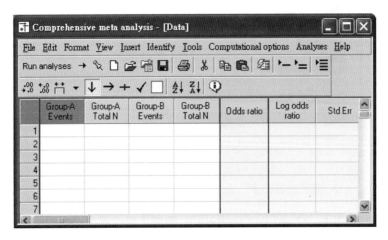

圖 2-24　勾選「二分變數之 Raw data 的『Events and sample size』」

接著，畫面會出現圖 2-25「空白的速算表格」，讓你鍵入 data。

圖 2-25　2×2 Odds Ratio 交叉表

最後，再鍵入完你的「2×2 交叉表的數據」，如圖 2-26。白色「左側區」你只鍵入一篇論文之類別變數的數據，「右側區」系統會自動算出 OR, LOR 效果量。

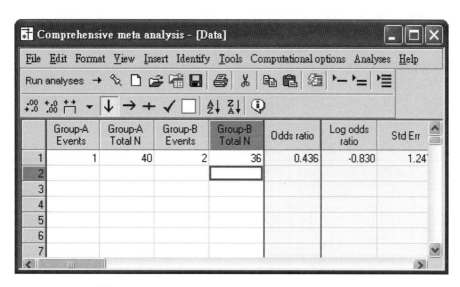

▶ 圖 2-26　鍵入「2×2 交叉表的 Odds Ratio」

註：此 CMA 檔存在本書附光碟片「2 to 2 odds ratio.cma」檔

二、CMA 軟體介面之說明

本例類別變數，算是 CMA 最簡單「primary data format」，CMA 可鍵入 odds ration 的格式，常用的有下列二種：

格式 1. 在 CMA 軟體，鍵入個別研究之 2×2 交叉細格的人數。

格式 2. 在 CMA 軟體，鍵入個別研究之 Odds Ratio，及 95%CI。

以圖 2-24 為例，個別研究共有 16 篇論文，若搭配 CMA 軟體之 entry data format，就有下列二種情況：

情況 1：在實驗組 vs. 控制組中，「同一個 Event 有二種對立情況」，只 key in 死亡 (events) 人數及該組總人數。

圖 2-24 中「研究 1」係已知 2×2 交叉表的數據，其 Odds Ratio 的計算如下：

表 2-26 「研究 1」交叉表的原始數據

二極化	實驗組：有 treatment	控制組：沒 treatment	
死亡	已知 1 人	已知 2 人	Odds Ratio $= \dfrac{1 \times 34}{39 \times 2} = 0.436$
存活	推算 (40 − 1) = 39	推算 (36 − 2) = 34	LN(Odds Ratio) = LN(0.436) = −0.83
合計	已知 $N_E = 40$	已知 $N_E = 36$	

圖 2-24「研究 2」亦已知 2×2 交叉表的數據，其 Odds Ratio 的計算公式如下：

表 2-27 「研究 2」交叉表的原始數據

二極化	實驗組：有 treatment	控制組：沒 treatment	
死亡	已知 9 人	已知 23 人	Odds Ratio $= \dfrac{9 \times 121}{126 \times 23} = 0.348$
存活	推算 (135 − 9) = 126	推算 (135 − 23) = 121	LN(Odds Ratio) = LN(0.348) = −1.056
合計	已知 $N_E = 135$	已知 $N_E = 135$	

你可在速算表的左半之白色區，「直接」鍵入「眾多個別研究」data，或從其他軟體「import」data

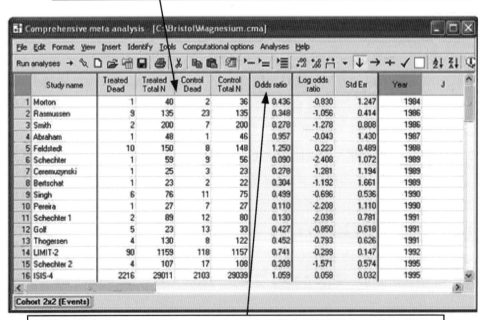

速算表的右半之白色區，CMA會顯示「眾多個別研究」之二種 odds ratio 效果量

▶ 圖 2-27　Comprehensive Meta-analysis 輸入 data 後之速算表介面

除了上述 2 個自然科學研究例子外，亦可應用在社會科學的類別變數，如下列議題，及其 Odds Ratio 應用。

例 1：父母管教方式影響子女的教順否

表 2-28　父母管教方式影響子女的孝順否

行為面	實驗組：威權管教	控制組：放任管教	
Event：不孝順	已知 1 人	已知 2 人	$\text{Odds Ratio} = \dfrac{1 \times 34}{39 \times 2} = 0.436$
孝順	推算 (40 − 1) = 39	推算 (36 − 2) = 34	$\text{LN(Odds Ratio)} = \text{LN}(0.436) = -0.83$
合計	已知 $N_E = 40$	已知 $N_E = 36$	

例 2：老師管教方式影響學生的就業行為

表 2-29　老師管教方式影響學生的就業行為

學習成效	實驗組：威權教學	控制組：愛的教育	
Event：畢業後學非所用	已知 1 人	已知 2 人	$\text{Odds Ratio} = \dfrac{1 \times 34}{39 \times 2} = 0.436$
NoEvent：畢業後學以致用	推算 (40 − 1) = 39	推算 (36 − 2) = 34	$\text{LN(Odds Ratio)} = \text{LN}(0.436) = -0.83$
合計	已知 $N_E = 40$	已知 $N_E = 36$	

例 3：教師教學方式影響學生行為表現

表 2-30　教師教學方式影響學生行為表現

自我	實驗組：合作學習	控制組：傳統學習	
Event：自私	已知 1 人	已知 2 人	$\text{Odds Ratio} = \dfrac{1 \times 34}{39 \times 2} = 0.436$
不自私	推算 (40 − 1) = 39	推算 (36 − 2) = 34	$\text{LN(Odds Ratio)} = \text{LN}(0.436) = -0.83$
合計	已知 $N_E = 40$	已知 $N_E = 36$	

例 4：運動治療法對「過動兒」療效

表 2-31　運動治療法對「過動兒」療效

行為面	實驗組：運動治療	控制組：沒運動治療	
Event： 過動仍舊	已知 1 人	已知 2 人	Odds Ratio $= \dfrac{1 \times 34}{39 \times 2} = 0.436$
No Event： 過動改善	推算 $(40 - 1) = 39$	推算 $(36 - 2) = 34$	LN(Odds Ratio) $=$ LN(0.436) $= -0.83$
合計	已知 $N_E = 40$	已知 $N_E = 36$	

例 5：教師個人變數影響其工作滿意否

表 2-32　教師個人變數影響其工作滿意否

認知面	實驗組：男生組	控制組：女生組	
Event： 工作滿意	已知 1 人	已知 2 人	Odds Ratio $= \dfrac{1 \times 34}{39 \times 2} = 0.436$
工作不滿意	推算 $(40 - 1) = 39$	推算 $(36 - 2) = 34$	LN(Odds Ratio) $=$ LN(0.436) $= -0.83$
合計	已知 $N_E = 40$	已知 $N_E = 36$	

例 6：外國語寫作同儕評論之成效

表 2-33　外國語寫作之同儕評論

寫作提升	實驗組： 外語寫作同儕評論	控制組： 外語寫作沒同儕評論	
Event：沒成效	已知 1 人	已知 2 人	Odds Ratio $= \dfrac{1 \times 34}{39 \times 2} = 0.436$
Not Event： 有成效	推算 $(40 - 1) = 39$	推算 $(36 - 2) = 34$	LN(Odds Ratio) $=$ LN(0.436) $= -0.83$
合計	已知 $N_E = 40$	已知 $N_E = 36$	

例 7：菸稅政策對環保影響

表 2-34　菸稅政策對環保影響

有菸癮者	實驗組： 贊同徵收菸稅	控制組： 反對徵收菸稅	
Event： 依舊吸菸	已知 1 人	已知 2 人	Odds Ratio $= \dfrac{1 \times 34}{39 \times 2} = 0.436$
Not Event： 戒掉吸菸	推算 (40 − 1) = 39	推算 (36 − 2) = 34	LN(Odds Ratio) = LN(0.436) = −0.83
合計	已知 $N_E = 40$	已知 $N_E = 36$	

情況 2：在實驗組 vs. 控制組中，「同一個 Event 有二種反應」。同時 key in 死亡 (events)
　　　　及中風 (stroke) 的人數及該組總人數

　　　　以「Comprehensive Meta-analysis」軟體來說，假設研究數據如下。其中：

　　「研究 1」：已知 2×2 交叉表的數據，其 Odds Ratio 的計算公式如下：

表 2-35　「研究 1」死亡人數的原始數據

	實驗組	控制組	
死亡	已知 200 人	已知 250 人	Odds ratio $= \dfrac{200 \times 3{,}750}{3{,}800 \times 250} = 0.789$
存活	推算 (4,000 − 200) = 3,800	推算 (4,000 − 250) = 3,750	LN(Odds Ratio) = LN(0.789) = -0.236
合計	已知 $N_E = 4{,}000$	已知 $N_E = 4{,}000$	

表 2-36　同時為「研究 1」中風 (stroke) 人數的原始數據

	實驗組	控制組	
中風 (stroke)	已知 280 人	已知 380 人	Odds ratio $= \dfrac{280 \times 3{,}620}{3{,}720 \times 380} = 0.717$
存活	推算 (4,000 − 280) = 3,720	推算 (4,000 − 380) = 3,620	LN(Odds Ratio) = LN(0.717) = -0.333
合計	已知 $N_E = 4{,}000$	已知 $N_E = 4{,}000$	

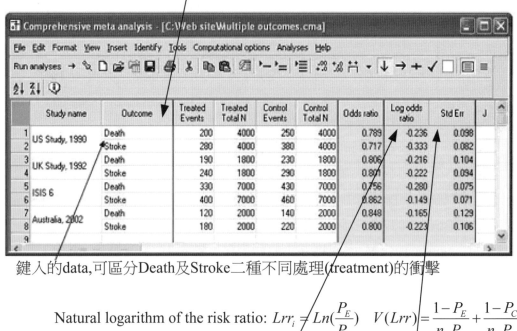

你可在速算表的左半之白色區，「直接」鍵入「眾多個別研究」中，已有多重結果(multiple outcomes)之data

鍵入的data,可區分Death及Stroke二種不同處理(treatment)的衝擊

Natural logarithm of the risk ratio: $Lrr_i = Ln(\frac{P_E}{P_C})$ $\quad V(Lrr) = \frac{1-P_E}{n_E P_E} + \frac{1-P_C}{n_C P_C}$

Natural logarithm of the odds ratio: $Lor_i = Ln[\frac{P_E(1-P_C)}{P_C(1-P_E)}]$

$$V(Lor) = \frac{1}{a} + \frac{1}{b} + \frac{1}{c} + \frac{1}{d}$$

▶ 圖 2-28　Comprehensive Meta-analysis 之分析報表

2-2 連續變數的 Meta 分析

2-2-1 連續變數之 Meta 分析步驟

目前學界較有名的 Meta 效果量 (ES)「單位變換」之分析，係 Leonard & Debra 觀點，其步驟如下：

Step 1：決定探討之變數（即 Meta 研究架構所納入的所有構念）

Step 2：轉算研究結果之個別效果量

　　將各個研究顯著檢定之結果，包括：卡方值、t（t 檢定下之 t 值）、F（變異數分析下之 F 值）及積差相關 r 等等，代入下列公式將「第 i 篇論文統計值」轉換為效果量 Pearson's r（積差相關係數）。

1. 卡方檢定之 χ^2 值：

$$r_i = \sqrt{\frac{\chi^2_i}{N_i}}$$ （N_i：第 i 篇論文之樣本數），此式只適用於 $df = 1$ 之情況（2×2 細格）。

2. t 檢定下之 t 值：

$$r_i = \sqrt{\frac{t_i^2}{t_i^2 + df_i}}$$ ，但要注意「正負」方向。

3. 單因子變異數分析下之 F 值：

$$r_i = \sqrt{\frac{F_i}{F_i + df(e_i)}}$$

當 $df = n_1 + n_2$，則 df_1（消減變異數）$= k - 1$，df_2（剩餘變異數）$= df(e) = N - k$。
k：組數。N：樣本總數。

4. 雙因子變異數分析下之 F 值：

$$r_i = \sqrt{\frac{F_a \times df_a}{\left(F_a \times df_a\right) + \left(F_b \times df_b\right) + \left(F_{ab} \times df_{ab}\right) + df(e)}}$$

5. Pearson's 積差相關 r_i，轉成 Fisher's Zr

　　儘管 Rosenthal 喜歡直接使用 r_i 值當作效果量 d_i 的指標，可是當母群的 r_i 值離 0 越來越遠時，偏差就越顯嚴重，此時建議改採用 Fisher's 的 Zr 再轉換一次。

$$Zr_i = \frac{1}{2} LN \left(\frac{1 + r_i}{1 - r_i} \right)$$

　　故積差相關 r_i 值，就可直接當效果量來用；或者先轉成標準化之 Zr 再用。

6. 機率 p-value，轉換成標準化 Z 值

若遇到有些個別研究之原始報告中，並無顯示上述 t 值、F 值、r 值、迴歸係數 b 的 t 檢定、或卡方值，而只顯示 p-value，則用下列 2 步驟，將 p-value 轉成效果量 Z。若只顯示「P < 0.05」，則用近似的 p-value 替代。

(1) 若遇到雙尾的 p 值，則先轉換為單尾的 p 值（即 p/2）之後。

(2) 對照圖 2-4「標準化常態分配」Z 值之常模參照表，將 p-value 轉成 Z 值。

Step 3：計算組合之平均效果量

你可選擇下列二種方法之一，來進行「True population effect size」（以 $\bar{d}$、d_u 或 $\bar{Z}$ 表示）的計算。

(1) 方法一，有加權：以「Step 2」公式，所求出的各種 r_i 值（轉成 Fisher's Zr_i），將它再轉成常態化之 Fisher's Zr_i，接著進行加權以求得「平均效果量 $\overline{Zr}$」（或 $\bar{d}$）。

$$\bar{r} = d_u = \overline{Z_r} = \frac{\sum\limits_{i=1}^{K}(N_i - 3)Zr_i}{\sum\limits_{i=1}^{K}(N_i - 3)}$$

此法也是本書 Excel 程式採用之方法。

(2) 方法二，未加權：查表，找出 r 相對應之 Fisher's Zr，Zr 再代入下列公式，求出 Meta 分析之平均效果量（以 $\bar{d}$ 或 $\bar{Z}$ 表示）：

$$\bar{d} = \bar{Z} = \frac{\sum\limits_{i=1}^{K}Zr_i}{K}，其中，K 為論文總篇數。$$

Step 4：「平均效果量」的顯著性檢定

實際上，計算組合 r 及組合 p 這 2 種統計方法之前，各個個別研究的 r 值和 p 值都應先：以該個別研究的樣本數加權，再選下列任一統計法，來算「組合後總平均效果量」之對應的機率值 p。

本書 Excel 也可做「平均效果量」顯著性檢定。共有二種方法，包括：(1)Zc 的顯著性檢定 Stouffer' $Z = \dfrac{\sum\limits_{i=1}^{K}Z_i}{\sqrt{K}}$。(2)Winner' t 顯著性 $Zc = \dfrac{\sum\limits_{i=1}^{K}t_i}{\sqrt{\sum\limits_{i=1}^{K}\left(\dfrac{df_i}{df_i - 2}\right)}}$。

方法 1. 組合 r 值 (combined r-value) 之對應的機率值 p

計算過程如下：

(1) 將各篇研究的統計值（t 檢定、F 檢定、卡方檢定或相關分析），單位換成 Pearson's r_i，r_i 再轉成標準常態 Fisher's Zr_i 值。

(2) 以各篇研究的樣本數 (n_i) 為權重，求出加權平均 Zr_+。

加權 $Zr_+ = \dfrac{\sum n_i \times Zr_i}{\sum n_i}$，其中，$n_i$ 為第 i 篇論文之樣本數。

(3) 再以這些 Zr_{+i} 值給予組合為平均效果 $\overline{Zr_{+i}}$，再查表：「平均效果 $\overline{Zr_{+i}}$ 值」對應的機率值 p，是否達 $p < 0.05$ 顯著水準。

方法 2. 組合機率值 p (combined p-value)

簡單迴歸模型 $Y_i = a + bX_i + e_i$，旨在於估計能夠正確描述 X 與 Y 關係的截距 a 與斜率 b。迴歸係數 b 所代表的相關 r，則可採機率 p 組合法來求出 Meta 平均效果量 r。迴歸模型之 Meta 法，詳細公式計算，請見「2-1-3b 迴歸模型之效果量轉算程序」。若原始研究中所給的資料不足，無法計算出確切的效果量時，則由研究中所給的單尾 p 值來估計效果量 r 值；即第 i 篇論文，可先將 p_i 值轉換為 Z_i 值（見圖 2-4 標準常態分配之對應的 Z 值表），再由公式 2-5 將 Z_i 值轉為 r_i 值，最後 r_i 值再轉成 Zr_i，並校正 Zr_i 為 $\overline{Zr_{ci}} = (Zr_i - \dfrac{r_i}{2(N_i - 1)})$。接著算出平均效果量 $\overline{Zr_{ci}} = \dfrac{\sum\limits_{i=1}^{k}(w_i \times Zr_{ci})}{\sum\limits_{i=1}^{k} w_i}$，此 $\overline{Zr_{ci}}$ 再轉回 Pearson's $\overline{r}$。

事實上，合併其機率的方程式至少有六種 (Strube & Miller, 1986)，其中最有名的「史道佛方式」(Stouffer method)(Stouffer, et al., 1949) 被使用的越來越廣。這種方式又稱為 Z 值加總方式，可分為下列三個步驟：(1) 將各個研究的雙尾檢定 p 值、F 值、t 值、r 值或 χ^2 值轉換成單尾 p 值；(2) 參考圖 2-4「常態分配表」，將各個研究的單尾 p 值轉換成 Z 值（正向效果轉換成正 Z 值，負向效果轉換為負 Z 值）；(3) 使用下列公式合併 Z 值：

$$Z_c = (\sum_{i=1}^{K} Z_i)/\sqrt{K}$$

其中，K 指 K 篇獨立研究。參考常態分配表之後，就可知 Z_c 是否顯著，如果 Z_c 顯著了，表示 K 個研究中的效果，至少有一個不是 0。

Step 5：連續變數之異質性（Heterogeneity Q Test 法）

異質性 Q 檢定旨在判定一些個別研究是否適合放在一起，做比較分析。它有二種類型：

1. Stouffers's Z 值加總法

在合併之前，如果發現各個研究的研究對象、實施程序、測量方式、或名詞定義有很大的不同，也就是說各個研究可能是異質的 (heterogeneous)，那麼，應先用下列公式來檢定它們的異質程度 (Rosenthal, 1984, p.77)：

$$Q\text{-}test = \sum_{i=1}^{K}(Z_i - M_z)^2 \sim \chi^2_{(K-1)}，df = K - 1 。$$

其中，M_z 是這一系列 Z 值的平均數。假如此一檢定達到顯著，則表示各個研究有頗大的異質性，合併起來並不恰當，應再加以分類，再探討其可能的干擾變數。

2. Cohen's d 值加總法

下列公式之 Q 檢定，它符合自由度 (K-1) 的 χ^2 分配，其中，K 為論文總篇數。Q 值越大代表異質性越高。本書 Excel 程式，亦採此 Q 的公式如下：

符合 χ^2 分配之 $Q = \sum_{i=1}^{K}[w_i(d_i - \bar{d})^2]$ 或 $\sum_{i=1}^{K}[w_i(r_i - \bar{r})^2]$，後者是本書 Excel 採用的。

其中，$\bar{d}$（或 $\bar{r}$）為平均效果，d_i（或 r_i）為各研究的效果量，

平均效果量 $\bar{d} = \dfrac{\sum_{i=1}^{K} w_i d_i}{\sum_{i=1}^{K} w_i}$ 或 $\bar{r} = \dfrac{\sum_{i=1}^{K} w_i r_i}{\sum_{i=1}^{K} w_i}$

因為各研究的樣本數、實驗設計及架構的品質不一，所以影響力不同，倘若簡單的進行效果量大小的加減會造成誤導。所以，賦予一定的權重做貢獻調整，稱作加權值賦予 (weighting)。加權值就是變異數的倒數，而變異數就是標準差除以樣本數，因此樣本數越大，或是標準差越小，就會有越大的加權值。加權公式如下：

$$w_i = \frac{1}{variance} = \frac{1}{SE^2} = \frac{n_i}{SD_i} \quad (\text{CMA, RevMan 等軟體都採用此法來加權})$$

$$(\,V_i = \frac{SD_i}{n_i}\,)$$

總之，異質性分析方法有以下兩種，一為卡方檢定 (Chi-Square test)，計算實驗

間的考克蘭 Q 值 (Cochrane Q test)，另一種是 I_2 檢測。Q 值計算前必須先提出虛無假設，假定各研究都表現出相同的結果。簡單來說，就是計算個別研究的效果量與平均效果量的差值，再賦予權重 w_i。

Step 6：挑選固定效果或隨機效果模型

Egger 等人 (2001) 提出固定效果假設研究樣本皆來自於一般母體，所以如果研究樣本數為無限大，則每一研究之效果量都會是一樣的，是屬於 Meta 分析的一般式或簡單式。如此做法太過簡單，因此，面對差異過大之結果（Q 值過大），固定效果的模型就不適用，有 3 個方式可以考慮：(1) 試著解釋變異的原因、(2) 改用隨機效果模型。(3) 刪除 outlier 之研究，再重做一次 Meta。

隨機效果假設樣本之母體皆不相同，若研究之樣本數趨近無限大，則各研究效果量不會一樣，這表示此 Meta 分析並非單一數值的估計，而是一種分配，一般最常見的隨機效果模型，是假設這些不同的效果量屬於常態分配。

◗ 小結

綜合上述，Meta 分析的步驟，概略分為：

Step 1：蒐集文獻。

Step 2：選取適用的研究樣本，刪除不符準則的論文。

Step 3：分類整理及登錄研究樣本的數量性資料。

Step 4：採用 Comprehensive Meta-analysis(CMA)、MetaWin、DSTAT 軟體。或「作者設計 Excel 程式」，它特別適合，將個別研究之統計值（卡方、t 值、F 值、r 值、迴歸係數 b 的 t 值），自動「單位轉換」成其對應的效果量 (d_i, r_i, Fishers Zr_i, Z_i, Winner t_i)，並自動進行異質性 Q 檢定 ($Q = \sum_{i=1}^{K} \left[w_i \left(r_i - \bar{r} \right)^2 \right]$)、發表偏誤 ($N_{f.s.0.5} = \left(\dfrac{\sum_{i=1}^{K} Z_i}{1.645} \right)^2 - K$)，最後再算出「平均效果量」($\overline{Zr} \dfrac{\sum_{i=1}^{K} (N_i - 3) Zr}{\sum_{i=1}^{K} (N_i - 3)}$)

及其顯著性檢定（Zc 的顯著性檢定 Stouffer' $Z = \dfrac{\sum_{i=1}^{K} Z_i}{\sqrt{K}}$、Winner't 顯著性

$Zc = \dfrac{\sum_{i=1}^{K} t_i}{\sqrt{\sum_{i=1}^{K} \left(\dfrac{df_i}{df_i - 2} \right)}}$)。

Step 5：分析各篇論文之方法、個案、治療者、治療過程等特徵。再判定是否為干擾變數來處理。

Step 6：研究發現，並彙總影響依變數的各因子。

2-2-2 CMA 實作：繪本教學成效 g

　　坊間較有名的套裝軟體 (CMA、MetaWin、DSTAT、RevMan、Stata)，都有一共同點，就是你都可以用「Hedges's g_i 及變異數 $\hat{\sigma}^2_{(d_i)}$」兩欄位，當作眾多個別研究之效果量 (ES) 的比較基礎。因此，倘若你要改用功能較多元的軟體 (CMA、MetaWin、DSTAT、RevMan)，來分析「實驗組 vs. 控制組」這類眾多個別研究之處理效果（尤其自然科學），再組合成平均效果量之前，你勢必都要：(1) 用人工算，或 (2) 事前用（自己或本書設計）Excel 程式，將「實驗組 vs. 控制組」的 t 值或 F 值，「單位變換」成「Hedges's g_i 及變異數 $\hat{\sigma}^2_{(d_i)}$」，再將代表每篇個別研究的「Hedges's g_i 及變異數 $\hat{\sigma}^2_{(d_i)}$」，鍵入到「CMA、MetaWin、DSTAT、RevMan」欄位中，即可求出「平均效果量、異質性檢定、干擾變數之效果、95%CI、p-value」。

　　換句話說，第 i 篇個別研究的「Hedges's g_i 及變異數 $\hat{\sigma}^2_{(d_i)}$」，在「CMA、MetaWin、DSTAT、RevMan、Stata」軟體分析前，你可事前在 Excel 上，「人工」來完成表 2-36 公式的「Hedges's g_i」變換，並登錄在「編碼表」：

1. 該研究的實驗組與控制組標準差已知，採用公式 (1)，計算出 Hedges's g_i；以及公式 (5)，計算出變異數 $\hat{\sigma}^2_{(d_i)}$。
2. 該研究若僅提供 t 值或 F 值，將採用公式 (2) 與公式 (3)，計算出 Hedges's g_i；以及公式 (5)，計算出變異數 $\hat{\sigma}^2_{(d_i)}$。

表 2-37　各篇研究轉換成「Hedges's d_i」效果量之公式整理

Primary study 統計量	轉換成 Hedges's g_i 效果量	
1. 個別研究已提供：「實驗組 vs. 控制組」的平均數 M、標準差 S、樣本數 n。	$g_i = \dfrac{M_E - M_C}{S_{pooled}}$ 其中，兩組合併標準差 $S_{pooled} = \sqrt{\dfrac{(n_E-1)S_E^2 + (n_C-1)S_C^2}{n_E + n_C - 2}}$	公式 (1)
2. 僅提供：t 值	$g_i = t_i \times \sqrt{\dfrac{n_E + n_C}{n_E \times n_C}}$	公式 (2)
3. 僅提供：F 值	$g_i = \sqrt{F_i \times \left(\dfrac{n_E + n_C}{n_E \times n_C}\right)}$	公式 (3)

（續前表）

Hedges's d_i、變異數 $\hat{\sigma}^2_{(d)}$ 計算公式	
Hedges's $d_i \cong \left(1 - \dfrac{3}{4(n_E + n_C) - 9}\right) \times g_i$，為調整小樣偏誤	公式 (4)
$\hat{\sigma}^2_{(d_i)} = \dfrac{n_E + n_C}{n_E n_C} + \dfrac{d_i^2}{2(n_E + n_C)}$	公式 (5)

其中：M_E, M_C：實驗組、控制組的平均數。

$\quad\;\; S_E^2, S_C^2$：實驗組、控制組的變異數。

$\quad\;\; n_E, n_C$：實驗組、控制組的樣本數。

接著，再以變異數 $\hat{\sigma}^2_{(d_i)}$ 來算出，個別研究 ES 之 95%CI，為 $[d_i - C_{0.025}\sigma^2_{(d_i)},\ d_i + C_{0.025}\sigma^2_{(d_i)}]$。

然後再依據樣本數進行加權，即可用 CMA 軟體或手工來算整體研究加權 d_+ 值與變異數 $\sigma^2_{(d_+)}$，公式如下：

$$加權的\ d_+ = \frac{\displaystyle\sum_{i=1}^{K} \frac{d_i}{\sigma^2_{(d_i)}}}{\displaystyle\sum_{i=1}^{K} \frac{1}{\sigma^2_{(d_i)}}}$$

$$變異數\ \sigma^2_{(d_+)} = \frac{1}{\displaystyle\sum_{i=1}^{K} \frac{1}{\sigma^2_{(d_i)}}} = \frac{1}{TotalWeight}$$

最後根據加權後 d_+ 及 $\sigma^2_{(d_+)}$ 值，算出平均效果量的 95%CI，公式如下：

$$d_i - C_{0.025}\sigma^2_{(d_+)} \leq \delta \leq d_i + C_{0.025}\sigma^2_{(d_+)}$$

在求出整體研究的信賴區間後，若信賴區間不包含 0（信賴區間的上限與下限皆為正數或者皆為負數），表示實驗組與對照組達顯著差異；反之，若 95% 信賴區間包含 0，表示實驗組與對照組未達顯著差異。

例如：你要將每筆研究之「Hedges's g_i 及變異數 $\hat{\sigma}^2_{(d_i)}$」，輸入到 CMA 來實作 Meta，其步驟如下：

Step 1：將 N 篇論文，利用上述所講的單位變換「公式 (1) 至公式 (5)」，手算（或自設 Excel 程式）每篇論文的「效果量 Hedges's g_i 及變異數 $\hat{\sigma}^2_{(d_i)}$」。

Step 2：在 CMA 畫面之選擇表中，依序選按：(1)「Insert → Column for → Study

names」（圖 2-29）。(2)「Insert → Column for → Effect Size data」，並選按「Show common formats only」，即打開圖 2-30 之「Insert column for Effect Size data」之各式各樣的 data entry format。由於 N 篇論文之 t, F 統計量，已預先人工將它「單位轉換」成 Hedges' g_i 值及變異數 $\hat{\sigma}^2_{(d_i)}$，故我們應依序選：「Continuous → Computed effect sizes → Hedges' g (standardized by pooled within-group SD) and variance」，即可建立圖 2-31 之 CMA 試算表。

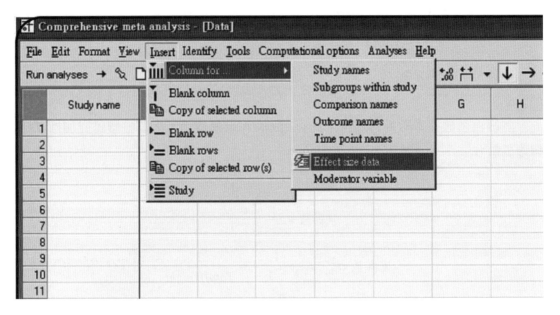

▶ 圖 2-29　選按「Insert → Column for → Effect Size data」

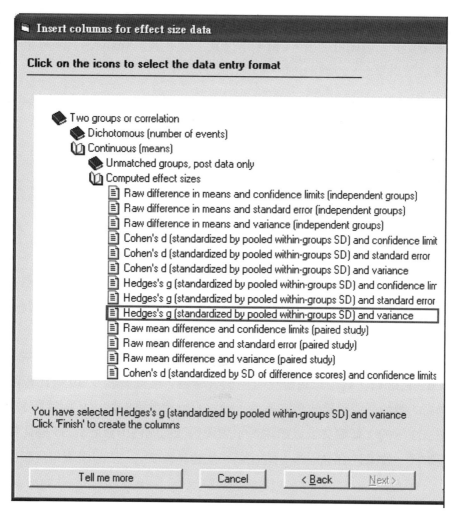

You have selected Hedges's g (standardized by pooled within-groups SD) and variance
Click 'Finish' to create the columns

圖 2-30 「Insert column for effect size data」中挑選「Hedges' g and variance」

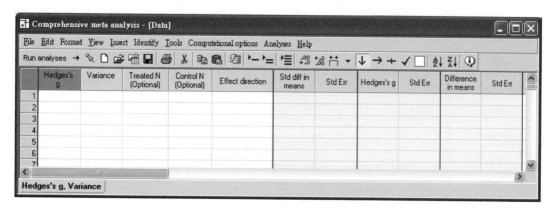

圖 2-31 CMA 的鍵入 data 畫面（Study name, Hedges's g, variance 三個欄位）

註：此 CMA 檔存在本書所附光碟片「CH02 CMA 繪本教學 .cma」檔。

Step 3：在圖 2-31 左側「白色」畫面中，鍵入每篇論文的「效果量 Hedges' g_i 及變異數 $\hat{\sigma}^2_{(d_i)}$」二個欄位之後。CMA 選擇表上就可選「Analyses」來算出「每篇論文之效果量 g_i、Z 值、p 值、95%CI」以及平均效果量。

2-2-3 Meta 簡易法的實戰篇：繪本教學成效量 -g, S^2 型

繼續「前一節」所說 Meta 的簡易方法：將每篇論文的「效果量 Hedges' g_i 及變異數 $\hat{\sigma}^2_{(d_i)}$」，輸入 CMA 系統就可「Analyses」算出「每篇論文之效果量 g_i、Z 值、p 值、95%CI」以及平均效果量。

以趙上瑩 (2013) 探討繪本教學 (picture book instruction) 對學生認知、情意及高層次思考能力學習成效 (learning efficiency) 之影響為例來說明如下。繪本，又稱圖畫書，指的是包含文字及圖像，以適合兒童閱讀且圖多於文的書籍，並結合兩者使圖文一致，具有連貫性。繪本可使用於許多學科的教學，無論是認知或情意方面，只要設計得宜，繪本能成為優良的教學媒介。

本例共蒐集到的 103 篇「實驗組 vs. 控制組」繪本教學的學習成效，共列入認知學習的文獻有 38 篇，其中一篇研究有兩個實驗組，因此共產生 39 個比較數。為了避免因過高的數值造成整體效果的高估，而沒有反應真實的狀況，因此將 ES 大於整體效果值 ±3 倍的 2 篇論文予以刪除，不列入研究範圍內。茲將此 37 個比較數之作者、出版年代、效果量 Hedges's g 值 (ES)、及變異數 $\hat{\sigma}^2_{(d_i)}$，依照出版年代順序列於表 2-38。

表 2-38　認知層面之「學習成效 Hedges's g 值」與變異數

	繪本學習成效 Hedges's g 值 ($\approx d_+$)	變異數 $\hat{\sigma}^2_{(d_i)} \approx \sigma^2_{d+}$
study 1	0.319	0.056
study 2	0.517	0.172
study 3	0.517	0.061
study 4	0.239	0.055
study 5	0.264	0.101
study 6	0.607	0.088
study 7	1.279	0.037
study 8	0.274	0.057

（續前表）

	繪本學習成效 Hedges's g 值 ($\approx d_+$)	變異數 $\hat{\sigma}^2_{(d_i)} \approx \sigma^2_{d+}$
study 9	0.692	0.041
study 10	0.945	0.065
study 11	0.528	0.059
study 12	0.449	0.098
study 13	0.739	0.073
study 14	0.413	0.020
study 15	1.215	0.036
study 16	0.643	0.069
study 17	0.365	0.065
study 18	0.576	0.033
study 19	0.031	0.021
study 20	1.068	0.163
study 21	0.903	0.067
study 22	1.780	0.043
study 23	1.052	0.069
study 24	1.807	0.091
study 25	1.446	0.174
study 26	-0.200	0.062
study 27	1.099	0.072
study 28	1.701	0.197
study 29	0.669	0.071
study 30	0.383	0.068
study 31	0.278	0.058
study 32	1.221	0.093
study 33	0.443	0.095
study 34	1.010	0.064
study 35	0.253	0.092
study 36	0.708	0.071
study 37	0.842	0.040

Step 1：在 CMA 系統，輸入 37 篇論文（Study name, Hedges's g, variance 三個欄位）
此檔已存在本書所附光碟「CH02 CMA 繪本教學 .cma」檔中。

	Study name	Hedges's g	Variance	Treated N (Optional)	Control N (Optional)	Effect direction	Std diff in means	Std Err	Hedges's g	Std Err	Difference in means	Std Err
1	study 1	0.319	0.056			Positive			0.319	0.237		
2	study 2	0.517	0.172			Positive			0.517	0.415		
3	study 3	0.517	0.061			Positive			0.517	0.247		
4	study 4	0.239	0.055			Positive			0.239	0.235		
5	study 5	0.264	0.101			Positive			0.264	0.318		
6	study 6	0.607	0.088			Positive			0.607	0.297		
7	study 7	1.279	0.037			Positive			1.279	0.192		
8	study 8	0.274	0.057			Positive			0.274	0.239		
9	study 9	0.692	0.041			Positive			0.692	0.202		
10	study 10	0.945	0.065			Positive			0.945	0.255		
11	study 11	0.528	0.059			Positive			0.528	0.243		
12	study 12	0.449	0.098			Positive			0.449	0.313		
13	study 13	0.739	0.073			Positive			0.739	0.270		
14	study 14	0.413	0.020			Positive			0.413	0.141		
15	study 15	1.215	0.036			Positive			1.215	0.190		
16	study 16	0.643	0.069			Positive			0.643	0.263		
17	study 17	0.365	0.065			Positive			0.365	0.255		
18	study 18	0.576	0.033			Positive			0.576	0.182		
19	study 19	0.031	0.021			Positive			0.031	0.145		
20	study 20	1.068	0.163			Positive			1.068	0.404		
21	study 21	0.903	0.067			Positive			0.903	0.259		
22	study 22	1.780	0.043			Positive			1.780	0.207		
23	study 23	1.052	0.069			Positive			1.052	0.263		
24	study 24	1.807	0.091			Positive			1.807	0.302		
25	study 25	1.446	0.174			Positive			1.446	0.417		
26	study 26	-0.200	0.062			Positive			0.200	0.249		
27	study 27	1.099	0.072			Positive			1.099	0.268		
28	study 28	1.701	0.197			Positive			1.701	0.444		
29	study 29	0.669	0.071			Positive			0.669	0.266		
30	study 30	0.383	0.068			Positive			0.383	0.261		
31	study 31	0.278	0.058			Positive			0.278	0.241		
32	study 32	1.221	0.093			Positive			1.221	0.305		
33	study 33	0.443	0.095			Positive			0.443	0.308		
34	study 34	1.010	0.064			Positive			1.010	0.253		

▶ 圖 2-32　CMA 輸入每篇論文的（Study name, Hedges's g, variance 三個欄位）

註：此 CMA 檔存在本書所附光碟「CH02 CMA 繪本教學 .cma」。

Step 2：在 CMA 系統，選按「Analyses → Meta-analysis」。畫面即出現圖 2-33 之分析結果。

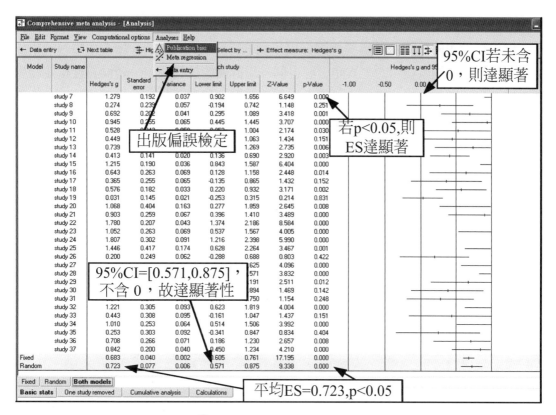

圖 2-33　CMA 的綜合結果

　　在 37 個比較數中，有 28 個的 ES 的 p < 0.05，僅有 9 個之 ES 的 p > 0.05，全部研究之 ES(Hedges's g) 的範圍為 -0.200～1.807。從 ES 值的計算公式可以得知：當 ES 值 (Hedges's g 或 Z-value) 為正數時表示實驗組優於對照組；當 ES 值為負數時，表示對照組優於實驗組。換言之，就認知學習成效的面向來看，有 75.67% 的研究結果支持繪本學習對學生的認知層面能有所提升。

　　得知 ES 整體平均效果量為 0.723，95% 信賴區間為 [0.571, 0.875]，不含 0，故達顯著性。根據 Cohen(1997) 對於 Meta 分析的 ES 值之界定：當 ES 值為 0.2 左右時，其效果量代表「微量」(small)；當 ES 值為 0.5 左右時，其效果量代表「中等」(medium)；當 ES 值為 0.8 左右時，其效果量代表「高度」(large)。整體而言，繪本教學在學生認知的整體 ES 值為正向的中等至高度效果，且接近高度效果，表示學生的認知學習成就使用繪本教學具有中度效果且明顯優於一般教學或其他教學方式的學生。

Step 3：異質性 Q 檢定

同質性檢定的目的，是爲了檢驗從蒐集到的研究所測得之 ES 是否在相同的構念下，亦即各研究間所顯示的差異是否源自同一母群體的抽樣誤差。若同質性檢定結果達顯著差異，即表示這些研究不只因爲教學方法造成學習成效的差異，或許有其他調節變數影響了整體研究，則需進一步分析可能影響整體成效變異的因素。

故在 CMA「[Analyses]」畫面上方，接「Next Table」按鈕，即可出現「Q 檢定」表格，結果顯示本例有異質性 $Q_{(36)} = 129.085$ (p < 0.05)。故在 CMA 畫面左下角，改按「Random effect 或 Both」，畫面即會出現「隨機模型之平均效果量」（如圖 2-34），計算後得整體成效值 Hedges's g 爲 0.723 (p < 0.05)，95% 信賴區間（不含「0」），故達統計上的顯著差異，表示繪本教學介入後可改善孩童學習成效。從圖 2-29 森林圖之 95%CI 形狀，亦可推測繪本教學介入對於孩童學習具正面成效。37 篇論文中有 29 個成效值皆屬正向效果，支持研究假設，繪本教學的介入對於孩童學習具正面且高度的成效。

	Comprehensive meta analysis - [Analysis]											

File Edit Format View Computational options Analyses Help

← Data entry | ⇄ Next table | High resolution plot | Select by ... | + Effect measure: Hedges's g

Model	Toggle display										
		Effect size and 95% confidence interval					Test of null (2-Tail)		Heterogeneity			
Model	Number Studies	Point estimate	Standard error	Variance	Lower limit	Upper limit	Z-value	P-value	Q-value	df (Q)	P-value	I-squared
Fixed	37	0.683	0.040	0.002	0.605	0.761	17.195	0.000	129.085	36	0.000	72.111
Random	37	0.723	0.077	0.006	0.571	0.875	9.338	0.000				

▶ 圖 2-34　同質性 $Q_{(36)} = 129.085$

CMA 畫面左下角，有兩種模型常用來檢驗實驗結果與事實眞相之間的假設，分別爲固定效果模型與隨機效果模型。統合分析檢測各研究是否異質性，有 2 種常用統計量：(1)Q 檢定，(2) 量化不一致性值 (I^2)。當 Q 呈現顯著差異時 (p < 0.05)，表樣本間有異質性；而 I^2 值在 0-100% 之間，I^2 可表低 (25%)、中 (50%)、高 (75%) 之異質性，I^2 值高表示兩研究間之差異來自於異質性而非偶然，如果 $I^2 > 75\%$ 爲高異質性，則採隨機效果模型以納入組間及組內抽樣誤差；反之，若爲同質性 (hemogeneity)，則採固定效果模型統計分析 (Higgins, et al., 2003)。

Step 4：發表偏誤

在CMA系統（圖2-33），選按「Analyses→Publication bias」，等出現「漏斗圖」

之後，再連按「Next table」，畫面會出現圖 2-35 fail-safe N 之分析結果，如下圖。顯示 fail-safe N = 17.363($p < 0.05$)，表示沒有發表偏誤。

　　雖經檢視整體研究的漏斗圖發現有不對稱的情形，但於本次研究中計算出的 Fail-Safe N 的 $Z = 17.3363(p < 0.05)$，「Number of missing studies that bring p to > alpha」要納入「2867」篇不顯著的初步研究就會推翻本次研究正向成效的結論。因此，於本次研究極不容易出現發表偏誤的問題。

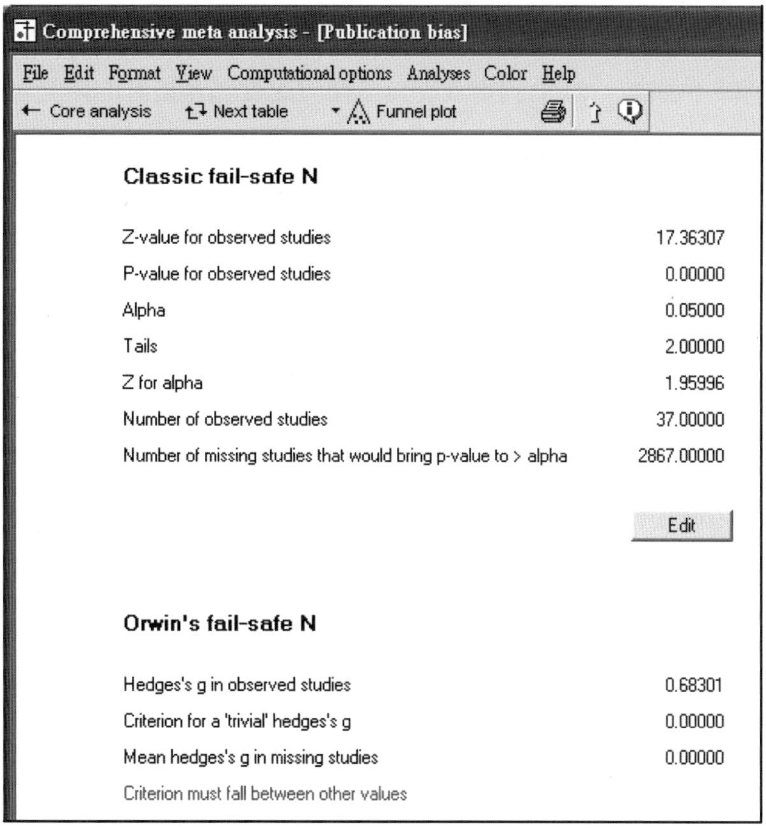

Classic fail-safe N

Z-value for observed studies	17.36307
P-value for observed studies	0.00000
Alpha	0.05000
Tails	2.00000
Z for alpha	1.95996
Number of observed studies	37.00000
Number of missing studies that would bring p-value to > alpha	2867.00000

Edit

Orwin's fail-safe N

Hedges's g in observed studies	0.68301
Criterion for a 'trivial' hedges's g	0.00000
Mean hedges's g in missing studies	0.00000

Criterion must fall between other values

▶ 圖 2-35　繪本教學 fail-safe N 之分析結果

　　漏斗散布圖 (Funnel Plot) 是目前評估是否有發表偏誤最常見的方法，若有發表偏誤，則倒漏斗形狀會呈現不對稱的散布，反之則代表無偏差。但因漏斗散布圖是主觀的目測圖形之對稱性，一旦納入的研究篇數較少，則不易判斷效果量強度或是否有發表偏誤，因此 Egger 檢定法及 Fail safe number 為常見的輔助測試方法。

2-3 發表偏誤 (publication bias) 分析

發表偏誤（又稱發表偏誤），係指只針對已經出版的文章做統合分析，而忽略了未出版的研究。一般而言，研究發現達到統計顯著性的文章較容易被期刊所接受與刊登；相對的，研究發現未達統計顯著性的文章不僅不容易被刊登，同時也容易被研究者將文章鎖在抽屜中，Rosenthal(1979) 將這種現象稱為文匭問題 (File Drawer Problem)。

造成發表偏誤的來源大致可分為三種，分別為：(1) 研究者本身傾向將未達顯著統計的研究選擇不發表。(2) 期刊審查委員多傾向接受顯著統計的研究。(3) 以及接受經費補助的研究。

這對於統合分析所造成的問題在於，研究者在資料蒐集的過程中，若只著重在已經出版的文章，則這些文章很可能都是達到統計顯著性同時其效果量也較大的；而那些未達顯著性同時效果量小的文章，則會因為未出版而被研究者在蒐集資料時所忽略，如此一來計算所得之整體平均效果量會有高估的情形。

常用來檢測發表偏誤的方法有漏斗散布圖 (funnel plot)、Fail-safe Number 及 Egger 檢定法，StatsDirect 及 CMA 軟體都同時提供這三者：

方法 1：採用 Light 與 Pillemer 的漏斗散布圖 (Gurevitch & Hedges, 1999)

CMA, RevMan 等軟體，都有供漏斗散布圖，它是 1984 年由 Light 和 Pillemer 所提出的，以圖形方式表現與發表偏誤的關係，圖的橫軸（X 軸）代表各個研究的效果量，縱軸（Y 軸）代表研究樣本數或標準誤 (Petitti, 2000)。由於 Cooper 與 Hedges 認為樣本數的大小會影響其變異數，樣本數大的研究其變異數通常較小，因此其效果量的分布會較集中。相對的，樣本數小的研究變異數通常較大，因此其效果量的分布會較分散，如果所繪製的圖形像漏斗散布一樣呈現上窄下寬的形狀，則代表發表偏誤的問題並不嚴重（圖 2-36）。

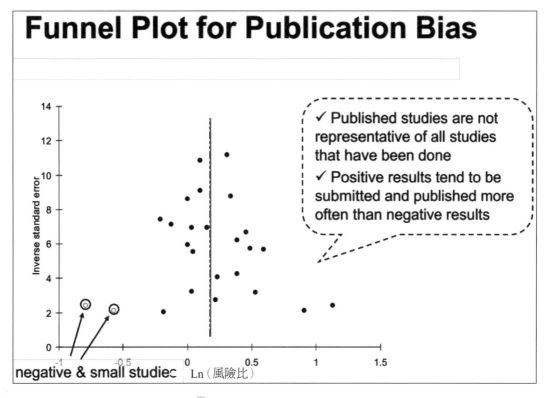

▶ 圖 2-36　漏斗圖之示意圖

　　如果沒有發表偏誤，小樣本數的研究效果量會越接近圖形底部，大樣本數的研究效果量則會分布在圖形高處，而呈現一個對稱的倒漏斗形狀（圖 2-36）。雖然使用便利，但如納入的研究篇數較少、研究間的異質性太高，都會影響圖形的對稱性。

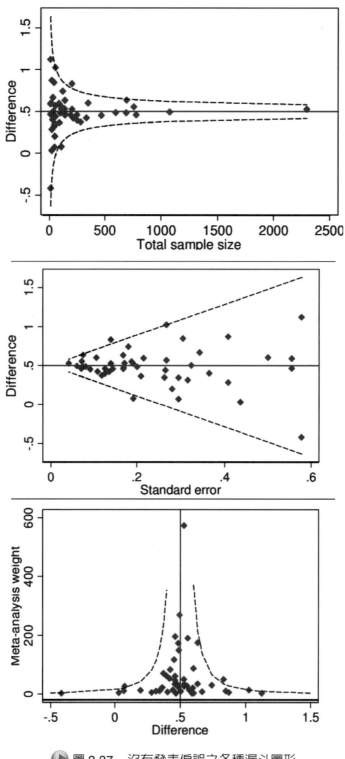

圖 2-37　沒有發表偏誤之各種漏斗圖形

方法 2：Rosenthal(1979) 提出的「Fail-safe Number, N_{fs}」來進行發表偏誤的分析

Rosenthal(1979) 提出的 Fail-safe Number 又稱安全失效數，目的是了解統合分析結果，如為顯著意義時，還需要多少篇「未顯著」的原始研究，才能使得顯著的研究結果變得不顯著。

其計算公式為 N_{fs} = 19S-N（S 表研究中達 0.05 顯著水準的篇數，N 表研究中未達 0.05 顯著水準的篇數），若 Fail-safe Number 大於 Tolerance level = (5K + 10)（其中 K 表統合分析納入之研究總數），則表示出版誤差對統合分析的結果可能影響不大，即發表偏誤的問題並不嚴重。Fail safe number 的值越大，表示越沒有影響發表偏誤的因素。但其缺點是過度強調統計的顯著性，易忽略實際顯著效果。

Rosenthal 的 N_{fs} 概念，是計算尚需幾篇不顯著的研究才能推翻統合分析的結論。(1) 當計算所得的 N_{fs} 很大時，代表需要相當多篇不顯著的研究才足以推翻統合分析的結論，因此發表偏誤的問題並不嚴重；(2) 若計算所得的 N_{fs} 很小時，則代表只需要少數幾篇不顯著的研究就足以推翻統合析的結論，因此發表偏誤的問題很嚴重。

此外，計算「fail-safe N」for cumulating Z-value across studies，如 p-value 設為 0.05 及 0.01，其對應的「計算安全篇數」為：

$$N_{fs\,0.05} = (\frac{\sum_{i=1}^{K} Z_i}{1.64})^2 - K \text{ 或 } N_{fs\,0.01} = (\frac{\sum_{i=1}^{K} Z_i}{2.33})^2 - K$$

其中，K 為研究篇數，Z 為獨立研究的 Z 值。N_{fs} 越大，則 Meta 分析結果越穩。

方法 3：Egger's test（CMA 軟體有提供此法）

本法是由 Egger、Smith、Schneider 與 Minder(1997) 所提出的線性迴歸分析法。主要在分析效果量與變異數的關係，檢定方程式的截距是否 = 0，若 CMA 軟體「Meta regression」截距越接近 0，則表出版誤差越小，意即當 p-value > 0.05，即接受虛無假設 H_0：Meta 研究結果無發表偏誤。Egger 檢定法的缺點是，當統合分析的研究篇數過少時，其統計檢驗力較低，且易高估發表偏誤。

例如：StatsDirect 等軟體若顯示「Egger: bias = 0.580646 (95% CI = -0.88656 to 2.047852) p = 0.3881」，因 p > 0.05，則表示無發表偏誤問題。

◆ 2-4 異質性分析 ◆

異質性的來源

1. 臨床異質性

(1) 生理：不同觀察對象，有不同性別、年紀、人種。

(2) 病理：疾病程度、病程長短、疾病不同（冠狀肺炎又分 SARS、武漢肺炎）。

(3) 治療：方式（打針 vs. 吃藥）、結果指標（多久好 vs. 後遺症）、不同劑量、治療時間長短。

2. 方法論異質性：盲法、隨機抽樣法不同、分配隱藏不同、對結局的定義不同、測量方法不一致等。

3. 統計學異質性：不同研究效果之間的變異、不同檢驗方法、不同 p 值大小的結果組合。

　　異質 (heterogeneous) 意義的取向，可分為：

1. 統計的異質：在各個研究之間有多重「眞」的治療效果 (multiple 'true' treatment effects across the studies)，如圖 2-36。

2. 方法論 (methodological) 的異質：研究設計的變異、實驗處理結果、及後續醫學追蹤長短。

3. 臨床 (clinical) heterogeneity：患者特徵或治療方案的差異。

　　在 Meta 分析中，異質係指「variation among study outcomes」。如果發現各個研究的研究對象、實施程序、測驗方式、或名詞定義有很大的不同，也就是說各個研究可能是異質的 (heterogeneous)。於是 Rosenthal 表示在合併效果量之前，應先做研究樣本異質性分析，它有下列 3 種檢定法：

一、Cochrane Q 檢定 (Chi-square test of Cochran Q statistic)

　　CMA、RevMan、MetaWin、DSTAT、Stata 軟體及本書 Excel 程式，都有 Q 檢定。

　　若依個別研究結果之「統計分析摘要表」數據，其檢定可分 3 種情況：ratio（比率）變數、傳統統計值（卡方值、t 值、F 值、r 值）、Z 族系的效果量。

情況 1：當眾多的個別原始研究，其數據係用二分變數之 ratio（比率）時，此種類別變數可用以下公式來檢定「一些個別的研究結果，是否適合以固定效果來估計平均效果量」。

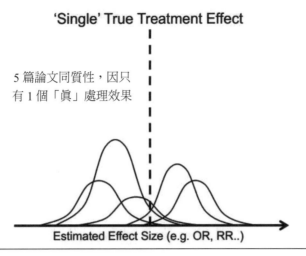

'Single' True Treatment Effect

5 篇論文同質性，因只
有 1 個「真」處理效果

Estimated Effect Size (e.g. OR, RR..)

'Multiple' True Treatment Effect

12 篇論文異質性，因只
有 4 個「真」處理效果

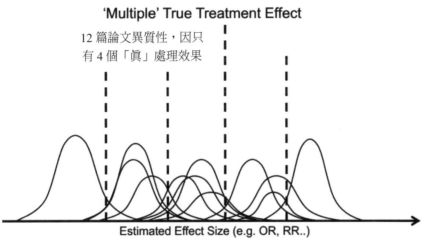

Estimated Effect Size (e.g. OR, RR..)

圖 2-38　同質性 vs. 異質性之示意圖

$$\chi^2 = \sum_{i=1}^{k} W_i \times [\log(OR_i) - \log(OR_F)]$$

其中 OR 代表 Peto odds ratio（勝算比），OR_F 為加權之總平均效果量。

這種類別變數的變異數估計法，便衍生出「Mentel-Haenszel 法」、Peto 法等估計法。

情況 2：當眾多的個別之原始研究，其統計結果之摘要表是「χ^2、t 值、F 值或 r 值」，則將它們利用第 2 章「Meta 效果量的轉換」，全部轉換成「共同比較基礎的 Cohen's d 值」，再改用 Fredric 等人 (1986) 所提下列公式，來計算其 Q 值，它符合自由度 (K-1) 的 χ^2 分配（K = 個別研究之論文數），當 Q 值越大，代表異質性越

高，我們即可判定這些個別研究，要改用隨機效果來估計平均效果量。

$$Q = \sum_{i=1}^{K}[w_i(d_i - \overline{d})^2] \text{ 或 } \sum_{i=1}^{K}[w_i(r_i - \overline{r})^2] \text{，} Q \sim \text{符合 } \chi^2_{(k-1)} \text{ 分配。}$$

其中，$\overline{d}$（或 $\overline{r}$）為平均效果，d_i（或 r_i）為各研究的效果量，

$$\text{平均效果量 } \overline{d} = \frac{\sum_{i=1}^{k} w_i d_i}{\sum_{i=1}^{k} w_i} \text{ 或 } \overline{r} = \frac{\sum_{i=1}^{k} w_i r_i}{\sum_{i=1}^{k} w_i}$$

當 Q 值越大，其對應的 p 值越小。如果 $Q \geq \chi^2_{\alpha,K-1}$，$p \leq \alpha$，表示各篇研究間存在異質性；相反地，若 $p > \alpha$，表示各篇研究間存在同質性。根據經驗法則，絕大多數 Meta 研究是異質性。

情況 3：Z 族系的效果量

通常我們常將 Pearson r 轉成常態性 Fisher's Zr 之後，再以本書 Excel 或 CMA 做 Meta 分析。像這類標準化「Z 族效果量」而言，其異質性檢定公式如下，當 χ^2 值越大，表示異質程度越高：

$$\chi^2 = \sum_{i=1}^{K}(Z_i - M_Z) \text{，K 為論文總篇數}$$

其中，M_Z 是這一族系 Z 值的平均數。假如這個檢定達顯著，則表示這個研究有頗大的異質性。

相對地，另一異質性的檢定法，實驗間的考克蘭 Q 值(Cochrane test)，其定義為：

$$Q = \sum_{i=1}^{K} w_i(T_i - \overline{T})^2 \sim \chi^2_{(K-1)} \text{ 分配}$$

其中，K：Meta 論文之總篇數。

w_i：第 i 個個別研究之加權值。

T_i：第 i 個個別研究之效果量。

$$\text{總平均效果量：} \overline{T} = \frac{\sum_{i=1}^{K} w_i T_i}{\sum_{i=1}^{K} w_i} \text{。}$$

當 Q 值越大，其對應的 p 值就越小。如果 $Q \geq \chi^2_{\alpha,K-1}$，$p \leq \alpha$，表示個別研究之間

存有異質性；相反地，$Q < \chi^2_{\alpha,K-1}, p \leq \alpha$，表示個別研究之間係同質性。

二、I^2 檢定 (I^2 test)

RevMan、MetaWin 及 CMA 軟體都有 I^2 統計量，來描述研究間的變異量占總變異量的百分比，也就是說異質性的大小可由 I^2 檢測得知，其計算公式如下：

$$I^2 = \begin{cases} \dfrac{Q-df}{Q}，若 Q > df \\ 0，若 Q \leq df \end{cases}$$

其中，Q 為 $\chi^2_{(3-1)}$ 的統計量，df 是它的自由度（即研究總數 -1）。

異質性的大小亦可由 I^2 檢測得知。以每 25% 為區隔，等於 0 表示有極佳的一致性，小於等於 25% 表示低度異質性，大於 50% 表示異質性太高，不適合進行統合分析；或是須利用其他的方式進行數據調整，而且要保守的解讀整合的結論。舉例來說，在 Meta 分析的總結圖表中（圖 2-39），左下角會說明同質性檢定的結果。在自由度為 (K-1) = 2，就是有 3 篇文章的情況下，計算得到 $\chi^2_{(3-1)} = 0.44$，經查表發現小於 95% 的卡方分布，所以研究間不存在有異質性。而根據上列公式：$I^2 = \dfrac{0.44 - 2}{2} = 0 = 0.0\%$ 的結果，顯示同質性非常高，故可放心用固定效果解讀個別效果量 / 平均效果量及其 95%CI。

以 CMA 及 RevMan 等軟體執行 Meta 分析，通常以森林圖 (forest plot) 做總結。森林圖之方框的大小基本上與樣本數成正比，但也受研究設計的影響。菱形圖則是統合的結果；此外，橫線須與無效垂線 (zero vertical line) 比較，其橫軸刻度有 0 和 1 兩種。舉例來說，(1) 當橫軸跨過無效垂線為 0，表示實驗組和對照組為平均值或平均值差、絕對風險差 (absolute risk difference, ARD)、迴歸係數 (regression coefficient) 之 95%CI 的差值橫跨 0 值，所以實驗組和對照組的差值並無差異性。(2) 另外，橫軸跨過無效垂線為 1 表示實驗組與對照組為優勢比、相對危險度。當實驗組與對照組的 95%CI 比值橫跨 1 值，表示實驗組與對照組的風險比值並無差異性（圖 2-39）。

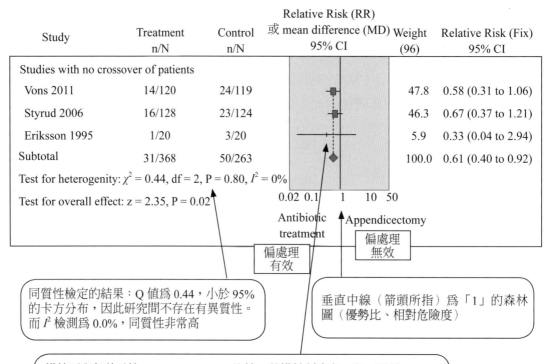

Study	Treatment n/N	Control n/N	Relative Risk (RR) 或 mean difference (MD) 95% CI	Weight (96)	Relative Risk (Fix) 95% CI
Studies with no crossover of patients					
Vons 2011	14/120	24/119		47.8	0.58 (0.31 to 1.06)
Styrud 2006	16/128	23/124		46.3	0.67 (0.37 to 1.21)
Eriksson 1995	1/20	3/20		5.9	0.33 (0.04 to 2.94)
Subtotal	31/368	50/263		100.0	0.61 (0.40 to 0.92)

Test for heterogenity: $\chi^2 = 0.44$, df = 2, P = 0.80, $I^2 = 0\%$

Test for overall effect: z = 2.35, P = 0.02

0.02 0.1 1 10 50

Antibiotic treatment   Appendicectomy

偏處理
有效

偏處理
無效

同質性檢定的結果：Q 值為 0.44，小於 95% 的卡方分布，因此研究間不存在有異質性。而 I^2 檢測為 0.0%，同質性非常高

垂直中線（箭頭所指）為「1」的森林圖（優勢比、相對危險度）

橫線須與無效垂線 (zero vertical line) 比較，其橫軸刻度有 0 和 1 兩種。
(1) 當橫軸跨過無效垂線為 0，表示實驗組和對照組為平均值或平均值差、絕對風險差 (absolute risk difference, ARD)、迴歸係數 (regression coefficient) 之 95%CI 的差值橫跨 0 值，所以實驗組和對照組的差值並無差異性。(2) 另外，橫軸跨 過無效垂線為 1 表示實驗組與對照組為優勢比、相對危險度。當實驗組與對照組的 95%CI 比值橫跨 1 值，表示實驗組與對照組的比值並無差異性。

▶ 圖 2-39　森林圖（RevMan、MetaWin 軟體的畫面）

$$公式\ I^2 = 100\% \times \frac{(Q - df)}{Q}$$

當 $I^2 = 0$ 時，表示有極佳的一致性，數值越大，異質性可能性增加。通常，$I^2 < 25\%$ 時，表示存在低度異質性。$I^2 = 25\% \sim 50\%$，表示存在中度異質性。$I^2 > 75\%$，表示存在高度異質性，須改用隨機效果來估計平均效果量 (Higgins, 2003)。但醫界採更嚴格的標準，像 Cochrane 手冊 (http://www.cc-ims.net/revman) 就認為 $I^2 > 50\%$ 時，則可視為各研究間「實驗處理效果」存在異質性。參考值如下：

(1) 0%～40%：可能不是重要。

(2) 30%～60%：可能代表中度異質性。

(3) 50%～90%：可能代表實質性的異質性。

(4) 75%～100%：相當大的異質。

三、L'Abbé plot

　　若以事件發生率 (event rate, ER) 來看，對實證醫學 (evidence-based medicine, EBM) 而言，若試驗 (trials) 分析結果，證明實驗組治療比對照組的效果好 (EER > CER)，且這些個別研究將散布的 L'Abbé 圖 45 度線左上角（圖 2-40）。如果實驗未顯著優於對照組則焦點將落在平等線 (EER = CER)。相反地，如果控制比實驗好 (EER < CER)，則這些個別研究將散布的 L'Abbé 45 度線右下角。

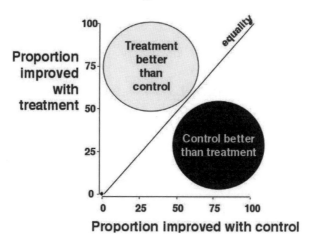

圖 2-40　實驗組 vs. 控制組之 L'Abbé 圖

　　將實驗組之「成功百分比」plot 在 Y 軸上，控制組之「成功百分比」plot 在 X 軸上，從 X 及 Y 軸之交點，畫 45° 的直線，分開有效及無效治療區。如 compactness of plot 越密集，表示所選取的文獻越同質性 (homogenous)。如圖 2-41 之醫學例子來說，圖中，每個點代表局部非類固藥物及安慰劑的比較。急性 (●) 情況是在一週後評估其成功率，慢性 (■) 情況是在二週後評估其成功率。

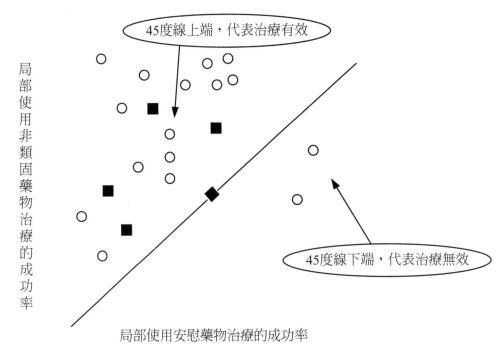

圖 2-41　局部非類固藥物治療急性 (●) 及慢性 (■) 疼痛的成功率

　　L'Abbé plot 常應用在類別變數之效果呈現。例如：醫學實證時，就需評估這樣的 outcome 對病人實際上的意義為何？重不重要 (Impact? NNT, NNH?)？所謂醫學衝擊 (Impact, effect size)，其計算 NNT（益一治療數，Number needed to treat），NNH(Number needed to harm) 的病人數目（及其 95% 信賴區間），常見有 4 個衡量指標：

(1) 絕對風險比率差 ARR (Absolute Risk Reduction)：風險比率差異之絕對值，實驗組和控制組產生不同結果比率之間的差異，公式為：ARR = |EER-CER| = EER (Experimental Event Rate)-CER(Control Event Rate)。

(2) 相對風險比率差 RRR (Relative Risk Reduction)：實驗組和對照組間產生的風險比率所降低的相對百分比。其算法為：RRR = |EER-CER| / CER。

(3) Number Needed to Treat (NNT = 1/ARR)：需要被治療的病人數目（益 一 治療數），是絕對風險比率差異值的倒數 (1/ARR)，亦即使一位病人達到實驗組治療之有益結果（或預防產生一個不良結果）所需治療的病人數目。

(4) Number Needed to Harm (NNH = 1/ARI)：需要被傷害的病人數目。除了考慮治療的好處外，也要考慮治療帶來的壞處。當病患接受了實驗組的治療後，可能會有

病人產生副作用，亦即對多少病人數目進行實驗組療法，與對照組做比較後，會有多一個病人產生不良副作用。其算法為 NNH = 1/ARI。

小結

像 Stata、CMA 等軟體，異質性檢定法，大致可分為 7 種：

(1) 傳統 chi-square (x^2) 分析 (p > 0.10)。

(2) $I^2 = \dfrac{Q - df}{Q} \times 100\%$ (Higgins et al. 2003)，其中 Q ～符合 $\chi^2_{(df)}$ 分布。

(3) 繪 test-forest 二維圖 (OR or RR and confidence intervals)。

(4) L'Abbe 圖 (outcome rates in treatment and control groups are plotted on the vertical and horizontal axes)。

(5) Galbraith 圖（圖 2-42）。

(6) 迴歸分析。

(7) 比較 fixed effect 及 random effect 模型的差異 (a crude assessment of heterogeneity)。

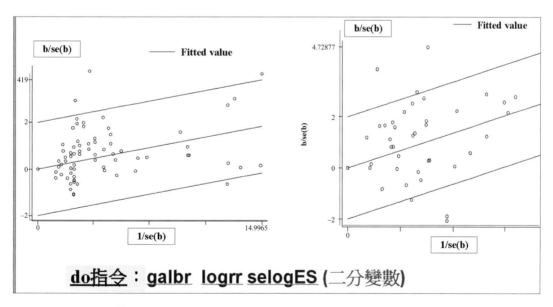

▶ 圖 2-42　Stata 軟體之 Galbraith 圖（外掛指令 galbr）

Meta 分析遇到異質性時，處理的策略有：

(1) 檢查輸入原始資料是否有錯。

(2) 放棄此 Meta 分析。

(3) 忽視此 heterogeneity (fixed effect model)。

(4) 改用 random effects 來評估 Meta-Analysis 之效果量。

(5) 改變 effect measure（e.g. 改用不同的 scale 或 units）

(6) 將各個研究分割成幾個次群組 (plit studies into subgroups)：依此次族群（moderate 變數）之 level，分批做 Meta。

(7) 用 Meta-regression 來檢定哪個 outlier 造成異質。

(8) 刪除此論文，再重做 Meta。

2-5 敏感度分析

敏感度分析 (sensitivity test)，就是將各種可能的調整值各進行一次 Meta 分析，以了解該變因調整後 (moderate) 的效果 (Cooper & Hedges, 1994)。

通常我們做次族群 (subgroup) 之干擾變數的 Meta 分析，它也是敏感度分析之一。即不同族群之 Meta 差異分析，又可分為：(1) 不同群體的參與者之間的處理效果差異。(2) 不同研究型態(types) 之間的處理效果差異。例如：測試口香糖對戒菸效果，結果如圖 2-43，顯示不同型態（自願者 vs. 受邀者）的戒菸效果是不同的。

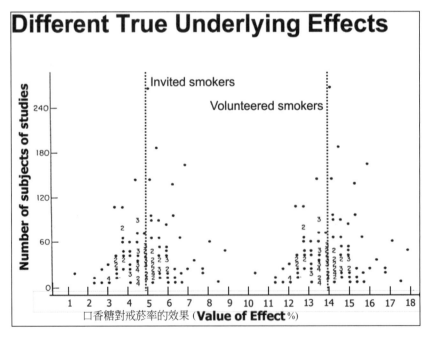

▶ 圖 2-43　口香糖對戒菸效果在不同型態（自願者 vs. 受邀者）上是不同的

　　假如，將某一干擾的變因「抽掉」，以了解如果不對此變因進行調整，對整個 Meta 分析的影響會有多大。如果差異不大，表示該干擾效果在 Meta 分析中並不敏感，則可以對此 Meta 分析的結果更有信心。

　　進行敏感度分析的原因在於統合分析計算所得的個別研究效果量很可能會有極端值 (outliers) 的存在，極端值的出現會導致接下來所計算的整體平均效果量產生偏誤，進而影響統合分析所獲得的結論。因此必須藉由敏感度分析來偵測極端值，並檢視極端值的刪除是否會對研究結論產生影響 (Lipsey & Wilson, 2001)。

　　敏感度分析，亦可參考 Cooper 與 Hedges(1994) 的建議，以圖 2-44 莖葉圖 (Stem-and-Leaf Plots) 來進行敏感度分析；其概念是將個別研究效果量的數值以莖葉圖的方式呈現，接著檢視莖葉圖中個別研究效果量的分布是否存在跳躍數值 (gap values)，如果存在跳躍數值則將其視為可能的極端值，在檢視該極端值的刪除與否對研究結論的影響後，接著判斷是否刪除該極端值。

Stem	Leaf
	Stem and Leaf Plot of Mean Proportion Cross-Cultural Accuracy of Emotion Recognition (N = 162)
.9	1, 2, 3
.8	5, 6, 6, 7, 7, 9, 9
.8	0, 0, 0, 0, 0, 0, 1, 1, 1, 1, 1, 3, 3, 4, 4, 4,
.7	6, 6, 7, 7, 7, 7, 8, 9, 9, 9, 9
.7	0, 1, 1, 1, 2, 2, 2, 2, 2, 3, 3, 4, 4, 4, 4
.6	5, 5, 5, 5, 5, 7, 8, 8, 9, 9
.6	0, 0, 0, 0, 1, 1, 2, 2, 2, 2, 3, 3
.5	6, 6, 6, 6, 7, 7, 7, 8, 8, 8, 8, 9, 9, 9, 9, 9, 9, 9
.5	0, 0, 0, 0, 0, 1, 2, 2, 3, 3, 3, 4, 4, 4
.4	6, 6, 6, 7, 7, 7, 7, 7, 7, 7, 8, 8, 9, 9, 9, 9
.4	0, 0, 1, 2, 2, 2, 2, 2, 3, 3, 3, 4, 4
.3	5, 6, 7, 8, 8, 9, 9
.3	0, 1, 2, 4,
.2	6, 6, 6, 6, 7, 7, 8
.2	1, 3, 4, 4
.1	8
.1	1, 2
.0	
.0	0, 3

▶ 圖 2-44　莖葉圖之示意圖（SPSS 可繪此圖，N=162 筆）

2-6 類別變數之 ES 單位變換及其變異數估計法

　　Review Manager、Stata 等軟體之衡量效果之資料型態，包括：

(1) Peto 勝算比 (Peto OR)：二分變數和 IPD，只用於固定效果模型。

(2) 勝算比 (odds ratio, OR)：二分變數，用於固定效果和隨機效果模型。

(3) 相對風險 (relative risk, RR)：二分變數，用於固定效果和隨機效果模型。

(4) 風險差 (risk difference, RD)：二分變數，用於固定效果和隨機效果模型。

(5) 加權平均差 (weighted mean difference, WMD)：連續變數，用於固定效果和隨機效果模型。

(6) 標準平均差 (standardised mean difference, SMD)：連續變數，用於固定效果和隨機效果模型。

(7) 固定效果模型 (fixed effect model)：使用 Mantel-Haenszel 方法。

(8) 隨機效果模型 (random effects model)：使用 DerSimonian-Laird 方法。隨機效果模型求效果量。

　　類別變數之 ES 單位變換及其變異數估計法，常見有 4 種方法：Mantel-Haenszel 法。(2)Inverse-variance 法。(3)Peto odds ratio 法。(4)DerSimonian & Laird 法。前二種屬固定效果模型；後二種屬隨機效果模型。

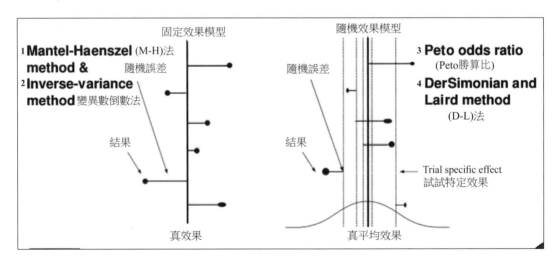

● 圖 2-45　類別變數之 ES 單位變換及變異數估計法

定義 1：Mentel-Haenszel 法（M-H 法）（CMA 軟體有它）

M-H 法適用固定效果模型，二分變數之 ratio 測量，尤其是勝算比 (odds ratio)。在 Meta 分析時，以最大概似法來算出「每一研究 odds ratio 的加權平均」。

例如：2×2 表格

	實驗組 (treated)	對照組 (not treated)	合計
死亡 Death(case)	a_i 人	b_i 人	$n1_i$ 人
存活 Survival(control)	c_i 人	d_i 人	$n2_i$ 人
合計	$m1_i$ 人	$m2_i$ 人	T_i 人

第 i 篇論文的勝算比 (Odds Ratio)，$OR_i = \dfrac{a_i \times d_i}{b_i \times c_i}$

第 i 篇論文的權重，$W_i = \dfrac{b_i \times c_i}{T_i}$

兩組合併 (pooled) 的 OR，$OR_{MH} = \dfrac{\sum W_i \times OR_i}{W_i} = \dfrac{\sum (a_i \times d_i)/T_i}{\sum (b_i \times c_i)/T_i}$

而 OR_4 之變異數，$Var(OR_{MH}) = \dfrac{\sum F}{2\sum R \sum R^2} + \dfrac{\sum G}{\sum R \sum S} + \dfrac{\sum H}{2\sum S^2}$

其中，$F = \dfrac{a_i d_i (a_i + d_i)}{T_i^2}$

$G = \dfrac{a_i d_i (b_i + c_i) + b_i c_i (a_i + d_i)}{T_i^2}$

$H = \dfrac{b_i c_i (b_i + c_i)}{T_i^2}$

$R = \dfrac{a_i d_i}{T_i}$，$S = \dfrac{b_i c_i}{T_i}$

而 pooled OR 之 95% 信賴區間 $= e^{\log OR_{MH} \pm 1.96\sqrt{Var(OR_{MH})}}$，此時之異質性檢定為：

$$Q = \sum_{i=1}^{k} W_i (\ln OR_{MH} - \ln OR_i)^2 = \sum_{i=1}^{k} W_i [\ln(OR_i)]^2 - \dfrac{[\sum_{i=1}^{k} W_i \ln(OR_i)]^2}{\sum_{i=1}^{k} W_i} \sim \chi_{k-1}^2 \text{ 分配}$$

像 Stata 軟體之 Mantel-Haenszel 法，Meta 適合的資料型態，包括：

(1)勝算比 (Odds ratio, OR)。Stata 指令包括：

Stata 指令	功　能
. binreg	廣義線性模型延伸至「二項分配族系 (binomial family)」
. clogit	條作式 logic 迴歸
. cloglog	互補 (complementary) log-log 迴歸
. exlogistic	精確 (exact) logistic 迴歸
. glm	廣義線性模型 (generalized linear models)
. glogit	樣本已分群之 Logit 迴歸、或機率 (probit) 迴歸
. lincom	估計值的線性組合 (linear combinations of estimators)
. logit	印出 Logistic 迴歸之係數 (coefficients) 值
. ologit	比序 (ordered) logistic 迴歸
. scobit	帶偏態 (skewed) logistic 迴歸

(2) 風險比 (Risk ratio, RR)。

Stata 指令	功　能
. binreg	廣義線性模型延伸至「二項分配族系 (binomial family)」
. mlogit	多項式 (multinomial) logistic 迴歸
. estat eform [SEM]	印出 SEM 之指數係數 (exponentiated coefficients)

(3)推薦使用稀疏數據（在治療或對照組中 zero events 的試驗）進行審核 (review)。

定義 2：Inverse-variance（變異數倒數）加權法，又稱 $\frac{1}{\sigma_i^2}$ 法（fuzzy theory 常用）

因為各研究的樣本數、實驗設計及架構的品質不一，所以影響力不同，倘若簡單的進行效果大小的加減會造成誤導。所以，賦予一定的權重做貢獻調整，稱作加權值賦予 (weighting)。Inverse-variance 之加權值就是變異數的倒數，而變異數就是標準差除以樣本數，因此樣本數越大，或是標準差越小，就會有越大的加權值。

例如：已知具有變異數 σ_i^2 之序列 y_i，其 Inverse-variance 加權法公式為：

$$w_i = \frac{\sum_{i=1}^{n} \dfrac{y_i}{\sigma_i^2}}{\sum_{i=1}^{n} \dfrac{1}{\sigma_i^2}}$$

在統合分析中，Inverse-variance 加權法，常用來組合各個研究的效果量 (ES)。

定義 3：Peto 法（CMA、Stata 軟體都有此方法）

是 M-H 法之修正公式，特別適合非實驗設計且固定效果模型。它常用於 Meta 分析中 odds ratio(OR) 之 pooled estimate。由於計算較簡單，故較常被採用。如下之 2×2 交叉表，其對應的合併後 pooled estimate of OR 為：

$$OR = \exp\left(\frac{\sum(O_i - E_i)}{\sum V_i}\right)$$

其中，$V_i = \dfrac{n1_i m1_i n2_i m2_i}{T_i^2(T_i - 1)}) = (O_i - E_i)$ 的變異數

例如：2×2 交叉表

	實驗組 (treated)	對照組 (not treated)	合計
死亡 Death(case)	a_i 人	b_i 人	$n1_i$ 人
存活 Survival(control)	c_i 人	d_i 人	$n2_i$ 人
合計	$m1_i$ 人	$m2_i$ 人	T_i 人

而合併式勝算比 (pooled OR) 的 95% 信賴區間為：

$$\exp\left(\ln OR_p \frac{1.96}{\sqrt{\sum V_i}}\right) = \exp\left(\frac{\sum(O_i - V_i) \pm 1.96\sqrt{\sum V_i}}{\sum V_i}\right)$$

其對應的同質性 Q 檢定為：

$$Q = \sum_{i=1}^{k} \frac{(O_i - V_i)^2}{V_i} - \frac{\left[\sum_{i=1}^{k}(O_i - V_i)\right]^2}{\sum_{i=1}^{k} V_i} \sim 符合\ \chi_{k-1}^2\ 分配。$$

其中，k 為 Meta 分析的總篇數。

像 Stata、CMA 等軟體之 Peto 法，Meta 適合的資料型態，包括：

(1) Odd ratio(OR)。

(2) Risk ratio(RR)。

(3) Risk difference(RD)。

(4) 但不適合 sparse data 的原始論文（即 trials with zero events in treatment or control group）。

◆ 2-7 Meta 誤差組合法 ◆

▌2-7-1 固定效果 vs. 隨機效果模型之 CMA 算法

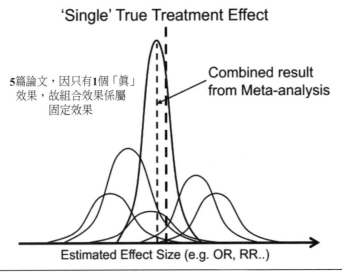

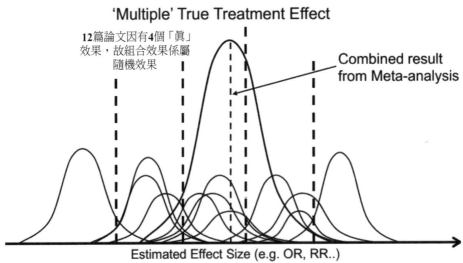

▶ 圖 2-46　固定效果 vs. 隨機效果之示意圖

　　不論連續變數或類別變數，做完「效果量轉算、同質性 Q 檢定」兩大步驟後，就可以挑選合用的公式來合併每篇研究效果量。一般常用的公式有兩種，固定效果模型和隨機效果模型。

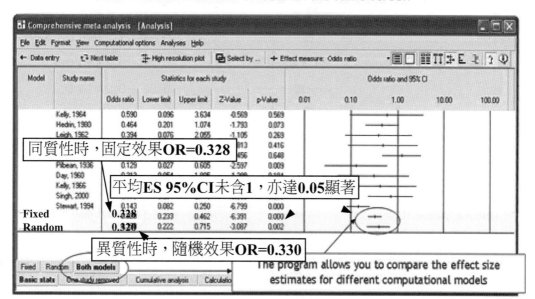

🔘 圖 2-47　Comprehensive Meta-analysis 同時顯示：效果量在固定效果 v.s 隨機效果模型，是不同的

　　當同質性高時可套用固定效果模型，只考慮組內差異來給予加權值。有文獻提到，$I^2 \leq 25\%$ 的情況，可套用固定效果模型。當異質性太高則改用隨機效果模型，加入組間的差異調整權重，所以組間差異越大，占的分量就越輕。

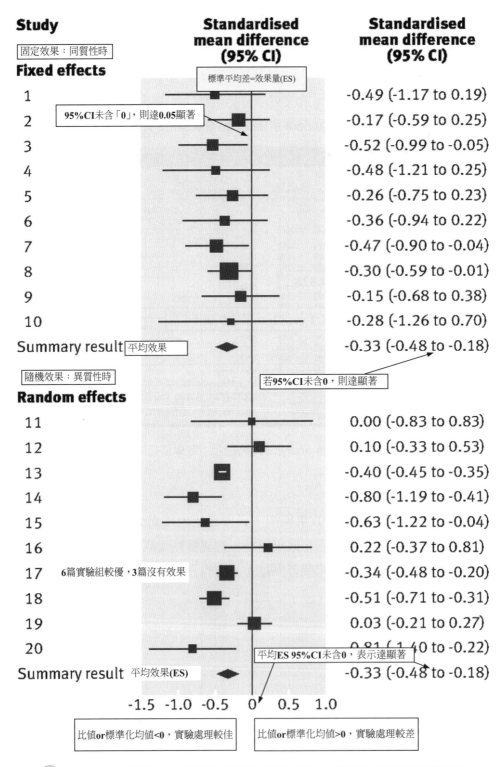

圖 2-48　十篇研究之個別效果量在固定效果 vs. 隨機效果模型是不同的

▌2-7-2 固定效果 vs. 隨機效果模型之解說

一、固定效果模型

固定效果模型是假設所有的研究都有一個共通的真實效果 (true effect)，而每篇論文所觀察到的效果稱為觀察效果 (observed effect)，之所以每篇論文的觀察效果不同乃是導因於取樣誤差 (sampling error)（因為每篇論文的病人群不同、年齡分布不同、藥劑使用量不同、或是追蹤時間不同等）。由於我們假設這些論文都有相同的真實效果，因此，當每篇論文的病人數目如果能增加到無限大時，則觀察效果會等於真實效果 (Thompson, 1999)。在此以圖 2-49 臺北榮總 (2013) 之統合研究為例，假設它共有三個研究列入統合分析的研究（●：真實效果，■：觀察效果）。從圖 2-49 中可以看出，三個研究的真實效果 (true effect) 都是 0.6，但是我們所觀察到的效果卻是：「研究一」是 0.4；「研究二」是 0.7；「研究三」是 0.5。因此，我們可以看出，對於每個研究的觀察效果「Y_i＝真實效果＋誤差」，即：

$$Y_i = True\ Effect(\theta) + error(i)$$

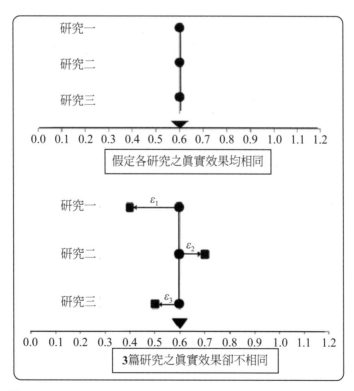

● 圖 2-49　固定效果模型，「觀察效果 = 真實效果 + 誤差」

由於在固定效果模型中，我們會為每篇研究給予一個權重 (weight)，公式如下：

$$W_i = \frac{1}{V_{Y_i}}$$

其中，V_{Y_i} 為 within-study variance。

接著再算出加權綜合效果平均數 (weighted mean of summary effect size, M) 以及綜合效果變異量 (variance of the summary effect, V_M)：

$$M = \frac{\sum_{i=1}^{k} W_i Y_i}{\sum_{i=1}^{k} W_i} \text{ , } V_M = \frac{1}{\sum_{i=1}^{k} W_i} \text{ , 其中，k 為研究的總篇數。}$$

而綜合效果標準誤 (standard error of the summary effect) 則是：

$$SE_M = \sqrt{V_M} = \sqrt{\frac{1}{\sum_{i=1}^{k} W_i}}$$

其對應的 95% 信賴區間為「$M \pm 1.96 \times SE_M$」。

最後用 Z-value 來檢定虛無假設，$H_0 : Z = 0$，即「真實效果是否為 0」：

$$Z\,value = \frac{M}{SE_M}$$

單尾檢定統計量 P = 1 − Φ(±|Z|)；而雙尾檢定量為 P = 2 × [1 − Φ(|Z|)]，其中 Φ(Z) 代表標準累積分布 (standard normal cumulative distribution)。

二、隨機效果模型

隨機效果模型的假設是每篇研究的真實效果都不同（因為每篇論文的病人群不同、年齡分布不同、藥劑使用量不同、或是追蹤時間不同等），這些因子的不同而造成了每篇論文的真實效果不同。我們可以從圖 2-50 看出隨機效果模型的概念：假設有三個研究，其觀察效果和上述的固定式效果一樣，即「研究一」為 0.4；「研究二」為 0.7；「研究三」為 0.5。

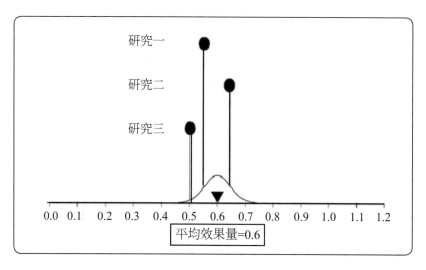

研究一

研究二

研究三

0.0 0.1 0.2 0.3 0.4 0.5 0.6 0.7 0.8 0.9 1.0 1.1 1.2

平均效果量=0.6

▶ 圖 2-50　隨機效果模型（每篇研究的真實效果都不同）

　　我們以圖 2-50 之「研究三」為例，「研究三」的真實效果 = 0.5，而「μ = 實際效果之平均數」(grand mean of true effects)，而「ζ = 實際效果變異量」(true variation in effect size)。所以就隨機效果模型而言，$Y_i = \mu + \zeta_i + \varepsilon_i$（圖 2-51）。務必要記住，在隨機效果模型中，我們要測量的是所有真實效果的整體平均值，而 95% 信賴區間是代表我們對這個平均值的不確定性；相對的，在固定效果模型中，所預測量的是真正的真實效果值。在固定效果模型中，只有研究內變異量 (within-study variance)，而在隨機效果模型中則同時有「研究內」變異量以及「研究間」變異量。在隨機效果模型一樣，也會計算每篇論文之加權值 (W_i)：

$$W_i^* = \frac{1}{V_{Y_i}^*}$$

$$V_{Y_i}^* = V_{Y_i} + T^2$$

　　其中，T^2 就是指研究間的變異量。

接著，再算出「全部論文的加權平均綜合效果」為：

$$M^* = \frac{\sum_{i=1}^{k} w_i^* Y_i}{\sum_{i=1}^{k} w_i^*}$$

而綜合效果變異量為：$V_M^* = \dfrac{1}{\sum\limits_{i=1}^{k} w_i^*}$

綜合效果標準誤則是：$SE_m^* = \sqrt{V_M} = \sqrt{\dfrac{1}{\sum\limits_{i=1}^{k} w_i^*}}$

其對應的 95% 信賴區間為「$M \pm 1.96 \times SE_M^*$」。

最後用 Z-value 來檢定虛無假設，$H_0 : Z = 0$，即「眞實效果是否爲 0」：

$$Z\,value = \frac{M}{SE_M^*}$$

單尾檢定統計量 P ＝ 1 － Φ(±|Z|)；而雙尾檢定量爲 P ＝ 2×[1 － Φ(|Z|)]，其中 Φ(Z) 代表標準累積分布 (standard normal cumulative distribution)。要查此函數的統計值可以查統計教科書，或是利用 Excel 的函數公式「＝ NORMSDIST (Z*)」來求得。

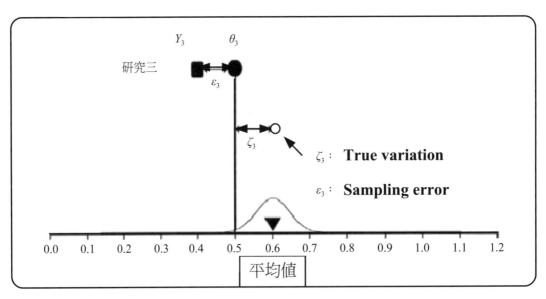

▶ 圖 2-51　隨機效果模型，「變異量 ＝ 研究間變異量 ＋ 研究內變異量」

三、固定效果模型和隨機效果模型的區別

在前面已經解釋過，固定效果模型是將所有論文的眞實效果視爲相同，而隨機效果模型則將所有論文的眞實效果視爲不同。固定效果模型會根據每篇論文的樣本數給予不同的權值，一篇論文的樣本數越大則給予的權值就越大，而樣本數少的研究，則

因它提供的訊息相對較差,所以就會給予較小的權值。

　　然而,在隨機效果模型中,由於每篇研究都有其獨特性,因此不能單以樣本數多寡來衡量權重。假設我們以模擬數據來產生統合分析研究,從圖 2-52 可看出固定效果模型和隨機效果模型的不同之處。在圖 2-52 的上圖,是用固定效果模型作的分析,可以看出每篇研究的黑色方格面積不盡相同,但是同樣的這些論文如果是用隨機效果模型分析,可以看出黑色方格大小的差異性減少了(研究 4 的相對權重由 39% 降到 23%),因此可以看出隨機效果模型會將小型研究的權值調升。

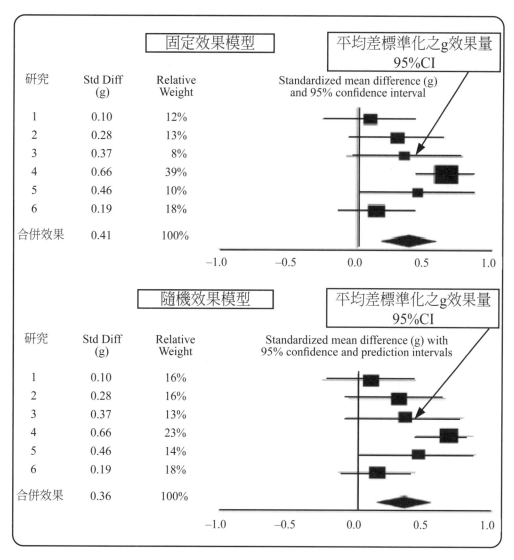

▶ 圖 2-52　同一篇研究的固定效果模型和隨機模型的相對權重差別

四、如何選擇固定效果模型或是隨機效果模型來分析

以 RevMan 軟體來說，常見的錯誤做法是：如果卡方檢定沒有異質性的問題，使用固定效果模型來計算；而如果存在有異質性的問題，則改用隨機效果模型來計算合併效果。正確的觀念是：「即使是沒有存在異質性，如果研究者認爲研究彼此之間仍存在有異質性時，則仍可以使用隨機式模型；相對的，如果統計發現有明顯異質性時，則當然考慮使用隨機效果模型，或者是做敏感度分析，將不合適的論文剔除之後，再重新分析。」另外，研究者也要問自己，一旦出現異質性時，這些研究是否可合併？如果不能合併，那麼就應該試著排除一些論文後，再試著分析；另外一個思考就是，如果這小型的研究資料無法合併時，此時考慮改採大規模的研究來釐清這個問題。

五、如何處理異質性效果量？

當效果量的分配 (distribution) 具異質性時，可改採下列方法進行分析 (Lipsey & Wilsin, 2001)。

1. 隨機效果模型

隨機效果模型之變異，爲研究對象層次的抽樣變異 SE_i^2 加上隨機變異 $\hat{v}_\theta$，隨機變異或研究間變異估值 $\hat{v}_\theta$ 爲：

$$\hat{v}_\theta = \frac{Q_T - (K-1)}{\sum\limits_{i=1}^{K} w_i - \frac{\sum\limits_{i=1}^{K} w_i^2}{\sum\limits_{i=1}^{K} w_i}}$$

係利用固定效果模型權重 $w_i = \dfrac{1}{SE_i^2}$ 及固定效果模型的同質性檢定 Q 值（上式中的 Q_T）計算而得，如依據公式所得的 $\hat{v}_\theta$ 若爲負，則將 $\hat{v}_\theta$ 設爲 0。

2. 固定效果模型：分割效果量變異

當研究樣本特徵變數皆爲類別變數，若以類似單因子變異數分析的觀念來看，整體同質性檢定統計量 Q 亦可區分爲類別變數（研究樣本特徵變數）解釋的部分 Q_B 及殘差變異（合併組內變異）的部分 Q_W。

3. 混合效果模型

當採用固定效果模型，在採用類似單因子變異數分析或迴歸分析解釋研究間變異後，殘差 Q_B 或 Q_W 仍然達統計顯著（不具同質性），此時可考慮混合效果模型，混合效果模型假設除了研究對象層次的抽樣誤差、研究結果的變數所造成的系統差異之外，還有隨機因子所造成的差異。

◗ 小結

選擇固定效果及隨機效果的爭議是，要使用假設較不合理，但數據較穩定的結果？或是假設合理但數據較不穩定的數據呢？固定效果或隨機效果會有差異是因為出版或品質的誤差導致，因此在蒐集及輸入原始資料時，必須要小心謹慎。選擇模型在於研究者的判斷，因此必須要將此二種結果都列出來，再做解釋。實務上，若 Meta 之「異質性」Q 值過大，則不適合用固定效果解釋結果，應改選隨機效果解釋。

◆ 2-8 Meta 分析的信度與效度 ◆

信度乃是指 Meta 分析過程中是否涵蓋相同的研究，且這些研究的一致性如何。此外，研究資料特徵的登錄是否一致、Meta 分析計算過程中的計算及記錄方式是否正確等，都是信度所要探討的部分 (Wolf, 1986)。

而關於資料登錄過程的信度，Stock 等人 (1982) 曾提出下列 7 項增進登錄者信度的方法：

(1) 在對 Meta 分析特性登錄前，先發展或制定一個統一格式的編碼表及編碼簿。

(2) 發展一套詳細且述說明確的登錄手冊，作為登錄者的標準。

(3) 對登錄者進行關於登錄手冊與登錄形式的訓練。

(4) 測量和評估 2 位登錄者間的信度，即 Kappa 檢定。Kappa 可以用來評估評分者間同意一致性很多時候變數測量值來自於他人的評分例如醫生對病人的復原評估（因為病人的自我報告分數很可能比較不可信）然而，有時候我們會懷疑是否這個醫生的評估會有超出想像的測量偏誤 (measurement error)，這時可能會請另一位醫生對同一組病人進行同樣程序的評估，如果這兩位醫生（沒有互相影響的狀況下）的評估完全一致，那麼 Kappa 係數為 1，這意味著評分者測量偏誤存在的現實變小了。K 值落在 -1 與 1 之間，但通常介於 0 與 1 之間；當完全一致時，則 K

= 1，當完全不一致時，則 K = 0。

Kappa 公式：$K = \dfrac{P_O - P_C}{1 - P_C}$

P_O：實際觀測一致的百分比 (observed agreement)，即前後或兩者測驗的結果，一致的機率。

P_C：理論期望一致性的百分比 (chance agreement)，即前後或兩種測驗結果，預期相同的機率。

例如：兩位教授評分 39 個申請入學應徵者書面資料是否符合入學標準。評分結果如下，2×2 表中主對角線是「評分一致」：

教授 2 ＼ 教授 1	合格	不合格	邊際總和
合格	22	2	24
不合格	4	11	15
邊際總和	26	13	39

$$P_O = \frac{22 + 11}{39} = 0.8462$$

$$P_C = \frac{\dfrac{26 \times 24}{39} + \dfrac{13 \times 15}{39}}{39} = 0.5385$$

$$K = \frac{P_O - P_C}{1 - P_C} = \frac{0.8462 - 0.5385}{1 - 0.5385} = 0.67$$

(5) 對登錄手冊及登錄形式加以校正，以符合登錄者的需要。

(6) 盡可能地再增加第 3 位登錄者，來仲裁二個的解讀差異。

(7) 鼓勵登錄者參與討論，並自我決定關於登錄的一些準則。

　　在研究工具之效度方面，編碼表及編碼簿的發展，可根據 Brown(2003) 提出的發展步驟，並採用內容效度指標 (Content Validity Index, CVI)。例如：延請具有多年研究經驗之教授，針對編碼表及編碼簿之「內容的適合性」及「語意的清晰度」給分，評分等級為：非常不恰當、不恰當、恰當、非常恰當，分數依序為 1 分到 4 分，分數越高表該項目的適用性越高，若給 2 分以下的項目，則請專家給予意見或說明。編碼表及編碼簿的專家效度在「內容的適合性」及「語意的清晰度」方面之 CVI 皆為 1。

在研究設計之效度方面，外在效度與構念效度所牽涉的就好比是「橘子與蘋果」的問題，並試圖去決定哪些研究較適於 Meta 分析。這些問題可從研究特性的登錄、尋找干擾變數的影響、同質性的檢定來加強。

內在效度關心的是不同的研究設計品質對 Meta 分析結果的影響，這些影響的探究也應做實證性的檢驗。例如：有些研究意外地發現高品質的「研究設計」卻得到比低品質的研究還低的效果量。據此，Glass et al.(1981) 指出，高低品質的研究，其效果量的差異很少超過 1/10 的標準差，因此研究品質對 Meta 分析而言，並不須立即加以解決。此外 Green 和 Hall(1984) 建議實驗者的客觀程度、實驗的隨機化程度、樣本大小、記錄誤差的控制、依變數的種類、出版的偏差、設計品質等都是一個好的 Meta 分析所必須檢驗的 (Wolf, 1986, p.49)。

第 3 章
理論模型、Meta 研究設計

META

　　研究的目的和價值在發掘知識並解決問題，解決前人未曾解決的問題。(1)「什麼」是研究 (research)？它是事實的說明，清楚說明前人未曾說明清楚的事實。(2) 我們「為什麼」要從事研究？它在訛誤的辨正，改正前人的訛誤，例如：前人發現太陽系有九大行星，最近有人發現是十大行星。(3) 研究的結果是「如何」產生推論？它是在建立理論（研究方法、思想系統等）、建構新的研究方法或理論。

　　就方法論 (methodology) 而言，人們從事的研究，不外乎異中求同 (nomothetic) 及同中求異 (idiographic)，異中求同是在大量資料中發現其間的共同性，例如：烏龜、蛇、蜥蜴等爬蟲類都有相同的特徵「鱗片」。相對地，同中求異則是發現其間的互異性，像男女兩性在某些行為就有差異（女人無錢會使壞，男人有錢才會使壞），例如女性使用毒藥來殺害親人的比例是男性的 5 倍。

　　因此研究的結果是用來說明、解釋或預測我們所生存和生活的世界及其現象。一般研究過程係經由發展假設、蒐集實際資料而給予驗證，企圖以一組客觀的現象（變數）去說明另一組客觀的現象，建立其間的一般性命題 (proposition)，最後發展出一個較完整的理論系統。故學術研究旨在：(1) 學會適當的研究方法論。(2) 透過文獻研究等方式自行發覺某一學術領域空缺或謬誤。(3) 自行設法填補該空缺或糾正該謬誤。

　　研究是在尋找「事實真相」，以了解、解釋及預測現象。實證研究的過程，先是指出研究假設，再蒐集資料予以驗證該理論是否受到支持。傳統科學之研究架構是封閉的 (closed) 模型，主要是以理論來解釋現象，採用演繹法及歸納法這兩種傳統科學研究的兩大支柱：(1) 邏輯推演，要能「言之成理」；(2) 實證研究法，利用觀察所得資料來歸納。而理論則是對這些真相之關係提出規則化（一般化）的結論。

　　理論 (theory) 是系統化所串起的相關闡述，用來解釋社會生活的特定面向，它是可以被驗證和精緻化 (refine) 的，但理論並非代表真理。理論係由一相互關聯 (inter-related) 命題 (proposition) 所組成的一個廣泛體系。命題是由構念 (construct) 所形成，命題說明構念之間的關係（只限因果關係但不能證明），由此可得，理論 ⊃ 命題 ⊃ 假設。

　　圖 3-1 科學之理論，若以醫學診治病人的依據，可分二種思維：

(1) 演繹推理法（過去的舊思維）：了解疾病的病理生理學並且有治療方法，便認為治療方法可以改善疾病。

(2) 實證 (evidence-based) 推理法（現在的新思維）：如果有一群優勢的資料被合在一起檢視，支持疾病的某種治療方法，那麼這種治療將可以被安全有效的使用。實證醫學 (evidence-base medicine, EBM) 就是從龐大醫學資料庫中，篩選出值得信賴

的資料，進行嚴格的評析，獲得最佳文獻和證據；並與醫護人員的專業、病人的價值和偏好以及病人的個別情況相結合，應用於臨床工作中，做出最適當的醫療決策。此思維也是 Meta 精神。

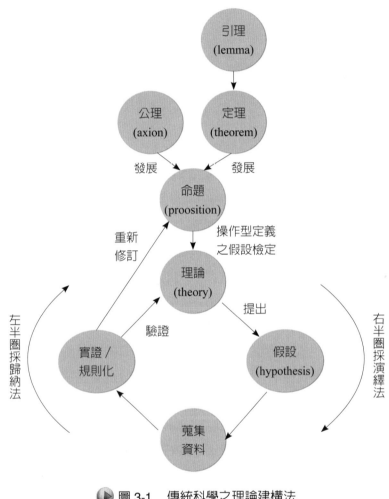

🔘▶ 圖 3-1　傳統科學之理論建構法

(一)心理學理論

　　心理學是一門研究人類及動物的行為與心理現象的學科，既是理論學科，也是應用學科，包括理論心理學與應用心理學兩大領域。其中精神分析學派、行為主義學派、人本主義心理學影響最大，被稱為心理學的三大主要勢力。常見的心理學理論如激勵理論 (motivating theory)，所謂激勵是指透過誘因或刺激物，來激發成員的工

作意願和行動，使成員朝著組織目標努力前進的過程。激勵理論可分二類型：一、激勵的內容理論 (content)，包括：馬斯洛需求層次理論 (need hierarchy model)、ERG 理論、激勵保健理論／雙因子理論 (motivation-hygiene theory)、麥克郎需求理論 (theory of needs)、目標設定理論 (goal-setting theory)。二、激勵的過程理論 (process)：公平理論／公道理論／平等理論 (equity theory)、期望理論 (expectancy theory)、認知評價理論 (cognitive evaluation theory)、增強理論 (reinforcement theory)。

(二) 經濟學理論

經濟學理論是用來說明社會經濟現象的幾個主要經濟變數之間因果關係的邏輯體系。理論的創新來自對新現象的分析或對舊現象的新解釋。常見的經濟學理論有：供給需求理論（價格理論）、邊際生產力理論 (theory of marginal productive)、廠商理論 (theory of the firm) 又稱市場理論、廠商均衡理論、交易成本理論 (transaction cost theory)、價值理論 (theory of value) 等。

(三) 實證醫學vs. Meta

實證醫學是利用現有最佳醫療證據來為全民或是特定族群的病人訂立治療計畫及提供醫療服務的醫學 (Sackett et al., 1996)。故需整合：原始文獻證據與個人的臨床經驗及病患特性、價值觀與情況。

常見的醫學理論有：心智理論 (theory of mind)、肌肉收縮理論 (theory of muscle contraction)、超越老化理論 (theory of gerotranscendence)、接觸理論 (theory of contact)、模仿理論 (theory of imitation)、差別接觸理論 (differential association theory)、應用限制理論 (theory of constraints) 等。醫療體系大致上可分三大學派：

1. 「擬人論醫學體系」（神學）：認為疾病的發生是由於超自然物（神靈）力量所造成的，如撒旦、鬼、神祇等，巫醫、乩童、符咒等即屬於此類。

2. 「自然論醫學體系」（經驗醫學）：認為疾病的發生是由於自然環境的變化或人的生活方式不正常所造成的，如氣候的變化、飲食習慣、人的情緒變化等。中醫學、壽命吠陀、順勢療法等即屬於此類。

3. 「科學論醫學體系」（實驗設計）：經由設立假說、實驗設計，並利用演繹、歸納等方法呈現結果，或藉由科學儀器偵測所產生的醫學，是近現代醫學的主流，例如西醫。此實證醫學學派亦是 Meta 的精神所在。

◆ 3-1 理論建構 ◇

模型 (model) 與理論 (theory) 是一體二面，意義上，兩者是實質等同之關係。

一、理論建構的途徑（多重因果關係之建構法）

理論建構是一個過程，在建構的過程中所發展出來的構念（概念）與假設（命題）是用來說明至少兩個定理或命題的關係。Kaplan(1964) 提出理論建構有兩個途徑 (intention vs. extension)：

(一) 內部細緻化／內伸法(knowledge growth by intention)

在一個完整的領域內，使內部的解釋更加細緻、更適當化。Intention 有三種方法：

1. 增加中介 (Intervention) 變數

在「自變數 X 影響依變數 Y」關係中，添增一個中介變數 I，使原來的「X→Y」變成「X→I→Y」的關係，原始「刺激 S→反應 R」古典制約理論變成「刺激 S→有機體 O→反應 R」認知心理學。

2. 尋找「共同」外生變數 (exogenous variable)

例如「抽菸→癌症」關係中，發現抽菸（X 變數）是因為心情不好（E 變數），癌症（Y 變數）也是因為心情不好，此時「X→Y」關係變成下圖的關係。原來「X→Y」的虛假關係不見了，後來發現 E 才是 X 與 Y 的共同原因 (common cause)。又如，多角化程度與國際化程度也是組織績效的共同原因。

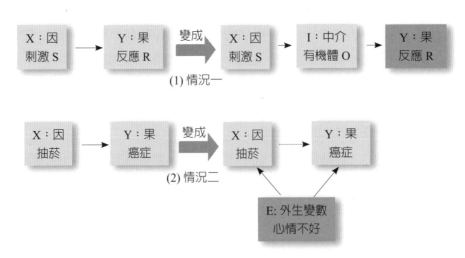

● 圖 3-2　內伸法（中介 vs. 共同原因）

3. 增加干擾 (moderate) 變數（次族群 subgroup，即 multi-level 混合模型、multi-level SEM）

　　例如：「工作滿意影響工作績效」的模型中，後來發現年齡層（次族群之干擾變數 M）亦會影響工作績效（Y 變數），此時原來的「X → Y」關係，就變成圖 3-3，即 X 與 Y 的關係是有條件性的，隨著干擾變數的不同，其關係強度亦會隨著不同。例如：原來「父母社經地位→子女成績」其關係強度係隨著「不同縣市城鄉差距」而變動。

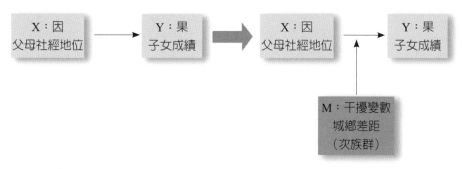

📀 圖 3-3　父母社經地位 vs. 子女成績（次族群當干擾變數）

　　又如，腦中風的危險因子（高血壓、症狀性心衰竭、瓣膜性心臟病）受到性別、年紀、糖尿病、家族中風史等次族群的干擾。

(二) 外延法(knowledge growth by extension)

　　在一個較小的領域，先求取完整的解釋，然後將此結論延伸至相似的領域，此種 extension 模型有三種不同的做法：

1. 增加內生變數 (endogenous variable)

　　由已知「X → Y」延伸為「X → Y → Z」，即從已知 X 與 Y 的關係中延伸至 Z 的知識。例：原來「個人態度→意向」的變成「個人態度→意向→實際行為」。

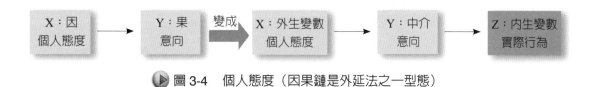

📀 圖 3-4　個人態度（因果鏈是外延法之一型態）

2. 增加另一原因之外生變數

　　由已知「X → Y」延伸為下圖關係，即由原先發現 X 會影響 Y，後來又發現 Z 也會影響 Y。例如：除「學生 IQ → 成績」外，「家長社經地位→成績」。其統計可採淨相關 $r_{XY.Z} = 0.04$（排除 Z 之後，X 與 Y 的淨相關）及 $r_{ZY.X} = 0.03$。又如，工作滿意及組織承諾都是離職意圖的前因（圖 2-7 有 Meta 計算實例）。再舉一例子，影響疏離感 (Alienation) 的原因有 5 篇，包括：(1) 個人特徵（成就動機、內外控、工作倫理）。(2) 上級領導（支持型）。(3) 工作設計（變異性、回饋性、自主性）。(4) 角色壓力（角色混淆、角色衝突）。(5) 工作內涵（正式化、授權層級、決策參與、組織支持）。

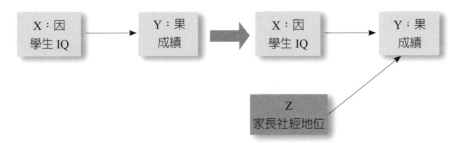

　　🔘 圖 3-5　學生 IQ（多重因果架構是外延法之一）

3. 增加另一結果之內生變數

　　由已知「X → Y」延伸為下圖關係，即由原先發現 X 會影響 Y，後來又發現 X 也會影響 Z。例如：原來「地球氣候→糧食產量」，又發現「地球氣候→河川水文」。再舉一例子，疏離感 (Alienation) 的後果有 4 篇，包括：(1) 態度面（工作滿意、工作涉入、組織認同、組織承諾）。(2) 離職意向。(3) 員工績效（工作績效、OCB）。(4) 副作用（酗酒）。

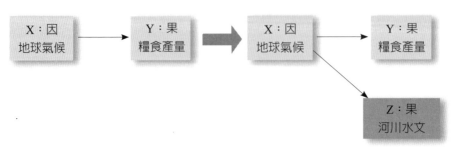

　　🔘 圖 3-6　地球氣候（多重因果之研究架構）

▌小結

　　實務上，我們在進行理論建構時，都會混搭內伸法與外延法這兩種做法 (intention vs. extension) 來建構新理論。例如：在行為科學中，早期的學者發現「學童的學前準備→學童的幼兒園畢業成績」，後來學者再根據「intention」或「extension」，將此模型擴展為圖 3-7。

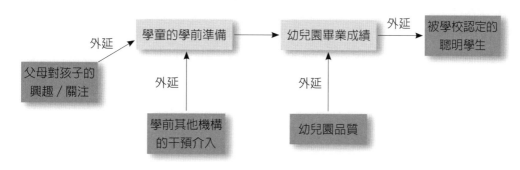

▶ 圖 3-7　兒童的學習發展模型

　　上述幾個因果模型圖，「→」箭頭代表「前因後果的方向」，其統計值即是「方向的強度」。在橫斷面研究設計，其統計值包括：χ^2 檢定、t 檢定、F 檢定、Pearson r 檢定、迴歸係數 b 等幾種。這些統計值都可用本書 Excel 程式，來做單位變換成「*fisher's* Z_r 效果量」，並做總平均效果量及其顯著性檢定。

　　甚至，縱貫面研究之時間序列 (time series)，亦可套入 Meta 公式，以「機率 p 值、迴歸係數 b 之 t 檢定」，做單位變換成為「效果量」並且機率合併。

二、因果模型

　　因果模型 (causal model) 有下列幾個特性：

1. 「原因」（自變數 X）是指一件事（或幾件事）會促使 (force) 某件事情（依變數 Y）的發生。

2. 因果模型具有兩個特性：(1) 關係是不對稱性的，即逆定理不成立。若 X 產生 Y，則並不代表 Y 產生 X。例如：「刺繳→反應」，就不保證「反應→刺繳」。(2) 當不知道「結果」的所有原因時（因為人的求解是屬有限理性），研究者就以「其他條件不變下」或誤差來處理。

3. 因果關係可分為確定（deterministic，必然）及機率（stochastic，偶然）模型兩種。

(1) 在 Y = f(X) 的函數關係中，若每一個 x 值僅對應於單一的 y 值，則 X, Y 之間的關係為完全決定的函數關係，稱為確定模型，例如：手機每支 $4,990 元，X 為手機臺數，Y 為總收益，則 Y = 4990X。

(2) 若 X = x_i 時，Y 值不確定，而是依循某一機率分配，則 X, Y 之的函數關係稱為機率模型。例如：X 為每家庭的年收入，Y 為每個家庭每年在育樂上的支出。對於某個特定的值 X = x_i 而言，我們無法準確地預測出對應於 Y 的單一值，因為除了收入外，還有很多其他因素會影響育樂支出。但是知道一個家庭的年收入有助於我們預測育樂支出，第 i 個家庭的育樂支出可以用下列機率模型表達：$Y_i = b_0 + b_1 x_i + e_i$。假如求出的，$Y_i = 14.92 + 0.72 x_i + e_i$，其中 e_i 為一個隨機變數，使育樂支出高於或低於 (14.92 + 0.72 x_i)。也就是說，對於某個特定的 x_i 值而言，其相對應的可能 Y 值具有某種機率分配。e_i 代表除了家庭收入外，所有其他因素對育樂支出造成的影響。e_i 的來源：

(I) 行為的隨機性 (human indeterminacy)。

(II) 測量的誤差 (measurement error)。

(III) 他無法觀察到影響 Y 的因素 (omission of the influence of innumerable chance events)。

4. 因果模型的研究方法可採實驗設計及非實驗設計兩種，前者採用真實驗、準實驗、因果比較法（事後回溯法），後者則採用調查法。

5. 因果模型僅代表科學家的「工作假設」或「工作工具」，它是以工作假設 (working hypothesis) 來建構理論，而非代表真實世界中真正的因果關係。

◆◆ 3-2 研究設計與 Meta 分析 ◆◆

研究設計 (research design) 是建立一個「如何」蒐集資料、要蒐集「什麼」資料、「如何分析」之計畫，以協助研究者分配有限的資源，目的是在有計畫的說明研究者操縱各種變異來源的「基本模型」為何？以便將來可以細心操縱或改變自變數（實驗變數）；並觀察實驗變數對依變數所發生的影響，期使實驗能在有效、客觀、正確及經濟的原則下，解答研究者所要探討的問題。

假如，我們研究主題是「紅顏薄命」，此研究假設是「越漂亮的女人，婚後越不幸福」，其研究設計至少有兩種：

1. 以問卷隨機訪問已婚（或 35 歲以上）婦女兩個問篇：(1) 高中時代自己與同年齡

女生相比，自己姿色的水準。(2) 婚後自覺本身幸福程度，最後再求「婦女自評姿色及幸福」兩者的相關（有人發現是負相關）。

2. 以內政部月內亡夫的婦女為研究對象（計算其亡夫往生年齡），並要求其提供結婚照，讓社會大眾評論新娘的美麗程度（給 1 分至 20 分），最後再求「亡夫年齡及新娘美麗」的相關程度。有研究發現美麗新娘（14 分以上者），其先生會提早英年早逝五年。

研究設計為何如此重要呢？理由有三：(1) 它是研究方法及過程的說明，以協助研究者獲取想要的資訊，解答其問題。(2) 它是知識論對應變數 (ECV) 衡量、資料蒐集及分析的藍圖。(3) 所有研究設計是許多實務考量的綜合體。

研究設計會因研究目的不同而有差異，常見有五種：(1) 探索性研究。(2) 描述性研究。(3) 相關性研究。(4) 因果研究。(5) 發展性研究。其中，又以相關性研究、發展性研究、及因果研究之統計分析，可與 Meta 有密切之單位轉換。

3-2-1「相互相關性」研究設計

相互相關性研究 (interrelationship studies) 旨在探求變數間的關係，以便更深入了解當前的實際情況。它又可分成下列六種形式：

一、個案研究 (case study)

蒐集有關個案現在與過去的資料，分析此等資料的相互關係，以確定個案的問題原因 (know why、know how)。實際案例包括：(1) 抽菸會提高自殺機率，根據德國馬克斯精神病學院對 2,548 位 18 至 28 歲的民眾進行研究，吸菸者的自殺率最高比不吸菸者還多出 10.6 倍。(2) 擁有一雙大瞳孔的人，較受異性歡迎。(3) 曼徹斯特大學心理學家畢提指出，如果女人對一名男性仰慕者動了心，腳會不自主地朝這個男人移動；但如果女人的雙腳交叉或藏在身體下方，代表她對該男人興趣缺缺。一個人的腳往往也透露出他老不老實，說謊的人雙腳會不自然地靜止不動。(4) 結婚三次的人，早死機率多 34%，這可能與數度經歷分手，離婚或喪偶的壓力有關。同時，無法照顧好婚姻的人也可能無法好好照顧自己的健康，比如經歷多次婚姻的人比較可能抽菸，因為關係破裂的壓力恐使其染上菸癮，而婚姻穩定的人比較可能戒菸。

二、因果比較研究 (causal-comparative studies)

事後回溯研究 (ex-post facto research) 又稱解釋觀察研究 (explanatory observational studies) 或因果比較研究 (causal comparative research)。它以回溯方式探究變數，找出可能之關係或效果。事後回溯研究之自變數須事先確定，才進行蒐集資料之工作，這些變數也已經在情境中發生過。事後回溯研究法常被與實驗研究法 (experimental) 比較，有共同處就是，二者都能檢定自變數與依變數二者之間之因果關係。從某一意義而言，事後回溯研究可視為與實驗相逆之方法。事後回溯研究與其常從已發生之自變數中，探索與被觀察變數之間的關係，因此現成資料往往會成為研究過程可供利用之來源，一般而言，現成可利用之資料有三類：(1) 統計記錄 (statistical records)；(2) 個人文件 (personal documents)；(3) 大眾傳播之報導 (mass communication)。事後回溯研究之最後步驟為對研究發現之詮釋。由於事後回溯研究缺乏隨機化、操縱、控制等特徵，欲建立「因－果」關係較為困難。當研究者能控制處理 (X)，然後觀察得依變數 (Y)，可合理說 X 影響 Y；反之若不能控制 X，便可能得到不當結論，因觀察而得之關係可能是一種「假結果 (spurious result)」，亦即此關係是由於其他原因促成，而非 X 影響 Y。假關係之根源可能有以下三類：(1) 共同原因。(2) 反逆因果。(3) 其他可能之自變數。

　　因果比較的例子，包括：(1) 手機放褲袋，精子品質變差（事後實地觀察之實驗組 vs. 對照組）。(2) 事後在安寧病房做調查，發現喝豆漿可減少罹患乳癌的機率。(3) 平日常吃黑芝麻可抑制白頭髮。(4)《英國心理學期刊》指出，食指比無名指長的孩童，英語成績會比較好；而無名指比食指長的小孩，數學成績會比較好。(5) 吃有機食物者較長壽，例如：以有機香蕉和馬鈴薯飼餵的果蠅壽命均優於以常規農產品飼餵的果蠅。此衡量指標包括生育力、抗應激性和壽命等。(6) 吃鰻魚可預防老花眼，因為鰻魚的 DHA 能夠抑制視力減退、恢復及增加視力、消除眼睛的疲勞，同時對老花眼具有 60～70% 的治療效果。英國威爾斯大學試驗魚油是否能夠改善動脈硬化。實驗發現以 30 位患有高膽固醇血症的受試者，每天吃魚油長達四個月的研究中發現，補充魚油的人動脈舒張的能力明顯地變好，而透過前臂動脈的血流量（通常代表供應心的動脈血量）也明顯地變多。

三、相關研究 (correlation studies)

　　在探討變數與變數間的關係，如變數間有密切的關係存在，可以從一變數預測另一變數，又稱為預測 (prediction) 研究。例如：(1) 腰圍影響壽命，腰粗易短命。因肥胖可導致高血壓、糖尿病、心臟病、癌症、膽囊炎、關節炎等一系列疾病。(2) 父親關心期望與子女成績有正相關。(3) 多角化經營對組織績效有正負相關之辯證。(4) 由

甘蔗表皮的白色臘質和甘蔗葉所萃取的甘蔗原素 (Policosanol)，可降低 1 成 8 總膽固醇。(5) 以臺灣俗諺「失戀要吃香蕉皮」取得研究的靈感，共花 2 年時間，用超音波冷萃香蕉皮，做出成分濃度高的產品，經實驗證實，香蕉有抗憂鬱以及抑制食慾的效果。(6) 女人身高越高，罹癌風險越高。「癌症流行病學、生物標靶與預防」(US journal Cancer Epidemiology, Biomarkers & Prevention) 期刊報告，年齡介於 50 至 79 歲的停經後婦女，身高每高 10 公分，婦女罹癌風險就升高 13%。(7) 奶油吃越多，得癌症機率越高，因為奶油黃屬於含有毒性的添加物，它主要是用於幫助食品製作的色澤、光澤度增加作用，人體攝取過量這類人工化學成分，有害健康。酸菜、芥菜、黃蘿蔔等製品，如果顏色過於異常、不自然，顏色越鮮黃，代表可能有問題。

四、自然觀察法 (naturalistic observation)

觀察法的一種，自然觀察法的特徵是，對所欲觀察的對象及其所在的情境，事先不做任何「人為的設計」，對可能影響個體的因素也不事先設法去排除；在現場遇到什麼事件、就觀察並記錄。由於係有系統、有計畫的觀察某一事象的發生，並客觀的加以解釋。優點是，可以了解真實情境中的運作機制。例如：(1) 兒童憂鬱情緒對家庭互動的影響。(2) 父母婚姻衝突對兒童生活適應之影響。(3) 隨機教學法對自閉症兒童及其家長溝通行為效果之研究等。(4) 以自然觀察是用來記錄孩子們的遊戲內容的性別差異。樣本選自 5 到 6 歲的幼兒園，研究結果發現：(I) 認知播放：男孩經常制定關於戰爭和冒險戲劇表演的主題，而女孩從事多與美少女戰士，一個流行的超級英雄電視節目與女性主角，和家庭的主題。此外，孩子們喜歡追逐遊戲，其中女生有時會參加，粗糙和混亂遊戲。(II) 社會交往：男孩有更積極的言語互動，如輸送的溝通規則，要求的意見，和解決衝突。相對地，女孩更有可能提供資訊和報價邀請。(III) 體力活動：男孩較重視為做上肢，下肢和全身的活動，而女孩較偏好身體平衡的活動。(5) 國小學童光與視覺之概念發展。

五、參與式觀察 (participant observation)

觀察法的一種，從事觀察研究的時候，觀察者參與被觀察者的活動，使被觀察者在「不知不覺」中被觀察，進而得到較為自然的資料。例如：當我們要觀察上課時學生的行為，可以參與課堂旁聽，一邊觀察學生上課時的行為。

例如：「觀察」人類因為群體壓力而服眾的程度。其研究設計為：尋問 8 個人，在下圖中 A、B、C、D 四條線哪條比較長，其中 7 個受測者事先串通好，都說 C 線

比 A、B、D 三線長。若被測驗的那一位，第一次說 A 線比較長，則串通好的 7 位均會異口同聲再說一次「C 線比 A、B、D 三線長」，若被測驗的那一位有點疑惑，則 7 位會再說一次「C 線比 A、B、D 三線長」等，如此循環下去，觀察記錄「被測驗的那一位」的服眾程度。

	A 線
	B 線
	C 線
	D 線

▶ 圖 3-8　因為群體壓力而服眾程度之工具

六、跨文化研究 (cross-cultural studies)

又稱「全文化研究」(holocultural studies)，是人類學、社會學、心理學、經濟學、政治學的學域，運用來自許多社會的實地研究資料，檢視人類行為的視野，並檢視關於人類行為與文化的假設。它有三種跨文化比較研究的型態：(1) 案例比較研究。(2) 針對同一個衍生現象的各種不同變易型態，所做的經過控制的比較。(3) 在一組案例之中，進行抽樣比較。有別於比較研究 (comparative studies) 檢視在某些社會之中的「相似特徵」；跨文化研究運用一組充足的樣本，因此可以運用「統計分析」，針對所欲探討的問題，分析在幾個特質之間究竟是具有「關聯性」或欠缺關聯性。這些研究是對於民族誌資料的調查。跨文化研究已由許多學科的社會科學家所採用，特別是文化人類學與心理學。

當代的跨文化研究始於莫達克 (George Murdock, 1949)，他設立許多個基本資料庫，包括《人類關係區域檔案》(human relations area files) 與《民族誌地圖》(ethnographic atlas)。他連同懷特 (Douglas R. White)，發展廣為學界所用的《標準跨文化樣本》(standard cross-cultural sample)，目前係由開放獲取的電子期刊《世界文化》(world cultures) 負責維護。

應用的例子有，(1) 原住民與平地人在英語教材中語言行為教學之比較。(2) 臺灣十族之新生數概念詮釋性研究等。

小結

相關性研究的 Meta 實作，請詳見本書：

例 1.「2-1-4 CMA 實作 Meta：兩性強迫性上網行為之差異性－Zr, n 型」。

例 2.「4-3-2 範例 2：男女工作滿意度差異之 Meta-M, S, n 型」。

例 3.「4-3-3 多重因果的論文回顧：電子商務顧客忠誠度」。

例 4.「4-3-4 多重因果的論文回顧：網路銀行經營績效」。

例 5.「4-4 Excel 實作多重因果 Meta：科技」。

3-2-2「發展性」研究設計

發展性 (development) 研究旨在探討人類各種特質或教育、社會現象，因時間的經過而產生的改變 (change) 情形。它不僅在探討目前的狀況和變數間的關係，也探討因時間的更易所產生的變化。它有二種形式：

一、成長研究 (growth studies)

探討人類各種生理與心理特質的發展情形，常見的議題有，生涯發展、人口增長、兒童生長發展、城市發展 (urban development)、經濟成長、產業發展、人力資源發展、觀光發展、企業技術能力發展、物流（運輸）業發展、商場發展等。它有 2 種研究法：

(一) 橫斷面取向(cross-sectional approach)

原為發展心理學、臨床心理學、社會心理學、流行病學研究中常用的研究法，意指在同一段時間內，觀察或實驗比較同一個年齡層或不同年齡層的受試者之心理或生理發展狀況，其後常被應用於社會科學。橫斷面研究被設計來在特定的時間點上，「調查」研究對象的單一或多個行為或現象，例如：蓋洛普民意調查 (Gallup poll) 即為典型的橫斷面研究。橫斷面研究的優點，在於能夠較快速且全面地了解特定事件或群體的特徵、現象與各層面的狀況，亦能進行比較。但因為只針對同一時期進行研究，缺乏長時間的資料，因此其缺點在於難以深入探討問題或現象的原因與趨勢等。

橫斷面分析軟體，包括：Stata、SPSS、SAS、AMOS、LISREL、EQS、BILOG、Expert Choice、Mplus、Super Decision、ChoiceMaker 等。

(二)縱貫面取向(longitudinal approach)

對相同的個人或團體，在其不同的年齡或發展階段，連續觀察其發展情形。例如：要探討兒童道德觀念在 6 歲到 10 歲的發展情況，研究者必須抽取一組 6 歲兒童，給予道德觀念的測量，並等到這些兒童 7 歲時，再給予測量一次，如此連續進行 5 年的測量，直到 10 歲為止。由於縱貫研究法是以固定研究對象作長期的追蹤探討，所以它具有下列優點：(1) 可以探討個體或團體發展的連續性；(2) 可以探討個體或團體發展的穩定性；(3) 可以探討個體或團體發展過程中陡增或高原現象；(4) 可以探討個體或團體發展中早期經驗對後期行為發展的影響。

例如：(1) 縱貫面個案研究，像「小時了了，大未必佳」議題，即幼小聰明的小孩，長大是否也聰明？(2) 不同年齡兒童的推理能力發展狀況的描述。(3) 員工離職意向隨年齡增長而變化的趨勢。(4) 世代 (cohort) 研究或縱橫 (panel) 研究，也是縱貫面研究法之延伸。

縱貫面分析軟體，包括：Stata、Eview, RATs, Jmulti, Stata, gretl, R 等。

二、趨勢研究 (trend studies)

旨在探求現象過去發展的趨勢與現在所顯示的情況，藉此可預測未來的發展趨勢或提供預防補救的措施。例如：(1) 某一地區的學生人口成長數、遷出人口的變遷、犯罪人口的增加、輟學率的變化。(2) 某一地區（如農區、山地村落或聖嬰年）的人口異動趨向，可以預測該地區未來的就學人數，以做教育決策之參考。(3) 經濟趨勢之議題，常見的有：時間序列預測 (ARIMA,GARCH,VECM,VAR)、通貨膨脹、整體住宅物業成交情況、對外貿易、失業情況、零售業銷售、實質本地生產總值、消費物價指數、採購經理人指數、臺幣 / 外幣貸款及存款利率走勢、失業率、房貸占所得比指數、疼苦指數等。

發展性研究設計「優點」包括：(1) 具有連續性、穩定性。(2) 能真實反映出發展過程中的個別差異現象。(3) 能深度了解個人各種特質的發展情況。(4) 容易控制影響研究變數有關的因素。(5) 能夠顯示發展的陡增 (growth spurt) 和高原現象 (plateaus)。

由上述幾個範例，可能大家想要問，那種類型的研究主題適合用發展性研究設計呢？常見有：(1) 需探討發展的連續性（如 GDP、氣候變遷、高血壓、肝指數）。(2) 需探討發展的穩定性（如通貨膨脹，失業率）。(3) 需探討早期經驗對以後行為發展的影響、或世代研究。

3-2-3「因果性」研究設計

因果 (causal) 關係研究設計旨在發現構念之間的因果關係，即一個變數對另一個變數的影響或為什麼有某種結果會出現。因果性研究是要驗證，待分析的研究假設，證實自變數 X 和依變數 Y 要有因果之前後發生順序，故它比描述性研究還要嚴謹，除了可操縱變數外，尚可清楚抽離 / 判定變數間的因果關係。其主要的研究策略有實驗法 (experiment) 及調查法 (survey)，並常用迴歸分析、Meta 分析來驗證假設的眞假。因果的概念是以假設檢定為基礎，以統計來推論結論，此種結論是條件式的，係無法明確論證。因果性研究也是所有科學研究的核心，層次最高，也最難。常見的「因→果」關係「X → Y」有下列三種：

1. 充分 (sufficient condition) 而非必要的條件：若有「有之必然，無之不必然」這種條件，則為充分條件。表示方式：「只要有～，即有～」這種「雙有」的說法就是充分條件的陳述；「如果～則～」，也是其表示法。有 X 一定有 Y，有 Y 不一定有 X。例如：「成功」一定經過「努力」，但「努力」不保證一定「成功」。

2. 必要 (necessary) 而非充分的條件：若有「無之必不然，有之不必然」這種條件，則為必要條件。「若無～即無～」這種「雙無」說法，就是必要條件的陳述。「無空氣即無生命。」（有生命非有空氣不可，但有空氣，不一定會有生命。）例如：數學考 70 分以上才能錄取，但數學 80 分並不保證錄取，還要看總分。又如，運動員有「信心」才有機會「贏」，且還要配合機運；但沒「信心」就沒機會「贏」，因為信心是贏的必要條件之一。又如，沒「滿意」一定沒「忠誠」；但有「滿意」不保證「忠誠」，故「滿意」是「忠誠」的必要條件。再舉一例，對小家庭而言，「經濟」是「幸福」必要條作，因為沒經濟（貧窮）就沒幸福，但有經濟（富裕）不保證一定幸福。

3. 充分且必要 (If only if) 的條件。又是充分也是必要。若有「有之必然，無之必不然」這種條件，則為充要條件。「唯有～則～」就是充分而又必要條件之陳述（「恰好如果～則～」也是其表示法。即「若且唯若」具備唯一條件 X，才會有結果 Y。例如：若且唯若 a = b，則 a + 1 = b + 1。

一、證明因果關係的三個條件

採用調查法，我們若只從統計分析來看兩個（兩組）變數的關係已達到顯著水準，則可能會衍生下列問題：

1. 這兩個（兩組）變數可能仍有其共同原因 (common cause) 尚未發現，故不能下斷言就說它們有因果關係。例如：公教人員所得提高也使 3C 商品的銷售量提高，這兩個變數可能都是起因於「通貨膨脹」之故。

2. 這兩個（兩組）變數的關係是逆向因果 (reverse causality)，例如：因為飆車所以成績不好，但也有可能是「因為成績不好，所以飆車」。

3. 尚有其他自變數還未被發現。例如：瑞典（屬新的國家）比中國大陸（無神論）自殺率高，可能是瑞典的宗教信仰導致自殺率偏高，亦可能是瑞典官方統計較為真實。

　　由上述例子來看，當我們要說自變數 X 與依變數 Y 有因果關係「X → Y」，則必須滿足下列三個條件：

1. 自變數 X 及依變數 Y 具有共變性 (covariation)：即兩個以上變數之間的現象一起發生。例如：工作滿意越高則工作績效越佳。又如，貧富差距越大之地區，犯罪率就越高等。共變性檢定常用的統計有：相關分析（Pearson r 值或典型相關）、關聯性（χ^2 值）、線性 / logistic 迴歸分析、時間序列分析（例如：ARIMA、誤差修正向量模型 VECM）等。

2. 具有時序性 (time order)：即變數 X 要發生在變數 Y 之前。例如：民主化與工業化程度兩者具有共變關係，可是若我們無法證明誰發生在先、誰在後？則所「發現」關係就不能稱得上「因果關係」。顧名思義，時序性之假說就是「未來」是不可能影響「過去或現在」。要判斷現象發生的前後順序，其實不難，例如：政治興趣發生在政治參與之前；父母教育程度發生在「對子女職業期望」之前；刺激發生在反應之前「S → R」等。

3. 要能排除其他可能的原因變數（外生變數）：即研究者要驗證所觀察到的共變性是「非虛假」(non-spurious)；換句話說，這兩個變數之間的關係，並非由第三個以外的變數所引起的。例如：研究時雖然發現「父母政黨認同與子女政黨認同」有相關，但進一步分析，可能兩者都同時受「居住同一地區」這個第三變數的影響，事實上，「居住同一地區」可能才是影響「父母政黨認同」及「子女政黨認同」之共同原因 (common cause)。所以我們只能說：目前找到多數的因果關係，只是暫時性的，後續研究者仍可不斷地進行「控制它」、「精緻化」。

　　由上述三個「因果關係」條件，可看出我們要證明「變數 X 與 Y」有因果關係，研究設計必須有：比較、操弄 (manipulate)、控制的機制 (Nachmias & Nachmias, 1996)。

1. 比較 (comparison)

醫學及心理學之實驗設計，其尋找差異性的證據之 logic 思考就是，檢定「實驗組」處理效量會優於「控制組」？例如：將學生以隨機分派方式分為接受「稱讚」的實驗處理組及接受「批評」的控制處理組；經實驗後，以測量創造思考力之測驗分別測量兩組學生的創造力，然後應用變異數分析來比較兩組學生創造力分數的差異顯著性。

兩個變數的差異性、共變性或相關性都是建立在「比較」基礎上。例如：研究者想知道「喝酒與肝癌」之間的相關性，假設「喝酒有較高機會得到肝癌」；為了檢定此假設，研究者可以橫斷面「比較」喝酒者與非喝酒之肝癌個案之發生率（odds ratio，卡方檢定），或者「前、後期比較」喝酒前與喝酒後之肝癌個案之風險率（相依樣本 t 檢定，OR，RR），或者做「量的比較」喝酒多與喝酒少之肝癌個案之發生率 (t-test, discriminate)。換句話說，「比較」方式可以是「前期、後期」（重複量數）、「數量多寡」、「有 vs. 無」等群組的比較，以發現兩變數是否具有共變關係。

2. 操弄 (manipulate)

因果關係「X → Y」意味著 Y 是由 X 所引起的，即 X 起變化 Y 就跟著變化，這種關係是非對稱性（逆定理不成立）。操弄 (manipulate) 是為證明兩個變數之間有「時序性」。例如：假設研究者想證實「參加吸毒團體治療的個體，將降低否認自己有吸毒的問題」，為了檢定「參加吸毒團體治療者，較會否認自己有吸毒行為」研究假設，此時他可「操弄」有吸毒個體在參加團體治療之前、之後，否認自己有吸毒的不實次數。

3. 控制 (control)

因果模型中，「控制」外在變數的干擾，有二個方法：(1) 樣本設計採隨機抽樣、配對抽樣來平衡外部變數的干擾。(2) 統計控制法，傳統方是將可能的干擾（調節變數）納入因果模型；感測器採集的大數據，用機器學習法之「Lasso 推論模型」來收縮眾多控制變數的迴歸係數，而非一味地採用「嚴重共線性」來排除預測變數，詳情請見作者《機器學習：使用 Stata》一書。

控制是為了證明「X → Y」關係並不是虛假的，控制旨在能有效排除其他第三變數對「X → Y」關係的干擾影響。社會科學研究「X 對 Y 的因果關係」時，時常受到研究者事前對樣本選擇、分派（外在因素）的影響，而非全然是「X → Y」造成的，

這種外在因素所造成實驗組與控制組之差異，很可能是在研究「操弄」之前。例如：實驗組與控制組的受試者，若未經過隨機的挑選過程，也會造成誤差。在研究者「操弄」研究設計之前，外在 (extrinsic) 因素很可能已在實驗組及控制組之間產生差異影響。以「自我選樣」(selection) 來說，研究者想要探討「廣告→飲料銷售量」之前，很可能因爲樣本選取不當，已造成實驗組及控制組之間存有差異現象。意即該因果關係很可能受到「重度喝飲料者本身比輕度喝飲料者『更喜歡』看廣告」之外在因素的影響，而並不全是因爲「廣告刺激飲料銷售」。

換句話說，因果研究「非虛假關係」的證明過程，除了要「控制」上述「外在因素」外，尚有「內部效度」七個威脅之內部因素需要一起控制。

二、對稱 vs. 非對稱關係

故因果分析的重點，旨在發現：一個變數（自變數 X）引起另一變數（依變數 Y）的變化。嚴謹的「因果關係」詮釋，是指在實驗中，外部因素（自變數）「引起」依變數的改變。這兩個變數間的關係有二種情況：

(一) 非對稱(asymmetrical)關係

眾多變數只一個變數影響另一變數 (only one of the variables influences the other)。代表關係僅單方面存在，例如：A 送禮物給 B，但 B 未送禮物給 A。此種因果關係，只有「X → Y」，但逆定理「Y → X」不成立。例如：「刺激→反應」、「特質→性向」、「性向→行爲」、「特質→行爲」等因果關係，都是非對稱的關係（有關係，有因果且單向）。

(二) 對稱(symmetrical)關係，又稱互爲因果(reciprocal)關係

二個變數彼此互相影響 (both variables influence each other)，即「X → Y」同時「Y → X」關係，互爲因果的變數，它們彼此相互影響，我們無法確定何者爲「因」、何者爲「果」。兩個體於某種關係內涵具雙向的互動或互惠關係，例如：A 送禮物給 D，D 亦送禮物給 A。例如：「讀書興趣高→讀書成績好」、「讀書成績好→讀書興趣高」。

三、對稱關係的五類型

(一) 同一概念，卻有不同的指標

例如：焦慮，手心出汗，心臟怦怦直跳的跡象。可採因素分析來驗定此概念的「建構效度」。

(二) 共同原因(common cause)所產生效果

兩個變數會共同變動，但彼此並不會影響對方，兩者都受另一「共同原因」（自變數）的影響。例如：「通貨膨脹提高烈酒銷售量」，且「通貨膨脹亦同時提高公教人員薪資」。又如，低焦慮的學生考試成績好，其原因可能是「準備好」，學生充滿信心，所以焦慮低，因此成績好；同時，成績好的原因是「準備好」而不是焦慮低。上述這兩個例子，是無法推論「因果」關係，我們只能發現其「間接關係」罷了，故二者直接關係是假象 (spurious)。

(三) 功能相依來當作某單元的元素(functional interdependence as elements of a unit)

例如：肺部存在與心臟存在，二者是有相關。但不能說誰是「原因」、誰是「結果」，因為兩者都是「有機體運作」不可或缺的單元，它可採「結構分析」。

(四) 複雜系統的一部分(parts of a "complex")

例如：有錢的人往往是鄉村俱樂部的成員，特別是開名牌汽車，旅行時住在豪華酒店，參加歌劇等活動。這些不同部分（活動）之間並沒有功能上的相互依存關係，但卻因生活方式「複雜」，讓我們發現「它們」是一起出現的活動。此類型關係的描述，可用 data mining 技術，來發掘如何「交叉銷售」？

(五) 意外或偶然的(accidental or fortuitous)

太空時代和搖滾樂的出現之間的關聯。

▌小結

因果性研究的 Meta 實作，請詳見本書：
例 1.「2-1-3b 迴歸模型之效果量換算程序」。

例 2.「4-3-2 範例 2：男女工作滿意度差異之 Meta-M,S,n 型」。

例 3.「3-5-2 Meta 社會科學之分析流程：運動治療效 d」。

3-2-4 實驗設計之解說

實驗研究法又分實地觀察法（臨床）及實驗室實驗兩種，兩者都是在妥善控制的情境下，探討自變數對依變數的因果關係，因此它可說是各種實證研究法中最科學的方法。實驗法經常被用於定量研究。換句話說，實驗研究是爲了某種特定目的而設計的情境之中進行觀察（或資料蒐集）的過程。例如：進行物理實驗時，基本上是控制某些因素（例如：溫度），並測量另一些變數的變化（例如：液體的密度）。在實驗的過程中，必須將室溫、壓力、溼度等環境變數記錄下來，並盡可能將所有其他外界的影響消除。

一、實驗研究法的特性

1. 研究工作是在人爲設定的環境中進行。

2. 研究者將受試者分成實驗組及控制組。

3. 研究者操弄 (manipulate) 自變數，並觀察它對依變數的變化，實驗的同時，亦要控制干擾變數（例如：隨機分派樣本、實驗設計的改良、納入統計法來控制）。

二、傳統實驗設計如何「控制」外生變數的干擾

實驗法常見「控制變數」之方法有下列 5 種：

1. 排除法：把無關變數去除或保持恆定，例如：選擇相同的外生變數之樣本。此種控制方法最有效，但其通則化 (generalization) 能力就有限。

2. 隨機法：樣本分派隨機化 (randomization) 是唯一可以控制「所有」外生之無關變數的方法，它是配對法所不及的。

3. 納入法：將無關（外生）變數一起納入實驗設計中，即將外生變數視爲一個自變數來「控制」，使實驗設計變成多因子 (factors) 實驗設計。

4. 配對法：將各組受測者加以配對，或以受測者自身作爲控制，此種方法常見的策略有下列 2 種：

(1)配對法 (matching)：如果被用來「配對」的變數與實驗設計中，依變數有相當高的相關存在（例如：p < 0.05），則配對法可減少誤差、增加研究的正確性（內部效度）。配對法的缺點，包括：(I) 配對變數要和依變數證實有高相關，否則白費

工夫，通常我們事後才會得知兩者是否有高相關。(II) 我們不易同時找到兩個（以上）變數的屬性完全相等（例如：年齡層及宗教信仰都能均勻配對），等於放棄了許多可用受測者的機會。(III) 配對後仍不能保證其他變數也是完全的相等。

(2) 重複量數 (repeated measure) 或隨機區組 (randomized blocks design)：即同一批樣本重複接受 n 個不同的實驗處理。我們可假定在各種實驗條件下，受測者變數均為相同。在進行樣本重複實驗時，為了要避免他們受到練習或疲倦的影響而產生誤差累進 (progressive error) 不良效度，受測者在接受實驗處理時，本身的次序亦應給予隨機化。

5. 共變數分析：實驗時，因為受到現實環境的事實限制，若上述各種方法都不能使用，即實驗「控制」無能為力時，我們改以統計「控制」來控制無法控制的無關變異量。易言之，明知有些因素會影響實驗結果，但無法在實驗進行過程加以控制或排除時，就改用共變數分析。

相對地，人工智慧(AI)專門處理特定非結構且多型態之大數據，AI成功的例子（例如：武漢疾情檢疾判定陰陽性、擴散預測），不勝枚舉，請見作者《大數據分析概論》一書。

三、實驗設計良窳之評量準則

1. 所選實驗設計能否適切地回答研究問題。

2. 所選實驗設計能否適當的「控制自變數」，它牽涉到內部效度的高低。「內部效度」是指我們從實驗結果所得到的關係是否代表真正的關係。常見研究設計之「內部效度」威脅之內部因素 (intrinsic factors)，有下列七個：

(1) 歷史 (history)：在實驗的進行中，可能會有其他事件發生而混淆了想要研究的受試者 (subject)。

(2) 成熟 (maturation)：受測者本身隨著時間的經過而發生身心變化（並非因為某些特別事件），也可能會影響實驗的結果。此問題通常發生在長時期的研究，或者某些短期發生的因素，例如：飢餓、厭煩、疲倦、沒興趣等等。

(3) 測驗 (testing)：在前測及後測的研究中，由於受訪者做過前測，有了經驗之故，因此後測的成績較前測好（第二次測驗可能會受到第一次測驗的影響）。

(4) 衡量工具 (instrumentation)：不同的觀察時點，可能因為實驗「評量工具或儀器」變形或評量人員身心發生改變，而造成不同的結果。

(5) 自我選樣 (self selection)：此種實驗產生的誤差，係由於研究者未採用隨機抽樣和

隨機分派樣本至實驗組及控制組。以效度的角度來說，實驗的各組受試者在各方面的反應都應相同的，倘若實驗者能夠採用隨機分派樣本的方式進行實驗，即能克服實驗誤差大半問題。舉例來說，網路問卷調查所蒐集的回收資料，多數是受訪者主動上網填寫問卷，這種「主動性」本身便是「自我選樣」，因為會上網路自動來填寫問卷者，其動機、智力（學歷）都比常態分配的大眾來得高，倘若網路族占所有調查樣本的人口比例偏高，那麼可能會影響整個研究結果的效度（張春興，1989，p.180）。

(6) 統計資料的迴歸現象 (statistical regression)：當挑選某些極端的受試者參加研究調查（實驗），會發生所得資料有迴歸現象（傾向「中立」意見來回答）。

(7) 實驗者退出／流失 (experiment mortality)：在長期性縱向的研究時，各組成員的退出／流失將會降低研究的內部效度，尤其是有一組的受試者在中途流失率偏高時，將使實驗結果更難於解釋。

3. 外部效度的良窳：採用該實驗設計所得的結果能否推論到其他受試者或其他情境，易言之，實驗結果的可推性或代表性。影響外部效度之常見因素有：

(1) 測驗的反作用效果：在實驗處理 (X) 之前，舉行前測 (O1)，則前測本身常會增加受試者對實驗處理 (X) 之敏感度，致使實驗結果無法推論到「沒有」前測的情境。

(2) 選擇之偏誤和實驗變數的交互作用：由於實驗處理的特性，使得研究者傾向選擇具有某一性質的樣本來實驗。

(3) 實驗安排的反作用效果：由於實驗情境的安排，受試者知道自己正在被觀察或被實驗。

(4) 重複實驗處理的干擾：利用單一受試者重複接受兩個（以上）的實驗處理，例如：重複進行 $X_1 \rightarrow O, X_2 \rightarrow O, X_3 \rightarrow O$ 等實驗，則前一回實驗處理會影響後一回實驗處理，使得實驗結果無法推論至「不是」重複實驗處理的情境、無法排除受試者之練習效果，及疲勞效果。

　　研究者可根據實驗設計的內、外部效度來評估哪種的實驗設計較適合主題。其中影響實驗法內部效度的主因有七篇：歷史、成熟（受試者本身隨著時間在變化）、試驗（第二次測試受到第一次測試影響）、衡量工具（受到量表效度降低、觀察者或受試者的疲勞、對結果的預期等）、實驗組與控制組如何選配、統計資料的迴歸現象（即極端量數趨向平均數），及實驗者退出流失。相對地，外部效度則指該實驗結果可以被應用到某些更大的母群體，其中影響實驗法外部效度的主因有三篇：試驗的反應、受測者的挑選和實驗變數互動作用、其他互動因素的影響。

3-2-5 三大類實驗設計 vs. Meta 分析

實驗研究法，號稱最嚴密方法，在自然科學的研究，幾乎全應用實驗研究法。物理、化學、醫學的研究常在特別設計的實驗室裡面，刻意操弄 (manipulate) 自變數，同時「比較」觀察測量依變數在「實驗組 vs. 控制組」變化的差異性，藉觀察測量的結果，確定自變數的刻意變化是否造成依變數的效果 (effects)。

許多研究者是藉以顯示單一實驗研究結果的效用或關聯強度，來說明自變數與依變數的關係。而 Meta 分析中，效果量所扮演角色，就是充當各研究間橋梁，用以連結及整合單一主題不同研究之量化結果，以期達到研究結論概化 (generalization) 的功能。

實驗設計 vs. 非實驗設計是「研究設計」的一種，其常用符號之代表意義如下：

1. X：代表社會科學「處理」(treatment)、世代研究「暴露」(exposure) 或是實驗法你對自變數之「操控」(manipulation)。常見各種研究的「treatment」類型有：

(1)「綠色香蕉皮能治失戀」，實驗室實驗組 treatment 就是給失戀者吃香蕉皮，看吃前與吃後之情緒緩和及抗憂鬱的效果。

(2)「喝豆漿可減少罹患乳癌的機率」，實地實驗組 treatment 就是「常喝豆漿者」，對照組則反之。

(3)「甘蔗原素可降低膽固醇」，實驗室實驗組 treatment 就是三個月連續吃甘蔗原素，看吃前與吃後的變化。

(4)「教學故事 / 宣傳短片」前後，看學生行為態度的改變，其 treatment 就是看電影片。

(5)「手機影響男人精子品質」，實地實驗組 treatment 就是「手機常放褲袋者」，對照組則「手機未放褲袋者」，看二組受測者的精子活動力。

(6)「秋葵水幫助控制血糖」，實驗室實驗組 treatment 就是 2 個月連續喝秋葵水，看吃前與吃後血糖的變化。控制組只吃安慰劑。

(7) 改善視力快吃鰻魚，實地實驗組 treatment 就常吃鰻魚丼飯、控制組就是不吃鰻魚者，看二組老花眼的平均歲數的差異。

(8) 科學家發現，每天喝至少三杯咖啡，能使罹患阿茲海默症（老人痴呆症）的機率降低達 60% 之多。醫學專家比較 54 位同齡的阿茲海默症患者，以及 54 名未罹患該症的老人後發現，未患阿茲海默症的健康老人自 25 歲起，平均每天飲用 200 毫克咖啡因，相當於 3 到 4 杯咖啡，而罹患阿茲海默症的老人，平均每天僅用飲 74 毫克的咖啡因，相當於 1 杯咖啡或 2 至 3 杯茶。

2. O：觀察結果 (observation) 或依變數之測量，觀察又分事前 (O_1) 與事後 (O_2)。

3. R：隨機分派 (random assignment) 樣本。

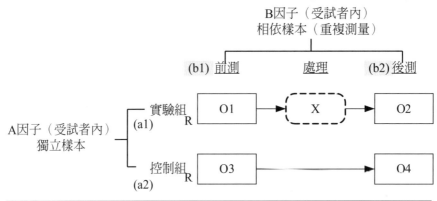

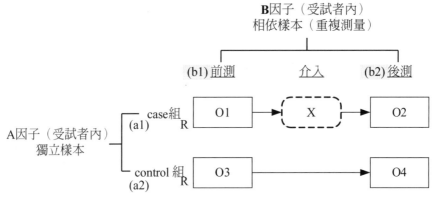

圖 3-9　真實驗設計之示意圖

註：未能隨機分派二組樣本之準實驗設計亦適用混合設計二因子 ANOVA、共變數分析。

　　根據上述三種符號的排列組合，將實驗法之研究設計再依據其「控制」自變數與依變數之間的相互影響的關係來分類。可將實驗設計分為「真 (true) 實驗設計」、「準實驗 (quasi-experimental) 設計」、「前實驗 (pre-experimental) 設計」。其中，真實驗設計設有控制組，且樣本有進行隨機分派。準實驗設計僅設有控制組，樣本無隨機分派；前實驗設計沒有控制組，僅為前後測比較。另外，廣為介入 (Intervention) 研究使用的對抗平衡設計 (counter balanced designs)，被歸類為準實驗設計。其中，真實驗設計及準實驗設計兩者的主要差別，在於真實驗設計有：(1) 分實驗組及控制

組；(2) 隨機分派受測者；(3) 有控制（外生）干擾變數；而準實驗設計則未能完全具備上述三個條件。

概括來說，實驗設計可分成三大類：

1. 前實驗 (pre-experimental) 設計：包括單組後測 (one shot) 設計、單組前後測設計、靜態組比較設計。

2. 眞實驗 (true experimental) 設計：能夠完全作隨機分派力求等組的實驗。包括等組（實驗組控制組）前後測設計、等組後測設計、所羅門 (Solomon) 四群組設計；眞實驗設計之延伸則包括，完全隨機設計、隨機化區組 (block) 設計、拉丁方格設計（平衡對抗）、多因子 (factorial) 設計、共變數分析。

3. 準實驗 (quasi-experimental) 設計：在不能貫徹隨機分派的策略的情境下，利用系統觀察，客觀評量，統計調整來力求符合實驗原理。包括，不相等控制組設計、不同樣本的前後測設計、時間序列設計。

上述三類設計對應的 10 種實驗設計，如下表。

表 3-1　常見 10 種不同的實驗設計圖示

	實驗設計名稱	實驗處理模型	實驗對照	前測控制	隨機分派
前實驗設計	1. 單組後測設計 one-shot case study	$X \to O_2$	×	×	×
前實驗設計	2. 單組前後測設計 one-group pretest-posttest design	$O_1 \to X \to O_2$	×	√	×
前實驗設計	3. 靜態組間比較 static-group comparison	E: $X \to O_2$ C: $\to O_2$	√	×	×
真實驗設計	4. 隨機化實驗控制組前後測設計 randomized control-group pretest-posttest design	E_r: $O_1 \to X \to O_2$ C_r: $O_1 \to \quad \to O_2$	√	√	√
真實驗設計	5. 隨機化實驗控制組後測設計 randomized control-group posttest design	E_r: $X \to O_2$ C_r: $\to O_2$	√	×	√
真實驗設計	6. 所羅門四組設計 Solomon four-group design	E_r: $O_1 \to X \to O_2$ C_r: $O_1 \to \quad \to O_2$ E_r: $\quad X \to O_2$ C_r: $\quad \to O_2$	√	√	√

（續前表）

	實驗設計名稱	實驗處理模型	實驗對照	前測控制	隨機分派
準實驗設計	7. 非隨機實驗控制組前後測設計 non-randomized control-group pretest-posttest design	E: $O_1 \rightarrow X \rightarrow O_2$ C: $O_1 \rightarrow \quad \rightarrow O_2$	√	√	×
	8. 對抗平衡設計（拉丁方格）counterbalanced design	1　A　B　C 2　B　C　A 3　C　A　B	√	-	√
	9. 單組時間序列分析 one-group time-series	$O_1O_2O_3O_4XO_5O_6O_7O_8$	×	√	×
	10.實驗控制組時間序列分析 control-group time-series	$O_1\ O_2\ O_3\ O_4\ X\ O_5\ O_6\ O_7\ O_8$ $O_1\ O_2\ O_3\ O_4 \quad\ \ O_5\ O_6\ O_7\ O_8$	√	√	--

註：下標 r，代表 Random 抽樣。E 代表實驗組；C 代表控制組。X 代表處理

對現代醫學而言，它較常採取「靜態組間比較」、「隨機化實驗控制組前後測設計」，旨在探討治療方法和藥劑（實驗組的處理 (treatment)）的療效，則是透過科學的對比試驗（比如使用安慰劑來對照）來確認效果 (odds ratio, risk ratio)。例如：「辛夷散治療過敏性鼻炎隨機雙盲臨床療效評估」，雙盲係病人、照顧者及研究者均不知道病人是屬於哪一組，在為期兩年的雙盲實驗中，共蒐集 108 位病患，完成整體實驗共有 60 位，其中包括實驗組 40 位、對照組 20 位，並針對臨床症狀、鼻腔阻力、鼻腔截面積、塵蟎特異性免疫球蛋白、T 淋巴球細胞激素之分泌等各篇指標進行統計分析。結果顯示，辛夷散對過敏性鼻炎患者有臨床療效，此療效之機轉包括 T 細胞的免疫調節及嗜中性白血球活化的影響。

上述這 10 種實驗設計，其「類別」統計值對應的效果量 (ES)，可整理成下表。相對地，「連續資料」統計值 (t 值、F 值、Pearson r 值）都可用本書 Excel 或 Comprehensive Meta-analysis(CMA) 軟體，單位轉換成：Fisher's Zr, Cohen's d, Hedges' g 值等效果量。

易言之，Meta 分析的資料格式，最常見的有 2 大類：

1. 連續 (continuous) 資料：計算總效果 (overall effect size)，例如：標差化平均差 (standardised mean difference)。

2. 比率 (Rate) 資料：效果的測量，例如：有無曝露在風險環境所發生意外的差距 (difference between incidence in the population of exposed vs. not exposed)。比率資

料格式，包括：

(1) 相對風險 (relative risk)。

(2) 勝算比 (odds ratio)。

(3) 風險差 (risk difference)。

表 3-2　10 種實驗設計，依變數之統計方法

實驗設計名稱	實驗處理模型	連續資料另有單位變換公式	類別資料 ES
1. 單組後測設計 one-shot case study	$X \to O_2$	描述性統計 (M, S)	Ratio Ratio(OR), Log OR, Risk Ratio(RR)，卡方值
2. 單組前後測設計 one-group pretest-posttest design	$O_1 \to X \to O_2$	相依樣本 t 檢定	Ratio Ratio(OR), Log OR, Risk Ratio(RR)
3. 靜態組間比較 static-group comparison	$E: X \to O_2$ $C: \quad \to O_2$	獨立樣本 t 檢定 Pearson 相關 r	Ratio Ratio (OR), Log OR, Events vs. non-Events
4. 隨機化實驗控制組前後測設計 randomized control-group pretest-posttest design	$E_r: O_1 \to X \to O_2$ $C_r: O_1 \to \quad \to O_2$	1. 混合設計二因子 ANOVA, F 值 2. 單因子共變數, F 值	實驗組 vs. 控制組之 OR, LOR, RR，卡方值
5. 隨機化實驗控制組後測設計 randomized control-group posttest design	$E_r: X \to O_2$ $C_r: \quad \to O_2$	1. 獨立樣本 t 檢定 2. 卡方檢定, 卡方值	實驗組 vs. 控制組之 OR, LOR, RR，卡方值
6. 所羅門四組設計 Solomon four-group design	$E_r: O_1 \to X \to O_2$ $C_r: O_1 \to \quad \to O_2$ $E_r: \quad X \to O_2$ $C_r: \quad \to O_2$	1. 獨立樣本 t 檢定, 2. 相依樣本 t 檢定, 3. 混合設計二因子 ANOVA, F 值	實驗組 vs. 控制組之 OR, LOR, RR，卡方值
7. 非隨機實驗控制組前後測設計 non-randomized control-group pretest-posttest design	$E: O_1 \to X \to O_2$ $C: O_1 \to \quad \to O_2$	混合設計二因子 ANOVA, F 值	實驗組 vs. 控制組之 OR, LOR，卡方值
8. 對抗平衡設計（拉丁方格） counter balanced design	1 A B C 2 B C A 3 C A B	Latin's ANOVA F 值	實驗組 vs. 控制組之 OR, LOR
9. 單組時間序列分析 one-group time-series	$O_1 O_2 O_3 O_4 X O_5 O_6 O_7$	1. ARIMA 之 p 值 2. Chow 結構改變	OR, LOR, RR. p 值及 95%CI

（續前表）

實驗設計名稱	實驗處理模型	連續資料另有單位變換公式	類別資料 ES
10.實驗控制組時間序列分析 control-group time-series	$O_1\,O_2\,O_3$ X $O_4 O_5\,O_6$ $O_1\,O_2\,O_3$　　$O_4 O_5\,O_6$	1. 向量自我迴歸 (VAR) 之 p 值。 2. 向量誤差修正模型 (VECM) 之 p 值。	OR, LOR, RR. p 值及 95%CI

註：網底「連續變數」，須單位變換為「Pearson's r, Z, Fisher's Zr, Cohen's, Hedges's g」等效果量 (ES)，才可進行 Meta 分析。

值得一提的是，Comprehensive Meta analysis(CMA)、Stata 軟體針對你的需求 (for 連續變數或類別變數)，共提供 18 種類型效果量 (ES) 估計法可讓你選擇（如下圖），包括：

1. 勝算比 (Odds ratio, OR)：$OR = Ln(\dfrac{a \times d}{c \times b})$

2. M-H 勝算比：$OR_{MH} = \dfrac{\sum W_i \times OR_i}{W_i} = \dfrac{\sum(a_i \times d_i)/T_i}{\sum(b_i \times c_i)/T_i}$，T 為總人數。

3. Peto勝算比：$OR = \exp(\dfrac{\sum(O_i - E_i)}{\sum V_i})$，其中，$V_i = \dfrac{n1_i m1_i n2_i m2_i}{T_i^2(T_i - 1)}) = (O_i - E_i)$ 的變異數。

4. 勝算比的對數 (Log odds ratio)：$Lor_i = Ln\left(\dfrac{P_E(1 - P_C)}{P_C(1 - P_E)}\right)$。$P_E, P_C$ 實驗組、控制組百分比。

5. M-H 勝算比取對數：將 M-H odds ratio 取自然對數，變成常態分配。

6. Log Peto odds ratio：將 Peto odds ratio 取自然對數，變成常態分配。

7. 風險比 (Risk ratio)：$RR_i = \dfrac{P_E}{P_C}$。實驗組風險比除以控制組風險比。

8. M-H 風險比：Risk ratio 再乘上 weight.

9. 風險比取對數 (log Risk ratio)：$Lrr_i = Ln(\dfrac{P_E}{P_C})$。

10.M-H 風險比取對數：Risk difference 取自然對數之後，再乘上 weight.

11.風險差 (Risk difference)：$rd_i = P_E - P_C$

12.M-H 風險差：Risk difference 再乘上 weight.

13.風險平均數差 (Risk difference in means)：$RR_E - RR_C$

14. Hedges' g：$g_i = (1 - \dfrac{3}{4N-9})d_i = (1 - \dfrac{3}{4N-9})\dfrac{\overline{X}_E - \overline{X}_C}{S_{(pooled)}}$

15. 平均差 (Difference in means)：$D_i = \overline{Y}_E - \overline{Y}_C$

16. 標準配對差 (Std Paired Difference)：$d_i = (1 - \dfrac{3}{4N_i-9})\dfrac{\overline{Y}_1 - \overline{Y}_2}{S}$

17. 相關 (Correlation)：Pearson $r_{xy} = \dfrac{\sum(Z_x Z_y)}{N_i}$，此效果量 r_i 可從 χ^2, t, F 值轉換求得。

18. Fisher's：$Z_r = Ln(\dfrac{1+r_{xy}}{1-r_{xy}})$，將積差相關轉換為常態化 Zr。

其中，下標 E, C：分別代表實驗組 vs. 控制組。

以上公式中，a,b,c,d 是指下表 2×2 表格之交叉細格人數。

表 3-3　交叉表之細格人數及邊際人數

	實驗組 (treated)	對照組 (not treated)	合計
死亡 Death(case)	a_i 人	b_i 人	$n1_i$ 人
存活 Survival(control)	c_i 人	d_i 人	$n2_i$ 人
合計	$m1_i$ 人	$m2_i$ 人	T_i 人

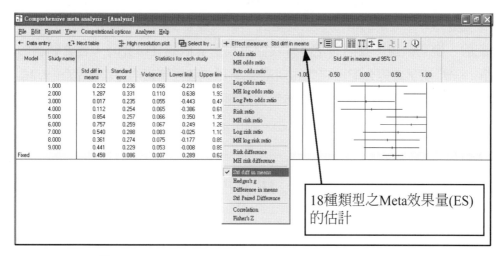

▶ 圖 3-10　CMA 軟體之 Meta 效果量 (ES) 的估計類型

Meta 分析目的之一，就是整合研究間某變數平均表現差異 (mean difference)。故效果量的計算是會隨著各研究實驗設計、統計方法使用、可獲得訊息的差異而不同。

準實驗設計的例子，例如「概念構圖實驗」教學後，實驗組、控制組於學業成就表現是否有差異？而研究者在回答這個研究問題時，所使用的實驗設計可能是獨立樣本後測設計、獨立樣本前後測設計、相依樣本前後測設計或單組前後測設計等等。先不論各類設計之研究品質，因應設計的不同，研究者在檢測組間（或組內）平均數差異時，所使用統計方法可能是獨立樣本 t 檢定、單因子共變數分析或相依樣本 t 檢定等等。由於這三類型統計方法所建基之分析單位是不同的，分別是原始分數 (raw score)、共變數調整後分數 (covariate adjusted score) 及進步分數 (gain score)。致使其對應計算之標準化平均數差異效果量公式，亦會有所差異，而必須轉換至共同量尺，才得以相互比較。

每個研究多用不同的方式或工具來測量其實驗效果，以至於效果量很難做跨研究的比較或統合，最佳的解決方式就是將這些效果量加以標準化，也就是說用一個統一的單位將每個實驗的大小重新尺度化 (rescaling)。這個做法的基本信念是：每個實驗或研究事實上都是在估計同一個母群效果量，只是由於誤差，而造成了它們的估計數字有出入。萬一違反這個假定 (assumption) 時，我們不能再從這些估計數字當中去求取一個平均效果，因為這將忽略了研究之間的重要差異。

一般來說，估計這個真實效果量的方式有三種：有母數估計 (parametric esti-mation)、無母數估計 (nonparametric estimation) 與其他方式。有母數估計假定的情境很類似獨立樣本 t 檢定的情境，也就是說，組內觀察到的個體都是互相獨立而且常態分配的。換句話說，我們假定：當我們蒐集到 n 個獨立研究時，各實驗組的平均數 $M_1^E \cdots\cdots M_N^E$ 將呈常態分配，它們的期望值是 μ^E。各控制組的平均數 $M_1^C \cdots\cdots M_N^C$ 也將呈常態分配，它們的期望值是 μ^C；無論實驗組或控制組，它們的變異量期望值都是 σ^2。此時，「標準化平均差」效果量之一般化定義形式如下，由它再延伸出表 3-4 四種方程式。

$$\delta = \frac{(\mu^E - \mu^C)}{\sigma}$$

本書為了便利各讀者的 Meta 分析，光碟片特別附上 Excel 之 Meta 分析程式，讓你有效地解決上表所述的 10 種實驗設計「連續變數」單位變換為效果量。本書 Excel 程式所套用之公式，源自表 3-4 的演算法。故此 Excel 程式可做 ES 單位轉換，亦可求出個別研究的效果量、發表偏誤、顯著性及異質性檢定等檢定。

表 3-4 　 Rosenthal 三種效果量變換之類型

類型	效果量指標	統計值變效果量	注意事篇
1. 積差相關 (r) 與 r 的函數	Pearson's r	$r_i = \dfrac{\sum(Z_x Z_y)}{N_i}$	直接以積差相關 r_i 當效果量
	r/k	$\dfrac{r}{\sqrt{1-r^2}}$	
	Fisher's Zr	$Zr = \dfrac{1}{2}\log_e\left[\dfrac{1+r}{1-r}\right]$	將效果量 r_i 再轉成不偏估計 Zr
2. 標準化平均差（Stata 可分析它）	Cohen's q	$d_i = Z_{r1} - Z_{r2}$	這是兩效果量差異指標的效果量
	Cohen's d	$d_i = \dfrac{\overline{X}_E - \overline{X}_C}{S_{(pooled)}}$	
	Glass's Δ	$d_i = \dfrac{\overline{X}_E - \overline{X}_C}{S_C}$	當兩組的 S 差異很大時，傾向僅從控制組計算 S。
	將 Cohen's d 轉成不偏估計 Hedges' g	先 $d_i = \dfrac{\overline{X}_E - \overline{X}_C}{S_{(pooled)}}$ 再 $g_i = (1 - \dfrac{3}{4N-9})d_i$	效果量 d_i 再轉成 g_i $N = n_C + n_E$
3. 比例之間的差	Cohen's g	$d = P - 0.50$	
	d'	$d' = P1 - P2$	
	Cohen's h	$h = P1 - P2$	P 值先要被轉換成角度，用徑度來測量：$2\sin^{-1}\sqrt{P}$

實驗設計的 Meta 實作，請詳見本書的：

例 1.「3-2-2 Meta 社會科學之分析流程：運動治療效 d」。

🔖 小結

　　除了上述橫斷面的 Meta 分析外，近來亦有時間序列 (time series) 相關主題之 Meta 研究，這些縱貫面的 Meta 主題包括：

1. 系列空氣汙染與死亡率的 Meta 研究。

2. 時間系列最低工資之 Meta 研究。

3. Meta 分析 vs.「生態 — 縱貫 (ecological-longitudinal)」的時間序列研究。

4. 臭氧和死亡率在時間序列的 Meta 研究。

▌3-2-6 實驗設計衍生至非實驗設計之議題

上述實驗設計之單位變換公式，衍生至分析法、調查法（非實驗設計），亦行得通，因為 Meta 提供二個機制可做效果量的合併：(1) 機率 p。(2) 積差相關 r。這對社會科學來說，可說是一大福音，因調查法 + Meta 可判斷學界正反雙方辯證的謬誤點。為了讓你能舉一反三，下表就列舉一些調查法、個案法這類非實驗設計之議題。

表 3-5　等同實驗設計之非實驗議題

社會科學理論（模型）	等同於「實驗組 E」	等同於「控制組 C」
領導型態→工作成效	轉換型領導 (Transformational Leadership)	交易型領導 (Transactional Leadership)
人格 (locus of control)→行為	內控（歸因理論）	外控者
A-B 型人格→領導行為	A 型人格：個人在語言、心理與動作上，表現出異常的急迫感、積極性、競爭性、好勝心、敵對性與攻擊性的特質。	B 型人格：缺乏這些特質或行為組型的表現
教學策略（問題導向）→學習成效	Problem-based 教學：鼓勵學習者運用批判思考、問題解決技能和內容知識，去解決真實世界問題和爭議的教學法。	傳統教學
個人變數 (gender)→態度（情意認知技能）	男性的工作態度	女性的工作態度
人性假定→生產效率	性本善（科學管理派）	性本惡（行為學派）
學習→行為表現	有繪本教學	無繪本教學
態度或意向→行為	態度／意向高分組	態度／意向低分組
生活型態 (AIO)→消費行為	社交／時髦型	內斂／娛樂型
管教方式→行為	鐵的紀律組	愛的教育組
父母社經地位→子女成績	父母高 SES 組	父母低 SES 組
策略→結構 （當企業策略走向多角化，組織結構也應調整成事業部制）	策略定位 （識時務為俊傑者）	對照組
結構→策略 （市場結構決定產業績效）	寡占市場、獨占競爭市場之績效（是長期）	完全競爭市場之績效（是短暫）
核心資源→績效	有專屬／稀少／難模仿資源的企業	對照組
價值的創造→績效	價值差異化的企業（較有績效）	對照組
互賴關係→企業生存	有合作網路的企業（較長壽）	對照組

（續前表）

社會科學理論（模型）	等同於「實驗組 E」	等同於「控制組 C」
情境動機→消費者衝動購買	享樂主義者 (hedonic) 態度	功利主義者 (utilitarian) 態度
自我效能 (efficacy) →訓練成效（或轉移成效）	高自我效能組	低自我效能組
跨文化→談判行為	集權主義國家	自由民主國家
跨文化→行為	男性主義（亞洲國家）	女性主義（北歐國家）
領導型態→疏離感 (alienation)	支持式 (supportive) 領導：員工取向或關懷的領導	工具式 (instrumental) 領導：成果取向或倡導領導
品牌延伸契合度→母品牌態度	高契合延伸產品	低契合延伸產品

實務上，Meta 可分析的社科議題，不光只是上表所列這幾種「二分類別」互相對照之實驗法或調查法，它甚至可解決「相關分析、迴歸分析、結構方程模型 (SEM)、時間序列」這些類型之多種因果模型。

小結

像調查法這類，非實驗設計的 Meta 實作，請詳見本書：

例 1.「2-1-3b 迴歸模型之效果量換算程序」。

例 2.「2-1-4 CMA 實作 Meta：兩性強迫性上網行為之差異性—Zr, n 型」。

例 3.「4-3-2 範例 2：男女工作滿意度差異之 Meta-M,S,n 型」。

例 4.「4-3-3 多重因果的論文回顧：電子商務顧客忠誠度」。

例 5.「4-3-4 多重因果的論文回顧：網路銀行經營績效」。

例 6.「4-4 Excel 實作多重因果 Meta：科技」。

例 7.「5.3 CMA 實作：故事結構教學成效—實驗組 vs. 控制組 M 及 S 型。

例 8.「5.4 CMA 實作：兩性工作滿意差異—實驗組 vs. 控制組 M 及 S 型」。

3-3 實證醫學

由於自然科學的試驗 (trials)，等同社會科學「實驗處理 (treatment)」概念，故有需了解「證據」的分類等級。畢竟實證醫學 (Evidence-Based Medicine, EBM) 之實驗

法要求標準，比社會科學研究來得高，值得學習。

英國牛津大學於 1992 年在英國國家衛生服務部 (National Health Service) 成立 Cochrane Collaboration 開始推廣實證醫學，主張以臨床實驗及病人價值，尋求最佳的證據，來證明臨床處理的有效性。所有醫療行為都應有嚴謹研究且證實為有效的根據，才能將醫療資源做最有效的運用，並強調 Randomized controlled trials (RCT) 的重要性（表 3-6）。故實證醫學 (EBM) 以流行病學和統計學 (Meta) 的方法，從龐大的醫學資料庫中嚴格評讀、綜合分析並找出值得信賴的部分，並將所能獲得的最佳文獻證據，應用於臨床工作中，使病人得到最佳的照顧。

而 Meta 為了證明醫學的治療方法和藥劑（實驗組）的有效性，係透過科學的對比試驗（比如使用安慰劑來對照）來確認效果 (odds ratio, risk ratio)。

▍3-3-1 實證醫學的五大進行步驟

實證醫學 (EBM) 是最好的研究證據與臨床專業知識和患者價值觀的整合。EBM 的五個步驟應包含於完整 EBM 教學課程當中，臨床問題 (ask) 可以按照 PICO 四個部分來產生 (patient Characteristic, intervention, comparison, outcomes)，接著選擇與找尋相關的資料 (acquire)、資料的批判評價 (appraise)、應用所獲得的新知識在病人的照顧與醫療決策上 (apply)，及對自己的學習過程作評估 (access)。

EBM 進行步驟如下：

實證醫學實施有五大步驟：

Step 1. 確定一個需要執行實證醫學的問題 (asking an answerable question)。

Step 2. 尋找最佳的臨床文獻資源證據 (tracking down the best evidence)。

Step 3. 評價證據的真實性 (truth)、可靠性、臨床價值及適用性 (NNT, NNH)。

Critical Appraisal Topics(CAT) 是針對你自己臨床個案的問題，進行資料庫搜尋，找到相關文獻，評讀其證據，並決定如何將該證據用在您的個案照顧上的簡要記錄格式，也就是將實證學習心得「結構化」地摘錄成一頁。

Step 4. 臨床應用於病患身上 (integrating the appraisal with clinical expertise and patients' preference)。

Step 5. 對過程的進行稽核及評估 (auditing performance in step 1-4)。

3-3-2 金字塔型的證據等級

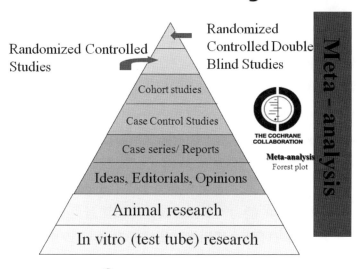

圖 3-11　證據的金字塔

一、隨機對照試驗 (Randomized Controlled Trial, RCT)

隨機對照試驗 (RCT) 係給實驗組及對照組不同的治療，觀察其後果。例如：實驗組吃阿斯匹林 (aspirin)，對照組吃澱粉，比較兩組五年後中風的機率。為目前臨床流行病學中公認證據力最強之原始介入性研究設計 (primary interventional study)。透過各種隨機取樣、隨機分派之方法將病人分成實驗組及對照組，使兩組間除了介入方法外，其他的條件都一樣，干擾因子可以平均分布於兩組間，目的是為了增加兩組間的相似性，提高可比較性與減少人體臨床試驗過程中已知及潛在的偏誤 (bias)。在此設計中，如果能夠採行雙盲對照 (double blinded, placebo-controlled) 則干擾因素的影響可以進一步減少：對病患進行盲法可以避免安慰劑效果；而對研究者進行盲法，可以使兩組除了介入方法外，其他的照護是一樣的，以減少其他干擾因子。好的 RCT 報告應該清楚說明如何做到隨機分派，從病人選擇到結果分析之整個過程中，每個環節病人與研究執行者如何做到 concealment（維持盲法），並且兩組都必須追蹤的夠久且有完整的追蹤。

雙盲研究 (double-blind study)，旨在避免受測與施測兩方人為因素影響試驗結

果。即進行試驗時，受試者與施測人員雙方皆不知道受試者屬於實驗組或是對照組（控制組），直到資料蒐集完成後核對受測者代碼才知道分組。

二、世代研究 (Cohort Study)

觀察自然暴露／治療方式的影響，長期追蹤其結果。例如：比較有吃 aspirin 及沒有吃 aspirin 的人，6 年後新發生中風的機率。提供比隨機對照試驗證據力較次一級之研究證據，是屬於臨床流行病學中之觀察性研究。針對幾個子群，由接受暴露因子開始，一直追蹤到結果，可以是從研究開始追蹤到未來的結果，稱爲前瞻式世代研究 (prospective cohort study)；也可以是將時光倒退幾年，一直追溯到現在，稱爲回溯式世代研究 (retrospective cohort study)，是辨明疾病原因及其自然發展史的好方法，可以提供因果關係的探討，但不可以拿來與 RCT 一起混合計算療效。對於暴露因子與結果的定義必須非常明確，其優勢在於計算發生率 (incidence rates)、相對風險 (relative risks) 及 95% 信賴區間的能力；而採樣誤差是無法避免的缺陷。對於罕見事件與需時很久才能顯現的事件，不適合使用世代研究的方式。

三、個案對照研究 (Case Control Study)

選擇病人組及對照組，研究其暴露／治療的影響。例如：比較 100 個有中風的個案及 100 個沒有中風的個案，他們吃 aspirin 的比率。這是流行病學中極重要的研究方式，雖然它的臨床證據力較世代研究爲低，但可以在短時間內以少許資金與努力，就能得到重要的科學發現，是最有效率的研究設計，但也容易受到偏誤的影響。個案對照研究僅能提供勝算比 (odds ratio, OR)，而不能提供相對危險率 (relative risk, RR)，在分析結果的過程中，必須妥善控制干擾因素，處理干擾偏誤的問題。

四、系列病例報告 (Case Series Study)

蒐集同一臨床特色之病人，回顧文獻報告加以比較。例如：蒐集 5 位吃 aspirin 預防中風，結果發生消化道出血的病人，報告其臨床特徵並回顧相關文獻。即將相同的個案集合起來就成爲一篇系列病例報告，多是用描述型統計的方式來表達這些個案的特點，其優點是可以作爲個案對照研究的個案群組，讓研究人員可以探究引發疾病的可能原因，缺點是缺乏對照組，且證據力也較低。

五、系統性文獻回顧 (Systematic Review)

將個人好惡及偏誤減至最低。需引用各種文獻資料庫，並說明查詢的關鍵字，

有引用文獻的明確標準，不能依作者喜好選取文獻，通常會使用統計方法（Meta analysis），以解決臨床爭議為目的。它是一個醫學文獻的整理，研究者針對某一個臨床問題，運用明確的方式進行文獻搜尋，藉由搜尋引擎盡可能找尋各種資料庫，包括 Medline, EMBASE, Cochrane Library, SUMSearch 等；並針對每一個研究作嚴格的評估，擷取其中高品質的研究，運用適當的統計方式整合。由於蒐集之資料較完整，避免少數幾篇文章之以偏概全，證據力高，為實證文獻搜尋首要目標之一。在 Medline 或 PubMed 之 Clinical Queries 中，皆有特別為此設計之獨立選篇。

六、Meta 分析 (Meta-analysis)

系統性回顧的量化分析法。你經過上述之搜尋過程所獲得之高品質文章，將其結果以統計學之方法結合。某些個案數少之隨機對照試驗 (RCT) 所獲致之結論常令人質疑，此研究方法是為了減少此一瑕疵，結合多數 RCTs 以增加個案數來強化統計力，提升證據力之可信度。這類文獻也是實證文獻搜尋首要目標之一。

牛津大學實證醫院中心 (Oxford Center for Evidence based Medicine) 倡議表 3-6 金字塔型證據等級的評比，其中，(1)「系統性文獻回顧 (systemic review)」有一致性結論者等級較高。以 Therapy 為例，「RCT 系統性文獻回顧 (systemic review of RCT)」有一致性結論者 (homogeneity)，等級為第一級 A (1a)。(2)「非系統性文獻回顧 (non-systemic review)」係採專家意見，故證據等級最低，為第五級。(3) 完整的證據等級一至三級還有細分次等級。

表 3-6　金字塔型證據等級的評比

Grade of Recommendation	證據等級	治療 (Therapy)
A 級	1a	Systemic review of RCTs
	1b	簡單 RCT
	1c	'All-or-none'
B 級	2a	Systemic review of cohort 研究
	2b	世代 (Cohort) 研究或 poor RCT
	2c	'Outcomes' research
	3a	Systemic review of case-control 研究
	3b	案例控制 (Case-control) 研究
C 級	4	一系列案例 (Case series)
D 級	5	專家意見，生理學 (physiology), bench research

　　圖 3-12，所謂「證據等級」，視問題類型而決定，好的證據都是採用「隨機對照試驗 (RCT)」來治療：

(1) 發生什麼現象／問題？

　　採用觀察法 (observation)

Oxford Centre for Evidence-based Medicine Levels of Evidence (March 2009)
(for definitions of terms used see glossary at http://www.cebm.net/?o=1116)

Level	Therapy/Prevention, Aetiology/Harm	Prognosis	Diagnosis	Differential diagnosis/symptom prevalence study	Economic and decision analyses
1a	SR (with homogeneity*) of RCTs	SR (with homogeneity*) of inception cohort studies; CDR† validated in different populations	SR (with homogeneity*) of Level 1 diagnostic studies; CDR† with 1b studies from different clinical centres	SR (with homogeneity*) of prospective cohort studies	SR (with homogeneity*) of Level 1 economic studies
1b	Individual RCT (with narrow Confidence Interval‡)	Individual inception cohort study with > 80% follow-up; CDR† validated in a single population	Validating** cohort study with good††† reference standards; or CDR† tested within one clinical centre	Prospective cohort study with good follow-up****	Analysis based on clinically sensible costs or alternatives; systematic review(s) of the evidence; and including multi-way sensitivity analyses
1c	All or none§	All or none case-series	Absolute SpPins and SnNouts††	All or none case-series	Absolute better-value or worse-value analyses ††††
2a	SR (with homogeneity*) of cohort studies	SR (with homogeneity*) of either retrospective cohort studies or untreated control groups in RCTs	SR (with homogeneity*) of Level >2 diagnostic studies	SR (with homogeneity*) of 2b and better studies	SR (with homogeneity*) of Level >2 economic studies
2b	Individual cohort study (including low quality RCT; e.g., <80% follow-up)	Retrospective cohort study or follow-up of untreated control patients in an RCT; Derivation of CDR† or validated on split-sample§§§ only	Exploratory** cohort study with good††† reference standards; CDR† after derivation, or validated only on split-sample§§§ or databases	Retrospective cohort study, or poor follow-up	Analysis based on clinically sensible costs or alternatives; limited review(s) of the evidence, or single studies; and including multi-way sensitivity analyses
2c	"Outcomes" Research; Ecological studies	"Outcomes" Research		Ecological studies	Audit or outcomes research
3a	SR (with homogeneity*) of case-control studies		SR (with homogeneity*) of 3b and better studies	SR (with homogeneity*) of 3b and better studies	SR (with homogeneity*) of 3b and better studies
3b	Individual Case-Control Study		Non-consecutive study; or without consistently applied reference standards	Non-consecutive cohort study, or very limited population	Analysis based on limited alternatives or costs, poor quality estimates of data, but including sensitivity analyses incorporating clinically sensible variations.
4	Case-series (and poor quality cohort and case-control studies§§)	Case-series (and poor quality prognostic cohort studies***)	Case-control study, poor or non-independent reference standard	Case-series or superseded reference standards	Analysis with no sensitivity analysis
5	Expert opinion without explicit critical appraisal, or based on physiology, bench research or "first principles"	Expert opinion without explicit critical appraisal, or based on physiology, bench research or "first principles"	Expert opinion without explicit critical appraisal, or based on physiology, bench research or "first principles"	Expert opinion without explicit critical appraisal, or based on physiology, bench research or "first principles"	Expert opinion without explicit critical appraisal, or based on economic theory or "first principles"

Produced by Bob Phillips, Chris Ball, Dave Sackett, Doug Badenoch, Sharon Straus, Brian Haynes, Martin Dawes since November 1998. Updated by Jeremy Howick March 2009.

▶ 圖 3-12　牛津大學倡議的證據等級

(2) 問題的發生頻率？(frequency)

是隨機的 (random) 樣本或連續發生的 (consecutive) 樣本。

(3) 此人是否有問題？(diagnosis)

隨機的／連續發生的金標準樣本 (sample with gold standard)。

(4) 誰將會再發生此問題？（預測，prognosis）

世代研究，以後代 (inception cohort) 來追蹤 (follow-up)

(5) 我們怎樣才能緩解這一問題？（治療，therapy）

做隨機對照試驗 (randomized controlled trial, RCT)。

3-3-3 臨床問題類型

醫學在結合臨床經驗及科學研究的橋梁，所憑藉的就是臨床醫師於照顧病人所產生的問題，以及這些問題目前最新的科學證據。傳統醫學教育常常無法有效改善病人癒後，醫師需要的是新的終身學習方式。鼓勵醫師學習實證醫學技能已是時勢所趨，它不但是一種方法論，它更應該是一種醫師必須具備的態度，正如英國牛津大學 David Sackett 所說：實證醫學是對當前最佳證據進行認眞、明確、明智的使用，以制定有關個別患者的護理決策。」

臨床問題：寫出臨床情境中的關鍵描述及想要解決的問題。並分辨四大問題類型 (Problem，Intervention，Comparison，Outcome)。

臨床問題類型如下：

1. 危害或致病因子探討 (Risk)

可分世代 (Cohort) 研究、Case-control 研究。

2. 診斷 (Diagnosis)

評估時以具體的「數字」呈現結果。數字包括：敏感度 (sensitivity)、特異度 (specificity)、概似比 (likelihood ratio)、檢測前機率 (pre-test probability)、檢測後機率 (post-test probability)。

(1) 正向預測值 (positive predictive value, PPV)

(I) ARR (Absolute Risk Reduction) = EER (Experimental Event Rate) - CER (Control Event Rate)。

(II) Number needed to treat: NNT = 1/ARR（增加一位病患得到某種處置好處所需的

治療病人數）。

(III) 相對危險度減少百分比 (relative risk reduction, RRR)。

(2) 負向預測值 (negative predictive value, NPV)

(I) 絕對危險度增加百分比 (absolute risk increase, ARI) = EER (Experimental Event Rate) - CER (Control Event Rate)。

(II) Number needed to harm: NNH = 1/ARI（增加一位受試者罹患某種醫源性傷害的治療病人數）。

(3) 相對危險 (relative risk)、勝算 (odds)、勝算比 (odds ratio)、信賴區間 (confidence interval)。

3. 治療 (Therapy)

臨床試驗 (clinical trial)、實地試驗 (field trial)。這二種試驗，相當於社會科學研究之實驗室實驗及實地實驗法。

4. 預後 (Prognosis)

可採用預測模型或模擬模型。

3-3-4 試驗 (trial) / 實驗品質的決定因子

1. 樣本是否隨機分配 (random allocation)。
2. 樣本分配的隱藏 (allocation concealment) 與否。
3. 盲化 (blinding)：single（接受試驗者不知）、double（試驗時受試者與施測人員雙方皆不知道受試者屬於實驗組或是對照組（控制組）或 triple blind。
4. 後續追蹤的完整性 (completeness of follow up)，依據 5-20 原則（至少有 80% 追蹤比例）。
5. 治療內涵分析 (Intension to treat (ITT) analysis) vs. 按案例分析 (per protocol analysis)。

3-3-5 執行 Systemic Review 的原則

(1) 要有相同的基礎效果 (same underlying effect)。
(2) 納入所有相關的原始研究，包括已發表及未發表論文。
(3) 要適當處理異質性（用 Cochrane Q 檢定）。個別研究若有異質，如何將其效果量

合併的問題。請見第 2 章解說。

(4) 每篇研究效量的加權平均 (Weighted average of effect) 及其 95% CI，可採 weighting = 1/variance。

(5) 挑選出高品質的原始研究，因為垃圾進就得垃圾結果 (garbage in, garbage out)。

(6) 可重複且可靠的程序。

3-2-6 實證醫學研究常用統計值

一、P 值 (p-value)

或稱為顯著水準 (significance level)，用來衡量研究結果推翻虛無假設之強度有多強。P 值越小，推翻虛無假設之強度越強。在某一 P 值之下，將研究結果劃分為有 (significant) 或沒有統計意義 (non-significant)，不是統計推論的原意，不同的統計方式，也會有不同的 P 值。當研究者的態度較為保守，只考量對立模型與原來模型是否相同時，則採用雙尾檢定 (two-tailed test)，其產生的 P 值較大；而當研究者只考慮單一方向（增加或減少）發生的可能性，則可以採用單尾檢定 (one-tailed test)，此計算出來的 P 值較小。P 值 0.05 並不意味著研究結果能推翻虛無假設之強度夠強，不過一般認為，如果 P < 0.001，則強度夠強。研究結果應將 P 值詳實呈現，而不是以「<」或「>」表示。由於 P 值的計算牽涉許多因素，且僅代表統計意義而已，無法代表臨床上的顯著程度，因此已逐漸被信賴區間 (confidence interval) 取代。

二、信賴區間 (Confidence Interval, CI)

是評估文獻外部效度很重要的指標，此值常需與 P 值一起考量，也可以提供比 P 值更多的訊息，用以量化估計值的不確定性；不僅是描述研究結果，信賴區間的範圍也描述了推論統計上的意義，其計算方式為估計值 ±（信賴水準統計量 × 標準誤）。目前研究比較傾向於使用信賴區間來表達，通常以 95% 信賴區間來表示，表示研究者有 95% 的信心確定群體的正確數值會落在此範圍內。而信賴區間越寬則表示這篇研究結果對母群體之推論信心不強，即便 P 值小於 0.05，那麼是否接受研究結果，則應持保留之態度。

三、相對危險比 (Relative Risk, RR)

用於隨機對照試驗 (RCT) 與世代研究 (cohort study) 中，也稱為相對風險。各組

之事件發生率 (event rate) 為研究追蹤過程中各組發生某一事件之人數占該組總人數之百分比；而試驗組事件發生率 (experimental event rate, EER) 與對照組中事件發生率 (control event rate, CER) 之比值 (EER/CER) 就稱之為相對危險比 (RR)。以表 3-7 為例：EER = a/a + b，CER = c/c + d，則 RR = EER/CER = (a/a + b) / (c/c + d)。RR 的 95% 信賴區間若沒有包含 1，則代表兩組之間有顯著的差異。

四、勝算比 (Odds Ratio, OR)

通常被使用於個案對照研究之中。為試驗組中發生結果的勝算 (Odds) 與對照組中發生結果的勝算，此兩者間的比值就稱為勝算比 (OR)。各組的勝算為研究過程中各組發生某一事件之人數除以沒有發生某一事件之人數，當發生此一事件之可能性極低時，則 RR 幾近於 OR。以附表為例：試驗組中發生結果的勝算 = a/b，對照組中發生結果的勝算 = c/d，勝算比 = (a/b) / (c/d) = ad/bc。

表 3-7 2×2 交叉表之人數

	發生結果	未發生結果	總計
暴露組（實驗組）	a	b	a + b
非暴露組（對照組）	c	d	c + d
總計	a + c	b + d	a + b + c + d

五、相對風險下降率 (Relative Risk Reduction, RRR)

為試驗組與對照組發生事件率下降的比率，即 |EER-CER|/ CER = ARR/CER。當事件結果 (outcome event) 發生率的可能性很低時，此一指標容易高估治療療效。因此，一般在 RCT 中較傾向以 NNT 或 ARR 來表示療效。例如：對照組 10,000 人中最後罹病的人數為 2 人 (0.02%)，而治療組中最後罹病之人數為 1 人 (0.01%)，則 RRR = ((2-1)/2)×100% = 50%。此意味著某一篇藥物可以降低罹病率 50%，但實際上它只降低了 0.02% - 0.01% = 0.01% 而已。和絕對風險下降率 (ARR) 相同的是，如果這是一篇無效的治療，那麼此一差額為負值，是相對風險上升率 (relative risk increase, RRI)。

六、絕對風險下降率 (Absolute Risk Reduction, ARR)

有時也稱為風險差，為試驗組與對照組事件發生率差的絕對值，即試驗組事件

發生率 (experimental event rate, EER) 減去對照組中事件發生率 (Control Event Rate, CER) 的絕對值 (ARR = |EER-CER|)。如果這是一篇有效的治療，那麼此一差額為正值，發生不良事件之風險下降。反之，如果這是一篇無效的治療，那麼此一差額為負值，是絕對風險上升 (absolute risk increase, ARI)。

七、益一需治數 (Number Needed to Treat, NNT)

為減少一個不良結果所需治療的人數；NNT = 1/ARR。此一數值越低，表示療效越大。但是到底此值多少，才能顯示此治療之療效可以接受，則必須估計需要治療門檻人數 (threshold number needed to treat)。不同疾病有不同之需要治療門檻人數。相對於益一需治數 (NNT) 是害一需治數 (Number needed to harm, NNH)，即使用實驗性方法導致一個病患被傷害的人數；NNH = 1/ARI。

八、立意治療分析 (Intention-to-Treat Analysis, ITT)

是 RCT 最後針對結果在進行分析時所採用的減少偏誤的統計原則，所有被隨機分派到其中一個試驗組的病患全部一起分析，不論有無完成或接受該篇試驗，以保留隨機分派的意義。例如：試驗組最初 10,000 人，5 年後 100 人失去追蹤，20 人罹病，則經過治療，最後此病之發生率 (event rate) 為 20/10,000 = 0.2%，而不是 20/9,900 = 0.22%。因為這 100 人並不是在隨機狀態下失去追蹤的，9,900 人已不能代表最初的隨機分配狀態，所以不可以此當分母。

◆ 3-4 Meta 分析法及假定 (assmptions) ◆

▌3-4-1 文獻檢索的研究流程以及從 Meta 分析中排除的原因

【摘要】

例如：以音樂為基礎的干預措施，以減少兒童和青少年的內在症狀（GeipelJ 等人，2018）。其摘要如下：

背景：現有的系統評價提供了證據，顯示音樂療法是治療患有精神病的兒童和青少年的有效干預 (intervention) 措施。本綜述的目的是使用 Meta 分析方法、系統地回顧和量化基於音樂的干預措施在減少兒童和青少年的內在症狀（即憂鬱和焦慮）方面的效果。

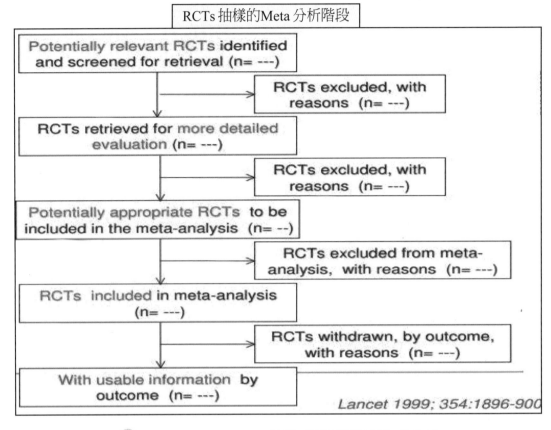

RCTs 抽樣的Meta 分析階段

Potentially relevant RCTs identified and screened for retrieval (n= ---)

RCTs excluded, with reasons (n= ---)

RCTs retrieved for more detailed evaluation (n= ---)

RCTs excluded, with reasons (n= ---)

Potentially appropriate RCTs to be included in the meta-analysis (n= --)

RCTs excluded from meta-analysis, with reasons (n= ---)

RCTs included in meta-analysis (n= ---)

RCTs withdrawn, by outcome, with reasons (n= ---)

With usable information by outcome (n= ---)

Lancet 1999; 354:1896-900

▶ 圖 3-13　Meta-analyis 抽樣（挑選個別研究）的步驟

方法：系統地篩選資料庫和期刊，以尋找適合納入「基於音樂的干預措施以減少內在症狀」的 Meta 分析的研究。進行使用標準化平均值差 (standardized mean differences, SMD) 的隨機效果 Meta 分析。

結果：包括五篇研究。對（隨機）對照 — 試驗數據的分析產生了重要的主要影響 (Hedge's g = –0.73; 95%CI [–1.42;–0.04], Z = 2.08, p = 0.04, k = 5)，顯示接受音樂干預的年輕人 (n = 100) 與其他對照組干預 (n = 95) 相比，內在症狀的減輕更大。

限制：現有證據僅限於對低 power$(1-\beta)$ 和方法學品質的研究。就干預措施的性質，所採用的測量，所研究的樣本以及研究設計而言，所包括的研究具有高度的異質性。

結論：研究結果顯示，基於音樂的干預措施可能有效降低兒童和青少年內在症狀的嚴重程度。這些結果對於應用程式來說是令人鼓舞的對於基於音樂的干預，必須進行嚴格的研究以複製現有發現、並提供更廣泛的證據基礎。需要更多的研究採用

方法學品質較高的良好控制的研究設計。

【Data extraction and meta-analysis】

二人討論過程，若有分歧會三角驗證直到達成共識。納入的每個研究 key in 數據包括：作者姓名、發表年分、學習地點的國家、學習規劃、評估心理病理學和合併症、按小組分配的樣本數、參加者年齡、性別比例、音樂的干預組 vs. 控制組的性質和細節、評估時所有結果指標。

描述性統計量（平均值和標準差），旨在分析分組焦慮或憂鬱的結果。求得基線（干預前）和後期（干預後）的數據、並印出所選結果指標（但未提供足夠定量數據），要求提供必要的資訊以求得 effect size 估計值和所選指標的信賴區間。當僅報告平均值的標準誤 (SEM) 時，用標準誤 $\times \sqrt{n}$ 算出標準差 [SD]。求得描述性統計數據而不是「平均值、SD 或 SEM」時，數據將盡可能通過既定程序估算 (Glass et al., 1981; Wiebe et al., 2006)。

真實效果 (true effect) 的估算值是根據校正後的標準平均差異 (SMD; Hedge's g) 公式來算出的，該平均值比較「基於音樂的干預措施 vs. 來自（隨機）對照組試驗」的任何給定對照組之間的事後評估。使用隨機效果模型進行 meta 分析。使用標準 I^2 指數評估異質性 (Higgins and Thompson, 2002)。如果 I^2 大於 50%，則認為存在很大的異質性，顯示結果的 50% 的變異性無法透過抽樣變異來解釋。

根據 Cochrane 手冊 (Higgins and Green, 2011)，在以下領域評估了偏誤風險：(1) 隨機序列 (sequence) 的產生（選擇偏誤）；(2) 分配隱藏（選擇偏誤）；(3) 參與者和人員 blinding（績效偏誤）；(4) 結果評估 blinding（檢測偏誤）；(5) 不完整的結果數據 [損耗偏誤 (attrition bias)]；(6) 選擇性報告（報告偏誤）；(7) 其他偏誤。

【文獻檢索和排除研究 (Literature search and excluded studies)】

下圖是 GeipelJ 等人 (2018) 篩選 1,387 篇標題和摘要。針對納入準則進行篩選，來評估「納入個別研究」的資格。

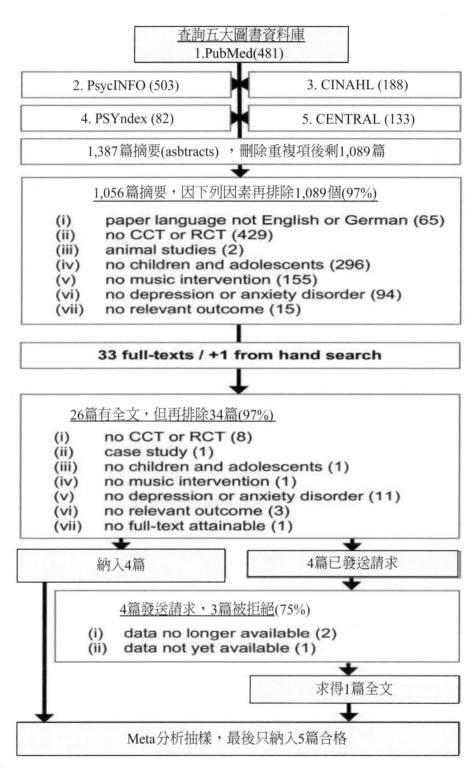

查詢五大圖書資料庫
1.PubMed(481)

2. PsycINFO (503)

3. CINAHL (188)

4. PSYndex (82)

5. CENTRAL (133)

1,387篇摘要(asbtracts)，刪除重複項後剩1,089篇

1,056篇摘要，因下列因素再排除1,089個(97%)

(i)　　paper language not English or German (65)
(ii)　　no CCT or RCT (429)
(iii)　　animal studies (2)
(iv)　　no children and adolescents (296)
(v)　　no music intervention (155)
(vi)　　no depression or anxiety disorder (94)
(vii)　　no relevant outcome (15)

33 full-texts / +1 from hand search

26篇有全文，但再排除34篇(97%)

(i)　　no CCT or RCT (8)
(ii)　　case study (1)
(iii)　　no children and adolescents (1)
(iv)　　no music intervention (1)
(v)　　no depression or anxiety disorder (11)
(vi)　　no relevant outcome (3)
(vii)　　no full-text attainable (1)

納入4篇

4篇已發送請求

4篇發送請求，3篇被拒絕(75%)

(i)　　data no longer available (2)
(ii)　　data not yet available (1)

求得1篇全文

Meta分析抽樣，最後只納入5篇合格

▶ 圖 3-14　文獻檢索的研究流程以及從 Meta 分析中排除的原因（GeipelJ 等人，2018）

在全文篩選的研究中，總共有 8 篇研究被排除在外，因爲它們沒有報告對照或隨機對照的臨床試驗。其中 5 篇是觀察性研究 (Bodner and Fradkin, 2013; Gerber et al., 2014; Keen, 2004; Stegemann et al., 2010; Travis and Bowman, 2012)，一篇是定性研究 (Jan Walker and June Boyce-Tillman, 2002)，二篇研究被排除在外，因爲它們的樣本重疊且兩篇研究均未報告對照組 (Plener et al., 2014, 2010)。排除一份 single-case 報告 (Hendricks and Bradley, 2005)。一篇研究被排除在外，因爲參與者年齡太大 (Choi, 2007)。一篇沒有基於主要音樂干預的研究被認爲是不合格的 (Krivolapchuk, 2011)。由於尚不清楚心理病理學的存在，因此排除了十一篇研究 (Akombo, 2013; Bittman et al., 2009; Colwell et al., 2013; Delucia-Waack and Gellman, 2007; Gold et al., 2007; Hilliard, 2001; Kazemi et al., 2012; Liebman and MacLaren, 1991; Lindblad et al., 2007; Mulgrew et al., 2014; Oklan and Henderson, 2014)，或沒有相關的心理結果報導 (Giles et al., 1991; Jones and Field, 1999; Kim et al., 2006)。

最後，一篇研究被排除在外，因爲沒有全文 (Bragg, 1980)。已向該作者發送了 4 個查詢，以獲取有關各個研究的更多詳細資訊。兩篇研究的數據不再可用 (Field et al., 1998; Hendricks, 2001)。一位作者提供了所需的數據 (Park et al., 2015)。一篇研究是確定尚無數據的地方 (Therapy Today, 2014)。

最後符合條件有五篇研究納入本 Meta 分析。兩篇研究爲隨機對照試驗 (Chen et al., 2015; Goldbeck and Ellerkamp, 2012)，兩篇爲準隨機對照試驗 (Currie and Startup, 2012; Magnis, 2011)，另一篇爲一篇對照試驗 (Park et al., 2015)。其中包括兩篇研究，除了評估前後，還評估了參與者的隨訪評估 (Currie and Startup, 2012; Goldbeck and Ellerkamp, 2012)。所有研究報告的樣本數相對較小，範圍從 n = 15(Magnis, 2011) 到 n = 71(Chen et al., 2015)。有四篇研究是基於音樂的干預與通常情況下，日常生活方式或候補條件下的治療進行了比較 (Chen et al., 2015; Currie and Startup, 2012; Goldbeck and Ellerkamp, 2012; Magnis, 2011)，而一篇研究則對音樂教育計畫進行了比較，以及另一篇藝術教育計畫 (Park et al., 2015)。

【Meta-analysis】

對照─試驗中，求二後期比較的研究的隨機效應 Meta 分析 (Chen et al., 2015; Currie and Startup, 2012; Goldbeck and Ellerkamp, 2012; Magnis, 2011; Park et al., 2015) 支持音樂效果：有干預措施的實驗組兒童較優(Hedge's g = −0.73; 95%CI [−1.42;−0.04], Z = 2.08, p = 0.04, k = 5)如圖 3-15所示，與對照組(n = 95)相比，n = 100。漏斗圖（圖

3-16) 的分析和檢查顯示，在所報告的效果量之間存在顯著的異質性 (I² = 79%)，並且趨勢發表偏誤。去除圖 3-16 所示的一個 outlier (Chen et al., 2015)，仍在隨後的 Meta 分析中產生了顯著的影響效果，音樂的干預是有效的 (Hedge's g = –0.43; 95%CI [–0.79;–0.07], Z = 2.32, p = 0.02, k = 4)，並且在報告的 effect sizes 上沒有異質性 (I² = 0%; Tau² = 0.00, $\chi^2_{(3)}$ = 0.96, p = 0.81)。

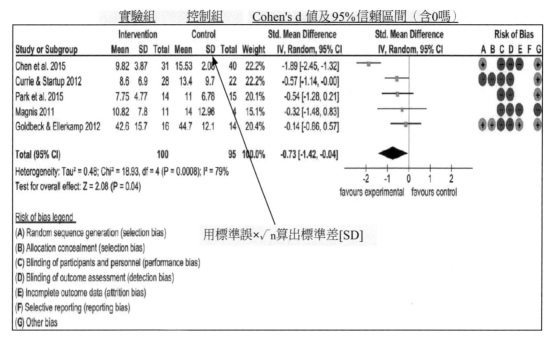

圖 3-15　音樂效果之 Meta 結果（森林圖）（GeipelJ 等人，2018）

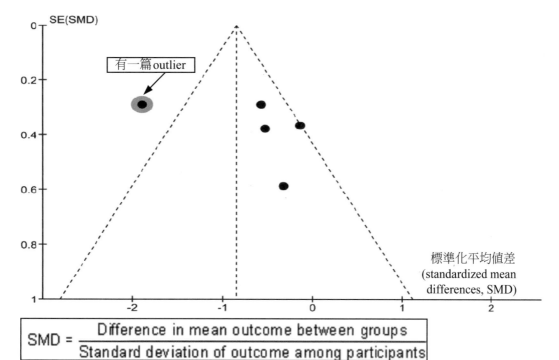

$$SMD = \frac{\text{Difference in mean outcome between groups}}{\text{Standard deviation of outcome among participants}}$$

Cohen's d 是 pooled standardized mean difference。公式如下：

$$\overline{ES} = \frac{\overline{X}_{G1} - \overline{X}_{G2}}{s_{pooled}}$$

$$s_{pooled} = \sqrt{\frac{s_1^2(n_1-1) + s_2^2(n_2-1)}{n_1 + n_2 - 2}}$$

▶ 圖 3-16　音樂效果之漏斗圖（有一篇 outlier）

　　上圖是 Meta 分析的漏斗圖，X 軸是每項研究的標準化平均數的差 (SMD)；Y 軸是標準誤 (SE)，漏斗圖是發表偏誤的指標。圖中左上角，已識別出一個異常值（最左側，以灰色突出顯示），你可再刪除該異常值重跑一次 Meta（後續靈敏度分析）。本文最左側的灰色異常值是指 Chen et al. (2015) 的研究。

3-4-2 Meta 分析法

一、途徑 (approaches)

　　通常，執行 Meta 分析時，可以區分兩種證據：個體參與者數據 (IPD) 和聚集數據 (aggregate data, AD)。匯總數據可以是直接數據也可以是間接數據。

　　AD 是更普遍可用的（例如：從文獻中獲得），並且通常代表匯總估計，例如 odds ratios 或相對風險 (relative risks)。可用幾種方法在概念相似的研究中直接合成

(synthesized) 該資訊。另一方面，間接匯總數據衡量的是在 Meta 分析中將兩種治療方法與相似對照組進行效果比較。例如：如果在單獨的 Meta 分析中，直接比較「治療 (treatment)A、治療 B」與安慰劑 (Placebo) 的比較，再用這兩個匯總結果，間接比較中獲得 A 和 B 的效果估計值，即「效果 A 與安慰劑的效果」減去「效果 B 與安慰劑」。

　　IPD 證據代表研究中心蒐集的原始數據。當需要證據 synthesis 時，這種區別引起了對不同 Meta 分析方法的需求，並導致了 one-stage 和 two-stage 方法的發展。

(1) 在 one-stage 方法中，同時對所有研究的 IPD 進行建模，同時考慮研究中參與者的聚集。

(2) 分 two-stage 方法，首先計算每個研究的 AD 匯總統計資訊，然後以總體統計資訊來計算加權平均值。當 IPD 可用時，透過將 IPD 縮減爲 AD，也可以採用 two-stage 法。這使得它們成爲進行 Meta 分析時的誘人選擇。儘管通常認爲 one-stage 和 two-stage 法會產生相似的結果，但最近的研究發現，它們有時可能會得出不同的結論。

二、匯總數據 (aggregate data) 的統計模型 (statistical models)

(一) 直接證據(direct evidence)：僅納入研究效果的模型(study effects only)

情況 1：固定效果模型 (fixed effects model, FE)

　　固定效果模型提供一系列研究估計值的加權平均值。估計變異數的倒數 $(1/\sigma^2)$ 當作研究權重，因此較大的研究傾向於對較小的研究貢獻更大的加權平均值。因此，當 Meta 分析中的研究以非常大型的研究爲主導時，較小研究的發現實際上就被忽略了。最重要的是，固定效果模型假定 (assumes) 所有納入的研究都對同一母群進行調查，使用相同的變數和結果定義等。這種假設通常是不實際的，因爲研究往往容易產生多種異質性。例如：治療效果可能會因地區（緯度）、劑量多寡、研究條件而異。

情況 2：隨機效果模型 (random effects model, RE)

　　隨機效果模型是綜合 (synthesize) 異質研究常的 Meta 分析。這只是一組研究的效果量的加權平均值。分兩步驟實現在具有隨機效果 Meta 分析的加權平均過程中應用的權重：

步驟 1：變異數倒數當加權 (inverse variance weighting)

步驟 2：透過隨機效果變異數分量 (random effects variance component, REVC) 來取消「變異數倒數之加權 (un-weighting of this inverse variance weighting)」的權重，該分量僅從基礎研究的效果量的可變 (variability) 程度得出。

這意味著，效果量的可變性（即異質性）越大，un-weighting 就越大，當隨機效果 Meta 分析結果只是整個研究中 un-weighting 的平均效果量時，這可能會達到一個點。另一個極端，當所有效果量相似（或變異性不超過抽樣誤差）時，將不應用 REVC，並且隨機效果 Meta 分析內定為簡單的固定效果 Meta 分析（僅變異數倒數加權）。

這種逆轉 (reversal) 的程度僅取決於兩個因素：

(1) 準確度 (precision) 的異質性

(2) 效果量的異質性

由於這兩個因素均不會自動指示較大錯誤 (faulty) 的研究、或較可靠的較小研究，因此在此模型下，權重的重新分配將與這些研究之實際提供內容無關。事實證明，異質性越高，權重的分配只是從一個較大的研究到較小的一個方向，直到最終所有研究都具有相同的權重並且不可能再分配。隨機效果模型仍有另一問題是，最常用的信賴區間 (95%CI) 不會將其覆蓋機率保持在指定的名義 (nominal) 水準（通常為 95%）之上，進而大大低估了統計誤差，並且結論也可能過分自信。另一個值得注意的問題是，與固定效果相比，平均治療效果有時不那麼保守，因此在實踐中會產生誤導。有人提出一種解釋性解決方法是在隨機效果估計值周圍建立一個預測區間，以描述實踐中可能的效果範圍。然而，計算這樣預測區間的假定是，或多或少是試驗被認是同質的，並且包括患者母群和比較治療應是可互換的。這在實踐中，通常是無法實現的。

估計研究之間變異數最常用方法 (REVC) 是 DerSimonian-Laird(DL) 法，現在已有許多計算「研究之間」變異數的先進的疊代技術：例如最大概似、profile 概似、受限最大概似法，這些方法的隨機效果模型可以在 Stata 中運行。例如：Stata 中 metaan 指令是不同於 DL 估計的 Metan 指令 (fixed and random effects Meta-analysis)。這些高階方法也已免費且易於使用的 Microsoft Excel 附件 MetaEasy 中實現。

但是，大多數 Meta 分析包括 2 到 4 個研究，這樣小樣本往往不足以準確估計異質性。因此，似乎在小研究的 Meta 分析中，研究之間變異數估計可能會求得不正確的零，從而導致錯誤的同質性假定。總的來說，在 Meta 分析中異質性一直被低估，而敏感性分析中，假定高異質性水準就參考價值。上面提到的這些隨機效果模型和軟

體包與研究匯總的 Meta 分析有關，希望進行個體患者數據 (IPD)Meta 分析的研究者需要考慮混合效果建模方法。

情況3：IVhet 模型

　　Doi & Barendregt 與 Khan,Thalib &Williams 合作，為隨機效果 (RE) 模型建立了基於變異數倒數準概似性的替代方法 (IVhet)。它已納入到軟體 Metaxl 2.0 版中，由 Epigear International Pty Ltd. 開發出免費 Microsoft Meta 分析的 Excel 插件。此模型的明顯優勢在於，它解決了隨機效果模型的兩個主要問題。IVhet 模型優點有二：

(1)對於信賴區間，覆蓋機率保持在名義水平（通常為 95%），它與隨機效果模型不同，後者隨異質性的增加而覆蓋機率下降。

(2)IVhet 模型保持單個研究的變異數倒數權重，而 RE 模型不像 RE 模型那樣，隨著異質性的提高，小研究的權重更大（因此大研究的權重更低）。當異質性變大時，RE 模型下的各個研究權重是相等的，因此 RE 模型傳回的是算術平均值而不是加權平均值。REhe 模型的副作用不會出現在 IVhet 模型上，因此在兩個方面與 RE 模型估計不同：合併的估計將有利於較大的試驗（而不是對 RE 模型中的較大試驗進行懲罰），並且信賴區間將在不確定性（異質性）下保持在 95%CI 範圍內。Doi & Barendregt(2015) 建議，儘管 RE 模型提供一種 summary 研究數據的替代方法，但其模擬結果，是與 RE 模型一樣，使用帶有不確定性假定的更詳細的概率模型不一定保證有更好結果。後人研究發現，IVhet 模型解決了與隨機誤差模型有關的與統計誤差估計不足、信賴區間覆蓋差和 MS_E 增加等問題，研究者應從此放棄使用隨機效果模型。在 Meta 分析中。儘管它們的數據令人信服，但其分支（根據 Cochrane 資料庫中假陽性結果的大小而言）非常龐大，因此要接受此結論，需要仔細的獨立確認。免費軟體 MetaXL 已可執行 IVhet 模型的工具，專為研究團體提供便利性（免費下載：https://www.epigear.com/index_files/metaxl.html）。

(二)直接證據：模型包含其他資訊(models incorporating additional information)

【品質效果模型 (quality effects model)】

　　Doi 和 Thalib(2008) 提出新的方法來調整研究之間的可變性，方法是將由於相關成分 (quality) 引起的變異數的貢獻、及由於隨機誤差引起的變異數的貢獻相結合，在任何固定效果 Meta 分析模型中，使用權重來產生每個研究加權值。品質效果 Meta

分析的優勢在於，它允許將可用方法論證據用於主觀隨機效果，進而幫助彌合在臨床研究中的方法論和統計學之間已打開的破壞性鴻溝。爲此，根據品質資訊計算 synthetic bias variance 來調整變異數倒數之權重，並納入第 i 篇研究的品質來調整權重。然後將這些調整後的權重用於 Meta 分析。換句話說，如果研究 i 的品質很高，其他研究的品質較差，則將其品質來調整權重的一部分，在數學上重新分配給研究 i 使其更偏重於整體效果量。隨著研究在品質上變得越來越相似，當所有研究品質相同時，重新分配逐漸減少並停止（在品質相同的情況下，品質效果模型內定爲 IVhet 模型）。最近對品質效果模型的評估（有一些更新）表示，儘管品質評估是主觀的，但其性能 performance（MS_E 和模擬的眞實變異數）優於隨機效果模型。因此，該模型替代了文獻中充斥的站不住腳的解釋，並且可以使用軟體來進一步探索該方法。

(三) 間接證據：network Meta-analysis法

間接比較 Meta 分析方法（又稱 network Meta 分析，特別是在同時評估多種治療方法時）通常使用兩種方法：

1. Bucher(1997) 方法，對三種處理的閉環的單次或重複比較，以使其中一種對兩種檢查通用，並形成了循環開始和結束的節點。因此，需要多個 2×2 比較（3 個處理循環）來比較多個處理。這種方法要求兩個 arm 的試驗（只有兩個 arm 才被選擇），因爲需要獨立的成對比較。

2. 替代方法論 (alternative methodology) 使用複雜的統計模型，包括所有競爭療法之間，同時進行的 arms 試驗、及比較。它們使用貝葉斯方法、混合線性模型和 Meta 迴歸方法。

三、Meta 分析結果的驗證 (validation)

Meta 分析估計值代表各個研究的加權後平均值，當存在異質性時，這可能導致 summary 估計值不能代表單個研究。使用已建立的工具對基礎研究進行定性評估可以發現潛在的偏誤，但不能量化這些偏誤對總體估計的總體影響。儘管可以將 Meta 分析的結果與獨立的前瞻性基礎研究進行比較，但這種外部驗證通常是不切實際的。這導致有人提出「留一法交叉驗證 (leave-one-out cross validation)」〔又稱內部—外部交叉驗證 (IOCV)〕方法。在此，將依次「省略 k 個包含的研究中」的每個研究，並比較其與「匯總其餘 k-1 個」研究得出的摘要估計值。現已經開發出基於 IOCV 的通用驗證統計量 Vn 來衡量 Meta 分析結果的統計效度，來檢定準確性和預測，特別是在

存在多變量影響時，還有其他方法可估計預測誤差。

3-5 Meta 分析之研究設計

品質檢查表 (quality checklists)

幾乎所有的 Meta 分析指南，都要求對 Meta 分析中包括的所有研究進行品質檢查。您可用數百個品質檢查表。有些已經透過驗證；許多還沒有。使用不同的品質檢查表時，您可能會發現得到不同的結果。品質檢查表旨在識別可能不太好的研究，並確保此類研究對 Meta 分析的結果沒有撤消影響 (undo influence)。例如：若根據所用的品質檢查表，發現一篇研究的品質比所有其他分析的品質都低，那麼您可能需要進行敏感性分析：即比較「納入品質差之個別研究」vs.「排除品質差之個別研究」的總體平均效果量。

請記住，報告標準已經隨著時間而改變（見 APA 手冊的發展）。在發表論文中，p 值報告的 Meta 分析中，也是一個真正問題。早在 1990 年代，通常的做法是將 p 值報告為高於（或低於）0.05，但不報告確切的 p 值。如今，報告效果量的要求相對較新，因為早期的研究通常沒有報告它們。

為補救 p 值的不足或其他效果量之間的轉換，你可用 google 搜尋下列「關鍵字」，下載該「Excel 程式」來轉換各效果量，包括：「p to t.xls」、「p-values and Critical Values.xls」、「r to d & d to r_1.xls」、「Odds Ratio to r.xls」、「Effect Size Corrections.xls」、「Fail Safe N.xls」、「Calculating g and d.xls」、「Converting effect sizes.xls」、「Odds Ratio to r.xls」、「p-values and Critical Values.xls」、「r to d & d to r_1.xls」等。

3-5-1 Meta 自然科學之分析流程

Meta 分析通常在進行系統性 review 之前進行，因為這樣可以對所有相關證據進行識別和嚴格評估，從而限制了匯總 (summary) 估計中出現偏誤的風險。一般的 Meta 步驟如下：

Step 1：先定義研究問題 (research question)

藉由 PICO 模型（母群 Population，干預 Intervention，比較 Comparison，結果 Outcome）的問題模型將問題清楚定義。

Step 2：文獻檢索 (search of literature)

　　設立關鍵字，然後去做廣泛、詳盡的搜尋，各式文獻之電子資料庫，以及該領域期刊、研討會的摘要，甚至是文章後面的參考文獻。搜索文獻，不能只搜尋一種資料庫。因為被接受刊登的文獻，通常是正向結果的較多，應有一些負向結果的文獻未被刊登，因此亦須盡量蒐集到這些文獻。非英文的文獻亦須搜尋。

Step 3：個別研究的選擇（關鍵字的「納入準則」）

　　通常須考慮以下之選取條件：

(1) 研究型式：假設搜尋文獻的必須是「臨床隨機研究」或是「世代追蹤的研究」，才能符合此次研究資料收入條件。

(2) 目標族群 (types of participants) 之設立及排除之條件。

(3) 治療方法 (types of intervention)，即實驗組與控制組之治療方法。

(4) 結果衡量 (types of outcome measurement)，包含：原始個別之研究結果 (primary outcome，綜合個別研究之二手結果 (secondary endpoint) 或併發症 (complication) 等。

(5) 根據品質準則，例如：臨床試驗之隨機化和盲法的要求

(6) 選擇針對特定學科的特定研究，例如：乳腺癌的治療。

(7) 確定是否包括未發表研究，以避免發表偏誤（文件抽屜問題）。

Step 4：文獻品質的判定

　　論文品質好壞的判定，一般有三個準則：(1) 技術適當性：內在效度、外在效度、信度和客觀性。(2) 效用性準則：相關性、重要性、範圍、公信力、適時性和普遍性。(3) 成本效益準則（評鑑符合成本效益卻不危害品質）。

　　由於一手研究作者之間會有正反兩派的歧見，Meta 應以正式且客觀的方法來解決紛爭，必要時尋找第三方作者來仲裁。

　　搜尋到的文獻，必須再經過品質篩選之過程，文獻品質的判定篩選，必須至少由 2 位以上專家進行。每位專家必須對這些文獻的品質有一致的看法。一般常用 kappa 值來表示。如 kappa > 0.65 算是有不錯的一致性；亦有採用 Jadad score（5 點計分，1996）做初步的品質篩選，挑選到的文獻，可以「文獻搜尋編碼表 (review coding sheet)」來呈現，如表 3-8。

表 3-8　Meta 文獻在速算表的編碼

文獻搜尋編碼表 (Research review coding sheet for items of general interest)
1. 基本資料 (Background Information)   (1) 作者 (Authors)。(2) 篇名 (Title)。(3) 期刊名 (Journal)。   (4) 年分 (Year)，卷 (Volume)，起始頁 - 末頁 (Page)。
2. 研究設計 (Design Information)   (1) 是一手 (Primary) 研究或二手 (Secondary) 研究。   (2) 是 Random 或 Non-random 抽樣。   (3) 有 Control 或 No control 變數（如年齡、性別、次族群等）。   (4) 是「實驗組 vs. 控制組精準樣本配 (Matching)」或「統計 (Statistical)」來控制外生變數。   (5) 有「前測 (Pretest)」或沒「前測」。   (6) 中介變數的形式 (Types of intervention)。   (7) 母體 (Population)。   (8) 樣本數 (Sample size)。   (9) 樣本反應率 (Response rate)。   (10) 樣本特性 (Sample characteristics)，例如：男女比例、年齡層分布、地區等。   (11) 樣本代表性 (Sample representativeness)，未回收受訪者 = 回收受訪者嗎？   (12) 樣本偏誤 (Sample biases)。有「自我感覺良好」的受訪者嗎？
3. 測量資訊 (Measurement information)   (1) 研究問題 (Research question)，研究假設 (hypothesis)。   (2) 依變數 (Dependent variables)，包括：實驗的反應、調查的認知、刺激的反應。   (3) 自變數 (Independent variables，包括：treatment 變數。   (4) 測量工具的效度 (Validity of measures)。   (5) 測量工具的信度 (Reliability of measures)。   (6) 統計方法 (Statistical measures)，包括：卡方、t 檢定、相關／迴歸分析、勝算比等。   (7) 模型界定 (Model specifications)，包括：線性 vs. 非線性預測、分類型 vs. 集群型等。
4. 分析結果資訊 (Outcome Information)   (1) 接受或拒絕研究假設 (Hypothesis supported refuted)。   (2) 自變數有達顯著「差異」或「關聯性」嗎？

表 3-8「效度 (validity)」是指當測驗用於某一特定目的時，對於支持測驗分數解釋的那些證據和理論所做的整體評鑑。效度驗證在邏輯上始於一個應該如何明確敘述對測驗分數的解釋，同時伴有為什麼這種解釋和測驗的指定用途相關聯的解釋。這裡指定的解釋是指測驗所要測量的構念 (construct) 或概念。數學成就、電腦技術員的表現、憂鬱和自尊心都是構念的例子。為了幫助測驗編製，人們透過細緻描述一個構念的外延和內涵，並闡述它的各個層面，來體現它所應被理解的各方面。這種深入且細緻的描述，為測驗提供了一個概念架構，且為其所評量的知識、技能、能力、過程、

或特性勾畫出一個輪廓。這個架構顯示該構念的表現方式如何不同於其他構念，以及它應如何和其他變數相關聯。

Step 5：確定可接受的依變數、匯總測量。例如：當考慮對已發表（匯總）數據進行 Meta 分析時：

(1) 差異（離散型數據）

(2) 平均值（連續型數據）

(3) Hedges's g 是一種流行的針對連續數據的匯總測量，已標準化才可消除規模差異，但它併入了組之間的變異指數：$g = \dfrac{\bar{x}_1 - \bar{x}_2}{s^*}$，其中，pooled standard deviation s* 是

$$s^* = \sqrt{\frac{(n_1 - 1)s_1^2 + (n_2 - 1)s_2^2}{n_1 + n_2 - 2}}$$

Step 6：根據是否同質性來選擇 Meta 分析模型，固定效果（同質性）或隨機效果（異質性）的 Meta 分析

　　文獻的結果分析與合併之前，必須先做文獻的同質性與異質性的檢定，此同質性檢定主要是評估文獻間是否相類似。若文獻間存著異質性，表示文獻間可能在研究方法、樣本數、介入、品質等級不太一樣，須分割 (subgroup) 原始資料或隨機效果來進行 Meta 分析。

Step 7：檢查研究間異質性的來源（是否存在調節變數的干擾），例如：使用 subgroup 分析或 Meta 迴歸。

3-5-2 Meta 社會科學之分析流程：運動治療效果 d

　　本節以「運動治療對注意力不足過動孩童的影響」當 Meta 實例（洪肇基，2009）。注意力不足過動症 (attention deficit hyperactivity disorder, ADHD) 是幼童及青少年時期最常見的一種神經精神疾病，該名學童相較於相同年齡發展層中的個體，可觀察到持續出現嚴重的注意力不集中，以及、或者有過動 / 衝動的症狀。

　　注意力不足過動症的孩童伴隨有共病症的機率甚高，常見的共病症包括了：焦慮症 (anxiety)、對立反抗問題 (oppositional defiant disorder, ODD)、品行問題 (conduct disorder)、妥瑞症 (Tourette syndrome, TS) 等疾病外，這些孩童亦有較高的機率有發展性協調障礙 (developmental coordination disorder, DCD) 的問題。

　　洪肇基（2009）曾採用 Meta 分析 (Meta-analysis)，試圖整合運動治療對於注意

力不足過動症之孩童的療效，並就此一主題之相關研究結果來進行 Meta 分析，以求做出一致性的最終結論。

注意力不足過動症 (ADHD) 的定義係：相較於相同年齡發展層中的個體，可觀察到持續出現嚴重的注意力不集中，以及或者有過動／衝動的症狀，可分成 (1) 注意力不足型 (inattentive)、(2) 過動／衝動型 (hyperactivity ／ impulsivity)，及 (3) 混合型 (combined) 三個亞型。其衡量量表，廣義型量表，像是孩童行為檢測表 (The Child Behavior Check List, CBCL)、教師回報表格 (Teacher Report Form, TRF)、孩童注意問題 (Child Attention Problems) 及孩童行為評估系統 (Behavior Assessment System for Children) 等。

臨床上對於注意力不足常見的有：「似乎沒有在聽」、「經常忘記東西」、「無法完成指定任務」、「作白日夢」、「經常忘記東西」、「無法專心」、「容易分心」、「無法獨立監督完成工作」、「需要更多指示」、「從一個未完成的活動跳到另一個」、「困惑」等形容詞。注意力可分成多方面來看，像是警覺、選擇性、注意等。

運動治療 (therapeutic exercise)：為一系統性表現或執行計畫性的動作、姿勢或是活動，以期讓病患、個體能夠達到：再調節或預防障礙、增進功能、減少風險、優化整體健康，及增進體適能及心理狀況等上述功能。

「障礙評估」量表：通常藉由臨床人員來評估孩童的障礙情況，目前有許多量表研發出來，像是哥倫比亞障礙量表 (Columbia Impairment Rating Scale)、孩童全面性功能測量 (Children's Global Assessment of Functioning)、范德比爾特評估量表教師版 (Vanderbilt Rating Scale-Teacher Version)、孩童及青少年功能評估表 (Children and Adolescent Functional Assessment Scale)。等，其中對於行為及藥物治療效果皆具效度的量表為障礙評估量表 (Impairment Rating Scale, IRS)，此量表由 Fabiano 及 Pelham 於 2002 年研發而成。

「運動治療對注意力不足過動孩童的影響」之研究設計如下（洪肇基，2009）：

一、Meta 文獻搜尋之流程圖

由於注意力不足過動症，常見之共病症：焦慮症、憂鬱症、躁鬱症、對立反抗問題、品行問題等心理疾病，都可作為關鍵字。結合運動治療之關鍵字於 MEDLINE 進行系統性文獻搜尋。因於躁鬱症、對立反抗問題，與品行問題搜尋後所得篇目經標題及摘要檢視後，未得運動治療介入對疾病的影響的研究，因此，本文僅就運動治療介入對焦慮症與憂鬱症之影響，做文獻回顧。

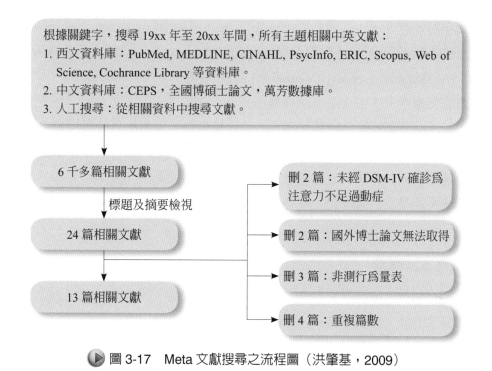

根據關鍵字，搜尋 19xx 年至 20xx 年間，所有主題相關中英文獻：
1. 西文資料庫：PubMed, MEDLINE, CINAHL, PsycInfo, ERIC, Scopus, Web of Science, Cochrance Library 等資料庫。
2. 中文資料庫：CEPS，全國博碩士論文，萬芳數據庫。
3. 人工搜尋：從相關資料中搜尋文獻。

6 千多篇相關文獻

標題及摘要檢視

24 篇相關文獻

13 篇相關文獻

刪 2 篇：未經 DSM-IV 確診為注意力不足過動症

刪 2 篇：國外博士論文無法取得

刪 3 篇：非測行為量表

刪 4 篇：重複篇數

圖 3-17　Meta 文獻搜尋之流程圖（洪肇基，2009）

二、研究樣本蒐集

以注意力不足過動症常見之共病症：焦慮症、憂鬱症、躁鬱症、對立反抗問題、品行問題等心理疾病作為關鍵字，結合運動治療之關鍵字於 MEDLINE 進行系統性文獻搜尋。因於躁鬱症、對立反抗問題，與品行問題搜尋後所得篇目經標題及摘要檢視後，皆沒有運動治療介入對疾病的影響的研究，故捨棄不用。

樣本蒐集，自西元 1968 年迄 2010 年 5 月，所有關於運動治療對於注意力不足過動症孩童，行為上改善之成效的所有文獻。分成兩種方式進行資料蒐集：電腦化的資料庫搜索及人工檢索相關資料之參考文獻。

電腦化的資料庫搜索，包括了：PubMED、MEDLINE、CINAHL、PsycInfo、ERIC、ProQuest、Cochrane library、Scopus、中文期刊服務 (CEPS)、全國博碩士論文、臺灣期刊論文索引，與萬芳資料庫（數據化期刊）等。

檢索的關鍵字 (key words) 主要分成兩大類關鍵字群，(1) 注意力不足過動症相關之關鍵字群，包括了：「注意力不足 (attention deficit)」、「注意力不足過動症 (attention deficit hyperactivity disorder)」、「不專心 (inattentive)」、「過動 (hyperactivity)」、「衝動 (impulsivity)」、「過動症 (hyperkinetic)」、「ADHD」。(2) 運動治療相

關之關鍵字群，包含了：「運動 (exercise)」、「運動治療 (therapeutic exercise)」、「復健 (rehabilitation)」、「物理治療 (physical therapy)」、「體能活動 (physical activity)」、「感覺統合 (sensory integration)」(Lopopolo 等人，2006)。

查詢資料庫中，「中文電子期刊服務」、「全國博碩士論文」、「臺灣期刊論文索引」，和「萬芳資料庫－數據化期刊」進行檢索時，因無法以較為複雜之關鍵字進行搜索，故於上述資料庫進行檢索時則修改關鍵字為：「注意力不足過動症」、「運動」、「運動治療」，及「感覺統合」以進行搜索。

人工檢索則是就相關研究之參考文獻清單，逐一檢視，以獲取與本次研究相關之文獻。

三、研究樣本的篩選

經由初步閱讀文獻摘要和全文後，以研究個案特徵、運動治療的介入計畫、介入後之結果評估方式，和文獻的研究設計來考量文獻是否納入進一步分析。

本研究樣本的納入準則如下：

1. 文獻中的研究個案必須經精神疾病診斷與統計手冊第二版以上之版本，進行注意力不全過動症的確診。
2. 介入之研究個案必須是孩童（限年齡＜18 歲）。
3. 介入方式需符合運動治療的範圍。
4. 介入後之成果需用行為量表進行評估。

若研究樣本有下列情況則不納入分析：

(1) 研究個案並未經精神疾病診斷與統計手冊第二版以上之版本，確診為注意力不全過動症。

(2) 研究中無任何運動治療介入計畫，只進行運動測試。

(3) 研究結果不以行為量表作為評估。

(4) 研究設計為系統性回顧 (systematic review)、Meta 分析的文獻。

當利用這些準則來篩選研究論文時，研究者需先回顧每一篇文獻之摘要，並納入為初步的研究樣本，在納入初步的研究樣本後，應設法找出完整的文獻內容，再作進一步全文之篩選。若有研究樣本符合本次研究之標準，卻沒提供完整資料時，研究者會寄信給原實驗研究者，要求提供可計算效果量之資料，而當遇見有疑問之研究樣本，需與指導教授進行討論。

四、研究樣本品質評析

考量納入本文中的文獻研究方法，屬隨機控制實驗者不多，故於本文採用 Brown 於 1991 年所提出的研究品質評分表 (research quality scoring method)，見表 3-7，來評定研究樣本品質。此一評估表主要分為：研究設計、研究樣本的選擇及專一性、研究樣本病況的專一性、介入方法教育性的描述（是否可以讓讀者複製介入方法）、對於成效評估的定義、成效評估等六篇評估篇目，原始總分為 17 分，另有 4 分為額外另加分數，合計最高分數為 21 分。評析結果僅用來了解各個研究樣本的品質並用以輔佐解釋研究結果如何作為參考價值之強度，並不作為此次 Meta 分析加權分數 (weighting) 之參考。

表 3-9 研究品質評分表

變數	分數	評分依據
研究設計	3	隨機分配實驗
	2	非隨機控制組
	1	前後測
研究樣本的選擇及專一性	3	1. 隨機族群。 2. 個案選擇於地理區裡 3 個或以上的醫療機構。 3. 或是區域性的計畫／轉介中心（包含下列敘述的 4 至 5 篇：年齡、性別、種族、社經狀況或其他人口變數）。
	2	如同 3 分的敘述，但人口狀況描述不完全非隨機選個案，但有完整人口狀況描述及隨機分配個案至實驗組別
	1	抽樣或從單一醫療機構抓取樣本，包含對樣本人口狀況特質的完整敘述。
	0	抽樣或從單一醫療機構抓取樣本，並無其他說明。
	額外加 (1)	如果達到下列其中一篇條件的話，就可額外獲得 1 分。 1. 對於病患如何轉介到醫療機構有所描述。 2. 標明排除病患的比例。 3. 對於在一定的時間內連續住院或所有病患或單一醫療機構病患有至少 80% 追蹤率有所標明。
對於個案情況或病況的規範	3	納入／排除的診斷標準是可複製的。
	2	描述診斷標準。
	1	只有診斷。
	0	沒有診斷或診斷為推斷出來的結果。
	額外加 (1)	如果有描述共病症則可額外獲得 1 分。

（續前表）

變數	分數	評分依據
對於教育情況的描述	2	完整的敘述以讓讀者能複製介入方式。
	1	不完整的敘述（對於介入方式的特質有兩篇以上的沒有敘述）。
	0	沒有敘述或是介入方式為推斷出來的結果
	額外加(1)	若上述情形如果與第二療法的共同介入被研究設計排除，或在發生時就被發現，則額外獲得 1 分
建立結果定義	2	讀者在自己設立實驗時可複製。
	1	含糊的定義。
	0	沒有定義。
結果測量（主要測量篇目）	4	長期的客觀直接測量。 例如：糖化血紅素是最直接的測量，但是必須多於一次的測量。
	3	立即直接的測量。 例如：血液濃度，直接觀察行為的改變。
	2	客觀間接測量。 例如：知識的測試或表現準確度，保留狀態等。
	1	主觀性測量。 例如：訪談病患，即是，自我回報或回顧記錄。
	0	沒有敘述
	額外加(1)	當 1, 2, 3 分有出現隨機量測的情形，或當病患不知道何時量測時，可額外獲得 1 分。

表 3-10　13 篇論文原始資料之品質評析分數

論文編號	作者	年代	品質分數	效果量 Hedges' d	標準誤 SE
1	Arnold L.E., et al.	1985	13	0.781	0.378
2	Clark D.L. et al.	2008	16	1.412	0.381
3	Chronis A.M. et al.	2004	11	1.364	0.601
4	Yamashita Y. et al.	2010	12	1.393	0.496
5	Taylor A.F. & Kuo F.E.	2008	11	1.965	0.289
6	Bananschewski T., et al.	2001	12	0.379	0.154
7	Baker T.C.	2005	12	0.444	0.171
8	杭等人	2010	14	0.571	0.352
9	Jensen P.S. & Kenny D.T.	2004	16	0.072	0.279
10	Harrison L.J. et al.	2004	11	0.357	0.279

（續前表）

論文編號	作者	年代	品質分數	效果量 Hedges' d	標準誤 SE
11	Shaffer R.J. et al.	2000	14	0.317	0.196
12	Cosper S.M. et al.	2009	12	1.121	0.340
13	Hernandez-Reif M. et al.	2001	10	0.720	0.139

五、研究工具

本次研究使用編碼簿作為研究工具，參照先前國內外 Meta 分析相關研究，並統合與本次研究主題相關文獻之重要特徵變數後所建構而成，為力求兩名編碼員間編碼內容一致性及正確性，於每篇編碼篇目皆有參考說明。

本研究為避免出現擷取資料及登錄資料出現不一致的狀況，進而產生分析結果產生謬誤，因此，取兩編碼員間一致性之比率 (agreement rate)，為登錄一致性的測量 (Cosper, et al., 2009)。

於編碼時，研究者會先將每篇原始研究進行編號，並製作籤號以利用隨機方式抽出 1/2 的原始研究，並以一位小兒科住院醫師和研究者分別針對相同內容進行編碼，最後再隨機編碼一致之篇目除以編碼篇目的總數，以便求得一致性比率。

於編碼完成後，應共同檢視一致及不一致之篇目，針對不一致和有疑問之篇目做討論，以達一致性。若經討論後仍有歧異，則編碼員會與指導教授進行討論以便加以判定。

六、統計資料之單位變換

實驗組（吃新藥的 case 組）			控制組（安慰劑的對照組）		
人數 n_1	平均數 M_2	標準差 SD_1	人數 n_2	平均數 M_2	標準差 SD_2
.	.	.	.	.	.
.	.	.	.	.	.
.	.	.	.	.	.
.	.	.	.	.	.

上表「實驗組－控制組」二組的「人數、平均數、標準差」共 6 變數，這類效果量 Cohen's d，Stata(CMA) 有三個輸入格式：

1. 直接輸入，上表「實驗組 — 控制組」二組的「人數、平均數、標準差」共 6 變數，再用 google 查到的「Paired-Effect-Size-Calculator-v1.1.xls」Excel 程式（圖 3-18），將這 6 變數轉成 Cohen's d、Hedges'g 值。其公式為：

$$\text{Cohen's } d = \frac{\overline{X}_1 - \overline{X}_2}{\sqrt{\dfrac{(n_1 - 1)SD_1^2 + (n_2 - 1)SD_2^2}{n_1 + n_2 - 2}}}$$

2. Cohen's d 值亦可用光碟片附的「CH04 Excel 兩性工作滿足（公式稽核）.xls」程式，Cohen's d 係由 t-test 值，透過下列公式來轉換：

$$d = t\sqrt{\frac{1}{n_1} + \frac{1}{n_2}}$$

1. 效果量 (effect size, ES) 之換算

以表 3-10 來說，此 Meta 共蒐集 13 篇有效論文，在 CMA 軟體中，可挑選只輸入每個個別研究之「效果量 Hedges' d 及標準誤」格式 (format)，故我們事先要用「手算、本書 Excel、或 CMA」來計算 Hedges' d，其「單位變換」方法如下：

Step 1：先計算出各篇文章的 Cohen's d 效果量（結果如表 3-10 所示）

(1) 若為實驗控制兩組對照的研究，且文獻提供平均值及標準差時，公式為：

個別效果量 $d_i = \dfrac{\overline{X}_E - \overline{X}_C}{S_{within}}$

其中，各個研究內之標準差 $S_{within} = \sqrt{\dfrac{(n_E - 1)S_E^2 + (n_C - 1)S_C^2}{n_E + n_C - 2}}$

$\overline{X}_E, \overline{X}_C$：實驗組、控制組的平均數。

S_E^2, S_C^2：實驗組、控制組的變異數。

n_E, n_C：實驗組、控制組的樣本數。

下標 i：第 i 篇論文。

(2) 若為前後測對照的研究，且文獻提供平均值及標準差時，公式為：

個別效果量 $d_i = \dfrac{\overline{Y}_1 - \overline{Y}_2}{S_{within}} = \dfrac{diff_i}{S_{within_i}}$

其中，各個研究內之標準差 $S_{within} = \dfrac{S_{diff}}{\sqrt{2(1 - r_i)}}$

$\overline{Y_1}, \overline{Y_2}$：後測平均數、前測平均值。

S_{diff}：後測減前測之差 ($\overline{Y_1} - \overline{Y_2}$) 的標準差。

r_i：前後測結果之相關係數。

(3) 若文獻中只有 t 值時，公式為：

(I) 單一樣本 t 檢定：$Cohen'd_i = \frac{t_i}{\sqrt{N_i}}$

(II) 獨立樣本 t 檢定：

兩組個案數不同時：$Cohen'd_i = t_i \sqrt{\dfrac{n_1 + n_2}{n_1 \times n_2}}$，$n_1, n_2$ 為第 1 組、第 2 組樣本數。

兩組個案數相同時：$Cohen'd_i = \dfrac{2t_i}{N_i}$，總樣本數 $N_i = n_1 + n_2$。

Step 2：再計算校正因子 J

$$J_i = 1 - \frac{3}{4 \times df_i - 1}$$

若為控制實驗兩組對照的研究，自由度 (df) 為 $n_E + n_C - 2$。

若為前後測對照的研究，自由度 (df) 為 (2N – 1)，N 為樣本數。

Step 3：再計算校正後之效果量 Hedges' g

Hedges' $g_i = J_i \times d_i = (1 - \dfrac{3}{4 \times df_i - 1}) \times d_i$，其中 Cohen's $d_i = \dfrac{\overline{X_E} - \overline{X_C}}{S_{within}}$，$d_i$ 亦可由個

別論文的 t_i 或 r_i 值「單位轉換」求得的。

2. 質異性 Q 分析

利用 Cochran's Q 檢定來分析，來測試各研究間是否為異質性 (heterogeneity)，並設型 I 誤差 (Type I error), $\alpha = 0.05$。

$$Q = \sum_{i=1}^{k} \left[w_i \left(r_i - \overline{r} \right)^2 \right]$$

若質異性 Q 檢定達顯著 ($p < 0.05$)、$I^2 > 75\%$、或 CMA 軟體「漏斗圖」非對稱時，則可採隨機效果模型計算平均效果量（$\overline{Z}$ 值）；或刪除極端值。反之，則採固定效果模型來計算效果量 $\overline{Z}$。

值得一提的是，CMA 軟體，尚有另一異質性 I^2 檢定，若 $I^2 \leq 25\%$ 則異質性小，I^2 介於 50% 具中度異質性，$I^2 \geq 75\%$ 為異質性大。

以本例來說，13 篇論文，有 1 篇是極端值 (Baker T.C. 的論文)。被刪除的極端值研究，可能是因此研究的運動治療介入後成效進步過於顯著 (Hedges' g = 3.043，p = 0.000)，經檢視原始文章後發現，該研究之樣本數過少（總人數 20 人，運動組跟控制組各 10 人）；而於運動介入前兩組的行為量表評估結果，即出現顯著差異（運動組：11.40±4.45，控制組：4.80±2.15，p < 0.05），表示運動組於運動治療介入前的症狀即比控制組嚴重，這些可能造成兩組運動治療介入後的進步量達非常顯著之差異，進而造成極端值之產生。

3. 發表偏誤

fail-safe number 來了解需要多少篇 (p > 0.05) 的原始研究，才能使得顯著的研究結果變得不顯著。

假設 Fail-Safe N 為 17.363，代表要納入至少 18 篇不顯著的初步研究，就會推翻本次研究所得的整體成效為有進步的結論，因此，於本次研究中，仍容易出現發表偏誤的情形。

$$N_{f.s.0.5} = \left(\frac{\sum_{i=1}^{K} Z_i}{1.645} \right)^2 - K$$

▌小結

以上統計分析步驟皆使用 Comprehensive Meta-analysis 軟體或本書 Excel 來計算。此外，CMA 軟體亦可繪出代表個別效果量之森林圖 (forest plot)。

▌3-5-3 CMA 實作 Meta：運動治療 -Hedges' g, $\hat{\sigma}_{(d_i)}^2$ 型

實驗組（吃新藥的 case 組）			控制組（安慰劑的對照組）		
人數 n_1	平均數 M_2	標準差 SD_1	人數 n_2	平均數 M_2	標準差 SD_2
.	.	.	.	.	.
.	.	.	.	.	.
.	.	.	.	.	.
.	.	.	.	.	.

這類效果量 Hedges' g，輸入至 Stata(CMA) 方法為：

直接輸入，上表「實驗組—控制組」二組的「人數、平均數、標準差」共 6 變數，再用光碟片附的「Paired-Effect-Size-Calculator-v1.1.xls」程式，將這 6 變數轉成 Cohen's d、Hedges'g 值（下圖）：

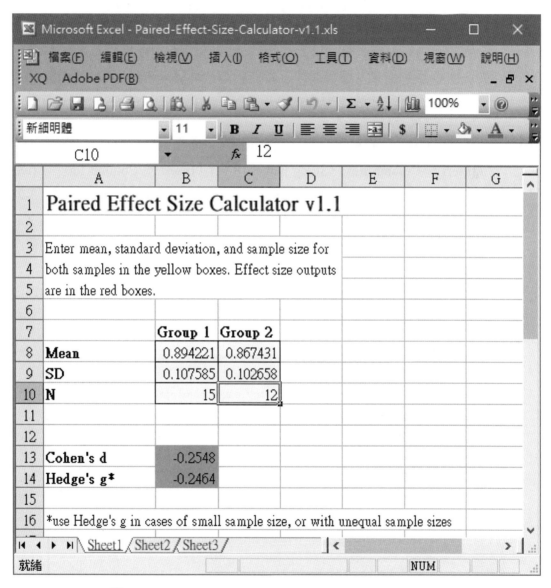

圖 3-18 「Paired-Effect-Size-Calculator-v1.1.xls」程式

繼續前例：「運動治療對注意力不足過動孩童的影響」為例（洪肇基，2009），倘若我們要用 Comprehensive Meta-analysis(CMA) 軟體來實作，其實作步驟如下，此「CMA 運動治療之 Meta 分析 .cma」檔存在「本書光碟片」中：

Step 1：將 13 篇論文，選下列二種求解方法之一。方法 (1) 利用下節所講的「單位變換」公式，手算 13 篇論文的「效果量 Hedges' d 及標準誤」，結果整理表 3-10（網底部分）。方法 (2) 使用本書 Excel 程式，直接輸入這 13 篇的 (t 檢定值、Pearson 相關 r 值），即可自動算出「個別效果量 Cohen's d_i」、異質性 Q 檢定結果、發表偏誤、以及顯著性檢定。由於不偏估計 Hedges' $g_i = (1 - \dfrac{3}{4 \times df_i - 1}) \times d_i$，g 與 d 值非常相近，故本例就以上表 d 值取代 g．

Step 2：若你選用 CMA 軟體實作 Meta，可在 CMA 畫面之選擇表中，依序選按：(1)「Insert → Column for → Study names」。(2)「Insert → Column for → Effect Size data」（圖 3-20），並圈選「Show common formats only」，即打開圖 3-21 之「Effect Size data」之各式各樣的 data entry format。由於本例 13 篇論文之統計量，人工已預先將它「單位轉換」成 Hedges' g 值及標準差，故我們應依序選：

「Continuous → Computed effect sizes → Hedges' g (standardized by pooled within-group SD) and standard error」，即可建立圖 3-22 之 CMA 試算表。

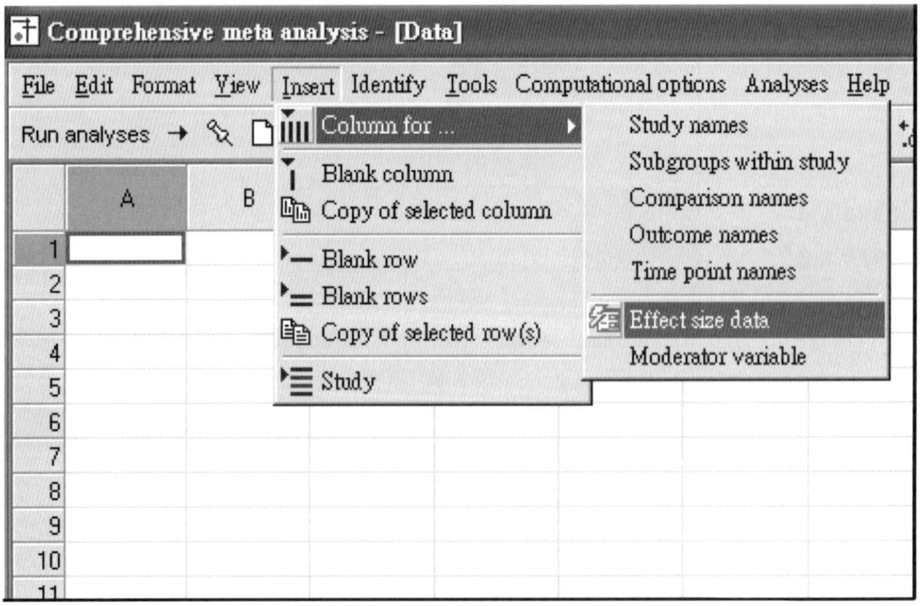

▶ 圖 3-19　選按「Insert → Column for → Effect Size data」

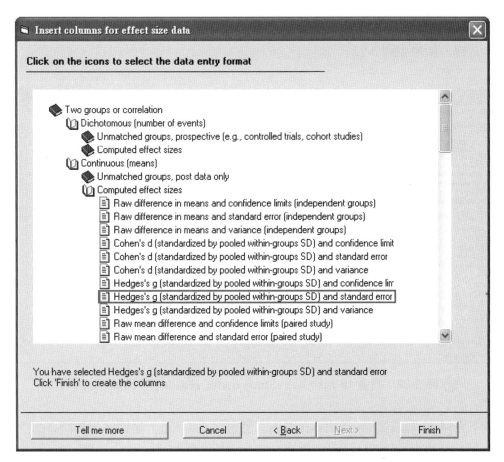

圖 3-20 「Insert column for effect size data」對話盒（挑選「Hedges' g」）

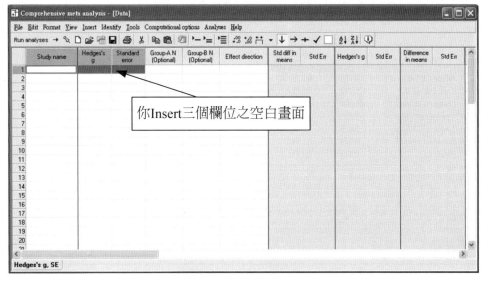

圖 3-21 CMA 之 key in data 畫面 (Study name, Hedges' g, Standard error 三個變數)

Step 3：key in 這 13 篇論文之「Study name, Hedges' g, Standard error」三個變數之數據，結果如圖 3-22。

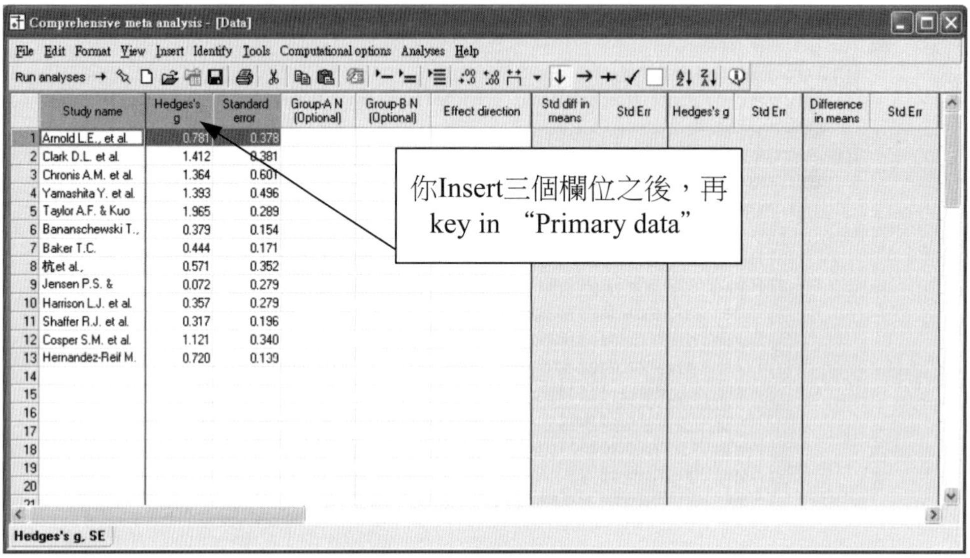

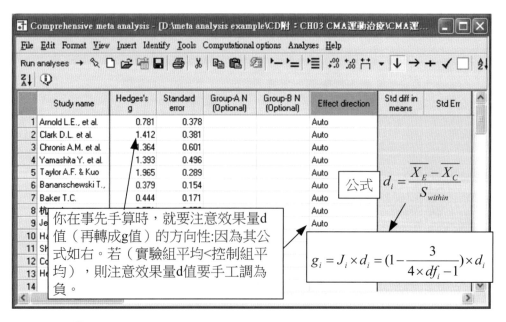

圖 3-22 將這 13 篇論文之 (Study name, Hedges' g, Standard) 鍵入

Step 4：將這 13 篇論文「Effect direction」全選為「Auto」，畫面結果如圖 3-23。

圖 3-23 將這 13 篇論文「Effect direction」全選為「Auto」

公式

$$d_i = \frac{\overline{X_E} - \overline{X_C}}{S_{within}}$$

$$g_i = J_i \times d_i = (1 - \frac{3}{4 \times df_i - 1}) \times d_i$$

你在事先手算時，就要注意效果量 d 值（再轉成 g 值）的方向性：因為其公式如右。若（實驗組平均<控制組平均），則注意效果量 d 值要手工調為負。

Step 5：在 CMA 選擇表中，選按「Analyses → Run Analyses」，即可求出 13 篇論文及總合效果量之「顯著性」Z 檢定及 p-value（圖 3-24）。

CMA 的個別效果量、平均效果量、標準化 Z 的 p-value 及其對應的 95% 信賴區間，均以森林圖 (forest plot) 來總結。森林圖以方框和橫線表示各篇個別研究的效果值及其 95%CI；中線則代表無效垂線 (zero vertical line)。菱形圖則是統合的結果，當 95% 信賴區間不包含 0，判定「總平均效果量」達統計 0.05 顯著水準，反之若 95% 信賴區間含 0，則顯示未達顯著性。

本例分析結果，13 篇論文中，4 篇傾向運動治療對注意力不足的兒童是無療效的 $(p > 0.05)$，9 篇傾向運動治療是有療效的 $(p < 0.05)$。

CMA 預設個別研究之間誤差是同質的，假定誤差設計是「Fixed effect」的情況下，平均效果量「Hedges's g」$\overline{g} = +0.631 (p < 0.05)$，達顯著水準，故實驗組的運動治療效高於控制組。總體而言，運動治療對注意力不足的兒童是有療效的。

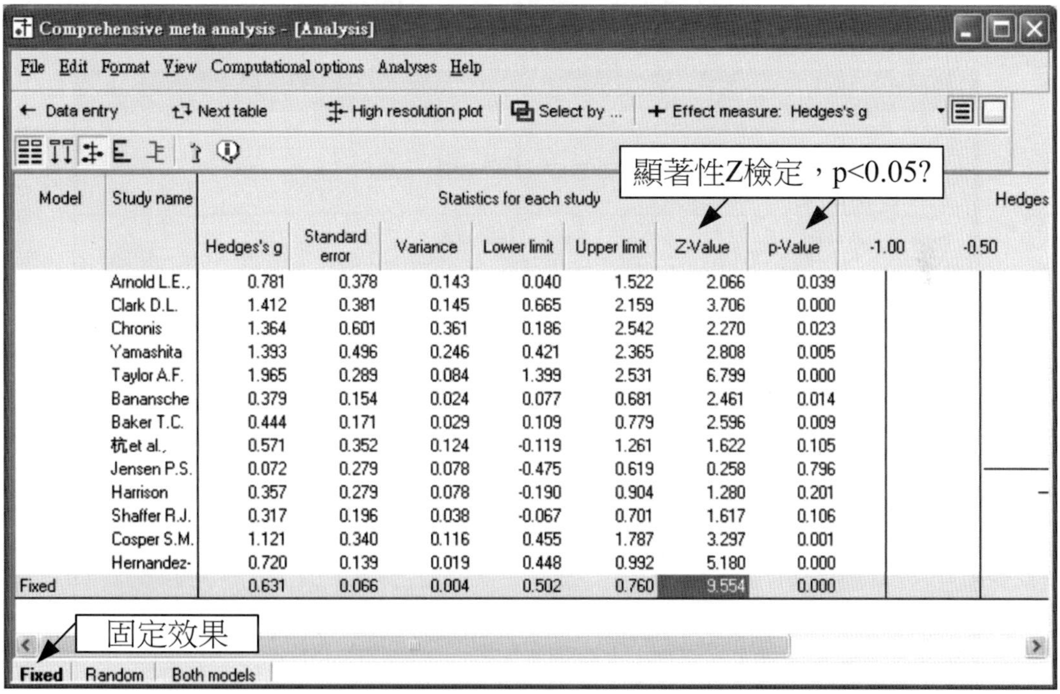

Model	Study name	Hedges's g	Standard error	Variance	Lower limit	Upper limit	Z-Value	p-Value
	Arnold L.E.,	0.781	0.378	0.143	0.040	1.522	2.066	0.039
	Clark D.L.	1.412	0.381	0.145	0.665	2.159	3.706	0.000
	Chronis	1.364	0.601	0.361	0.186	2.542	2.270	0.023
	Yamashita	1.393	0.496	0.246	0.421	2.365	2.808	0.005
	Taylor A.F.	1.965	0.289	0.084	1.399	2.531	6.799	0.000
	Banansche	0.379	0.154	0.024	0.077	0.681	2.461	0.014
	Baker T.C.	0.444	0.171	0.029	0.109	0.779	2.596	0.009
	杭et al.,	0.571	0.352	0.124	-0.119	1.261	1.622	0.105
	Jensen P.S.	0.072	0.279	0.078	-0.475	0.619	0.258	0.796
	Harrison	0.357	0.279	0.078	-0.190	0.904	1.280	0.201
	Shaffer R.J.	0.317	0.196	0.038	-0.067	0.701	1.617	0.106
	Cosper S.M.	1.121	0.340	0.116	0.455	1.787	3.297	0.001
	Hernandez-	0.720	0.139	0.019	0.448	0.992	5.180	0.000
Fixed		0.631	0.066	0.004	0.502	0.760	9.554	0.000

圖 3-24　13 篇論文及總合效果量之「顯著性」Z 檢定及 p-Value

Step 6：做異質性 Q 檢定：儘管 CMA 預設個別研究之間誤差是同質的，但經驗法則來看，大部分 Meta 分析都是「個別論文的誤差間是異質性」，故須做異質性

Q 檢定。

接著在圖 3-24 CMA「[Analyses]」畫面上方，按「Next table」按鈕，即可出現「Q 檢定」表格，結果顯示本例有異質性 $Q_{(12)} = 43.449$ ($p<0.05$)（圖 3-25），故在 CMA 左下角，改選「Random effect 或 Both」，畫面即會出現「隨機模型之平均效果量」（如圖 3-26）。

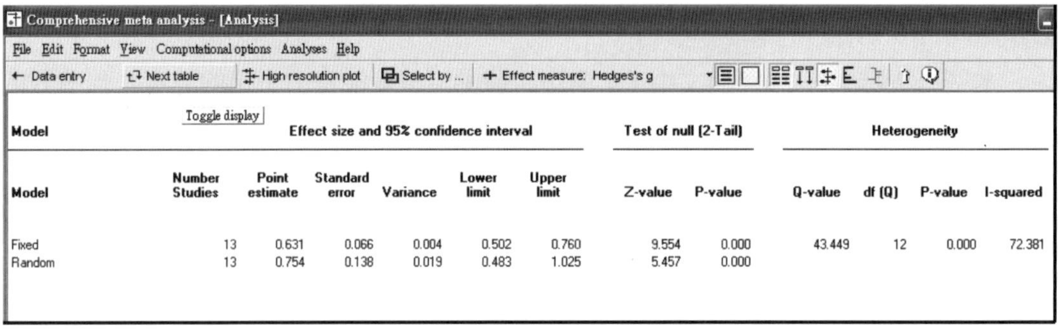

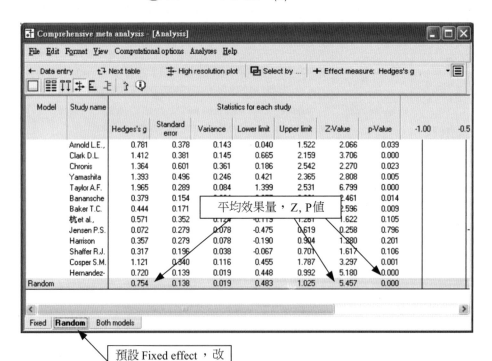

Comprehensive meta analysis - [Analysis]

Model	Number Studies	Point estimate	Standard error	Variance	Lower limit	Upper limit	Z-value	P-value	Q-value	df (Q)	P-value	I-squared
	Effect size and 95% confidence interval						Test of null (2-Tail)		Heterogeneity			
Fixed	13	0.631	0.066	0.004	0.502	0.760	9.554	0.000	43.449	12	0.000	72.381
Random	13	0.754	0.138	0.019	0.483	1.025	5.457	0.000				

圖 3-25　異質性 $Q_{(12)} = 43.449$

Comprehensive meta analysis - [Analysis]

Model	Study name	Hedges's g	Standard error	Variance	Lower limit	Upper limit	Z-Value	p-Value
	Arnold L.E.,	0.781	0.378	0.143	0.040	1.522	2.066	0.039
	Clark D.L.	1.412	0.381	0.145	0.665	2.159	3.706	0.000
	Chronis	1.364	0.601	0.361	0.186	2.542	2.270	0.023
	Yamashita	1.393	0.496	0.246	0.421	2.365	2.808	0.005
	Taylor A.F.	1.965	0.289	0.084	1.399	2.531	6.799	0.000
	Banansche	0.379	0.154	[illegible]	[illegible]	[illegible]	2.461	0.014
	Baker T.C.	0.444	0.171	[illegible]	[illegible]	[illegible]	2.596	0.009
	杭et al.,	0.571	0.352	[illegible]	[illegible]	[illegible]	1.622	0.105
	Jensen P.S.	0.072	0.279	0.078	-0.475	0.619	0.258	0.796
	Harrison	0.357	0.279	0.078	-0.190	0.904	1.280	0.201
	Shaffer R.J.	0.317	0.196	0.038	-0.067	0.701	1.617	0.106
	Cosper S.M.	1.121	0.340	0.116	0.455	1.787	3.297	0.001
	Hernandez-	0.720	0.139	0.019	0.448	0.992	5.180	0.000
Random		0.754	0.138	0.019	0.483	1.025	5.457	0.000

圖 3-26　「Random effect」平均效果量 g 為 0.754 (Z = 5.457, p < 0.05)

結果顯示：平均效果量 Hedges's g 為 0.754，其標準化常態分配 Z = 5.457(p < 0.05)，且平均 ES 的 95%CI = [0.483,1.025]，亦不含「0」，都達 0.05 顯著水準。故可說，運動治療對注意力不足過動孩童的影響，係有顯著療效。

統合上述結果，本文證實：運動治療對注意力不足過動症問題的孩童確實具有正向及高度成效值的療效。本文若刪除極端值後，剩 12 篇文章再進行 Meta 分析，同質性檢測結果為 $Q_{(11)}$ = 32.149，p = 0.001，顯示各研究間仍為異質性；因此運用隨機效果模型，再重算後得整體成效值為 0.720(p = 0.000)，95% 信賴區間為 0.447 至 0.993（不含「0」），亦達統計上的顯著差異，表示運動治療介入後可改善注意力不足過動症孩童行為，從森林圖之呈現亦可推測運動治療介入對於注意力不足過動症之孩童具「正面」療效，有 12 個成效值皆屬正向效果，證實我們的假設，運動治療的介入對於注意力不足過動症孩童具正面且高度的療效。

Step 7：做「發表偏誤」檢定，即在上圖畫面中，選按「Analyses → Publication bias」，結果出現下圖。

檢視漏斗散布圖 (Funnel Plot)，若出現「圖形不稱性」，可目測判定「有發表偏誤」。以下圖來說，因漏斗散布圖 (Funnel Plot) 右側，出現一個極端值 (outlier)，導致整個 Funnel Plot「圖形不稱性」，故 13 篇論文可能有「發表偏誤」。此時有二個解決方法來克服：(1)將極端值這篇論文捨棄，不納入 Meta 成分。(2)將 CMA 左下角，系統預定「固定效果 (Fixed effect)」改按為「隨機效果 (Random effect)」。

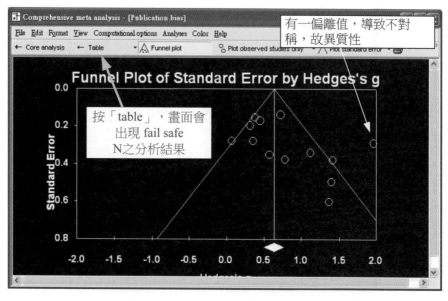

▶ 圖 3-27　「發表偏誤」檢定結果

為「精確」判定「發表偏誤」，接著在圖 3-27 CMA 系統，再按「table」，面畫會出現圖 3-28 fail-safe N 之分析結果，結果顯示 fail-safe N = 9.97381(p < 0.05)，表示沒有發表偏誤問題。

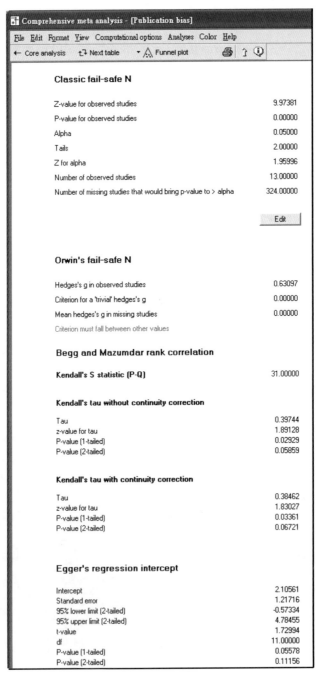

▶ 圖 3-28　運動治療 fail-safe N 之分析結果（有 3 種算法）

雖經檢視整體研究的漏斗圖發現有不對稱的情形，但於本次研究中計算出的 Fail-Safe N 的 Z = 9.97(p < 0.05)，「Number of missing studies that bring p to > alpha」要納入「324」篇不顯著的初步研究就會推翻本次研究正向成效的結論。因此，於本次研究不容易出現發表偏誤的情形。

發表偏誤 (publication bias) 又稱文匣 (file drawer) 問題，常用來檢測發表偏誤的方法有漏斗散布圖 (funnel plot)、Fail-safe Number 及 Egger 檢定法：

方法 1：漏斗散布圖 (funnel plot)

漏斗散布圖是 1984 年由 Light 和 Pillemer 所提出的，以圖形方式表現與發表偏誤的關係，圖的橫軸（X 軸）代表各個研究的效果量，縱軸（Y 軸）代表研究樣本數或標準誤 (Petitti, 2000)。如果沒有發表偏誤，小樣本數的研究效果量會越接近圖形底部，大樣本數的研究效果量則會分布在圖形高處，而呈現一個對稱的倒漏斗形狀。雖然使用便利，但如納入的研究篇數較少、研究間的異質性太高，都會影響圖形的對稱性。

方法 2：安全失效數 (Fail-safe Number, FSN)

Rosenthal(1979) 提出的 Fail-safe Number 又稱安全失效數或失安全數，目的是了解 Meta 分析結果如為顯著意義時，還需要多少篇未顯著的原始研究，使其平均效果量變成不顯著。其計算公式為 $N_{fs0.05} = (\frac{\sum_{i=1}^{K} Z_i}{1.64})^2 - K$（S 表研究中達顯著的篇數，N 表研究中未達顯著的篇數），若 FSN 大於容忍值 (tolerance level) 5K + 10（其中 K 表 Meta 分析納入之研究總篇數），則表示發表偏誤對 Meta 分析的結果可能影響不大。FSN 的值越大，表示越沒有影響發表偏誤的因素。但其缺點是過分強調統計的顯著性，易忽略實際顯著效果。

方法 3：Egger 檢定法（CMA 軟體有提供此法）

是由 Egger、Smith、Schneider 與 Minder(1997) 所提出的線性迴歸分析法。主要在分析效果量與變異數的關係，檢定方程式的截距是否 = 0，若 CMA 軟體「Meta-regression」截距越接近 0，則表發表偏誤越小，意即當 p-value > 0.05，即接受虛無假設 H_0，表示研究結果無發表偏誤。Egger 檢定法的缺點是，當 Meta 分析的研究篇數過少時，其統計檢驗力較低，且易高估發表偏誤。

第 4 章

本書 Excel 實作 Meta-analysis

　　有鑑於社會科學專用 Meta 軟體非常缺乏，故本書光碟附有作者設計「Excel 程式」，特別適合將個別研究之統計值（卡方、t 值、F 值、Pearson's r 值，Cohen's d 值），自動「單位轉換」成其對應的效果量 (d_i, r_i, Fishers Zr_i, Z_i, Winner t_i)，並自動進行異質性 Q 檢定 ($Q = \sum_{i=1}^{k} \left[w_i \left(r_i - \bar{r} \right)^2 \right]$)、出版偏誤 ($N_{f.s.0.5} = \left(\dfrac{\sum_{i=1}^{K} Z_i}{1.645} \right)^2 - K$)，最後再算出「平均效果量」($\overline{Zr} = \dfrac{\sum_{i=1}^{k} (N_i - 3) Zr}{\sum_{i=1}^{k} (N_i - 3)}$) 及其顯著性檢定（$Z_c$ 的顯著性檢定

$Stouffer' \, Z = \dfrac{\sum_{i=1}^{K} Z_i}{\sqrt{K}}$、Winner' t 顯著性 $Z_c = \dfrac{\sum_{i=1}^{K} t_i}{\sqrt{\sum_{i=1}^{K} \left(\dfrac{df_i}{df_i - 2} \right)}}$)。其中，$i$ 為第 i 篇論文，K

為論文總篇數。

　　本書主推 Excel、Comprehensive Meta-analysis 軟體實作 Meta，你可鍵入原始資料的格式 (format)，常見的有 7 類型，如下表所示。

表 4-1 本書 Excel、CMA（輸入原始資料的格式）

	統計量數	Excel	CMA	研究設計	應用領域
型 1	實驗組與控制組之 M, S	√	√	A 因子→Y	社會 / 自然科學
型 2	χ^2，t，F，d_i	√	√	A 因子→Y	社會 / 自然科學
型 3	r 族系列	√	√	X 因→Y 果 多重因果	社會 / 自然科學
型 4	Cohen's d_i	√	√	X 因→Y 關聯	社會 / 自然科學
型 5	Hedges's g_i		√	X 因→Y 關聯	社會 / 自然科學
型 6	Odd Ratio(OR) Risk Ratio(RR)		√	A 因子→Y	自然科學
型 7	迴歸係數 b、p 值		√	X 因→Y 果 多重因果	社會科學

◆ 4-1 實作 Meta 分析之程序 ◆

同一個論題的研究，常會因不同的研究者而有不同的結果，甚至同一個研究者反覆進行研究，還是會得到不盡相同的結果。例如：有關家庭作業與學業成就的關係，有的研究說有正相關，有的研究說沒有正相關，那麼到底要何去何從呢？

於是，這樣的論題就發展出 Meta 分析研究法，此法把所能蒐集到的研究聚集在一起，也是「量化的文獻回顧」。先透過一些準則進行分類，然後再對研究結果進行統計「單位變換」，得到一致性的綜合結果，以化解許多實驗處理是否有效之正反辯論。

本書作者所開發 Excel 程式，Meta 分析的統計技術採用 Z-score 的概念與各效果量 (effect-size, ES) 的單位換算公式（如 Cohen's d, Hedges's g, Fisher's Zr），其 Meta 分析步驟如圖 4-1。

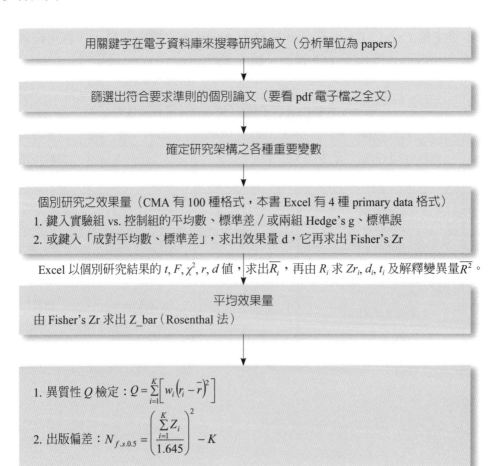

用關鍵字在電子資料庫來搜尋研究論文（分析單位為 papers）

篩選出符合要求準則的個別論文（要看 pdf 電子檔之全文）

確定研究架構之各種重要變數

個別研究之效果量（CMA 有 100 種格式，本書 Excel 有 4 種 primary data 格式）
1. 鍵入實驗組 vs. 控制組的平均數、標準差 / 或兩組 Hedge's g、標準誤
2. 或鍵入「成對平均數、標準差」，求出效果量 d，它再求出 Fisher's Zr

Excel 以個別研究結果的 t, F, χ^2, r, d 值，求出 $\overline{R_i}$，再由 R_i 求 Zr_i, d_i, t_i 及解釋變異量 $\overline{R^2}$。

平均效果量
由 Fisher's Zr 求出 Z_bar（Rosenthal 法）

1. 異質性 Q 檢定：$Q = \sum_{i=1}^{K} \left[w_i (r_i - \bar{r})^2 \right]$

2. 出版偏差：$N_{f.s.0.5} = \left(\dfrac{\sum_{i=1}^{K} Z_i}{1.645} \right)^2 - K$

顯著性驗定

1. Z_c 的顯著性檢定：$Stouffer'Z = \dfrac{\sum\limits_{i=1}^{K} Z_i}{\sqrt{K}}$

2. Winner's t 顯著性：$Z_c = \dfrac{\sum\limits_{i=1}^{K} t_i}{\sqrt{\sum\limits_{i=1}^{K}\left(\dfrac{df_i}{df_i - 2}\right)}}$

▶ 圖 4-1　使用 Excel 軟體 or CMA 軟體做 Meta 之流程

對生物、醫院而言，其 Meta 研究之思考步驟，與社會科學領域不盡相同，故特別概說如下：

Step 1：先定義研究問題 (research question)

藉由 PICO(problem，intervention，comparison，outcome) 的問題模型，將問題清楚的定義。

Step 2：文獻搜索

（略）

Step 3：確定研究文獻篩選的準則 (criteria)

由於醫界、教育界、商管界等不同的領域的 Meta 研究，其文獻篩選的準則亦不盡相同，彼此差異概述如下：

(一) 醫界之論文篩選

以醫界來說，通常須考慮以下之文獻篩選條件：

1. 研究形式 (types of studies)：假設搜尋文獻的必需是「臨床隨機研究」或是「世代追蹤的研究」，符合的研究資料才收入條件。

2. 目標族群 (types of participants) 之設立及排除之條件。

3. 治療方法 (types of intervention)，即實驗組與控制組之治療方法。

4. 結果衡量 (types of outcome measurement)，包含：原始個別之研究結果 (primary outcome，綜合個別研究之二手結果 (secondary endpoint) 或複雜化 (complication) 等。

(二)教育界之論文篩選

相對於自然科學，社會界之篩選論文方式不盡相同。假設，研究主題為「故事結構教學法對閱讀理解之影響」，文獻搜索包括線上資料庫及追溯法。其研究樣本的篩選概述如下：

1. 資料來源

為了有系統、有效率的蒐集相關的研究報告，論文期刊資料的蒐集來源，以下列幾類資料庫為主：「臺灣博碩士論文加值系統」、「國家圖書館－臺灣廣域數位圖書館」、「HyRead 臺灣全文資料庫」、「國立臺北教育大學圖書館－電子資源整合查詢系統」、「EdD Online 教育論文線上資料庫」、「國家圖書館－期刊文獻資訊網」、「臺灣期刊論文索引系統」、「CEPS 中文電子期刊服務（華藝線上圖書館）」。另外，也以追溯的方式，檢視相關研究資料中所列出的參考文獻，並利用 Google 搜尋網站協助搜尋，補足使用電子資料庫可能的漏網之魚。

2. 資料檢索

限定標題必須要有「Story Grammar」、摘要或是關鍵字必須要出現「閱讀理解」及「實驗」的研究報告才採用。但是因為故事結構有很多相同概念的不同稱呼，所以又搜尋主題包含「故事結構」、「故事文法」、「故事架構」、「故事構圖」、「故事基模」、「故事圖解」的研究資料。

綜合上述，「故事結構教學」文獻篩選有 4 個準則：

1. 研究對象

若只想要了解「故事結構教學對國小學生的影響」，因此原始資料僅限臺灣而且是針對國小學童所做的研究，但是不限是一般生或是特殊身心障礙學生。因此，研究對象排除學齡前兒童、幼兒園兒童、國中生、高中生、高職生、大學生等。

2. 研究主題

依變數必須是採用故事結構教學策略，控制組採用傳統教學，而且是針對國語文閱讀理解能力所進行的研究。因此排除了其他學習領域及不相關的主題（如：只針對口語敘事能力、寫作能力、故事結構能力、故事重述能力所做的研究）；萬一控制組不是採用一般傳統教學，也難以進行比較，如：陳姵樺（2010）研究的實驗組採用故事結構合作學習，控制組採用故事結構教學，因為難以和其他研究進行比較，也只好剔除不用。

3. 研究型態

必須是準實驗研究、真實驗研究，才方便計算效果量。因此排除了信效度皆低的前實驗研究，及行動研究、個案研究或其他質性研究；若實驗研究資料不清楚或是難以判斷，該文獻亦不列入分析。另外，因為本實驗要計算立即效果及延宕效果，所以單一受試實驗研究中，若是沒有清楚的維持期，也不列入研究考量。

4. 研究結果

必須提供足夠的量化研究數據，方能計算出每一篇研究報告的效果量。而所謂足夠的量化研究數據係指研究結果中必須有以下三者之一：(1) 平均數及標準差。(2)F值及樣本數。(3)t 值及樣本數，才能進行後續的效果量加權平均及結果分析。

(三) 商管界之論文篩選

對行銷學而言，假設主題是「新產品績效的影響因素」，其論文篩選方法如下：

1. 資料搜尋工具

利用「Business Source Premier–BSP(EBSCO host)」、Science Direct、ProQuest電子資料庫，搜尋電子檔，並輔以「出版期刊紙本」文獻。

2. 資料搜尋準則

例如：產品績效，可用「product innovativeness」、「product advantage」、「new product success」和「new product performance」當主要關鍵字，搭配過去研究中所討論過的變數，也就是影響「新產品績效」的前因，作為搜尋的準則。除此之外，再輔以追溯研究的參考文獻，形成本研究的主要研究樣本。變數與變數間討論，必須建構在「新產品開發」的基本假設上去發展。蒐集到一篇文獻並判定屬於本研究範圍後，研究者會記錄每一篇文獻的樣本數、國籍、研究的產業等資訊。

(四) 文獻品質的判定

因為作者之間的歧見，應用正式且客觀的方法來解決，必要時，尋找第三方作者來仲裁。

故搜尋到的文獻，必須再經過品質篩選之過程，文獻品質的判定篩選，必須至少由二位以上專家進行。每位專家必須對這些文獻的品質有一致的看法，一般常用kappa 值來表示；如 kappa > 0.65，算是有不錯的一致性。

(五)異質性Q檢定

根據經驗法則，大多數的 Meta 分析，收錄的個別研究間是異質性，都應採用隨機效果來估計平均效果量。

🔲小結

Meta 要收錄多少篇的論文文獻，才足夠進行 Meta 分析呢？若以型 I 誤差 α =0.05，型 II 誤差 β =0.8 來計算，理想上是 24 篇以上，但事實很少找到這麼多的相似的文獻。

◆ 4-2 統計學回顧

由於 Meta 係將傳統高等統計，透過「Cohen's d, Pearson r, Fisher's Zr, Hedge's g」等單位轉換公式，將 t 檢定、變異數 F 檢定、相關／迴歸 r 等統計量，轉換成效果量 (ES)。故你要對高統統計的精華做溫故知新。

🔲 4-2-1 統計量之應用

初統及高統，常見的資料分析方法，可歸納成表 4-2。

表 4- 2　資料分析方法之參考表

	單因子	兩因子關係	兩因子線性關係	多因子關係(有依變數)	多因子關係(無依變數)
連續變數（平均數為比較基準）	1. Z-test(e.g. 常態分配之偏態／峰度檢定) 2. t-test 3. ANOVA 4. 無母數統計 (Wilcoxon rank test 等)	ANOVA、ANCOVA	相關分析、線性模型、時間序列 (ARIMA)	迴歸分析、時間序列（自身相關、向量自我迴歸、VECM）、複迴歸之交互項	多變量分析：如因素分析、集群分析、MDS 等

（續前表）

	單因子	兩因子關係	兩因子線性關係	多因子關係（有依變數）	多因子關係（無依變數）
類別變數（% 為比較基準）	1. Z-test 2. 卡方檢定（e.g. 樣本代表性或隨機性檢定、樣本 non-responded bias、適合度檢定） 3. odds ratio 4. risk ratio	類別資料分析：卡方檢定（獨立性、% 同質性、對稱性檢定）、Conjoint 分析等	廣義估計（GEE）分析法進行重複性資料的比較	對數線性（loglinear）模型、區別分析、Probit 模型、survival 模型、Multi-nomial Logit	G^2

註：若分析資料，結合橫斷面及縱貫面，則採 panel data 迴歸或 Multilevel and Longitudinal 模型、Treatment Effects 模型（虛擬變數）

1. 因子：類別自變數。例如：性別、教學法。
2. 單因子：一個類別自變數；二因子：二個類別自變數。
3. 實驗處理或實驗水準：因子的類別或水準。例如：實驗組 vs. 控制組；或高 vs. 中 vs. 低分組。
4. 獨立樣本：每一組受試者僅接受一種實驗處理。
5. 相依樣本：受試者需接受所有的實驗處理，例如：教學法。

一、推論統計主要工作

推論統計指用概率形式來決斷數據之間是否存在某種關係及用樣本統計值來推測總體特徵的一種重要的統計方法。推論統計包括總體參數估計和假設檢定，最常用的方法有 Z 檢定、t 檢定、卡方檢定等。推論統計主要工作如下：

(一) 估計(estimation)

利用一組由母體所取之隨機樣本資料的資訊，來推估母體之未知參數。常見有
1. 「點估計量」：由樣本資料計算的統計量，使用來估計母體參數。
2. 「區間估計」：某區間會涵蓋母體參數的可能性。
3. 「信賴區間 (confidence interval)」：在特定機率下，估計母體參數可能落在的數值範圍。此特定的機率值可以稱為信賴水準。

(二) 假設檢定(testing of hypothesis)

研究者對現象（參數）提出主觀的研究假設，再利用樣本特徵的資訊（抽樣數

據）來對研究假設，進行檢定，以做管理的正確決策。

通盤來說，假設檢定都可分解成下列 6 個步驟：

(1) 設定 H_0：針對母體設定之基本假設。對立假設 H_1：針對題意欲測試之方向設定之假設。

(2) 利用樣本數據來算出檢定統計量 (test statistics)。

(3) 給定顯著水準 a（通常 Type I error 設為 0.05）。α 係指檢定顯著（差異／關聯）性之機率值。

(4) 找出「拒絕區」（可查統計書之附錄表）或計算 p-value（本書 Excel,CMA, RevMan 軟體會自動算出 p）。

(5) 作決策：通常，檢定統計量大於查表（如卡方表、t 表、F 表等）或 p-value < α，則表示「達顯著」；反之亦反。

(6) 根據題意下結論。

補充說明：

1. 檢定值 (test value)：只在平均值相等時之 95% 信賴區間之臨界值。

2. 臨界值 (critical value)：在常態母族群時，指標準常態分布下小於等於 ($\leq$) 或大於等於 ($\geq$)$1 - \alpha$ 範圍之 Z 值。在樣本族群時，指依不同自由度下，小於等於 ($\leq$) 或大於等於 ($\geq$)$1 - \alpha$ 範圍之 t 值。

(三) 樣本平均數的標準誤

樣本平均數抽樣分配的標準差，稱為「標準誤」(standard error)。

$\sigma_{\overline{X}} = \dfrac{\sigma}{\sqrt{n}}$，其中，

$\sigma_{\overline{X}}$ 為樣本平均數的標準誤的符號。

σ 為母體標準差。

n 為樣本大小。

(四) 95% 信賴區間 (CI) 與標準誤 $\sigma_{\overline{X}}$

(1) 若母體標準差 σ 已知，且樣本個數大於 30，我們使用 Z 分配。

$\overline{X} \pm Z_{\alpha/2} \times \dfrac{\sigma}{\sqrt{n}}$，$Z = 1.96$ 時為 $95\%CI$；即 $95\%CI = \overline{X} \pm 1.96\sigma_{\overline{X}}$。

(2) 若母體近似常態分配而母體標準差未知，且樣本個數小於 30，我們使用 t 分配。在給定信賴係數下，t 分配的值依賴自由度而定。

$\overline{X} \pm t_{(\alpha/2, n-1)} \times \dfrac{s}{\sqrt{n}}$，查表得 $t_{(n-1)}$ 值時，為 95%CI。

(3) 母體比例 p 的 95% 信賴區間的估計公式為：

$p \pm 1.96 \sqrt{\dfrac{p(1-p)}{n}}$，p 成功率；$(1-p)$ 失敗率。

(五) 設檢定的意義

　　事先對母體參數（如平均數、標準差、比例值等）建立合理的假設，再由樣本資料來測驗此假設是否成立，以為決策之依據的方法，稱為統計假設檢定或假設檢定 (hypothesis testing)。在實際的生物試驗中，往往是針對欲了解或改進的方法進行檢測，比對原有或已知的方式（對照組），以確知其差異性，此時即可利用統計假設檢定方式進行。假設之成立與否，全視特定樣本統計量與母體參數之間，是否有顯著差異 (significant difference) 而定，所以假設檢定又稱顯著性檢定 (test of significance)。

　　進行假設檢定時，同時有兩種互斥假設存在：

1. 虛無假設 (null hypothesis) H_0

　　通常為我們所欲否定的敘述，一般即訂為 $\theta = \theta_0$（或 $\theta \le \theta_0$、$\theta \ge \theta_0$），θ 為母體參數，θ_0 為母體參數假設值。

2. 對立假設 (alternative hypothesis) H_1：通常為我們所欲支持的敘述，有三種：

(1) 母體參數可能改變，訂為 $\theta \ne \theta_0$。
(2) 母體參數可能變大，訂為 $\theta > \theta_0$。
(3) 母體參數可能變小，訂為 $\theta < \theta_0$。

二、統計公式回顧

　　傳統統計學，常用公式，整理如下：

1. Pearson 積差相關 $r_{xy} = \dfrac{\sum\limits_{i=1}^{n}(x_i - \overline{x})(y_i - \overline{y})}{\sqrt{(x_i - \overline{x})^2}\sqrt{(y_i - \overline{y})^2}}$。

2. Z 檢定值：$Z = \dfrac{\overline{x} - \mu}{\sigma/\sqrt{n}}$，符合 $N(0,1)$ 分配。

3. 單一樣本 t 檢定值：$t = \dfrac{\overline{x} - \mu}{S/\sqrt{n}}$，符合 $t_{(n-1)}$ 分配。

4. 卡方檢定值：$\chi^2 = \sum\limits_{i=1}^{n}\sum\limits_{j=1}^{m}\dfrac{(o_{ij} - e_{ij})^2}{e_{ij}} = (\dfrac{\overline{x} - \mu}{\sigma/\sqrt{n}})^2 = Z_1^2 + Z_2^2 + \cdots + Z_n^2$，符合 $\chi^2_{(n-1)}$ 分配。

5 F 檢定值：$F = \dfrac{SS_B/(K-1)}{SS_W/(N-K)} = \dfrac{\sum\limits_{i=1}^{k}\sum\limits_{j=1}^{n_i}\left(\overline{Y_i}-\overline{\overline{Y}}\right)^2/(K-1)}{\sum\limits_{i=1}^{k}\sum\limits_{j=1}^{n_i}\left(Y_{ij}-\overline{Y_i}\right)^2/(N-K)} = \dfrac{\chi^2(V_1)/V_1}{\chi^2(V_2)/V_2}$ $F \sim$ 符合 $F_{(K-1,\,N-K)}$

分配。

4-2-2 統計公式之重點整理

一、t 統計公式

1. 單一樣本平均數之 t 檢定

資料：隨機變數 (R.V.) $X_1, X_2, X_3, \cdots, X_n \overset{i.i.d}{\approx} N(\mu, \sigma^2)$

檢定：(a) $H_0 : \mu \geq \mu_0$　vs.　$H_1 : \mu < \mu_0$

　　　(b) $H_0 : \mu \leq \mu_0$　vs.　$H_1 : \mu > \mu_0$

　　　(c) $H_0 : \mu = \mu_0$　vs.　$H_1 : \mu \neq \mu_0$

檢定量：(1) σ^2 已知時，$Z = \dfrac{\overline{X} - \mu_0}{\sqrt{\dfrac{\sigma^2}{n}}} \sim N(0,1)$

　　　　(2) σ^2 未知時，$T = \dfrac{\overline{X} - \mu_0}{\sqrt{\dfrac{\sigma^2}{n}}} \sim t_{(n-1)}$

決策：以「檢定 (a)」為例，拒絕區 $= \{t_0 < -t_{\alpha(n-1)}\}$、p-value $= P_r(T < t_0)$

2. 獨立樣本 t 檢定之重點整理

假設兩組連續型獨立數據如下：

資料：隨機變數 (R.V.) $X_1, X_2, X_3, \cdots, X_m \overset{i.i.d}{\approx} N(\mu_X, \sigma_X^2)$，樣本平均數 $\overline{X}$

　　　隨機變數 (R.V.) $Y_1, Y_2, Y_3, \cdots, Y_n \overset{i.i.d}{\approx} N(\mu_Y, \sigma_Y^2)$，樣本平均數 $\overline{Y}$

檢定：$H_0 : \mu_X = \mu_Y$　vs.　$H_1 : \mu_X \neq \mu_Y$

先檢定：$H_0 : \sigma_X^2 = \sigma_Y^2$　vs.　$H_1 : \sigma_X^2 \neq \sigma_Y^2$

檢定統計量：$F = \max(S_X^2, S_Y^2)/\min(S_X^2, S_Y^2) \sim F(m-1, n-1)$ 或 $F(n-1, m-1)$

決策：拒絕區 $= \dfrac{S_1^2}{S_2^2} \geq F_{\frac{\alpha}{2}}(n_1-1, n_2-1)$ 或 $\dfrac{S_1^2}{S_2^2} \geq F_{\frac{\alpha}{2}}(n_2-1, n_1-1)$

p-value $= 2\min\{P_r(F > f_0), P_r(F < f_0)\}$

情況 1：若無法符合假定 $\sigma_X^2 = \sigma_Y^2$（Behrens-Fisher 問題）時，異質變異數之

檢定量：$T = (\overline{X} - \overline{Y}) / \text{S.E.} (\overline{X} - \overline{Y}) = (\overline{X} - \overline{Y}) / \sqrt{\dfrac{S_X^2}{m} + \dfrac{S_Y^2}{n}}$ ～近似 t 分配。

$$\text{d.f.} = (\dfrac{S_x^2}{m} + \dfrac{S_Y^2}{n})^2 / [\dfrac{S_X^4}{m^2(m-1)} + \dfrac{S_Y^4}{n^2(n-1)}]（是 \text{Welch's test} 的自由度）。$$

註：此自由度 (d.f.) 可能非整數

情況 2：若可假定 $\sigma_X^2 = \sigma_Y^2 = \sigma^2$

$$\hat{\sigma}^2 \cong \sigma_P^2 = [\sum_1^m (X_i - \overline{X})^2 + \sum_1^n (Y_i - \overline{Y})^2 +] / (m+n+2)$$

檢定量：$T = (\overline{X} - \overline{Y}) / \text{s.e.} (\overline{X} - \overline{Y}) = (\overline{X} - \overline{Y}) / \sqrt{(\dfrac{1}{m} + \dfrac{1}{n}) S_p^2} \sim T(m+n-2)$

觀點：當檢定 $\mu_X > \mu_Y$ 時，基本上看 $(\overline{X} - \overline{Y})$ 差距是否夠大，大到某程度，才可說，具有 $\mu_X > \mu_Y$ 的性質。

決策 1：(1) $H_1 : \mu_X > \mu_Y$ 拒絕域為 $(\overline{X} - \overline{Y}) > \sqrt{(\dfrac{1}{m} + \dfrac{1}{n}) S_p^2} \times t_\alpha(n+m-2)$

(2) $H_1 : \mu_X < \mu_Y$ 拒絕域為 $(\overline{X} - \overline{Y}) < \sqrt{(\dfrac{1}{m} + \dfrac{1}{n}) S_p^2} \times t_\alpha(n+m-2)$

(3) $H_1 : \mu_X \neq \mu_Y$ 拒絕域為 $|\overline{X} - \overline{Y}| > \sqrt{(\dfrac{1}{m} + \dfrac{1}{n}) S_p^2} \times t_{\alpha/2}(n+m-2)$

決策 2：以檢定 (3) 為例，其 p-value $= 2P_r(T > |t_0|)$。

二、ANOVA 統計公式

(一) ANOVA 重點整理

1. 實驗樣本資料

level	總樣本數	邊際平均數 (margin)
1	$X_{11}, X_{12}, \ldots\ldots\ldots X_{1n_1}$	$X_{1\cdot}$
2	$X_{21}, X_{22}, \ldots\ldots\ldots X_{2n_2}$	$X_{2\cdot}$
…	……………	…
K	$X_{K1}, X_{K2}, \ldots\ldots\ldots X_{Kn_K}$	$X_{k\cdot}$

其中，總樣本數 $n = \sum_{i=1}^{K} n_i$

2.「事先」假定條件

$$X_{ij} = \mu + \alpha_i + \varepsilon_{ij}，i = 1, 2, ..., k，j = 1, 2, ..., n_i$$

μ：所有母體平均、α_i：第 i 個 level 之處理效果、ε_{ij}：表實驗誤差，一般假設 $\varepsilon_{ij} \underset{i.i.d}{\sim} N(0, \sigma^2)$，由此可知隨機變數 (random variable) $X_{ij} \underset{i.i.d}{\sim} N(\mu + \alpha_i, \sigma^2)$。

ε_{ij} 假定條件：(1) 常態：樣本來自之母群，在依變數上的機率分配呈常態分配。(2) 變異數同質性：各組樣本來自同一母群，故各組樣本在依變數得分的變異數應該具有同質性。(3) 獨立性：樣本之抽取須符合均等與獨立原則。

3. 假設檢定

虛無假設 H_0：k 個 level 之平均值均相等，即 $H_0 : \alpha_1 = \alpha_2 = \cdots\cdots = \alpha_k = 0$。

對立假設 H_1：有一不等，即 H_1：不全相等。

4. ANOVA 計算步驟

Step 1：尋找檢定統計量

因為：
$$\sum_i \sum_j (X_{ij} - \overline{X}..)^2 = \sum_i \sum_j (X_{ij} - \overline{X}_i.)^2 + \sum_i \sum_j (X_{i.} - \overline{X}..)^2$$

$$\begin{array}{ccc} \| & \| & \| \\ SS_T & SS_E & SS_B \end{array}$$

（所有資料之變異）　　（各組內部之變異）（k 組之間變異）

檢定統計量：$F_0 = \dfrac{SS_B / k - 1}{SS_E / n - k} = \dfrac{MS_B}{MS_E} \sim F(k-1, n-k)$ 分配

Step 2：決策

1. 拒絕：$\{F_0 > f_a(k-1, n-k)\}$

2. P 值：$P_r(F > f_0)$，其中 F～F(k – 1, n – k) 分配。

Step 3：ANOVA 摘要表之格式

變異來源 (Source)	平方和 (Sum of Square)	自由度 (df)	均方 (MS)	F 值	p 值
組間 (Between)	SS_B	k – 1	MS_B	MS_B/MS_E	
組內 (Error)	SS_E	n – k	MS_E		
全體 (Total)	SS_T	n – 1			

(二)ANOVA三種假定(assumption)條件的檢定法

1. 常態性檢定：可用 (1) 繪圖法：Normal probability plot(p-p plot)、Normal quantile-quantile(q-q plot)。(2) 檢定法：卡方檢定、Kolmogorov- Smirnov 法、Shapiro-Wilks 法（一般僅用在樣本數 n < 50 的情況）。

2. 各處理水準 (level) 之間的變異數都須同質

即 $H_0 : \sigma_1^2 = \sigma_2^2 = \sigma_3^2 = \cdots\cdots = \sigma_k^2 = \sigma^2$

方法一：Bartlett 檢定（Levene 檢定），較適合各組的樣本人數相同時。

檢定統計量：$b = \dfrac{(S_1^2)^{n_1-1}(S_2^2)^{n_2-1}...(S_k^2)^{n_k-1}}{(S_p^2)^{n-k}} \sim$ Bartlett 分配

其中，$S_p^2 = \dfrac{\sum\limits_{i}^{k}(n_i-1)S_i^2}{n-k}$

拒絕區：$\{b < b_k(\alpha; n_1, n_2, n_3, \cdots\cdots, n_k)\}$

其中，$b_k(\alpha; n_1, n_2, \cdots, n_k) = \dfrac{\sum\limits_{i}^{k} n_i b_k(\alpha, n_i)}{n}$

修正檢定：$b = 2.303(g/c)$，

其中，$g = (n-k)\log_{10} S_p^2 - \sum\limits_{i=1}^{k}(n_i-1)\log_{10} S_i^2$

$c = 1 + \dfrac{1}{3(k-1)}(\sum\limits_{i=1}^{k}\dfrac{1}{n_i-1} - \dfrac{1}{n-k})$。→拒絕區：$\{b > \chi_\alpha^2(k-1)\}$

方法二：Cochran's 檢定：

檢定統計量 $G = \dfrac{Max(S_i^2)}{\sum\limits_{i=1}^{k} S_i^2} > g_a$，則拒絕 H_0。

3. 獨立性：請見作者《Stata 與高統分析的應用》一書，ch06〈線性迴歸的診斷〉。

三、簡單迴歸分析

(一)迴歸公式

1. 簡單線性迴歸 (simple regression)

$y_i = \beta_0 + \beta_1 x_i + \varepsilon_i$，$i = 1, 2, 3, \cdots, n$；$\varepsilon_i$：誤差。

2. 多重（複合）迴歸

$$y_i = \beta_0 + \beta_1 x_{i1} + \beta_2 x_{i2} + \cdots + \beta_k x_{ik} + \varepsilon_i$$

迴歸分析之基本假定：(1)$\{\varepsilon_1, \varepsilon_2, \cdots, \varepsilon_n\}$ 相互獨立；(2)$E(\varepsilon_i) = 0$；(3)$Var(\varepsilon_i) = \sigma^2$。

(二) 簡單迴歸之基本假定

1. $\{\varepsilon_1, \varepsilon_2, \cdots, \varepsilon_n\}$ 相互獨立，誤差沒有序列相關。

2. $E(\varepsilon_i) = 0$。

3. $Var(\varepsilon_i) = \sigma^2$，誤差符合常態分配 $N(0, \sigma^2)$。

(三) 簡單迴歸之建模步驟

Step 1：尋找迴歸係數（即估計 $\hat{\beta}_0, \hat{\beta}_1$）。

Step 2：判斷此模型之適切性。

1. 檢定 $H_0 : \beta_1 = 0$　vs.　$H_0 : \beta_1 \neq 0$。

　　方法一：利用 t 檢定。

　　方法二：利用 ANOVA 分析法：$F = \dfrac{MS_R}{MS_E}$。

2. 判定係數 R^2 越靠近 1，表示配適佳（因為表示此時自變數 X 可以解釋大部分之依變數 Y 的變動）。

Step 3：假設條件之驗證 — 殘差值 e_i 之檢定

　　先決條件：$\varepsilon_1, \varepsilon_2, \cdots, \varepsilon_n \overset{iid}{\sim} N(0, \sigma^2)$

1. 繪圖法：

(1)e_i 對 X 之圖形：可看出是同質性變異 $Var(\varepsilon_i) = \sigma^2$。

(2)e_i 對 $\hat{Y}$ 之圖形：應表示出 e_i 與 $\hat{Y}$ 無相關。

(3)繪製殘差 e_i 之常態機率圖 (normal probability plot)。

2. 殘差之獨立性檢定：（SPSS 只給定自序列相關之觀點來看）

　　檢定：$H_0 : \rho_s = 0$　vs.　$H_0 : \rho_s = \rho^s$（其中令 $e_i = pe_{i-1} + z_i$）

　　方法：Durbin-Waton test：$DW = \dfrac{\sum\limits_{i=2}^{n}(e_i - e_{i-1})^2}{\sum\limits_{i=1}^{n} e_i^2}$

一般 $1.5 \leq DW \leq 2.5$ 表示無自我相關現象。

（注意事項：若本身資料即沒有自然之次序關係，即可不用檢定）。

Step 4：極端值之檢查（有極端值應予以刪除）

　　（注意事項：當違反基本條件假定時，建議：(1) 重新建立模型—採加權最小平均法估計；(2) 將變數轉換，例如：取 log(x)。）

　　Stata 提供 DW 來偵測誤差自我相關的外掛 ado 指令如下：

ivendog from http://fmwww.bc.edu/RePEc/bocode/i 　'IVENDOG': module to calculate Durbin-Wu-Hausman endogeneity test after ivreg / ivendog computes a test for endogeneity in a regression estimated / via instrumental variables (IV), the null hypothesis for which / states that an ordinary least squares (OLS) estimator of the / same equation
lmadw from http://fmwww.bc.edu/RePEc/bocode/l 　'LMADW': module to compute Durbin-Watson Autocorrelation Test / lmavon computes Durbin-Watson Autocorrelation Test after OLS / Regression / KW: 　Autocorrelation / KW: regression / KW: OLS / KW: Durbin-Watson test / Requires: Stata version 10.1 / Distribution-Date: 20111029 / Author: Emad
lmadw2 from http://fmwww.bc.edu/RePEc/bocode/l 　'LMADW2': module to compute 2SLS-IV Autocorrelation Durbin-Watson Test at Higher Order AR(p) / lmadw2 computes 2SLS-IV Autocorrelation Durbin-Watson Test at / Higher Order AR(p) / KW: Autocorrelation / KW: Regression / KW: 2SLS / KW: LIML / KW: GMM / KW: Durbin-Watson test / Requires: Stata
lmadwnl from http://fmwww.bc.edu/RePEc/bocode/l 'LMADWNL': module to compute NLS Autocorrelation Durbin-Watson Test at Higher Order AR(p) / lmadwnl computes NLS Autocorrelation Durbin-Watson Test at / Higher Order AR(p) / KW: nonlinear least squares / KW: Durbin-Watson test / KW: autocorrelation / Requires: Stata version 11 /
panelauto from http://fmwww.bc.edu/RePEc/bocode/p 　'PANELAUTO': module to support tests for autocorrelation on panel data / These routines are minor modifications of official Stata commands / ac, archlm, bgodfrey, durbina, dwstat, pac and wntestq which / permit their use on a single time series of a panel dataset (as / specified with an if

(四)迴歸之估計與假設檢定——以簡單線性迴歸爲例

1. 迴歸估計

　　估計之方式採最小平方估計量 (least squared estimators, LSE)。

　　令 $f(\beta_0, \beta_1) = \sum_{i=1}^{n} (y_i - \beta_0 - \beta_1 x_i)^2$

　　則迴歸係數之估計，係對這 2 個迴歸係數，取偏微分：

$$\frac{\partial f}{\partial \beta_0} = -2\sum_{i=1}^{n}(y_i - \beta_0 - \beta_1 x_i) = 0$$

$$\frac{\partial f}{\partial \beta_1} = -2\sum_{i=1}^{n} x_i(y_i - \beta_0 - \beta_1 x_i) = 0$$

其解為
$$\begin{cases} \hat{\beta}_1 = \dfrac{S_{xy}}{S_{xx}} = \dfrac{\sum\limits_{i=1}^{n}(x_i - \bar{x})(x_i - \bar{x})}{\sum\limits_{i=1}^{n}(x_i - \bar{x})^2} \\[6mm] \hat{\beta}_0 = \bar{y} - \hat{\beta}_1 \bar{x} \end{cases}$$

殘差 $e_i = y_i - \hat{y} = y_i - (\hat{\beta}_0 + \hat{\beta}_1 x_i)$，必滿足 $\sum\limits_{i=1}^{n} e_i = 0$ 且 $\sum\limits_{i=1}^{n} x_i e_i = 0$。

殘差和：$SS_E = \sum\limits_{i=1}^{n} e_i^2 = \sum\limits_{i=1}^{n}[y_i - (\hat{\beta}_0 + \hat{\beta}_1 x_i)]^2 = S_{yy} - \hat{\beta}_1 S_{xx}$

殘差和的用處：利用 $\dfrac{SS_E}{n-2}$ 估計 σ^2，即取 $s^2 = \dfrac{SS_E}{n-2}$ 估計 σ^2。

2. 迴歸係數顯著性之假設

(1) 檢定 $H_0 : \beta_1 = b_1$ vs. $H_0 : \beta_1 \neq b_1$

迴歸係數 β_1 係數之 t 檢定 $= \dfrac{\hat{\beta}_1 - b_1}{s / \sqrt{S_{xx}}} \sim$ 符合 $t_{(n-2)}$ 分配

β_1 之 $(1-\alpha)$ 信賴區間為 $\hat{\beta}_1 \pm \dfrac{s}{\sqrt{S_{xx}}} \times t_{(\alpha/2, n-2)}$。

(2) 檢定 $H_0 : \beta_0 = b_0$ vs. $H_1 : \beta_0 \neq b_0$

迴歸係數 β_0 係數之 t 檢定 $= \dfrac{\hat{\beta}_0 - b_0}{s / \sqrt{\dfrac{1}{n} + \dfrac{\bar{x}^2}{S_{xx}}}} \sim$ 符合 $t_{(n-2)}$ 分配

β_0 之 $(1-\alpha)$ 信賴區間為 $\hat{\beta}_0 \pm \sqrt{\dfrac{1}{n} + \dfrac{\bar{x}^2}{S_{xx}}} \times t_{(\alpha/2, n-2)}$。

3. 迴歸之變異數解釋量 R^2

決定（判定）係數 (Coefficient of determination)：R^2

令 $SS_E = \sum\limits_{i=1}^{n} e_i^2 = \sum\limits_{i=1}^{n}[y_i - (\hat{\beta}_0 + \hat{\beta}_1 x_i)]^2 = S_{yy} - \hat{\beta}_1 S_{xx}$。

$\sum\limits_{i=1}^{n}[y_i - \hat{\beta}_0 - \hat{\beta}_1 x_i]^2 = S_{yy} - \hat{\beta}_1^2 S_{xx}$，得 $S_{yy} = \hat{\beta}_1^2 S_{xx} + SS_E$，即 $SS_T = SS_R + SS_E$。

$$R^2 = 1 - \frac{SS_E}{S_{yy}} = \frac{\hat{\beta}_1^2 \times S_{xx}}{S_{yy}} = \frac{SS_R}{SS_T}$$

當 R^2 靠近 1，表示迴歸式配適佳。

4. 迴歸性質

(1) $\hat{\beta}_0$ 及 $\hat{\beta}_1$ 均為數據 $\{y_1, y_2, \cdots, y_n\}$ 之線性加權估計量。

(2) $E(\beta_0) = \hat{\beta}_0$，$E(\beta_1) = \hat{\beta}_1$

(3) $Var(\hat{\beta}_0) = \sigma^2 \left(\frac{1}{n} + \frac{\overline{x}^2}{S_{xx}} \right), Var(\hat{\beta}_1) = \frac{\sigma^2}{S_{xx}}$

(五) 迴歸係數之Meta法

詳見本書「2-1-3b 迴歸模型之效果量換算程序」。

四、卡方 (χ^2) 檢定

(一) 卡方分布(Chi-square distribution)

檢定的時候，當資料是屬於名目 (nominal) 時，而要檢驗一個自變數對應變數的效果為何，就需要使用到卡方分布。卡方分布大約是在 1990 年首先由 Pearson 提出，由常態分布中所變化出來的，卡方值就是標準常態分布變值 Z 的平方所得到，其公式如下：

$$Z^2 = \frac{(x-\mu)^2}{\sigma^2} \text{ 或 } Z^2 = \frac{n(\overline{x}-\mu)^2}{\sigma^2}$$

上述公式中，樣本的均值為 $\overline{x}$，母群的平均值為 μ，母群的變異數為 σ^2，假若由常態分布母群裡面抽樣出 n 個樣本，並把每一個樣本 x_i，帶入上述公式，並求其總和，可得到：

$$\sum_{i=1}^{n} Z_i^2 = \sum_{i=1}^{n} \frac{(x-\mu)^2}{\sigma^2} = \frac{\sum (x_i - \mu)^2}{\sigma^2}$$

上式 Pearson 稱自由度為 df = n 的卡方值，其卡方值的公式可表示如下：

$$\chi^2_{(n)} = \frac{\sum (x_i - \mu)^2}{\sigma^2}$$

若是由 n 個樣本資料，可以得到自由度為 (n－1) 的卡方值，其公式如下：

$$\chi^2_{(n-1)} = \sum Z_i^2 = \frac{\sum (x_i - \overline{x})^2}{\sigma^2}$$

因此可以說，卡方值爲 Z 分數的平方和。

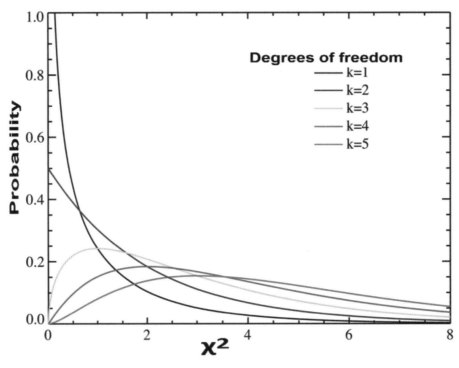

▶ 圖 4-2　卡方曲線圖隨 df 越大，就越常態化

(二)卡方檢定的多種用途

卡方檢定主要是用於等距變數或是比例變數的資料。

1. 配適度檢定 (goodness of fit test)

卡方檢定可用於檢定對某件事物的機率分布是否是眞，還是不眞，這個檢定就稱作是配適度檢定。例如：新開發的農藥殺蟲效果，是不是與藥商所說的符合。

$$\chi^2 = \sum_{i=1}^{k} \frac{(O_i - E_i)^2}{E_i}$$

其中，O_i = 樣本的觀察值。

E_i = 理論推算的期望值。

2. 獨立性檢定 (test of independence)

卡方檢定可以用於檢定同一個母群中的兩個變數之間，彼此是不是無關、是否獨立，這就稱作是獨立性檢定。例如：男女性別的差異，與看事物看法的觀點是否獨立。

在進行獨立性檢定時，I×J 交叉表的兩個變數均為設計變數，且為 2×2 交叉表，則其 χ^2 公式可改寫成：

$$\chi^2 = \frac{N(AD-BC)^2}{(A+B)(C+D)(A+C)(B+D)}$$

A	B	(A + B)
C	D	(C + D)

(A + C)　　　(B + D)

其中 A, B, C 和 D 代表 2×2 交叉表內各細格人數。

3. 同質性檢定 (test of homogeneity)

卡方檢定可用於檢定不同的樣本資料，是不是都來自同一個母群，此種卡方檢定，就稱作是同質性檢定。例如：三種不同廠牌的維骨力，對於治療退化性關節炎的效果是否相同。

同質性檢定的統計量 $\chi^2_{(R-1)(C-1)} = \sum_{i=1}^{R}\sum_{j=1}^{C}\frac{(O_{ij}-E_{ij})^2}{E_{ij}}$

其中，O 為觀察次數，E 為期望次數

若 $\chi^2 > \chi^2_{(R-1)(C-1),\alpha}$ 則拒絕虛無假設 H_0

4. Meta之異質性Cochrane Q檢定(Chi-square test of Cochran Q statistic)

$Q = \sum_{i=1}^{K} w_i \times (ES_i - \overline{ES})^2 \sim$ 符合 $\chi^2_{(K-1)}$ 分配。

若 $Q > \chi^2_{(K-1),0.05}$ 分配的臨界值，則表示每篇研究間具有異質性。

5. 改變的顯著性檢定 (test of significance of change)

二樣本資料的取得，二者之間彼此是具有連帶關係，並不是獨立取得，假如要比較測驗此二樣本資料是否有差異，就稱為改變的顯著性檢定。

◆ 4-3 本書 Excel 之 Meta 分析 ◆

本書 Excel 之統合分析就是使用「平均相關」的觀念，試圖從各研究的相關中（此「相關」係指個別研究結果中的相關（d_i, r_i, Zr_i 值）求其平均，而得一個總結的論點。

研究的統合之作用，不只是相關文獻參考資料的整合，它反而是：(1) 一個具有邏輯性的研究型態。(2) 可引導出正確的結論（異質性 Q 檢定 $Q = \sum_{i=1}^{k}\left[w_i\left(r_i - \bar{r}\right)^2\right]$、出版偏誤 $N_{f.s.0.5} = \left(\dfrac{\sum_{i=1}^{K}Z_i}{1.645}\right)^2 - K$、平均效果量 $\overline{Zr} = \dfrac{\sum_{i=1}^{k}(N_i - 3)Zr}{\sum_{i=1}^{k}(N_i - 3)}$）。(3) 假設的檢定（顯著性 Stouffer' Z 檢定 $Stouffer'Z = \dfrac{\sum_{i=1}^{k}Z_i}{\sqrt{K}}$、顯著性 Winner' t 檢定 $Z_c = \dfrac{\sum_{i=1}^{K}t_i}{\sqrt{\sum_{i=1}^{K}\left(\dfrac{df_i}{df_i - 2}\right)}}$）。(4)

以及理論的修正或建議。

▌4-3-1 範例 1：本書 Excel 之 Meta 公式解說 — t, F, 卡方, r, Cohen's d 型

有鑑於坊間 Meta 軟體（如 Stata、Comprehensive Meta-analysis、RevMan 等），它是專為自然科學領域（生物、醫院等）而設計的套裝軟體，鍵入資料多屬「實驗處理組 vs. 控制組」存活死亡（成效）類別變數之實驗設計，這種「odds ratio（勝算比）、風險比 (RR)」資料格式，不盡然適合社會科學（心理學、經濟學、教育學、組織管理、犯罪學等）。故本書作者自行開發 Excel 程式，並附在本書光碟上，免費使用，以期能對 Meta 研究者，不再害怕 Meta 統計公式運算及結果報表的解釋。

本書 Meta-analysis in Excel 軟體之操作說明，如下：

第一部分　文獻內容 vs. 統計資料的輸入

首先請「Open File」本書光碟片中「CH04 單一個因果關係 -ChiSquared,t,F,d 型 \ 單一 x meta analysis（公式稽核）.xls」檔案，即會出現圖 4-3 之畫面。

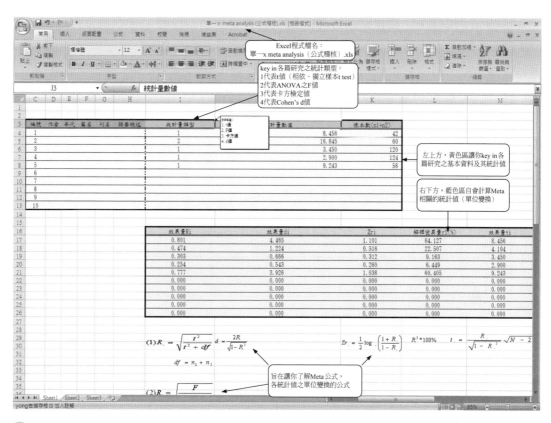

▶ 圖 4-3　已輸入 5 篇論文之 Excel 程式畫面（檔名「單一 x meta analysis（公式稽核）.xls」）

　　此範例係假設你的 Meta 分析共有 5 篇論文 (Excel 程式設計以 10 篇內為限，但你亦可在 Excel「Insert → Row」再增加筆數)，其個別論文的 priamry data 如下表所示。其中，鍵入「統計格式 (format)」有 4 種：(1) t 檢定值；(2) 變異數分析之 F 值；(3) 兩類別關聯性之卡方值；(4) 手工轉換單位之 d 值效果量。

　　本書 Excel 程式之「樣本數」係指實驗組及控制組二組人數的總和，即 $n = n_E + n_C$。

表 4-3　五篇個別論文之原始資料

Studys	Author	Year	Title	Journal	Abstract	統計類型	統計值	樣本數 $= n_E + n_C$
1	×	×	×	×	×	t-test	8.456	42 人
2	×	×	×	×	×	ANOVA	16.845	60人
3	×	×	×	×	×	t-test	3.450	120 人
4	×	×	×	×	×	t-test	2.900	124 人
5	×	×	×	×	×	t-test	9.243	58 人

註：「×」代表「省略」

以表 4-3 為例，它是實驗組及控制組二組效果的典型比較，旨在檢定實驗組處理是否比對照組有效果。

本書 Excel 程式中左側的黃色區，讓你可以鍵入「Study, Author, Year, Title, Journal, Abstract，統計類型，統計值，樣本數」，如下圖所示。

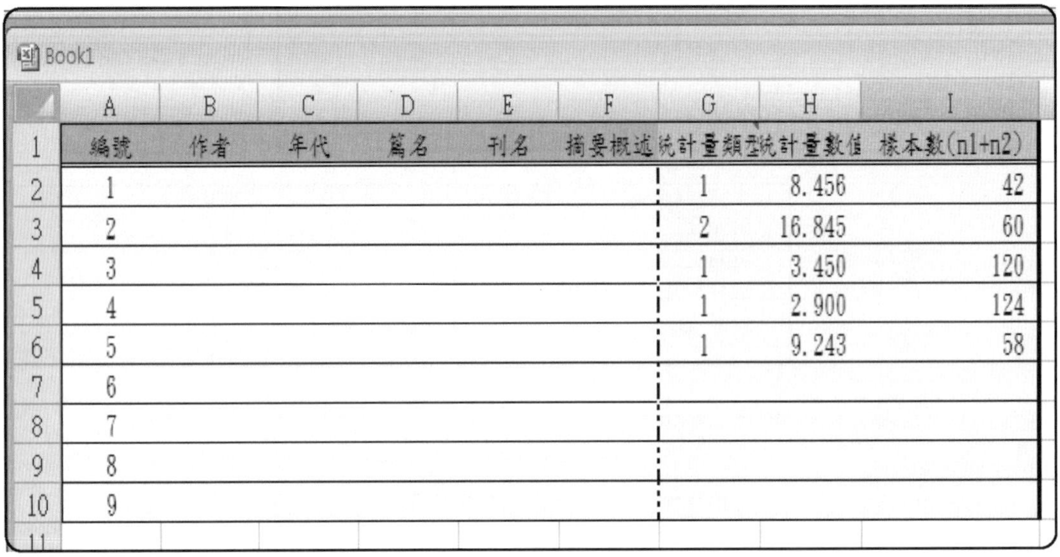

	A	B	C	D	E	F	G	H	I
1	編號	作者	年代	篇名	刊名	摘要概述	統計量類型	統計量數值	樣本數(n1+n2)
2	1						1	8.456	42
3	2						2	16.845	60
4	3						1	3.450	120
5	4						1	2.900	124
6	5						1	9.243	58
7	6								
8	7								
9	8								
10	9								
11									

▶ 圖 4-4　Excel 程式黃色區為「data 鍵入」區

假如你 Meta 研究的論文數，超過 10 篇，則你可在「CH04 Excel 兩性工作滿足（公式稽核）.xls」檔中，畫面左側黃色「鍵入 data 區」「Inser → Row」後，系統即可複製各欄的公式，即可擴大你的論文篇數。

第二部分　結果顯示 (1)

本書 Excel 程式「中間區」為青藍色區，它會自動計算出個別效果量：「Pearson Ri, Cohen's d, Fisher's Zr, t 值」，如下圖所示。

效果量Ri	效果量di	Zri	解釋變異量r2(%)	效果量ti	效果量Zi
0.801	4.465	1.101	64.127	8.456	4.677
0.474	1.224	0.516	22.507	4.104	3.806
0.303	0.666	0.312	9.163	3.450	3.363
0.254	0.543	0.260	6.449	2.900	2.850
0.777	3.926	1.038	60.405	9.243	5.718
0.000	0.000	0.000	0.000	0.000	0.000
0.000	0.000	0.000	0.000	0.000	0.000
0.000	0.000	0.000	0.000	0.000	0.000
0.000	0.000	0.000	0.000	0.000	0.000

(1) $R_i = \sqrt{\dfrac{t^2}{t^2 + df}}$　$d = \dfrac{2R}{\sqrt{1-R^2}}$　$Zr_i = \dfrac{1}{2}\log\left(\dfrac{1+R_i}{1-R_i}\right)$　$R^2 * 100\%$　$t_i = \dfrac{R_i}{\sqrt{1-R_i^2}}\sqrt{N-2}$　$Z_i = t_i(1-\dfrac{t^2}{4df})$

$df = n_1 + n_2$

(2) $R_t = \sqrt{\dfrac{F}{F + df(e)}}$

$df(e) = n_1 + n_2 - 2$

(3) $R_i = \sqrt{\dfrac{x^2}{N}}$

$N = n_1 + n_2$

(4) $R_i = \dfrac{d}{\sqrt{d^2 + \dfrac{4(N+2)}{N}}}$

箭頭指示「方向」及
Meta 各單位變換公式

平均值: 20.662　項目個數: 33　加總: 495.894

▶ 圖 4-5　Excel 程式青藍色區為「Meta 結果顯示」區（箭頭為各單位轉換的公式）

　　上圖，Excel 程式青藍色區為「Meta 結果顯示」區，其對應的公式，說明如下：

　　公式 1. 個別「效果量 r_i」，係由下列四種統計類型的「單位變換」求得。其中，t 值、F 值、卡方值都是「直接」從你蒐集之個別論文中「統計摘要表」來的：

(1-1) Pearson's $r_i = \sqrt{\dfrac{t^2}{t^2 + df}}$，$df = n_1 + n_2$。若原始個別研究，t 值為負（即 $(\overline{X}_E - \overline{X}_C) < 0$），因具有方向性，但 t 平方後，所得 r_i 卻變正號，故你在撰寫論文時，要注意 r_i 值是否已變「負號」。

(1-2) $r_i = \sqrt{\dfrac{F}{F + df(e)}}$，$df(e) = n_1 + n_2 - 2$。

(1-3) $r_i = \sqrt{\dfrac{x^2}{N_i}}$，其中 $N = n_1 + n_2$。

(1-4) $r_i = \dfrac{d_i}{\sqrt{d_i^2 + \dfrac{4(N+2)}{N}}}$，$d_i$ 為 Cohen's d。總人數為二組人數和，$N = n_1 + n_2$。

其中，Cohen's d 係改自 Hedges' g 之修正公式，即：

$$d_i = \frac{(\overline{X_E} - \overline{X_C})}{\sigma_i} \text{，標準差 } \sigma_i = \sqrt{\frac{(n_E - 1)S_E^2 + (n_C - 1)S_C^2}{n_E + n_C}}$$

Cohen's d 主要是針對獨立的觀測資料。從式中可以清楚發現 g 值與 d 值間的關係式為：

$$g_i = \sqrt{\frac{n_E + n_C - 2}{n_E + n_C}} \times d_i$$

Cohen's d 方法，至今已普遍使用在「實驗組 vs. 對照組」這二組「處理效果 (treatment effect)」之比較。故對此種類型的研究在 Meta 分析時，應對各研究的效果量先予以計算，再進行一連串的處理分析。

公式 2. Pearson's $R_i \rightarrow$ Cohen's d d_i 的公式：$d_i = \frac{2R_i}{\sqrt{1 - R_i^2}}$

公式 3. Fisher's Z_{ri} 的公式：$Zr_i = \frac{1}{2}\ln\left(\frac{1 + R_i}{1 - R_i}\right)$

公式 4. 解釋的變異量 $\overline{R}^2 \times 100\%$ 的公式：$\overline{R}^2 \times 100\%$

公式 5. $r_i \rightarrow t_i$ 的公式：$t_i = \frac{r_i}{\sqrt{1 - r_i^2}}\sqrt{N_i - 2}$，其中，$r_i$ 源自「公式 1 之 R_i」。

公式 6. $t_i \rightarrow$ 常態分配 Z_i 的公式 (Rosenthal & Rubin, 1979a)：$Z_i = t_i(1 - \frac{t_i^2}{4df_i})$，df = 自由度。

若原始個別研究，t 值為負（即 $(\overline{X_E} - \overline{X_C}) < 0$），因有方向性，平方後，$Z_i$ 卻變正號，故你在撰寫論文時，要注意 Z_i 值是否有變「負號」。

公式 7. 平均效果量 $\overline{Zr}$ 的公式：$\overline{Zr} = \frac{\sum_{i=1}^{k}(N_i - 3)Zr}{\sum_{i=1}^{k}(N_i - 3)}$，$\overline{Zr}$ 係「公式 3. Fusher's Zr_i」。

第三部分　結果顯示 (2)

以綜合檢定 (omnibus tests) 的觀點來說，當有一系列的研究不斷測試或複製某個實驗效果時，最常被文獻探討者所問的問題就是：整體說起來，這個實驗效果是否為零？綜合檢定的虛無假設 H_0：每個實驗的處理效果（或相關）都是 0。假如檢

定顯著了，拒絕 H_0，我們只能下結論說：其中至少有一個處理效果不是 0 (Hedges & Olkin, 1985)。這樣的結論當然不太能令人滿意，不過，有時候，我們只能做到這樣，因為每篇研究所提供的資訊可能都不足。

從一系列研究中，若要求出平均效果量的顯著性，合併其機率 p 的方程式至少有六種 (Strube & Miller, 1986)，其中的所謂「史道佛方法」(Stouffer, et al., 1949) 被使用的越來越廣。此方法又稱為 Z 值加總法，其機率 p 合併法有 3 個步驟：

(1) 將各篇研究的雙尾考驗 p 值、F 值、t 值、r 值或 χ^2 值轉換成單尾 p 值。

(2) 參考常態分配表（圖 2-4），將各個研究的單尾 p 值轉換成 Z 值（正向效果轉換成正 Z 值，負向效果轉換為負 Z 值）。

(3) 使用下列公式合併 Z 值：

$$Zc = (\sum_{i=1}^{K} Z_i)/\sqrt{K}$$

其中，K：共 K 篇論文研究。參考常態分配表之後，就可知 Zc 是否顯著，如果 $|Zc > 1.96|$ 表示達 0.05 顯著水準，即 K 篇研究中的效果，至少有一個不是 0。

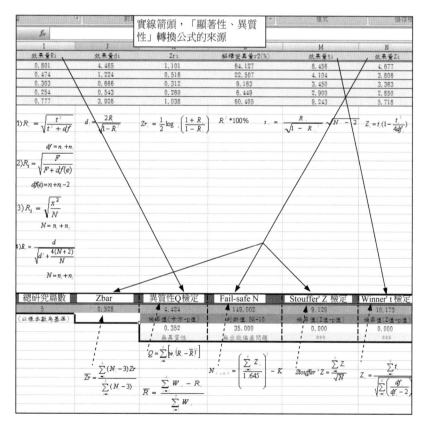

● 圖 4-6　Excel 程式藍色區為「Meta 顯著性」檢定區（實線箭頭為執行過程）

圖 4-6 係 Excel 畫面右下角之藍色區，此區域係「Meta 顯著性」檢定區，其相關公式，說明如下：

總研究篇數	Zbar	異質性 Q 檢定	Fail-safe N	Stouffer' Z 檢定	Winner' t 檢定
5	0.528	4.424	149.002	9.129	10.173
（以樣本數為基準）		機率值（卡方-p值）	判斷值 5K+10	機率值（Z值-p值）	機率值（Z值-p值）
		0.352	35.000	0.000	0.000
		無異質性	無出版偏差問題	***	***

▶ 圖 4-7　Excel 藍色區為「平均效果量、異質性、fail-safe N、顯著性」檢定區

公式 8. 異質性 Q 檢定的公式：$Q = \sum_{i=1}^{k}\left[w_i\left(r_i - \bar{r}\right)^2 \right]$，其中 $\bar{r} = \dfrac{\sum_{i=1}^{k} w_i - r_i}{\sum_{i=1}^{k} w_i}$，$w_i = \dfrac{2N}{8 + r_i}$，

其 r_i 源自「公式 1」。

公式 9. 出版偏誤「fail-safe N」的公式：$N_{f.s.0.5} = \left(\dfrac{\sum_{i=1}^{K} Z_i}{1.645}\right)^2 - K$，（K 為研究總篇

數；5K + 10 為判斷值）。其中，Z_i 源自「公式 6」。

公式 10. Zc 的顯著性檢定值公式：$Stouffer'\,Z = \dfrac{\sum_{i=1}^{k} Z_i}{\sqrt{K}}$，K 篇論文。其中，$Z_i$ 源自

「公式 6」。

　　若標準化常態分配 $Stouffer'\,Z > 1.96$，則 p<0.05，表示自變數對依變數達到顯著關係；反之，若 $Stouffer'\,Z > 1.96$，則 p>0.05，表示自變數對依變數未達到顯著關係。

　　由於一系列研究在合併之前，如果發現各個研究的研究對象、實施程序、測量方式、或名詞定義有很大的不同，也就是說各個研究可能是異質的，那麼，應先用下列公式來檢定它們的異質程度 (Rosenthal, 1984, p.77)：

$$Q = \sum_{i=1}^{k} (Z_i - M_z)^2 \sim \chi^2_{(K-1)}$$

其中 M_z 是這一系列 Z 值的平均數。假如此一考驗顯著了，則表示各個研究有頗大的異質性，合併起來或許不恰當，應再加以分類，而探討其可能的干擾變數。

公式 11. Winner' t 的顯著性檢定公式：$Z_c = \dfrac{\sum_{i=1}^{K} t_i}{\sqrt{\sum_{i=1}^{K}\left(\dfrac{df_i}{df_i - 2}\right)}}$，K= 研究篇數，df = 自

由度。其中，t_i 源自「公式 5」。

本例，五篇論文之 Meta 分析結果，整理成表 4-4 所示。

表 4-4　五篇論文之 Meta 分析結果摘要表

論文	統計值	樣本數 $= n_E + n_C$	Pearson r_i	Fisher's Zr	Cohen d_i	t_i (ES)	Z_i (ES)	$\bar{r}^2$ (%)
1	t=8.456	42 人	0.801	1.101	4.465	8.456	4.677	64.127
2	F=16.85	60 人	0.474	0.516	1.224	4.104	3.806	22.507
3	t=3.450	120 人	0.303	0.312	0.666	3.450	3.363	9.163
4	t=2.900	124 人	0.254	0.260	0.543	2.900	2.850	6.449
5	t=9.243	58 人	0.801	1.038	3.926	9.243	5.718	60.405

平均效果量：$\bar{R} = 0.427$。
出版偏誤，fail-safe N = 35.000，並無出版偏誤問題。
1 顯著性 Stouffer' Z 檢定 = 9.129(p < 0.05)

總解釋變異量 $\bar{R}^2$ = 18.23(%)
異質性檢定 Q = 0.352，顯示這 5 篇論文間並無異質性。
2 顯著性 Winner' t 檢定 =10.173

▧ 小結

由上述過程，可看出，本書 Excel 程式簡單好用，Meta 分析之報表易讀；值得口碑相傳。

▧ 4-3-2 範例 2：男女工作滿意度差異之 Meta-M,S,n 型

表 4-5　六變數之 Meta 輸入格式

實驗組（吃新藥的 case 組）			控制組（安慰劑的對照組）		
人數 n_1	平均數 M_2	標準差 SD_1	人數 n_2	平均數 M_2	標準差 SD_2
.	.	.	.	.	.
.	.	.	.	.	.
.	.	.	.	.	.
.	.	.	.	.	.

將上表，這類「實驗組─控制組」二組的「人數、平均數、標準差」共 6 變數，直接輸入光碟片附的「CH04 Excel 兩性工作滿足（公式稽核）.xls」程式，自動求得：r 值、Fish's Zr、Cohen's d、Hedges g 值等。

或改用「Paired-Effect-Size-Calculator-v1.1.xls」程式，也可將這 6 變數轉成 r 值、Fish's Zr、Cohen's d、Hedges g 值（圖 3-14）。

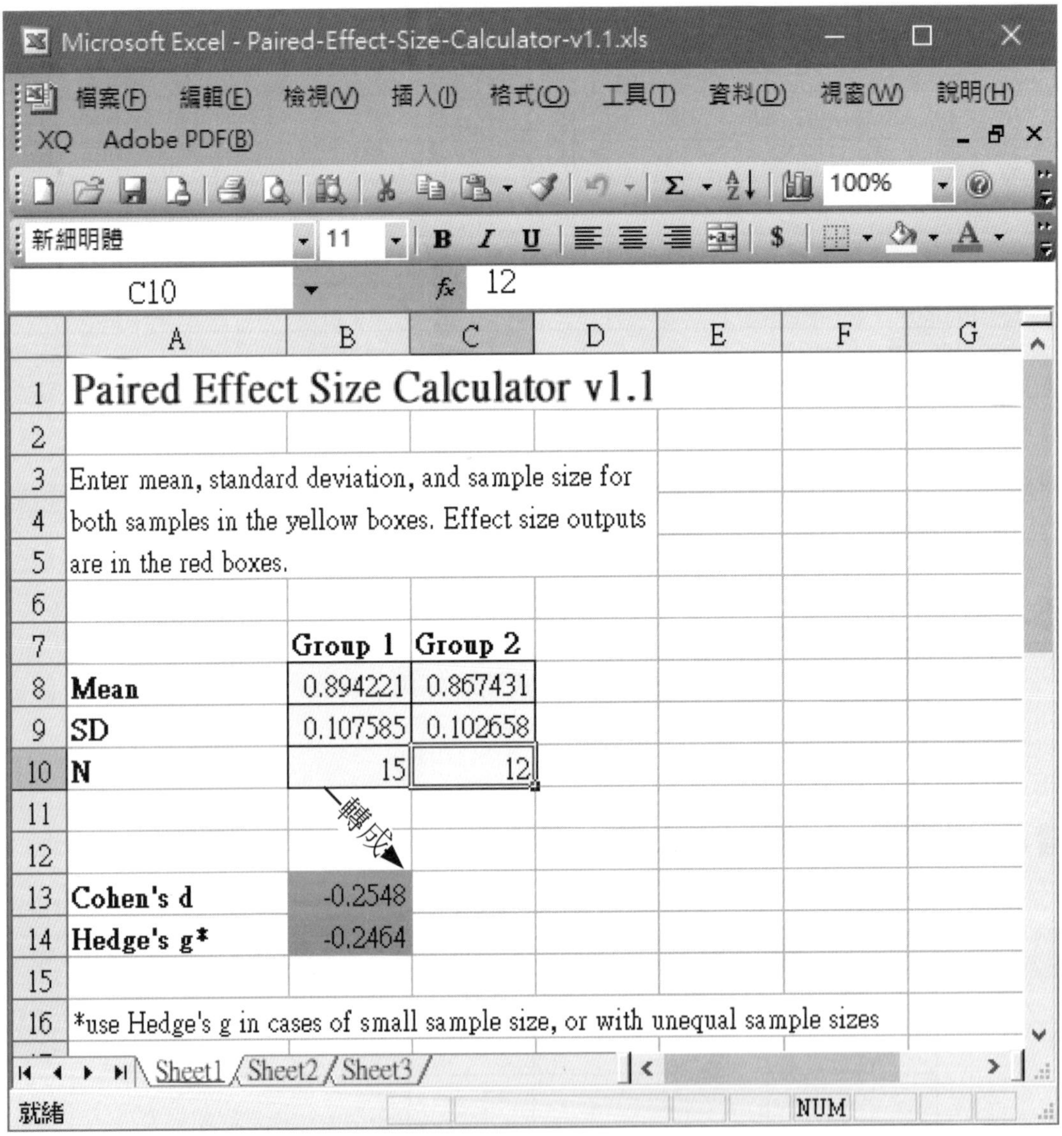

▶ 圖 4-8　「Paired-Effect-Size-Calculator-v1.1.xls」程式

　　有鑑於上面章節的例子，多屬自然組之實驗設計「實驗組 vs. 控制組」，它以平均數及標準差，透過 Excel 做單位轉換，進行 Meta 平均效果及其顯著性檢定。在此，我們將這型「實驗組 vs. 控制組」的研究設計，延伸至社會組調查法「男生組 vs. 女

生組」，仍然以平均數及標準差為計算基礎，透過 Excel 來做單位轉換。

舉例來說，Aydin et al.(2012) 曾研究「The effect of gender on job satisfaction of teachers: a Meta-analysis study」，旨在探討兩性男女教師的工作滿足（又分內在動機、外在動機二構面）。為簡化說明，本例只以 Excel 分析兩性的工作滿足。其原始資料都有提供「男生組（≈ 實驗組）vs. 女性組（≈ 控制組）」二組的平均數、變異數及樣本數。本例子之 Excel 實作的解說如下：

一、摘要

此研究旨在分析，性別對教師的工作滿意度的影響。樣本篩選自西班牙 2005～2009 年間 11 篇碩士和博士論文。採用 Meta 來分析這些碩士論文的研究成果的個別效果量。

二、篩選符合本研究的相關論文

依據資料檢索設定的關鍵字，經過初步搜尋、檢定相關研究報告後，研究者瀏覽了西班牙碩士論文等相關研究案，設定的搜尋截止時間為 2005～2009 年，在經過初步過濾篩選，先剔除重複發表過的文章，所剩「兩性教師工作滿足」論文共 8 篇。如表 4-6 所示。

表 4-6　兩性教師工作滿足及其二構面

論文	工作總滿足	構面 1. 內在滿足 Intrinsic factors (motivators)	構面 2. 外在滿足 Extrinsic factors (motivators)
Study 1		●	
Study 2	●		
Study 3			●
Study 4	●		
Study 5	●		
Study 6	●		
Study 7	●		
Study 8	●	●	●
Study9		●	●
Study10	●		
Study11	●		
合計	8 篇	3 篇	3 篇

這 8 篇男女教師之工作滿足之原始資料，如下表。

表 4-7　8 篇「男女工作滿足」論文之原始資料

	男生組（≈ 實驗組）			女生組（≈ 控制組）			方向
論文	平均數 M_E	標準差 S_E	樣本數 N_E	平均數 M_C	標準差 S_C	樣本數 N_C	男 > 女？
Study2	3.09	0.962	129	3.36	1.005	131	-
Study 4	3.01	0.71	102	2.78	0.89	162	+
Study 5	26.07	8.68	117	25.35	9.25	217	+
Study 6	1.20	0.9	190	1.59	0.92	45	-
Study 7	48.26	8.3	247	48.35	8.87	253	-
Study 8	73.73	11.33	19	68.1	11.96	39	+
Study 10	3.31	0.69	228	3.22	0.68	27	+
Study 11	3.8	0.64	211	3.67	0.76	115	+

三、Excel 操作程序

Step 1：開啓本書 Excel 程式，並鍵入原始資料格式

　　首先在 Excel 程式中，新建「男生組平均數，男生組標準差，男生組人數，女生組平均數，女生組標準差，女生組人數」，共 6 個欄位（在 Excel 畫面的右上方）。你可打開光碟片「CH04 Excel 兩性工作滿足（公式稽核）.xls」檔，即可看到本例輸入 8 篇文原始資料，如圖 4-9 所示。

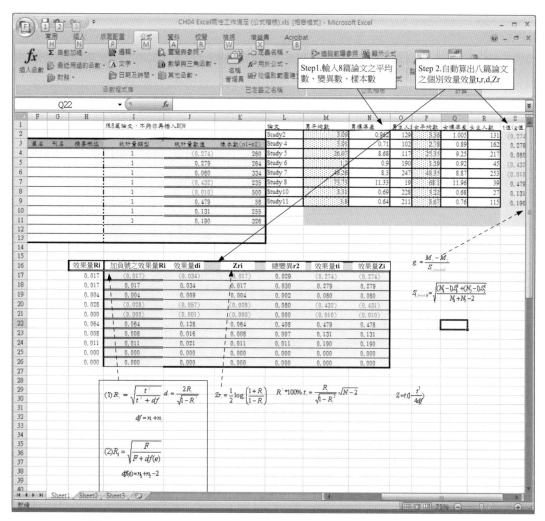

圖 4-9　開啓「CH04 Excel 兩性工作滿足（公式稽核）.xls」檔

Step 2：本書 Excel 程式，自動算出各論文之個別效果量

　　鍵入完 8 篇論文之原始資料，圖 4-9 Excel 畫面下方藍色區，會自動算出現各篇論文個別效果量，包括：Pearson r_i、Fisher's Zr、Cohen's d_i、解釋變異量 $\bar{r}^2 \times 100$（%）。分析結果，整理成表 4-8。

表 4-8　五篇論文之 Meta 分析摘要表

論文	統計值	樣本數 $= n_E + n_C$	Pearson r_i	Fisher's Zr	Cohen d_i	t_i (ES)	r^2 (%)
Study2	t = -0.274	260	(0.017)	(0.017)	(0.034)	(0.274)	0.029
Study 4	t = 0.279	264	0.017	0.017	0.034	0.279	0.030
Study 5	t = 0.080	334	0.004	0.004	0.009	0.080	0.002
Study 6	t = -0.432	235	(0.028)	(0.028)	(0.057)	(0.432)	0.080
Study 7	t = -0.010	500	(0.000)	(0.000)	(0.001)	(0.010)	0.000
Study 8	t = 0.479	58	0.064	0.064	0.128	0.479	0.408
Study 10	t = 0.131	255	0.008	0.008	0.016	0.131	0.007
Study 11	t = 0.190	326	0.011	0.011	0.021	0.190	0.011

平均效果量：$\overline{R} = 0.02$。 出版偏誤，fail-safe N 因篇數太少，故無法計算出版偏誤。 1 顯著性 Stouffer' Z 檢定 = 0.156(p > 0.05)，故平均效果量不顯著，表示性別不會影響教師工作滿足	總解釋變異量 $\overline{R}^2 = 0.04$(%) 異質性檢定 Q = 0.161，顯示這 5 篇論文間並無異質性。 2 顯著性 Winner' t 檢定 = 0.146(p > 0.05)

註：小括弧代表負號

Step 3：平均效果量及其顯著性檢定

　　本書 Excel 程式會自動算出平均效果量 $\overline{R} = 0.02$，及其顯著性 Stouffer' Z 檢定 = 0.156(p > 0.05)，而顯著性 Winner' t 檢定 = 0.146，p > 0.05 亦不顯著。由於平均效果量未達 $\alpha = 0.05$ 顯著差異，故我們可以說，性別不是影響教師工作滿足的主因。

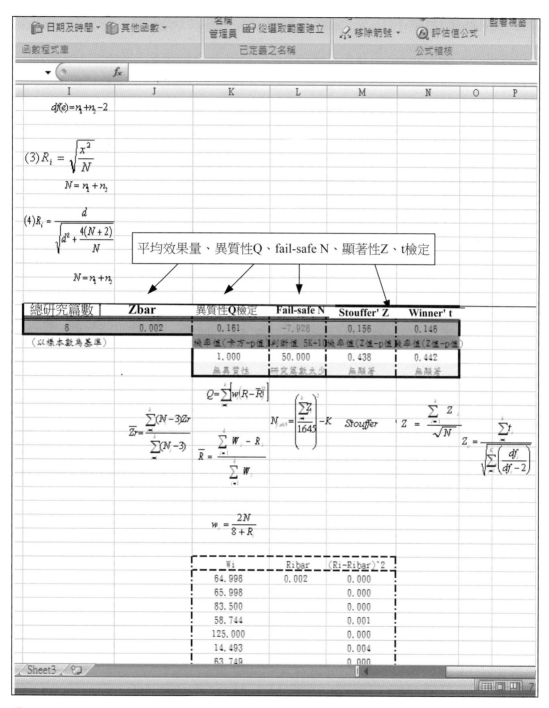

📎 圖 4-10 「CH04 Excel 兩性工作滿足（公式稽核）.xls」自動計算平均效果量、異質性檢定 Q

4-3-3 多重因果的論文回顧：電子商務顧客忠誠度

延續第 3 章理論建構的概念。例如：原先發現 X 會影響 Y（例如：「學生 IQ → 成績」），後來又發現 Z 也會影響 Y(「家長社經地位→成績」)。最後此理論模型便擴充成：「學生 IQ →成績」，且「家長社經地位→成績」模型，如圖 4-11 所示，像這樣的多重因果架構比比皆是。接下來介紹幾個 Meta 論文之 Excel 實作。

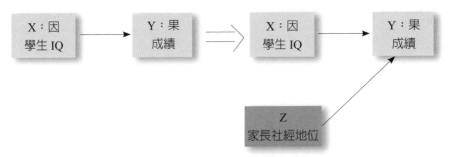

▶ 圖 4-11　學生 IQ（多重因果之研究架構）

迄今，多重因果架構的 Meta 論文越來越多，例如：圖 4-12 為「影響疏離感的前因後果」(Chiaburu, et al., 2013)。黑格爾首先提出「異化／疏離感 (Alienation)」概念，來探討人類歷史之異化史。馬克思沿用了這個名詞，認為人的存在與其本質是異化的或疏離的，意指人與其勞動成品的分離；勞動產品成為一種異化的存在，生產者已無法加以掌握，勞動者在工作中亦無法自我實現而否定了自己，導致身心疲憊，行為被動無力。

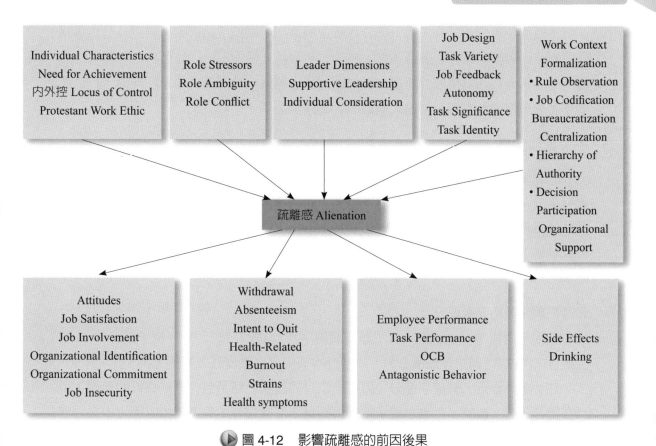

圖 4-12　影響疏離感的前因後果

　　為了增加讀者對多重因果研究架構的認識，先舉二個實例（它們都可用本書 Excel 來實作），最後再介紹「完整原始資料」之 Excel 實作例子。

實例 1：網路商店經營關鍵成功因素

　　舉例來說，游嘉惠（2007）Meta 研究「網路商店經營關鍵成功因素」時，其 Meta 分析過程，概述如下：

摘要

　　網路商店經營的議題在國內外研究已為數眾多，許多學者運用理論的結合及不同的方法提出網路商店關鍵成功之因素構面。本研究透過統合分析 (Meta-analysis)，整合 2000～2007 年國內外學者文獻，研究架構分為價值提議、服務品質、信任、網站資訊與技術，以提升消費者滿意度或忠誠度為指標，來分析網路商店經營關鍵成功因素。

本研究結果分兩部分，第一部分為統合網路商店關鍵成功因素，驗證及分析各構面與網路商店經營績效之關聯強度，並探討新增擴充構面對於網路商店經營績效之影響；第二部分為透過構面分析後，提出網路商店關鍵成功因素之修正性架構，以供後續學者未來學術及實體企業進入網路商店的評估架構。

一、資料索尋

研究論文來源，可分國外及國內文獻部分。國外資料來源的部分包含 SSCI（社會科學引文索引，Social Science Citation Index) 系統期刊共 20 篇，以及國外發表期刊及研討會 14 篇；國內資料來源部分則包含國內 TSSCI 期刊、一般期刊，及過濾品質收錄碩博士論文與研討會論文 26 篇，共計 60 篇，其中質性研究 12 篇，量性研究 48 篇。

1. 國內網路銀行文獻部分

在搜尋過程中，分別鍵入其主題或關鍵字為 (1) 網路銀行、(2) 電子銀行、(3) 線上銀行、(4) 銀行網站等幾種名詞，以進行本文中文文獻資料之蒐集。

在「電子銀行」關鍵字部分，因電子銀行的服務範疇是包含網路銀行的範圍，所以在搜尋篩選文獻時，仍會以電子銀行為關鍵字進行搜尋，只要其內容適合本文之條件準則，即可列為編碼之文章。

2. 國外網路銀行文獻部分

國外網路銀行相關文獻，主要搜尋自 Pro Quest 資料庫之期刊或論文，其標題、摘要含有：(1)internet banking.(2)internet bank. (3)network banking. (4)network bank. (5)web banking. (6)web Bank. (7)online bank. (8)on-line banking. (9)virtual bank. (10)electronic banking. (11)e-banking 等英文名詞之文獻，逐一篩選後，共計搜得 31 篇。

本論文採用 ProQuest 資料庫系統之原因，是：

(1) 跨資料庫的檢索服務

提供期刊或論文之全文的檢索方式，以及跨資料庫的檢索服務，讓使用者可以一次查詢到最完整且豐富的資訊；自 2000 年起引進其中 ABI/INFORM 及 Pro Quest Education Journals 等 2 種資料庫，其後陸續引進 Academic Research Library、Career and Technical Educatoin 及 ProQuest Science Journals 等，共計 5 種資料庫，可說是世界著名的學術論文數據庫。

(2) 論文和期刊數量

其中還包括 2,720 種期刊，內含 1,415 種全文、1,598 種全文影像。收錄了最新企管、商學資訊專業期刊內之索引、摘要、全文及全文影像版。獨家收錄 8 種 ACM 全文期刊、11,330 篇美加商學博碩士論文，另外提供 Going Global Career Guide 海外求職指南及 Author Profile 知名商學學者權威檔。新增 IEEE Transactions on Software Engineering 等 3 種 IEEE 全文期刊。故由上述可知，Pro Quest 資料庫系統可說是學術研究中，十分重要的資訊資源。

二、多重因果之研究架構

Gommans et al.(2001) 提出了電子商務顧客忠誠度架構，包含了五大類促成顧客忠誠度之因素，分別為價值提議、品牌塑造、被信任感與安全性、網站與資訊技術、顧客服務，其構面包含全面性甚廣，完整性高，故為本研究架構理論基礎。Anderson et al.(2002) 則提出 8 項可能會影響網路商店中消費者忠誠度之因素，簡稱 8C，分別為：客製化 (customization)、接觸互動性 (contact interactivity)、培養 (cultivation)、關懷 (care)、虛擬社群 (community)、選擇性 (choice)、便利性 (convenience)、網站特色 (character)。本研究彙整許多學者關於網路商店文獻，並進一步提出本文架構：價值提議、服務品質、信任、網站資訊與技術，茲說明如表 4-9。

表 4-9　近代網路商店相關文獻

構面		構面定義	相關文獻編號
價值提議	客製化商品	係指依客戶個人化需求所製作之商品，非針對一般民眾普遍設計且大量生產之商品。	13, 14, 29, 36, 52
	大量商品選擇	商店內提供多樣化且數量充足之商品，提供給顧客多重的選擇性。	5, 6, 13, 24, 46, 49, 52
	商品品質	包含商品功能、設計、原料品質、設計壽命等的價值問題。	13, 17, 29, 49, 51, 52
	商品獨特性	具商品差異化，可與其他商品做明顯區隔。	5, 13, 19, 49
	品牌知名度 / 形象	知名度代表被公眾知曉的程度，顧客可從品牌聯想商店之特性；品牌形象可分為內在形象和外在形象，內在形象主要包括產品形象及文化形象；外在形象則包括品牌在市場、消費者中表現的信譽。	13, 17, 31, 39, 42, 52, 60
	定價	網站訂定價格之合理性，且是否符合其商品品質價值。	13, 27, 33, 35, 41, 42, 45, 47, 49, 52, 59

（續前表）

構面		構面定義	相關文獻編號
服務品質	完善交易機制	指網路商店能提供易於付款機制、快速的結帳流程的完善服務機制，以及完善的交易流程、迅速及正確地確認款項等機制。	5, 12, 13, 16, 19, 28, 31, 33, 35, 38, 39, 45, 46, 52, 59
	個人化服務	係指依客戶個人化需求所提供之服務，非針對一般民眾普遍提供之服務，具有專屬性。	5, 8, 9, 11, 13, 17, 24, 27, 28, 30, 32, 34, 35, 37, 40, 42, 43, 45, 47, 51, 54, 59
	售後服務	指網路商店在顧客購買後，所提供之商品包裝及配送之相關服務。	5, 6, 13, 17, 22, 31, 51
	互動性	有完善且快速與顧客溝通的管道，並具即時回應功能。	5, 6, 7, 8, 10, 12, 13, 19, 22, 24, 27, 37, 38, 40, 43, 50, 52, 54, 57
	物流處理	交易完成後，提供給顧客諮詢，商品退換貨機制等。	12, 13, 15, 16, 28, 31, 38, 39, 45, 49, 52
	便利性	提供顧客快速瀏覽多樣商品，免於出門逛街等時間、金錢、體力成本，快速下單迅速交易。	5, 13, 17, 19, 24, 29, 35, 42, 45, 47, 49, 54
	娛樂性	網路商店提供消費者網站娛樂功能，增加顧客瀏覽各式網站或商品所得之娛樂感。	7, 10, 13, 21, 31, 41, 45, 57, 60
	社群建立	指網路商店經營者透過虛擬的平臺將會員或顧客集結而成社群。	7, 13, 50, 52, 58, 59
信任	隱私保障	指網路商店經營者提供顧客在購物、個人資料、消費喜好等隱私之保障。	13, 17, 30, 31, 34, 47, 49, 50, 52
	商家信賴度	指網路商店所帶給顧客之信賴程度。	1, 2, 3, 5, 6, 7, 10, 11, 13, 14, 15, 19, 20, 26, 27, 30, 32, 34, 35, 40, 43, 47, 52, 54, 55
	網站知名度	指網路商店所帶給顧客之知名程度認知。	13, 18
	安全機制的建立	指網路商店透過各方面之資訊安全方式而建立的交易安全機制。	5, 9, 10, 13, 14, 17, 19, 25, 26, 31, 32, 39, 40, 42, 43, 45, 47, 52, 53, 54, 58
網站資訊與技術	網站功能完整／易用性	指網路商店提供在使用介面上之功能性及顧客使用上之易用程度。	3, 5, 6, 7, 12, 13, 14, 15, 16, 17, 19, 21, 25, 28, 30, 32, 34, 35, 38, 39, 40, 43, 45, 47, 51, 52, 54, 57, 59
	網站資訊完整性	指網路商店提供在使用介面上之資訊的完整，如商品資訊。	6, 12, 13, 15, 17, 21, 22, 24, 25, 27, 31, 38, 41, 44, 50, 55, 57
	網站外觀設計	指網路商店提供在使用介面上之外觀整體的規劃與設計呈現。	5, 6, 7, 13, 17, 29, 31, 35, 40, 41, 49, 52

註：游嘉惠（2007）Meta 研究「網路商店經營關鍵成功因素」

本文獻經分類與歸納整理後，提出的研究架構，如下圖。

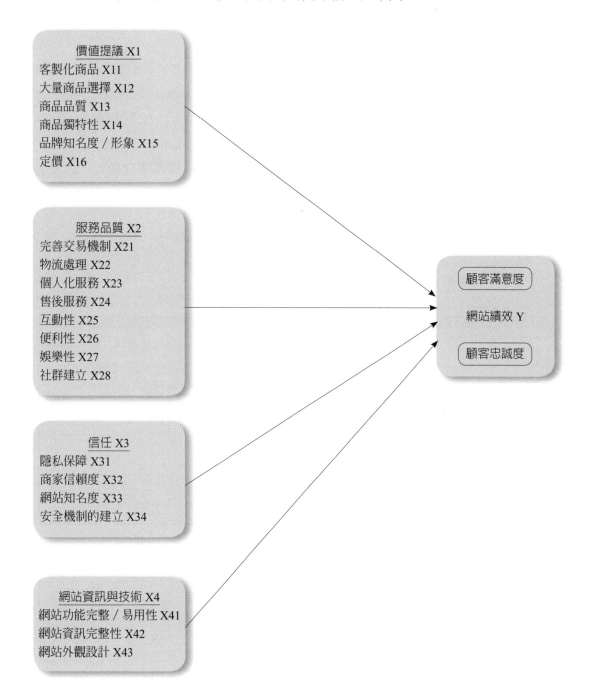

圖 4-13　電子商務顧客忠誠度架構

三、本書 Excel 之多重因果 Meta 分析

(一)輸入原始資料

圖 4-13 所示之顧客忠誠度架構，係屬「多重因果關係」，其對應 Meta 分析的 Excel 自動程式，如下圖所示。為便利讀者重做這類型的 Meta，故在此只保留「空白」速算表，以便讀者輸入原始資料統計值「卡方、t 值、F 值、或效果量 d」及樣本數，此 Excel 程式即會自動做：(1) 各種「個別效果量」(Pearson r, Cohen's d, Fisher's Zr, t 值)。(2) 平均效果量 $\overline{Zr}$。(3) 出版偏誤 fail safe N。(4) 異質性 Q 檢定。以及 (5) 顯著性檢定。

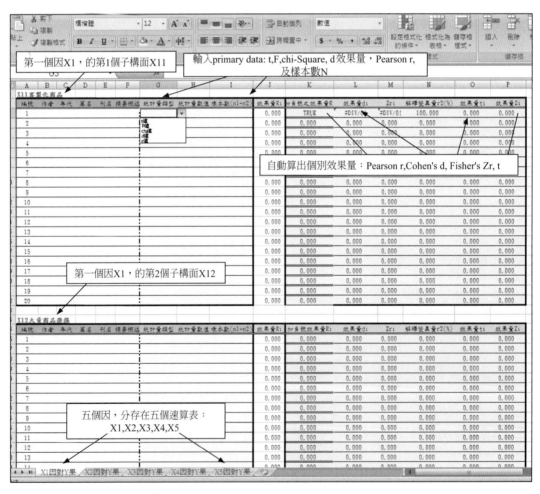

圖 4-14　顧客忠誠度之 Excel 實作程式

註：存檔於「CH04 Excel 多重因果模型 - ChiSquared,t,F,d 型 \ 電子商務顧客忠誠度 .xls」。

(二) 多重因果Meta分析結果

本文採 Meta-analysis。研究架構包括：價值提議、服務品質、信任、網站資訊與技術 4 大構面。首先做質性分析，接著再做量化分析，進一步將各篇論文之不同統計數值轉換成 Perason's r 效果量，最後再算 60 篇論文之 Fail safe N、Test of heterogeneity (Q)、加權平均 Zc 值、True population effect size、95% confidence interval、Explained variance ($\bar{r}^2$ *100%) 等效量值。

在量化 Meta 部分，編碼論文共 48 篇，其分析結果，如表 4-9：

1. fail-safe N

fail-safe N 即反應還需多少個效果不顯著「研究效果」(p > 0.05) 加入後，才能使「平均規模效果」低到某個預定的極小值。通常 N_{fs} 值越大，代表出版偏誤在該 Meta 分析的影響不大，Meta 分析的結果越無傾向顯著性的偏差。本研究之「fail-safe N = 量化編碼篇數 48×5 + 10 = 250」。由於三構面 N_{fs} 數值小於 250，包括：「$X_{26} \rightarrow Y$」、「$X_{27} \rightarrow Y$」、「$X_{28} \rightarrow Y$」，除了它們容易受到出版偏誤影響較大，其餘構面則為穩定的關係。

2. 異質性 Q 檢定 (heterogeneity test)

異質性檢定主要是檢定各效果量之間的異質性 (Wolf, 1986)，本例用 Q 檢定，它符合自由度 K-1 的 χ^2 分配 (K = 個別研究之論文數)，所計算出來之 Q 值小於查表之 χ^2 值，Q 值越大代表異質性越高，越小代表同質性越高。僅「$X_{14} \rightarrow Y$」因樣本數量不足無法計算，其餘的 Q 檢定均 p < 0.01，都達顯著標準，表示個別研究間之異質性很高。

3.「加權平均效果量 Zc 值」的顯著性

引用 Stouffer et al.(1949) 提出之 Zc 值，因而將每篇研究的顯著水準累計，而產生一個全體的顯著水準t值，並據此來歸納結論。各組變數關係的組合檢定 (combined test) 結果顯示，以加權平均 Zc 值所探討的 21 組變數關係中，均呈現顯著，即這 21 組變數彼此的因果關係是顯著的。

4. 真正母體效果規模 (true population effect size)

在效果規模 (effect size) 的分析中，本研究採用 Hunter et al.(1982) 所提出之母體相關係數估計 (estimate of population correlation) 為指標，即研究結果：拒絕虛無

假設的整體強度。在眞正的母體效果規模的估計上，眞正的母體效果規模之評估標準，採自 Bandurski & Cohen 等人 (1977) 所定的 r > 0.1（低效果規模）、r > 0.3（中效果規模）、r > 0.5（高效果規模）爲比較基準。其中「$X_{12} \rightarrow Y$」、「$X_{13} \rightarrow Y$」、「$X_{14} \rightarrow Y$」、「$X_{15} \rightarrow Y$」、「$X_{22} \rightarrow Y$」、「$X_{31} \rightarrow Y$」、「$X_{33} \rightarrow Y$」、「$X_{42} \rightarrow Y$」均高於 0.5，以上皆具高效果規模，數值越大代表自變數與依變數之間的關係越強。而「$X_{11} \rightarrow Y$」、「$X_{16} \rightarrow Y$」、「$X_{21} \rightarrow Y$」、「$X_{23} \rightarrow Y$」、「$X_{24} \rightarrow Y$」、「$X_{25} \rightarrow Y$」、「$X_{32} \rightarrow Y$」、「$X_{34} \rightarrow Y$」、「$X_{41} \rightarrow Y$」、「$X_{43} \rightarrow Y$」則高於 0.3 達中效果規模，達中高效果規模表示這些構面關係的探討，已在過去累積較多的明確成果。而「$X_{26} \rightarrow Y$」、「$X_{27} \rightarrow Y$」、「$X_{28} \rightarrow Y$」則高於 0.1 達到低效果規模，即目前上沒有很強的證據支持。

5. 95% 信賴區間 (confidence interval)

採用 Hunter et al. (1982) 的觀點，以信賴區間法檢估計母體相關係數是否達 0.05 顯著水準。在 95% 的信賴水準下，除了「$X_{14} \rightarrow Y$」這組是因篇數過少無法分析外，發現「$X_{13} \rightarrow Y$」這組變數關係中，區間估計上下限範圍在 1.26 至 –0.14。「$X_{26} \rightarrow Y$」這組變數關係中，區間估計上下限範圍在 0.51 至 –0.01。「$X_{43} \rightarrow Y$」這組變數關係中，區間估計上下限範圍在 0.72 至 –0.07，顯示此三變數 95%CI 因含「0」故沒有顯著相關；但其他各組變數關係，在 95%CI 區間估計均未含「0」，顯示變數間有顯著的相關。

6. 解釋變異能力 (explained variance, $r^2 * 100\%$)

在分析此 21 組變數關係中，自變數對依變數的解釋能力上，本文 Hunter et al.(1982) 的觀點，即算出母體相關係數估計值平方，來解釋變異數，由低至高分別爲「$X_{26} \rightarrow Y$」(6.29%)、「$X_{28} \rightarrow Y$」(7.40%)、「$X_{27} \rightarrow Y$」(8.93%)、「$X_{21} \rightarrow Y$」(9.04%)、「$X_{43} \rightarrow Y$」(1.77%)、「$X_{11} \rightarrow Y$」(11.04%)、「$X_{34} \rightarrow Y$」(11.20%)、「$X_{41} \rightarrow Y$」(11.9%)、「$X_{24} \rightarrow Y$」(12.19%)、「$X_{25} \rightarrow Y$」(12.66%)、「$X_{32} \rightarrow Y$」(17.16%)、「$X_{23} \rightarrow Y$」(19.42%)、「$X_{42} \rightarrow Y$」(25.99%)、「$X_{13} \rightarrow Y$」(31.35%)、「$X_{14} \rightarrow Y$」(34.7%)、「$X_{15} \rightarrow Y$」(35.44%)、「$X_{12} \rightarrow Y$」(37.1%)、「$X_{22} \rightarrow Y$」(38.81%)、「$X_{31} \rightarrow Y$」(4.64%)、及「$X_{33} \rightarrow Y$」(42.23%)。也就是說，在網路購物經營績效關鍵成功因素的相關變數關係中，「$X_{26} \rightarrow Y$」(6.29%)、「$X_{28} \rightarrow Y$」(7.40%)、「$X_{27} \rightarrow Y$」(8.93%)、「$X_{21} \rightarrow Y$」(9.04%) 等，這些低解釋變異能力的關係，還有必要進一步探討是否有其他重要構面尚未納入。

表 4-10　Meta 量化摘要表

變數關係		篇數	樣本個數	Fail safe N (P = .05)	Test of homog-eneity(Q)	加權平均 Z_c 值	True population effect size	95% confidence interval		Explained variance ($r^2*100\%$)
價值提議	$X_{11} \to Y$	3	324	275.94	.12*	6.32*	.33	.046	.62	11.04
	$X_{12} \to Y$	6	7914	1536.38	.10*	69.63*	.62	.48	.75	37.10
	$X_{13} \to Y$	5	1673	56.66	1.98*	27.62*	.56	- .14	1.26	31.35
	$X_{14} \to Y$	1	824	517.44	-	2.9*	.59	-	-	34.70
	$X_{15} \to Y$	3	7081	523.68	.03*	62.34*	.60	.55	.64	35.44
	$X_{16} \to Y$	6	6865	341.4	1.01*	38.77*	.42	.05	.80	17.96
服務品質	$X_{21} \to Y$	10	14400	374.14	1.72*	37.84*	.30	.06	.54	9.04
	$X_{22} \to Y$	5	8815	556.64	.34*	74.76*	.62	.36	.89	38.81
	$X_{23} \to Y$	16	6613	333.70	4.85*	38.38*	.44	.17	.71	19.42
	$X_{24} \to Y$	4	7756	29.83	.23*	32.82*	.35	.07	.63	12.19
	$X_{25} \to Y$	14	5380	371.95	2.39*	27.92*	.36	.10	.62	12.66
	$X_{26} \to Y$	6	2722	194.89	.45*	13.51*	.25	- .01	.51	6.29
	$X_{27} \to Y$	6	8716	244.27	.53*	29.23*	.30	.02	.57	8.93
	$X_{28} \to Y$	5	1292	216.15	.32*	1.16*	.27	.02	.53	7.40
信任	$X_{31} \to Y$	6	9343	573.87	.54*	79.98*	.64	.36	.92	4.64
	$X_{32} \to Y$	23	9545	357.17	8.50*	44.46*	.41	.14	.69	17.16
	$X_{33} \to Y$	22	172	577.82	.01*	11.15*	.65	.49	.81	42.23
	$X_{34} \to Y$	15	9903	279.18	3.04*	35.34*	.33	.09	.58	11.20
網站資訊技術	$X_{41} \to Y$	21	7365	289.40	7.93*	31.53*	.35	.06	.63	11.90
	$X_{42} \to Y$	13	15210	448.34	22.28*	73.08*	.51	.25	.77	25.99
	$X_{43} \to Y$	9	10150	279.21	2.69*	34.10*	.33	- .07	.72	1.77

* denotes significance at the p < 0.05 level

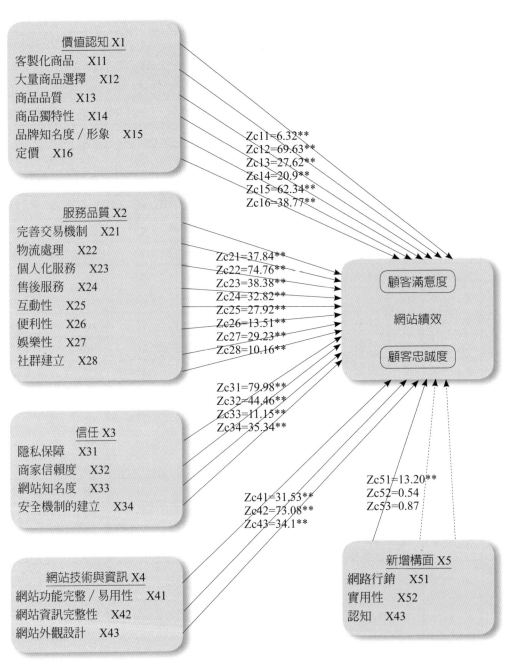

價值認知 X1
客製化商品　X11
大量商品選擇　X12
商品品質　X13
商品獨特性　X14
品牌知名度／形象　X15
定價　X16

Zc11=6.32**
Zc12=69.63**
Zc13=27.62**
Zc14=20.9**
Zc15=62.34**
Zc16=38.77**

服務品質 X2
完善交易機制　X21
物流處理　X22
個人化服務　X23
售後服務　X24
互動性　X25
便利性　X26
娛樂性　X27
社群建立　X28

Zc21=37.84**
Zc22=74.76**
Zc23=38.38**
Zc24=32.82**
Zc25=27.92**
Zc26=13.51**
Zc27=29.23**
Zc28=10.16**

Zc31=79.98**
Zc32=44.46**
Zc33=11.15**
Zc34=35.34**

信任 X3
隱私保障　X31
商家信賴度　X32
網站知名度　X33
安全機制的建立　X34

Zc41=31.53**
Zc42=73.08**
Zc43=34.1**

網站技術與資訊 X4
網站功能完整／易用性　X41
網站資訊完整性　X42
網站外觀設計　X43

顧客滿意度

網站績效

顧客忠誠度

Zc51=13.20**
Zc52=0.54
Zc53=0.87

新增構面 X5
網路行銷　X51
實用性　X52
認知　X43

* denotes significance at the p < 0.05 level
** denotes significance at the p < 0.01 level

▶ 圖 4-15　研究結果變數顯著架構

▌4-3-4 多重因果的論文回顧：網路銀行經營績效

洪宜芬（2007）「網路銀行經營之關鍵成功因素分析」亦是利用 Excel 來做 Meta 分析，其過程概述如下：

一、資料搜尋

本文搜尋之準則一，就是研究樣本必須為實證的量化研究。所以在蒐集到的文獻樣本中，若發現有數據資料不足，造成無法列入研究之情況則不列入。

本研究搜尋網路銀行相關之個別研究後，再鍵入各研究之資料，包括：研究者、出版年代、論文名稱、樣本來源、抽樣樣本數、各變數變數間之（正 vs. 負）相關顯著與否。含蓋的統計量，包含：t、F、r、迴歸 β 係數、P 等值。

在本研究編碼過程中，則由研究者本身及另一位亦從事 Meta 分析的研究者擔任，兩者都已受過編碼登錄的訓練，兩位編碼者對於同一份研究報告的一致性達95%以上；而對於編碼有異議之處，先以相互討論的方式進行解決，對於無法達成共識的部分，則請求第三方來仲裁。

依循前述的文獻搜尋原則以及篩選標準，獲得國內外期刊、論文共 57 篇，並將各篇文獻分別予以編號以方便於日後進行分析編碼之工作。

二、多重因果架構

網路銀行經營之自變數包含三大構面，即組織因素 (X_1)、組織科技因素 (X_2)、顧客因素 (X_3)，其中共 12 個次構面。其對應的研究架構，如圖 4-16。

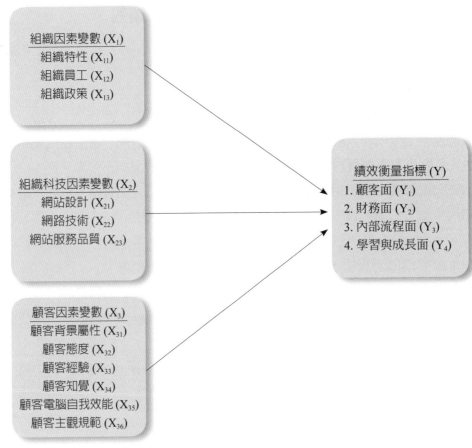

▶ 圖 4-16　網路銀行經營之關鍵成功因素

三、多重因果之 Meta 分析

(一) 原始資料鍵入到 Excel

　　上圖所示之「銀行經營之關鍵成功因素」，其架構係「多重因果關係」，其對應 Meta 分析的 Excel 程式，如圖 4-17 所示。為便利你重做這類型的 Meta，故在此只保留「空白」速算表，你只要輸入原始資料統計值「卡方、t 值、F 值、或效果量 d」及樣本數，此 Excel 程式即會自動算出：(1) 個別研究之各形式「個別效果量」（Pearson r, Cohen's d, Fisher's Zr, t 值）。(2) 平均效果量 $\overline{Zr}$。(3) 出版偏誤 fail safe N。(4) 異質性 Q 檢定。(5) 顯著性檢定。

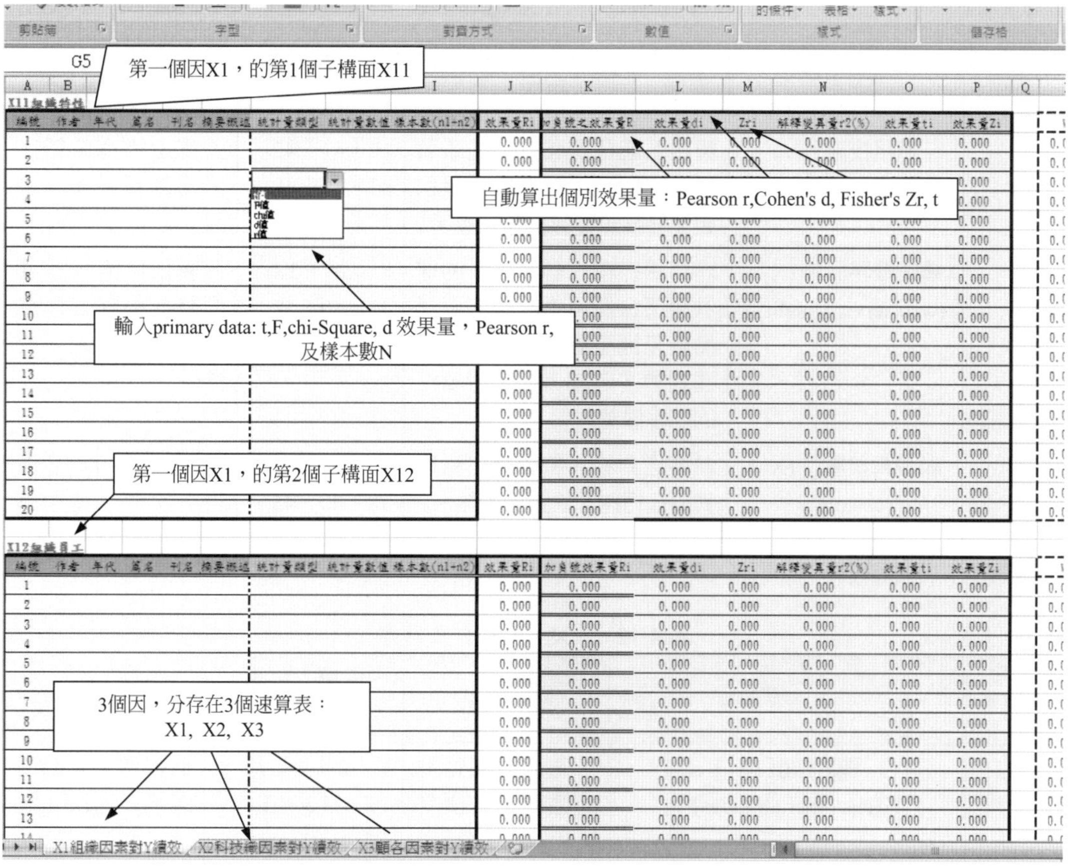

圖 4-17　「網路銀行之績效（整體）.xls」檔

(二) 自變數定義及論文編號

表 4-11　「$X_1 \to Y_1$」之歸類

依變數	次自變數	變數說明	採用之文獻編號	包含之相關名詞
顧客面 (Y_1)	組織特性 (X_{11}) (organizational characteristics)	網路銀行所外顯的特性，不管是好是壞都會影響顧客觀感。	5、8、16	公司形象、網路銀行規模
	組織政策 (X_{13}) (organizational policy)	組織所制定之任何策略，都會影響公司整體的作業流程，影響與顧客之關係維繫。	26、36	顧客關係管理
	網站設計 (X_{21}) (website design)	網站設計往往影響顧客對網路交易之意願，故提供適合需求的使用介面可影響市場占有率及良好的績效。	1、2、7、18、19、26、35、42、43	資訊齊全、資訊數目、網站特性、網站設計品質、介面設計、網站特色

（續前表）

依變數	次自變數	變數說明	採用之文獻編號	包含之相關名詞
	網路技術 (X_{22}) (network technique)	網路系統穩定和安全性或新技術之開發，都是能否吸引更多顧客消費的重要因素。	19、41、42、43、45、48	消費者諮詢系統、網路創新系統、系統安全
	網站服務品質 (X_{23}) (web service quality)	網路銀行業者必須不斷的提供更符合使用者需要的服務品質來提高顧客滿意，進而達到顧客忠誠，追求持續性的競爭優勢。	8、36、38、42、50、52	客製化服務、快速服務、與顧客連結力程度、整體服務品質
	顧客背景屬性 (X_{31}) (customer contribution)	顧客之背景、特徵會是影響其外在行為、決策的因素。	13、18、22、38、40、45、46、55	性格、教育、所得、年齡、使用者特徵、消費者類型

表 4-12　「$X_3 \rightarrow Y_1$」之歸類

依變數	次自變數		變數說明	採用之文獻編號	包含之相關名詞
顧客面（Y_1）	顧客態度 (X_{32}) (customer attitudes)		一個人對某行為的態度，會受到其所認知此行為的信念及評價所影響。	1、2、4、11、12、13、15、17、20、21、22、24、31、33、34、36、37、38、41、42、50、52、53、54	顧客滿意、顧客信任、使用態度、顧客抱怨行為
	顧客經驗 (X_{33}) (customer experience)		顧客過去的經驗，會影響往後面對相似事件發生時，所表現出來的行為。	8、9、11、13、20、28、43、48	交易經驗、使用經驗、上網經驗、使用年資、使用頻率
	顧客知覺 (X_{34}) (customer perception)	認知易用性 (X_{341}) (perceived ease of use)	是指使用者認為使用某一系統的容易、省力程度。	3、4、11、15、16、18、19、23、41、37	容易使用、知覺易用性
		認知有用性 (X_{342}) (perceived usefulness)	是指顧客使用網路銀行來處理銀行業務時，能否提升其效率及績效之感受。	3、4、16、18、20、21、15、31、33、37、41、45、57、54	知覺有用性

表 4-13 「$X_3, X_1 \rightarrow Y_1, Y_2$」之歸類

依變數	次自變數		變數說明	採用之文獻編號	包含之相關名詞
顧客面（Y_1）	顧客知覺 (X_{34}) (customer perception)	認知風險 (X_{343}) (cognitive risks)	在網路銀行的環境下，消費者的知覺風險所指的是在網際網路上交易的安全性與可靠程度。	16、33、37、38、43、48、54	知覺風險
	顧客電腦自我效能 (X_{35}) (computer self-efficacy)		是指個人對自身電腦能力的評價，會影響其對個人的態度與行為的影響。	13、16、17、21、27	使用者的電腦技術認知、電腦使用之熟悉
	顧客主觀規範 (X_{36}) (subjcet norm)		是指個人在從事特定的行為時，感受到其他的重要關係人是否同意他的行為。	11、16、17、20、28、53、54	社會因素、推薦族群的影響、關係人的影響
財務面（Y_2）	組織特性 (X_{11}) (organizational characteristics)		組織的一些特性會導致是否能進行頻繁性的投資。	6、10	分公司的多寡、總資產、銀行規模、營運年數
	組織政策 (X_{13}) (organizational policy)		組織的內外部環境和投資政策，會影響其利潤之獲得。	6、10	繳費的分期數、內外環境
	網路技術 (X_{22}) (network technique)		組織的網路系統技術之好壞，會影響組織之獲利及良好的績效。	10	IT 成熟度

表 4-14 「$X_1, X_2 \rightarrow Y_2$」之歸類

依變數	次自變數	變數說明	採用之文獻編號	包含之相關名詞
內部流程面（Y_3）	組織特性 (X_{11}) (organizational characteristics)	組織特性可以用幾個變數來衡量如企業規模、集中化程度、正式化程度、資產、結構等。	26、30、49、51、53	分行家數、銀行規模、資訊化程度、總資產、組織結構、集中化程度、正式化程度
	組織政策 (X_{13}) (organizational policy)	組織所制定之任合策略，都會牽動公司整體的作業流程，影響公司之經營型態。	25、26、30、47、49、51	調撥意願、市場行銷、人力支援、營利、未來策略指標、高階主管支持、多角化經營的程度、組織通路管理、企業整體策略、顧客資料管理

（續前表）

依變數	次自變數	變數說明	採用之文獻編號	包含之相關名詞
	組織員工 (X_{12}) (organization employee)	員工是組織中重要的生產力來源，應重視其背景屬性、人格特質和教育培養。	26、30、32、53	員工教育訓練、員工 IT 知識、關係衝突
	網站設計 (X_{21}) (website design)	網站介面設計的品質優劣，會影響組織各部門、上下游或合作夥伴之間的連結程度。	23、39、49	網站整體設計、提供服務項目數目

表 4-15　「$X_2, X_1 \rightarrow Y_3, Y_4$」之歸類

次自變數	依變數	變數說明	採用之文獻編號	包含之相關名詞
網路技術 (X_{22}) (network Technique)	内部流程面 (Y_3)	網路銀行業可利用網路科技來進行内部效率的提升與程序整合的改造。	47、51、53	網路技術成熟度、資訊系統成熟度
組織員工 (X_{12}) (organization Employee)	學習與成長面 (Y_4)	員工是組織中重要的生產力來源，應重視其多方面的培養和教育。	14、44	員工屬性、教育訓練成效

四、Meta 分析結果整理

(一)各自變數與顧客面之因果關係

1.「組織因素 (X1)」部分

在「$X_{11} \rightarrow Y_1$」方面，其平均效果量爲 0.390，此值屬於中度效果。而 Z_c 值達顯著性 ($p < 0.05$)，95%CI = [0.009，0.771] 亦未包含「0」，表示「組織特性」對「顧客面」有顯著影響力。而異質性 Q 檢定值爲 52.27，$p < 0.05$ 達顯著水準，表示個別效果量彼此之間爲異質，應改用隨機效果來估計。另外，N_{fs} 爲 36.00，遠比 Rosenthal(1991) 所認爲的最低容忍數 20 還要高，顯示本結果沒有出版偏誤的問題。

在「$X_{13} \rightarrow Y_1$」方面，其平均效果量爲 0.521，此值屬於中度效果。而 Z_c 值達顯著性 ($p < 0.05$)，95%CI = [0.221，0.821] 亦未包含「0」，表示「組織政策」對「顧

客面」有顯著影響力。而異質性 Q 檢定值為 25.125，p < 0.05 也達顯著水準，表示個別效果量彼此之間為異質，應改用隨機效果來估計。另外，N_{fs} 為 32.67，顯示本研究可能有出版偏誤的問題。

2.「組織科技因素 (X2)」分析部分

在「$X_{21} \to Y_1$」方面，其平均效果量為 0.339，此值屬於中度效果。而 Z_c 值達顯著性 (p < 0.05)，95%CI = [0.009，0.771] 亦未包含「0」，表示「網站設計」對「顧客面」有顯著影響力。而異質性 Q 檢定值為 15.00，p < 0.05 也達顯著水準，表示個別效果量彼此之間為異質，應改用隨機效果來估計。另外，N_{fs} 為 92.70，遠比 Rosenthal(1991) 所認為的最低容忍數 20 還要高，顯示本結果沒有出版偏誤的問題。

在「$X_{22} \to Y_1$」方面，其平均效果量 (True population effect size) 為 0.356，此值屬於中度效果。而 Z_c 值達顯著性(p < 0.05)，95%CI 亦未包含「0」，表示「網站技術」對「顧客面」有顯著影響力。而異質性 Q 檢定值為 14.01，p < 0.05 也達顯著水準，表示個別效果量彼此之間為異質，應改用隨機效果來估計。另外，N_{fs} 為 65.20，遠比 Rosenthal(1991) 所認為的最低容忍數 20 還要高，顯示本結果沒有出版偏誤的問題。

在「$X_{23} \to Y_1$」方面，其平均效果量為 0.361，此值屬於中度效果。而 Z_c 值達顯著性 (p < 0.05)，95%CI 亦未包含「0」，表示「網站服務品質」對「顧客面」有顯著影響力。而異質性 Q 檢定值為 94.02，p < 0.05 也達顯著水準，表示個別效果量彼此之間為異質，應改用隨機效果來估計。另外，N_{fs} 為 99.30，遠比 Rosenthal(1991) 所認為的最低容忍數 20 還要高，顯示本結果沒有出版偏誤的問題。

3.「顧客因素 (X3)」分析部分：（略）

表 4-16　顧客面之量化表

自變數	篇數	樣本個數	顯著性檢定 Z_c	True population effect size	95% CI		異質性 Q 檢定	Fail safe N
$X_{11} \to Y_1$	3	1,653	15.86*	.390	.009	.771	52.27*	36.00
$X_{13} \to Y_1$	2	1,189	17.93*	.521	.221	.821	25.13*	32.67
$X_{21} \to Y_1$	9	3,817	20.94*	.339	.103	.574	15.00*	92.70
$X_{22} \to Y_1$	6	1,713	14.73*	.356	.181	.531	14.01	65.20
$X_{23} \to Y_1$	11	6,808	29.79*	.361	.096	.620	94.02*	99.30

（續前表）

自變數		篇數	樣本個數	顯著性檢定 Z_c	True population effect size	95% CI		異質性 Q 檢定	Fail safe N
$X_{31} \to Y_1$		8	5,358	21.08*	.288	.002	.574	132.20*	68.80
$X_{32} \to Y_1$		24	10,549	45.19*	.443	.161	.719	101.93*	328.00
$X_{33} \to Y_1$		8	4,363	14.99*	.227	.022	.432	153.74*	52.53
$X_{34} \to Y_1$	$X_{341} \to Y_1$	10	3,552	17.88*	.302	.033	.567	53.72**	90.00
	$X_{342} \to Y_1$	15	4,589	21.27*	.314	.054	.544	70.47**	132.53
	$X_{343} \to Y_1$	7	1,459	-8.79*	-.230	-.442	-.018	12.40*	60.67
$X_{35} \to Y_1$		5	1,891	18.70*	.431	.264	.596	9.39*	66.67
$X_{36} \to Y_1$		5	2,592	5.40	.106	-.199	.411	72.33*	17.73

* $p < 0.05$

(二)各自變數與財務面之因果關係

表 4-17　財務面之量化表

自變數	研究篇數	樣本個數	顯著性檢定 Z_c 值	True population effect size	95% CI		異質性 Q 檢定	Fail safe N
$X_{11} \to Y_2$	2	227	2.486	-.165	-.405	.075	1.74	13
$X_{13} \to Y_2$	2	227	7.458*	.495	.281	.710	2.60	31
$X_{22} \to Y_2$	1	192	×	×	×	×	×	×

* $p < 0.05$

(三)各自變數與內部流程面之因果關係

表 4-18　內部流程面之量化表

自變數	研究篇數	樣本個數	顯著性檢定 Z_c 值	True population effect size	95% CI		異質性 Q 檢定	Fail safe N
$X_{11} \to Y_3$	5	542	5.77*	.248	.005	.491	9.36	36.33
$X_{13} \to Y_3$	6	938	13.26*	.433	.063	.803	53.40*	53.62

（續前表）

自變數	研究篇數	樣本個數	顯著性檢定 Z_c 值	True population effect size	95% CI		異質性 Q 檢定	Fail safe N
$X_{12} \rightarrow Y_3$	4	535	5.78	.251	-.088	.588	8.28*	29.33
$X_{21} \rightarrow Y_3$	3	923	6.11	.201	-.093	.498	8.94*	17.11
$X_{22} \rightarrow Y_3$	3	202	8.74*	.615	.339	.891	4.75*	58.50

* $p < 0.05$

(四)各自變數與學習成長面之因果關係

表 4-19　學習與成長面之量化表

自變數	研究篇數	樣本個數	顯著性檢定 Z_c 值	True population effect size	95% CI		異質性 Q 檢定	Fail safe N
$X_{12} \rightarrow Y_4$	2	456	14.628*	.685	.201	.814	2.08	43.67

*$p < 0.05$

五、因果關係強度之修正

　　本研究依據前述之結果，將影響「顧客面 (Y_1)」、「財務面 (Y_2)」、「內部流程面 (Y_3)」、「學習與成長面 (Y_4)」之各變數，依其顯著 (*$p < 0.05$、**$p < 0.01$) 與不顯著，彙整成圖 4-17、圖 4-18、圖 4-19 及圖 4-20，來表示因果關係強度，對於能達到 $p < 0.01$ 之高顯著因果關係，用粗實箭頭來表示。這三個圖解讓我們輕易了解，自變數與網路銀行經營績效之關係強弱。

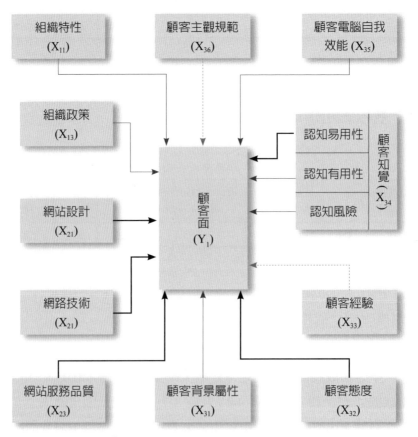

🔘 圖 4-18　顧客面因果關係修正

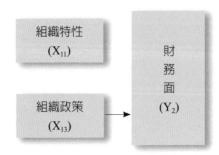

🔘 圖 4-19　財務面因果關係修正

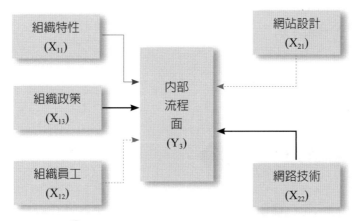

▶ 圖 4-20　內部流程面因果關係修正

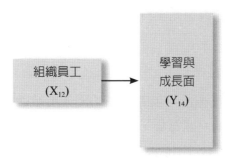

▶ 圖 4-21　學習成長面因果關係修正

◆ 4-4 Excel 實作多重因果 Meta：科技 ◆

【讀入效果量之積差相關 r_i，有二個方法】

1. 直接輸入，積差相關 r_i 當效果量。其公式為：$r_i = \dfrac{\Sigma(Z_x Z_y)}{N_i}$ 或

$$r = \frac{n(\Sigma xy) - (\Sigma x)(\Sigma y)}{\sqrt{[n\Sigma x^2 - (\Sigma x)^2][n\Sigma y^2 - (\Sigma y)^2]}}$$

2. r 值亦可用光碟片附的「單一 x meta analysis（公式稽核）.xls」程式，它係利用下列公式，自動求出 r 值：

(1) $R_i = \sqrt{\dfrac{t^2}{t^2 + df}}$ 　　$df = n_1 + n_2$

(2) $R_i = \sqrt{\dfrac{F}{F + df(e)}}$ 　　$df(e) = n_1 + n_2 - 2$

(3) $R_i = \sqrt{\dfrac{x^2}{N}} \quad N = n_1 + n_2$

(4) $R_i = \dfrac{d}{\sqrt{d^2 + \dfrac{4(N+2)}{N}}} \quad N = n_1 + n_2$

◆ 產品行銷績效 —r 型 ◆

　　上述章節，已示範二篇多重因果 Meta 分析及其對應本書 Excel 程式之實作方法。本節將以蘇意婷、張紹勳（2008）〈高科技產品行銷績效關鍵成功因素〉介紹本書 Excel 之 Meta 實作範例，它有原始資料完整數據。

▌壹、摘要

　　本研究旨在探討高科技產品行銷關鍵成功因素與績效之關係，研究方法則採用 Meta-analysis，透過大量的文獻蒐集，從中找尋符合本研究之架構。它搜尋 2000～2008 年國內外相關文獻，國外期刊 29 篇；國內期刊及博碩士論文 27 篇，共計 56 篇做為編碼分析樣本。首先將各種不同效果量之統計數值轉換成 Pearson r，並計算 fail safe N、異質性 Q 檢定、顯著性檢定 Zc 值、真正母體效果規模、95% 信賴區間、解釋變異能力等統計數值，來驗證高科技產品行銷績效之關鍵因素。

▌貳、研究方法

一、資料蒐集與篩選

(一) 國內文獻蒐集部分

　　本研究針對國內論文或期刊中與高科技產品相關之研究進行 Meta 分析，搜尋之主題或關鍵字為：(1) 高科技產品、(2) 行銷績效、(3) 關鍵成功因素、(4) 績效等幾種名詞。

　　本研究納入「臺灣博碩士論文」中文文獻，主要原因是它所提供之資訊、數據較為完整。相對地，國外期刊等文獻通常是經過濃縮，可能其中被省略的資料即是本研究欲登錄之重要資訊，且經由公開發表之論文，多為品質達水準者，若都以期刊作為

主要來源，易造成「出版偏誤」的問題。因此，凡是與本研究主題有關之論文，無論是否已公開或已出版，皆為本研究之搜尋樣本。各論文著作時間僅涵蓋至 2008 年 4 月，去除重複者，篩選出符合條件者，共計 27 篇。

(二) 國外文獻蒐集部分

在整合國外高科技產品行銷相關文獻部分，本研究主要採用 ProQuest 資料庫系統，搜尋之關鍵字為：(1)high technology。(2)high-tech products。(3)marketing performance。(4)critical success factors 等名詞之文獻。經逐一篩選後，共計 29 篇論文。

二、資料登錄與編碼

本研究搜尋網路銀行相關之個別研究後，再輸入各研究之資料，包括：研究者、出版年代、論文名稱、樣本來源、抽樣樣本數、各變數變數間之（正 vs. 負）相關顯著與否。故含蓋的統計量包含：t、F、r、迴歸 β 係數、P 等值。

在本研究編碼過程中，則由研究者本身及另一位亦從事 Meta 分析的研究者擔任，兩者都已受過編碼登錄的訓練，兩位編碼者對於同一份研究報告的一致性達 95% 以上，而對於編碼有異議之處，先以相互討論的方式進行解決，對於無法達成共識的部分，則請求第三方來仲裁。

三、資料分析

資料編碼完成後，接下來進行分析與解釋的工作。本研究以 Leonard & Debra(1998) 提出 Meta 分析之手算公式，以積差相關係數 r 為效果量的單位變換，進行 Meta 分析。再將結果轉換成 Hedges & Olkin(1985) 技術的計量指標，其計算順序為：個別效果量 Cohen 's d_i →平均效果量 d_u → Fail Safe N →異質性 Q 檢定→ $\bar{r}$ →效果量 d_u 的 95% 信賴區間→顯著性 Zc 檢定。

四、研究架構

本節經文獻回顧之後，建構出影響高科技產品行銷績效之各個關鍵因素，有三大構面：市場導向因素 (X_1)、策略因素 (X_2)、產業核心資源因素 (X_3)，共 16 個次變數，其架構如圖 4-22。

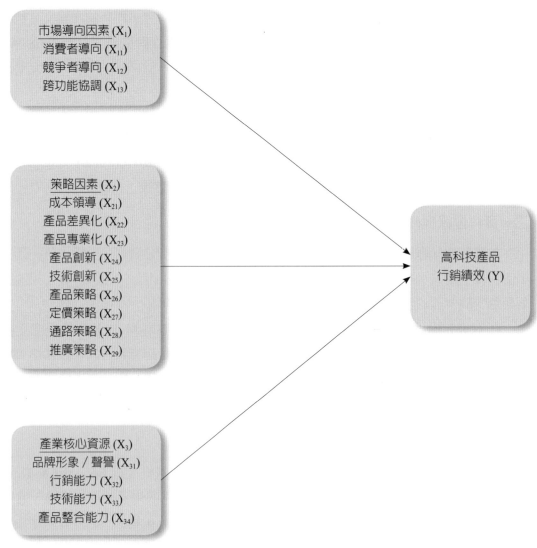

圖 4-22　高科技產品行銷績效之研究架構

五、研究變數定義及論文來源

　　本研究中，每一自變數下之次變數，其研究篇數均至少 2 篇以上。若遇到不適用於合併分析或資料不齊全等因素，均不列入 Meta 分析之項目中。

參、用本書 Excel 來實作 Meta 分析

一、資料分析

(一)質性的分類

選取已發表之國內外期刊與國內品質較佳、內容完整的博碩士論文為編碼樣本，共蒐集到 56 篇樣本文獻。研究將分別以顯著正向、顯著負向及不顯著的三種關係來作頻率分析，結果如表 4-19、表 4-20、表 4-21 所示。由於並非每個樣本都有測試所有的關係，因此表中各關係的總觀察數並不相同。

1.市場導向因素(X_1)部分

表 4- 20 市場導向構面文獻關係歸納表

變數關係	顯著正向	顯著負向	不顯著	研究篇數
消費者導向→行銷績效	12	0	1	13
競爭者導向→行銷績效	12	0	0	12
跨功能協調→行銷績效	10	0	0	10

如表 4-19 顯示，對於「市場導向因素 (X_1)」之探討，其總觀測篇數共有 35 篇，其中僅在「消費者導向→行銷績效」方面，產生一不顯著之情形，剩餘兩部分觀測到之情形均為顯著正向。

2. 策略因素 (X_2) 部分

表 4-21 策略構面文獻關係歸納表

變數關係	顯著正向	顯著負向	不顯著	研究篇數
成本領導→行銷績效	12	0	2	14
產品差異化→行銷績效	12	0	1	13
產品集中化→行銷績效	2	0	0	2
產品創新→行銷績效	7	0	0	7
技術創新→行銷績效	7	0	0	7
產品策略→行銷績效	2	1	2	5

（續前表）

變數關係	顯著正向	顯著負向	不顯著	研究篇數
定價策略→行銷績效	3	1	1	5
通路策略→行銷績效	4	1	1	6
推廣策略→行銷績效	4	1	0	5

表 4-20 在「策略因素 (X_2)」方面之總觀測篇數共有 64 篇，其中「產品策略→行銷績效」、「定價策略→行銷績效」、「通路策略→行銷績效」、「推廣策略→行銷績效」四部分，均同時出現顯著正向、顯著負向之情形，故可能會影響分析結果之平均效果量值。

另外，「產品策略→行銷績效」、「定價策略→行銷績效」、「通路策略→行銷績效」均同時出現顯著正向、顯著負向與不顯著之情形，這些極端值均會影響量化分析之結果。

3. 產業核心資源 (X_3) 部分

表 4-22　產業核心資源構面文獻關係歸納表

變數關係	顯著正向	顯著負向	不顯著	研究篇數
品牌形象／聲譽→行銷績效	3	0	0	3
行銷能力→行銷績效	6	0	1	7
技術能力→行銷績效	5	0	0	5
產品整合能力→行銷績效	2	0	0	2

表 4-21 中顯示，在「產業核心資源 (X_3)」方面觀測到之篇數共有 17 篇，其中僅「行銷能力→行銷績效」兩者間產生一不顯著之觀測值。

綜合以上分析，發現到「策略因素 (X2)」之觀測到的值，其比重是最高的，由此顯示，對於高科技產品行銷之相關研究在此部分是較多的。

(二)各觀察變數關係之量化分析：用本書Excel做量化分析

首先打開本書光碟中，「CH04 Excel 多重因果：行銷績效 -r 型 \ 高科技產品行銷績效 -r 型 .xls」檔，將三大構面：市場導向因素 (X_1) 又有 3 個子構面、策略因素 (X_2) 又有 9 個子構面、產業核心資源 (X_3) 又有 4 個子構面、策略因素 (X_2) 又有 9 個子構

面，共有 16 個子構面之原始資料，都事前做「單位轉換」成 Pearson r 值之後，再將 16 個子構面之個別研究的效果量 r 值，輸入以「高科技產品行銷績效 -r 型 .xls」檔中，如圖 4-23 所示。接著，Excel 會自動計算出「各自變數與行銷績效間之個別效果量」（圖 4-23、圖 4-24），且包含顯著性檢定 Z_c 值、True Population Effect Size、95% Confidence Interval、異質性 Q 檢定、Fail Safe N、Explanined Variance 等之解釋，結果顯示如表 4-22。

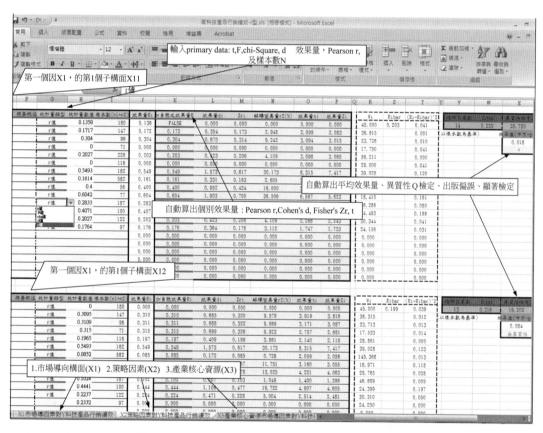

● 圖 4-23 「高科技產品行銷績效 -r 型 .xls」檔

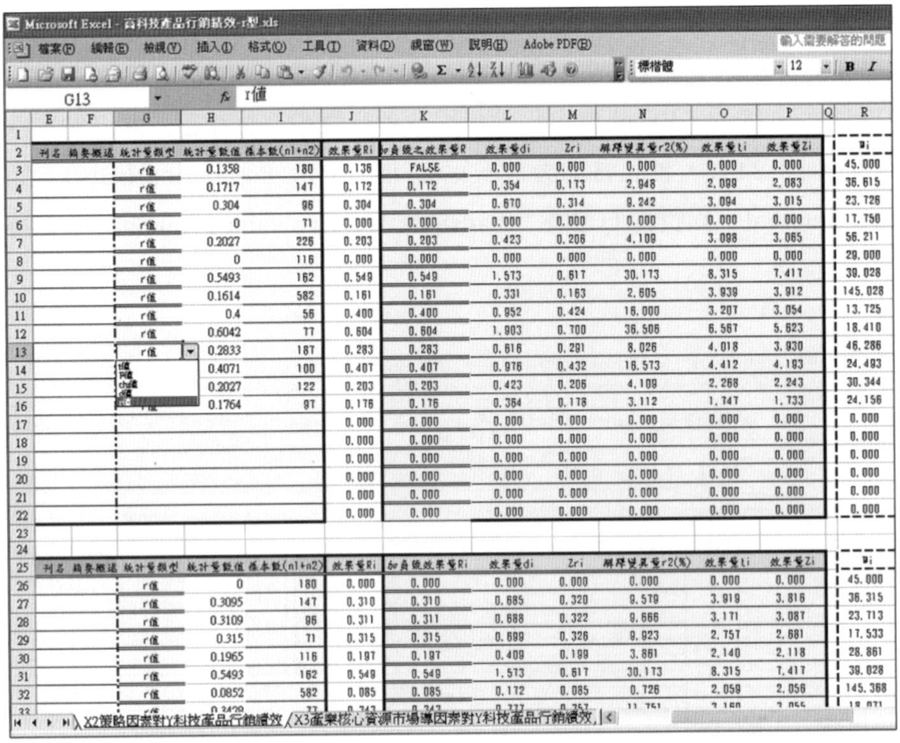

	刊名	摘要概述	統計量類型	統計量數值	樣本數(n1+n2)	效果量Ri	加負號之效果量R	效果量di	Zri	解釋變異量r2(%)	效果量ti	效果量Zi	Wi
3			r值	0.1358	180	0.136	FALSE	0.000	0.000	0.000	0.000	0.000	45.000
4			r值	0.1717	147	0.172	0.172	0.354	0.173	2.948	2.099	2.083	36.615
5			r值	0.304	96	0.304	0.304	0.670	0.314	9.242	3.094	3.015	23.726
6			r值	0	71	0.000	0.000	0.000	0.000	0.000	0.000	0.000	17.750
7			r值	0.2027	226	0.203	0.203	0.423	0.206	4.109	3.098	3.065	56.211
8			r值	0	116	0.000	0.000	0.000	0.000	0.000	0.000	0.000	29.000
9			r值	0.5493	162	0.549	0.549	1.573	0.617	30.173	8.315	7.417	39.028
10			r值	0.1614	582	0.161	0.161	0.331	0.163	2.605	3.939	3.912	145.028
11			r值	0.4	56	0.400	0.400	0.952	0.424	16.000	3.207	3.054	13.725
12			r值	0.6042	77	0.604	0.604	1.903	0.700	36.506	6.567	5.623	18.410
13			r值	0.2833	187	0.283	0.283	0.616	0.291	8.026	4.018	3.930	46.286
14				0.4071	100	0.407	0.407	0.976	0.432	16.573	4.412	4.193	24.493
15				0.2027	122	0.203	0.203	0.423	0.206	4.109	2.268	2.243	30.344
16				0.1764	97	0.176	0.176	0.364	0.178	3.112	1.747	1.733	24.156
17						0.000	0.000	0.000	0.000	0.000	0.000	0.000	0.000
18						0.000	0.000	0.000	0.000	0.000	0.000	0.000	0.000
19						0.000	0.000	0.000	0.000	0.000	0.000	0.000	0.000
20						0.000	0.000	0.000	0.000	0.000	0.000	0.000	0.000
21						0.000	0.000	0.000	0.000	0.000	0.000	0.000	0.000
22						0.000	0.000	0.000	0.000	0.000	0.000	0.000	0.000

	刊名	摘要概述	統計量類型	統計量數值	樣本數(n1+n2)	效果量Ri	加負號效果量Ri	效果量di	Zri	解釋變異量r2(%)	效果量ti	效果量Zi	Wi
26			r值	0	180	0.000	0.000	0.000	0.000	0.000	0.000	0.000	45.000
27			r值	0.3095	147	0.310	0.310	0.685	0.320	9.579	3.919	3.816	36.315
28			r值	0.3109	96	0.311	0.311	0.688	0.322	9.666	3.171	3.087	23.713
29			r值	0.315	71	0.315	0.315	0.699	0.326	9.923	2.757	2.681	17.533
30			r值	0.1965	116	0.197	0.197	0.409	0.199	3.861	2.140	2.118	28.861
31			r值	0.5493	162	0.549	0.549	1.573	0.617	30.173	8.315	7.417	39.028
32			r值	0.0852	582	0.085	0.085	0.172	0.085	0.726	2.059	2.056	145.368

圖 4-24　X_2 策略因素對 Y 科技產品行銷績效

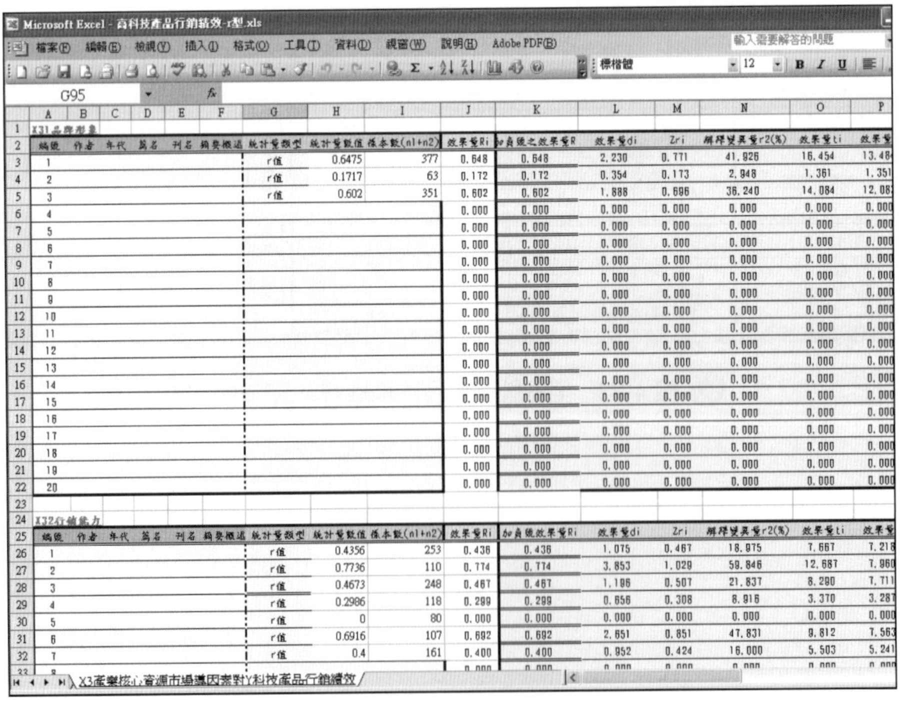

X31品牌形象

	編號	作者	年代	篇名	刊名	摘要概述	統計量類型	統計量數值	樣本數(n1+n2)	效果量Ri	加負號之效果量R	效果量di	Zri	解釋變異量r2(%)	效果量ti	效果量
3	1						r值	0.6475	377	0.648	0.648	2.230	0.771	41.926	16.454	13.48
4	2						r值	0.1717	63	0.172	0.172	0.354	0.173	2.948	1.361	1.351
5	3						r值	0.602	351	0.602	0.602	1.888	0.696	36.240	14.084	12.08
6	4									0.000	0.000	0.000	0.000	0.000	0.000	0.000
7	5									0.000	0.000	0.000	0.000	0.000	0.000	0.000
8	6									0.000	0.000	0.000	0.000	0.000	0.000	0.000
9	7									0.000	0.000	0.000	0.000	0.000	0.000	0.000
10	8									0.000	0.000	0.000	0.000	0.000	0.000	0.000
11	9									0.000	0.000	0.000	0.000	0.000	0.000	0.000
12	10									0.000	0.000	0.000	0.000	0.000	0.000	0.000
13	11									0.000	0.000	0.000	0.000	0.000	0.000	0.000
14	12									0.000	0.000	0.000	0.000	0.000	0.000	0.000
15	13									0.000	0.000	0.000	0.000	0.000	0.000	0.000
16	14									0.000	0.000	0.000	0.000	0.000	0.000	0.000
17	15									0.000	0.000	0.000	0.000	0.000	0.000	0.000
18	16									0.000	0.000	0.000	0.000	0.000	0.000	0.000
19	17									0.000	0.000	0.000	0.000	0.000	0.000	0.000
20	18									0.000	0.000	0.000	0.000	0.000	0.000	0.000
21	19									0.000	0.000	0.000	0.000	0.000	0.000	0.000
22	20									0.000	0.000	0.000	0.000	0.000	0.000	0.000

X32行銷能力

	編號	作者	年代	篇名	刊名	摘要概述	統計量類型	統計量數值	樣本數(n1+n2)	效果量Ri	加負號效果量Ri	效果量di	Zri	解釋變異量r2(%)	效果量ti	效果量
26	1						r值	0.4356	253	0.436	0.436	1.075	0.467	18.975	7.667	7.218
27	2						r值	0.7736	110	0.774	0.774	3.853	1.029	59.846	12.687	7.960
28	3						r值	0.4673	248	0.467	0.467	1.196	0.507	21.837	8.290	7.711
29	4						r值	0.2986	118	0.299	0.299	0.656	0.308	8.916	3.370	3.287
30	5						r值	0	80	0.000	0.000	0.000	0.000	0.000	0.000	0.000
31	6						r值	0.6916	107	0.692	0.692	2.651	0.851	47.831	9.812	7.563
32	7						r值	0.4	161	0.400	0.400	0.952	0.424	16.000	5.503	5.241

圖 4-25　X_3 產業核心資源市場導向因素對 Y 科技產品行銷績效

表 4- 23 編碼樣本統計量化數值

	變數 關係	研究 篇數	樣本 個數	顯著性檢 定 Zc 值	True Population Effect Size	95% Confidence Interval		異質性 Q 檢定	Fail- Safe N	Explained Variance (r^2*100%)
市場導向因素	消費者導向→行銷績效	13	1,876	12.068**	.418	.045	.791	14.793	88.33	17.475%
	競爭者導向→行銷績效	12	1,563	12.018**	.416	.441	.789	17.468	87.91	17.331%
	跨功能協調→行銷績效	10	1,185	14.183**	.449	.176	.721	4.481	79.70	20.117%
策略因素	成本領導→行銷績效	14	2,219	6.870**	.257	- .106	.620	12.224	57.97	6.608%
	產品差異化→行銷績效	13	2,058	8.356**	.289	.024	.555	11.617	57.47	8.378%
	產品集中化→行銷績效	2	131	20.099**	.284	.234	.334	.010	9.37	8.080%
	產品創新→行銷績效	7	1,142	16.109**	.426	- .120	.972	16.451*	52.67	18.164%
	技術創新→行銷績效	7	1,294	22.746**	.602	.224	.980	12.664*	77.25	36.216%
	產品策略→行銷績效	5	706	9.564**	.214	- .438	.866	11.474*	16.39	4.573%
	定價策略→行銷績效	5	706	7.405**	.166	- .278	.609	7.591	11.56	2.742%
	通路策略→行銷績效	6	1,226	7.622**	.187	- .283	.657	9.289	16.41	3.486%
	推廣策略→行銷績效	5	706	10.290**	.230	- .349	.810	8.893	18.01	5.294%
產業核心資源因素	品牌形象／聲譽→行銷績效	3	791	27.351**	.474	- .052	.998	5.518	25.42	22.442%
	行銷能力→行銷績效	7	1,077	20.866**	.511	.146	.876	4.857	55.33	26.124%
	技術能力→行銷績效	5	945	21.520**	.481	.321	.641	1.003	43.12	23.157%
	產品整合能力→行銷績效	2	286	35.930**	.508	.300	.717	.374	18.32	25.819%

註：* denotes significance at the p < 0.05 level

　　** denotes significance at the p < .01 level

肆、Meta 量化分析結果

由於量化分析之文字說明較多，為使讀者閱讀方便，以下將本節之內容彙整如表 4-23。

本研究利用 Meta 分析法，結果發現：

1. 市場導向對高科技產品行銷績效之影響

在市場導向方面，多數研究認為消費者導向可能是影響高科技產品行銷績效之重要因素；但跨功能協調對行銷績效之影響，在顯著性檢定 Zc 值、真正母體效果規模及解釋變異能力上，與消費者導向及競爭導向，均是最較高的解釋能力。

2. 策略對高科技產品行銷績效之影響

國內外研究者之研究，大多強調：成本領導之行銷策略對於高科技產品行銷之影響。但本文 Meta 分析後發現，產品差異化、集中化及技術創新策略均對行銷績效呈現顯著相關，特別是技術創新策略，其對行銷績效達到高度正效果規模，且為策略因素中解釋能力最高的變數。

3. 產業核心資源對高科技產品行銷績效之影響

往昔相關文獻回顧後，多數研究者認為行銷能力較能提升高科技產品之行銷績效。此觀點呼應本研究發現，即行銷能力的確對於行銷績效有顯著相關，且個別研究之間的同質性亦高，也無出版偏誤的問題，表示行銷能力絕對是影響高科技產品行銷績效之關鍵成功因素。

表 4-24　分析結果彙整

量化數值	市場導向			策略									產業核心資源			
	消費者導向	競爭者導向	跨功能協調	成本領導	產品差異化	產品集中化	產品創新	技術創新	產品策略	定價策略	通路策略	推廣策略	品牌形象/聲譽	行銷能力	技術能力	產品整合能力
研究篇數	◎		△	◎		△								◎		△
真實母體效果規模		△	◎					◎		△			△	◎		
顯著性 Zc 質		*	*	*	*	*	*	*	*	*	*	*	*	*	*	*
異質性檢定 Q 值							*	*	*							

（續前表）

量化數值	市場導向			策略									產業核心資源			
	消費者導向	競爭者導向	跨功能能協調	成本領導	產品差異化	產品集中化	產品創新	技術創新	產品策略	定價策略	通路策略	推廣策略	品牌形象/聲譽	行銷能力	技術能力	產品整合能力
安全失效數				●	●	●			●	●	●	●				
95% 信賴區間	＊	＊	＊		＊	＊		＊						＊	＊	＊
解釋變異能力		△	◎					◎		△			△	◎		

註：◎：各構面量化數值最大　　　　　　△：各構面量化數值最小

　　＊：Z_c 值、Q 值、95% 信賴區間達顯著　　●：成敗估計未達最低容忍數之子構

第 5 章

生物醫學之研究法：觀察法及實驗法之效果量

Meta 分析源自醫學統計，實有必要深入了解醫學常用效果量 (ES)。

在「統合分析 (Meta-analysis)」的研究中，效果量及統計顯著性是兩個探究的重要項目。所謂效果量是指在 Meta 分析的研究過程上，所分析的每一個研究的實驗處理效果的大小，也就是每一個實驗設計中接受實驗處理的實驗組與控制組之間的差別。為了統計處理，這些實驗處理結果的差別需先經過標準化的處理，才能進行比較與合計。所謂標準化的處理就是把實驗處理的實驗組（吃新藥）與控制組（吃安慰劑）之間的差別除以控制組的標準差 (standard deviation)。

效果量的值可以代表就某一項研究主題而言，實驗組和控制組之間差異的大小，值越大，代表實驗處理的功效越大；值越小，代表實驗處理的功效越小。

5-1 統計 vs. 實驗的關係

一、統計與實驗設計功能之對應關係

統計分析是指蒐集、整理、表現、分析及解釋資料，並藉科學的方法，進而由分析的結果，加以推論，而獲得合理且有效的結論，並做出適切決策的一門學科。

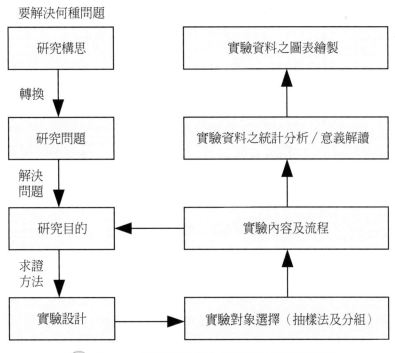

● 圖 5-1　實驗設計的功能與統計的對應關係

常見，一般人對各類實驗型式與統計如何連結的困擾，包括：

1. 所操作的實驗型式與實驗設計是否相配？
2. 操作的實驗設計與統計方法分析是否相配？
3. 統計分析結果與結論是否相配？

二、推論統計 (inferential statistics)

旨在檢定研究假設。利用樣本資料分析的結果對母體資料的某些特性，做合理的估計與推測。

推論統計指用概率形式來決斷數據之間是否存在某種關係及用樣本統計值來推測總體特徵的一種重要的統計方法。推論統計包括總體參數估計和假設檢定，最常用的方法有 Z 檢定（非常態迴歸係數之顯著性檢定）、t 檢定（OLS 迴歸係數之顯著性檢定）、卡方檢定（類別資料列聯表）等。

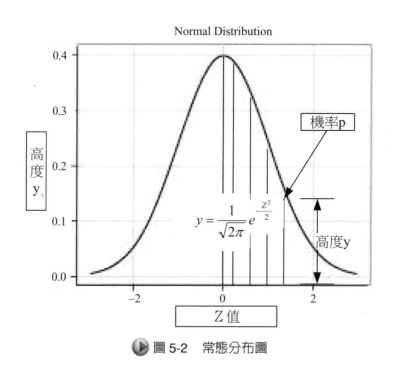

圖 5-2　常態分布圖

推論統計主要工作如下：

1. **估計 (estimation)**：利用一組由母體所取之隨機樣本資料的資訊，來推估母體之未知參數。常見有 (1)「點估計量」：由樣本資料計算的統計量，使用來估計母體參數。(2)「區間估計：某區間會涵蓋母體參數的可能性。(3)「信賴區間 (confidence

interval)」：在特定機率下，估計母體參數可能落在的數值範圍。此特定的機率值可以稱為信賴水準。

2. **假設檢定 (testing of hypothesis)**：研究者對現象（參數）提出主觀的研究假設，再利用樣本特徵的資訊（抽樣數據）來對研究假設進行檢定，以做管理的正確決策。

　　通盤來說，假設檢定都可分解成下列五個步驟：

(1) 設定 H_0：針對母體設定之基本假設。對立假設 H_1：針對題意欲測試之方向設定之假設。

(2) 利用樣本數據來算出檢定統計量 (test statistics)。

(3) 給定顯著水準 α（通常 Type I error 設為 0.05)。α 係指檢定顯著（差異／關聯）性之機率值。

(4) 找出「拒絕區」（可查統計書之附錄表）或計算 p-value（本書 Stata,CMA, RevMan 軟體會自動算出 p）。

　　所謂「p 值」是指在「虛無假設 H_0 為眞」的情況下，得到「≥此一觀察結果之統計檢定的機率」。例如：假定檢定結果得 Z = 2.08，電腦報表顯示 p = 0.0367，表示得到 Z 值 ≥2.08 的機率只有 0.0367，故拒絕 H_0，或是說此項檢定達到 0.05 顯著水準。

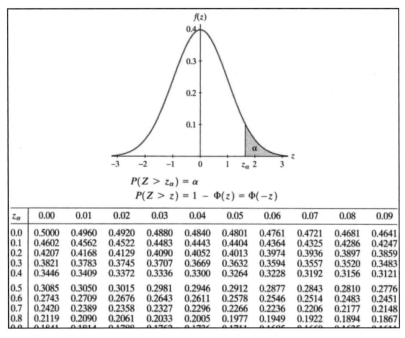

$$P(Z > z_\alpha) = \alpha$$
$$P(Z > z) = 1 - \Phi(z) = \Phi(-z)$$

z_α	0.00	0.01	0.02	0.03	0.04	0.05	0.06	0.07	0.08	0.09
0.0	0.5000	0.4960	0.4920	0.4880	0.4840	0.4801	0.4761	0.4721	0.4681	0.4641
0.1	0.4602	0.4562	0.4522	0.4483	0.4443	0.4404	0.4364	0.4325	0.4286	0.4247
0.2	0.4207	0.4168	0.4129	0.4090	0.4052	0.4013	0.3974	0.3936	0.3897	0.3859
0.3	0.3821	0.3783	0.3745	0.3707	0.3669	0.3632	0.3594	0.3557	0.3520	0.3483
0.4	0.3446	0.3409	0.3372	0.3336	0.3300	0.3264	0.3228	0.3192	0.3156	0.3121
0.5	0.3085	0.3050	0.3015	0.2981	0.2946	0.2912	0.2877	0.2843	0.2810	0.2776
0.6	0.2743	0.2709	0.2676	0.2643	0.2611	0.2578	0.2546	0.2514	0.2483	0.2451
0.7	0.2420	0.2389	0.2358	0.2327	0.2296	0.2266	0.2236	0.2206	0.2177	0.2148
0.8	0.2119	0.2090	0.2061	0.2033	0.2005	0.1977	0.1949	0.1922	0.1894	0.1867
0.9	0.1841	0.1814	0.1788	0.1762	0.1736	0.1711	0.1685	0.1660	0.1635	0.1611

▶ 圖 5-3　z 分布

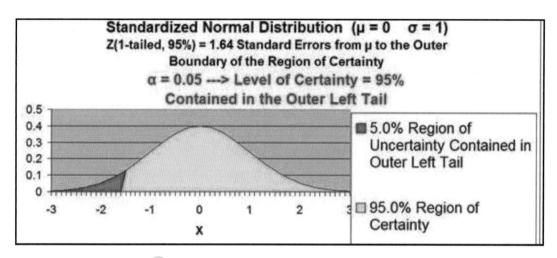

▶ 圖 5-4　單尾 z 分布 (α = 0.05，z = 1.64)

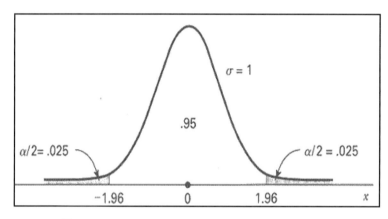

▶ 圖 5-5　雙尾 z 檢定 (α/2 = 0.025，z = 1.96)

註：一般電腦統計之報表，t 檢定是以此「z = 1.96」為假設檢定之臨界點

(5) 作決策：通常，檢定統計量大於查表（如卡方表、t 表、F 表等）或 p-value < α，則表示「達顯著」，反之則表示「未達顯著」。

(6) 根據題意下結論。

三、醫學統計經常混淆的名詞

　　在應用統計分析作學術研究的各個領域中，醫學領域可說是其中的非常大宗，據統計目前全世界約有 3 萬種的醫學期刊，約占了科技期刊的四分之一之多。而在這塊這麼大的市場中，我觀察到在醫學領域所使用的統計名詞，經常與統計教科書有相當多的出入，本篇文章擬將這些常見的混淆之處作個釐清。

1. 單變量或多變數迴歸分析

假使我們現在要進行依變數 (dependent variable) 的預測，如果我們的自變數 (independent variable) 只有一個，那麼這種迴歸模式稱之爲簡單迴歸 (simple regression)，不過在醫學期刊常見以單變量迴歸 (univariate regression) 來表達；倘若我們的自變數是 2 個以上，那麼我們稱之爲多元迴歸 (multiple regression)，但在醫學期刊則部分稱之爲多變數迴歸 (multivariable regression) 或多變量迴歸 (multivariate regression)。

特別值得說明的是，「多變量」(multivariate) 在一般統計教科書是專門指同時有 2 個以上的依變數的統計方法，例如：主成分分析、因素分析、集群分析、結構方程模式、典型相關等；但在醫學領域中，不管依變數有多少個，只要自變數 2 個以上，就會稱之爲多變量分析（比較正確來說，應該是多變數分析），這是蠻特別的一點。

2. 自變數、依變數或控制變數

統計教科書皆把依變數定義爲 dependent variable，不過實際醫學期刊比較常見以結果變數 (outcome) 來稱呼之；如果我們的模式有許多個（2 個以上）自變數，而所關注的是其中一個變數，那麼此時其他變數便稱作控制變數 (control variable)，但在醫學期刊的習慣來說，並非主要研究變數的控制變數都叫做共變量 (covariate)。

3. 迴歸分析的細節

在多變數迴歸（2 個以上的自變數）中，每一個自變數的迴歸係數皆是已經考慮其他變數的效果，一般我們會說控制或考慮其他變數效果之下 (controlling or considering other variables)，不過醫學期刊特別偏好使用「調整」(adjust) 這個字。「adjusted」，例如 adjusted OR 或 adjusted HR 以標明此爲多變數分析之下的結果；相較之下，如果是單變數的模式（只有一個自變數），醫學期刊也偶爾會看到用 naive 或 crude 這兩個字來表示這是一個單變數分析，例如：crude OR 或 naive analysis。

以上介紹了一些常見的醫學統計容易造成混淆的名詞，並且以與迴歸分析相關的名詞爲主，以下表格爲將以上內容作個整理，希望幫助大家未來在閱讀醫學期刊時有所幫助。

名詞或情境	醫學領域	其他領域
單變量的迴歸分析	univariate regression	simple regression
多變量的迴歸分析	multivariate regression or multivariable regression	multiple regression
控制變數（共變量）	covariate	control vailable
依變數（結果變數）	outcome (variable)	dependent variable
考慮其他變數下的效果（通常是迴歸分析）	adjusting for other covariates	controlling or considering other vailables
迴歸係數（多變量的迴歸分析之下）	"Adjusted" coefficient (e.g. adjusted OR or HR)	regression coeffieent

四、類別變數（離散型變數）之適用情境

依變數 (outcome) ＼ 自變數 (predictor)	縱貫面研究 類別變數	橫斷面研究 類別變數
單一類別變數	卡方檢定：關聯性分析 tetrachoric correlations（限 binary 變數） odds ratio（logistic 迴歸）	對稱性 chi-square tetrachoric correlations（限 binary 變數）odds ratio（logistic 迴歸）
類別變數＋連續變數	odds ratio（logistic 迴歸）	odds ratio（logistic 迴歸）

5-2 觀察法 vs. 實驗法

　　流行病學由於因果關係常常是無法確定，故研究中將被認為是原因的變數稱為「決定因素」(determinant)、「預測因子（predictor；又稱為 predictor variable）」或是「解釋變數（independent variable；也稱自變數）」，許多時候可以稱為「暴露 (exposure)」。將被認為是結果的變數稱為「疾病 (outcome)；又稱 outcome variable」或是「依變數 (dependent variable)。根據暴露是否由研究者指派分配，流行病學研究又可分為「實驗性研究 (experimental study) 及「觀察性研究 (observational study)」。

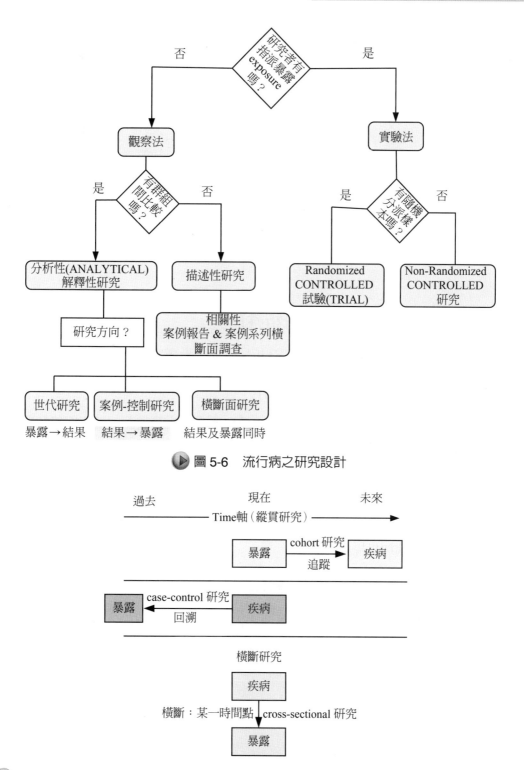

◉ 圖 5-6　流行病之研究設計

◉ 圖 5-7　三種觀察性研究之比較：cohort 研究 vs. case-control 研究 vs. cross-sectional 研究

【縱貫研究 (longitudinal study)】

醫學之縱貫研究法可分爲二種：世代研究法 (cohort study)、病例對照 (case-control) 研究法。

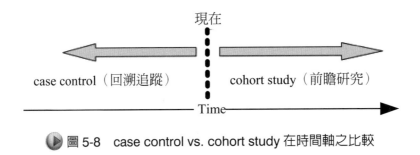

現在

case control（回溯追蹤）　　　cohort study（前瞻研究）

Time

▶ 圖 5-8　case control vs. cohort study 在時間軸之比較

5-2-1 觀察法：描述性 vs. 分析性研究

流行病學的觀察法可分爲描述性、分析性研究二大類：

一、描述性 (descriptive epidemiology)

描述性流行病學，資料來源主要來自：戶口普查、戶籍登記、健康記錄和醫院病歷等。透過調查，了解疾病和健康狀況在時間、空間和人群間的分布情況，爲研究和控制疾病提供線索，爲制定衛生政策提供參考。

描述性研究目的在研究與健康有關之狀態和事件的分布情形，並做統計上的推估 (statistical inference)。描述人群中健康狀況和事件發生的實際狀況，係按人、時、地三個因素的影響分別加以描述。

二、分析性 (analytical) 之觀察法又細分：世代研究法、病例對照研究法

分析性之觀察法若以「研究開始時病例是否存在」，可分：世代研究法 (cohort study)，又稱前瞻性研究 (prospective study)，以及病例—對照研究法 (case-control study)。

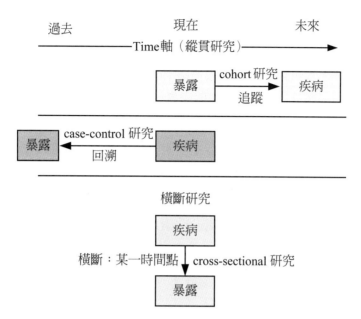

▶ 圖 5-9　三種分析性研究之比較：cohort 研究 vs. case-control 研究 vs. cross-sectional 研究

(一)世代研究法(cohort study)：「暴露→結果」

　　世代研究又稱追蹤性研究、前瞻性研究或縱貫性研究，是一種探索病因的流行病學研究方法。其做法是在人群中抽取一個樣本，按是否暴露 (expose) 於某種可疑病因（危險因子）或暴露程度分組，經過一段追蹤觀察，最後比較各組的發病率或死亡率，對因果關係作出估計。世代研究適用於發病率較高的疾病，也適用於環境汙染對健康影響的評價。該方法的優點是在兩組對比中（開始時的健康狀況一樣）直接觀察致病因子與發病的關係，不存在回憶性偏差，且能計算發病率、死亡率和相對危險性。缺點是觀察時間長，可發生失訪偏差；如觀察發病率低的疾病則需大量人力，費用高、時間長。

　　世代研究是研究一開始將研究對象（不一定是有病的人）隨機地分派至兩組，其中一組是暴露組 (exposed group) 另一組則是未暴露組 (unexposed group)，至於暴露的因子則是研究者關心的變數，例如抽菸與肺癌的關係或居住在高壓電附近與腦部病變的關係。然後往後追蹤一段期間，就會觀察到暴露組與未暴露組都有人發生事件（event，例如：疾病），此時就可計算兩組發生事件比例的比較，例如：追蹤 10 年後，抽菸組發生肺癌的比例爲 3% 而未抽菸組罹患肺癌比例爲 1%，接著進而透過統計分析評估究竟暴露因子（抽菸）是否與事件（肺癌）有所關聯。

　　世代研究是非常具有因果推論效力的研究設計，但是非常耗時也非常耗費成本，以抽菸跟肺癌來說，可能至少的追蹤期要 10 年以上才有意義。另外一方面也因為追蹤期很長，研究參與對象會有失去追蹤 (lost to follow up) 的問題。

　　易言之，cohort study 係針對一群健康者，追蹤其處於健康危險因子下的發病情形。

　　前瞻法是指：往前、展望未來，旨在探討未來的事件，根據某條件，來關心或疾病的未來情況 (looks forward, looks to the future, examines future events, follows a condition, concern or disease into the future)。

　　例如：針對一群健康者，追蹤其處於健康危險因子下的發病情形。

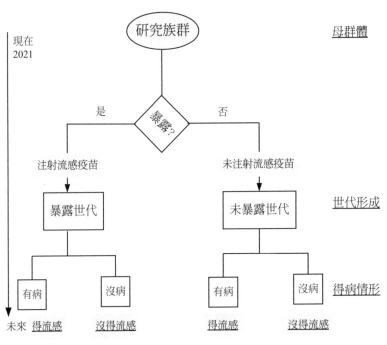

▶ 圖 5-10　cohort 研究設計之示意圖

　　世代研究是選取一組暴露於某種因素的人和另一組不暴露於於該因素的人，再經過一段時間後，以 Cox 模型、Logit、ROC 等統計方法來比較兩組人患某病的情況（如肺癌），以確定某因素是否和某病有關。例如：依研究對象是否有暴露分組做比較，故須找一群有抽菸習慣的人（有暴露者）與一群從不抽菸的人（沒有暴露者）比較這兩群人的肺癌（疾病）發生率，以研究抽菸是否會引起肺癌。

　　世代研究適用於發病率較高的疾病，也適用於環境汙染對健康影響的評價。該

方法的優點是在兩組對比中（開始時的健康狀況一樣）直接觀察致病因子與發病的關係，不存在回憶性偏差，且能計算發病率、死亡率和相對危險性。缺點是觀察時間長，可發生失訪偏差；如觀察發病率低的疾病則需大量人力，費用高、時間長。

　　例如：世代研究之「暴露（飲食習慣）→結果（大腸癌）」，如何證明「大腸癌與飲食習慣（缺蔬果纖維）」有絕對相關呢？有人發現移居第一代日本人大腸癌之人口比例，遠低於移民美國之第二代日本人，因美國人比日本當地人更愛吃肉。為了複驗此論點：「多吃蔬果可降低大腸癌」，接著國內有醫生將門診之大腸癌病人隨機分成二組：(1) 實驗組 (case group)：大腸癌病人改按醫生建議，多吃蔬果少吃肉。(2) 控制組 (control group)：大腸癌病人仍依他日常飲食習慣進食。經過 1 年的追蹤，再檢驗大腸癌病人之腸內新生瘜肉之增加量，結果發現，多吃蔬果少吃肉之控制組比實驗組，顯著增加腺瘤性瘜肉。由於腺瘤性瘜肉為最常見的腸內新生瘜肉，且與腸癌之關係較密切，百分之 90 以上的大腸癌是經由大腸腺瘤性瘜肉，經過 10～30 年的惡性演變而來，少數的大腸腺癌可能直接經由黏膜細胞的惡性化，並直接發展為大腸癌。故為了提早預防大腸癌，呼籲民眾養成定期篩檢、正確飲食及規律運動的好習慣。

(二)病例—對照(case-control)研究法：「結果→暴露」

　　又稱為回溯法 (retrospective study)。即回顧往昔時間裡，已發生的事件 (looks back in time to study events that have already occurred)。例如：針對一群病患與對照，蒐集並比較其過去的健康危險因子之經驗。

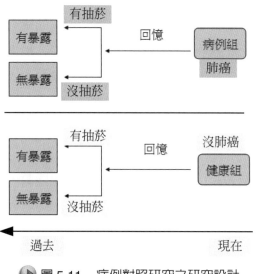

圖 5-11　病例對照研究之研究設計

case-control 適用情形：

1. 稀有疾病。

2. 常見暴露 (expose)。

3. 多重病因探討。

case-control 優缺點：

優點：研究期短，樣本小，經費少，無道德顧慮（暴露已發生）。

缺點：因果時序不清楚，無法得發生率，暴露資料不全 (recall bias)。

case-control 指標：危險對比值

病例對照研究，將研究對象依是否有疾病分組做比較。研究對象，須選取一組患某病的人（病例組），再選取另一組沒有患某病的另一組人（對照組），蒐集兩個組人中某一或某幾個因素存在的情況，再以統計學方法來確定某一因素是否和該疾病有關及其關聯的程度如何。例如：找一群肺癌的病人（有疾病者）與一群沒有肺癌的人（沒有疾病者）比較這兩群人中有抽菸習慣（暴露）者的比例，以研究抽菸是否會引起肺癌。又如，病例組過去暴露在致病因子的頻率較高，而對照組較低的話，就可判定此一致病因子和疾病之間有相關存在。

case-control 法優點：(1) 可以獲得暴露率，(2) 可做多重病因的探討，(3) 所需樣本數少，(4) 研究經費低。

case-control 缺點：(1) 時序性不清楚，(2) 無法獲得發生率，(3) 對照組不易選取，(4) 暴露資料取得不易，(5) 有回憶偏差 (recall bias)。

因此，此方法適用於病因不明且是常見暴露情形下的稀有疾病。

一般來說，世代研究比病例對照研究的結論較可靠，但世代研究耗時很長（如研究吸菸和肺癌的關係要數十年的時間），需要更多的資源。

(三) 世代研究〔暴露組vs.未暴露組〕、病例—控制之統計量：勝算比

1. odds ratio 原理

線性迴歸分析之依變數是由自變數們所構成的直線函數，並加上一個誤差值得之模型，其公式為：

$$Y = \beta_0 + \beta_1 X_1 + \beta_2 X_2 + \cdots + \beta_K X_K + \varepsilon$$

其中，Y 是依變項、X_i 是 k 個自變項、β 為權重係數、ε 為隨機誤差項。

當依變數是類別的資料時，依變數若分為 2 群，則採用二元邏輯迴歸，目標事件不發生時為 0，目標事件發生時則為 1。Logistic 迴歸分析是探討自變數對二類別依變數的預測力或解釋力，並且藉由 Logistic 迴歸分析可以得勝算比 (odds ratio)，如下式。如果勝算小於 1，表示目標事件發生的機率少於目標事件不發生的機率；如果勝算大於 1，表示目標事件發生的機率多於目標事件不發生的機率。

$$勝算比 = \frac{\pi(x)}{1 - \pi(x)} = \exp(e^{b_0 + b_1 x})$$

其中，X 是自變數，π 為機率值，exp 為指數，b_0 為常數項，b_1 為權重係數。

從二元 Logistic 迴歸分析的整體模型適配度 (goodness of fit)，可了解自變數對依變數的貢獻程度。整體模型若達顯著，表示所有自變數中至少一個自變數對依的預測機率達顯著，若要進一步確定是哪個自變數對依的預測機率達顯著需進行個別自變數性檢定。

2.「病例 — 對照 (case-control)」研究之勝算比

病例—對照研究將由疾病的狀態選擇研究例子，是一種回溯型研究。一組是實驗處理組（有發病者），一組是對照組（無發病者），兩組人應盡量找相同母群體的人來研究。

比值大小，即是實驗處理組與對照組之危險大小，可了解有無暴露 (expose) 造成的增加風險。如果 OR 大於 1 則這些疾病很可能跟暴露危險有關，反之如果接近 1 則兩者可能沒有相關，如果小於 1 則可能是保護因子〔暴露後可以降低發病率〕。

勝算比之 95% 信賴區間 (confidence interval) 為：

$$\ln(OR) \pm 1.96 \sqrt{\frac{1}{A} + \frac{1}{B} + \frac{1}{C} + \frac{1}{D}}$$

case-control 的研究，比起世代研究更具經濟效益，但容易受到誤差 (bias) 影響（回想誤差、選擇性誤差）。另一個挑戰是選擇適當的控制組，母群體的樣本應該均勻分散在控制組和實驗處理組以降低誤差 (the distribution of exposure among the control group should be representative of the distribution in the population that gave rise to the cases.)，這可以隨機抽樣來平衡母群體這二組的抽樣比。但仍有一個爭論是如果控制組包含了正在發病的案例，則這個疾病就有可能求得更高的侵襲率。

另一個挑戰是，為了統計數據的正確，最起碼的案例數 (total cases)，必須符合

95% 區間相對於勝算比，詳細如下列方程式：

$$total\ cases = (A + C) = 1.96^2 (1+N)(\frac{1}{\ln(OR)})^2 \times (\frac{OR + 2\sqrt{OR} + 1}{\sqrt{OR}}) \approx 15.5(1+N)(\frac{1}{\ln(OR)})^2$$

其中，A、C 爲上表格中「細格人數」。

　　N = 控制組的案例比率

　　當勝算比接近 1 或是 0，對照研究就會產生出極低的勝算比，舉例，一個勝算比 1.5 的案例，而且對照組及實驗處理組的人數接近，其數據如下二表所示：

Case 1：OR = 1.1 的例子，如下表。

	實驗處理組	對照組
暴露 (expose)(event)	A = 103 人	B = 84 人
無暴露 (unexpose)(non-event)	C = 84 人	D = 103 人
勝算比，OR = AD/BC = 1.5		

Case 2：相對地，OR = 1.1 的例子，如下表。

	實驗處理組	對照組
暴露 (expose)（實驗組）	1,732 人	1,652 人
無暴露 (unexpose)（控制組）	1,652 人	1,732 人
勝算比，OR = AD/BC = 1.1		

5-2-2 觀察法：前瞻性 vs. 回溯性研究；縱貫面 vs. 橫斷面研究

　　「觀察性研究」(observational study)，也是非實驗性研究之一，因爲研究者係以被動旁觀者的角色來「觀察」暴露與疾病之間的關係，而不主動地「介入」來引起後果的產生。

一、以開始進行研究與疾病的發生時間之關係分爲

　　(1) 前瞻性 (prospective) 研究：世代研究法 (cohort study)
　　開始進行研究時要觀察的疾病尚未發生，它是「暴露→結果」。

範例：不同世代研究

目標：探討臺灣不同世代老人存活趨勢變化差異及影響老年人口存活相關因子

方法：利用國民健康局「臺灣地區中老年人身心社會狀況長期追蹤 (follow-up) 研究調查」自 1989 年至 2007 年之六次訪查資料，以 Cox 脆弱加權模型分析探討老年人口存活相關因素並比較不同出生 A、B 世代 (1915-1929、1929-1943) 分別於 1989-1993 年及 2003-2007 年存活趨勢變化差異。

結果：就兩世代樣本特性言，以性別及族群差異較大，其他影響世代存活相關因子間差異，A 世代抽菸人數與體能、自評健康狀況及自認經濟狀況好者較 B 世代為多，顯現世代間之健康行為及其對身心狀況的感受亦有所差異；罹患糖尿病與高血壓的比例 B 世代較 A 世代為多，具呼吸疾病的比例則以 A 世代老人較高。其餘疾病如中風、心臟疾病及胃潰瘍或胃病等差異不大。另經統計模型選擇結果發現年齡、住地類型、自評健康、體能狀況、有無糖尿病及抽菸為影響臺灣不同世代老人存活趨勢變化差異之重要指標。

結論：在不同世代存活 4 年趨勢變化差異上，較為年輕 B 世代老人，由於經濟情況的改善及全民健保的實施，相較於 A 世代老人，生活條件較好並享有較為優質的醫療照顧；經相關變數調整後，B 世代死亡風險為 A 世代的 0.601 倍；兩世代老人的存活情況，受性別、族群、嚼檳榔及社團參與的影響不大，糖尿病則為影響不同世代 60-74 歲老人存活之主要慢性疾病，然未來時日增長，增加較多調查數據時，情況亦可能有所變化，有待進一步探討。

（臺灣衛誌 2012；31(6)：597-611）

(2) 回溯性 (retrospective) 研究：病例對照研究法 (case-control study)

開始進行研究時要觀察的疾病都已發生，它是「結果→暴露」。

回溯性世代研究，王南天等人（2014）探討臺灣新發乳癌病患併發血栓栓塞症 (TEEs) 之相關因素及對其兩年存活的影響。此回溯性世代研究，抽樣來自 1997 至 2010 年全民健康保險研究資料庫。以 Poisson 分布探討 2000 到 2008 年新發乳癌世代觀察兩年其併發 TEEs 的發生情形。透過 propensity socre 匹配後再以 Accelerated Failure Time Model 檢視有無併發症病患對其兩年存活之影響。此回溯性世代研究之資料擷取流程，如圖 5-12。

以乳癌為例，找出乳癌病患：癌症特殊需求檔之1997-2010年門診處方及治療明細檔(CD)，共490,645,056人次擷取3個診斷碼ACODE_ICD9_1、ACODE_ICD9_2、ACODE_ICD9_3任一位置出現(ICD-9-CM code: 174, A113)，共7,187,107人

排除2000-2008乳癌各世代先前即曾罹患乳癌者，由各世代往前排除至1997年

2000年新發乳癌人數 = 10,156人
2001年新發乳癌人數 = 10,125人
2002年新發乳癌人數 = 9,237人
2003年新發乳癌人數n = 8,454人
2004年新發乳癌人數 = 9,406人
2005年新發乳癌人數 = 10,189人
2006年新發乳癌人數 = 10,145人
2007年新發乳癌人數 = 10,783人
2008年新發乳癌人數n = 11,280人

排除先前有TEEs包含：腦中風(ICD-9-CM: 430-437) 或深層靜脈栓塞(ICD-9-CM: 451, 452, 453) 或肺栓塞(ICD-9-CM: 415.1)，即各研究世代罹病確診年往前至1997年的共7,390人

建立2000-2008年各年新發乳癌世代：以乳癌診斷日取每名個案第一筆記錄（即罹癌確診日）共82,385人

建立2000-2008年各年新發乳癌世代觀察兩年完整資料：乳癌診斷日起往後觀察兩年，共2,504,467人次

建立退保及死亡資料：
串聯，2002-2010年承保資料檔(ID)自乳癌診斷日起，觀察兩年其退保別為1者（退保）
串聯，2000-2010年住院醫療費用清單明細檔(DD)自乳癌診斷日起，觀察兩年其轉歸代碼為4者（在院死亡）、轉歸代碼為A者（病危自動出院）

建立新發乳癌各世代診斷後兩年內併發TEEs：
擷取門診處方及治療明細檔(CD)就醫診斷碼3碼及住院醫療費用清單明細檔(DD)診斷碼5碼任一位置出現
TEEs包含：腦中風(ICD-9-CM: 430-437) 或深層靜脈栓塞(ICD-9-CM: 451, 452, 453) 或肺栓塞(ICD-9-CM: 415.1)共82,385人、2,504,467人次

排除乳癌確診日前在住院醫療費用清單明細檔(DD)有發生TEEs者，共221人

病患特性：
1.年齡：自確診日當時年齡為就醫日期（首次診斷乳癌門診日期）減掉出生日期
2.共存疾病指數(CCI)：擷取個案診斷日前一年在門診處方及治療明細檔(CD)，國際疾病分類代號3碼任一位置出現Charlson Comorbidity Index 建議之診斷
3.高血壓疾病史：擷取乳癌確診日期前一年診斷，國際疾病分類代號3碼任一位置出現高血壓(ICD-9-CM: 401-405, A26)
4.手術：擷取主手術（處置）一～四，乳癌確診日後觀察一年內任一位置是否有出現乳癌手術 (MRM: 85.4, BCT: 82.2)
5.放射治療及化療：擷取門診處方及治療明細檔(CD)之特定治療項目代號一～四欄位代碼為D1及D2或12
6.荷爾蒙治療：串聯，癌症特殊需求檔之2000-2010年門診處方醫令明細檔(OO)擷取藥品（項目）代號並以健保代碼參考表格

建立2000-2008年新發乳癌世代醫院特性：串聯，2000-2010年醫事機構基本資料檔(HOSB)以截取醫院層級別(HOSP_CONT_TYPE)。研究樣本共82,164人、2,499,302人次

排除醫院層級別非醫學中心、區域醫院、地區醫院的個案共1,158人

建立2000-2008年完整新發乳癌研究世代：排除各世代跨年度及時間不明確共76人，以及ID、ID_BIRTHDAY取第一筆紀錄擷取輸入錯誤或重複共332人；最後共80,598人納入本研究排除醫院層級別非醫學中心、區域醫院、地區醫院的個案共1,158人

計算併發TEEs 0-6個月、7-12個月、2年之發生密度及累積發生率有併發TEEs共1,436人，未併發共79,162人

建立有無發生TEEs病例組與對照組：根據年齡、共病症指數來匹配以1:5方式區分有併發TEEs及未併發兩組

2000-2008各年新發乳癌世代：匹配後有併發TEEs的乳癌患者共1,432人；未併發者共7,160人

存活者共7,607人，死亡共985人

▶ 圖 5-12　回溯性世代研究之資料擷取流程圖（乳癌患者併發 TEEs 之存活分析）

乳癌患者併發 TEEs 對存活影響之統計分析：

以時間失敗加速模型，來分析圖 5-12「乳癌患者併發 TEEs 對存活影響」，若依據 Allison(2004) 建議之 Kaplan-Meier method、Log-minus-log 及 like tim- interaction test 檢定，顯示變數，包括：TEEs、年齡、手術、放射治療、化療、荷爾蒙治療，都不符合 Cox proportional hazard model 等比例風險的假定 (assumption)，況且變數存在時間相依性的共變數問題，故應改以「本書第 3 章」Accelerated Failure Time Model 進行存活分析。在 Accelerated Failure Time Model 模型評選係以 log Likelihood 及 AIC 值來判讀，其中，對數概似 (log likelihood) 估計值越高表示該模型適配越佳，此外 AIC (Akaike's Information Criteria) 亦可用來判斷時間序列整體模型配適度，其值越低代表模型配適度較好，此「乳癌患者併發」世代研究分析也進行了五種模型的評比檢定，分別是 Exponential、Weibull、Log-normal、Log-Logistic、Gamma，再依據 Stata 存活分析之 log likelihood 值來評比並選擇最優模型。

二、以暴露與疾病的發生時間先後次序（時序性）是否能推定，分為：

1. 縱貫面研究 (longitudinal study)：能推定因果關係「時序」

縱貫面研究，或稱長期性研究，係對一群研究對象進行長時間觀察或蒐集資料的研究方式，主要為探討研究對象在不同時期的演變，目前已越來越普遍用於測量變化及解釋因果等研究。縱貫面研究的資料往往涵蓋多個時間點，在某些研究議題上，分析的資料甚至橫跨數十年。

縱貫面研究常用於醫學、心理學、社會學及其他領域，用以探討人們生命週期的發展趨勢與生活事件的影響。相對於橫斷面研究 (cross-sectional studies)，縱貫面研究可以觀察事件發生時間的順序，探討隨時間變化的變數，特別有助於掌握社會變化。

【縱貫面因果研究】

縱貫面研究可分為：(1) 時間序列研究 (time-series research)、(2) 追蹤 (follow-up) 研究、(3) 世代研究 (cohort study)。

(1) 時間序列研究係指研究者每隔一段時間，即蒐集一次相同的橫斷面樣本資料，藉此了解這些資料在不同時間上所呈現的差異，其研究對象不需是相同人群或樣本。請見作者《Stata 在財務金融與經濟分析的應用》一書。

(2) 追蹤研究則是在不同時間點針對相同人群或樣本進行橫斷面資料蒐集。相較於時間序列研究，追蹤研究的困難度更高，也需耗費更多成本，因為追蹤的樣本很可

能隨時間消失或變得無法聯繫。雖然如此，設計完善的追蹤研究是非常有價值的，即使是短期的追蹤研究都有助於釐清特定生命事件帶來的影響。請見作者《panel-data 迴歸模型》一書

(3) 世代研究與追蹤研究相似，但主要針對在某特定時間有相似生命經驗的人群進行長時間研究，故研究樣本不一定是完全相同的一群人。世代研究屬宏觀分析，其重視的是整個世代或類型的特徵，而非特定的個人，故研究時必須先清楚定義哪些人擁有相同的生命經驗。

世代研究是在一段時間中，記錄存活時間，（即發生事件的時間，疾病或死亡），及影響存活時間的解釋變數，和一般的存活資料型態一樣。所謂，有效抽樣 (validation sampling) 係在世代研究 (cohort studies) 的樣本數中，抽取部分樣本並能從此樣本中，提供比原先 cohort studies 更多的資訊，也就是說，它是一種統計學上將數據樣本切割成較小子集的實用方法，可以先在一個子集上做分析，而其他子集則用來做後續對此分析的確認及驗證。

2. 橫斷面研究 (cross-sectional study)：不能推定因果關係「時序」

以下圖為例，你可假設某一研究時間點，病人的年齡、性別、病情嚴重程度、檢驗數據對某疾病 (X) 預後之影響。

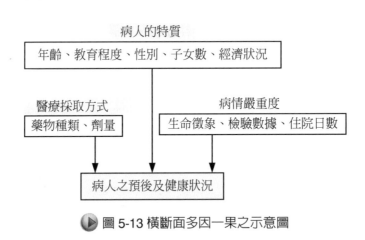

圖 5-13 橫斷面多因一果之示意圖

例如：有人分析影響口腔癌病患生活品質的重要因素。採結構性問卷調查，以 EORTC QLQ-C30 及 EORTC QLQ-H&N35 中文標準化問卷測量其健康相關生活品質，共 271 位口腔癌病患完成問卷，資料經統計分析後，結果發現：整體而言，家庭平均月收入狀況、腫瘤發生部位、治療方式、治療後時間及治療後復發與否，為影響健康

相關生活品質之最重要因素。家中收入 5 萬元以上、單純手術治療、沒有復發、治療 6 個月後之病患，其健康相關生活品質顯著較好。

5-2-3 實驗法

　　根據研究情境的不同，實驗法分為：

1. 實驗室實驗：如用動物群實驗模擬人類疾病的流行因素及規律。
2. 臨床試驗 (clinical trial)：以病人為研究單位，旨在比較藥物或某療效是否安全且有效的研究法。臨床試驗的主要用途，包括：(1) 療效評價。(2) 診斷試驗評價。(3) 篩檢研究。(4) 預後研究 (outcome study)。(5) 病因研究。其中，預後研究設計，主要是病例對照 (case-control study) 及世代研究 (cohort study) 兩種。
3. 預防試驗：如評價預防接種的效果。
4. 病因試驗或介入性試驗：如飲水加氟可預防齲齒，也證明攝入氟不是齲齒的病因之一。在人群中進行的試驗研究即介入性試驗，實際上是前瞻性研究的一個特例。它是在比較嚴格控制的條件下進行隨機分組和人為給定干預因子，經過一段時間的觀察，比較試驗組和對照組的結果。由於此類研究法其因果關係最合乎時序性 (temporality)，即先改變病因再觀察「疾病 vs. 健康」效果發生情形，因此一般人認為此法驗證的假設結論是比較可靠的。

一、實驗流行病學 (experimental epidemiology)

　　實驗流行病學，它是比較給予介入 (intervention) 後的實驗組人群與對照組人群結果，從而判斷介入效果的一種前瞻性研究方法。實驗流行病學又稱為介入型研究 (intervention study)、流行病學實驗 (epidemiological experiment)。

二、實驗法與其他研究法的比較

　　我們如果能對某一現象變化的前因後果有所了解，對於「同類現象」不僅可以根據此種原因來預測其結果，甚至也可安排（製造）原因去產生預期結果。實驗法主要特徵為它是在人的控制情境下研究現象的變化，從變化過程中發現其因果關係。自然觀察法、調查法、實驗法、次級資料分析、個案法、歷史法的綜合比較如下表。

表 5-1　各研究法的綜合比較

研究策略	研究問題類型	控制程度	同時事件或歷史事件
個案法	how，why	不控制	同時事件
實驗法	how，why	可控制	同時事件
調查法	who，what，where，how many，how much	不控制	同時事件
次級資料分析	who，what，where，how many，how much	不控制	同時事件或歷史事件
自然觀察法	who，what，where，how many，how much	不控制	同時事件
歷史法	how，why	不控制	歷史事件

　　實驗設計（vs. 非實驗設計）是「研究設計」的一種，其常用符號之代表意義如下：

1. X：代表社會科學「處理」(treatment)、世代研究「暴露」(exposure) 或是實驗法你對自變數之「操控」(manipulation)。常見各種研究的「treatment」類型有：

(1)「綠色香蕉皮能治失戀」，實驗室實驗組 treatment 就是給失戀者吃香蕉皮，看吃前與吃後之情緒緩和及抗憂鬱的效果。

(2)「喝豆漿可減少罹患乳癌的機率」，實地實驗組 treatment 就是「常喝豆漿者」，對照組則反之。

(3)「甘蔗原素可降低膽固醇」，實驗室實驗組 treatment 就是三個月連續吃甘蔗原素，看吃前與吃後的變化。

(4)「教學故事／宣傳短片」前後，看學生行為態度的改變，其 treatment 就是看電影片。

(5)「手機影響男人精子品質」，實地實驗組 treatment 就是「手機常放口袋者」，對照組則「手機未放口袋者」，看二組受測者的精子活動力。

(6)「秋葵水幫助控制血糖」，實驗室實驗組 treatment 就是 2 個月連續喝秋葵水，看吃前與吃後血糖的變化。控制組只吃安慰劑。

(7) 改善視力快吃鰻魚，實地實驗組 treatment 就常吃鰻魚丼飯、控制組就是不吃鰻魚者，看二組老花眼的平均歲數的差異。

(8) 科學家發現，每天喝至少三杯咖啡，能使罹患阿茲海默症（老人痴呆症）的機率降低達 60% 之多。醫學專家比較 54 位同齡的阿茲海默症患者，以及 54 名未罹患該症的老人後發現，未患阿茲海默症的健康老人自 25 歲起平均每天飲用 200 毫克咖啡因，相當於 3 到 4 杯咖啡，而罹患阿茲海默症的老人平均每天僅飲用 74 毫克的咖啡因，相當於 1 杯咖啡或 2 至 3 杯茶。

2. O：觀察結果 (observation) 或依變數之測量，觀察又分事前 (O_1) 與事後 (O_2)。

3. R：隨機分派 (random assignment) 樣本。

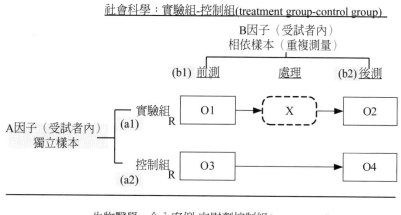

社會科學：實驗組-控制組(treatment group-control group)

B因子（受試者內）
相依樣本（重複測量）

(b1) 前測　　　處理　　(b2)後測

A因子（受試者內）
獨立樣本

實驗組 (a1) R　O1 → X → O2

控制組 (a2) R　O3 → O4

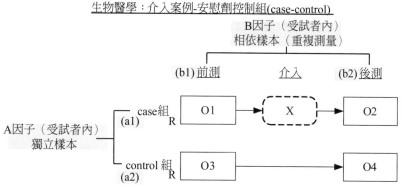

生物醫學：介入案例-安慰劑控制組(case-control)

B因子（受試者內）
相依樣本（重複測量）

(b1) 前測　　　介入　　(b2)後測

A因子（受試者內）
獨立樣本

case組 (a1) R　O1 → X → O2

control組 (a2) R　O3 → O4

▶ 圖 5-14　真實驗設計之示意圖（vs. 混合設計二因子 ANOVA）

註：未能隨機分派二組樣本之準實驗設計亦適用混合設計二因子 ANOVA、共變數分析。

　　臨床試驗 (clinical trial) 就是隨機化實驗控制組前後測設計 (randomized control-group pretest-posttest design)。

二、實驗流行病學之重點整理

　　實驗流行病學是探索驗證病因和評價防治效果的流行病學研究法。又稱流行病學試驗 (trial)、介入性 (intervention) 研究、隨機控制試驗 (randomized controlled trial, RCT) 等。旨在比較給予介入 (intervention) 後的實驗組人群與對照組人群結果 (outcome)，從而判斷介入效果 (effect) 的一種前瞻性研究方法。它將研究對象分派為實驗處理組和對照組 (control group) 後，在實驗處理組實施干預（處理，treatment) 措施，在對照組中不採取措施或者應用安慰劑 (placebo)，透過一段時間的隨訪後，觀察各

組實驗結果的差異，以此評估該干預措施的效果。

1. **對照 (compare)**：除了給予的介入措施不同外，其他的基本特徵如性別、年齡、居住環境、健康狀況等在處理組 (treatment group)vs. 對照組 (control group) 這兩組中應盡可能一致。

2. **隨機 (random)**：實驗對象須隨機地分配到實驗處理組或對照組。

3. **盲目 (blind)**：雙盲是科學方法的一種，目的是避免研究結果受安慰劑 (control group) 效果或觀察者偏好所影響。在各種科學研究領域中，從醫學、食品、心理到社會科學及法證都已見雙盲法來進行實驗。故雙盲法設計，可使研究者或研究對象都沒有預設的立場，使研究結果更加眞實、可靠。

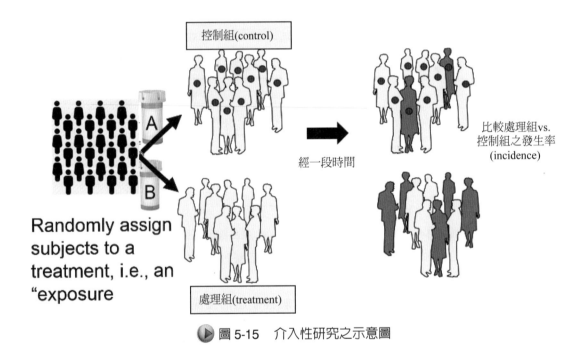

圖 5-15　介入性研究之示意圖

【流行病學試驗的特性】

1. 由研究者指派「分布暴露」的研究。

2. 在研究某種暴露是否會引起某種疾病時，由研究者決定哪些被研究者受到暴露，哪些被研究者不受到暴露，甚至暴露的劑量與給予方式等。這樣的做法其實是拿人做對象的實驗。

3. 研究本身對患者的病程或生活介入了某些暴露，故也稱「介入性研究」(intervention

study)。

4. 介入這些暴露的目的是要在實驗處理組（有暴露）造成所要觀察的疾病 (outcome)，比較「暴露 vs. 未暴露」兩組在疾病發生率的不同，以推測暴露與疾病間的關係。

◆ 5-3 連續依變數之效果量 (ES) 常用的統計公式 ◆

連續依變數，常常讀入效果量之積差相關 r_i，它有二個方法：

1. 直接輸入，積差相關 r_i 當效果量。其公式為：$r_i = \dfrac{\sum (Z_x Z_y)}{N_i}$ 或

$$r = \frac{n(\Sigma xy) - (\Sigma x)(\Sigma y)}{\sqrt{[n\Sigma x^2 - (\Sigma x)^2][n\Sigma y^2 - (\Sigma y)^2]}}$$

2. r 值亦可用光碟片附的「單一 x meta analysis（公式稽核）.xls」程式，它係利用下列公式，自動求出 r 值：

(1) $R_i = \sqrt{\dfrac{t^2}{t^2 + df}}$ 　$df = n_1 + n_2$

(2) $R_i = \sqrt{\dfrac{F}{F + df(e)}}$ 　$df(e) = n_1 + n_2 - 2$

(3) $R_i = \sqrt{\dfrac{x^2}{N}}$ 　$N = n_1 + n_2$

(4) $R_i = \dfrac{d}{\sqrt{d^2 + \dfrac{4(N+2)}{N}}}$ 　$N = n_1 + n_2$

▌5-3-1 t 統計公式

1. 單一樣本平均數之 t 檢定

資料：隨機變數 (R.V.)$X_1, X_2, X_3, \cdots, X_n \overset{i.i.d}{\approx} N(m, \sigma^2)$

檢定：(a) $H_0: \mu \geq \mu_0$ vs. $H_1: m < \mu_0$

(b) $H_0: m \leq \mu_0$ vs. $H_1: m > \mu_0$

(c) $H_0: m = \mu_0$ vs. $H_1: \mu \neq \mu_0$

檢定量爲：(1) σ^2 已知時，$Z = \dfrac{\overline{X} - \mu_0}{\sqrt{\dfrac{\sigma^2}{n}}} \sim N(0,1)$

(2) σ^2 未知時，$t = \dfrac{\overline{X} - \mu_0}{\sqrt{\dfrac{\sigma^2}{n}}} \sim t_{(n-1)}$

決策：以「檢定 (a)」爲例，拒絕區 = $\{t_0 < -t_{a(n-1)}\}$、P-value = $P_r(T < t_0)$

2. 兩個獨立樣本 t 檢定

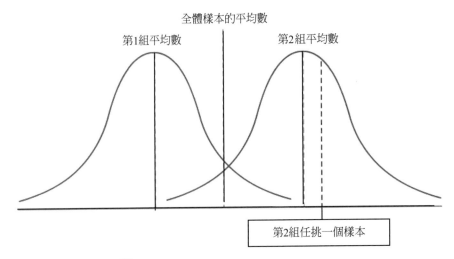

全體樣本的平均數

第1組平均數　　　第2組平均數

第2組任挑一個樣本

▶ 圖 5-16　獨立樣本 t 檢定之示意圖

　　統計資料分析時常必須比較不同兩群體的某種特性是否一致，或對某問題的觀點是否一致。獨立樣本的 t 檢定是用以檢定兩群體特性的期望值是否相等之一種常用的統計方法。

　　假設兩組連續型獨立數據如下：

資料：隨機變數 (R.V.) $X_1, X_2, X_3, \cdots, X_{n_1} \overset{i.i.d}{\approx} N(\mu_1, \sigma_1^2)$，樣本平均數 $\overline{X} = \dfrac{\sum\limits_{i=1}^{n_1} X_i}{n_1}$

　　　　隨機變數 (R.V.) $Y_1, Y_2, Y_3, \cdots, Y_{n_2} \overset{i.i.d}{\approx} N(\mu_1, \sigma_2^2)$，樣本平均數 $\overline{Y} = \dfrac{\sum\limits_{i=1}^{n_2} Y_i}{n_2}$

樣本變異數：$S_X^2 = \dfrac{\sum\limits_{i=1}^{n_1} (X_i - \overline{X})^2}{n_1 - 1}$，$S_Y^2 = \dfrac{\sum\limits_{i=1}^{n_2} (Y_i - \overline{Y})^2}{n_2 - 1}$

標準誤（平均數的標準差）：$\dfrac{S_X}{\sqrt{n_1}}, \dfrac{S_Y}{\sqrt{n_2}}$

$$D \sim N(\mu_D, \sigma_D^2)$$

其中 $\mu_D = \mu_1 - \mu_2$，$\sigma_D^2 = \dfrac{\sigma_1^2}{n_1} + \dfrac{\sigma_2^2}{n_2}$

檢定：$H_0 : \mu_1 = \mu_2$ vs. $H_1 : \mu_1 \neq \mu_2$（$\mu_1 - \mu_2 \neq 0$）

先檢定「變異數同質性」：$H_0 : \sigma_1^2 = \sigma_2^2$ vs. $H_1 : \sigma_1^2 \neq \sigma_2^2$

檢定統計量為 $F = \max(S_1^2, S_2^2)/\min(S_1^2, S_2^2) \sim F(n_1 - 1, n_2 - 1)$ 或 $F(n_2 - 1, n_1 - 1)$

決策：拒絕區 $= \dfrac{S_1^2}{S_2^2} \geq F_{\frac{\alpha}{2}}(n_1 - 1, n_2 - 1)$ 或 $\dfrac{S_1^2}{S_2^2} \geq F_{\frac{\alpha}{2}}(n_2 - 1, n_1 - 1)$

P-value $= 2 \min\{P_r(F > f_0), P_r(F < f_0)\}$

情況 1「變異數異質性」：若不可假定 $\sigma_1^2 = \sigma_2^2$（Behrens-Fisher 問題）

檢定量為 $T = (\overline{X} - \overline{Y})/\text{s.e.}(\overline{X} - \overline{Y}) = (\overline{X} - \overline{Y})/\sqrt{\dfrac{S_1^2}{n_1} + \dfrac{S_2^2}{n_2}} \sim$ 近似 t 分配。

d.f. $= (\dfrac{S_1^2}{n_1} + \dfrac{S_2^2}{n_2})^2 /[\dfrac{S_1^4}{n_1^2(n_1 - 1)} + \dfrac{S_2^4}{n_2^2(n_2 - 1)}]$：*Welch's* test 的自由度。

註：此自由度 (d.f.) 可能非整數

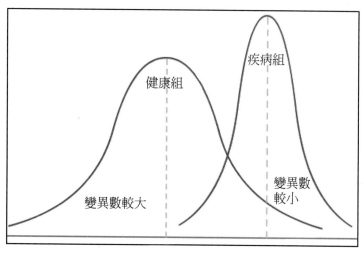

🔊 圖 5-17　變異數異質之示意圖

情況 2「變異數同質性」：若可假定 $\sigma_1^2 = \sigma_2^2 = \sigma^2$

$$\hat{\sigma}^2 \cong \sigma_P^2 = [\sum_{1}^{n_1}(X_i - \overline{X})^2 + \sum_{1}^{n_2}(Y_i - \overline{Y})^2 +]/(n_1 + n_2 + 2)$$

檢定量為 $T = (\overline{X} - \overline{Y})/\text{s.e.}(\overline{X} - \overline{Y}) = (\overline{X} - \overline{Y})/\sqrt{(\frac{1}{n_1} + \frac{1}{n_2})S_p^2} \sim T(n_1 + n_2 - 2)$

若從觀測值所計算出來的 T 值為 t，顯著水準為 α 時。若 $P(|T| > |t|) = p < \alpha$，則拒絕虛無假設 $H_0 : \mu_1 = \mu_2$；亦即接受對立假設 $H_1 : \mu_1 \neq \mu_1$。

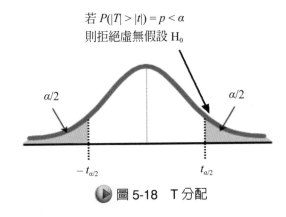

若 $P(|T| > |t|) = p < \alpha$
則拒絕虛無假設 H_0

$\alpha/2$ $\alpha/2$

$-t_{\alpha/2}$ $t_{\alpha/2}$

▶ 圖 5-18　T 分配

觀點：當檢定 $\mu_1 > \mu_2$ 時，基本上看 $(\overline{X} - \overline{Y})$ 差距是否夠大，大到某程度，才可說顯著具有 $\mu_1 > \mu_2$ 的性質。

決策 1：(1) $H_1 : \mu_1 > \mu_2$ 拒絕域為 $(\overline{X} - \overline{Y}) > \sqrt{(\frac{1}{n_1} + \frac{1}{n_2})S_p^2} \times t_{\alpha}(n_1 + n_2 - 2)$

(2) $H_1 : \mu_1 < \mu_2$ 拒絕域為 $(\overline{X} - \overline{Y}) < -\sqrt{(\frac{1}{n_1} + \frac{1}{n_2})S_p^2} \times t_{\alpha}(n_1 + n_2 - 2)$

(3) $H_1 : \mu_1 \neq \mu_2$ 拒絕域為 $|\overline{X} - \overline{Y}| > \sqrt{(\frac{1}{n_1} + \frac{1}{n_2})S_p^2} \times t_{\alpha/2}(n_1 + n_2 - 2)$

決策 2：以檢定 (3) 為例，若從觀測值所計算出來的 T 值為 t，顯著水準為 α 時，其 P-value $= 2P_r(T > |t_0|)$，若 p 值 $< \alpha$ 則拒絕虛無假設 H_0。

3. 相依樣本 t 檢定

假設存在二組具有常態分配之隨機變數 X 及 Y，分別為

$$X : X_1, X_2, X_3, \cdots, X_n \sim N(\mu_1, \sigma_1^2)$$

Y：$Y_1, Y_2, Y_3, \cdots, Y_n \sim N(\mu_2, \sigma_2^2)$

當這二組隨機變數是成對出現時，亦即

$(X_1, Y_1), (X_2, Y_2), \cdots, (X_n, Y_n)$

令新變數 D = X − Y，則

$D_1 = (X_1 - Y_1)$

$D_1 = (X_2 - Y_2)$

……

$D_n = (X_n - Y_n)$

由於 X 與 Y 變數都是常態隨機變數，故兩者的差 D 亦是常態分配，期望值是 μ_D，變異數是 σ_D^2。即

D：$D_1, D_2, D_3, \cdots, D_n \sim N(\mu_D, \sigma_D^2)$

其中，$\mu_D = \mu_1 - \mu_2$

$\sigma_D^2 = \sigma_1^2 + \sigma_2^2 - 2COV(X, Y)$

期望值是 μ_D 可用樣本平均數 $\overline{D}$ 來估計。變異數是 σ_D^2 可用樣本變異數 S_D^2 來估計：

$$\overline{D} = \frac{\sum\limits_{i=1}^{n} D_i}{n} \sim 符合\ N(\mu_D, \sigma_D^2 / n)$$

$$S_D^2 = \frac{\sum\limits_{i=1}^{n} (D_i - \overline{D})^2}{n-1}$$

$\overline{D}$ 的標準差 $\dfrac{\sigma_D}{\sqrt{n}}$ 可用 $\dfrac{D_D}{\sqrt{n}}$ 來估計。

檢定：虛無假設 $H_0 : \mu_1 = \mu_2$ (即 $\mu_D = \mu_1 - \mu_2 = 0$) VS. $H_1 : \mu_1 \neq \mu_2$（即 $\mu_1 - \mu_2 \neq 0$）

檢定統計量 T：$T = \dfrac{\overline{D} - \mu_D}{\dfrac{S_D}{\sqrt{n}}} \sim t_{(n-1)}$ 分配。

決策：

若從觀測值所計算出來的 T 值為 t，顯著水準為 α 時。若 $P(|T| > |t|) = p < \alpha$，則拒絕虛無假設 $H_0 : \mu_1 = \mu_2$；亦即接受對立假設 $H_1 : \mu_1 \neq \mu_2$；反之則反。

小結

實驗組（吃新藥的 case 組）			控制組（安慰劑的對照組）		
人數 n_1	平均數 M_2	標準差 SD_1	人數 n_2	平均數 M_2	標準差 SD_2
.	.	.	.	.	.
.	.	.	.	.	.
.	.	.	.	.	.
.	.	.	.	.	.

上表「實驗組 - 控制組」二組的「人數、平均數、標準差」共 6 變數，這類效果量 Cohen's d，Stata(CMA) 有二個輸入格式：

1. 直接輸入 Cohen's d 當效果量。其公式為：

$$\text{Cohen's } d = \frac{\overline{X}_1 - \overline{X}_2}{\sqrt{\dfrac{(n_1 - 1)SD_1^2 + (n_2 - 1)SD_2^2}{n_1 + n_2 - 2}}}$$

2. Cohen's d 值亦可用光碟片附的「CH04 Excel 兩性工作滿足（公式稽核）.xls」程式，Cohen's d 係由 t-test 值，透過下列公式來轉換：

$$d = t\sqrt{\frac{1}{n_1} + \frac{1}{n_2}}$$

「實驗組－控制組」二組標準化差距（≒ t 值），此 t 值效果量亦可適用於 OLS、SEM 迴歸路徑之 β 係數的顯著性檢定（t 值或 Z 值）。故標準化差距可視為「實驗組－控制組」的 t 值，亦可視為迴歸係數 β 的顯著性 t 檢定值。

5-3-2 ANOVA 之 F 值

單因子變異數分析 (ANOVA) 用於比較多組之間的平均數差異，若組別效果顯著的話，則會進行事後比較確認各組的差異情形。

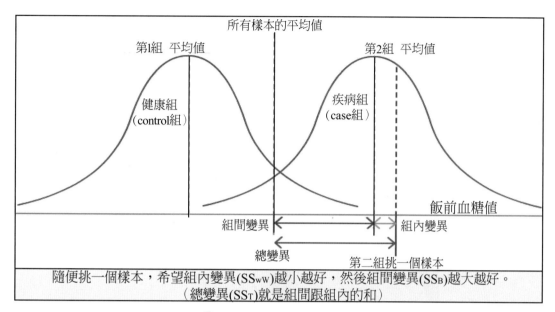

圖中文字：

所有樣本的平均值

第1組 平均值　　　　　　第2組 平均值

健康組
（control組）

疾病組
（case組）

飯前血糖值

組間變異　　　　　組內變異

總變異

第二組挑一個樣本

隨便挑一個樣本，希望組內變異(SS_{WW})越小越好，然後組間變異(SS_B)越大越好。
（總變異(SS_T)就是組間跟組內的和）

▶ 圖 5-19　ANOVA 示意圖

　　變異數分析 (ANOVA) 是一種特殊形式的統計假設檢定，廣泛應用於實驗數據的分析中。統計假設檢定是一種根據數據進行決策的方法。測試結果（透過 0 假設進行計算）如果不僅僅是因為運氣，則在統計學上稱為顯著。統計顯著的結果（當可能性的 p 值小於臨界的「顯著值」）則可以推翻 null 假設 (H_0)。

　　在變異數分析的經典應用中，原假定是假設所有數據組都是整體測試對象的完全隨機抽樣。這說明所有方法都有相同效果（或無效果）。推翻原假設說明不同的方法，會得到不同的效果。在操作中，假設測試限定型 I 誤差（α 為假陽性導致的假科學論斷）達到某一具體的值。實驗者也希望型 II 誤差（β 為假陰性導致的缺乏科學發現）有限。型 II 誤差受到多重因素作用，例如：取樣範圍（很可能與試驗成本有關），相關度（當實驗標準高的時候，忽視發現的可能性也大）和效果範圍（當對一般觀察者來說效果明顯，型 II 誤差發生率就低）。

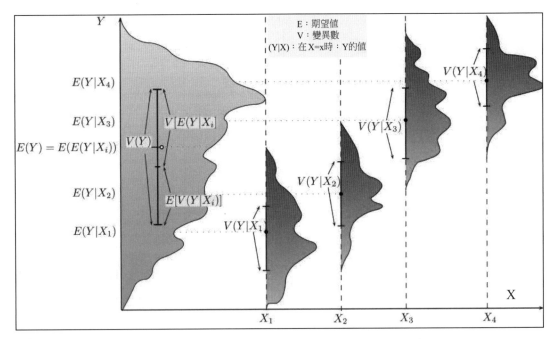

▶ 圖 5-20　ANOVA 之示意圖（4 個類組之分布形狀，看起來不一樣，疑似變異數異質性）

(一)ANOVA重點整理

1. 實驗樣本資料

level	總樣本數	邊際平均數 (margin)
1	$X_{11}, X_{12}, \ldots\ldots X_{1n_1}$	$X_{1\cdot}$
2	$X_{21}, X_{22}, \ldots\ldots X_{2n_2}$	$X_{2\cdot}$
…	$\ldots\ldots\ldots\ldots$	…
K	$X_{K1}, X_{K2}, \ldots\ldots X_{Kn_K}$	$X_{k\cdot}$

其中，總樣本數 $n = \displaystyle\sum_{i=1}^{k} n_i$

2.「事先」假定條件

$$X_{ij} = \mu + \alpha_i + \varepsilon_{ij}，i = 1, 2, ..., k，j = 1, 2, ..., n_i$$

μ：所有母體平均、α_i：第 i 個 level 之處理效果、ε_{ij}：表實驗誤差，一般假設 $\varepsilon_{ij} \underset{i.i.d}{\sim} N(0, \sigma^2)$，由此可知 Random Variable $X_{ij} \underset{i.i.d}{\sim} N(\mu + \alpha_i, \sigma^2)$。

ε_{ij} 假定條件：(1) 常態：樣本來自之母群，在依變數上的機率分配呈常態分配。(2) 變異數同質性：各組樣本來自同一母群，故各組樣本在依變數得分的變異數應該具有同質性。(3) 獨立性：樣本之抽取須符合均等與獨立原則。

3. 假設檢定

虛無假設 H_0：k 個 level 之平均值均相等，即 $H_0 = \alpha_1 = \alpha_2 = \cdots = \alpha_k = 0$。

對立假設 H_1：有一不等。即 H_1：不全相等。

4. ANOVA 計算步驟

Step 1：尋找檢定統計量

因為：$\sum_i \sum_j (X_{ij} - \overline{X}..)^2 = \sum_i \sum_j (X_{ij} - \overline{X}_i.)^2 + \sum_i \sum_j (X_{i.} - \overline{X}..)^2$

$$\begin{array}{ccc} \| & \| & \| \\ SS_T & SS_E & SS_B \end{array}$$

（所有資料之變異）　（各組內部之變異）（k 組之間變異）

檢定統計量：$F_0 = \dfrac{SS_B / k-1}{SS_E / n-k} = \dfrac{MS_B}{MS_E} \sim F(k-1, n-k)$ 分配

Step 2：決策

1. 拒絕：$\{F_0 > f_a(k-1, n-k)\}$

2. P 值：$P_r(F > f_0)$，其中 $F \sim F(k-1, n-k)$ 分配。

Step 3：ANOVA 摘要表之格式

Source	Sum of Square	d.f	M.S	F	P 值
Between	SS_B	$k-1$	MS_B	MS_B/MS_E	
Error	SS_E	$n-k$	MS_E		
Total	SS_T	$n-1$			

(二)ANOVA三種假定(assumption)條件的檢定法

1. 常態性檢定：可用 (1) 繪圖法：Normal probability plot (p-p plot)、Normal quantile- quantile (q-q plot)。(2) 檢定法：卡方檢定、Kolmogorov-Smirnov 法、Shapiro-Wilks 法（一般僅用在樣本數 n < 50 的情況）。

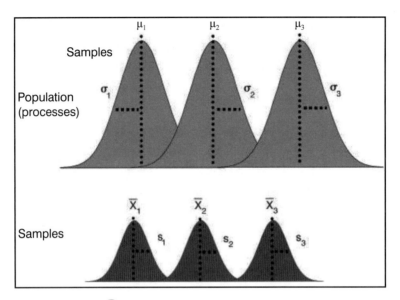

▶ 圖 5-21　變異數同質之示意圖

2. 各處理水準 (level) 之間的變異數都須同質

即 $H_0 : \sigma_1^2 = \sigma_2^2 = \sigma_3^2 = \cdots\cdots = \sigma_k^2 = \sigma^2$

方法一：Bartlett 檢定（Levene 檢定），較適合各組的樣本人數相同時。

檢定統計量：$b = \dfrac{(S_1^2)^{n_1-1}(S_2^2)^{n_2-1}...(S_k^2)^{n_k-1}}{(S_p^2)^{n-k}} \sim$ Bartlett 分配

其中，$S_p^2 = \dfrac{\sum\limits_i^k (n_i-1)S_i^2}{n-k}$

拒絕區：$\{b < b_k(\alpha; n_1, n_2, n_3, \cdots\cdots, n_k)\}$

其中，$b_k(\alpha; n_1, n_2, \cdots, n_k) = \dfrac{\sum\limits_i^k n_i b_k(\alpha, n_i)}{n}$

修正檢定：$b = 2.303(g/c)$，

其中，$g = (n-k)\log_{10} S_p^2 - \sum\limits_{i=1}^{k}(n_i - 1)\log_{10}S_i^2$

$c = 1 + \dfrac{1}{3(k-1)}(\sum\limits_{i=1}^{k}\dfrac{1}{n_i-1} - \dfrac{1}{n-k})$。→拒絕區：$\{b > \chi_\alpha^2(k-1)\}$

方法二：Cochran's 檢定：

檢定統計量 $G = \dfrac{Max(S_i^2)}{\sum\limits_{i=1}^{k}S_i^2} > g_a$，則拒絕 H_0。

3. 獨立性：

(1) 見作者《Stata 與高等統計分析的應用》一書〈第 6 章 線性迴歸的診斷〉。

(2) 見作者《計量經濟》一書〈第 4 章 Stata 各種迴歸之模型〉，「殘差自我相關」有三種校正法：

　(I) Prais-Winsten 迴歸：prais 指令。

　(II) Cochrane-Orcutt 迴歸：prais 指令，corc 選項。

　(III) 殘留 Newey-West 標準誤之迴歸：newey 指令。

▌小結

　　ANOVA 求出的 F 值，可用光碟片附的「單一 x meta analysis（公式稽核）.xls」程式，自動將 F 值轉成 r 值，再讀入 Stata（或 CMA）中。其轉換公式為：

$$R_i = \sqrt{\frac{F}{F + df(e)}} \qquad df(e) = n_1 + n_2 - 2$$

▌5-3-3 Meta 分析效果量之 r 值公式

　　為了校正抽樣誤差 (sampling error)，我們透過計算加權平均值 ($\bar{\rho}$) 來估算每個自變數與採用傾向之間關係的總體相關係數 (r)，其中，權重是研究中的樣本數 n（例如：受訪者人數）(Hunter and Schmidt, 2004)：

$$\bar{\rho} = \frac{\sum_{i=1}^{k} n_i r_i}{\sum_{i=1}^{k} n_i}$$

其中，k 是研究篇數，r_i 是第 i 篇個別研究的相關性，n_i 是第 i 篇研究的樣本數，$\bar{\rho}$ 是所有研究相關的加權平均 (weighted mean correlation across all studies)。此外，亦可用頻率加權 (frequency-weighted) 平均平方誤差 (average squared error)，來計算跨研究之間的變異數 s_ρ^2：

$$s_\rho^2 = \frac{\sum_{i=1}^{k} n_i (ri - \bar{\rho})^2}{\sum_{i=1}^{k} n_i}$$

其中，s_ρ^2 是樣本效果量的變異數（即 frequency-weighted 平均平方誤差）。為了評估齜我們的結果，我們制定了 80% 的可信區間 (credibility intervals) 或 95% 的信賴區間

(confidence intervals)。計算 credibility 區間之中間公式，包括抽樣誤差變異數 (σ_e^2) 和總體效果量估計的變異數 ($\hat{\sigma}_\rho^2$)：

$$\sigma_e^2 = \frac{(1 - \bar{\rho}^2)^2}{N - 1}$$

其中，$\hat{\sigma}_\rho^2$ 是抽樣誤差變異數 (sampling error variance)，N 是樣本總數 (total sample size)。

$$\hat{\sigma}_\rho^2 = \sigma_r^2 - \sigma_e^2$$

其中，$\hat{\sigma}_\rho^2$ 是總體效果量估計的變異數。80% 可信區間 (credibility intervals, CV) 的上限和下限之計算公式如下：

$$CV_{Upper} = \bar{\rho} + 1.28\sqrt{\hat{\sigma}_\rho^2}$$
$$CV_{Lower} = \bar{\rho} - 1.28\sqrt{\hat{\sigma}_\rho^2}$$

95% 信賴區間 (confidence intervals, CI) 的上限及下限，公式如下：

$$CI_{Upper} = \bar{\rho} + 1.96\sqrt{\frac{s_r^2}{4}}$$
$$CI_{Lower} = \bar{\rho} - 1.96\sqrt{\frac{s_r^2}{4}}$$

5-4 Logistic 迴歸：勝算比 (odds ratio) 或稱為相對風險 (RR)

(一)Logistic迴歸的局限性

1. 忽略事件發生時間的資訊

   例如：研究不同診所照護下的是否存活或死亡，無法看到存活期間多長？

2. 無法處理「時間相依的共變數」，由於邏輯斯迴歸都是假設變數不隨時間變動。

   例如：研究心臟病移植存活情形，等待心臟病移植時間（χ_1 變數）是心臟病移植存活情形的共變數，若要考慮等待心臟病移植的時間（χ_1 變數），來看心臟病移植存活 (censored data) 情形，那 Logistic 迴歸無法處理這樣的時間相依的共變數。

(二)Logistic迴歸的原理：勝算比(odds ratio)或稱爲相對風險(relative risk, RR)

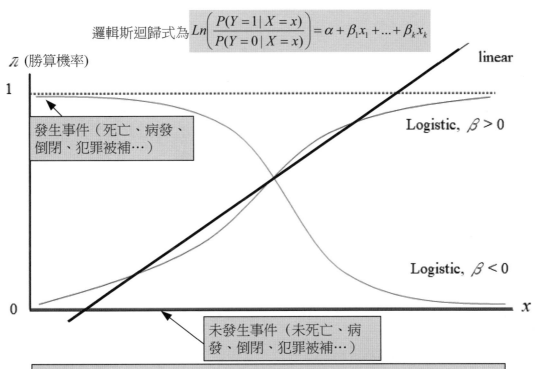

邏輯斯迴歸式為 $Ln\left(\dfrac{P(Y=1\,|\,X=x)}{P(Y=0\,|\,X=x)}\right) = \alpha + \beta_1 x_1 + ... + \beta_k x_k$

π (勝算機率)

linear

發生事件（死亡、病發、倒閉、犯罪被補…）

Logistic, $\beta > 0$

Logistic, $\beta < 0$

未發生事件（未死亡、病發、倒閉、犯罪被補…）

當$\beta>0$，X變大，π也變大
當$\beta<0$，X變大，π變小
|β|越大，logistic曲線越陡
但是在logistic regression model裡，這不是斜率的意思。

若我們把 $\log\left(\dfrac{\pi}{1-\pi}\right) = \alpha + \beta X$等式兩邊都取反對數

$\dfrac{\pi}{1-\pi} = e^{\alpha+\beta X} = e^{\alpha}\left(e^{\beta}\right)^{X}$

右邊的部分就是指數迴歸exponential regression

每增加一個單位的X，對勝算odds就會有e^{β}的乘數效果（e^{β}倍）

針對連續自變數的logit迴歸係數，在控制了其他自變數以後，連續自變數X每增加一個單位，依變數Y的勝算增加$100 \times (e^{\beta}-1)$%

 圖 5-22　logistic 函數之示意圖二

以「受訪者是否 (0,1) 使用公車資訊服務」之二元 (binary) 依變數為例。Logistic 迴歸係假設解釋變數 (χ_1) 與乘客是否使用公車資訊服務 (y) 之間必須符合下列 Logistic 函數：

$$P(y \mid x) = \frac{1}{1 + e^{-\sum b_i \times x_i}}$$

其中 b_i 代表對應解釋變數的參數，y 屬二元變數 (binary variable)。若 y = 1，表示該乘客有使用公車資訊服務；反之，若 y = 0，則表示該乘客未使用公車資訊服務。因此 P(y = 1|x) 表示當自變數 x 已知時，該乘客使用公車資訊服務的機率；P(y = 0|x) 表示當自變數 x 已知時，該乘客不使用公車資訊服務的機率。

Logistic 函數之分子分母同時乘以 $e^{\sum b_i \times x_i}$ 後，上式變為：

$$P(y \mid x) = \frac{1}{1 + e^{-\sum b_i \times x_i}} = \frac{e^{\sum b_i \times x_i}}{1 + e^{\sum b_i \times x_i}}$$

將上式之左右兩側均以 1 減去，可以得到：

$$1 - P(y \mid x) = = \frac{1}{1 + e^{\sum b_i \times x_i}}$$

再將上面二式相除，則可以得到：

$$\frac{P(y \mid x)}{1 - P(y \mid x)} = = e^{\sum b_i \times x_i}$$

針對上式，兩邊同時取自然對數，可以得到：

$$Ln\left(\frac{P(y \mid x)}{1 - P(y \mid x)}\right) = = Ln\left(e^{\sum b_i \times x_i}\right) = \sum b_i \times x_i$$

經由上述公式推導可將原自變數非線性的關係，轉換成以線性關係來表達。其中 $\frac{P(y \mid x)}{1 - P(y \mid x)}$ 可代表乘客使用公車資訊服務的勝算比 (odds ratio, OR) 或稱為相對風險 (relative risk, RR)。

(三) 醫學期刊常見的風險測量 (risk measure in medical journal)

在醫學領域裡頭常常將依變數 (dependent variable/outcome) 定義為二元的變數 (binary/dichotomous)，有一些是天生的二元變數，例如病人死亡與否、病人洗腎與

否；有些則是人爲定義爲二元變數，例如：心臟科常將病人的左心室射血分數 (left ventricular ejection fraction, LVEF) 小於 40% (or 35%) 爲異常，或腎臟科將病人的腎絲球過濾率 (estimated glomerular filtration rate, eGFR) 定義爲小於 60% 爲異常。

醫學領域之所以會如此將 Outcome 作二分化的動作，有個主要原因是可以簡化結果的闡釋，例如：可直接得到以下結論：「糖尿病病人比較容易會有 eGFR 異常，其相對風險 (RR) 爲 3.7 倍」或是：「飯前血糖每高 1 單位，則病人的 eGFR 異常的勝算比 (OR) 會低 1.5%」，因此可針對其他可能的影響因子作探討，並且得到一個「風險測量」。

定義：相對風險 (RR)，又稱相對危險性

在流行病統計學中，相對風險是指在暴露在某條件下，一個（產生疾病的）事件的發生風險。相對風險概念即是指一暴露群體與未暴露群體發生某事件的比值。

相對風險，其計算方式請見下表，簡單來說一開始就先把受試者分成暴露組 (exposed group) 與非暴露組 (unexposed group)，然後向前追蹤一段時間，直到人數達到原先規劃的條件。

	Disease	No Disease	
Exposed	A	B	N1
Unexposed	C	D	N2
	N3	N4	Total N

$$RR = \frac{\text{Incidence}_{\text{Exposed}}}{\text{Incidence}_{\text{Unexposed}}} = \frac{A/N_1}{C/N_2}$$

此時暴露組發生事件的比例爲 A/N1，非暴露組發生事件的比例爲 C/N2，此時兩者相除即爲相對風險 (RR)，假使相對風險顯著地大於 1 就代表暴露組的風險顯著地比非暴露組更高，例如：之前舉的抽菸與肺癌的世代研究，抽菸組發生肺癌的比例爲 3% 而未抽菸組罹患肺癌比例爲 1%，此時相對風險即爲 $\frac{3\%}{1\%} = 3$，代表抽菸罹患肺癌的風險是沒有抽菸者的 3 倍之多，也可說抽菸罹患肺癌的風險相較於沒有抽菸者多出 2 倍 (2 – 1 = 2)。

定義：勝算比 (odds ratio, OR)

勝算比，其計算方式如下表。首先要先了解何謂「勝算」(odds)，勝算定義是「兩個機率相除的比值」，以下表的疾病組 (disease group) 為例，A/N3 表示疾病組中有暴露的機率，C/N3 指的是健康組中有暴露的機率，因此此兩者相除即為疾病組中有暴露的勝算 (A/C)；同樣地，B/D 即為健康組中有暴露的勝算，此時將 A/C 再除以 B/D 即為「疾病組相對於健康組，其暴露的勝算比」，也就是說兩個勝算相除就叫做勝算比。

	Disease	No Disease	
Exposed	A	B	N1
Unexposed	C	D	N2
	N3	N4	Total N

$$OR = \frac{[(A/N_3)/(C/N_3)]}{[(B/N_4)/(D/N_4)]} = \frac{A/C}{B/D} = \frac{A*D}{B*C}$$

很多人在解釋勝算比的時候都會有錯誤，最常見的錯誤就是誤把勝算比當成相對風險來解釋，以之前舉的抽菸跟肺癌的病例對照研究為例，50 位肺癌組中有 70% 曾經抽菸而 150 位健康組中（即對照組）僅有 40% 曾經抽過菸，此時勝算比即為 $\frac{70\%}{40\%}$ = 1.75。這個 1.75 的意義其實不易很容易解釋，它並非表示抽菸組罹患肺癌的風險是未抽菸組的 1.75 倍，而是肺癌組有抽菸的勝算（但它不是機率）是健康組的 1.75 倍，而這個勝算指的又是「有抽菸的機率 除以，沒有抽菸的機率」。總而言之，我們還是可以說肺癌跟抽菸具有相關性，也可以說抽菸的人比較容易會有肺癌罹患風險，但是不要提到多出多少倍的風險或機率就是了。

一般而言在醫學期刊勝算比出現的機會比相對風險多，一部分原因當然是大家較少採用耗時又耗力的前瞻性研究（只能用相對風險），另外一個原因是勝算比可用在前瞻性研究也可用在回溯性研究，而且它的統計性質 (property) 比較良好，因此統計學家喜歡用勝算比來發展統計方法。

▌小結

　　勝算比是試驗組的勝算 (Odds) 除以對照組的勝算。各組的 Odds 為研究過程中各組發生某一事件 (event) 之人數除以沒有發生某一事件之人數。通常被使用於 Case-Control study 之中。當發生此一事件之可能性極低時，則 relative risk 幾近於勝算比 (odds ratio)。

　　OR、RR 這類離散型依變數，在生醫、行銷等領域常常遇到，範例在本書最後一章。OR、RR 單位轉換可用「Odds Ratio to r.xls」、「ODDSRATIOANDRR.xls」Excel 程式。

第 6 章

CMA 的（基本分析 vs. 迴歸分析）：資料建檔、分析步驟、結果解說

META

本章將介紹「圖 7-11 三種情況的 Meta 分析架構」之 CMA 的操作程序，意即「BCG C.cma」資料檔的建檔、分析程序、Meta 迴歸及其結果解說。

本例「BCG」是指卡介苗芽孢桿菌 (Bacillus Calmette-Guerin, BCG) 疫苗，旨在預防結核病 (TB)。在 1933 年至 1968 年之間，該疫苗已進行了 13 篇對照試驗 (trials)，其中，11 篇試驗發現該疫苗可有效降低結核病的發病率，但卻有 2 篇試驗發現結果是相反的。如今，隨著近年來美國結核病的重新出現（包括許多耐藥性病例），卡介苗是否真正有效，變成大家議論問題。於是 Colditz et al. (1994) 進行 Meta 分析，以綜合這些試驗的辯證法。

6-1 Meta 迴歸的建檔、分析步驟

一、Meta 迴歸中有哪些新功能

- CMA 2.0 包括：基本「X → Y」主效果分析、簡單迴歸（一個共變數）的模型。
- CMA 3.0 版本新增：完整的迴歸模型，模型允許二個以上（類型 vs. 連續型）共變數之調節。此外，新 CMA 新功能還包括：

1. 一系 column 複雜的選項（「圖 6-53 Diagnostics」），包括：
2. 定義（3 類以上）類別變數的「集合 (set)」，例如：一同求得一組類別變數的影響力、或代表劑量與效果量的線性、曲線和三次關係的一組共變數（見「圖 6-39 Setup（設定）：迴歸」）。
3. 自動為（3 類以上）類別共變數，重編碼為多個虛擬 (dummy) 變數來取代（見「圖 6-40 主結果：Fixed-effect」）。
4. 從一系 column 計算選項中進行選擇，包括：選用 Z 分布或 Knapp-Hartung 調整（見「圖 6-30 執行 regression：Step 05」之「Computational options」）；使用矩量法 (MM)、完全最大概似 (ML) 或受限最大概似 (REML) 來估計 τ^2。
5. 迴歸圖包含許多選項，包括顯示迴歸線的信賴區間和預測區間的功能。
6. 將數據和殘差輸出 (Export) 到 Excel 進行進一步處理（見 6-1-8 節）。

進階選項 (Advanced options)

7. 該程序允許您同時定義兩個（以上）預測模型來對比誰優。例如：定義一個模型包括一系 column 令人討厭的變數，另一個模型則包括這些變數及代表治療的變數。該程序顯示這二個模型解釋的變異數比例，及比較模型的考驗 (test)〔見 6-2-7 增量 (increments)〕。

⚑6-1-1 共變數和預測模型 (covariates and the predictive model)

除本章旨在建資料檔（BCG C.cma 資料檔，見「圖 6-1 Data-entry：Step 01）」、Meta 迴歸如何分析？下一章則在展示 Meta 迴歸與傳統 Meta 分析之間的對應關係。因此，在每個 Meta 分析中只納入一個預測變數 X【是否卡介苗 (X)，能降低肺結核感染 (Y) 的風險】。

當然，Meta 迴歸的主要優勢在於，它允許在分析中包括兩個（以上）預測變數，因此下面的例子，都將介紹多個預測變數 X 對一個依變數 Y。

基本上，Meta 迴歸的解釋與 OLS 迴歸相同。該分析將對每個共變數（又稱調節變數 M）產生一組統計資訊。即所有其他共變數保持不變時，某個共變數的統計資訊來反映它的影響（調節作用）。完整模型的統計資訊則反映所有共變數的綜合影響。

情況 1：若有 2 個共變數 M 和 N（e.g. 本例 Climate、Year），並且想知道每個共變數的影響力，若忽略另一個變數（即忽略潛在的混淆）時，將進行兩次分析。第一次分析只納入 M。第二個分析只納入 N。

情況 2：若有 2 個共變數 M 和 N，並且想知道每個變數（彼此保持固定時）對「X → Y」之影響，則執行：納入 M 和 N 共變數的 Meta 分析。每個共變數的統計資訊都反映了該共變數（所有其他共變數是 partialled 或保持固定）對「X → Y」之影響。該模型的統計數據反映了 M 和 N 作為一集合 (set) 的貢獻。

情況 3：若有 2 個共變數 M 和 N，想知道：共變數一個保持不變，另一對「X → Y」的影響力、及評估 M×N 的交互作用，則可執行：納入 M、N 和 M×N 的分析。M×N 的統計數據提供了主效果 (main effect) 之外的交互影響。該模型的統計資訊反映了 M、N 主要效果及交互作用的影響。

⚑6-1-2 CMA：Meta 迴歸操作程序之重點整理

1. 在 Data 畫面，輸入：

(1) 新建研究名稱 (Study Name) 欄位（見圖 6-1 Data-entry：Step 01)。

(2) 為效果量 (Effect Size) 新建一組欄位（見圖 6-3 Data-entry：Step 03)

(3) 將一個（以上）column 標識為「moderators」，並將子類型設定為「整數」，「十進制」或「類別」（見圖 6-9 Data-entry：Step 09）。

(4) 輸入數據

或者，只需啓動 CMA，然後打開 BCG.cma 資料檔。若您的計算機使用句點表示小數位，請確保使用 BCGP 格式資料檔；若爲此目的使用逗號，則請確保使用 BCGC。

2. 在 main 畫面上

(1)（可選）選擇效果量索引 (index)（圖 6-6 至「圖 6-16 Data-entry：Step 16」）

(2)（可選）只選要納入迴歸的個別研究（subgroup 功能）

(3)（可選）指定如何處理：多個次群組 (subgroup)、結果、時間點或比較的研究。

(4) 單擊「Analysis>Meta regression 2」，進行主效果＋調節效果

3. 在 regression 畫面上（「圖 6-27 執行 regression：Step 02」）：定義迴歸

(1) 選擇模型要納入的共變數（們）

(2)（可選）定義共變數的「集合 set」：只少「Intercept 項代表主效果」

(3)（可選）定義多個模型 (for 選擇最適的共變數數目)

(4)（可選）選擇 [computational options]

(5) Run the analysis

4. 在 regression 畫面上：瀏覽結果

(1) 單擊畫面底部的 [Fixed] 或 [Random] 選項卡來選擇「統計模型」型號

(2) 單擊模型名稱（已新建多個模型時）

(3) 使用工具欄在主分析畫面、散點圖、診斷、增量 (ΔR^2)、模型比較和其他畫面之間移動

5. 在 regression 畫面上：Save 分析（可選項）

6. 在 regression 畫面上：Export 結果（可選項）

6-1-3 Step 1 輸入數據 (enter the data)

一、相對風險 (relative risk, RR) 是什麼？

當要分析的數據由兩組（或條件）和兩個結果的交叉分類中的計數組成時，可在四重表中顯示數據，如下所示：

	第 1 組 （未暴露組）	第 2 組 （暴露組）	總
Number with positive outcome （陽性 - 確診人數）	a	c	a + c
Number with negative outcome （陰性 - 未確診人數）	b	d	b + d
總	a + b	c + d	a + b + c + d

上表可計算出一些統計數據，例如與前瞻性研究的相對風險和風險差異，以及與回顧性病例對照研究相關的勝算比 (OR)。

相對風險 (RR)，其標準誤和 95% 信賴區間是根據 Altman (1991) 公式。

相對風險（或風險比）為：

$$RR = \frac{a/(a+b)}{c/(c+d)}$$

對數相對風險的標準誤為：

$$SE\{\ln(RR)\} = \sqrt{\frac{1}{a} + \frac{1}{c} - \frac{1}{a+b} - \frac{1}{c+d}}$$

RR 的 95% 信賴區間

$$95\% \text{ CI} = \exp(\ln(RR) - 1.96 \times SE\{\ln(RR)\}) \text{ to } \exp(\ln(RR) + 1.96 \times SE\{\ln(RR)\})$$

風險差異

風險差異 (RD) 及其 95% 信賴區間是根據 Newcombe & Altman (2000) 計算的

$$RD = \frac{a}{a+b} - \frac{c}{c+d}$$

風險差 (risk difference, RD) 計算法（即比例之間的差異），是分別計算兩個比例的信賴區間。MedCalc 計算比例的 exact binomial 信賴區間 (Armitage et al., 2002)。假設 l_1 至 u_1 為第一比例 p1 的 95%CI；l_2 至 u_2 為第二比例 p2 的 95%CI 時，則該差異的 95% 信賴為：

$$95\% \text{ CI} = RD - \sqrt{(p_1 - l_1)^2 + (u_2 - p_2)^2} \quad \text{to} \quad RD + \sqrt{(p_2 - l_2)^2 + (u_1 - p_1)^2}$$

在 Meta 分析的背景下，根據 Deeks & Higgins(2010) 來計算標準誤和 95% 信賴區間，其中，標準差 (SE) 定義為：

$$SE\{RD\} = \sqrt{\frac{a \times b}{(a+b)^3} + \frac{c \times d}{(c+d)^3}}$$

RR 95% 信賴區間為：

$$95\% \; CI = RD - 1.96 \times SE\{RD\} \; to \; RD + 1.96 \times SE\{RD\}$$

二、卡介苗 (BCG) 疫苗的例子

打卡介苗 (BCG) 嗎？	感染肺結核	沒感染肺結核	總	累積的發生率
沒有（未暴露組） Case 組	7	124	131	7/131 = 5.34%
有（暴露組） Control 組	1	78	79	1/79 = 1.27%

求得，風險比 (RR) = 1.27/ 5.34 = 0.238

1. 若風險比 < 1.0、log(RR) < 0.0：表示疫苗能降低肺結核 (TB) 感染的風險。

2. 風險比 = 1.0，即 log(RR) = log(1) = 0 值，顯示沒有效果。

3. 風險比 > 1.0、log(RR) > 0.0：則表示疫苗反而增加 TB 的感染風險。

本例，除了真接讀入「處理組（檢疫出 +, − 人數）vs. 控制組（檢疫出 +, − 的人數）」四變數外，亦可用 Google 搜尋的 Excel 程式「CIcalculator.xls」，將「處理組（檢疫出 +, − 人數）vs. 控制組（檢疫出 +, − 的人數）」轉換成 odds ratio 這類格式 (format) 之後，再執行 Stata 做 Meta 分析。

Step 1：插入「study names」欄位

下圖 [1]，click Insert > Column for > Study names.

建好的資料檔BCG C.cma如下

	Study name	Vaccine TB	Vaccine Total N	Control TB	Control Total N	Risk ratio	Log risk ratio	Std Err	Latitude	Year	Allocation	Climate
1	Stein & Aronson, 1953	180	1541	372	1451	455611144	-786115585	831000508	44	1935	Alternate	Cold
2	Frimodt-Moller et al,	33	5069	47	5808	804489533	-217547322	226296646	13	1950	Alternate	Hot
3	Ferguson & Simes, 1949	6	306	29	303	204868154	-158538865	441113501	55	1933	Random	Cold
4	Aronson, 1948	4	123	11	139	410938654	-889311333	570600354	44	1935	Random	Cold
5	Rosenthal et al, 1960	3	231	11	220	259740259	-134807314	644490469	42	1937	Random	Cold
6	Hart & Sutherland, 1977	62	13598	248	12867	236560523	-144155119	141456819	52	1950	Random	Cold
7	Vandiviere et al, 1973	8	2545	10	629	197721021	-162089822	472247019	19	1965	Random	Hot
8	Coetzee & Berjak, 1968	29	7499	45	7277	625366345	-469417648	237558856	27	1965	Random	Hot
9	TB Prevention trial,	505	88391	499	88391	101202404	119523335	629410779	13	1968	Random	Hot
10	Rosenthal et al, 1961	17	1716	65	1665	253765465	-137134480	270231000	42	1941	Systematic	Cold
11	Comstock and Webster,	5	2498	3	2341	156191619	445913400	729729981	33	1947	Systematic	Hot
12	Comstock et al, 1974	186	50634	141	27338	712226836	-339358828	111410116	18	1949	Systematic	Hot
13	Comstock et al, 1976	27	16913	29	17854	982835076	-173139482	267216503	33	1950	Systematic	Hot
14												

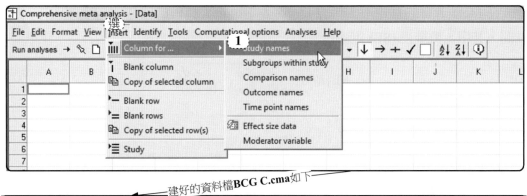

圖 6-1　Data-entry：Step 01（for BCG C.cma 資料檔）

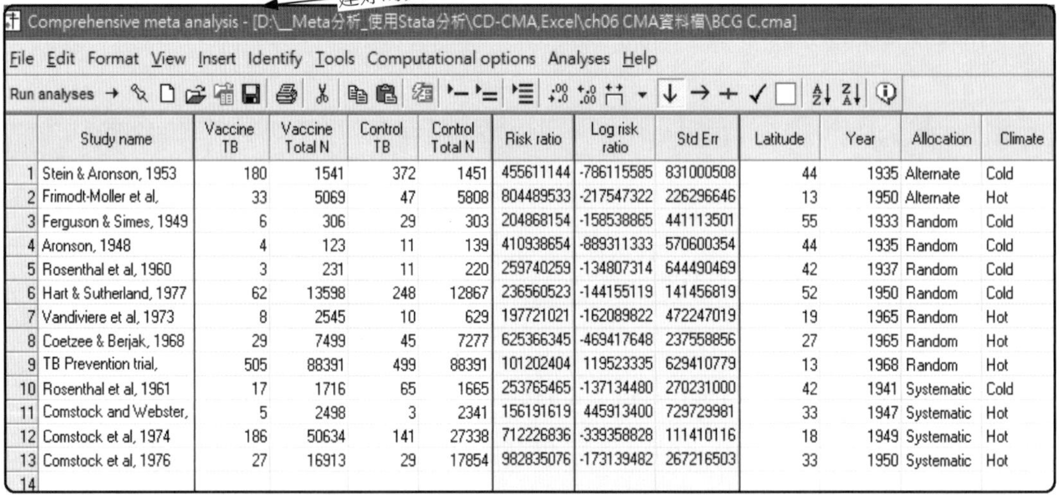

下圖 [2]，CMA 是新建「Study name」欄位。

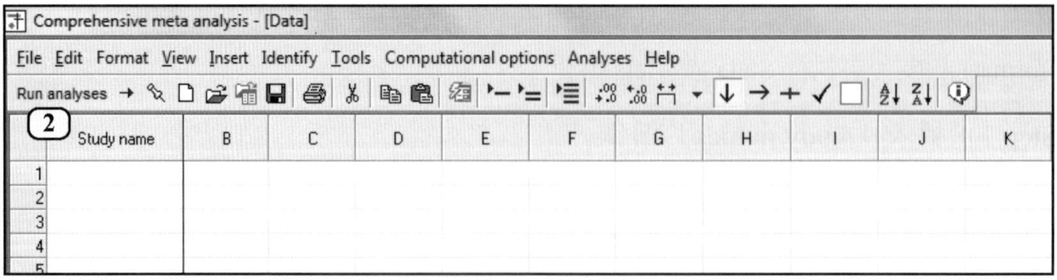

圖 6-2　Data-entry：Step 02

Step 2：插入「effect size data」欄位

如下圖，click「Insert > Column for > Effect size data」。

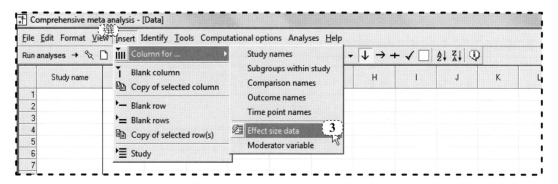

圖 6-3　Data-entry：Step 03

接著 CMA 畫面，出現下圖之嚮導 (wizard)，該嚮導允許您指定要輸入的摘要數據的種類：

- 選 < Show all 100 formats > [4]
- 再按 [Next] [5]

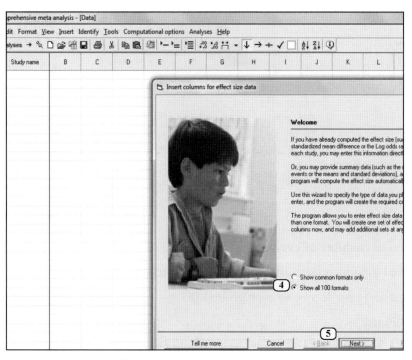

圖 6-4　Data-entry：Step 04

接著，在下圖 wizard：

- 選「Comparison of two group, time-points, of exposures」[6]
- 再按 [Next] [7]

圖 6-6，深入到

- 「Dichotomous (number of events)」
- 「Unmatched groups, prospective (e.g., controlled trials, cohort studies)」
- 選「Events and sample size in each group」[8]

　　再按 < Finish >

　　請注意，將為每組輸入「events and sample size (N)」。使用 BCG 例子的某些文本印出「events and non-events」，而不是「events and N」。

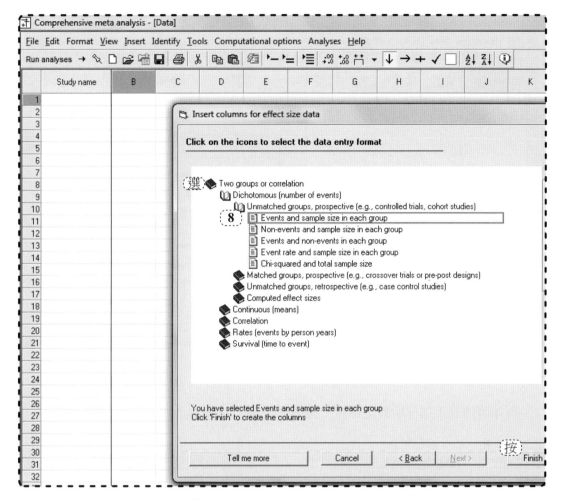

圖 6-6　Data-entry：Step 06

　　該程序建立下圖所示的 columns。它還會打開一個嚮導 (wizard)，該嚮導可讓您標記 (label) 這些 columns。

- 鍵入「Vaccine/Control」當作二組的 Group names[9]
- 鍵入「TB/Ok」當二組的 Binary outcomes 名字 [10]

　　再按 [OK]

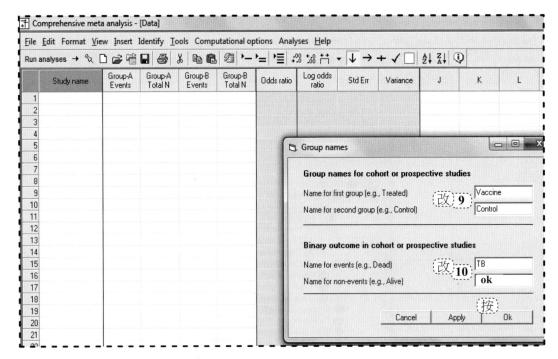

圖 6-7　Data-entry：Step 07

程序將建立上述你所界定標籤，結果如下圖 [11] 所示。

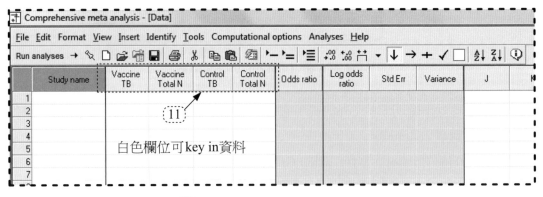

圖 6-8　Data-entry：Step 08

Step 3：插入「moderators (covariates)」欄位

接下來，需為 moderator 變數建立 columns。如圖 6-9 所示。

• 按 Insert > Column for > Moderator variable [12]

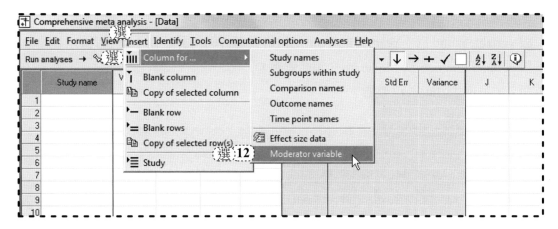

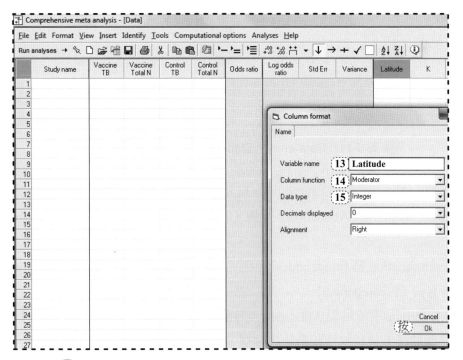

圖 6-9　Data-entry：Step 09

該程序將打開一個 wizard（圖 6-10）

- 本例，將 variable name 設為「Latitude」變數 [13]
- 將 column function 設為 Moderator [14]
- 將 data type 設為 Integer [15]

　　再按 [OK]

圖 6-10　Data-entry：Step 10 (for BCG C.cma 資料檔）

如圖 6-11，按 Insert > Column for > Moderator variable

- 設 variable name 為「Year」。此 Year 是指研究進行的年分，而不是發表的年分。
- 設 column function 為 Moderator（調節變數）
- 設 data type 為 Integer（整數）

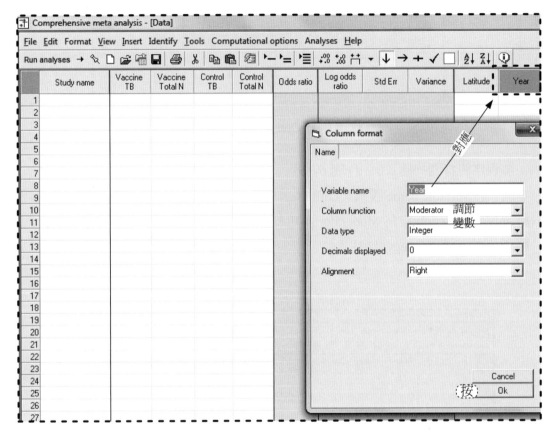

圖 6-11　Data-entry：Step 11 (for BCG C.cma 資料檔)

如下圖，選「Insert > Column for > Moderator variable」

- 設 variable name 為「Allocation」變數，它有 3 類別：Random、Alternate、Systematic
- 設 column function 為 [moderator]
- 設 data type 為 [categorical]

該 Moderator 用於註記 Allocation：分配受試者接種 (vaccinated) 的機制，它可能性是（隨機抽樣、替代抽樣和系統性抽樣）。

然後，單擊 [OK]

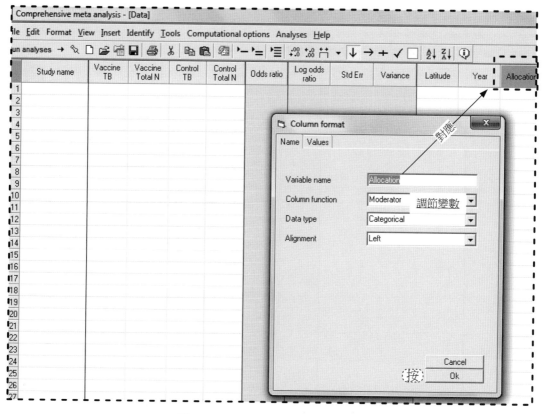

圖 6-12　Data-entry：Step 12

　　如下圖，按「Insert > Column for > Moderator variable」

- 設 variable name 為「Climate」類別共變數
- 設 column function 為 [moderator]
- 設 data type 為 [categorical]

　　This moderator tracks the climate 調節變數，記錄當地氣候是 Cold 或 Hot。

　　再按 [OK]

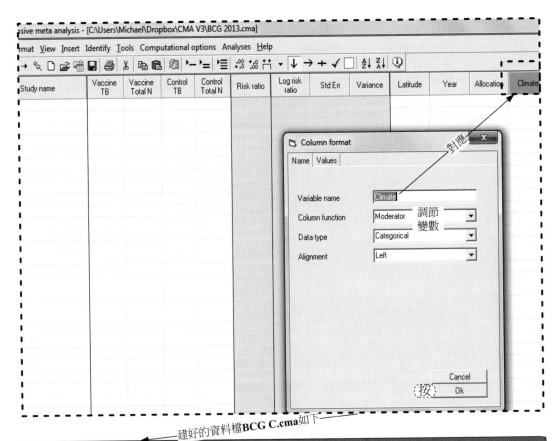

圖 6-13　Data-entry：Step 13

Step 4：自訂畫面 (customize the screen)

　　程序最初顯示 odds ratio（圖 6-14）。

- 要使用風險比 (risk ratio) 而不是 odds ratio。
- 另外，要是 log 單位顯示風險比：log(RR)。

　　因此，需要如下自定義畫面。

- Right-click 任何黃色列
- 單擊 < Customize computed effect size display > [1]

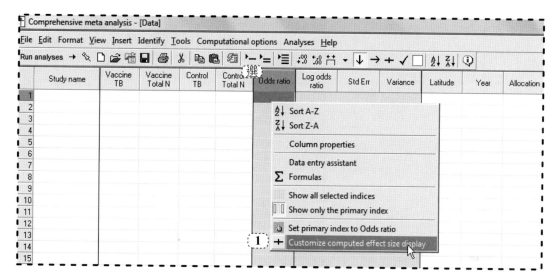

▶ 圖 6-14　Data-entry：Step 14

　　程序顯示此 wizard（圖 6-15）

- 勾選 risk ratio[2] 方框
- 勾選 Log risk ratio[2] 方框

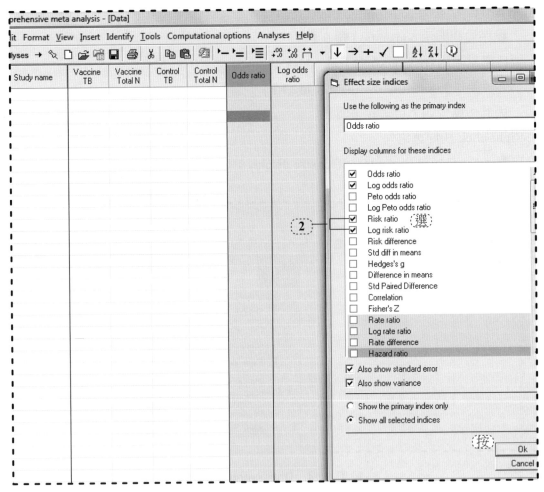

圖 6-15 　Data-entry：Step 15

如圖 6-16，設定 log risk ratio 為本例內定 effect size, 並隱藏 odds ratio。

- 在 drop-down box，選 log risk ratio 為主指標 (primary index) [3]
- Un-check 此 odds ratio [4]
- Un-check 此 log odds ratio [4]

　　再按 [OK]

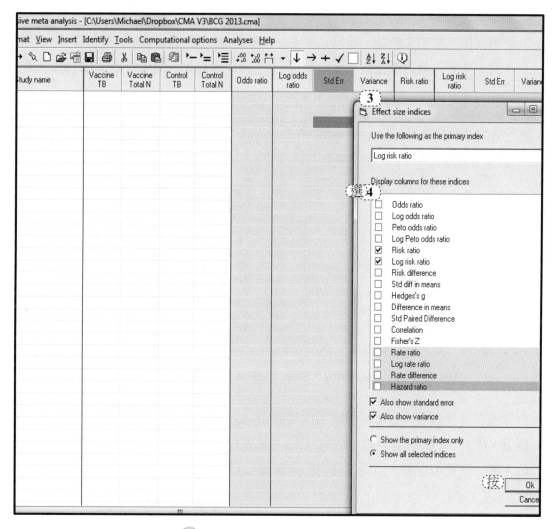

● 圖 6-16　Data-entry：Step 16

畫面，現在如圖 6-17 所示。

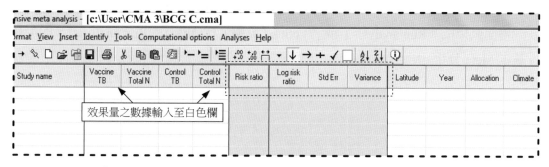

● 圖 6-17　Data-entry：Step 17 (File > Save 為 BCG C.cma)

Step 5：輸入資料 (enter the data)

您可直接手動輸入數據，也可以從 Excel 或其他來源複製再貼上。

下圖，將效果量之數據輸入至白欄位 [5]。程序會自動計算黃色四個欄 [6] 的值。

Study name	Vaccine TB	Vaccine Total N	Control TB	Control Total N	Risk ratio	Log risk ratio	Std Err	Variance	Latitude	Year	Allocation	Climate
1 Frimodt-Moller et al, 1973	33	5069	47	5808	0.804	-0.218	0.226	0.051	13	1950	Alternate	Hot
2 TB Prevention trial, 1980	505	88391	499	88391	1.012	0.012	0.063	0.004	13	1968	Random	Hot
3 Comstock et al, 1974	186	50634	141	27338	0.712	-0.339	0.111	0.012	18	1949	Systematic	Hot
4 Vandiviere et al, 1973	8	2545	10	629	0.198	-1.621	0.472	0.223	19	1965	Random	Hot
5 Coetzee & Berjak, 1968	29	7499	45	7277	0.625	-0.469	0.238	0.056	27	1965	Random	Hot
6 Comstock and Webster, 1969	5	2498	3	2341	1.562	0.446	0.730	0.533	33	1947	Systematic	Hot
7 Comstock et al, 1976	27	16913	29	17854	0.983	-0.017	0.267	0.071	33	1950	Systematic	Hot
8 Rosenthal et al, 1960	3	231	11	220	0.260	-1.348	0.644	0.415	42	1937	Random	Cold
9 Rosenthal et al, 1961	17	1716	65	1665	0.254	-1.371	0.270	0.073	42	1941	Systematic	Cold
10 Aronson, 1948	4	123	11	139	0.411	-0.889	0.571	0.326	44	1935	Random	Cold
11 Stein & Aronson, 1953	180	1541	372	1451	0.456	-0.786	0.083	0.007	44	1935	Alternate	Cold
12 Hart & Sutherland, 1977	62	13598	248	12867	0.237	-1.442	0.141	0.020	52	1950	Random	Cold
13 Ferguson & Simes, 1949	6	306	29	303	0.205	-1.585	0.441	0.195	55	1933	Random	Cold

圖 6-18　Data-entry：Step 18 (File > Save 為 BCG C.cma)

- 若你還有其他需要，您仍可繼續添加其他 moderators。
- 或者，(File > Open) 資料檔 BCG C.cma。此檔有 2 種版本，一種使用句點表示小數位，另一種使用逗號。這與您使用的計算機設定有關。

6-1-4 Step 2 基本的 Meta 分析：〔主效果 (main effect)＋共變數的調節〕

本例，對應的研究構，如「圖 7-11 三種情況的 Meta 分析架構」所示。

畫面直接按「Run analysis」或 [7] click（點擊）[analysis > Run analysis]，即可執行基本 Meta 分析。

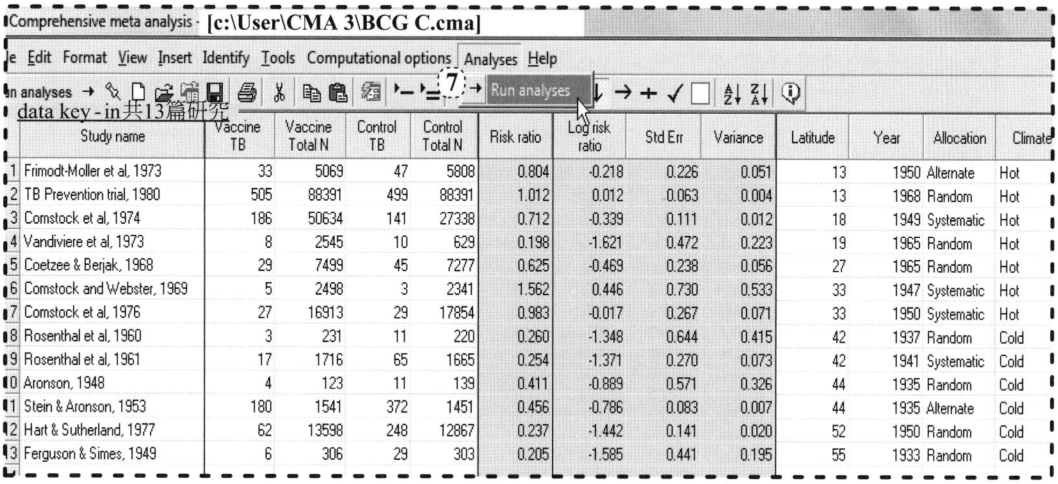

圖 6-19　Data-entry：Step 19 (BCG C.cma 資料檔）

1. The main Analysis screen

該程序將顯示主分析畫面（圖 6-20）。

當前效果量 [1] 為「Log(risk ratio)」。若要切換到其他效果量，請單擊工具欄上的 [effect measure: Log risk ratio]，然後選擇其他索引。

接下來的幾頁概述了使用傳統法來進行 CMA 的主要分析。但是，這是可選的。進入主分析畫面（圖 6-20）後，您可單擊 [analysis > Meta-regression 2] 立即進入迴歸模型。

2. 第一次 (initial) meta-Analysis

圖 6-20，[2] 所指 < Fixed > 是內定的模型，因此程序將結果以進行固定效果分析 [3]。效果量係是 log(RR) 單位 [1] 為單位。

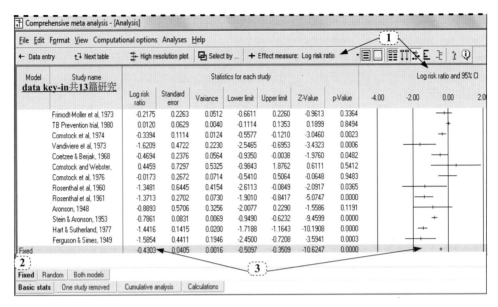

▶ 圖 6-20　基本分析：Fixed-effect：Log risk ratio

圖 6-21，你可改 Click（點擊）[4] 來改選 < Random > 模型。程式即改顯示 [5] 之隨機效果分析。

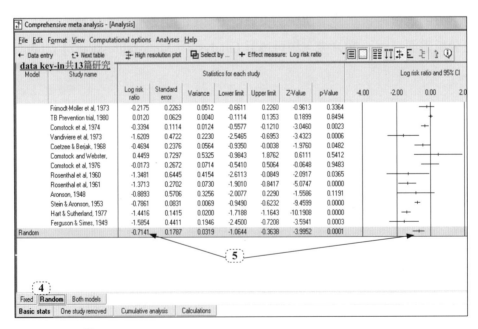

▶ 圖 6-21　基本分析：Random-effects：Log risk ratio

3. 顯示調節變數 (moderator variables)

接下來，要在繪圖上顯示 moderator 變數。

注意，這是可選的，對迴歸沒有影響。

如圖 6-22，點擊「View > Columns > Moderators」[6]

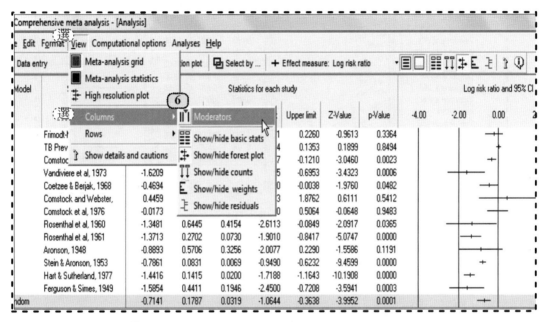

圖 6-22　選「基本分析：Display moderators」

該程序將在數據輸入畫面上，顯示所有已定義爲 moderators 的變數的清單。將以下各項拖放到主畫面上，「p-value」欄的右側（圖 6-23[7]），Latitude、Year、Allocation，及 Climate。

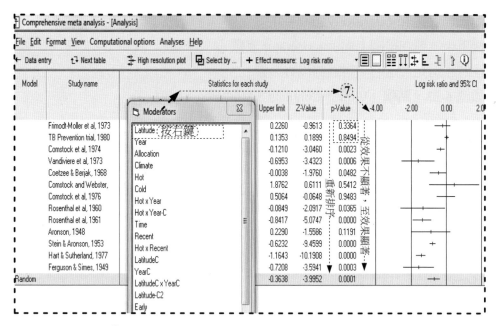

圖 6-23　Basic analysis：Display moderators

畫面現在應該如下圖所示。

您可以 right-click 任何 column，然後就按該 column 來排序資料檔。在這裡，研究按連續共變數：緯度 (latitude) 來排序。

由於已在數據輸入畫面上按 latitude 來排序數據，因此程序最初將按此順序顯示檢查。對於較溫暖的氣候（往上移）[8]，似乎效果較小 (near 0 in log units)；但對較冷的氣候（往下移）[9]，效果量較大（對數最大至 –1.58）。

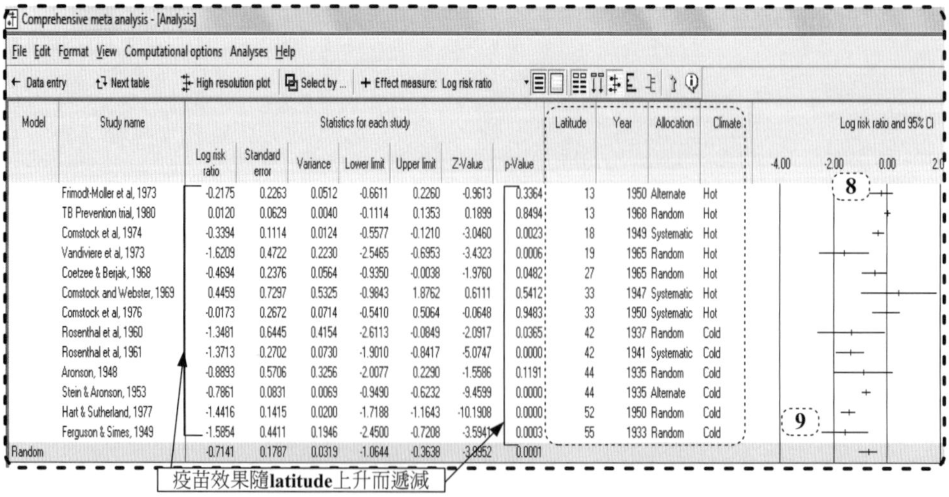

圖 6-24　基本分析：Display moderators 結果

4. 顯示統計 (display statistics)

接著畫面按「Next table」，即出現下圖「基本 Analysis：Display statistics for Heterogeneity」。

使用 random-effects weights [[10]，平均效果量 log risk ratio = –0.7141. 其對應 Z-value = –3.995 (p-value = 0.0001)，故拒絕 H_0：log risk ratio = 0（等同，risk ratio = 1.0）。若承認這些研究是有效的，則可得出結論，平均來講，該 BCG 疫苗可能確實可以預防結核病。

同時，效果量上也存很大的分散度 (dispersion)。τ^2(Tau-squared) [11] 為 0.3088，τ = 0.5557。為了獲得對真實分散的理解，可假定 (assume) 真實效果與平均效果的隨機效果估計值之間是平衡的，並且所有真實效果中約有 95% 落在該平均值的 1.96×T 之內。然後（是 log 為單位），最真實的效果落在 –1.8032 至 +0.3750 的範圍內。這對應於大約 0.16〔強烈的保護 (protective) 作用〕、1.46〔有害的 (protective) 作用〕的風險比。

定義：Q 統計量代表之 total variance

$$Q = \sum_{i=1}^{k} w_i (Ti - \overline{T}.)^2$$

每個研究效果 (T_i) 與組合平均值 ($T.$) 的平方差 (squared deviations) 的總和。
w_i：表示每個平方差均由研究的變異數倒數的加權。

$$Q = \sum_{i=1}^{k} w_i T_i^2 - \frac{\left(\sum_{i=1}^{k} w_i T_i \right)}{\sum_{i=1}^{k} w_i}$$

定義：分散度 (dispersion) τ^2

$$\tau^2 = \begin{cases} \dfrac{Q - df}{C} & \text{if } Q > df \\ 0 & \text{if } Q \le df \end{cases}$$

其中

$$C = \Sigma w_i = \frac{\Sigma w_i^2}{\Sigma w_i}$$

可見了解這種分散度的原因非常重要，為此，我們再講 Meta-regression。

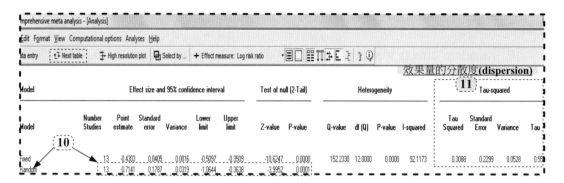

圖 6-25　基本分析：Display statistics for heterogeneity

6-1-5 Step 3 Meta 迴歸 +（類別 vs. 連續型）covariates（共變數當調節變數）

本例所對應的研究架構，是「圖 7-11 三種情況的 Meta 分析架構」。

在這裡，接著進行 Meta 迴歸。

在分析畫面（圖 6-26），選擇「Analysis > Meta-regression 2」。

注意：

若看不到任何迴歸選項，則可能是程序的精簡版或標準版，而不是專業版。

若只看到迴歸選項，但看不到「Analysis > Meta-regression 2」選項，則說明您使用的是 CMA 版本 2，而不是版本 3。

Comprehensive meta analysis - [Analysis]

File Edit Format View Computational options Analyses Help

按

選

Data entry   ↕ Next table   High res A Publication bias   + Effect measure: Log risk ratio ▾

Meta regression 2

← Data entry

Model	Study name	Log risk ratio	Standard error	Variance	Lower limit	Upper limit	Z-Value	p-Value	Latitude	Year	Allocation	Climate
	Stein &	-0.7861	0.0831	0.0069	-0.9490	-0.6232	-9.4599	0.0000	44	1935	Alternate	Cold
	Frimodt-Moll	-0.2175	0.2263	0.0512	-0.6611	0.2260	-0.9613	0.3364	13	1950	Alternate	Hot
	Ferguson &	-1.5854	0.4411	0.1946	-2.4500	-0.7208	-3.5941	0.0003	55	1933	Random	Cold
	Aronson,	-0.8893	0.5706	0.3256	-2.0077	0.2290	-1.5586	0.1191	44	1935	Random	Cold
	Rosenthal	-1.3481	0.6445	0.4154	-2.6113	-0.0849	-2.0917	0.0365	42	1937	Random	Cold
	Hart &	-1.4416	0.1415	0.0200	-1.7188	-1.1643	-10.1908	0.0000	52	1950	Random	Cold
	Vandiviere	-1.6209	0.4722	0.2230	-2.5465	-0.6953	-3.4323	0.0006	19	1965	Random	Hot
	Coetzee &	-0.4694	0.2376	0.0564	-0.9350	-0.0038	-1.9760	0.0482	27	1965	Random	Hot
	TB	0.0120	0.0629	0.0040	-0.1114	0.1353	0.1899	0.8494	13	1968	Random	Hot
	Rosenthal	-1.3713	0.2702	0.0730	-1.9010	-0.8417	-5.0747	0.0000	42	1941	Systematic	Cold
	Comstock	0.4459	0.7297	0.5325	-0.9843	1.8762	0.6111	0.5412	33	1947	Systematic	Hot
	Comstock	-0.3394	0.1114	0.0124	-0.5577	-0.1210	-3.0460	0.0023	18	1949	Systematic	Hot
	Comstock	-0.0173	0.2672	0.0714	-0.5410	0.5064	-0.0648	0.9483	33	1950	Systematic	Hot
Random		-0.7141	0.1787	0.0319	-1.0644	-0.3638	-3.9952	0.0001				

▶ 圖 6-26　執行 regression：Step 01（BCG C.cma 資料檔）

1. 互動互動嚮導 (The Interactive Wizard) 的利用

程序「Help > Tutorial」，顯示下圖的畫面。

互動式 Wizard 將引導您完成執行迴歸的所有步驟。要顯示（或隱藏）嚮導，請使用「Help」選單 (menu)。

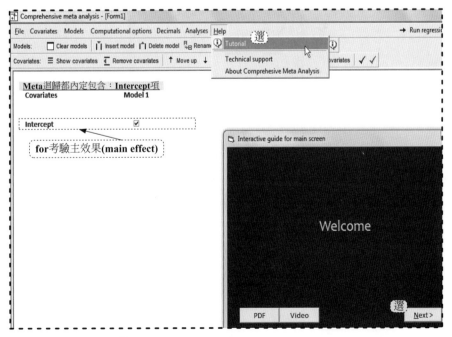

▶ 圖 6-27　執行 regression：Step 02

以下章節，將依序介紹下列 CMA 功能。

2. 加（類別 vs. 連續型）covariates（共變數當調節變數）到模型中

　　最初打開迴歸模組時，程序將顯示圖 6-28 內容：

• 圖 6-28，[1] 是迴歸主畫面。

• 你勾選，列在 [2] 框之 covariates（共變數當調節變數）。

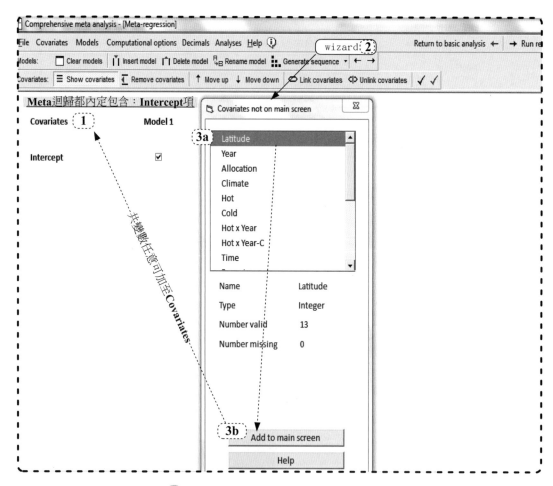

● 圖 6-28　執行 regression：Step 03

　　需要將 covariates 從 wizard [2] 移動到主畫面 [1]。

　　本例，依照此處顯示的順序 (allocation, year, and latitude) 來添加變數，以重新建立「BCG C.cma」資料檔）。

• 在 wizard 按「Allocation」共變數。

- 在 wizard 按 [Edit reference group] 並選 [Random]。
- 在 wizard 按 [Add to main screen] [3]。
- 在 wizard 按「Year」，再按 [Add to main screen] [先選 3a, 再按 3b]。
- 例如：在 wizard 按「Latitude」[3a]，再按 [Add to main screen] [3b]。

該迴歸模型如圖 6-29 所示。

請注意，「Allocation」顯示為兩行 [4]，由方括號連接。由於 Allocation 類別共變數有 3 類別：Random、Alternate、Systematic，為了兩兩對比，因此程序會自動建立二個虛擬變數來表示 Allocation（類一 vs. 類二；類一 vs. 類三）。有關完整的討論，請參見下一節。

勾選所有 covariates 的複選框 [5]

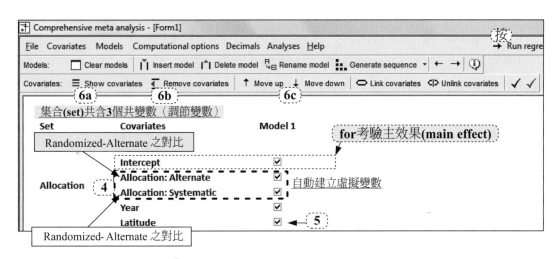

▶ 圖 6-29　執行 regression：Step 04

共變數由「Covariates」toolbar [6a、6b、6c]。在此工具欄上：

- [Show covariates] 可顯示（或隱藏）wizard [6a]。
- [Remove covariates] 允許您從主畫面上刪除共變數 [6b]。
- [move up] 與 [move down] 允許您編輯共變數的順序 (sequence) [6c]。
- 藍色和紅色 checks 允許您從一系列複選框中添加（或刪除）check-boxes。

3. 設定計算選項 (Computational options)

該程序允許您指定各種計算選項：

單擊「Computational options」來顯示圖 6-30 的 menu。

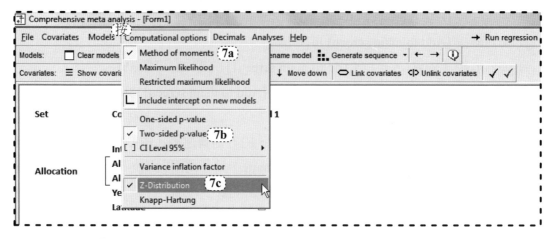

圖 6-30　執行 regression：Step 05 (Computational options)

上圖「Computational options」更進一步說明，請見 CMA 手冊。

要遵循本例 (BCG C.cma 資料檔)，請如下來設定選項：

- 勾選 Method for estimating T^2(Method of moments) [7a]。
- 勾選 One-tailed or two-tailed test for p-values (Two-tailed) [7b]。
- 不勾選 Confidence level (95%)。
- 不顯示 variance inflation factor (令 Off)。
- 勾選 Z distribution [7c] 或 the Knapp-Hartung adjustment for p-values and confidence intervals (Z)。

4. 執行 regression

要執行迴歸，只需單擊工具欄上的「Run regression」[1]，如下圖所示。

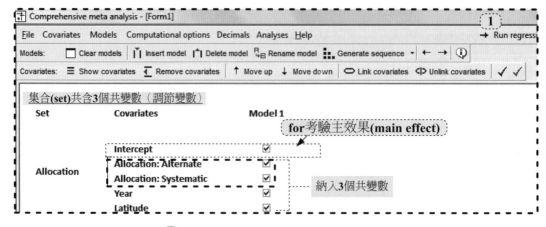

圖 6-31　執行 regression：Step 06

6-1-6 Step 4 瀏覽 (navigate) 結果：〔主效果 (main effect) + 共變數的調節〕

1. 主效果畫面：內定 Fixed effect
　　執行迴歸後：
- 單擊 [main Results] [1]
- 「統計模型 (statistical model)」[2]，底部 [Fixed] 是內定統計模型。

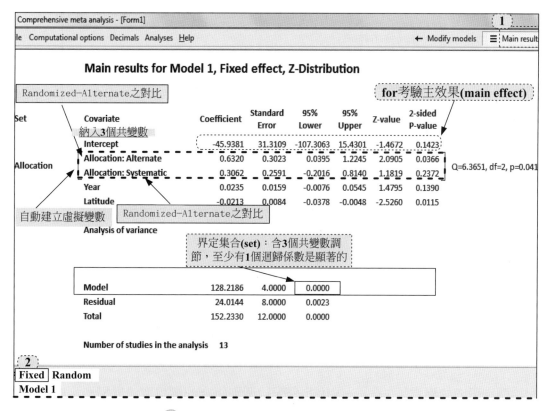

圖 6-32　Main results：Fixed-effect

　　有關固定效果分析的輸出的討論，下一章有更詳細的解釋。

2. 主效果畫面：你改選 Random effects
　　執行迴歸後：
- 按 [main Results] [3]
- 統計模型 [4]，改選底部的 [Random]

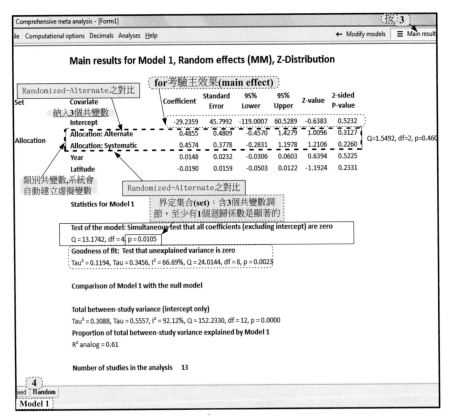

🔘 圖 6-33　Main results：Random-effects

有關隨機效果分析的討論，請參見下一章的解說。

3. 固定效果 vs. 隨機效果顯示之間的差別

固定效果模型，是假定存在一個抽樣誤差源（$study_{within}$ 變異數），而在隨機效果模型下，允許存在兩個抽樣誤差源（$study_{within}$ 變異數和 $study_{within}$ 變異數）。由於分配給個別研究的權重是 $\dfrac{1}{變異數}$，因此分配給個別研究的權重取決於模型。在以下章節，這兩個模型下的統計數據（例如：效果量及其標準誤），該值取決於統計模型（固定 vs. 隨機）。

從根本上說，統計模型決定了你選擇呈現的統計數據。固定效果模型和隨機效果模型的結果畫面完全不同，這反映了以下事實，該模型確定了我們可對數據提出哪些問題：

1. 當使用固定效果模型時，我們假定所有研究都具有相同的效果量。故無需估算 T^2（$study_{between}$ 的變異數），因為它假定為 0。若 T^2 被假定為 0，我們不估算 I^2

（study$_{between}$ 變異數與總變異數之比），因為它必須為 0；也不估算 R^2，即預測變數解釋的研究之間的變異數的比例，因為它也必須為 0。例如：參見圖 6-40。

2. 相對地，當我們使用隨機效果模型時，允許每次研究的真實效果量可能有所不同，因此，這些統計數據有助於我們理解這種差別。我們可以估計效果量 (1) 的變化迴歸線的均值。(2) 透過比較兩者，可以計算 R^2，預測變數解釋的變異數比例還可以針對每種情況（有或未含共變數）計算 I^2，表示觀察到的變異數反映的是真實效果量的變化，而不是隨機誤差。例如：參見圖 6-45。

4. 繪圖 (plot)

　　顯示 plot：

- 單擊 menu 欄上的 [Scatterplot] [1]，來瀏覽圖 6-34 plot
- 在畫面底部的 tab 上選擇 [Fixed] 或 [Fixed] [2]
- 界定 X 軸的變數：

(1) 在 X-axis label [3] 處，Right-click。

(2) 點擊 the drop-down tool [4]。

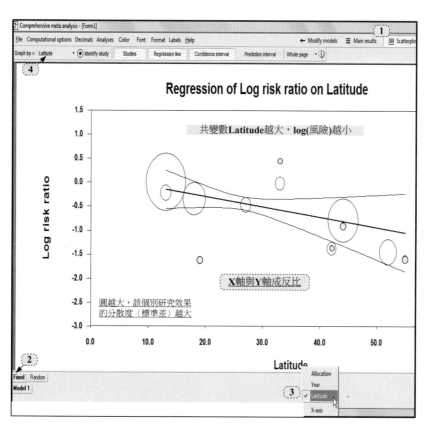

圖 6-34　Plot（繪圖）

5. 其他畫面 (other screens)

要瀏覽其他結果表，請單擊下圖的「More results」[1]，然後選擇以下任意一項：

(1) 關於預測模型

• Covariance[2a]：共變數們之迴歸係數的共變值

• Correlation[2b]：共變數們之迴歸係數的相關值

• 迴歸模型好壞的診斷 (diagnostics) [2c]

• 迴歸模型適配度：R-squared 圖形 [2d]

(2) 在分析中，納入（或排除）的數據

• 全部個別研究 [3a]

• 只納入有效（有興趣）的個別研究 [3b]

(3) 比較不同預測模型的統計數據：null model、1 個共變數、2 個共變數、3 個共變數。

• Increments（每增加一個共變數，對適配度 R^2 的變化量）

• Models summary（彙總）[4a]

• Compare models (detailed) [4b]

• Compare models (p-value) [4c]

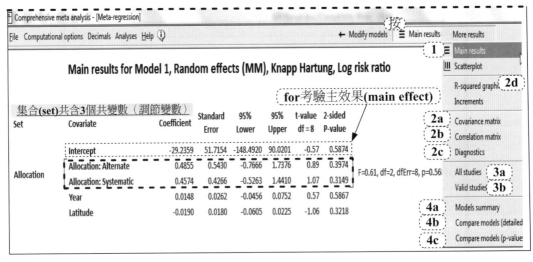

▶ 圖 6-35　Other screens

6-1-7 Step 5 Save 分析結果

執行 Run regression 後，即可 save 該預測模型，如下圖所示：

• 點擊「File > Save regression file As ...」[1]

• 這將 save 副檔名為 .cmr 的迴歸模板

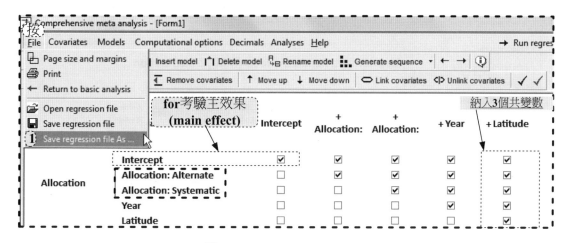

圖 6-36　Save analysis

「*.cmr」檔是存 Meta 分析的說明，而不是數據。它就像如 SPSS，SAS 和 Stata 之類的程序使您可以將一組命令 save 在某個檔中，將數據 save 在另一個檔中。然後，可將命令應用於具有相同變數的任何數據檔。

「.cmr」檔保存以下內容：

1. 共變數列表。

2. models 清單。

3. 每個模型的複選框 (check-boxes)。

4. 預測變數之集合群 (sets)。

5. model 名稱。

6-1-8 Step 6 Export 結果

該程序為輸出任何分析結果提供了兩個選項：

1. 將結果輸出到 Excel。然後，您可在 Excel 中執行其他計算，和格式化結果並將其作為表格複製到其他程序中

2. 將結果作為圖片複製到剪貼簿。然後，將此圖片黏貼到 Word 或任何其他程序中。

圖 6-37 顯示了 Main 分析畫面之例子：

- 先單擊 [File > Save results as Excel file and open] [1]
- 再提供 Excel 檔的名稱

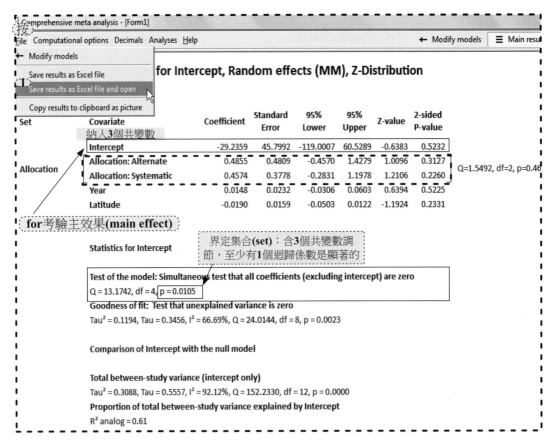

圖 6-37 Export results

該程序將建立圖 6-38 所示的 Excel 檔。

Export至Excel檔

	D	H	I	J	K	L	N	S
1	Main results for Model 1, Random effects (MM), Z-Distribution							
2	納入3個共變數						集合(set)共含3個共變數	
5	Set	Covariate	Coefficient	Standard	95%	95%	Z-value	2-sided	（調節變數） Set
6	for 考驗主效果(main effect)			Error	Lower	Upper		P-value	Set
7		Intercept	-29.2359	45.7992	-119.0007	60.5289	-0.6383	0.5232	
8	Allocation	Allocation: Alternate	0.4855	0.4809	-0.4570	1.4279	1.0096	0.3127	Q=1.5492, df=2, p=0.4601
9		Allocation: Systematic	0.4574	0.3778	-0.2831	1.1978	1.2106	0.2260	
10		Year	0.0148	0.0232	-0.0306	0.0603	0.6394	0.5225	
11		Latitude	-0.0190	0.0159	-0.0503	0.0122	-1.1924	0.2331	
111									
141									
142	Statistics for Model 1			界定集合(set)：含3個共變數調節，至少有1個迴歸係數是顯著的					
143									
144	Test of the model: Simultaneous test that all coefficients (excluding intercept) are zero								
145	Q = 13.1742, df = 4, p = 0.0105								
147	Goodness of fit: Test that unexplained variance is zero								
148	Tau^2 = 0.1194, Tau = 0.3456, I^2 = 66.69%, Q = 24.0144, df = 8, p = 0.0023								
151									
152	Comparison of Model 1 with the null model								
153									
154	Total between-study variance (intercept only)								
155	Tau^2 = 0.3088, Tau = 0.5557, I^2 = 92.12%, Q = 152.2330, df = 12, p = 0.0000								

▶ 圖 6-38　Export 至 Excel 檔

6-2 Meta 迴歸之結果解說：主效果「X → Y」+ 調節效果

　　續前一節例子：BCG C.cma 資料檔。本例的研究架構，如「圖 7-11 三種情況的 Meta 分析架構」所示。

6-2-1 主結果 (main results)：主效果 (main effect)「X → Y」+ 調節效果

- 要執行迴歸，圖 6-39 請單擊「Run Regression」。
- 程序將顯示「Main Results」畫面。
- 再單擊 [Fixed] 或 [Random] 選擇統計模型。

以下頁面顯示這二個統計模型的結果畫面。

這二種模型的畫面頂部相似（圖 6-40、圖 6-45）。對於任何一個模型，它都顯示了每個共變數與其他共變數的影響。這兩個畫面的區別在於，一個基於固定效果權重，而另一個則基於隨機效果權重。

此後，這二個畫面在某些基本方面有所不同，它反映了二種統計模型的差別。雖然這適用於所有預測模型，但我們將以共變數 (climate) 爲例。

固定效果模型（圖 6-40)，程序顯示的表格類似於在主要研究中看到的變異數分析表格。該表包含三個 row：

(a) WSS_{model}、或 Q_{model}：次群組均值與總體均值 (grand mean) 的離差 (deviation) 的 WSS(weighted sum of square)。

(b) $WSS_{residual}$、或 $Q_{residual}$：所有研究離差其次群組均值 (subgroup means) 的 WSS。

(c) WSS_{total}、或 Q_{total}：所有研究離差其 grand mean 的 WSS。

該程序不提供研究間 ($study_{between}$) 變異數 (T^2) 或模型解釋的研究間變異數比例 (proportion)(R^2) 的任何統計資訊。對共享相同預測值的研究，H_0：假定 $T^2 = 0$，因此沒有理由用印出。若將具有預測模型的 T^2 假定爲 0，那麼 R^2 也沒有實際意義（根據定義，一旦應用該模型，就不會保留 $study_{between}$ 變異數）。

相反，隨機效果模型（圖 6-45），該程序不會顯示變異數摘要表。僅當個別研究的權重固定時，才會對 WSS 進行分解。由於固定效果模型，權重始終相同（基於 $study_{within}$ 變異數），因此可滿足此條件。但由於納入共變數時，權重（也基於 T^2）就會發生變化，因此隨機效果模型，不會滿足權重相同（因此計算 T^2 的參考框架）。

隨機效果分析，我們希望能提供 T^2 和 R^2 的統計數據。爲此，需要進行一系列不同的分析，然後整理結果。具體來說，進行一項分析來獲取帶有共變數的 T^2，而另一項分析則獲得未含共變數的 T^2。這二個 T^2 的變化，即是預測模型所能解釋的變異數量，而該值超過原始 T^2 的值提供了所解釋的變異數比例 (R^2)。爲了突出顯示這些統計資訊來自單獨的分析這一事實，這些統計資訊不在表格中顯示，而是在畫面上的不同部分中顯示。

6-2-2 主結果 (main results)：fixed-effect 分析〔主效果 (main effect)＋調節效果〕

如圖 6-39，點擊 (click) [Run regression] [1]

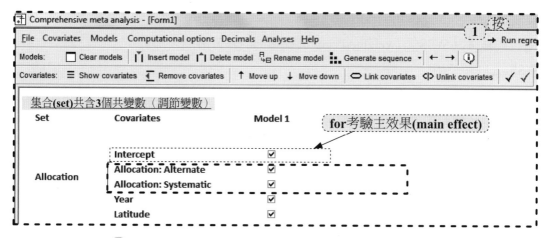

圖 6-39　Setup（設定）：迴歸（BCG C.cma 資料檔）

工具欄 (toolbar) 的變化如圖 6-40 所示：

- 點擊「Main results」[2]
- 點擊 [Fixed] [3]

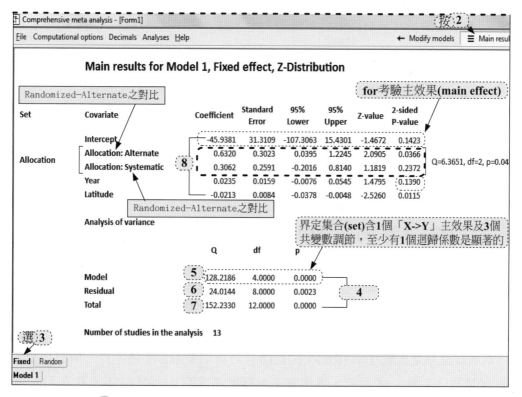

圖 6-40　主結果：Fixed-effect（BCG C.cma 資料檔）

1. 模型的檢定 (test of the model)

上圖 [4]，WSS$_{total}$ (weighted sum of squares, Q) 分解成 3 部分：

WSS$_{Model}$：

模型 [5] 是考驗預測模型解釋效果量 variance 的方法之一。換句話說，當迴歸線基於共變數而不是僅基於均值時，迴歸線的影響分散度是否較小。本例，$Q = 128.2186$，df = 4，p < 0.0001(p < 0.05)，因此得出的結論是，預測模型（至少）解釋了效果量的某些變異數。

WSS$_{Residual\,1}$：

殘差 [6] 是考驗數據是否與模型具有相同預測值的所有研究的 common 效果量假定一致。Q 值 = 24.0144，df = 8，p = 0.0023(p < 0.05)。結論是，數據與固定效果模型的假定 (assumptions) 不一致。

WSS$_{total}$：

Total [7] 是考驗整個研究（無預測變數）的 variance 是 0 嗎？Q 值 = 152.2330，df = 12，p < 0.0001。

傳統迴歸分析，S_{total}(total sum of squares) = 模型解釋的 SS$_{Model}$+ 殘差 WSS$_{Residual\,1}$。同理，在 Meta 分析（具有固定效果權重）中，SS$_{total}$ 是模型解釋的 WSS 和殘差 WSS 的總和。如圖 6-40[4] 所示：

$$WSS_T = WSS_M + WSS_{RES} \Rightarrow 152.2330 = 128.2186 + 24.0144$$

同樣，總 df 是模型 df 與殘差 df 之和 (12 = 4 + 8)。

$$df_T = df_M + df_{RES} = 12 = 4 + 8$$

2. Analysis of variance（變異數分析）

各個共變數的影響 (impact of individual covariates) [8]

圖 6-40，Model [5] 的考驗是整套共變數的綜合考驗 (omnibus test)。它告訴我們，集合 (set) 是一個整體且與效果量有關（本例有一個 intercept 主效果、三個共變數）。相比之下，頂部 [8] 處理 Allocation 共變數的獨特影響：即當所有其他共變數保持固定時，每一對「類別共變數」對比的影響力。

本例效果量是風險比率 (RR)，因此所有分析均是 log 度量進行，所有係數均是 log() 度量進行。圖 6-41 顯示，本例幾乎所有預測效果 log(RR) < 0，表示 Allocation 共變數多數都會影「X → Y」主效果；若 log(RR) = 0 表示沒有效果。因此，log(RR)

= −1 是很大的效果，log(RR) = −2 是更大的效果（見圖 6-41）。因此，在此例中，負係數 log(RR) 越大，該共變數有正面調節效果越大。

為了解共變數對主效果之影響方向，可用散點圖 (scatterplot)：

(1) Allocation：**類別共變數**

分配 (Allocation) 類型是具有三 (Randomized、Alternate、Systematic) 類別共變數，因此用兩個虛擬變數來重新編碼 (reocde)。在圖 6-40，此 set 的考驗（一個主效果、三個共變數），求得 Q = 6.3651(p = 0.0412), df = 2。因此，有證據顯示主效果量受到 Allocation 類型的影響（調節效果）。Allocation 類型之效果量與其他共變數之間的關係如下圖所示。

具體而言，可查看集合 (set) 的每一直行 [8]。

- Alternate：allocation 的係數為 0.6320（正值），它是 Randomized-Alternate 之施打疫苗效果的對比（疫苗採用隨機分配比替代分配研究的效果佳），p 值為 0.0366 (p > 0.05)。

- Systematic：allocation 係數為 0.3062（正值），它是 Randomized-Alternate 之施打疫苗效果的對比（疫苗在採用隨機分配比系統分配研究的效果佳），p 值 > 0.05)。

但是，以上這些發現也可能是由於與其他因素混淆所致。

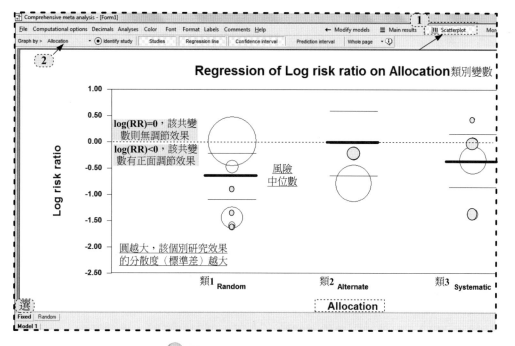

圖 6-41　Plot：Fixed-effect

圖 6-41，是單擊 Scatterplot[1]，再選擇 Allocation 變數 [2]，所產生的圖。

圖 6-40，每個分配類型 (Random, Alternate, and Systematic 類）[8] 都有一 column。程序在每一 column 中顯示觀察到的效果量及效果量的信賴區間。

本例，在畫面底部是選擇「Fixed」，因此所有統計資訊均基於固定效果模型。

(2) Year：次序型共變數

Year 係數 = +0.0235（正斜率），這意味著每增加 1 年，log(RR) 就會增加 0.0235（即疫苗在以後的試驗中效果較差）。係數之 ±1.96× 標準誤 (0.0159) 得出的係數的 95% 信賴區間為 –0.0076 至 +0.0545。係數除以其標準誤得出的 Z 值為 1.4795，相應的 p = 0.1390(p > 0.05)。因此，當 latitude 和 allocation 方法保持不變時，Year 與主效果之間的關係就沒有統計學意義。

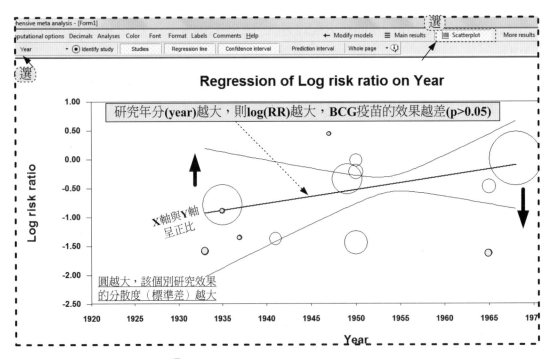

圖 6-42　Plot：Year：Fixed-effect

圖 6-42 是單擊 Scatterplot，再選擇 Year 所產生的圖。

迴歸線顯示，隨著 Year 的增加，效果量接近於 0。由於效果量是 log(RR)，因此這意味著年代越近，治療效果略下降（當其他共變數保持固定時）。

信賴區間顯示與數據一致的迴歸線（上限～下限）範圍；換句話說，你可逆時針

或順時針方向旋轉迴歸線（如箭頭所示），直到碰到信賴區間。這種不確定性使得真實的迴歸線可能在向上或向下的方向上。這對應於圖 6-40 中 Year 的 p = 0.1390，且係數的信賴區間，包括負值和正值 (–0.0076 至 +0.0545) 的不顯著事實。

(3) latitude（緯度）：連續型共變數

latitude 係數為 –0.0213（負斜率），這意味著，緯度每增加 1 個單位（度），log(RR) 將降低 0.0213（疫苗在較大緯度下更有效果）。係數之 ±1.96× 標準誤 (0.0084) 得出的係數的 95% 信賴區間為 –0.0378 至 –0.0048。係數除以其標準誤，得出的 Z 值 = –2.526，相應的 p 值為 0.0115。因此，即使在年分和分配方法保持不變的情況下，緯度與效果量之間的關係也具有統計學意義。

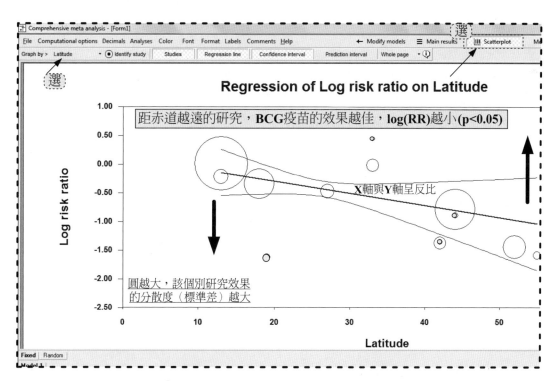

圖 6-43　Plot：Latitude：Fixed-effect

圖 6-43 是單擊 [Scatterplot]，再選擇「Latitude」所產生的圖。

迴歸線顯示，隨著絕對 Latitude 的增加，效果量會從 0 開始進一步移動。由於效果量是 log(RR)，因此這意味著隨著我們離赤道越遠，治療效果（當針對其他共變數進行調整時）會增加。

信賴區間顯示與數據一致的迴歸線範圍；換句話說，可以逆時針或順時針方向旋

轉迴歸線（如箭頭所示），直到碰到信賴區間。儘管存在很大的不確定性，但所有可能的迴歸線都在同一（向下）方向上。這對應於圖 6-41 中 Latitude 的 p = 0.0115 (p < 0.05)，並且係數的信賴區間包含 0 值(–0.0378 至 +0.0048)（該共變數的調節不顯著）。

3. Summary（小結）

(1) 模型 (model)

可以將關於總體平均值的每個效果量的總 Q 劃分爲各個組成部分：由於效果量的變化（可以用共變數解釋），而 Q 不能歸因於該大小。

- Model：該模型的 Q_{model} = 128.2186，df = 4，且 p < 0.0001，這告訴「X → Y」主效果量至少受一個共變數的調節（干擾）。可見 Q_{Model} 與 I^2 二者都是異質性考驗的指標。

- Residual：殘差的 $Q_{Residual}$ = 24.0144，df = 8，p = 0.0023，表示違反了固定效果模型的假定。

- Total：總數的 Q_{Total} = 152.23，df = 12 且 p < 0.0001，表示，當我們忽略次群組並進行所有研究與均值的 deviations 時，效果量會有所不同。

(2) 各個共變數 (Individual covariates)

若模型考驗是一組完整共變數的綜合考驗，則頂部的表格說明了，當所有其他共變數保持不變時，每個共變數的影響效果：

- Alternate：allocation 它比其他 2 類的 log(RR) 效果量較小。兩兩對比 allocation 的 p 值 = 0.0415(p < 0.05)。

- 研究年代 (year) 越後面打疫苗的研究，log(RR) 越大，BCG 疫苗的效果越差。year 的 p 值 = 0.1390（未達 0.05 顯著性）。

- 距赤道（Latitude 變數）越遠的研究，log(RR) 越小，BCG 疫苗的效果越佳。latitude 的 p 值 = 0.0115(p < 0.05)。

6-2-3 主結果 (main results)：random-effects 分析（主效果 + 調節效果）

如圖 6-44，瀏覽到此畫面 (screen)

Click [Run regression] [1]

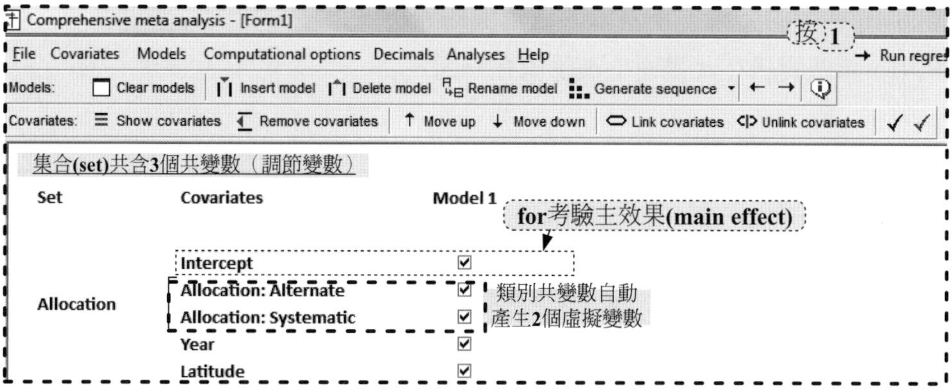

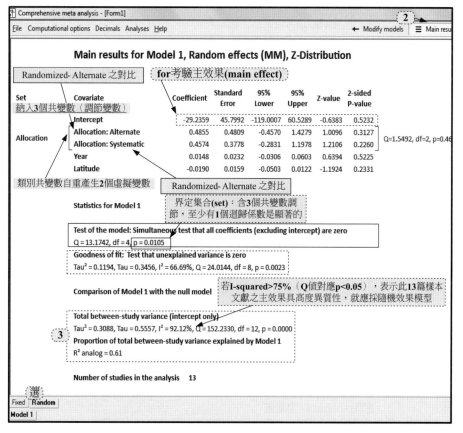

圖 6-44　Run regression：Setup 畫面

工具欄 (toolbar) 如下所示變化：

- Click "Main results"[2]
- Click [Random] [3]

圖 6-45　Main results：Random-effects 畫面

　　圖 6-46 顯示的結果，是基於三個單獨的分析。這些分析的每一個都會產生特定的資訊項，這些資訊在此畫面上被匯總在一起。

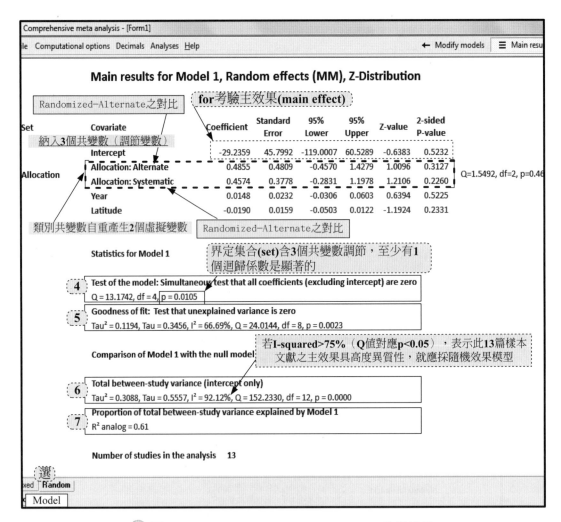

▶ 圖 6-46　Main results：Random-effects 分析結果

　　圖 6-46，三種分析之間的差別，整理成下表所示。

段落	功能 (function)	共變數嗎？	權重
[4]	隨機效果的估計值	是	$V + T^2$
[5]	模型未解釋的變異數	是	V
[6]	原始 (original) 變異數	否	V

段落 [4]：印出採用隨機效果權重並包括共變數的分析統計數據。這提供了對模型的考驗，同時也是畫面頂部表中使用的分析。

段落 [5]：印出了統計數據，該統計數據包括共變數，但基於 V 之權重。它提供了適合度考驗。具體來說，使用此分析來估計殘差 T^2，而變異數未由共變數解釋。

段落 [6]：印出，未含共變數的分析統計數據，並基於 V 分配了權重。這使我們能夠估算原始 T^2（總變異數量）。

段落 [7]：基於 [5] 段和 [6] 段的分析。[5] 段為我們提供了無法用共變數解釋的變異數，而 [6] 段為我們提供了總變異數。可以使用它們來計算解釋的總數與總比率，這在 [7] 段中有介紹。

1. 模型的檢定 (test of the model) [4]

效果量與共變數有關嗎？(Is effect size related to the covariates?)

該模型的考驗是所有共變數（截距除外）均為 0 的同時檢定。Q 值 = 13.1742，df = 4 並且 p = 0.0105 < 0.05。故拒絕 null 假設：all covariates are zero，得出結論，至少一個共變數可能與效果量有關。

(1) 真實效果量是否存在無法解釋的變異數？(Is there any unexplained variance in the true effect sizes?)

在上方，發現共變數提高了預測該研究效果的能力。但是，這些資訊是否使我們能夠完全預測研究的效果——所有共變數值相同的研究是否都具有相同的效果量？還是在具有相同預測值的研究之間，真實效果存在變異數？

基於個別研究與其預測值的偏差 (deviation)，Q 統計量為 24.0144，具有 df = 8, p 值 = 0.0023。表示，即使對於所有共變數都相同的研究，真正的效果量可能因研究而異。換句話說，該模型是不完整的—知道研究的分配類型，year 和 latitude 並不能完全預測其影響量。

(2) 有多少變異數？(How much variance is there?)

在 [5] 段中，程序顯示 T^2（迴歸線上任意點的真實效果量的變異數）為 0.1194。因此，迴歸線上任意點上的真實效果量的標準偏差 T 為 0.3455。可以用它來了解迴歸線上任意點的真實效果有多緊密（或沒有）聚集在一起。

圖 6-47 latitude 迴歸線的影響之分散度，我們繪製了所有 13 個研究，迴歸線及關於迴歸線的一系列常態曲線。每條法線均以迴歸線上的某個點為中心，並在該線的兩側延伸 1.96×T。若真實效果的常態分布具有標準差 T，則具有該預測值的 95% 的研究將在真實曲線範圍內，具有真實效果量。

圖 6-47，例如：考慮標記 [14] 的法線。迴歸線在 –1.5 處與 Y 軸交叉。若要在這種 latitude 下進行許多研究，則這些研究的平均效果將為 –1.5。但是，任何一項研究的真實效果量通常會落在該值之上或之下。常態曲線告訴我們，其中 95% 的研究將在曲線所指示的範圍內（從 –1.0 至 –2.0) 產生真實效果。

在三個特定點顯示法線的決定是任意的。這些曲線可以放置在迴歸線上的任何點。

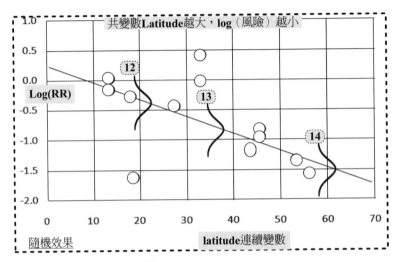

▶ 圖 6-47　latitude 迴歸線的效果分散度 (dispersion of effects about regression line for latitude)

(3) **觀察到的變異數中，有多少比例是真實變異數**？(What proportion of the observed variance is true variance?)

關於迴歸線所觀察到的效果變異數，包括研究內變異數（誤差）和研究間 (between-study) 變異數（可用附加 study-level 的共變數來解釋）。I^2 統計量 [5] 為 66.69%，這表示觀察到的關於迴歸線的影響變異數的 67% 屬於後一組。

I^2 的一種有用方法是幫助我們了解若可以繪製真實效果而不是所觀察到的效果，效果分布將是什麼樣。67% 的 I^2 告訴我們，分布的變異數將縮小約三分之一。

這個數字的問題在於它是以平方為單位的，並且不直觀，這意味著變異數將縮小三分之一。使用 I^2 的平方根（即 I）可能更直觀，即 0.8166。若查看的是真實分數而不是觀察到的分數，則迴歸線（線性單位）的影響分散將縮小約 18%。

(4) **個別共變數的影響** (impact of individual covariates)

圖 6-46，Model [4] 的考驗是 full set 共變數的綜合檢定 (omnibus test)。它告訴我們，至少一個共變數可能與效果量有關。相比之下，頂部 [6] 的表說明了每個共變數

對所有其他部分變數（或保持不變）的影響。

由於效果量是風險比率，因此所有分析均是 log 度量進行，所有係數均是 log 度量進行。在此例子，幾乎所有預測的效果都小於 0，因此 log(RR) = 0 表示沒有效果，log(RR) = –1 是很大的效果，log(RR) = –2 是更大的效果。因此，在此例子，負係數表示隨著共變數變大，疫苗更加有效。但預測值若 log(RR) 為正，則相反。

要了解效果量作為共變數函數的方向，使用散點圖 (scatter plot) 很有幫助，請見下面所述。

1. 共變數的調節作用

(1) Allocation 類別共變數有 3 類別：Random、Alternate、Systematic

Allocation（分配）類型定義為兩個共變數的集合。對集合 (set) 的考驗得出 df = 2 和 Q = 1.5402(p = 0.46 > 0.05)，因此沒有證據表示效果量與分配類型有關。

更具體的分析，可以查看集合的每一行。

- Alternate：allocation 的係數為 0.4855，它是 Randomized-Alternate 之施打疫苗效果的對比（疫苗採用替代分配比隨機分配的研究效果差），p 值為 0.3127 (p > 0.05)。

- Systematic：allocation 係數為 0.4574，它是 Randomized-Alternate 之施打疫苗效果的對比（疫苗在採用系統分配比隨機分配的研究效果差），p 值為 0.2260 (p > 0.05)。

但以上這些 p 值均無統計學意義，這些發現可能是由於與其他因素混淆所致。

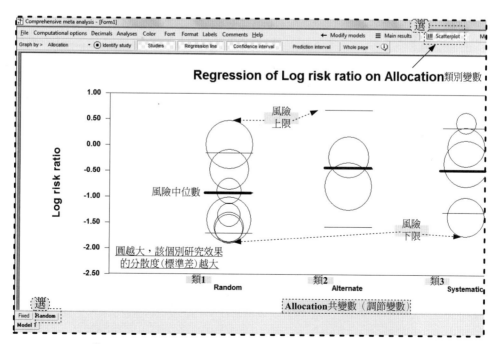

圖 6-48　Plot：Allocation method：Random-effects

圖 6-48，是單擊 Scatterplot，然後選擇 Allocation 所產生的圖。

每個分配類型 (Random, Alternate, and Systematic) 都有一 column。程序在每一 column 中顯示觀察到的效果量及摘要效果量和摘要效果量的信賴區間。

本例，在畫面底部選擇了「Random」tab，因此所有統計資訊均基於隨機效果模型。

與採用隨機分配的研究（左）相比，採用 alternate allocation（中心）或系 systematic allocation（右）的研究的預期效果量更接近於 0。如上所述，這些變異數仍無統計學意義。

(2) Year：次序共變數

圖 6-49，Year [8] 的係數為 0.0148（正斜率），這意味著每增加 1 年，log(RR) 就會增加 0.0148（隨著 Year 越大，疫苗效果越差）。相應的 p 值 = 0.5225 > 0.05（未達顯著調節作用）。

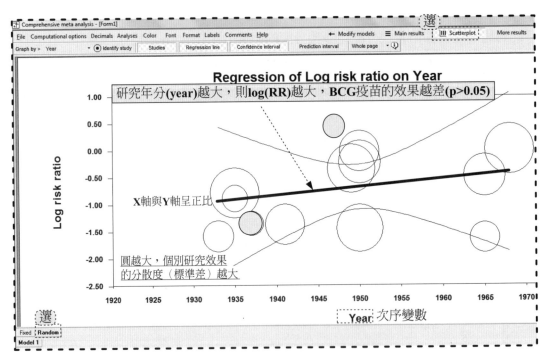

🔘 圖 6-49　Plot：Year：Random-effects

圖 6-49，是單擊 [Scatterplot]，然後選擇 Year，所產生的。

迴歸線顯示，隨著 Year 的增加，效果量接近於 0。由於效果量是 log(RR)，因此

這意味著多年來的治療效果（當針對其他共變數進行調整後）有所下降。

信賴區間顯示與數據一致的迴歸線範圍；換句話說，可以逆時針或順時針方向旋轉迴歸線（如箭頭所示），直到碰到信賴區間。這種不確定性使得真實的迴歸線可能在向上或向下的方向上。這對應於圖 6-46 中 Year 的 p 值 0.5225，及係數的信賴區間包括負值和正值 (–0.0306 至 +0.0603) 的事實。

(3) latitude（緯度）：連續型共變數

latitude [9] 係數為 –0.0190，這意味著緯度每增加 1 個單位（度），log(RR) 將降低 0.0190（疫苗在更大緯度下更有效）。係數正負 1.96 倍標準差 (0.0159) 得出的係數的 95% 信賴區間為 –0.0503 至 0.0122。係數除以其標準差得出的 Z 值 = –1.1924，相應的 p 值為 0.23。因此，當 Year 和 Allocation 法保持不變時，緯度與效果量的關係就沒有統計學意義。

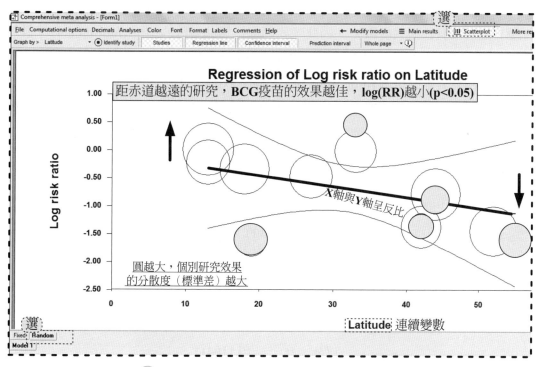

▶ 圖 6-50　Plot：Latitude：Random-effects

圖 6-50，是單擊 [Scatterplot]，然後選擇「Latitude」所產的圖。

迴歸線顯示，隨著絕對 latitude 的增加，效果量會從 0 開始進一步移動。由於效果量是 log(RR)，因此這意味著隨著我們離赤道越遠，治療效果（當針對其他共變數

進行調整時）會增加。

信賴區間顯示與數據一致的迴歸線範圍；換句話說，可以逆時針或順時針方向旋轉迴歸線（如箭頭所示），直到碰到信賴區間。該係數存在很大的不確定性。這對應於圖 6-46 中緯度的 p 值 0.2331，並且係數的信賴區間 (–0.0503 至 +0.0122) 包括 0 值（即 p > 0.05）。

本例，各個共變數的 p 值都未小於 0.05。總體上，由於 (X → Y) 模型具有統計學意義，因此未含共變數仍具統計學意義，這一事實很可能反映了某些共變數彼此相關（嚴重共線性）的事實。例如：若單獨輸入 latitude 或 year 方程式，則在統計上可能很重要。但是，若兩者相互關聯並競爭解釋相同的變異數，則兩者都不具有滿足統計顯著性 threshold 的獨特影響。

2. model 1 與 null model 的比較

我們想印出預測模型解釋了什麼變異數的比例，為此，我們需要知道最初有多少變異數（沒有任何共變數）。因此，我們進行無共變數的迴歸 (null model) 來計算 T^2。本例，T^2 為 0.3088，這是所有有關均值的研究的變異數。

已解釋變異數的比例 (proportion of variance explained)

為了獲得最終的變異數量，使用共變數進行迴歸併計算 T^2。上面印出為 0.1194 的該值是有關其預測值的研究的變異數。

- 圖 6-46，在模型 [6] 是未含共變數時，無法解釋的變異數 (T^2) 為 0.3088
- 在模型 [5] 是使用共變數時，無法解釋的變異數 (T^2) 為 0.1194
- 以上這些值之間的差是模型解釋的變異數，即 0.1894

若初始（總）T^2 為 0.3088，而無法解釋的（殘餘）T^2 為 0.1194，則該比率

$$\frac{T^2_{Residual}}{T^2_{Total}} = \frac{0.1194}{0.3088}$$

給出了共變數無法解釋的變異數比例。R^2：由共變數解釋的變異數比例為

$$R^2 = 1 - \left(\frac{T^2_{Residual}}{T^2_{Total}}\right) = 1 - \left(\frac{0.1194}{0.3088}\right) = 0.6133$$

在圖 6-46 中，該行標記在 [7]。

圖 6-51，在左側，常態曲線 [15] 反映了當個別研究的預測值為均值時，在真實效果中無法解釋的變異數。右邊的法線 [16，17，18] 代表當個別研究的預測值是迴歸線上的對應點時，真實效果的變異數。這是 latitude 無法解釋的變異數。右側的變

異數小於左側的變異數，表示，透過使用 latitude 作為共變數，我們可以減少無法解釋的變異數：或（等效地）解釋某些變異數。

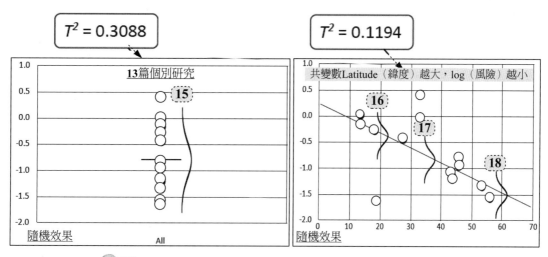

圖 6-51　Dispersion of effects about two regression lines

　　計算 R^2 的等效方法如下。若初始 (total)T^2 為 0.3088，而無法解釋的 (residual)T^2 為 0.1194，得出二者的差值 (0.1894) 是模型解釋的 T^2。然後我們可以計算 R^2，即模型解釋的比例，如下所示：

$$R^2 = \frac{T^2_{Explained}}{T^2_{Total}} = \frac{0.1894}{0.3088} = 0.6133$$

3. summary（小結）

(1) The full model

- Q-Model = 18.85，df = 1 且 p < 0.0001。表示效果量與共變數有關（至少有一些）。
- Q-value 適配度 = 30.73，df = 12，p = 0.0012。表示，即使在所有共變數均具有相同價值的研究中，效果量也有所不同。
- Q-total = 152.23，df = 12，p < 0.0001。表示，當我們忽略共變數並處理所有研究與均值的偏差時，效果量會發生變化。

(2) The I^2 statistic

　　Q_{Model} 與 I^2 二者都是異質性考驗的指標。觀察到的效果量變異數，部分是由於實際差異 (real differences)，部分是由於 study$_{within}$ 抽樣誤差。

　　I^2(I-squared) 反映出的是「研究之間的異質性（變異數）」與「總變異數」的比值。

- 若 I^2 統計量 > 75%，表示此 13 篇樣本文獻具高度異質性，故應採隨機效果模型進行 Meta 分析。

- 觀察到的效果量變異數部分是由於實際變異數，部分是由於研究內抽樣誤差。當未含共變數 [6] 時，I^2 值為 92%，表示觀察到的變異數的 92% 是真實的，並且可能用共變數來解釋。當我們使用這些共變數 [5] 時，I^2 值為 66.69%，表示剩餘變異數的 66.69% 是真實的，並且可能由其他共變數來解釋。

   (3) **The R^2 statistic**

- 基於這些共變數，在迴歸線上任何給定點的研究間變異數估計為 0.1194，而基於總體均值的迴歸線估計為 0.3088。這對應於 $R^2 = 0.63$，這意味著可以用共變數解釋真實效果中 61.33% 的變異數。

6-2-4 模型好壞的診斷 (diagnostics)：（主效果 + 共變數的調節）

瀏覽診斷畫面：

如圖 6-52，先執行 [Run regression][1]

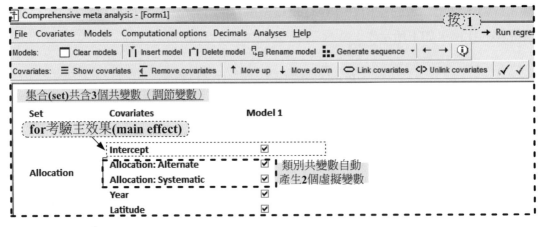

圖 6-52　Run regression：Setup 畫面 (BCG C.cma 資料檔)

接著，工具欄 (toolbar) 如下所示來變化：

- Click More > Diagnostics [2]
- 從底部的標籤 (tabs) 中，選擇統計模型 (Fixed 或 Random)

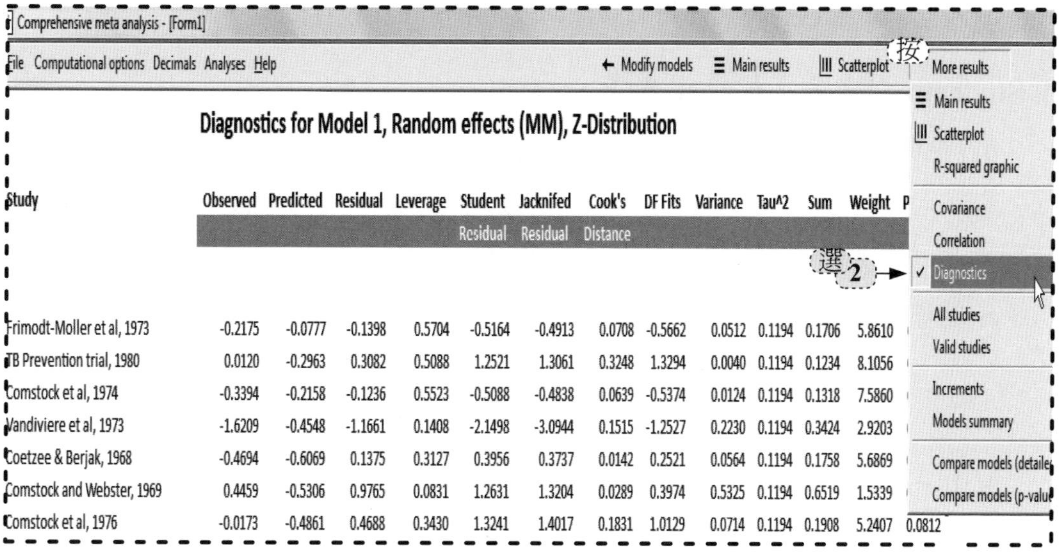

Study	Observed	Predicted	Residual	Leverage	Student Residual	Jacknifed Residual	Cook's Distance	DF Fits	Variance	Tau^2	Sum	Weight	P
Frimodt-Moller et al, 1973	-0.2175	-0.0777	-0.1398	0.5704	-0.5164	-0.4913	0.0708	-0.5662	0.0512	0.1194	0.1706	5.8610	
TB Prevention trial, 1980	0.0120	-0.2963	0.3082	0.5088	1.2521	1.3061	0.3248	1.3294	0.0040	0.1194	0.1234	8.1056	
Comstock et al, 1974	-0.3394	-0.2158	-0.1236	0.5523	-0.5088	-0.4838	0.0639	-0.5374	0.0124	0.1194	0.1318	7.5860	
Vandiviere et al, 1973	-1.6209	-0.4548	-1.1661	0.1408	-2.1498	-3.0944	0.1515	-1.2527	0.2230	0.1194	0.3424	2.9203	
Coetzee & Berjak, 1968	-0.4694	-0.6069	0.1375	0.3127	0.3956	0.3737	0.0142	0.2521	0.0564	0.1194	0.1758	5.6869	
Comstock and Webster, 1969	0.4459	-0.5306	0.9765	0.0831	1.2631	1.3204	0.0289	0.3974	0.5325	0.1194	0.6519	1.5339	
Comstock et al, 1976	-0.0173	-0.4861	0.4688	0.3430	1.3241	1.4017	0.1831	1.0129	0.0714	0.1194	0.1908	5.2407	0.0812

圖 6-53　Diagnostics

圖 6-53「Diagnostics」有下列欄位：

1. 觀察值 (Observed value) 欄位

這只是觀察到的效果量。

2. 預測值 (Predicted Value) 欄位

預測值 (fitted value) $\hat{T}_i$，第 i 個研究的值 , 是透過使用估計的迴歸係數 $b_0, b_1, \cdots, b_p$ 和第 i 個研究 $x_{i1}, \cdots, x_{ip}$ 的共變數值，來計算該迴歸模型對該研究預測的效果量的值。

$$\hat{T}_i = b_0 + b_1 x_{i1} + \cdots + b_p x_{ip}$$

3. 殘差 (Residual) 欄位

第 i 個研究的（非標準化）殘差值 e_i，是觀測值與適配值之差

$$e_i = T_i - \hat{T}_i$$

若 $e_i = 0$，則適配值和觀測值相同（適配值正好在迴歸線或迴歸平面上），但是，若 e_i 遠離 0，則預測值未接近觀測值。

在 Meta 分析中，不同研究的效果量及其適配值可能具有截然不同的抽樣不確定性（標準誤）。這使得難以解釋來自不同研究的殘差量的差異。標準化殘差或 [Jackknifed] 殘差，試圖透過將殘差除以其標準誤來解決可比較性問題。

4. Studentized殘差（標準化殘差）

第 i 個研究的 Studentized 殘差值 es_i，是殘差除以其標準誤

$$es_i = \frac{e_i}{SE(e_i)}$$

es_i 的標準誤為

$$SE(e_i) = \sqrt{\frac{1 - h_i}{w_i}}$$

其中，w_i 是在分析中賦予第 i 個效果量的權重，s^2 是加權均方根，h_i 是第 i 個效果量的槓桿作用。因此，將殘差除以其標準誤差（第 i 個 Studentized 殘差）為

$$ess_i = e_i \sqrt{\frac{w_i}{1 - h_i}}$$

請注意，殘差的標準誤取決於殘差變異數，殘差變異數由估計的條件變異數來確定（及隨機效果模型的隨機效果變異數分量），也取決於預測變數的配置（包括 i[th] 研究）。Studentized 化殘差 es_i 是標準量表，因此來自不同研究的值比未標準化殘差 (e_i) 更具可比性。若正確指定了迴歸模型，則 esi 近似具有正態分布，並帶有單位標準偏差，因此絕對值中大於 2 的 es_i 值僅偶然出現大約 5% 的時間，而大於 2.5 的值是非常不尋常的。出於自由度的考慮，es_i 的實際抽樣分布通常更接近於 Studentized 的 t 分布，因此，當 k − Q 較小時，稍大的參考值（大於 2 和 2.5) 可能適合於判斷殘差的極端性。

5. [Jackknifed] Residual 欄位

[Jackknifed] 殘差 ej_i 與 studentized 殘差 es_i 相似，因為它是標準化的。但是，[Jackknifed] 殘差是第 i 個研究中觀察到的效果量與從數據集中刪除第 i 個研究而計算出的第 i 個研究的適配值之間的差。那是：

$$ej_i = \frac{T_i - T_{(i)i}}{SE(T_i - \hat{T}_{(i)i})}$$

其中，$\hat{T}_{(i)i}$ 是從第 i 個研究以外的所有其他研究，來計算得出的第 i 個研究的適配值。準確地說：

$$\hat{T}_{(i)i} = b_{(i)0} + b_{(i)1}x_{i1} + \cdots + b_{(i)p}x_{ip}$$

其中 $b_{(i)0}, \cdots, b_{(i)p}$ 是從數據集中刪除第 i 個研究所估計的迴歸係數。

[Jackknifed] 殘差旨在更好地揭示第 i 個研究與其他研究不同的模型。透過從迴歸係數的計算中去除第 i^{th} 個研究的潛在扭曲影響，有時被套疊的殘差使我們更容易看到觀察到的效果量與該研究是否符合預期的 Meta 迴歸模型。

假設使用去除了 i^{th} 研究的變異數 component 估計值，來計算的 i^{th} 研究的權重表示為 $w_{i(i)}$，那麼第 i^{th} 個殘差等於：

$$ej_i = e_i \sqrt{\frac{w_{i(t)}}{1 - h_i}}$$

[Jackknifed] 殘差的抽樣分布與 studentized 殘差的抽樣分布（近似常態）相似，並且判斷極端性時應使用相似的參考值。對於自由度，ej_i 的實際抽樣分布通常會更接近於學生的 t 分布，其中 k – Q – 1 度，因此稍大的參考值（大於 2 和 2.5) 可能適合判斷 k – Q – 1 較小時的殘差極限。

6. 槓桿作用 (Leverage) 欄位

槓桿是一種診斷，它揭示了特定研究對 Meta 迴歸結果可能產生的潛在影響。令 h_i 為第 i 個研究的槓桿。槓桿的值始終在 0 到 1 之間，即 $0 \leq h_i \leq 1$。槓桿的總和 $h_1 + \cdots + h_k = Q$，其中 Q 是包括截距的預測變數總數（當模型中存在截距時，Q = p + 1，若沒有截距則 Q = p)。因此，槓桿的平均值為 Q/k，並且當所有槓桿值均接近 Q/k 時，迴歸係數的估計最為有效。

若 $h_i = 0$，則意味著第 i 個研究的效果量的適配（預測）值將相同，即使該研究不是用於估計迴歸係數的數據的一部分。從某種意義上說，這意味著影響最小。若 $h_i = 1$，則表明第 i 個研究的適配值不能缺少該研究的數據；換句話說，該研究的適配值完全取決於該研究的數據。後一種情況等同於說有一個迴歸係數（或迴歸係數的線性組合），其估計完全由第 i 個研究的數據確定。在其他迴歸中，2q/k 參考值表示為高槓桿的研究。

槓桿來自機械概念。想像一下，(1) 效果量與單一個預測變數的散點圖。在這種預測變數情況下，具有 X（預測變數）值的數據遠離數據中心的研究將具有較高的影響力，因為將它們上移或下移將對迴歸斜率產生很大的影響。(2) 當一個以上的預測變數時，可能會有一些研究的預測變數值的組合遠離中心。槓桿診斷可能會揭示出這

樣的 multivariate 離群值，這對於一次查看預測變數而言並不明顯。

7. 庫克的距離 (Cook's distance) 欄位

下圖，把預測變數 X 和依變數 Y 做成散點圖，它有四種情況：良好的迴歸模型、非線性迴歸、離群值 (outlier)、變異數異質性。

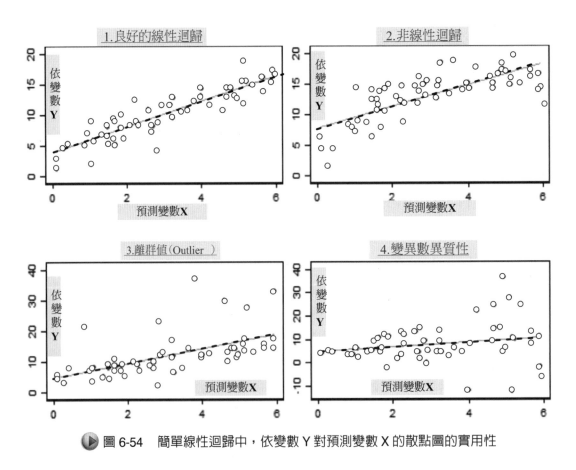

● 圖 6-54　簡單線性迴歸中，依變數 Y 對預測變數 X 的散點圖的實用性

在最理想的情況下，每個樣本對模型的影響應是相等的。如某個樣本的庫克距離非常大，可視為這個樣本是離群點 (outlier)。通常來說，若庫克距離大於 1，就認為這個點是離群點。

在線性迴歸中，

$$y = X\beta + \varepsilon$$

$y \in R^n$, $X \in R^{n \times p}$, $\beta \in R^p$, $\varepsilon \in R^p$。這裡考慮的是 n 個觀測值的樣本，自變數的數量為

p，ε 是誤差向量。

我們知道這個線性迴歸的投影矩陣 $H = X(X^TX)^{-1}X^T$，$h_i = x_i^T(X^TX)^{-1}$，x_i 是矩陣 H 對角線上的第 i 個元素。第 i 個樣本的庫克距離：

$$D_i = \frac{\varepsilon_i^2 h_i}{s^2 p(1-h_i)^2}$$

其中 s^2 是這個模型的均方誤差 MS_E。

Meta 分析，對於第 i 個研究，庫克距離 D_i 用來衡量從數據集中刪除第 i 個研究時估計迴歸係數的變化（平均值）。就像 studentized 殘缺和 [Jackknifed] 殘差一樣，D_i 是標準化的，但與它們不同的是，它採用平方（距離平方）度量。

可以將 D_i 視為所有研究估計的迴歸係數估計向量，公式是：

$$D_i = \frac{(b-b_{(i)})'v^{-1}(b-b_{(i)})}{p+1} = \frac{w_i h_i e_i^2}{q(1-h_i)^2}$$

其中，V 是係數 b 的 covariance 矩陣。在其他迴歸背景下，建議使用值 $4/(k-Q)$ 來幫助確定影響較大的研究。

8. DFITTS

DFITTS 和 Jackknifed 殘差，二者都是指在有（或沒有）進行某一特定研究的情況下，估算迴歸係數時每種效果量的適配度之間的差異。DFITTS 是模型診斷法之一，它描述了 i[th] 研究的適配（預測）值的變化，該變化可能是由於從數據中刪除 i[th] 研究以計算用於計算適配值的迴歸係數而導致的。DFFITS 定義為：

$$DFFITS_i = \hat{T}_i - \hat{T}_{(i)i} = e_i\sqrt{\frac{w_i h_i}{(1-h_i)^2}}$$

其中

$$\hat{T}_i = b_0 + b_1 x_{i1} + \cdots + b_p x_{ip}$$

且

$$\hat{T}_{(i)i} = b_{(i)0} + b_{(i)1}x_{i1} + \cdots + b_{(i)p}x_{ip}$$

其中，$b_{(i)0}, \cdots, b_{(i)p}$ 是從數據集中刪除第 i 個研究後估計的迴歸係數。

像 Jackknifed 殘差一樣，DFFITS 旨在更好地揭示第 i 個研究與其他研究不同的模型。透過迴歸係數的計算來去除第 i[th] 個研究的潛在扭曲影響，有時 Jackknifed 殘

差使我們更容易看到觀察到的效果量與該研究是否符合預期的 Meta 迴歸模型有何不同，在其他迴歸分析環境中，建議使用參考值 $2\sqrt{qn}$ 來識別對適配值可能有較大影響的研究。

9. Tau Squared (τ^2) 欄位

Tau 平方 (τ^2) 是在預測線上任何一點的效果量參數之間的研究之間變異數的估計。Meta 迴歸的假定是，效果量的真實變異數對於共變數的所有值都是相同的。

【如何使用上述診斷法 (How to use the diagnostics)】

迴歸診斷程式設計為簡單的檢查，可揭示數據的重要特徵及適合該數據的迴歸模型。但是，多變數 (multivariate) 情況很複雜，診斷通常是不完善的。

例如：考慮預測變數之間的共線性（相關性）的重要特徵。眾所周知，共線性可以透過增加抽樣不確定性來降低迴歸係數估計的質量。(1) 當兩個預測變數 X 高度相關但彼此獨立時，或者 (2) 當預測變數之間存在很高的多重相關性時（當一個預測變數幾乎是其他多個預測變數的線性組合時），就會發生這種情況。這二種情況對迴歸估計的質量有不同的含義。在前一種情況下，可能僅很難估計與相關的預測變數相對應的兩個係數。在後一種情況下，共線性的影響可能會影響更多的係數。通常，共線性的診斷程序可能無法區分 2 種共線性。另一方面，對各種可能的特殊情況量身定制的診斷程序會增加診斷程序套件的複雜性，從而破壞了對數據和迴歸模型進行簡單檢查的目的。

在此，CMA 有一套診斷方法，它在一般的迴歸問題中被證明是最有用的，並使其適應了 Meta 迴歸。所有這些診斷都是相關的，因為它們是查看與研究相關的數據與適合其他研究的 Meta 迴歸模型不一致程度的不同方式。但是，他們以不同的方式解決問題。

leverage 和 Cook's 距離集中在研究對估計迴歸係數的影響上。

1. 殘差和 Studentized 殘差集中在，所有數據的適配（預測）效果量與個別研究中觀察到的效果量的差異。

2. 在有或沒有進行特殊研究的情況下，估算迴歸係數時，DFITTS 和 Jackknifed 殘差集中在每種效果量的適配值之間的差異上。

重要的是要認識到，由於這些診斷密切相關，因此某些診斷可能會將同一研究標記具有高影響力（或影響力）也就不足為奇了。實際上，當一項研究僅被其中一項標記 (flagged) 時，這會更加令人驚訝（但並非不可能）。

診斷本身不應用於將研究排除在 Meta 分析之外。診斷旨在幫助確定對估計的迴歸係數有重大影響的研究。我們給定的參考值不打算像在重要性 test 的臨界值一樣使用，而是作爲進一步評估的標準。僅僅因爲一項研究對分析產生了重大影響，並不意味著它是錯誤的。但是，知道某項研究對結果有重大影響是有用的。在這種情況下，至關重要的是要確保研究的完整性具有高影響力。

同樣重要的是要知道，當 Meta 迴歸的一組共變數發生變化或一組研究發生變化時（例如：在檢查了一組研究時），某項研究的影響可能會發生變化。當從共變數集中刪除某個共變數或從數據集中刪除某個研究時，具有高影響力的研究的影響可能會小得多。

6-2-5 共變數 (covariance)：調節變數的干擾程度

本例，對應的研究架構，如「圖 7-11 三種情況的 Meta 分析架構」所示。

圖 6-55，若要瀏覽至此頁面，請單擊 More results > Covariance [1]。

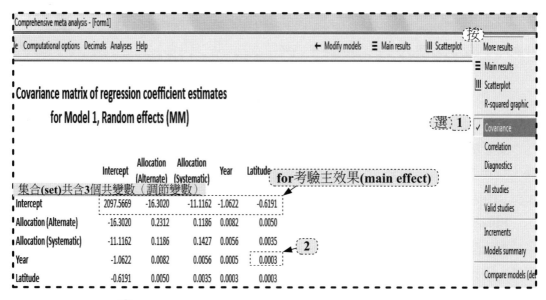

🔘 圖 6-55　Covariance matrix（BCG C.cma 資料檔）

此頁面爲我們提供了 B 值的 covariances 矩陣。

要了解這些 covariances 代表什麼，可以想像我們繪製了一個研究樣本，進行了迴歸分析，並獲得了 B_{Yewr} 和 $B_{Latitude}$ 的估計值。將這個過程重複 10 次，每次都獲得

B_{Yewr} 和 $B_{Latitude}$ 的估計。然後，在 10 個樣本上計算 B_{Yewr} 和 $B_{Latitude}$ 的 covariances = 0.0003 [2]。

▌6-2-6 共變數間的迴歸係數相關 (correlations)

圖 6-56，若要瀏覽至此頁面，請單擊 More results > Correlation [1]。

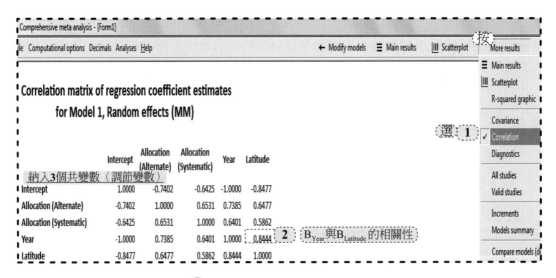

▶ 圖 6-56　Correlation matrix

該頁面為我們提供了迴歸係數 B 值的相關矩陣。

要了解這些相關性代表什麼，想像一下我們繪製了一個研究樣本，進行了迴歸，並獲得了 B_{Yewr} 和 $B_{Latitude}$ 的估計值。將這個過程重複 j 次，每次都獲得 B_{Yewr} 和 $B_{Latitude}$ 的估計。然後，在 j 個樣本上計算 B_{Yewr} 和 $B_{Latitude}$ 的相關性 = 0.8444 [2]。

相同的想法適用於矩陣的所有 cells。

當兩個共變數之間的相關性很高時（接近 1.0 或接近 -1.0），表示這兩個變數高度混淆，因此很難隔離每個變數的獨特影響。本例，這可能就是為什麼（使用隨機效果權重）緯度在單獨使用時，具有統計意義的原因，但與年分結合使用時，卻無統計學意義。

6-2-7 增量 ΔR^2(increments)：每增加一個共變數對效果量的增減

「增量 (increments)」是指模型，一次加一個共變數時，所解釋的變異數變化的過程。這種方法提供的某些資訊無法在納入所有共變數的單一分析中獲得。假設 Meta 分析結果，如圖 6-57 所示的 [main results] 畫面。

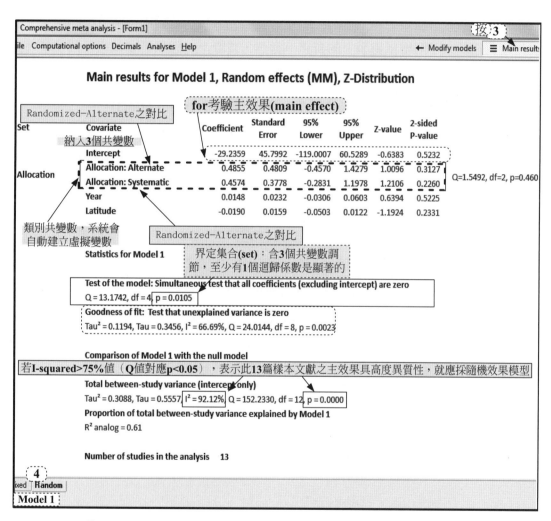

圖 6-57　Main results：Random-effects（BCG C.cma 資料檔）

模型的考驗、適配度、T^2 和 R^2 的估計值套用至整個模型 (Allocation, Year, and Latitude)。假設想知道這些統計資訊，若 (1) 只包括 allocation。(2) 包括 allocation+ year。並且 (3) 包括 allocation+ year+ latitude。獲取此資訊的方法之一，是實際執行一系列分析，並在每次疊代時，添加一個共變數。

　　儘管進行一系列分析的想法行之有效，但這可能是一個乏味的過程，並且還要求研究者整理所有分析的結果。為了解決此問題，程序將過程自動化。當您定義帶有共變數 X、Y、Z 的模型時，程序將使用 X 進行分析，接著用 X 和 Y 進行另一個分析，再用 X、Y 和 Z 進行另一個分析。然後將整理結果，在以下位置顯示每次疊代統計資訊。此外，它還顯示了每次疊代時 T^2 和 R^2 的變化及對該變化的統計檢定。

　　為了弄清楚增量是如何工作的，將進行一系列分析，並給出每個分析的結果。然後，使用它們來了解增量畫面上的資訊。當然，實際上，您只需要執行一個模型（具有所有共變數的模型），然後直接跳轉到增量畫面。

Step 1：null model：未含任何共變數，求出主效果 (main effect)

　　圖 6-58，首先，「Run regression」只納入 intercept（截距）。

　　已將所有共變數添加到主畫面，但是僅選 intercept（截距）：主效果 (main effect)，它也是分析中唯一的共變數。

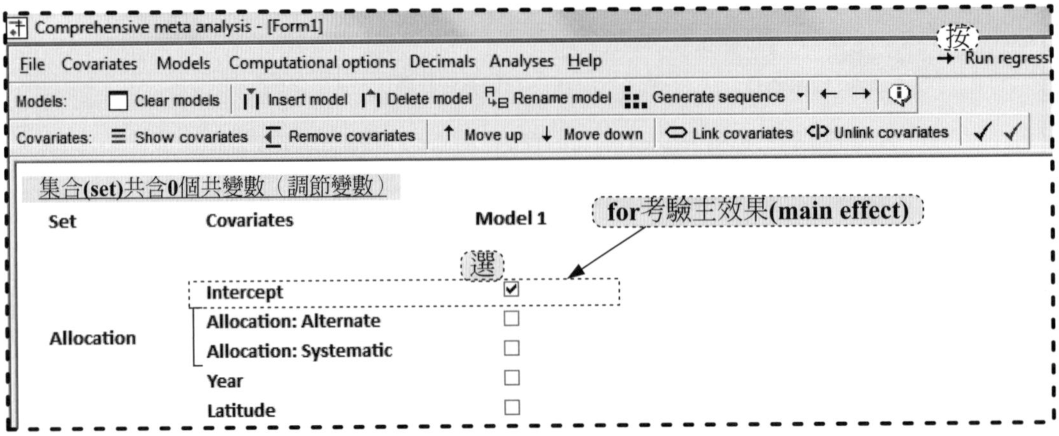

图 6-58　Setup：Intercept only

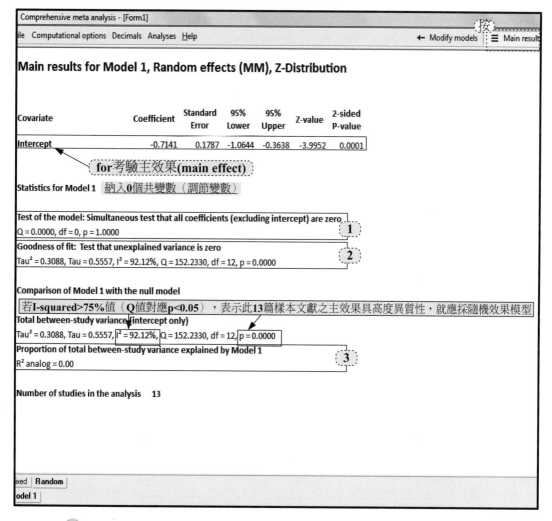

📀 圖 6-59 Main results：Intercept only〔納入 0 個共變數（調節變數）〕

如圖 6-59，模型中只有截距：

- 對於模型解釋的變異數 $Q_{explained} = 0.0000$，df = 0，p = 1.0000 [1]
- 對於模型無法解釋的變異數，$Q_{unexplained} = 152.2330$，df = 12，p = 0.0000 [2]
- 模型的 $R^2 = 0.00$ [3]。迴歸模型適配度的增加量：$\Delta R^2 = 0.0$。

Step 2：model 只有一共變數

由於，CMA 自動為類別共變 Allocation 的兩個虛擬變數添加刻度線，故二者都勾選。

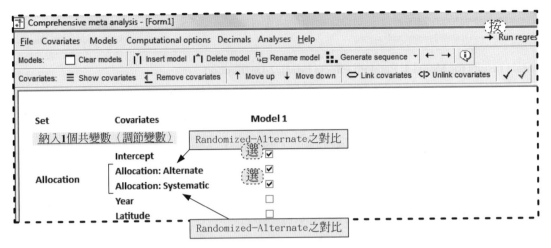

圖 6-60　Setup：Intercept + Allocation〔納入 1 個共變數（調節變數）〕

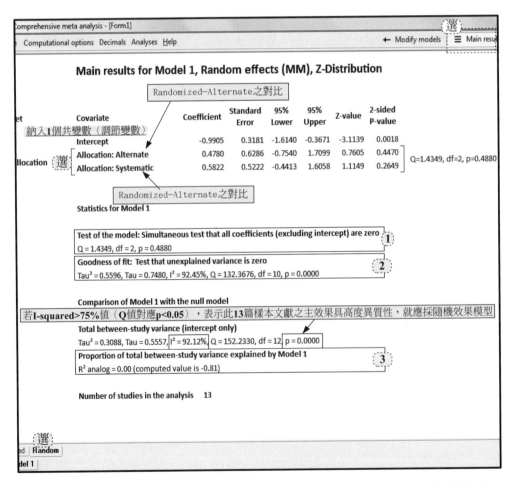

圖 6-61　Main results：Intercept + Allocation〔納入 1 個共變數（調節變數）〕

圖 6-61，勾選「intercept + allocation」加至模型中。求得：

- 對於模型解釋的變異數 $Q_{explained}$ = 1.4349, df = 2, p = 0.4880 [1]。

- 對於模型無法解釋的變異數，$Q_{unexplained}$ = 132.3676, df = 10, p = 0.0000 [2]。

- 模型的 R^2 = 0.00 [3]。迴歸模型適配度的增加量：ΔR^2 = 0.0。

Step 3：model 加入二個共變數

圖 6-62，共加入「Year + Allocation」二個共變數。

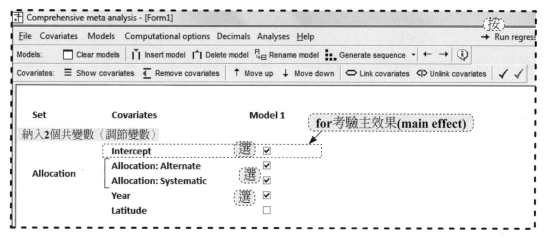

▶ 圖 6-62　Setup：Intercept + Allocation + Year〔納入 2 個共變數（調節變數）〕

圖 6-62，勾選「intercept + allocation + year」加至模型中。求得：

- 對於模型解釋的變異數 $Q_{explained}$ = 10.7159, df = 3, p = 0.0134 [1]。

- 對於模型無法解釋的變異數，$Q_{unexplained}$ = 30.3951, df = 9, p = 0.0004 [2]。

- 模型的 R^2 = 0.56 [3]。迴歸模型適配度的增加量：ΔR^2 = 0.56 − 0 = 0.56。

Step 4：model 加入三個共變數

最後，在圖 6-63，共加入「latitude + Year + Allocation」三個共變數。

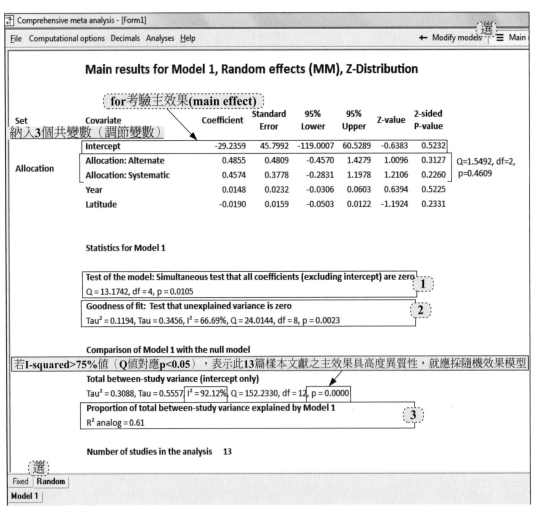

圖 6-63　Setup：Intercept + Allocation + Year + Latitude〔納入 3 個共變數（調節變數）〕

圖 6-64　Main results：Intercept + Allocation + Year + Latitude〔納入 3 個共變數（調節變數）〕

圖 6-64，勾選「Intercept + Allocation + Year + Latitude」加至模型中。求得：

- 對於模型解釋的變異數 $Q_{explained}$ = 13.1752, df = 4, p = 0.0105 [1]
- 對於模型無法解釋的變異數，$Q_{unexplained}$ = 24.0144, df = 8, p = 0.0023 [2]
- 模型的 R^2 = 0.6133 [3]。迴歸模型適配度的增加量：ΔR^2 = 0.613-0.56 = 0.113。

Step 5：full model（三個共變數）的一齊彙總

　　或者，亦可直接跳到完整模型 (full model)，執行分析，然後轉到增量 (incre-ments) 頁面。

　　瀏覽到此頁面：

- 納入所有共變數的迴歸分析（圖 6-63）。
- 單擊 results > increments。
- 選擇統計模型選項 (fixed or random)。

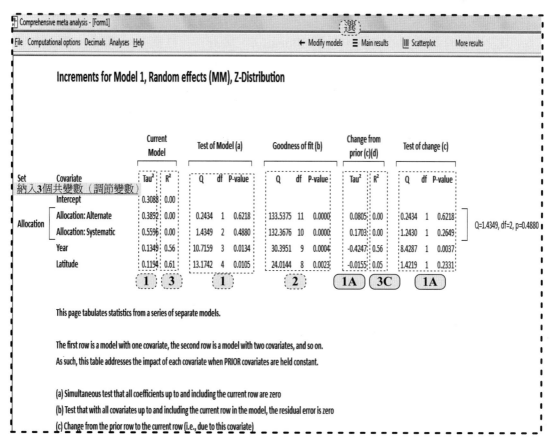

圖 6-65　Main results：Intercept + Allocation + Year + Latitude 之結果

上圖的每一 row 都從單獨的分析中 copy 資訊。

- 標記 Intercept 的 row 從（圖 6-59）複製資訊。
- 標記「Allocation」的 row（第二 row 標記「Allocation」，因為這是一組）複製了（圖 6-61）的資訊。
- 標為 Year 的 row 複製了（圖 6-63）的資訊。
- 標記「Latitude」的 row 將複製（圖 6-65）的資訊。

該表的每一欄對應於先前圖的一部分。

- [1] 欄從先前畫面的 [1] 複製資訊，例如：T^2。
- [2] 欄從先前畫面的 [2] 複製有關擬合優度的資訊。
- [3] 欄從先前畫面的 [3] 複製有關 R^2 的資訊。

此外，此表還提供了有關從一 row 到下一 row 的變化的資訊。

- [1A] 欄顯示 T^2 的變化和顯著性考驗。
- [3C] 欄顯示 R^2 的變化。

假設想要有關模型的資訊，包括 allocation+ year。在標為 Year 欄上，看到 $T^2 = 0.1349$，$R^2 = 0.5631$，該模型具有統計意義 ($Q = 10.72$，$df = 3$，$p = 0.0134$)，但無法解釋所有變異數 ($Q = 30.40$，$df = 9$，$p = 0.0004$)。這些統計資訊是從圖 6-63 的分析中複製的。若返回到該圖，將看到相同的數字。

標記 [1A] 和 [3C] 欄在此畫面中是唯一的，並解決了我們從一種模型轉移到另一種模型時的變化。標記「Change from prior」欄給出了 T^2 和 R^2 的變化。標記「Test of change」欄是相應的統計顯著性考驗。

例如：考慮標有「Year」欄。該表顯示 T^2 改變了 -0.4247（這是前一行的 0.5596 和當前行的 0.1349 之間的差）。它顯示 R^2 改變了 56.31%（這是前一行的 0.00% 和當前行的 56.31% 之間的差）。它顯示了針對變化量 $Q = 8.43$，$df = 1$，$p = 0.0037$ 的統計考驗。

請注意，變化檢定對應於每個共變數在輸入模型時的影響。就會產生：

- Allocation 的變化對應於「allocation with no covariates」的影響。（圖 6-65）的 p 值 = 0.4880 對應於圖 6-61 的 p 值 = 0.4880。
- Year 的變化對應於「Year with allocation held constant」的影響。（圖 6-65）的 p 值 = 0.0037 對應於圖 6-63 的 p 值 = 0.0037。
- Latitude 的變化對應於「Latitude with Year and allocation held constant」的影響。（上圖）的 p 值 = 0.2331 對應於圖 6-65 的 p 值 = 0.2331。

　　注意，較早畫面的 test 印出的是 Z 而不是 Q。在每種情況下，您都可以將 Z 值平方在較早的圖上，來得到圖 6-65 的 Q 值。

第 7 章

CMA 的 Meta 分析：（固定 vs. 隨機）選搭（無共變 vs. 類別共變 vs. 連續共變數）

META

如圖 7-1 所示，CMA 官網亦提供許多實證研究之 CMA 分析例子。

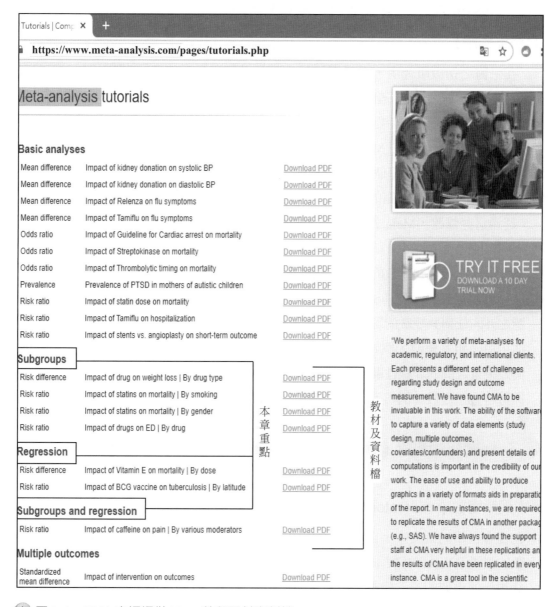

🔘 圖 7-1　CMA 官網提供 Meta 教學及其資料檔 (https://www.meta-analysis.com/pages/tutorials.php)

由圖 7-1 所列實例可知，Meta 分析是量化的研究法之一，用於有系統地結合並評估以往的研究結果，以得出該研究主題的結論 (Haidich, 2010)。意即，Meta 分析是

先大量蒐集個別研究的量化結果，再以統計法計算出各研究的標準化效果量，再加以合併，最後求出平均效果量，以歸納出統合的結論。

【Meta 迴歸】

在生醫之初級研究中，多元迴歸旨在評估共變數和依變數之間關係的統計技術（如圖 7-11 所示之 Meta 迴歸）。在這些研究中，分析單位是受試者，並針對每個受試者測量其「共變數和結果」的相關。

經一些修改後，可在 Meta 分析中使用相同的技術。在這種情況下，分析的單位是「個別研究」，並為每個研究測量了共變數和結果。有時你使用「Meta 迴歸」一詞來指代 Meta 分析中迴歸的使用。

透過這些修改，Meta 分析者可以獲得初級研究中「多元迴歸」標題下的全部程序。例如：

- 你可以評估一個共變數的影響，或多個共變數的組合影響。
- 你可用預定義的序列 (sequence) 將共變數輸入分析中，並評估除先前共變數的影響之外的任何共變數的影響。
- 你可用一組共變數，例如：三個變數共同定義一種治療方法，或者顯示預測變數與效果量之間的非線性關係。
- 你可將分類變數（例如：dummy 變數）和連續變數合併為共變數。

◆ 7-1 調節變數 (moderator variable) 是什麼 ◆

一、調節變數 (moderator variable)，又稱干擾變數（類別型共變數）

1. 在社會科學的研究中，自變數 (IV) 與依變數 (DV) 的影響關係經常會受到第三變數的混淆 (obscured) 與干擾 (confounded)。
2. 忽視一個重要的第三變數，不僅會造成迴歸係數估計的偏誤，也可能因為忽略第三變數與 IV 之間的交互作用 (interaction effect)，而無法正確的解釋 IV 對 DV 的條件化關係（單純主要效果 simple effect）。
3. 調節變數 (moderator, confounder) 又稱干擾變數。
4. 可以讓 IV → DV 的效果有系統的產生（強度或形式）上的變化。
5. 由於 IV 與**調節變數**會對 DV 產生交互作用，使得在**調節變數**的不同水準之下，IV → DV 的效果有條件的產生變化。

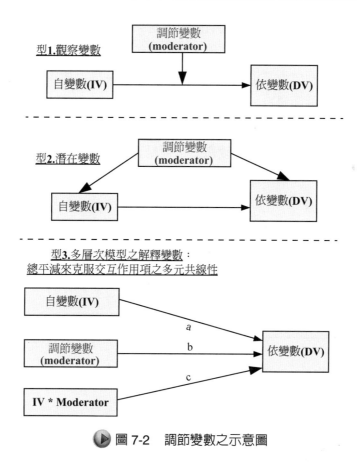

型1.觀察變數

調節變數 (moderator)

自變數(IV) → 依變數(DV)

型2.潛在變數

調節變數 (moderator)

自變數(IV) → 依變數(DV)

型3.多層次模型之解釋變數：
總平減來克服交互作用項之多元共線性

自變數(IV)

調節變數 (moderator)

IV * Moderator

a

b

c

依變數(DV)

▶ 圖 7-2　調節變數之示意圖

二、中介效果 (mediator effect) 與調節效果 (moderator effect) 的差異

　　雖然兩者都是用來描述一個可以解釋人類行為差異的第三變數（即除了自變數、依變數之外的變數）的功能，但是中介變數是指自變數透過它的運作機制，便可以影響到依變數，使自變數，中介變數與依變數三者之間有強的因果關係存在。

　　調節變數是指，透過它可將自變數切割成數個不同的子群 (subgroup)，以獲得各子群內自變數對依變數之最大影響，亦即調節變數與自變數，依變數之間並無因果關係，但是透過調節變數卻可以讓自變數與依變數之間的影響效果改變。

舉例來說：

　　有社會心理學家研究發現，一個人的疾病嚴重度與其生活事件的改變有關，亦即生活中有重大事件變故（因），極有可能導致此人陷入某種嚴重病況（果）。但是，進一步研究顯示，對於不可控制的重大事件變故比可控制的重大事件變故　更容易導致此人陷入某種嚴重病況，亦即重大事件變故的可控制程度成為上述因果鏈中的調節變數。

　　請注意，重大變故是「因」，疾病嚴重度是果，但是這個「因」與另外一個變數「事故可控制與否」竟然產生交互作用，而影響該「因」對果的影響效力；不過，該「因」與「事故可控制與否」這個變數之間，無因果關係。所以「事故可控制與否」這個變數被稱可視為調節變數。

　　又如，不同教學方法（因）的成效（果）會因種族 (moderator) 不同而不同，後來發現，原來真正的爭議不在種族變數上，而是在個人的焦慮狀態 (mediator) 上，尤其是黑人與白人同在一間教室內上課考試時，黑人的考試焦慮感比白人高，故導致黑人與白人的成績有差異。

　　此時「種族」這個調節變數，雖然與教學方法起交互作用，不過，因為與教學方法和教學成效沒有特定因果關係，而被研究者剔除，研究者轉向尋找與教學方法和教學成效具有因果關係的「焦慮狀態」上，意即：

教學方法 ------（影響）→焦慮狀態 ------（影響）→教學成效

　　此時，「焦慮狀態」就稱為中介變數。

定義：調節變數 (moderator)，又稱干擾變數

調節變數會影響「IV 和 DV」之間的關係。「IV 和 DV」之迴歸係數的強弱會因為 moderator 的值而改變，有可能是 moderator 是 0 的時候，IV 跟 DV 的關係很強，但 moderator 是 1 的時候，IV 跟 DV 的關係就不顯著了。

調節變數可以是質性 (qualitative) 變數（例如：性別、種族、階級），亦可以是量化 (quantitative) 的變數（例如：IQ、好人緣、學習成就等），這 moderator 可能會影響到 IV 對 DV 影響的方向（e.g. 減肥意識對男生無影響，對女生則有影響）或是強度（對男生來說，IV 對 DV 的影響程度比對女生強烈，即男性「IV → DV」影響比女性來得大）。若熟悉 ANOVA 的話，moderator 就是 ANOVA 的交互作用 (interaction)。用圖示的話，就像圖 7-4 一樣。在 regression 的方程式中，要將 IV、moderator 和 IV 與 moderator 的乘積（對，就是兩個變數乘起來）放進去。若要考驗有沒有 moderation，只要看圖 7-4 的 c 是否為顯著即可。a 或 b 可能為顯著或不顯著，這並不影響考驗 moderation。另外，在 moderation 中，moderator 應該與 IV 或 DV 都沒有相關性的。

moderator 的另一特點是：moderator 與 IV 是在同一個層級的，也就是 moderator 其實也可以當作是一個 IV 來看待。

小結

兩者比較一下：中介變數看的是 IV 透過何種機制（也就是 mediator）影響到 IV；調節變數看的是將將 IV 分成幾個 subgroup，各 subgroup 中 IV 對 DV 有不同的影響。

多層次模型的**調節變數**，係指「群組層解釋變數 Z」×「個體層解釋變數 X」的交互作用項（即 Z×X 項），其 HLM 迴歸係數是否達到顯著水準。

以性別為調節變數的例子，迴歸方程式如下：

> 減肥行為 = 截距項 + a × 減肥知識 + b× 性別 + c × (性別 × 減肥知識) + 殘差

這個時候「性別 × 減肥知識」就叫作交互作用項 (interaction term)，若在迴歸方程式中的迴歸係數 c 達顯著水準，這個時候就代表調節效果獲得證實，所以顯示男性的迴歸係數 ($\beta_{c, 男性}$) 與女性 ($\beta_{c, 女性}$) 的迴歸係數顯著的不同，通常期刊論文上的做法是直接畫圖顯示，如下圖所示，男性與女性各別會有一條迴歸線，交互作用項達顯著就顯示在統計上這兩條迴歸係數的斜率 (slope) 有顯著的不同，故結論應該下：「就女性而言，減肥知識對減肥行為的影響效果比男性還要強」。

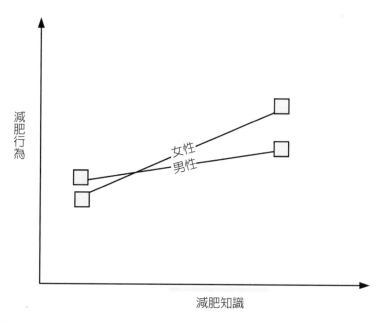

圖 7-3　性別 (A)與減肥知識 (B) 在減肥行為之交互作用圖（調節圖）

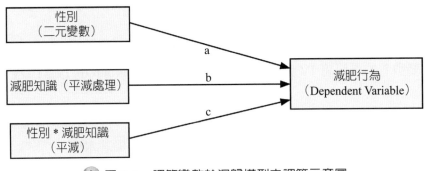

▶ 圖 7-4　調節變數於迴歸模型之調節示意圖

調節（干擾）變數與中介變數之存在時機

在一個模型中，任一個變數，本身既有自（因）變數的特性，又有應（果）變數的特性，那麼就必有「干擾」或「中介」的現象存在。

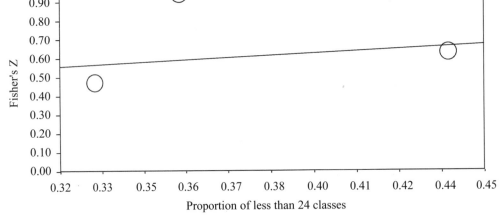

▶ 圖 7-5　「24 班以下者」占比 Meta 迴歸分析圖

7-2 Meta 迴歸：卡介苗 (BCG) 疫苗效果

卡介苗 (BCG) 疫苗效果之分析單位，相對風險 (relative risk, RR) 是效果量單位。

一、相對風險 (relative risk, RR) 是什麼

當要分析的數據由兩組（或條件）和兩個結果的交叉分類中的計數組成時，可在四重表中顯示數據，如下所示：

	第 1 組 （未暴露組）	第 2 組 （暴露組）	總
Number with positive outcome （陽性 — 確診人數）	a	c	a + c
Number with negative outcome （陰性 — 未確診人數）	b	d	b + d
總	a + b	c + d	a + b + c + d

上表可計算出一些統計數據，例如：與前瞻性研究的相對風險和風險差異，以及與回顧性病例對照研究相關的勝算比 (odds ratio)。

相對風險 (RR)，其標準誤和 95% 信賴區間是根據 Altman(1991) 公式。

相對風險（或風險比）為：

$$RR = \frac{a/(a+b)}{c/(c+d)}$$

對數相對風險的標準誤為

$$SE\{\ln(RR)\} = \sqrt{\frac{1}{a} + \frac{1}{c} - \frac{1}{a+b} - \frac{1}{c+d}}$$

RR 的 95% 信賴區間

$$95\% \ CI = \exp(\ln(RR) - 1.96 \times SE\{\ln(RR)\}) \quad to \quad \exp(\ln(RR) + 1.96 \times SE(\ln(RR)))$$

風險差異

風險差異 (RD) 及其 95% 信賴區間是根據 Newcombe & Altman(2000) 計算的

$$RD = \frac{a}{a+b} - \frac{c}{c+d}$$

風險差 (risk difference, RD) 計算法（即比例之間的差異），是分別計算兩個比例的信賴區間。MedCalc 計算比例的 exact binomial 信賴區間 (Armitage et al., 2002)。假設 l_1 至 u_1 為第一比例 p1 的 95%CI；l_2 至 u_2 為第二比例 p2 的 95%CI 時，則該差異的

95%信賴為：

$$95\% \ CI = RD - \sqrt{(p_1 - l_1)^2 + (u_2 - p_2)^2} \ \text{ to } RD + \sqrt{(p_2 - l_2)^2 + (u_1 - p_1)^2}$$

在 Meta 分析的背景下，根據 Deeks & Higgins(2010) 來計算標準誤和 95% 信賴區間，其中，標準差 (standard error) 定義為：

$$SE \ \{RD\} = \sqrt{\frac{a \times b}{(a+b)^3} + \frac{c \times d}{(c+d)^3}}$$

RR 95% 信賴區間為：

$$95\% \ CI = RD - 1.96 \times SE\{RD\} \quad \text{to} \quad RD + 1.96 \times SE\{RD\}$$

二、卡介苗 (BCG) 疫苗的例子

打卡介苗 (BCG) 嗎？	感染肺結核	沒感染肺結核	總	累積的 發生率
沒有（未暴露組） Case 組	7	124	131	7/131 = 5.34%
有（暴露組） Control 組	1	78	79	1/79 = 1.27%

求得，風險比 (RR) = 1.27/ 5.34 = 0.238

本例，除了真接讀入「處理組（檢疫出＋，－人數）vs. 控制組（檢疫出＋，－的人數）」四變數外，亦可用 Google 搜尋的 Excel 程式「CIcalculator.xls」，將「處理組（檢疫出＋，－人數）vs. 控制組（檢疫出＋，－的人數）」轉換成 odds ratio 這類格式 (format) 之後，再執行 Stata 做 Meta 分析。

7-2-1 CMA 例子：卡介苗 (BCG) 疫苗效果

以下章節將介紹「卡介苗芽孢桿菌 (BCG) 疫苗」效果之三種情況的分析。

本例「BCG」是指卡介苗芽孢桿菌 (Bacillus Calmette-Guerin, BCG) 疫苗，旨在預防結核病 (TB)。在 1933 年至 1968 年之間，該疫苗已進行了 13 篇對照試驗 (trials)，其中，11 篇試驗發現該疫苗可有效降低結核病的發病率，但卻有 2 篇試驗發現結果是相反的。如今，隨著近年來美國結核病的重新出現（包括許多耐藥性病例），卡介

苗是否眞正有效，變成大家議論問題。於是 Colditz et al. (1994) 進行 Meta 分析，以綜合這些試驗的辯證法。

圖 7-6 是基於 BCG 研究的隨機效果 Meta 分析結果。效果量是風險比 (risk ratio)，如標籤 [1] 所示。

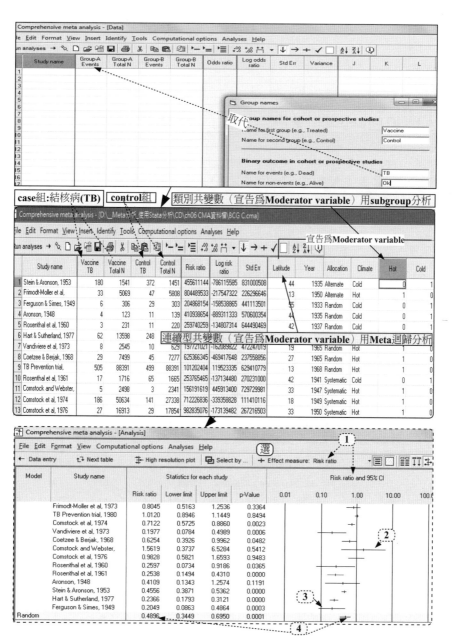

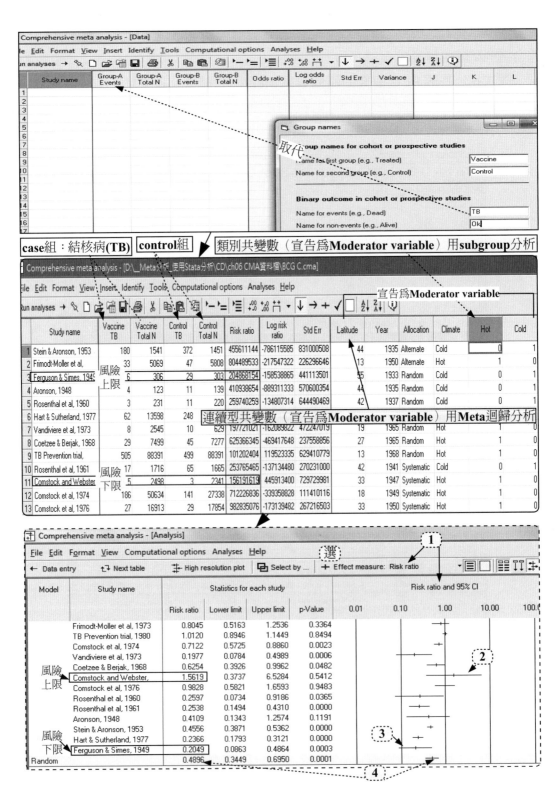

● 圖 7-7　基本分析、Random effects、Risk ratio 結果

1. 若風險比 <1.0、log(RR)<0.0：表示疫苗能降低肺結核 (TB) 感染的風險。

2. 風險比 = 1.0，即 log(RR) = log(1) = 0 值，顯示沒有效果。

3. 風險比 >1.0、log(RR)>0.0：則表示疫苗反而增加 TB 的感染風險。

　　總風險比 [4] 為 0.4896，95% 的信賴區間為 [0.3449,0.6950]，p = 0.0001（故拒絕 H_0：RR = 1）。因此，本例子有強有力的證據，顯示 BCG 疫苗係可有效預防結核病。

　　然而，也要注意：個別治療效果的差異，個別研究中的 Risk Ratio 範圍：從研究 [Ferguson & Simes] 的 0.2049（約降低 80% 風險）到 [Comstock and Webster, 1969] 的 1.5619（約 56% 風險增加）。儘管觀察到的某些效果差異可能是抽樣誤差所引起的 但相當數量的差異反映了治療效果的實際差異。就須了解為什麼在某些研究中該疫苗比其他研究更有效。

　　在 Meta 分析的研究中，氣候 (climate) 與治療有效性之間似乎存在關聯，因此在較冷的地方進行的研究往往顯示出更強的效果。若這種關係是真實的，則可以用兩種機制中的任何一種來解釋（調節效果）。首先，天氣較冷 (cold) 的人對結核病具有天然免疫力的可能性較小。因此，在較冷氣候的母群將更容易感染結核病，並且較可能從疫苗中受益。其次，這種藥物在寒冷的氣候中可能會更有效。這是由於以下事實：在較溫暖 (hot) 的氣候中，熱度可能導致藥物失去效力。

　　理想情況下，研究者將能夠為每項研究：自然免疫的普遍性和藥物效力另外編碼，並當作 Meta 迴歸的有效預測因子。可惜，這些預測變數不可用於分析。因此，分析者只選擇「緯度（latitude 變數）」（實際上是緯度的絕對值）當作這些共變數的替代，前提是假定：距赤道較遠的研究（冷天氣）較易抽取到自然免疫力較低且疫苗效果更強的母群。

　　這是 Berkey et al.(1995) 採用的策略。他使用 Meta 迴歸來評估緯度（連續型共變數）與治療效果之間的關係。考慮到這種 Meta 分析的事後性質，一個積極的發現不是確定的 (definitive)，但可為 Meta 研究提供一個方向。

　　這種迴歸已在許多 Meta 分析的論文中當作例子，包括 Borenstein et al.(2009)、Egger et al.(2001)、Sutton et al(2000)、Hartung et al.(2008)。除了原始變數之外，本文的目的，本例還建立了新變數。例如：根據緯度 (latitude) 將研究分類為「熱 hot」或「冷 cold」（虛擬變數），它代表原始變數之間交互作用的變數。

　　圖 7-6，治療效果（或效果量）是風險比。儘管風險比率具有直觀索引的優勢，但實際上使用風險比率的對數執行分析，然後將其轉換為風險比率來進行顯示。由於本書的目標之一就是解釋分析的機理，因此你通常將使用對數單位。

例如：圖 7-7 是風險比率，圖 7-8 是使用對數單位的相同森林圖，如標籤 [5] 所示。在這 3 種情況下：若 log(RR)<0.0 表示疫苗降低了結核病的風險；若 log(RR) = 0.0 顯示沒有效果；若 log(RR)>0.0 則表示疫苗增加了結核病風險。平均效果 [6] 的 log(RR) = −0.7141(p<0.001)，負值且拒絕 H_0：log(RR) = 0。表示，有強有力的證據顯示該疫苗係有效可預防結核病。

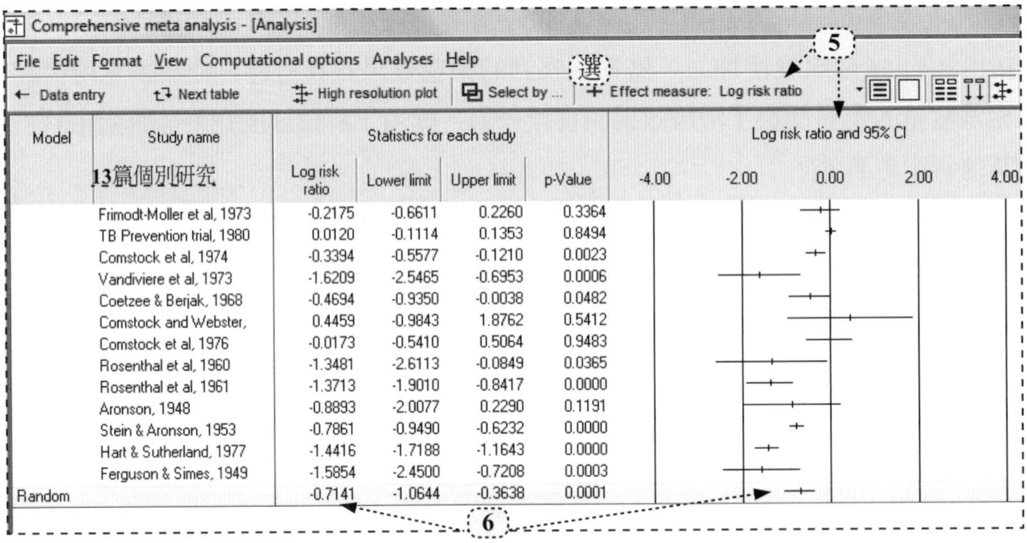

Model	Study name	Log risk ratio	Lower limit	Upper limit	p-Value
	Frimodt-Moller et al, 1973	-0.2175	-0.6611	0.2260	0.3364
	TB Prevention trial, 1980	0.0120	-0.1114	0.1353	0.8494
	Comstock et al, 1974	-0.3394	-0.5577	-0.1210	0.0023
	Vandiviere et al, 1973	-1.6209	-2.5465	-0.6953	0.0006
	Coetzee & Berjak, 1968	-0.4694	-0.9350	-0.0038	0.0482
	Comstock and Webster,	0.4459	-0.9843	1.8762	0.5412
	Comstock et al, 1976	-0.0173	-0.5410	0.5064	0.9483
	Rosenthal et al, 1960	-1.3481	-2.6113	-0.0849	0.0365
	Rosenthal et al, 1961	-1.3713	-1.9010	-0.8417	0.0000
	Aronson, 1948	-0.8893	-2.0077	0.2290	0.1191
	Stein & Aronson, 1953	-0.7861	-0.9490	-0.6232	0.0000
	Hart & Sutherland, 1977	-1.4416	-1.7188	-1.1643	0.0000
	Ferguson & Simes, 1949	-1.5854	-2.4500	-0.7208	0.0003
Random		-0.7141	-1.0644	-0.3638	0.0001

圖 7-8　基本分析、Random effects、Log risk ratio（BCG C.cma 資料檔，BCG.xls 檔）

7-2-2 固定效果模型 vs. 隨機效果模型

通常臨床試驗假設為：H_0：試驗藥物與安慰劑效應大小無差異 vs.H_1：試驗藥物與安慰劑效應大小有差異，若定義試驗藥物效應大小為 δ，則上面假設可以改寫成

$$H_0：\delta = 0 \text{ vs. } H_1：\delta \neq 0$$

假設有 K 個研究被納入統合分析，每一個研究所觀察到試驗藥物估計效應大小為 δ_i 其相對變異數為 $\hat{\sigma}_i^2$，$i = 1, \ldots K$。以下分別介紹固定與隨機兩種模式之統計方法來對藥物效應大小 δ 進行統合估計與檢定：

1. 固定模式 (fived-effects model)

固定式模型是假設所有的研究都有一個共通的眞實效果 (true effect)，而每一個

研究所觀察到的效果稱爲觀察效果 (observed effect)，每一個研究的觀察效果與眞實效果不同是因爲抽樣誤差 (sampling error) 所造成。抽樣誤差來源可能是每一個研究的劑量不同，病人疾病嚴重程度不同，年齡分布不同，或是所併用藥物不同等原因所導致。

我們可以把上述觀念寫成數學等式（林資葵，2014）

$$\delta_i = \delta + \varepsilon_i$$

其中 δ_i 爲第 i 個研究觀察到效果，δ 爲所有研究共同的眞實效果，ε_i 爲第 i 個研究內變異量，因爲誤差是在眞實效果附近上下跳動，因此可以合理假設 ε_i 服從平均數爲 0 變異數爲 σ_i^2 之常態分配。在固定式模型中我們所要估計的是共同的眞實效果 δ，其估計方法爲給予每一個研究一個權重，而權重大小爲該研究內變異量之變異數的倒數 $(1/\sigma_i^2)$，然後就可以計算出眞實效果估計值與變異數，公式如下：

$$\hat{\delta} = \frac{\sum_{i=1}^{k} \frac{\delta_i}{\hat{\sigma_i^2}}}{\sum_{i=1}^{k} \frac{1}{\hat{\sigma_i^2}}} \quad \text{且} \quad \text{Var}(\hat{\delta}) = \frac{1}{\sum_{i=1}^{k} \frac{1}{\hat{\sigma_i^2}}}$$

因此 95% 信賴區間爲 $\hat{\delta} \pm 1.96\sqrt{\text{Var}(\hat{\delta})}$。最後用 z test ($\hat{\delta}/\sqrt{\text{Var}(\hat{\delta})}$) 來檢定眞實效果 δ 是否爲 0。單尾檢定 P-value = $1 - \Phi(|Z|)$；而雙尾檢定 P-value = $2 \times [1 - \Phi(|Z|)]$，其中 $\Phi(Z)$ 代表標準常態分配之累積函數。

2. 隨機式模型 (random-effects model)

隨機式模型是假設每一個研究的眞實效果都不一樣，而每一個研究眞實效果不同可能是每一個研究的劑量不同、病人疾病嚴重程度不同、年齡分布不同、或是所併用藥物不同等原因所導致。在隨機式模型中，我們要估計的是眞實效果的整體平均值。

我們可以把上述觀念寫成數學等式：

$$\delta_i = \delta + v_i + \varepsilon_i$$

其中 δ_i 爲第 i 個研究觀察到效果、δ 爲所有研究眞實效果的整體平均值、v_i 爲第 i 個研究與其他所有研究之間變異、ε_i 爲第 i 個研究內變異且假設 v_i 與 ε_i 分別服從平均數爲 0 變異數爲 τ^2 與平均數爲 0 變異數爲 σ_i^2 之常態分配且互爲獨立。在隨機式模型中我們所要估計的是所有研究眞實效果的整體平均值 δ，其估計方法爲給予每一個研

究一個權重，而權重大小為該研究所有變異量之變異數的倒數 $1/(\tau^2 + \sigma_i^2)$，然後就可以計算出真實效果的整體平均值之估計值與變異數，公式如下：

$$\hat{\delta} = \frac{\sum_{i=1}^{k} \frac{\delta_i}{\hat{\sigma_i^2} + \hat{\tau}^2}}{\sum_{i=1}^{k} \frac{1}{\hat{\sigma_i^2} + \hat{\tau}^2}} \quad \text{且} \quad \text{Var}(\hat{\delta}) = \frac{1}{\sum_{i=1}^{k} \frac{1}{\hat{\sigma_i^2} + \hat{\tau}^2}}$$

因此 95% 信賴區間為 $\hat{\delta} \pm 1.96 \sqrt{\text{Var}(\hat{\delta})}$。最後用 z test ($\hat{\delta}/\sqrt{\text{Var}(\hat{\delta})}$) 來檢定真實效果的整體平均值 δ 是否為 0。單尾檢定 P-value $= 1 - \Phi(|Z|)$；而雙尾檢定 P-value $= 2 \times [1 - \Phi(|Z|)]$，其中 $\Phi(Z)$ 代表標準常態分配之累積函數。

　　至於檢定研究之間有無異質性的問題存在，常用統計量為 Q 或 I^2，其定義如下：

$$Q = \sum_{i=}^{k} w_i(\delta_i - \overline{\delta})^2 \ , \ \overline{\delta} = \frac{\sum_{i.=1}^{k} w_i \delta_i}{\sum_{i.=1}^{k} w_i}$$

$$I^2 = \left(\frac{Q - (K-1)}{Q}\right) \times 100\%$$

其中 K 為納入分析試驗個數，δ_i 為第 i 個研究觀察到效果、w_i 為估計的權重。當虛無假設（沒有異質性存在）成立時，統計量 Q 會服從卡方分配自由度為 K−1，因此若在虛無假設下，$Q > \chi^2_{K-1, 0.95}$ 即有異質性問題存在，其中 $\chi^2_{K-1, 0.95}$ 代表卡方分配自由度為 K−1 之 95% 分位數。而統計量 I^2 為 25%、50% 與 75% 分別代表低度、中度與高度異質性問題存在。

　　如果研究之間沒有異質性的問題存在時，就使用固定式模型來分析；如果存在有異質性的問題則使用隨機式模型來分析，但這是不對的觀念。正確來說，即使檢定結果沒有異質性的問題存在，如果研究者認為研究間有異質性的可能時（例如：多國多中心臨床研究）就應該使用隨機式模型分析。一般來說，建議研究者同時執行固定式模型與隨機式模型分析，再作比較會比較客觀。

一、固定效果 vs. 隨機效果模型的意涵

　　在談 Meta 迴歸之前，簡要回顧 Meta 分析使用的統計模型：固定效果模型和隨機效果模型。

　　了解這兩種模型之間的差異，有助於區分母群與宇宙 (population vs. universe) 的觀念。

　　研究是從母群中抽取了樣本，母群被定義為符合一組特定標準的人。若兩組準則

在所有相關方面都相同，那麼可以說這兩項研究均來自同一母群。同樣，若兩個種群的真實效果量（假設沒有抽樣誤差，所看到的效果量）相同，那麼你可將它們視為同一母群。

可是，若準則在任何實質性方面都不同，那麼可以說這兩項研究來自不同的母群。在這種情況下，每項研究都有其定義研究母群的準則，你需要第二個準則來告訴你要納入 Meta 分析的研究類型（哪些母群）、母群的範圍。

例如：假設每個研究都從研究醫院的肺癌門診患者中來取樣。

情況 1 若分析中有 10 項研究，並且所有研究都是在同一家醫院進行的（假定同時進行），那麼所有研究均來自同一母群。所有研究的真實效果量是相同的。

情況 2 若分析中有 10 項研究，且每項研究均在不同的醫院進行，則每項研究均來自不同的母群。一家醫院與另一家醫院的實際效果量可能有所不同（可能相差很小，或相差很大）。

在情況 2（10 家醫院）中，若你決定將所有這些醫院都納入 Meta 分析中，那是因為所有母群都來自同一宇宙 (universe)。你可能會將宇宙定義為患者足夠相似的診所，以便所有研究都針對相同的基本問題。

至此，你將重點放在患者上，來討論母群與宇宙之間的差異，但是這兩者之間的區別尚取決於研究的其他方面。例如：若所有研究都恰好進行了二週，則可能來自同一母群。若某些研究進行了二週，而另一些研究進行了三週，則這兩種研究基於不同的種群，但來自同一宇宙。同樣，若研究都使用相同的結果度量，則可能來自同一母群。若某些研究使用一種量度，而另一些研究使用類似的量度，則它們基於不同的母體，但來自同一宇宙。

應該清楚的是，你對母群的定義是非常狹窄：實質上，僅當研究在所有實質方面都是彼此重複時，才從相同的母群中進行研究。這意味著在所有研究目的，不僅受試者，而且 intervention（介入）方法、細節和結果測量都是相同的。在實踐中很少會達到這個準則，而當你彼此獨立進行研究時，也永遠不會滿足這個準則。

以此為背景，你來討論固定效果模型和隨機效果模型之間的差異。

1. 若所有研究均來自單一母群（相同的受試者和方法），則適用固定效果模型。這些研究具有共同的效果量，因此效果量是固定的或恆定的。

2. 若研究是從總體母群中得出的，則採用隨機效果模型。真實效果的大小在一個母群與另一個母群之間是不同的，研究是從這個宇宙中隨機抽取的。

由於多種原因，以上二種模型的選擇至關重要。

首先，它建立了一個分析框架，建立了你可以問的問題以及如何解釋結果。

1. 在固定效果模型下，你假定所有研究都具有相同的真實效果量，並且你的目標是估計該共同參數。

2. 在隨機效果模型下，允許每個研究的真實效果量可能不同，並且你的目標是估計這些參數的均值。

其次，模型的選擇會影響權重分配給研究的方式。這不僅影響 common 估計本身，而且影響 common 估計的精度。

1. 在固定效果模型下，只有一個抽樣水準（每個研究中的受試者都是從母群中的所有受試者中來抽樣），因此只有一個抽樣誤差來源（每個研究中觀察到的效果與真實效果不同）該研究的母群）。每個研究的誤差變異為 V，分配給每個研究的權重是該變異數的倒數，即 $\frac{1}{V}$。

2. 在隨機效果模型下，有兩個抽樣水準（每個研究的受試者均從研究母群中的所有受試者中來取樣，而研究母群則是從整個研究母群中取樣），因此有兩個抽樣誤差來源（每個研究中觀察到的效果均不同於該研究母群的真實效果，而抽樣研究的平均真實效果也不同於整個研究範圍的平均值。第一個誤差變異數為 V，第二個誤差變異數為 T^2。那麼，每個研究的總誤差變異數為 $V + T^2$，分配給每個研究的權重為該變異數的倒數，即 $\frac{1}{V + T^2}$。

通常在簡單分析的情況下，遇到固定效果模型與隨機效果模型的想法，在這裡你只有一組研究。在這種情況下，兩個模型之間的區別相對簡單：若研究共享一個共同的效果量，則用固定效果模型，否則，應用隨機效果模型。

但是，相同的想法可擴展到有離散的研究次群組 (subgroup) 的情況，甚至可以擴展到某些地球維度之連續體分布的情況。本章節的目標是解釋這些擴展，為此目的，你將討論（固定效果模型 vs. 隨機效果模型）選搭（簡單分析 vs. 次群組 (subgroup) 分析 vs. Meta 迴歸）。

二、CMA 分析例子：卡介苗 (BCG) 疫苗效果

Case A 簡單分析：「X（打卡介苗）→ Y（是否染肺結核嗎）」

思考一下，你正在進行一組研究的情況。若所有研究共享相同的效果量，則用固定效果模型。若在分析中的所有研究中每個研究之間的效果量可能不同，則用隨機效果模型。

Case B 子組（次群組 subgroup）：「X（打卡介苗）→ Y（是否染肺結核嗎）」受天氣

冷熱的干擾（調節）。

考慮以下情況：你要比較兩個或多個研究次群組（例如：Cold 氣候研究與 Hot 氣候研究）的效果量。若 subgroup 內的所有研究共享相同的效果量參數，則用固定效果模型。若效果量參數可能因研究而異，則對於 subgroup 內的研究，將用隨機效果模型。

Case C Meta 迴歸：「X（打卡介苗）→ Y（是否染肺結核嗎）」受連續共變數的干擾

考慮以下情況：若要查看「X(BCG) → Y」與連續共變數（例如：緯度 Latitude）的相關效果量。若在相同緯度下的所有研究共享相同的效果量參數，則用固定效果模型。對於相同緯度的研究，若效果量參數因研究而異，則適用隨機效果模型。

儘管將這三種情況描述爲彼此不同，但事實是它們都可以歸入相同的一般原則下：

1. 當所有具有相同預測值的研究都具有相同的眞實效果量時，則用固定效果模型。
2. 當具有相同預測值的研究具有不同的眞實效果量時，則用隨機效果模型。

從而：

* 在 **Case A** 中，參考框架是**所有**研究，任何研究的預測值是所有研究的平均值。
* 在 **Case B** 中，參照係是 **subgroup** 內的所有研究，而任何研究的預測值是相應的 subgroup 平均值。
* 在 **Case C** 中，參照係是**所有緯度相同**的研究，而任何研究的預測值都是迴歸方程式給出的預測值。

Case A 簡單分析：「X（打卡介苗）→ Y（是否染肺結核嗎）」

Case A1：一家製藥公司，隨機對照試驗 (RCT) 抽取 1,000 名患者的樣本，但由於空間有限，無法一次對所有患者進行治療。因此，將患者隨機分配到 10 個隊列之一，每個隊列在不同的星期開始治療。若你假定：無訓練效果且無季節性影響，並確保從一個隊列到下一個隊列的所有程序均相同，則得出的結論是所有隊列的治療效果應相同。若將每個隊列視爲單獨的研究並使用 Meta 分析來綜合結果，則應用固定效果模型。

Case A2：10 組大學組成一個財團，以相同的規程開展研究（每所大學挑一系所），然後使用 Meta 分析來合成結果。這與 Case A1 相似，但所有研究中效果量均相同的假設更爲微弱。可以確保所有大學的介入 (intervention) 介入都是相同的，但事實並非如此。可以確保所有大學在所有相關方面的科目都是相同的，但事實並

非如此。因此，可能會應用固定效果模型，但可能不會應用。在這種情況下，使用隨機效果模型可能較好。若憑經驗證明效果量確實不同，則隨機效果模型將是正確的選擇。若憑經驗證明效果量沒有不同，則隨機效果權重將與固定效果權重相同，因此選擇隨機效果模型無需付出任何代價。

Case A3：絕大多數簡單的 Meta 分析與 Case A1 和 Case A2 都不相似。反而，它們涉及由不同研究者 subgroup 計畫和執行的研究，而無需事先協調。例如：你可能在文獻中找到 10 項研究，這些研究似乎解決了相同的基本問題。你可能會認為這些研究足夠相似，以至於進行合成很有意義（例如：他們都考驗了相同的 Intervention 介入），但是沒有理由假定所有研究中的真實效果量都相同。相反，Intervention 介入的結果可能會受樣本（年齡、病史）干擾、Intervention 介入本身（劑量、持續時間）和結果測量（某項考驗）的影響（至少是一點點）。若研究在本質上是相同的（從某種意義上說它們解決了相同的基本問題），那麼 Meta 分析就能讓你確認 Intervention 介入的核心影響，從而消除這些差異所產生的噪音。可是，為了正確識別這種影響，你需要使用隨機效果權重來考慮這種噪聲。在這種情況下，隨機效果模型更適合數據。

Case B 子組（次群組subgroup）：「X（打卡介苗）→Y（是否染肺結核嗎）」受天氣冷熱的干擾（調節）

相同的想法很容易擴展到分析的 Case，在這種 Case 下，你要計算兩個研究 subgroup 的 common 效果量，然後進行比較。

Case B1：如上 Case A1，武漢疫苗製藥公司將患者隨機分配到 10 個相同的隊列中的一組，來考驗 Drug-A 與對照組（吃安慰劑）的差別。假設第二年該公司對新的患者樣本做了完全相同的事情，來考驗 Drug-B vs.（吃安慰劑）的差別。即 Drug-A 研究算是 A 組，Drug-B 研究算是 B 組。此時，你不能指望兩個 subgroup 的藥效量都相同。確實，你可以預期，某一 subgroup 的效果量將 > 另一個 subgroup。可是，你確實希望第一組中的所有研究都具有相同的效果量，第二組中的所有研究都具有彼此相同的效果量。此時固定效果模型就適用。

Case B2：某家製藥公司，隨機對照試驗 (RCT) 抽樣 1,000 名患者，但由於空間有限，無法一次對所有患者進行治療。因此，將患者隨機分配到 10 個隊列之一，每個隊列在不同的星期開始治療。若你假定：無訓練效果且無季節性影響，並確保從一個隊列到下一個隊列的所有程序均相同，則得出的結論是所有隊列的治療效果

應相同。若你將每個隊列視為單獨的研究並使用 Meta 分析來綜合結果，則應用固定效果模型。

Case B3：10 所大學組成一個財團，以相同的規程開展研究（每所大學挑一所），然後使用 Meta 分析來合成結果。這與 **Case A1** 相似，但所有研究中效果量均相同的假設更為微弱。可以確保所有大學的 Intervention 介入都是相同的，但事實並非如此。可以確保所有大學在所有相關方面的科目都是相同的，但事實並非如此。因此，可能會應用固定效果模型，但可能不會應用。在這種情況下，使用隨機效果模型可能是一個好主意。若憑經驗證明效果量確實不同，則隨機效果模型將是正確的選擇。若憑經驗證明效果量沒有不同，則隨機效果權重將與固定效果相同。

Case C　Meta 迴歸：「X（打卡介苗）→ Y（是否染肺結核嗎）」受連續共變數的干擾

最後，相同的想法可擴展到你使用連續共變數（或一組共變數）來共同預測效果量的變化。

Case C1：如上 **Case A1**，製藥公司將患者隨機分配到 10 個相同的隊列中之一組，來考驗 Drug-A 與對照組。你可將 **Case A1** 擴展到公司經營 10 個相同隊列的情況，並假設該過程重複五次，每次使用不同劑量的藥物。Meta 分析著眼於「劑量 M 與效果量 (X → Y)」的共變關係。對於所有相同劑量的研究，效果量應相同。固定效果模型在這裡很有意義。

Case C2：如上 **Case A2**，財團計畫進行 10 項相同的研究（每所大學進行一項）。你可將 Case A2 擴展到一個情況，即財團基於相同的協議進行 10 項研究，並假定其重複此過程 5 次，每次都需要更長的 Intervention。Meta 分析著眼於 Intervention 持續時間 (M) 與效果量 (X → Y) 之間的共變關係。對於持續時間相同的所有研究，若效果量可能相同，但可能也不同。此時隨機效果模型可能是較好的選擇。

Case C3：如上 **Case A3**（當使用不同的方案進行研究時，邏輯顯示，效果量因研究而異。你可將 **Case A3** 擴展到以下情況：找到所有評估 Intervention 效果的研究，然後根據劑量進行編碼。雖然使用相似劑量的研究可能傾向於具有相似的效果量，但邏輯顯示，任何給定劑量的效果量仍將變化。隨機效果模型更適合於此數據。

三、模型選擇怎會影響分析 (How the model affects the analysis)

統計模型的選擇必須基於抽樣框架，而不是考慮該模型對效果量或更能精準的估計（如下所述）。意即，多了解某個模型或另一模型的選擇如何影響效果量和精度的估計，是有幫助的。

同理，最簡單的情況是對此進行解釋，然後將例子擴展到 subgroup 與迴歸的情況。

回想一下，V 代表研究內變異數（該研究總體真實效果的觀察效果變異數），而 T^2 代表研究間變異數（該研究中所有研究的平均真實效果變異數）。

基本想法是，固定效果模型權重的不確定性（因此權重）是基於 V，而隨機效果模型權重的不確定性（因此權重）是基於 $V + T^2$。從 Case A 到 Case B 到 Case C 的過程中唯一發生變化的是估算 T^2 的參考框架，如下所示。

1. 當單個母群時，T^2 反映了所有研究中真實效果的分散性，因此是針對整個研究進行計算的。

2. 有分組 (subgroup) 時，T^2 反映了真實效果在 subgroup 內的分散，因此在 subgroup 內進行計算。

3. 進行迴歸分析時，T^2 反映了具有相同預測值（即，共變數上具有相同值）的研究的真實效果的離散度，因此，針對預測斜率上的每個點進行計算。當然，實際上，斜率上的多數點都只有一個研究，因此，此計算起來不如單一母群（或 subgroup）的計算來得透明，但是概念是相同的。

對於上述三種情況（簡單分析、subgroup、迴歸），使用隨機效果模型 (RE) 而不是固定效果模型的實際含義是相同的。更聰明地：

1. RE 將導致為每個研究分配更適中的權重。與固定效果模 (FE) 型相比，隨機效果模型將為小型研究分配更多權重，為大型研究分配較少的權重。

2. RE，每個係數（和斜率）的信賴區間將比固定效果模型下的信賴區間寬。

3. RE，與每個係數以及整個模型相對應的 p 值不太可能（平均）滿足統計顯著性準則。

為解說此觀點，請見圖 7-9 及圖 7-10，它們分別是使用固定效果權重和隨機效果權重的「緯度對 log(RR)」的迴歸。

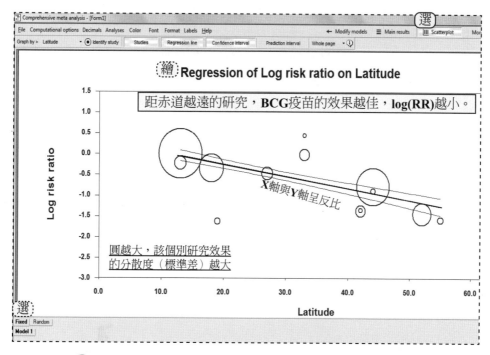

圖 7-9 「log risk ratio on latitude」的迴歸、Fixed-effect

1. 相對權重 (relative weights)

在 FE（圖 7-9）下，研究權重往往更加極端，大型研究的權重明顯大於小型研究的權重。在 RE（圖 7-10）下，研究權重趨於適度，研究之間的差異相對較小。

若超出模式的研究恰好特別大，那麼模型的選擇將對迴歸線產生重大影響。這些研究將趨近於迴歸線，這在 FE 權重下比在 RE 權重下更重要。（相反，當你應用 RE 權重時，一項小型研究會對迴歸線產生更大的影響）。在 BCG 例子中，較大的研究傾向於落在其他研究的模式之內，因此迴歸曲線在兩個圖中是很相似。

2. 絕對權重 (absolute weights)

在 FE 模型下，只有一個抽樣變異數來源 (within-study)。因此，權重（變異數的倒數）相對較大，從而產生相對較窄的信賴區間（圖 7-9）。在 RE 模型下，還有一個額外的抽樣變異數來源 (between-study)。因此，權重較小，從而產生較大的信賴區間（圖 7-10）。

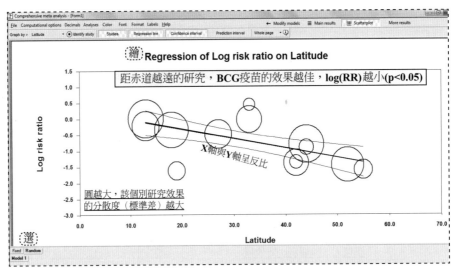

圖 7-10 「log risk ratio on latitude」的迴歸、Random-effects

7-2-3 採用迴歸 (putting regression in context)：卡介苗 (BCG) 效果

以下 3 個章節將依序介紹，Meta 研究常用的三種分析：

1. Case A：簡單分析，目標是估計均值（平均效果量 $\log(\bar{R})$，即共同效果量。

2. Case B：共變數分析 (analysis of variance)，目標是估計兩個（以上）受試者 sub-group 的均值效果，然後查看均值是否（以及如何）隨 subgroup 再變化。

3. Case C：**Meta 迴歸**，旨在估計在一個（或多個）連續共變數上，具有相同值的受試者的均值效果，然後查看均值是否（以及如何）隨共變數值再變化。

實際上，迴歸通吃以上這三種情況。換句話說，你不僅可在 Case C 使用迴歸，還可在 Case A 和 Case B 使用迴歸。若這樣做，你將使用迴歸來替代簡單分析或變異數分析，並求得相同的答案。

儘管你只對 Case C 才使用 **Meta 迴歸**，但它亦用於 Case A 或 Case B，特別：

1. Case A 將使用傳統方法進行分析，然後使用迴歸進行分析，來顯示「X → Y」之間的對應關係。

2. Case B 將使用傳統方法進行子組 (bugroup) 分析，然後進行迴歸分析，來顯示兩者之間的對應關係（類別共變數對「X → Y」的干擾）。

3. Case C 沒有更簡單的方法，直接轉向迴歸（連續／類別共變數對「X → Y」的調節）。

由於固定效果 (FE) 分析只適合同質性，它不同於隨機模型 (RE) 適合於異質性，因此，在此將分別討論每二個目標。先使用 FE 模型來分析此系列 Case(A、B、C)，接著再換 RE 模型進行分析。

7-3a 固定效果之 Meta 分析：卡介苗 (BCG) 疫苗效果

如圖 7-11 所示，CMA 有三種 Meta 分析情況，將分三小節來介紹：

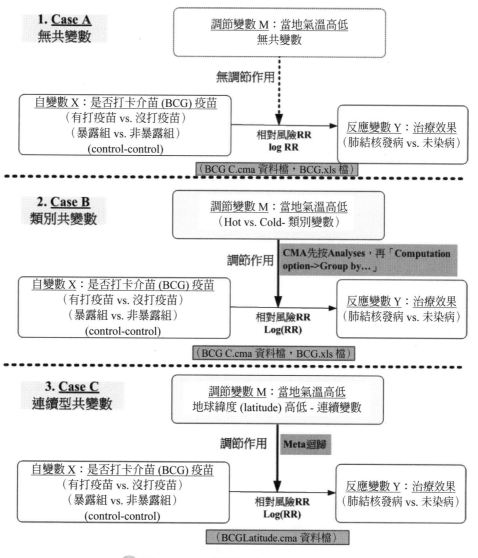

▶ 圖 7-11　三種情況的 Meta 分析架構

本例「BCG」是指卡介苗芽孢桿菌 (Bacillus Calmette-Guerin, BCG) 疫苗，旨在預防結核病 (TB)。在 1933 年至 1968 年之間，該疫苗已進行了 13 項對照試驗，其中，11 篇試驗 (trials) 顯示該疫苗可有效降低結核病的發病率，但有 2 篇試驗發現並非如此。如今，隨著近年來美國結核病的重新出現（包括許多耐藥性病例），卡介苗是否真正有效的問題有了新的緊迫性。於是 Colditz et al. (1994) 進行 Meta 分析，以綜合這些試驗的數據。

打卡介苗 (BCG) 嗎？	感染肺結核	沒感染肺結核	總	累積的發生率
沒有（未暴露組）	7	124	131	7/131 = 5.34%
有（暴露組）	1 個	78	79	1/79 = 1.27%

求得，風險比 (RR) = 1.27/ 5.34 = 0.238

1. 若 RR = 1（或 log(RR) = 0），則表明風險無差異或差異很小（每組的發生率均相同）。
2. 若 RR>1（或 log(RR)>0）顯示暴露組 (case 組) 的風險比（控制組）高。
3. 若 RR<1（或 log(RR)<0）顯示暴露組的風險比（控制組）低。

　　本例 BCG 旨在證明：打卡介苗疫苗，是否有效降低肺結核 (TB) 的風險？

1. 若風險比 (RR)<1.0，即 log(RR) = log(1)<0 值，則表示疫苗能降低 TB 的風險。
2. 若風險比 = 1.0，即 log(RR) = log(1) = 0 值，顯示疫苗沒有效果。
3. 若風險比 >1.0，即 log(RR) = log(1)>0 值，則表示疫苗反而增加 TB 的風險。

7-3a-1 基本分析（無共變數）(Case A)：卡介苗 (BCG) 疫苗的主效果

　　如圖 7-11 所示，Meta 分析有三種情況。本節將先介紹固定效果模型之無共變數）(Case A)。

一、傳統做法

　　圖 7-12 和圖 7-13 是用傳統的 Meta 分析法的畫面。請注意，效果量是以 log 單位 [1] 為單位。每列顯示該研究的效果量及信賴區間。

　　圖 7-12[2] 和圖 7-13[3] 中標記「Fixed」的線，顯示固定效果的共同 (common) 效果量（平均效果量）為 −0.4303，95% 信賴區間為 −0.5097 至 −0.3509。平均效量

的 Z = −10.6247，對應的 p 值 < 0.0001（拒絕 H_0：「Z 值 = 0」）。故打卡介苗疫苗，是可有效降低肺結核 (TB) 的風險。

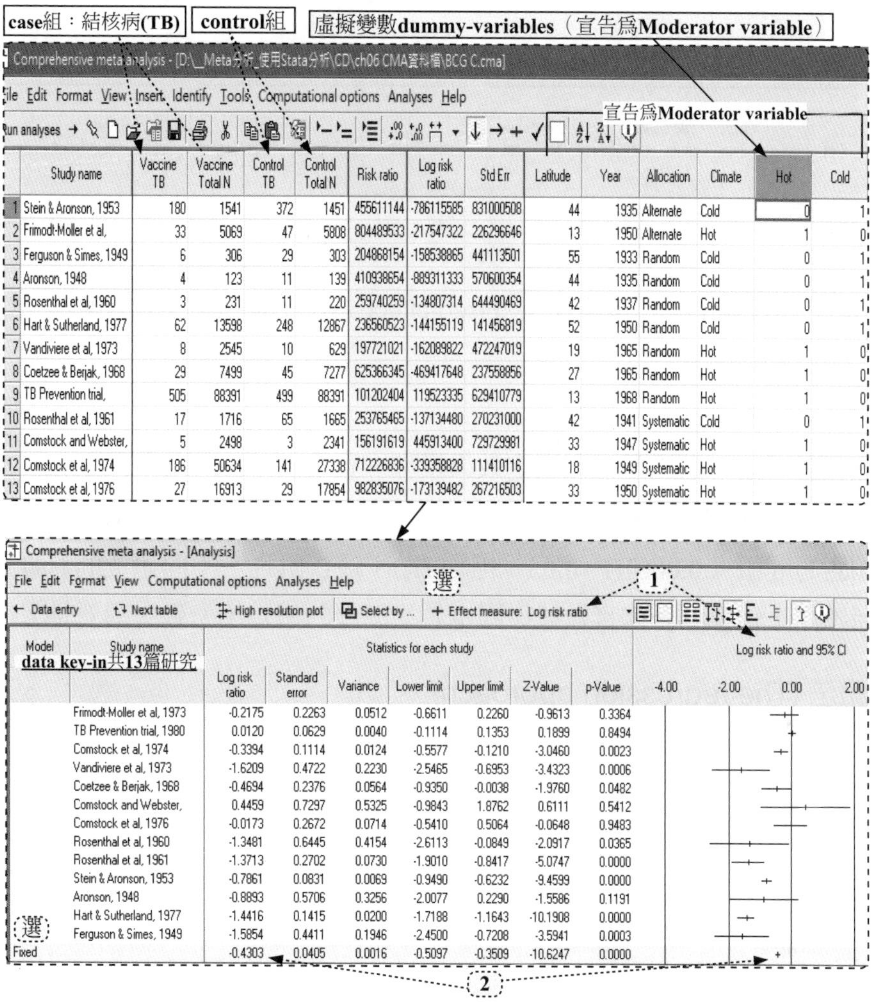

	Study name	Vaccine TB	Vaccine Total N	Control TB	Control Total N	Risk ratio	Log risk ratio	Std Err	Latitude	Year	Allocation	Climate	Hot	Cold
1	Stein & Aronson, 1953	180	1541	372	1451	455611144	-786115585	831000508	44	1935	Alternate	Cold	0	1
2	Frimodt-Moller et al,	33	5069	47	5808	804489533	-217547322	226296646	13	1950	Alternate	Hot	1	0
3	Ferguson & Simes, 1949	6	306	29	303	204868154	-158538865	441113501	55	1933	Random	Cold	0	1
4	Aronson, 1948	4	123	11	139	410938654	-889311333	570600354	44	1935	Random	Cold	0	1
5	Rosenthal et al, 1960	3	231	11	220	259740259	-134807314	644490469	42	1937	Random	Cold	0	1
6	Hart & Sutherland, 1977	62	13598	248	12867	236560523	-144155119	141456819	52	1950	Random	Cold	0	1
7	Vandiviere et al, 1973	8	2545	10	629	197721021	-162089822	472247019	19	1965	Random	Hot	1	0
8	Coetzee & Berjak, 1968	29	7499	45	7277	625366345	-469417648	237558856	27	1965	Random	Hot	1	0
9	TB Prevention trial,	505	88391	499	88391	101202404	119523335	629410779	13	1968	Random	Hot	1	0
10	Rosenthal et al, 1961	17	1716	65	1665	253765465	-137134480	270231000	42	1941	Systematic	Cold	0	1
11	Comstock and Webster,	5	2498	3	2341	156191619	445913400	729729981	33	1947	Systematic	Hot	1	0
12	Comstock et al, 1974	186	50634	141	27338	712226836	-339358828	111410116	18	1949	Systematic	Hot	1	0
13	Comstock et al, 1976	27	16913	29	17854	982835076	-173139482	267216503	33	1950	Systematic	Hot	1	0

Model	Study name	Statistics for each study						
		Log risk ratio	Standard error	Variance	Lower limit	Upper limit	Z-Value	p-Value
	Frimodt-Moller et al, 1973	-0.2175	0.2263	0.0512	-0.6611	0.2260	-0.9613	0.3364
	TB Prevention trial, 1980	0.0120	0.0629	0.0040	-0.1114	0.1353	0.1899	0.8494
	Comstock et al, 1974	-0.3394	0.1114	0.0124	-0.5577	-0.1210	-3.0460	0.0023
	Vandiviere et al, 1973	-1.6209	0.4722	0.2230	-2.5465	-0.6953	-3.4323	0.0006
	Coetzee & Berjak, 1968	-0.4694	0.2376	0.0564	-0.9350	-0.0038	-1.9760	0.0482
	Comstock and Webster,	0.4459	0.7297	0.5325	-0.9843	1.8762	0.6111	0.5412
	Comstock et al, 1976	-0.0173	0.2672	0.0714	-0.5410	0.5064	-0.0648	0.9483
	Rosenthal et al, 1960	-1.3481	0.6445	0.4154	-2.6113	-0.0849	-2.0917	0.0365
	Rosenthal et al, 1961	-1.3713	0.2702	0.0730	-1.9010	-0.8417	-5.0747	0.0000
	Stein & Aronson, 1953	-0.7861	0.0831	0.0069	-0.9490	-0.6232	-9.4599	0.0000
	Aronson, 1948	-0.8893	0.5706	0.3256	-2.0077	0.2290	-1.5586	0.1191
	Hart & Sutherland, 1977	-1.4416	0.1415	0.0200	-1.7188	-1.1643	-10.1908	0.0000
	Ferguson & Simes, 1949	-1.5854	0.4411	0.1946	-2.4500	-0.7208	-3.5941	0.0003
Fixed		-0.4303	0.0405	0.0016	-0.5097	-0.3509	-10.6247	0.0000

圖 7-12　基本分析、Fixed-effect、Risk ratio（BCG C.cma 資料檔，BCG.xls 檔）

1. 效果量考驗

效果量是否爲 0？（虛無假設「H_0：Z = 0」）

圖 7-12[2] 和圖 7-13[3] 中標有「Fixed」的列，顯示平均效果量 $\log(\overline{RR})$ = −0.4303，標準誤爲 0.0405。考驗虛無 (null) 假設「H_0：Z = 0」，求得 Z 值 = −10.6247，對應的 p 值 <0.0001。結論是：拒絕虛無假設 H_0，故平均效果量不是 0。

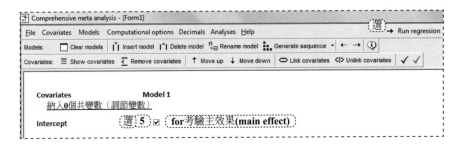

圖 7-13　基本分析、Fixed-effect、Log risk ratio 分析結果

2. Test of the statistical model

虛無假設「H_0：數據是否與固定效果模型一致？」

圖 7-13，標記 Heterogeneity [4] 是效果量異質性的統計數據。Q = 153.2330，df = 12，相應的 p 值 < 0.0001(P<0.05，拒絕 H_0)。這告訴你，不同研究的眞實效果量可能會有所不同，這意味著眞實數據與固定效果模型的假定不一致（異質性）。

二、迴歸法 (The regression approach)

圖 7-14　Regression 設定、Intercept only（BCG C.cma 資料檔，BCG.xls 檔）

接著，改用 Meta 迴歸執行相同的分析。圖 7-14 是 CMA 中定義模型的畫面。由於你的目標是估計平均效果的大小（即 Intercept），因此除 Intercept[5] 之外，本例未含任何共變數 (covariates)。Meta 結果如下圖所示。

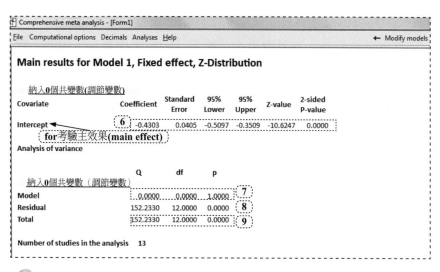

● 圖 7-15　迴歸、Main results、Fixed-effect、Intercept only 分析結果

1. 效果量檢定 (Test of effect size)（虛無假設「H_0：Z = 0」）

Is the effect size zero?

由於本例無共變數，因此預測的效果只有 Intercept，因此請問「效果量是否為零？」則可透過 Intercept（截距）檢定來求解。

在圖 7-15 中，迴歸方程式 [6] 給出的所有研究的預測效果量為 Y = −0.4303，標準誤 = 0.0405，變異數 = 0.0405^2 = 0.0016，信賴區間為 −0.5097 至 −0.3509（未含 0 值）。null 假設檢定求得：Z = −10.6247，對應的 p 值 <0.0001（拒絕 H_0：Z = 0）。故發現：效果量不是 0，即無共變數（調節變數）情況下，打卡介苗疫苗 (X)，是可有效降低肺結核 (Y) 的風險，即 X → Y 因果關係是正面且顯著。請注意，這些數字與圖 7-12 [2] 和圖 7-13 [3] 中傳統分析得出的數字一致。

2. Analysis of variance

圖 7-15，使用變異數分析是固定效果迴歸的結果，其中，Total 的 [9] 加權平方和 (weighted sum of squares, WSS、Q) 可分解為：預測模型 [7] 和殘差 [8] 二部分。

WSS_{Model}：

標有「Model」[7] 的列是由預測模型解釋的 WSS。由於在此例子中無共變數，因此此列在此處沒有相關性。故 Q 值 = 0, df = 0.0，p 值 = 1.0。

$WSS_{Residuall}$：

標有「Residual」[8] 的列是模型未解釋的 WSS(weighted sum of squares)，它考

驗了所有研究均具有相同（眞實）效果量的假設。由於 Q = 152.2330，df = 12 且 p <0.0001，因此故求得結論，眞實效果量可能會「因研究而異」。因此，數據與固定效果模型的假設不一致。注意，這些數字與圖 7 [4] 中的數字相同。

WSS$_{total}$：

標記「Total」[9] 的列是整套研究的總 WSS（無預測變數）。在這種情況下，總 WSS 與殘差 WSS 相同，因爲兩者均基於所有 13 個研究的變異數。Q = 152.2330，df = 12，p <0.0001。同樣，它與圖 7-13 [4] 中的數字相同。

小結

此 Case A 的目的，是顯示傳統分析與迴歸分析之間的對應關係，無共變數之 Meta 迴歸 = 傳統的 Meta 簡單分析。

1. Case A 無共變數的 Meta 分析來估計（和考驗）效果量，與傳統分析中的平均效果 (−0.4303) 與迴歸分析中的 Intercept(−0.4303) 是相同意義。這兩種情況之下，標準誤均爲 0.0405，p 值 < 0.0001，這告訴你眞實的平均效果量不是 0。

2. 若還想知道數據是否與固定效果模型一致。傳統分析中的異質性 Q 考驗，對照迴歸分析的殘差 Q 考驗，二者都是相同意義。在這兩種情況下，df 均爲 11 且 p <0.0001 時，Q = 152.2330，故拒絕虛無假設：同質性。這情況告訴你，不同研究的眞實效果量可能會有所不同，因此違反了固定效果模型的假定。

7-3a-2 次群組 / 子組 (subgroup) 分析 (Case B)：類別型共變數之調節效果

如圖 7-11 所示，Meta 分析有三種情況。本節將介紹固定效果模型之類別共變數）(Case B)。

上面，可發現疫苗的影響因研究條件而異（有其他調節變數的干擾）。假設，這種誤差可能源自不同地點進行研究所造成的，即 BCG 疫苗在寒冷 (cold) 氣候比 Hot 氣候更有效的事實所致。爲了考驗該假設，你將連續變數之緯度 (latitude)，recode 爲「冷 cold」或「熱 hot」虛擬變數，再進行以分析：

(1) 接著，分別估計每個次群組 (subgroup) 的效果量。

(2) 比較兩個 subgroup 的效果量。（這與原始分析不同，在原始分析中，研究者使用緯度當作連續的共變數，而不是建立兩個 subgroup）。

方法一　傳統 Meta 方法

圖 7-16，先建「BCG C.cma」資料檔、虛擬變數「cold」或「hot」爲 Moderator variable (將個別研究已分成二個 subgroup)。

如圖 7-16，若你發現（流感）疫苗的影響（效果）會因研究而異。研究者員會預先假定，這種變化可能是由於在不同地點（氣候冷 vs. 熱）進行研究所造成的，而且這種疫苗在寒冷的氣候中會更有效。爲了考驗該假定，你可用根據緯度 (latitude) recode 爲「cold」或「hot」地區，並在 CMA 選「Idenfify → Column for → Moderator variable」來建此虛擬變數，來記錄是否爲 hot 二元變數。

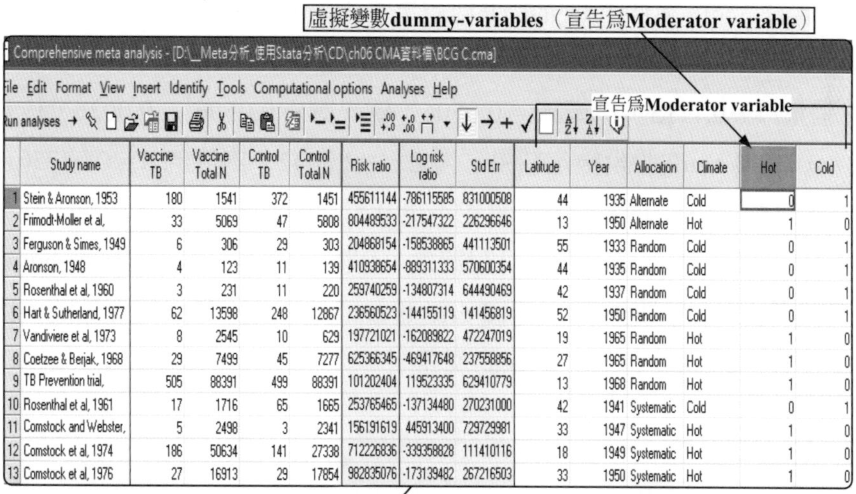

	Study name	Vaccine TB	Vaccine Total N	Control TB	Control Total N	Risk ratio	Log risk ratio	Std Err	Latitude	Year	Allocation	Climate	Hot	Cold
1	Stein & Aronson, 1953	180	1541	372	1451	455611144	-786115585	831000508	44	1935	Alternate	Cold	0	1
2	Frimodt-Moller et al,	33	5069	47	5808	804489533	-217547322	226296646	13	1950	Alternate	Hot	1	0
3	Ferguson & Simes, 1949	6	306	29	303	204868154	-158538865	441113501	55	1933	Random	Cold	0	1
4	Aronson, 1948	4	123	11	139	410938654	-889311333	570600354	44	1935	Random	Cold	0	1
5	Rosenthal et al, 1960	3	231	11	220	259740259	-134807314	644490469	42	1937	Random	Cold	0	1
6	Hart & Sutherland, 1977	62	13598	248	12867	236560523	-144155119	141456819	52	1950	Random	Cold	0	1
7	Vandiviere et al, 1973	8	2545	10	629	197721021	-162089822	472247019	19	1965	Random	Hot	1	0
8	Coetzee & Berjak, 1968	29	7499	45	7277	625366345	-469417648	237558856	27	1965	Random	Hot	1	0
9	TB Prevention trial,	505	88391	499	88391	101202404	119523335	629410779	13	1968	Random	Hot	1	0
10	Rosenthal et al, 1961	17	1716	65	1665	253765465	-137134480	270231000	42	1941	Systematic	Cold	0	1
11	Comstock and Webster,	5	2498	3	2341	156191619	445913400	729729981	33	1947	Systematic	Hot	1	0
12	Comstock et al, 1974	186	50634	141	27338	712226836	-339358828	111410116	18	1949	Systematic	Hot	1	0
13	Comstock et al, 1976	27	16913	29	17854	982835076	-173139482	267216503	33	1950	Systematic	Hot	1	0

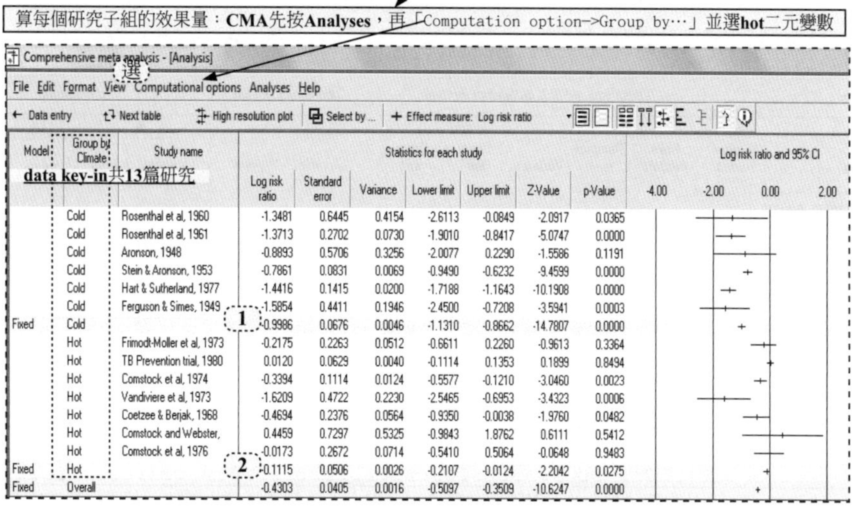

Model	Group by Climate	Study name	Log risk ratio	Standard error	Variance	Lower limit	Upper limit	Z-Value	p-Value
	Cold	Rosenthal et al, 1960	-1.3481	0.6445	0.4154	-2.6113	-0.0849	-2.0917	0.0365
	Cold	Rosenthal et al, 1961	-1.3713	0.2702	0.0730	-1.9010	-0.8417	-5.0747	0.0000
	Cold	Aronson, 1948	-0.8893	0.5706	0.3256	-2.0077	0.2290	-1.5586	0.1191
	Cold	Stein & Aronson, 1953	-0.7861	0.0831	0.0069	-0.9490	-0.6232	-9.4599	0.0000
	Cold	Hart & Sutherland, 1977	-1.4416	0.1415	0.0200	-1.7188	-1.1643	-10.1908	0.0000
	Cold	Ferguson & Simes, 1949	-1.5854	0.4411	0.1946	-2.4500	-0.7208	-3.5941	0.0003
Fixed	Cold		-0.9986	0.0676	0.0046	-1.1310	-0.8662	-14.7807	0.0000
	Hot	Frimodt-Moller et al, 1973	-0.2175	0.2263	0.0512	-0.6611	0.2260	-0.9613	0.3364
	Hot	TB Prevention trial, 1980	0.0120	0.0629	0.0040	-0.1114	0.1353	0.1899	0.8494
	Hot	Comstock et al, 1974	-0.3394	0.1114	0.0124	-0.5577	-0.1210	-3.0460	0.0023
	Hot	Vandiviere et al, 1973	-1.6209	0.4722	0.2230	-2.5465	-0.6953	-3.4323	0.0006
	Hot	Coetzee & Berjak, 1968	-0.4694	0.2376	0.0564	-0.9350	-0.0038	-1.9760	0.0482
	Hot	Comstock and Webster,	0.4459	0.7297	0.5325	-0.9843	1.8762	0.6111	0.5412
	Hot	Comstock et al, 1976	-0.0173	0.2672	0.0714	-0.5410	0.5064	-0.0648	0.9483
Fixed	Hot		-0.1115	0.0506	0.0026	-0.2107	-0.0124	-2.2042	0.0275
Fixed	Overall		-0.4303	0.0405	0.0016	-0.5097	-0.3509	-10.6247	0.0000

圖 7-16　Subgroups Cold vs. Hot；Fixed-effect (BCG C.cma 資料檔，BCG.xls 檔)

然後進行分析：

(1) 先估算每個 subgroup 的效果量：CMA 先 Analyses，再「Computation option → Group by...」並選 hot 二元變數當分組變數（類別型調節變數）。

(2) 再比較這兩個 subgroup 的效果量。（這與原始分析不同，在原始分析中，研究者使用緯度 (latitude) 當作連續型共變數，而不是建立兩個組別）。

1. 每個 subgroup 的平均效果量是否為 0？（虛無假設「$H_0：Z_a = Z_b = 0$」）

對於 cold 的研究，可以透過上圖 [1] 解決。相同的數字顯示在下圖 [1] 中。效果量為 -0.9986，標準誤 = 0.0676，變異數 = $0.0676^2 = 0.0046$，信賴區間為 $[-1.1310, -0.8662]$。null 假設檢定結果，得 $Z = -14.7808$，對應的 p 值 <0.0001，故拒絕虛無假設。求得結論：cold 氣候下研究的平均效果量不是 0。

相對地，對於 hot 氣候研究，可以透過上圖 [2] 解決。相同的數字也顯示在下圖 [2] 中。效果量為 -0.1115，標準誤 = 0.0506，變異數 = $0.0506^2 = 0.0026$，信賴區間為 $[-0.2107, -0.0124]$。null 假設檢定結果，得 $Z = -2.2042$，對應的 $p = 0.0275 (p<0.05)$。故結論：Hot 氣候下研究的平均效果量也不是 0。

綜合上述 cold 氣候 vs. hot 氣候研究結果，在固定效果模型，cold 及 hot 氣候下，疫苗效果都是有效的；但是若看 Mixed effects analysis，hot 氣候是無效的。因此同質性 Q 檢定的選定，就決定你研究結果的反差。

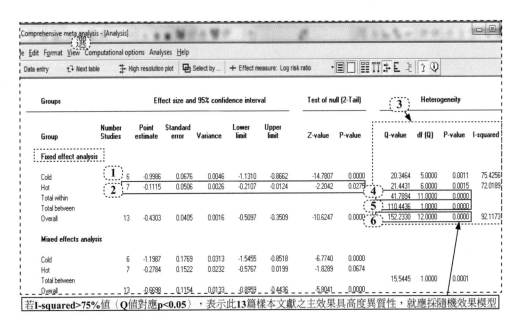

圖 7-17　Subgroups Cold vs. Hot：Fixed-effect 之結果

2. 變異數分析

在圖 7-17 中，標記異質性 [3] 顯示了如何將總變異數劃分爲各個組成部分。初級研究中的**變異數分析**是基於平方和 (SS)；但 Meta 分析中的 subgroup 分析則基於加權平方和（WSS，又稱 Q）。然而，這二者基本思想是相同的。你可將總 Q 劃分爲各個組成部分：由 subgroups 所解釋的 Q 和 within subgroups 的 Q（無法解釋，也可能是殘差）。

3. Total within

固定效果模型要求同一 subgroup 內的所有研究均具有相同的真實效果量。該假定可由 Q 統計量來驗定，其中 Q 及其自由度在次群組內計算，然後在次群組之間求和。在此，Q = 41.7894，df = 11，並且 p < 0.0001。這告訴你，效果可能在次群組中確實有所不同，並且固定效果模型無效 [4]。

4. Total between

標有「Total between」的列是對預測模型的考驗。在這裡，它解決了一個問題：「效果量是否隨次群組而變化」？df = 1 且 p < 0.0001 的 Q 值 110.4436，告訴你它可能確實因次群組 [5] 而異。

5. Overall

標有「Overall」反映了總分散度 (dispersion)。它解決了一個問題：「若忽略次群組並算出所有有關均值的研究的變異數，效果是否會彼此不同」？本例 Q = 152.2330，df = 12 且 p < 0.0001，告訴你它們可能確實有所不同 [6]。

注意，variance 成分是可加的。Hot 研究中的 Q 值加上 Cold 研究中的 Q 值將得出 subgroup 內的總 Q 值。然後，subgroup 內的 Q 值加上 subgroup 間的 Q 值將得出總 Q 值。

方法二 Meta 迴歸法

你可執行 Meta 迴歸來求得相同的調節分析。

圖 7-18 是你定義模型的畫面。

1. 第一個 covariate 是截距 (intercept)，它對應至傳統 Meta 分析之總平均效果。
2. 第二個 covariate 是稱爲「Climate: Hot」的調節變數。該共變數將解決效果量是否隨氣候變化而變化問題。sub-designation (Hot) 遵循約定，即爲存在屬性而命名和編碼變數。由於該虛擬變數稱爲「Hot」，故 Cold 將被編碼爲 0，而 Hot 將被編碼爲 1。

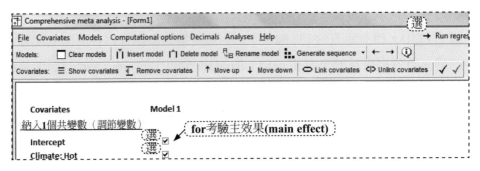

圖 7-18　Regression Cold vs. Hot：Setup

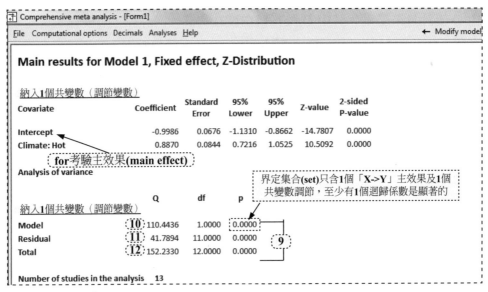

圖 7-19　Regression Cold vs. Hot 之 Meta 分析結果

1. Analysis of variance（變異數分析）

圖 7-19，變異數分析 [9] 顯示了如何將總 WSS [12] 劃分爲各個組成部分—模型解釋的 WSS（在此爲 subgroup）[10] 和殘差 WSS 在此處（在 subgroup 內）[K]。

2. 模型 (WSS$_{model}$)

標有「Model」[10] 的列詢問預測模型 (climate) 是否解釋了效果量的任何變化。換句話說，它詢問當迴歸線是基於氣候而不是僅基於均值時，迴歸線的影響分散度是否較小。本例分析結果顯示，Q = 110.4436，df = 1，p < 0.0001，故求得結論：預測模型可能（至少）解釋了效果量的某些差異。

3. 殘差 (WSS$_{residual}$)

標有「Residual」[11] 列，詢問數據是否與該模型的假定相同，即所有氣候相同的研究均具有相同的效果量。Q = 41.7894，df = 11，且 p < 0.0001。故得出的結論是，數據與固定效果模型的假定不一致。

4. 總 (WSS$_{total}$)

標記「Total」[12] 的列，詢問整個研究（無 subgroup）的研究間差異是否為零。無論是否存在 subgroup，該分析都是相同的，故與先前的分析一樣，Q = 152.2330，df = 12，p < 0.0001。

注意，變異數成分是可加的。殘差的 Q 值加上模型的 Q 值將得出總 Q 值。

5. 預測方程

預測方程 [9] 為「−0.9986 + 0.8870×Climate」。

由於氣候的 cold 編碼為 0，熱編碼為 1，故對 cold 研究的預測：

$$Y = -0.9986 + 0.8870 \times 0 \tag{6.1 式}$$

而 hot 研究的預測：

$$Y = -0.9986 + 0.8870 \times 1 \tag{6.2 式}$$

請注意，這些數字與你在 subgroup 分析中看到的數字相同。

1. 「圖 7-16 Subgroups Cold vs. Hot；Fixed-effect」的 [1] 和「圖 7-17 Subgroups Cold vs. Hot；Fixed-effect 之結果」的 [1] 是：Cold 研究的平均效效果量為 −0.9986，這與你在（6.1 式）中看到的相同。

2. 「圖 7-16 Subgroups Cold vs. Hot；Fixed-effect」的 [2] 和「圖 7-27 Subgroups Cold vs. Hot；Fixed-effect 之結果」[2] 顯示：Hot 研究的平均效果量為 −0.1196，這與（6.2 式）相同。

小結

可將總體平均值 (grand mean) 的每個效果量的 Q$_{total}$ 劃分為其組成部分：可由效果量的變化而引起的 Q（可以用 subgroup 成員身分解釋），及不可透過 subgroup 部分所解釋的。傳統方法與迴歸方法使用的術語有些不同，但在數學上是相同的，並且

得出的答案也完全相同。

- 傳統模型之 $Q_{between}$，和迴歸模型之 Q_{model}，Q 均為 110.4436，df = 1 且 p < 0.0001。每告訴你，subgroup 之間的效果量可能有所不同。

- 傳統模型之 Q_{within}，和迴歸模型之 $Q_{residual}$，Q 均為 41.7894，df = 11 且 p < 0.0001。這二個都顯示，本例違反了固定效果模型的假定。

- 每種情況下，Q_{total} = 152.2330，df = 12，p < 0.0001。每個都告訴我們，若忽略 subgroups 且處理所有研究與均值的離差 (deviations) 時，效果量都會有所不同。

- Q_{values} 是可加的。$Q_{between} + Q_{within} = Q_{total}$

每個變數都告訴我們，當我們忽略「次群組並處理所有研究與均值的偏差」時，效果量會有所不同。

7-3a-3 連續型共變數 (continuous covariate)(Case C)：卡介苗主效果 + 調節效果

如圖 7-11 所示，Meta 分析有三種情況。本節將介紹固定效果模型之連續型共變數）(Case C)。

如同 Case B，你將研究分為「熱」或「冷」氣候，這使你能夠進行 subgroup (CMA 的 Selecte by...) 分析。在原始論文中，研究者將每個研究的絕對緯度當作一個連續的共變數。現在你來進行此分析。

一、傳統方法

在傳統框架中，沒有機制可用連續共變數。

二、迴歸法

下圖是你定義迴歸的畫面。你將使用 intercept 及緯度 (latitude) 兩者來預測效果量。共變數將印證卡介苗效果量是否受地球緯度的調節（干擾）？先前圖 7-16 是類別型共變數之分析結果。

圖 7-20 旨在改用連續型共變數：緯度 (latitude)，來執行 Meta 迴歸分析。

連續型共變數Latitude

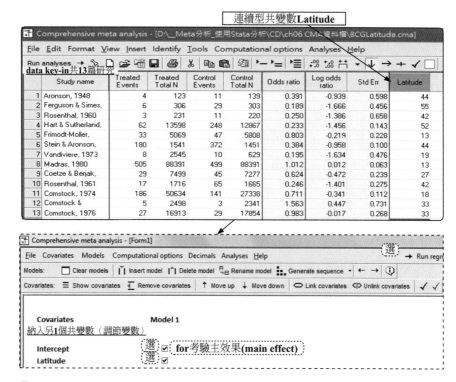

圖 7-20　選 Regression、Latitude、Setup（BCGLatitude.cma 資料檔）

圖 7-21 是改用連續型共變數：緯度 (latitude)，所執行 Meta 迴歸分析之結果。

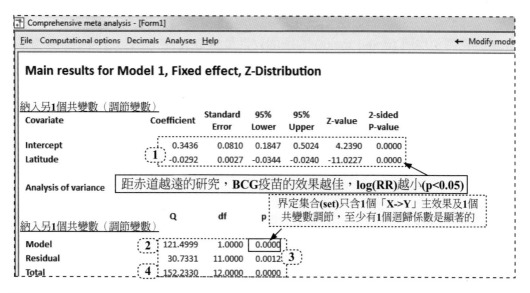

圖 7-21　Regression、Latitude、Fixed-effect 的分析結果（BCG Latitude.cma 資料檔）

1. 變異數分析 (analysis of variance)

圖 7-21，標示變異數分析 [1] 中，將 WSS_{total} 分爲：由 latitude (WSS_{model}) 解釋的 WSS 及 $WSS_{residual}$ 二部分。

(1) 模型 (WSS_{model})

標有「Model」[2] 列，是假設：預測模型 (latitude) 解釋了效果量的任何變化。換句話說，當迴歸線基於 latitude 而不是僅基於均值時，迴歸線的影響分散度是否較小。由於 Q = 121.4999，df = 1 且 p < 0.0001，故求得結論，預測模型可能（至少）解釋了效果量的一些差異。

(2) 殘差 ($WSS_{residual}$)

標有「Residual」[3] 的列說明了以下假設：數據與模型在相同 latitude 下對所有研究的平均效果量的假設一致。Q = 30.7331，df = 11，p = 0.0012。你得出的結論是，數據與固定效果模型的假設不一致。相反，即使在相同 latitude 的研究中，實際效果的量也因研究而異。

(3) 總計 (WSS_{total})

標記「Total」[4] 的列，其假設：整個研究集 set（無預測變數）的變異數爲 0。無論是否存在 subgroup 或共變數，該分析都是相同的，因此，如先前的分析中，Q = 152.2330，df = 12，p < 0.0001。

▌小結

可將總體平均值 (grand mean) 的每個效果量的 Q_{total} 劃分爲：Q 可由效果量的變化（可以用 latitude 來解釋），及不能解釋二部分。

- 模型 (model) 的 Q_{model} = 121.4999，df = 1 並且 p < 0.0001，這告訴你效果量受共變數 latitude 的調節（干擾）。距赤道越遠的研究，BCG 疫苗的效果越佳，其 log(RR) 越小 (p < 0.05)。

- 殘差的 $Q_{residual}$ = 30.7331，df = 11 且 p = 0.0012，這告訴你，它違反了固定效果模型的假設。

- 總的 Q_{Total} = 152.2330，df = 12 且 p < 0.0001，這告訴你，當你忽略 latitude 並處理所有研究與均值的離差時，效果量會發生變化。

本例 Meta 迴歸的啓示 (in context)

上述，末例共用三種 Meta 分析法，來顯示迴歸與傳統分析之間的對應關係：

1. 在 Case A 中，無共變數。

2. 在 Case B 中，存在一個類別共變數。

3. 在 Case C 中，存在一個連續型共變數。

　　對於傳統分析，固定效果模型要求所有研究均具有相同的真實效果量 (Case A)，或 subgroup 內的所有研究均具有相同效果量 (Case B)。透過基於與總體均值之間的 deviation 的 Q 值 (Case A) 或透過基於與每個研究的 subgroup 平均值之間的 deviation 的 Q 值 (Case B) 來考驗該假設。

　　迴歸模型是更通用的模型，它使你能夠說出所有具有相同預測值的研究的效果量必須相同，Meta 迴歸涵蓋了所有情況。在 Case A 中，預測值是總體平均值（與傳統分析一樣）。在 Case B 中，預測值是 subgroup 平均值（與傳統分析一樣）。在 Case C 中，預測值是迴歸線上與迴歸方程相對應的點。

7-3b 隨機效果之 Meta 分析：卡介苗 (BCG) 疫苗效果

Case A 簡單分析：「X（打卡介苗）→ Y（是否染肺結核嗎）」，證明「打卡介苗疫苗 (X)，是可有效降低肺結核 (Y) 的風險」。

Case B 子組（次群組 subgroup）：「X（打卡介苗）→ Y（是否染肺結核嗎）」受天氣冷熱的干擾（調節）嗎？

Case C Meta 迴歸：「X（打卡介苗）→ Y（是否染肺結核嗎）」受連續共變數 (Latitude) 的干擾嗎？

7-3b-1 基本分析（無共變數）(Case A)：卡介苗 (BCG) 疫苗的主效果

　　如圖 7-11 所示，Meta 分析有三種情況。本節將介紹隨機效果模型之無共變數 (Case A)。

　　本例先介紹卡介苗研究的 Meta 分析。它是基本的 Meta 分析，因為你的目標只是估算整體研究的平均效果量。在此將練習 (1) 使用傳統方法，然後 (2) 再使用 Meta 迴歸，來對比兩者之間的對應關係。

一、傳統做法

下圖是 CMA 使用傳統的 Meta 分析法的畫面。請注意，效果量以對數 log(x) 單位 [1] 為單位。每行顯示該研究的效果量及 95% 信賴區間（是否含無異線 0 值？）。

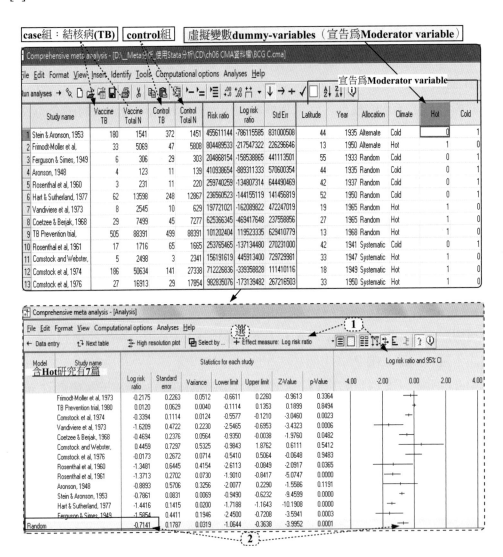

圖 7-22　基本分析、Log risk ratio、Random-effects（BCG Latitude.cma 資料檔，BCG. xls 檔）

圖 7-22 [2] 中標有「Random」的列顯示 common（平均）效果量為 −0.7141，95% 信賴區間為 [−1.064, −0.3638]。考驗虛無假設「$H_0 : Z = 0$」，得出 Z = −3.9952，相應的 p = 0.0001，故拒絕 H_0。下圖中顯示相同的數字 [3]。

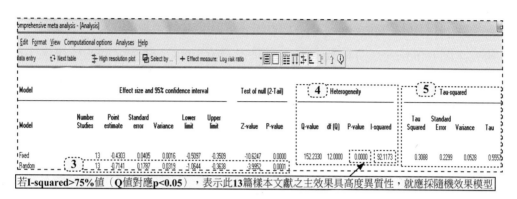

圖 7-23　基本分析、Log risk ratio、Random-effects 分析結果

1. 效果量檢定

平均效果量為 0 嗎？（虛無假設「$H_0 : Z = 0$」）

圖 7-21[2] 和圖 7-22[3] 中標有「Random」的線顯示，效果量為 −0.7141，標準誤為 0.1787。考驗 H_0：「Z 值 = 0」，結果是 Z = −3.9952，對應的 p 值 < 0.0001，故拒絕 H_0。得出結論：平均效果量不是 0。

2. 異質性 (heterogeneity)

(1) **真實效果量是否存在無法解釋的變異**？(Is there any unexplained variance in the true effect sizes?)

平均效果量 = −0.7141。是否所有觀察到的關於該均值的變異數都反映了抽樣誤差，或者是否有證據顯示某些變異數反映了各個研究中真實效果量的差異？

在圖 7-23 中，標記「Heterogeneity」[4] 供部分解答。Q = 152.2330，df = 11，p < 0.0001，故拒絕 H_0：同質性。這告訴你，所有變異數都不太可能歸因於抽樣誤差。故得出的結論是，實際效果量可能因研究而異（異質性）。

請注意，用於隨機效果分析的異質性部分（圖 7-23）與用於固定效果分析的異質性部分都相同。這兩種情況下，異質性統計均基於權重 $\dfrac{1}{V}$（也就是說，唯一的抽樣誤差在研究範圍內）。儘管固定效果模型和隨機效果模型的數字相同，但解釋卻有

所不同。在固定效果模型下，真實效果中存在異質性告訴你統計模型與數據不匹配。相對地，在隨機效果模型下，這種異質性被用來估計 T^2，然後將其併入分配給每個研究的權重中。

(2) 有多少變異數？(How much variance is there?)

在上圖 [5] 標記「Tau-squared(τ^2)」的部分中對此進行了說明。

研究之間 ($studies_{between}$) 的變異數 (T^2) 估計為 0.3088。研究之間的標準誤 T 僅是 T^2 的平方根，即 0.5557。

(3) 觀察到的變異數中有多少比例是真實變異數？

觀察到的一些變異數是由於效果量的實際變異數所致，而一些則反映了抽樣誤差。I^2 統計量 [4] 反映了由於實際變異數而導致的變異數比例（因此可以用共變數來解釋）。在這種情況下，$I^2 = 92.1173\%$，這意味著幾乎所有觀察到的變異數都反映了研究效果的實際變異數。

二、Meta 迴歸法

改用 Meta 迴歸執行相同的基本分析。下圖是 CMA 中定義模型 [6] 的畫面。除勾選截距 (intercept) 外，本例並未使用任何共變數 (covariates)。

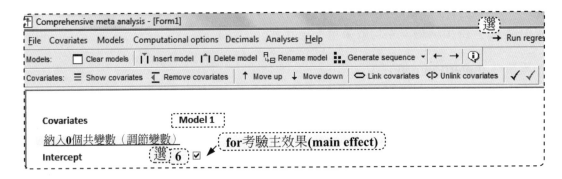

🔵 圖 7-24　Regression、Intercept、Setup

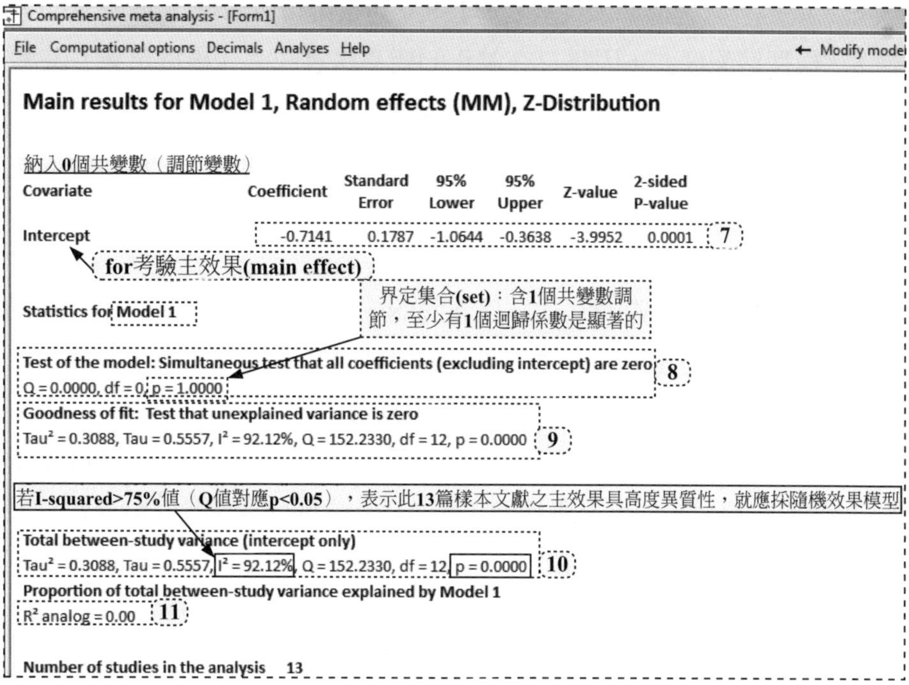

圖 7-25　Regression、Intercept、Main results、Random-effects 分析結果

1. 效果量檢定 (test of effect size)（虛無假設「$H_0 : Z = 0$」）

Is the effect size zero?

圖 7-25，迴歸方程 [7] 顯示所有研究的預測效果量為 Y = −0.7141，標準誤 (standard deviation) 為 0.1787，信賴區間 = [−1.0644, −0.3638]。虛無假設「$H_0 : Z = 0$」的檢定，求得 Z = −3.9952，對應的 p 值 <0.0001（故拒絕「$H_0 : Z = 0$」）。故結論是，平均效果量不是 0。請注意，這些數字與圖 7-22 [2] 和圖 7-23 [3] 中的數字都相同。

2. 模型的檢定 (test of the model)

標記「Test of the Model」[8] 的行，是假設：共變數解釋了效果量的任何變化。由於該模型無共變數，因此與本節不相關。Q 值 = 0.0，df = 0，p 值 = 1.0。

3. 模型適配度 (goodness of fit)

(1) 真實效果量是否存在無法解釋的差異？(Is there any unexplained variance in the true effect sizes?)

每個研究的預測效果量只有截距 −0.7141。是否所有觀察到的均值變異數都反映

了抽樣誤差，或是否有證據顯示某些變異數反映了整個研究中真實效果量的差異？該行 [9] 稱為「模型適配度」，因為存在真正的變異數意味著（根據定義）某些變異數仍然無法解釋。也就是說，預測模型不會「適配」（充分說明）效果量的差異。

Q = 152.2330，df = 11 且 p < 0.0001。你得出的結論是，實際效果的大小可能因研究而異。這些統計數據與圖 7-23 傳統分析的統計數據 [4] 都相同。

(2) 有多少變異數 (variance)？

between-studies 的變異數 (T^2) 估計為 0.3088。然後，研究之間的標準差 (standard deviation, T) 是 T^2 的平方根 = 0.5557。這些值對應於圖 7-23 [5] 中的值。

(3) 觀察到的變異數中有多少比例是真實變異數？

觀察到的一些差異是由於效果量的實際差異所致，一些則反映了抽樣誤差。I^2 值 [9] 反映了由實際差異引起的變異數比例：即「研究之間的異質性（變異數）」與「總變異數」的比值。本例，I^2 = 92.1173% > 75%，表示此 13 篇樣本文獻具高度異質性，故應採隨機效果模型進行 Meta 分析。這對應於圖 7-23 [4] 中的值。注意，Q_{Model} 與 I^2 二者都是異質性考驗的指標。

4. 圖形化 (graphic)

在下圖中，繪製了本例 13 個研究，還繪製了迴歸線 [12]。本例預測模型無共變數，因此迴歸線是水平的。也就是說，每項研究的預測值都是截距 = −0.7141（也是平均值）。透過統計每個研究與該預測值的離差 (deviation) 來計算 Q 統計量。請注

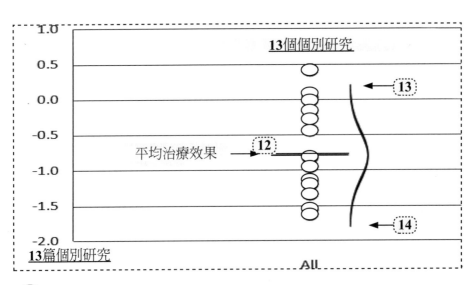

▶ 圖 7-26　整體平均值的離散度 (dispersion of effects about grand mean)

意，此圖適用於傳統分析（預測值＝均值 mean）與迴歸分析（預測值＝截距 inter-cept），因爲這些值相同。

圖 7-26，除了繪製平均治療效果 [12] 之外，你還可以繪製關於該平均值的（眞實）治療效果的分布度。具體來說，若你假定這些影響的常態分布，mean＝ -0.7141，標準差 (T)＝0.5557，那麼你可以預期，所有眞實影響中的約 95% 處於 -1.8033 至 0.3751 的近似範圍內（即是，mean±1.96×T）。該範圍由疊加在曲線上的常態曲線顯示，該曲線以 -0.7141 爲中心，從 -1.8033 [14] 擴展到 0.3751 [13]。該圖是按比例繪製的，你可以看到曲線捕獲了幾乎所有的效果量。

注意，圖 7-26，曲線旨在捕獲眞實效果中的大部分離散，而不是觀察到的效果。碰巧的是，在此例子中，觀察到的效果和眞實效果非常相似（I^2 爲 92%，這意味著觀察到的幾乎所有離散都是眞實的），因此，大多數效果都落在曲線內。但是，情況並非總是如此。例如：假設 I^2＝25%。在這種情況下，眞實離散會更小，曲線會更小。儘管曲線仍將以眞實效果捕獲大部分離散，但觀察到的許多效果將落在曲線之外。

5. Model 1 與 null model 的比較

返回圖 7-25，[10] 段的目標是估計 R^2，即模型解釋的研究間變異數 (T^2) 的比例。爲此，你需要兩個 T^2 估計值：帶預測變數 [9] 和不帶預測變數 [10]。然後，你將使用這兩個數字來計算 R^2[11]。

(1) Total between-study variance

若模型中沒有預測變數，則標記 [10] 的行顯示無法解釋的研究間變異數 (T^2)，即 0.3088。這與傳統分析中顯示的值相同（圖 7-23 的 [5]）。

輸入所有共變數後，[10] 列給出了原始 T^2，而 [9] 行給出了殘差 T^2。在此例子中，由於模型無共變數，因此兩個值相同。當模型中存在共變數時，第 [10] 行上的 T^2 的估計值可能小於第 [9] 行上的估計，並且該差值將用於計算 R^2，即由共變數解釋的原始變異數的比例。

(2) 變異數比例說明

圖 7-25 的 [11]，用於印出預測模型可以解釋總變異數中的比例。在此例子中，無共變數。因此，線 [10] 上的 T^2 估計值與線 [9] 上的估計值相同，R^2 顯示爲 0.00。

(3) 變異數比例說明 (Proportion of variance explained)

圖 7-25 中 [11]，用於印出預測模型可以解釋總變異數中的比例。在本例中，無共變數，因此，[10] 線上的 T^2 估計值與線 [9] 上的估計值相同，R^2 顯示爲 0.00。

小結

注意，Q_{Model} 與 I^2 二者都是異質性考驗的指標。

你的目標是顯示傳統分析與迴歸分析之間的對應關係，來進行簡單分析。

- 在無共變數的 Meta 分析中，你想估計（和考驗）效果量。傳統分析中的均值效果 (−0.7141) 與迴歸分析中的截距 (−0.7141) 解決了這個問題。在這兩種情況下，標準誤均為 0.1787，p = 0.0001，這告訴你真實的平均效果量不是 0。

- 你還想知道是否有證據顯示不同研究的真實效果量存在差異。傳統分析中的異質性 Q 考驗，迴歸分析中的殘差 Q 考驗解決了這個問題。在這兩種情況下，d 值 = 11 且 p <0.0001 的 Q 值均為 152.2330，這告訴你真實的效果量可能確實有所不同。

- 最後，你要估算真實效果量的變異數。在兩種情況下，稱為 T^2 的估計 = 0.3088。這種變化被納入模型，並影響分配給每個研究的權重。

7-3b-2 次群組／子組 (subgroup) 分析 (Case B)：類別型共變數之調節效果

如圖 7-11 所示，Meta 分析有三種情況。本節將介紹隨機效果模型之類別共變數）(Case B)。

以上 (Case A)，已發現疫苗的影響因研究而異。研究者可假設，這種變化可能是由於在不同地點進行的研究以及這種疫苗在 Cold 氣候下更有效的事實所解釋。為了考驗該假設，你可將每個研究分類為「熱 Hot」或「冷 Cold」，然後進行以下分析：

(1) 估計每個 subgroup 的效果量。

(2) 比較這兩 subgroup 研究的效果量。（研究者亦可用緯度當作連續型共變數，而不是建立兩個組）。

一、傳統方法

圖 7-27，你先建「BCG C.cma」資料檔、虛擬變數 Cold 或 Hot 均為 Moderator variable（個別研究分成二個 subgroup）。

如圖 7-27，若你發現（流感）疫苗的效果會因研究而異，就會預先假定，這種變化可能是由於在不同地點（氣候 Cold vs. Hot）進行打疫苗所造成效果差異，即 BCG 疫苗在寒冷的氣候施打較有效。為了考驗該假定，你可用根據緯度 (latitude) 將每個研究分為「cold」或「hot」地區，並在 CMA 選「Idenfify → Column for ... → Moderator variable」來建此虛擬變數，來記錄是否為 hot 二元變數。

　　然後進行分析：

(1) 估算每個 subgroup 的效果量：CMA 先 Analyses，再「Computation option → Group by...」並選 hot 二元變數當分組變數 (類別型調節變數)。

(2) 比較這兩個 subgroup 的效果量。(這與原始分析不同，在原始分析中，研究者使用緯度 (latitude) 當作連續型共變數，而不是建立兩個組別)。

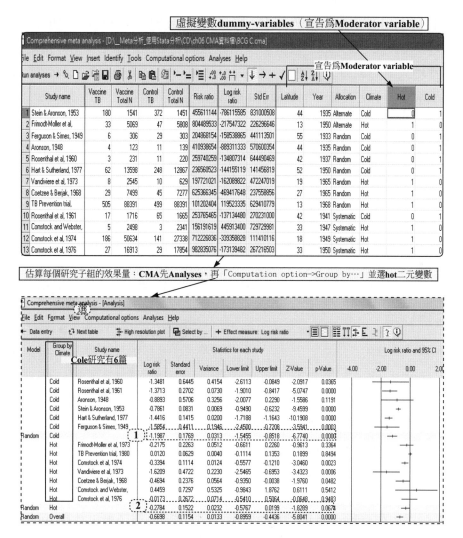

● 圖 7-27　Subgroups Cold vs. Hot、Random-effects (BCG C.cma 資料檔，BCG.xls 檔)

　　Meta 分析結果如圖 7-27，本例已分為二個次群組 (subgroups)：

1. 六項「Cold」研究位於上方，其平均效果：log(RR) = −1.1987(p < 0.05) [1]。
2. 七個「Hot」研究位於下方，其平均效果：log(RR) = −0.2784(p > 0.05) [2]。

　　相同的資訊顯示在圖 7-28 中。在此處，頂部標記「Fixed-effects」，是基於固定效果權重印出統計資訊。底部的標籤為「Mixed-effects」，是基於 subgroup 內的隨機效果權重印出統計資訊。（「混合效果」是在 subgroup 內而不是 subgroup 間使用隨機效果模型的事實）。

　　圖 7-28，標記「Mixed-effects」（這意味著你在 subgroup 中使用隨機效果權重）中，標有 [1] 和 [2] 線對應於圖 7-27 [1] 和 [2] 線，分別代表「Cold、Hot」兩個 subgroup 的平均效果量、標準誤、變異數及信賴區間。本例結論是：卡介苗是否真正有效，受到當地天氣的調節（干擾）。在 Cold 天氣，卡介苗能顯著且有效降低感染肺結結核的風險；但 Hot 天氣，則無顯著的效果。

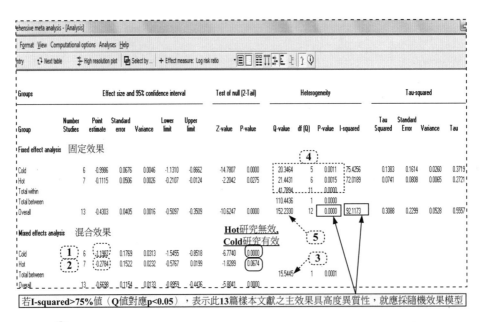

圖 7-28　Subgroups Cold vs. Hot、Random-effects 之分析結果

關於計算 T^2 的注意事項

　　CMA 提供，在 subgroup 的情況下計算 T^2 的選項。選擇項可計算 subgroup 中的 T^2，然後將估計值合併到各個 subgroup 中，如圖 7-29 及圖 7-30 所示。有關這些選項的說明，請參見 CMA 手冊：在存在 subgroup 的情況下計算 τ^2。

　　要在 CMA 中應用此選項，畫面請勾選：

- 圖 7-29，選「Computational options」>「Mixed and random effects options」
- 圖 7-30，先選「Assume a common among-study variance across subgroups」
- 圖 7-30，再選「Combine subgroup using a fixed-effect model」

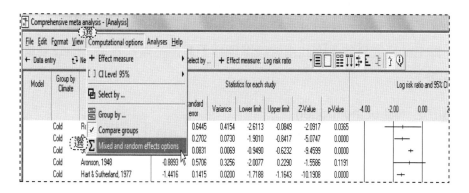

▶ 圖 7-29　Option for computing T² in the presence of subgroups

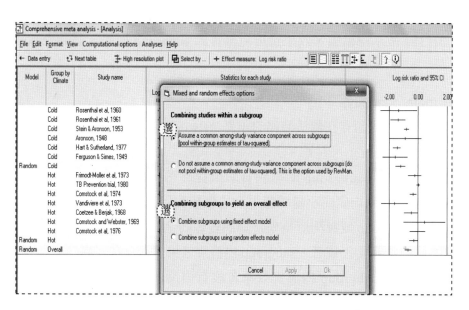

▶ 圖 7-30　「Mixed and random effects option」for computing T² in the presence of sub-groups

　　每個 subgroup 的平均效果量是否為 0？(考驗虛無假設「$H_0 : Z_a = Z_b = 0$」)

1. 對於冷 (Cold) 氣候研究，可透過圖 7-27 [1] 和圖 7-27 [2] 解決。平均效果量 = −1.1987，標準誤為 0.1769，信賴區間為 −1.5445 至 −0.8518 (未含無異 0 值)。考

驗虛無假設「$H_0 : Z = 0$」，求得 z 值 = −6.7740，p 值 <0.0001（故拒絕 H_0）。最後求得結論：在寒冷研究中，平均效果量不是 0，即 Cold 研究有效。

2. 對於熱 (Hot) 氣候研究，可透過圖 7-27[2] 和圖 7-28[2] 解決。平均效果量為 −0.2784，標準誤為 0.1522，信賴區間為 −0.5767 至 +0.0199。考驗虛無假設「$H_0 : Z = 0$」，得出 z = −1.9289，p 值 = 0.0674。這不能滿足傳統的標準 alpha 為 0.05，即 Hot 研究無效，因此根據該準則你不能拒絕無效效果，即效果量為 0（疫苗無影響）。

1. 模型的檢定 (test of the model)

(1) 每個 subgroup 的平均效果量是否為 0（虛無假設「$H_0 : Z_a = Z_b = 0$」）？

效果量與 subgroup 成員關係有關嗎？

標為「Mixed-effects analysis」的部分解決了該問題。標有 Cold [1] 和 Hot [2] 的線是基於隨機效果權重求出之每組的平均效果量。標有「Total between」的行是對這兩個值之間的差異的考驗 (−1.1987 與 −0.2784)。此差異的 $Q_{df=1}$ = 15.5445，對應的 p = 0.0001[3]。故求得結論，效果量可能確實因 subgroup 而異（該共變數有調節作用）。

2. 異質性 (heterogeneity)

(1) 真實效果量是否存在無法解釋的差異？(Is there any unexplained variance in the true effect sizes?)

在上方，你可用 subgroup 的有關資訊來提高預測該研究效果的能力。也就是說，透過 subgroup 平均值而不是總體平均值來預測研究的效果量，來做出更準確的預測。但是，subgroup 成員夠資格來當調節變數嗎？一個 subgroup 內的所有研究是否都具有共同的效果量？或者，subgroup 內真實效果是否存在差異？

為了考驗假設 subgroup 內真實效果量沒有違反 variance 的假定，可計算 subgroup 內的 Q 和 df，然後將這些值在 subgroup 內求和，如下表所示。該表摘自圖 7-28 中標有 [4] 的部分。

	Q（加權平方和 WSS）	df	p-value
Cold	20.3464	5	0.0011
Hot	21.4431	6	0.0015
Total	41.7894	11	0.0000

對於 $Q_{Total} = 41.7894$，$df = 11$，p 值 < 0.0001。這告訴你，即使在 subgroup 內，每個研究的真實效果量也確實有所不同。換句話說，該模型是不完整的：知道該項研究是屬「冷」還是「熱」subgroup 並不能完全預測其效果量。

(2) 本例有多少 variance？

緊接上面計算的 Q 值，來估計 subgroup 內真實效果量 (T^2) 的 variance。對於 Cold 次群組，$T^2 = 0.1383$。Hot 次群組，$T^2 = 0.0741$。此畫面並未顯示組合的估計值（在次群組內計算，並且在次群組之間進行組合），但它是 0.0964。在每種情況下，真實效果量 (T) 的標準差都是 variance 的平方根。T 的組合估計 = 0.3105。

(3) **觀察到的 variance 中，有多少比例是真實 variance？**

subgroup 內觀察到的某些 variance 是由於效果量的實際 variance，而有些則反映了抽樣誤差。I^2 值反映了由於實際 variance（因此有可能由共變數解釋）導致的 variance 比例。對於 Cold，該值 75.4256%，對於 Hot，該值 72.0189%。該畫面上未顯示組合的估算值，但為 73.6775%。這意味著大多數次群組內 variance 反映了研究效果的實際 variance。

二、Meta 迴歸法

你可以執行與 Meta 迴歸相同的分析。圖 7-31 是你界定模型的畫面。

1. 第一個 covariate 是截距 (intercept)：主效果。
2. 第二個 covariate 是稱為「Climate: Hot」的變數。該共變數將解決影響大小是否隨氣候變化的問題。sub-designation (Hot) 遵循約定，即為存在屬性而命名和編碼變數。由於該虛擬變數稱為「Hot」，故 Cold 者將被編碼為 0，而 Hot 將被編碼為 1。

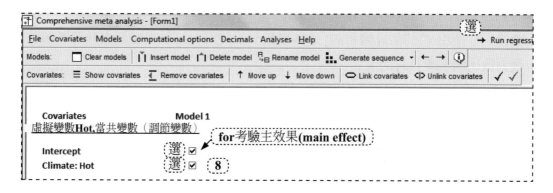

● 圖 7-31　迴歸 Cold vs. Hot：Setup

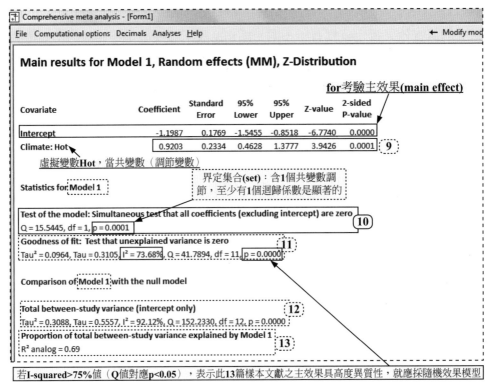

圖 7-32　Regression、Climate、Main results、Random-effects 之 Meta 分析結果

圖 7-32 是分析結果，它是透過兩次單獨的分析得出的。

- 你以 intercept（主效果）和 climate（調節效果）當作預測因子進行一次迴歸。它印出共變數是否具有調節作用 [9]、模型考驗 [10]、適配度 [11] 的基礎。

- 若僅使用 intercept 進行第二次迴歸。它印出無共變數（即，主效果均值的真實變異數）[T] 的 T^2 值的部分的基礎。

- 然後，你使用 T^2 的估計值和 [9] 的共變數，不使用 [12] 的共變數來計算所解釋的變異數比例，即 [13] 的 R^2。

1. 模型的檢定 (test of the model)

(1) 效果量與 subgroup 成員關係有關嗎？Is effect size related to subgroup membership?

效果量是否與 subgroup 成員資格有關的問題透過「test of the model」解決，[10] 印出 Q = 15.5445，df = 1，p 值 = 0.0001。這些值與圖 7-28 [5] 的值相同。故得出結論，效果量確實因 subgroup（調節變數）而異。

等效地（因為模型中只有一個共變數），連續共變數 climate 的 Z = 3.9426，p = 0.0001。(climate 檢定基於 Z，這是一個標準差。模型的檢定基於 Q，這是平方指數。當只有一個共變數時，Z^2 等於 Q。$3.94262^2 = 15.5445$ [10])。

2. 模型適配度 (goodness of Fit)

(1) **真實效果量是否存在無法解釋的變異數**？Is there any unexplained variance in the true effect sizes?

在上方，發現你可用 subgroup 調節變數來精緻該研究模型。可是，這些 subgroup 是否使你能夠完全預測該研究的效果：即該個 subgroup 內的所有研究都具有共同的效果量嗎？還是 subgroup 內真實效果存在差異？這稱為模型適配度考驗，因為可以說，若沒有無法解釋的異質性證據，該模型就可以很好地發揮效果。

為了解決這個問題，你計算了每個研究與其預測效果之間的 deviation 的 Q 值，Cold 研究 = −1.1987；Hot 研究 = −0.2784。以這種方式來計算，[11] 求得 Q = 41.7894，df = 11，相應的 p 值 < 0.0001。這告訴你，即使在 subgroup 內，真正的效果量也會因研究而異。即該模型是不完整的：知道該項研究屬於「Cold」還是「Hot」次群組並不能完全預測其效果量。這與傳統分析之圖 7-28 [1] [2] 中看到的值相同。

(2) **有多少變異數**？

在同一段 [11] 中，程序顯示 $T^2 = 0.0964$（真實效果量關於 subgroup 平均值的變異數）。由此得出，關於 subgroup 平均值的真實效果量的標準差 $T = \sqrt{0.0964} = 0.3105$。段 [11] 這些值是指真實效果在每個 subgroup 中的分散度 (dispersion)，並且假定對於所有 subgroup 都相同。

(3) **觀察到的變異數中有多少比例是真實變異數**？

段 [11]I^2 統計量 = 73.6775%，這意味著剩餘的觀察到的變異數的四分之三（即在 subgroup 內）反映了研究效果的真正差異 (differences)。

請注意，該程序印出兩次獨立分析的 I^2。段 [12] 是研究之間（真實）變異數的總變異數的比例，並且可以用研究水準的共變數來解釋。段 [11] 是 subgroup 內變異的比例，該變異代表研究之間（真實）的變異，並且可以用研究水準的共變數來解釋。

3. 圖形化 (graphic)

圖 7-33，繪製了所有 13 項個別研究及迴歸線。（雖然迴歸線實際上是在特定點與 Cold 和 Hot 行相交的線，但你可在相交點處隨意繪製水平線。）

(1) Hot 研究的預測值 = −0.2784，標準差為 0.3105。若你假設真實效果正好分布在每

個預測值上，那麼你預計 Hot 研究的眞實效果將落在：$-0.2784 \pm 1.96 \times 0.3105$ 的範圍內，即 -0.8870 至 0.3302。圖 7-33 是在研究點上疊加了一條常態曲線，來反映眞實效果的跨度 (span)[14]。

(2) Cold 研究的預測值 $= -1.1199$，標準差爲 0.3105。若你假設眞實效果正好分布在每個預測值上，那麼你預期 Cold 研究的眞實效果將落在 $-1.1199 \pm 1.96 \times 0.3105$ 的範圍內，即 -1.7285 至 -0.5113。在圖 7-33，你在研究點上疊加了一條常態曲線，以反映眞實效果的跨度 [15]。

請注意，圖 7-33 是觀察到的效果。相比之下，這些曲線旨在捕獲約 95% 的眞實效果，這些眞實效果被認爲更接近於預測值。

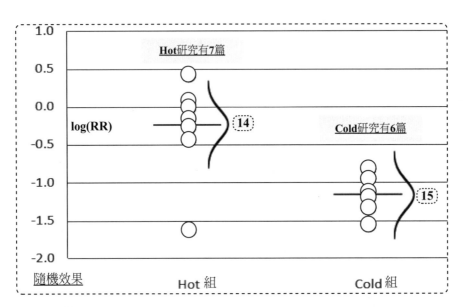

● 圖 7-33　Dispersion of effects about the subgroup means

4. Model 1 與 null 模型的比較

返回圖 7-32，標爲「Comparison of Model 1 with the null model」的部分，旨在印出模型解釋的變異數比例，該係數類似於該次迴歸中的 R^2。

指數 (index) 是：解釋的變異數與總變異數的比率，要獲得兩個數字，你需要進行兩個單獨的迴歸。

爲了獲得初始變異數量，你進行無共變數的迴歸並算出 T^2。在這裡，$T^2 = 0.3088$，這是所有有關均值 [12] 的研究的變異數

為了獲得共變數剩餘的變異數，你對共變數進行迴歸並算出 T^2。在此，$T^2 = 0.0964$，這是所有關於迴歸線 [11] 的研究的變異數。

(1) 變異數比例說明 [13]

若初始 (Total) $T^2 = 0.3088$，而無法解釋的 (Residual)$T^2 = 0.0964$，則該比率：

$$\frac{T^2_{Residual}}{T^2_{Total}} = \frac{0.0964}{0.3088} = 0.6878 \qquad (6.3\ 式)$$

給出了共變數無法解釋的 variance 比例。R^2 則由共變數解釋的 variance 比例為：

$$R^2 = 1 - \left(\frac{T^2_{Residual}}{T^2_{Total}}\right) = 1 - \left(\frac{0.0964}{0.3088}\right) = 0.6878 \qquad (6.4\ 式)$$

圖 7-34，以圖形方式顯示，來將圖 7-27 與圖 7-33 並置。在上半部，當每個研究的預測值 = 均值時，常態曲線 [16] 反映了作用的無法解釋的 variance。右邊的常態曲

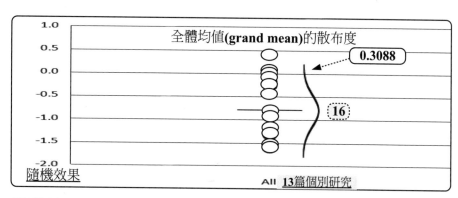

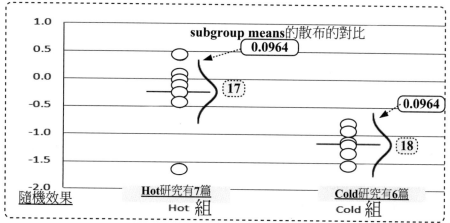

▶ 圖 7-34　全體均值 (grand mean) 的散布與 subgroup means 的散布的對比

線 [17，18] 代表當每個研究的預測值 = 相應的 subgroup 平均值時效果的 variance。這是 subgroup 成員身分無法解釋的差異。下半部的 variance(0.0964) 小於上半部的 variance(0.3088)，這告訴你，透過使用氣候當作共變數，你可以減少無法解釋的 variance 或（等效地 equivalently）解釋一些 variance。

公式 (6.3) 式給出了右側變異數與左側變異數的比率（未解釋的比率與總數的比率）。然後，在 (6.4) 式中，你從 1.0 中減去該值以獲得 R^2 的值。

計算 R^2 的等效方法如下。若初始 (Total)T^2 為 0.3088，而無法解釋的 (Residual)T^2 為 0.0964，則得出的差值 (0.2124) 是模型解釋的 T^2。然後你可以計算 R^2，即模型解釋的比例，如下所示：

$$R^2 = \frac{T^2_{Explained}}{T^2_{Total}} = \frac{0.2124}{0.3088} = 0.6878 \tag{6.5 式}$$

5. 預測方程式 (prediction equation)

預測方程式 [9] 是 −1.1987 + 0.9203 x Climate.

由於虛擬變數 Climate (0 = Cold；1 = Hot)，因此 Cold 研究的預測 =：

$$Y = -1.1987 + 0 \times 0.9203 = -1.1987 \tag{6.6 式}$$

Hot 研究的預測 =：

$$Y = -1.1987 + 1 \times 0.9203 = -0.2784 \tag{6.7 式}$$

這些值與圖 7-27 [3] 和 [4] 中為 subgroup 均值相同。

◦ 小結

1. Q statistic

- 傳統模型 $Q_{Between}$ 與迴歸模型 Q_{Model}，二者均為 15.5445，其中 df = 1 和 p = 0.0001。每個都告訴你 subgroup 之間的效果量不同。
- 傳統模型 Q_{within} 與迴歸模型之適配度 Q，均為 41.7894，df = 11 且 p < 0.0001。這告訴你，即使在 subgroup 中，實際效果的大小也會有所不同。
- 每種情況下的 Q_{total} = 152.2330，df = 12，p < 0.0001。這都告訴你，當你忽略 subgroup 而處理所有個別研究與均值的 deviations 時，效果量會有所不同。

2. I^2 statistic

- I^2 統計量告訴觀察到的效果中有多少比例反映的是眞實效果中的差異，而不是抽樣誤差。

- 當無共變數 [12] 時，I^2 = 92.1173%，這顯示觀察到的變異數的 92% 是眞實的，並且可能用共變數來解釋。

- 當你使用 climate 當作共變數 [11] 時，I^2 = 73.68%，這顯示觀察到有關於 subgroup 均值，約 74% 的變異是眞實的，並可能用其他共變數來解釋。

3. R^2 statistic

subgroups$_{within}$ 的 study$_{between}$ 變異數 = 0.0964，而母群體 = 0.3088。

因此，由 subgroup 解釋的變異數（以 log 爲單位）爲 0.2124。$\frac{explained}{total}$ 的比率：R^2 = 0.6878，這意味著眞實效果變異數的 68.7824% 可由 climate 來解釋。這反映在圖 7-34，其中，subgroup 均值的眞實影響範圍 < grand mean 的眞實影響範圍。

▌7-3b-3 連續型共變數 (continuous covariate)(Case C)：卡介苗主效果 + 調節效果

如圖 7-11 所示，Meta 分析有三種情況。本節將介紹隨機效果模型之連續型共變數）(Case C)。

先前 Case B 分析，是根據「與赤道 (equator) 的絕對距離」將每個研究分類爲「冷 Cold」或「熱 Hot」地區二類。本例，則改用每個研究的「絕對緯度」之連續共變數，來進行 Meta 迴歸。

一、傳統方法

在 傳統框架中，沒有機制可用連續共變數。

二、迴歸法

下圖是定義 Meta 迴歸的畫面，本例使用 intercept 及緯度 (latitude) 二個共變數二來預測「X → Y」效果量。latitude 共變數旨在探討「緯度高低」是否干擾「X → Y」效果量？圖 7-36 是此分析的結果。

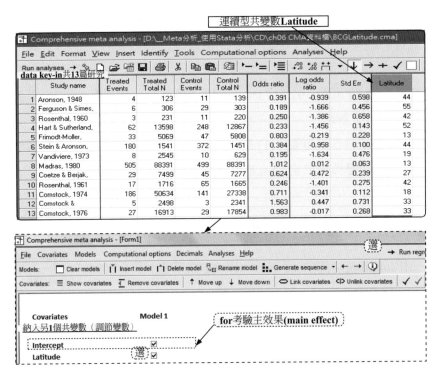

圖 7-35　選 Regression、Latitude、Setup（BCGLatitude.cma 資料檔）

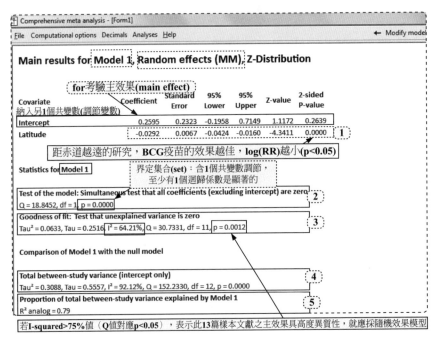

圖 7-36　Regression、Latitude、Main results、Random-effects 的分析結果（BCGLatitude. cma 資料檔）

和以前一樣，需要注意的是，此畫面顯示的結果是透過兩次單獨的分析所求得。

• 本例以截距 (intercept) 和 latitude 當作預測因子先進行一次迴歸。它印出各共變數 [1]、模型考驗 [2] 和適配度 [3] 的基礎。

• 若僅使用截距進行第二次迴歸。[4] 是印出無共變數（即，關於均值的真實變異數）的 T^2 值。

• 然後，再用 T^2 的估計值和 [3] 的共變數，沒有 [4] 共變數來計算所解釋的變異數比例，即 [5] 段中的 R^2。

1. 預測方程 (prediction equation)

上圖，頂部 [1] 顯示截距和每個共變數的係數，以及標準誤、信賴區間和顯著性考驗。

2. 模型考驗

效果量與緯度有關嗎？

圖 7-36，預測方程 [1] 為：0.2595 − 0.0292×Latitude。

「Test of the model」[2] 印出：效果量是否受 latitude 調節（干擾）？Q 值 = 18.8452、df = 1，因 p 值 <0.0001，故拒絕「H_0：所有係數 = 0」。得出結論，「X → Y」效果量可能與緯度 (latitude) 有關。

同理，由於模型中只有一個共變數 latitude，其迴歸係數的 Z 考驗值 = −4.3411，p 值 <0.0001。[緯度 (latitude) 考驗基於 Z，這是一個標準 difference。「Test of the model」是基於 Q，它是平方指數。當只有一個共變數時，$Z^2 = Q$。這裡 $−4.3411^2 =$ 18.8452。

3. 模型的適配度 (goodness of fit)

(1) **真實效果的大小是否存在無法解釋的變異數？**

圖 7-36，可否用某共變數：研究緯度 (latitude)，來提高預測該研究的效果的能力。但是，這些資訊是否使你能夠完全預測該研究的效果？也就是說，所有在相同 latitude 下的研究都具有相同的效果量嗎？還是在相同 latitude 的研究之間，真實效果存在變異數？

適配度 [3] 回答了這個問題。為了計算離散度 (dispersion)，你用每個研究與該研究的預期效果量的離差來運算，其中，預測效果量是每個研究 latitude 的函數。計算與該預測值的偏差，Q = 30.7331(11 = df)，相應的 p = 0.0012（拒絕 H_0）。這告

訴你，即使在 latitude 範圍內，實際效果量也會因研究而異。換句話說，該模型是不完整的：知道該項研究 latitude 並不能完全預測其影響大小。（這與 subgroup 做法不同，你可能不會在同一 latitude 上進行多個研究，但是想法是相同的：對於每個研究，你都計算從預測線到觀察到的效果量的 deviation）。

(2)有多少變異數？(How much variance is there?)

上圖 [3] 顯示 T^2，即迴歸線上任意點的真實效果量的變異數 = 0.0633。因此，迴歸線上任何一點的真實效果量的標準差 T 為 $\sqrt{0.0633}$ = 0.2516。

(3)**觀察到的變異數中有多少比例是真實變異數？**

- I^2 統計量是觀察到效果中有多少比例反映的是真實效果中的差異，而不是抽樣誤差。

- 沒有共變數時 [4]，I^2 = 92.1173%，這顯示觀察到的變異數的 92% 是真實的，並且可能用共變數來解釋。

- 當你使用緯度當作共變數時 [3]，I^2 = 64.21%，這告訴你有關迴歸線的觀察到的變異數中約有 64% 是真實的，並可能由其他 study-level 共變數來解釋。

4. 圖形化

下圖，繪出卡介苗 (BCG) 所有 13 項研究與迴歸線。透過統計每個研究與迴歸線的離差 (deviation) 來計算 Q-statistic。

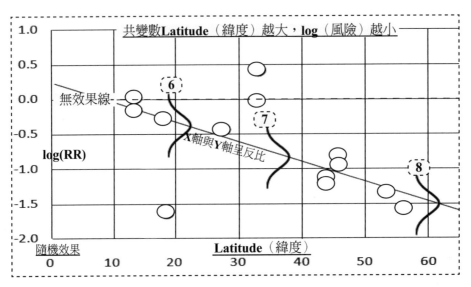

● 圖 7-37　緯度迴歸線的影響之分散度 (dispersion of effects about regression line for latitude)

變異數 (T^2) 的估計 = 0.0633，標準差 (T) = $\sqrt{0.0633}$ = 0.2516。假設這些效果在每個預測值附近呈常態分布，那麼你期望所有研究的真實效果都落在預測值 $\pm 1.96 \times T$ 或預測值兩側的 0.4931 以內。這對於迴歸曲線上的任何點都適用，但是便於說明，可在迴歸線 [6，7，8] 上的幾個任意點疊處再加一條常態來反映該範圍。

請注意，上圖是觀察到的效果。相比之下，這些曲線旨在捕獲大約 95% 的真實效果，這些效果被認為更接近迴歸線。

5. Model 1 與 null model 的比較

返回圖 7-36，標示「Comparison of Model 1 with the null model」部分，它印出該模型所解釋的變異數比例，該比例類似於迴歸中的 R^2，它是「可解釋的變異數／總變異數」的比值，要獲得這兩個數字，你需要進行兩個單獨的迴歸。

為了獲得初始變異數，你進行無共變數的迴歸並算出 T^2。在此，T^2 = 0.3088，它是全體研究均值 (grand mean) 的變異數 [3]。

為了獲得共變數剩餘的變異數，再對共變數進行迴歸並算出 T^2。在此，T^2 = 0.0633，這是所有關於迴歸線 [4] 的研究的變異數。

(1) 變異數比例說明 (proportion of variance explained)

為了獲得最終的變異數量，先用共變數進行迴歸並算出 T^2 = 0.0633 [3]，它是預測的 variance of studies。

若初始，（總）T^2_{Total} = 0.3088，無法解釋的（殘差）$T^2_{Residual}$ = 0.0633 [3]，則該比率是：

$$\frac{T^2_{Residual}}{T^2_{Total}} = \frac{0.0633}{0.3088} = 0.7950 \qquad \text{(6.8) 式}$$

給出了共變數無法解釋的變異數比例。R^2 是由共變量解釋的變異數比例：

$$R^2 = 1 - \left(\frac{T^2_{Residual}}{T^2_{Total}}\right) = 1 - \left(\frac{0.0633}{0.3088}\right) = 0.7950 \qquad \text{(6.9) 式}$$

圖 7-38 係以圖形方式顯示，它將圖 7-25 與圖 7-38 並置來對照。

在圖 7-38 的 (a) 圖，當每個研究的預測值 = 均值時，常態曲線 [9] 反映了無法解釋的真實效果共變數。在圖 7-38 的 (b) 圖，常態曲線 [10，11，12] 顯示當每個研究的預測值是迴歸線上的相應點時，真實效果的共變數。這是緯度無法解釋的差異。(b)

圖的共變數 (0.0633) 小於 (a) 圖的共變數 (0.3088)，這說明，使用緯度當作共變數，係可減少無法解釋的共變數：或（等效地）解釋一些共變數。

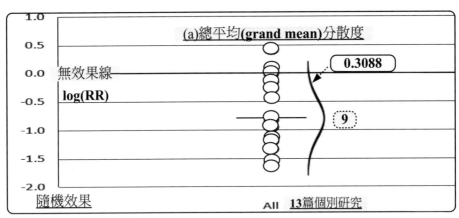

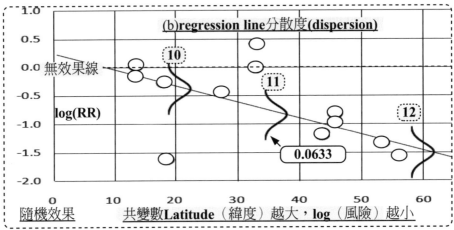

🔘 圖 7-38 總平均 (grand mean) 分散度 vs. regression line 分散度 (dispersion)

計算 R^2 的等效方法如下。若初始（總）T^2 為 0.3088，而無法解釋的 (residual) T^2 為 0.0633，二者的差 (0.2455) 就是模型可解釋的 T^2。然後再計算 R^2，即模型可解釋的比例，如下所示：

$$R^2 = \frac{T^2_{Explained}}{T^2_{Total}} = \frac{0.2455}{0.3088} = 0.7950$$

小結

1. Q 統計 (statistic)

- Q_{Model} = 18.8452，df = 1，p < 0.0001。這告訴你效果量與緯度 (latitude) 有關。
- Case C 模型適配度 Q = 30.7331，df = 12，p = 0.0012。這告訴你，即使在相同緯度的研究中，真實的效果量也會變化。
- Q_{total} = 152.2330，df = 12，p < 0.0001。這告訴你，當你忽略緯度並進行所有研究與均值的離差 (deviations) 時，效果量會有所不同。

2. I^2 統計 (statistic)

　　造成緯度內觀察到的效果量的差異部分：部分是由於實際差異（可透過其他研究水準的共變數來解釋）；部分是由於研究內抽樣誤差。當無共變數 [4] 時，I^2 = 92.1173%，這顯示觀察到的變異數的 92% 是真實的，並可能用以下解釋：在給定緯度內觀察到的效果量變異數部分是由於實際差異（可能由其他研究水準的共變數來解釋），部分是由於研究內抽樣誤差所致。

3. 迴歸模型適配度：R^2 統計 (statistic)

- 基於緯度 (latitude) 的迴歸線上，任意給定點的研究間變異數估計為 0.0633，而基於總體均值的迴歸線估計為 0.3088。這對應的 R^2 = 0.7950，這意味著效果的真實變化的 79.50% 可透過緯度解釋。

總結

　　Case C 示範三種情況，來對比：迴歸分析 vs. 傳統分析之間的替代關係。Case A，無共變數；Case B，存在一個類別共變數；在 Case C 中，存在一個連續型共變數。

　　在 Case A 中，傳統分析透過均值或 intercept（對於迴歸）來考驗效果量。在 Case B 中，是研究效果量與 subgroup 之間的關係（先用傳統分析），或效果量與共變數之間的關係（再用迴歸）。在 Case C 中，是研究效果量與連續型共變數之間的關係。

　　傳統分析 Case A，估計真實效果量的變異數，是基於與均值的離差來算出 Q 值；或根據與每個研究的變異數組均值之 deviations 得出的 Q 值 (Case B)。

　　Case C 迴歸模型是三者最通用的模型，它使你能夠說出所有情況都是基於與每

個研究的預測值之 deviations 來計算 Q 值。在 Case A 中，預測值是總體平均值（與傳統分析一樣）。在 Case B 中，預測值是 subgroup 平均值（與傳統分析一樣）。在 Case C 中，預測值是迴歸線上與迴歸方程相對應的點。

無論如何，一旦有了 Q，你就用它來估計相關母群的眞實變異數（所有研究，subgroup 內的研究或同一 latitude 的研究）。除了估計效果變異數 (T^2) 和效果標準差 (T) 外，你還可以印出觀察到的變異數中有多少比例是眞實的 (I^2)，並且預測模型可以解釋原始變異數中有多少比例是眞實的 (R^2)。

7-4 正向心理資本與幸福感（r, Zr 型）：Meta 迴歸搭配類別型共變數

王姵方（2020）曾以 Meta 分析法探討臺灣中小學教師正向心理資本 (positive psychological capital) 與主觀幸福感 (subjective well-being) 關係。經蒐集及篩選後，共納入五篇論文，以統計軟體 Comprehensive Meta-analysis(CMA) 分析平均效果量及調節變數。

本例旨在以 Meta 分析法探究臺灣中小學教師正向心理資本與主觀幸福感之關係。第一節爲研究架構，第二節爲研究假設，第三節爲研究對象，第四節爲研究法，第五節爲資料處理與分析。

7-4-1 研究設計及實施

幸福感 (Well-being) 可細分爲客觀幸福感 (Objective Well-being, OWB) 及主觀幸福感 (Subjective Well-being, SWB) 兩類，隨著研究的演進，客觀幸福感之研究已式微。故本文 Meta 分析變數——幸福感係指「主觀幸福感」。

一、研究架構

本文之變數爲教師正向心理資本與主觀幸福感兩者，其中教師正向心理資本又分 4 個子構面：自我效能、希望、樂觀及復原力；教師主觀幸福感又分 3 個子構面：情緒幸福感、心理幸福感及社會幸福感。此外，本文在整體教師正向心理資本與整體教師主觀幸福感關係的 Meta 分析中，加入性別、年齡、教育程度、職務、年資，及學校規模等 6 項背景特徵做爲Meta迴歸的預測變數，來探討它們是否可視爲調節變數。

圖 7-39，雙向箭號顯示兩變數的關係程度，即教師正向心理資本與教師主觀幸福感的關係程度。單向箭號則顯示調節變數對兩變數關係的影響程度。

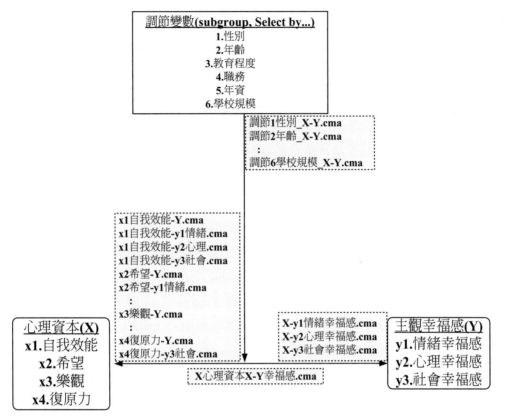

🔘 圖 7-39 「X 正向心理資本與 Y 幸福感」之研究架構（王姵方，2020）

註：「虛線框內」為 CMA 對應的資料檔 (*.cma)

（一）在原始尺度下，直接計算依變數 3 個積差相關係數之算術平均數，即 $\bar{r} = (r_1 + r_2 + r_3)/3$。

（二）透過 Fisher'z 轉換計算：

1. 先將原始尺度的積差相關係數 r_1、r_2、r_3 轉換為 Fisher'z 尺度的 Zr_1、Zr_2、Zr_3

2. 計算 3 個 Fisher'z 尺度的 Zr 值之算術平均數，即 $\overline{Zr} = (Zr_1 + Zr_2 + Zr_3)/3$

3. 再將 Fisher'z 尺度的 $\overline{Zr}$ 還原回原始尺度的積差相關係數 r 值 $\overline{Zr}$。

有關子構念之 Pearson 相關 r 的組合，請詳見「2-1-3a Meta 分析處理 Pearson 相關係數之運作原理」的說明。

本例，Meta 分析結果及其對應的 CMA 資料檔為：

1. 正向心理資本總構念 (X) 與主觀幸福感總構念 (Y) 間存在正向關係，且屬大效果量，平均效果量 $r = 0.573$，CMA 資料檔為「X 心理資本 -Y 幸福感 .cma」。

2. 正向心理資本 4 個子構念 (x1,x2,x3,x4) 與情緒幸福感 (y1) 之間皆存在正向關係，且屬大效果量，平均效果量 r 值介於 0.508 至 0.593(CMA 對應資料檔為「x1 自我效能 -y1 情緒 .cma」、「x2 希望 -y1 情緒 .cma」、「x3 樂觀 -y1 情緒 .cma」、「x4 復原力 -y1 情緒 .cma」)。正向心理資本整體面 (X) 與心理幸福感 (y2) 之間 $r = 0.565$(CMA 資料檔為「X-y1 情緒幸福感 .cma」)。

3. 正向心理資本 4 個子構念 (x1,x2,x3,x4) 與心理幸福感 (y2) 之間皆存在正向關係，且屬大效果量，平均效果量 r 值介於 0.565 至 0.637(CMA 對應資料檔為「x1 自我效能 -y2 心理 .cma」、「x2 希望 -y2 心理 .cma」、「x3 樂觀 -y2 心理 .cma」、「x4 復原力 -y2 心理 .cma」)。正向心理資本整體面 (X) 與心理幸福感 (y2) 之間 $r = 0.637$(CMA 資料檔為「X-y2 心理幸福感 .cma」)。

4. 正向心理資本 4 個子構念 (x1,x2,x3,x4) 與社會幸福感 (y3) 之間皆存在正向關係，且屬中及大效果量，平均效果量 r 值介於 0.464 至 0.649(CMA 對應資料檔為「x1 自我效能 -y3 社會 .cma」、「x2 希望 -y3 社會 .cma」、「x3 樂觀 -y3 社會 .cma」、「x4 復原力 -y3 社會 .cma」)。正向心理資本整體面 (X) 與心理幸福感 (y2) 之間 $r = 0.627$(CMA 資料檔為「X-y3 社會幸福感 .cma」)。

5. 正向心理資本整體面與教師主觀幸福感整體面間關係之調節變數為學校規模、性別、年齡、年資、職務、教育程度等六個研究特徵。

二、研究假設

根據研究目的與研究問題，提出研究假設如下：

H_1：正向心理資本與主觀幸福感間具有顯著正相關。

　　H_{1-1}：正向心理資本總構念與主觀幸福感總構念具有顯著正相關。

　　H_{1-2}：正向心理資本子構面與情緒 (y1) 幸福感 (y1) 具有顯著正相關。

　　H_{1-3}：正向心理資本總構念與心理幸福感 (y2) 具有顯著正相關。

　　H_{1-4}：正向心理資本子構面與社會幸福感 (y3) 具有顯著正相關。

H_2：整體正向心理資本與整體主觀幸福感間的調節變數可解釋效果量的變異。

　　H_{2-1}：性別在正向心理資本 (X) 與主觀幸福感 (Y) 間具有調節作用。

　　H_{2-2}：年齡在正向心理資本與主觀幸福感間具有調節作用。

　　H_{2-3}：教育程度在正向心理資本與主觀幸福感間具有調節作用。

H_{2-4}：職務在正向心理資本與主觀幸福感間具有調節作用。

H_{2-5}：年資在正向心理資本與主觀幸福感間具有調節作用。

H_{2-6}：學校規模在正向心理資本與主觀幸福感間具有調節作用。

三、研究對象（抽樣）

王姵方（2020）採用 Meta 分析，探討議題為臺灣中小學教師正向心理資本與主觀幸福感之關係，研究對象為內容符合探討議題之博碩士學位論文、期刊論文、研討會論文及研究專案論文等文獻。

(一) 搜尋研究對象（樣本）之資料庫來源

本例網羅國內外學術文獻資料庫中有關臺灣中小學教師正向心理資本與主觀幸福感之文獻，文獻蒐集時間於 2020 年 2 月底截止。搜尋資料來源如下：

1. 中文資料庫

本例蒐集範圍以 2020 年 2 月底前，以國家圖書館的「臺灣博碩士論文知識加值系統」、「臺灣期刊文獻索引系統」、「臺灣人文及社會科學引文索引」，及「中國期刊全文數據庫（中國知網，CNKI）」做為文獻檢索工具，輔以「Airiti Library 華藝線上圖書館」、「Google Scholar 學術論文網路搜尋引擎」及「Google Search 網際網路搜尋引擎」，進行蒐集個別研究之全文與補足資料庫遺漏的資訊，網際網路無法取得全文之論文，則親至國家圖書館及政大圖書館蒐集紙本論文。

個別研究所調查之臺灣中小學教師為研究對象，任教階段包含國民小學、國民中學、高級中學及高級職業學校。

2. 英文資料庫

以「Web of Science Core Collection」、「Scopus」、「Education Collection (ProQuest Central)」及「Psychology Database (ProQuest Central)」等網際網路版資料庫系統為主，輔以「Google Scholar 學術論文網路搜尋引擎」進行蒐集。

(二) 搜尋研究對象（樣本）之關鍵字

陳政翊等（2013）認為，依不同的研究目的，幸福感 (well-being) 在操作型定義與論述名稱上有其他的替代詞彙，如：心理幸福感 (psychological well-being)、主觀幸福感 (subjective well-being)、快樂 (happiness)、生活滿意度 (life satisfaction) 等。

據此，本文以中文「教師」、「心理資本」、「幸福」、「快樂」、「生活滿

意」及英文「teacher」、「psychological capital」、「well-being」、「happiness」、
「life satisfaction」為關鍵字搜尋資料庫。此外，英文資料庫之關鍵字增加「臺灣
(Taiwan)」一詞。

(三) 篩選研究對象（樣本）之準則

本例，界定納入 Meta 分析的個別研究篩選準則如下：

1. 研究資料：博碩士學位論文、期刊論文、研討會論文及研究專案論文等。
2. 文獻納入時間：至 2020 年 2 月底。
3. 研究議題：探討教師正向心理資本與主觀幸福感之關係。
4. 研究對象：臺灣學校教師，不限年齡；健康及患有心理疾病的參與者。
5. 研究法：量化研究。故，排除行動研究、個案研究，及敘述性研究等質性研究
   法，因其無法提供實徵數據。
6. 研究數據：包含「變數間之積差相關係數 r」及「樣本數」。

(四) 蒐集研究對象（樣本）流程

1. 以上述關鍵字自資料庫中搜尋共得 11 篇文獻（李桂仙，2017；林文正，2012；徐
   明珠，2017；莊登富，2016；許仁安，2018；彭竹霞，2016；黃煥超，2014；黃慧眞，
   2017；劉紫瑩，2017；鄭雅婷，2018；蘇聖富，2017）。
2. 依據篩選準則查閱 11 篇文獻，發現共有 6 篇研究結果未提供變數間之積差相關係
   數，故排除此 6 篇文獻（徐明珠，2017；莊登富，2016；彭竹霞，2016；黃煥超，
   2014；黃慧眞，2017；劉紫瑩，2017）。
3. 最後，納入 5 篇文獻進行 Meta 分析（李桂仙，2017；林文正，2012；許仁安，
   2018；鄭雅婷，2018；蘇聖富，2017）。

(五) 登錄研究對象（樣本）資料

　　本文將每篇個別研究的研究結果分別依照研究者、出版年代、論文名稱、有效樣
本數（即研究人數），與教師整體正向心理資本與整體主觀幸福感之積差相關係數加
以登錄，如表 7-1。

表 7-1　個別研究摘要表（王姵方，2020）

研究者（年代）	論文名稱	有效樣本數	相關係數 r
林文正（2012）	國小教師正向心理資本與教學效能、工作滿意度及主觀幸福感關聯模型之建構與驗證	900	0.445
李桂仙（2017）	高中職教師心理資本、職場靈性、生命意義感與心理幸福感關聯之研究	853	0.541
蘇聖富（2017）	國小教師參與專業學習社群態度、心理資本、主觀幸福感與教學效能關係之研究	853	0.558
許仁安（2018）	臺北市國中兼任學務工作教師工作壓力、心理資本及幸福感之關係研究	325	0.736
鄭雅婷（2018）	國中特殊教育教師的心理資本、知覺家長參與及其工作幸福感之關聯研究	330	0.557

註 1：依出版年度遞增排序。

註 2：相關係數為各個別研究教師整體正向心理資本與整體主觀幸福感之積差相關 r。

五、教師母群變數的調節 (moderator) 效果

　　文獻回顧，歸納出本例重要的調節 (moderator variable) 有性別、年齡、教育程度、職務、年資及學校規模等項當作干擾變數。

(一)性別

1. 支持或部分支持性別影響幸福感 (Y) 的研究：

　　(1)女性高於男性的研究：

　　徐碧璣等人（2017）認爲幸福感包含生活滿意、自我肯定人際和諧、身心健康等三個子構面，研究顯示彰化市國小教師幸福感之自我肯定人際和諧子構面在性別上有顯著差異，女性教師在自我肯定人際和諧子構面高於男性。

　　呂淑惠 & 吳明隆（2014）研究顯示高雄市公立國小女性特教教師在生活滿意之家庭生活子構面高於男性特教教師。

　　(2)男性高於女性的研究：

　　楊雅鈞等人（2016）認爲心理幸福是教師正向積極面與負向消極面交互作用後的結果與生活的適應，心理幸福的三個子構面爲人際疏離感、成就感與憂鬱感。人際疏離感越低、憂鬱感越低、成就感越高，則心理越幸福。研究顯示臺東縣各級學校（含大學、高中職、國中、國小、幼兒園與補習班）男性教師的心理幸福之人際疏離感子

構面低於女性教師，達顯著差異水準。但性別對憂鬱感與成就感的影響未達顯著，故「男性的心理幸福高於女性」的假設得到部分支持。

陳安妮（2010）研究顯示臺南市公私立高中不同性別教師在幸福感之「生活滿意（自我肯定）」與「身心健康」兩子構面達顯著差異，男教師顯著高於女教師。

2. 不支持性別影響幸福感 (Y) 的研究：

張家銘等人（2018）研究顯示，臺灣公立國高中體育教師性別變數在幸福感上未達顯著差異。

陳雅倩 & 游正忠（2016）研究顯示，高雄市公私立國中正式教師幸福感在性別變數無顯著差異。

(二) 年齡

1. 支持支持或部分支持年齡影響幸福感 (Y) 的研究：

張家銘等人（2018）研究顯示，臺灣公立國高中體育教師年齡變數在幸福感上達顯著性差異，51 歲以上老師的幸福感明顯高於 30 歲以下教師。

陳依婷等人（2018）研究顯示，基隆市公私立幼兒園教師在主觀幸福感之「身心健康與生活滿意」子構面，50~59 歲教師顯著高於 20~29 及 &30~39 歲者。

徐碧璣等人（2017）認為幸福感包含生活滿意、自我肯定人際和諧、身心健康等三個子構面。研究顯示彰化市國小教師幸福感之身心健康子構面在年齡變數有顯著差異，50 歲以上教師在身心健康子構面高於未滿 30 歲者。

陳安妮（2010）研究顯示，臺南市公私立高中不同年齡教師在幸福感之生活滿意、人際關係、身心健康等三個子構面皆達顯著差異，41 歲教師在三個子構面均高於 30 歲以下者。

結論：多數研究支持高齡教師幸福感高於低齡教師。

2. 不支持年齡影響幸福感 (Y) 的研究：

陳雅倩 & 游正忠（2016）研究顯示，高雄市公私立國中正式教師幸福感在年齡變數上無顯著差異。

李素珍 & 蘇意雯（2015）研究顯示，新北市公立國小普通班導師的年齡變數在數學教學幸福感知覺上無顯著差異。

(三) 教育程度

1. 支持支持或部分支持教育程度影響幸福感 (Y) 的研究：

陳依婷等人（2018）研究基隆市公私立幼兒園教師的主觀幸福感，結果顯示在「薪資環境」子構面，研究所學歷教師顯著高於高中職與專科學歷者；在「福利制度」子構面，大學學歷教師顯著高於高中職學歷者。

楊雅鈞等人（2016）認為心理幸福的三個子構面為人際疏離感、成就感與憂鬱感，人際疏離感越低、憂鬱感越低、成就感越高，則心理越幸福。有關臺東縣各級學校（含大學、高中職、國中、國小、幼兒園與補習班）教師有關「學歷越高者，心理幸福越高」的假設，研究結果顯示學歷越高者，對憂鬱感越低的影響達顯著，但對成就感越高及對人際疏離感越低的影響皆未達顯著，故假設得到部分支持。

劉秀枝（2011）研究顯示，臺南縣市私立幼兒園教師的學歷變數在幸福感上無顯著差異。

吳宗立 & 徐久雅（2010）研究顯示，屏東縣公立國小不同學歷的教師在知覺整體教學快樂感上無顯著差異。

(四) 職務

簡瑋成及秦夢群（2020）探討兼任行政職務對臺灣國中教師正向心理資本之影響，研究顯示達顯著水準，但影響力屬於微小程度，兼任行政職務者正向心理資本表現程度越高。

林文正（2012）探討兼任行政職務對臺灣國小教師正向心理資本之影響，研究顯示有顯著差異，兼任主任教師正向心理資本高於級任教師與科任教師。

蘇聖富（2017）探討兼任行政職務對臺灣國小教師正向心理資本之影響，研究顯示有顯著差異，兼任主任教師正向心理資本高於兼任導師教師。

(五) 工作年資

1. 支持支持或部分支持工作年資影響幸福感 (Y) 的研究：

張家銘等人（2018）研究顯示，臺灣公立國高中體育教師工作年資變數在幸福感上達顯著性差異，年資 16 年以上教師的幸福感明顯高於 5 年以下教師。

陳雅倩 & 游正忠（2016）研究顯示，高雄市公私立國中正式教師幸福感在工作年資變數上達顯著差異，服務 21~31 年 >11~20 年 >30 年以上 >10 年以下，可知年資

10 年以下的國中教師對於幸福感的感知是最薄弱的。

劉秀枝（2011）研究臺南縣市私立幼兒園教師的心理幸福感、情緒幸福感與社會幸福感，結果顯示年資越高，教師幸福感越高，其中年資最高組（21 年以上）教師幸福感最高。

吳宗立 & 徐久雅（2010）研究顯示，屏東縣公立國小不同任教年資的教師在整體教學快樂感上達顯著差異，任教 21 年以上教師其整體教學快樂感高於任教 6～10 年教師。

小結：多數研究支持資深教師幸福感高於資淺教師。

2. 不支持工作年資影響幸福感 (Y) 的研究：

楊雅鈞等人（2016）研究顯示，臺東縣各級學校（含大學、高中職、國中、國小、幼兒園與補習班）教師工作年資對心理幸福三層面的影響未達顯著，故「工作年資越高者，心理幸福越高」的假設沒有得到支持。

李素珍 & 蘇意雯（2015）研究顯示，新北市公立國小普通班導師的任教年資變數在數學教學幸福感知覺上無顯著差異。

陳政翊等人（2013）研究顯示，臺北市公立國中教師服務年資對幸福感之影響未達顯著水準。

(六) 學校規模

1. 支持支持或部分支持學校規模影響幸福感 (Y) 的研究：

陳依婷等人（2018）研究基隆市公私立幼兒園教師的主觀幸福感，結果顯示在「薪資環境」子構面，學校規模 1 班教師顯著高於學校規模 4 班教師。

劉秀枝（2011）研究顯示臺南縣市私立幼兒園教師無論全園所幼生數高低，在心理幸福感 & 社會幸福感上皆無顯著差異。但在情緒幸福感上，幼生數 101~150 人之教師情緒幸福感顯著高於幼生數 201 人以上之教師。

2. 不支持學校規模影響幸福感 (Y) 的研究：

陳政翊等人（2013）研究顯示，臺北市公立國中不同學校規模的教師幸福感無顯著差異。

劉秀枝（2011）研究顯示，臺南縣市私立幼兒園教師無論全園所班級數高低，在幸福感上無顯著差異。此外，無論全園所教師數多寡，在幸福感上亦無顯著差異。

▋7-4-2 Z_r 型資料處理與分析

　　使用統計分析軟體 Comprehensive Meta-analysis(CMA)，進行各項 Meta 分析，例如：綜合效果量（即平均效果量）、信賴區間、變異數、固定效果分析、隨機效果分析、異質性考驗統計量 ($Q \cdot I^2 \cdot T^2$)、敏感度分析、次群組 (sub-group) 分析、後設迴歸分析、出版偏誤分析等，及繪製森林圖、漏斗圖等，以呈現系統性、彙整性的研究結論。

　　王姵方（2020）並以各篇個別研究研究結果所呈現的 Pearson 積差相關係數 (The Pearson product-moment correlation coefficient，Pearson's r) 的平均效果量做為測量工具，其運算過程係透過 Fisher's z 值轉換求得平均效果量。此方法是根據 Borenstein、Hedges、Higgins 及 Rothstein(2009) 之建議。

壹、研究數據登錄

　　王姵方（2020）彙整 5 篇個別研究的背景變數，歸納出性別、年齡、教育程度、職務、年資及學校規模等項當作干擾變數，以檢定其是否為教師正向心理資本與主觀幸福感關係的調節變數。

貳、整體積差相關係數之計算

　　王姵方（2020）採宣效果量是 Pearson product-moment correlation coefficient（皮爾森積差相關係數），部分個別研究的研究結果呈現「教師幸福感整體（變數 A）」和另一變數 B 的積差相關係數，但另一部分個別研究的研究結果則將「教師幸福感整體（變數 A）」分解成 n 個子構面（變數 A_1、變數 A_2、變數 A_3、…、變數 A_n），並僅呈現變數 A_1 和 B 的積差相關係數、A_2 和 B 的積差相關係數、A_3 和 B 的積差相關係數、…、A_n 和 B 的積差相關係數，而未呈現「教師幸福感整體（變數 A）」和 B 的積差相關係數。

　　例如：某個別研究「教師幸福感整體（變數 A）」分解成 3 個子構面（變數 A_1、變數 A_2、變數 A_3），變數 A_1 和 B 的積差相關係數為 r_1，變數 A_2 和 B 的積差相關係數為 r_2，變數 A_3 和 B 的積差相關係數為 r_3。為求客觀，王姵方（2020）依據 Card(2011)、Wilson & Lipsey(2001) 所主張「以各子構面相關係數的算術平均數代表整體相關係數」，求取各子構面相關係數的算術平均數則有兩種方式，說明如下：

（一）在原始尺度下，直接計算依變數 3 個積差相關係數之算術平均數，即 $\bar{r} = (r_1 + r_2 + r_3)/3$。

（二）透過 Fisher'z 轉換計算：

1. 先將原始尺度的積差相關係數 r_1、r_2、r_3 轉換為 Fisher'z 尺度的 Zr_1、Zr_2、Zr_3

2. 計算 3 個 Fisher'z 尺度的 Zr 值之算術平均數，即 $\overline{Zr} = (Zr_1 + Zr_2 + Zr_3)/3$

3. 再將 Fisher's 尺度的 $\overline{Zr}$ 還原回原始尺度的積差相關係數 r 值 $\overline{Zr}$。

　　Silver & Dunlap(1987) 及 Strube(1988) 建議採用上述第（二）種方式較佳，故本例透過 Fisher'z 轉換求算術平均數來計算內含多個子構面的變數之整體積差相關係數。

　　以劉秀枝（2011）為例，教師幸福感分為心理幸福感、情緒幸福感、社會幸福感等三子構面，與工作滿意的積差相關 r 依序為 0.553、0.728、0.813。使用 Excel 軟體計算幸福感整體與工作滿意的積差相關係數，步驟為：將上述各子構面的積差相關係數 (r) 轉換成 Fisher 的 Zr 值，依序為 0.623、0.924、1.136，再求出三個 Zr 值（未加權）的算術平均數 0.894，最後再將此值還原回 r 值 0.714，即為幸福感整體與工作滿意的積差相關係數。

參、Meta 分析程序

一、檢定異質性

首先，進行各個個別研究之間的「Heterogeneity 異質性檢定」：

（一）Q 統計量（加權變異指標，總離散度）

1. Q 統計量計算

$$Q = \sum_{i=1}^{K} W_i (Y_i - M)^2$$

　　其中，W_i 為各個別研究的權重值（$\frac{1}{v_i}$），Y_i 為各個別研究的效果量（於本例為相關係數 r），M 為各個別研究合併後的平均效果量，k 為 K 個別研究的篇數。

Q 統計量的公式也可寫成：

$$Q = \sum_{i=1}^{K} \frac{(Y_i - M)^2}{S_i}$$

　　其中，S_i 為各個別研究的標準差。

　　公式 4.2 突顯 Q 統計量屬於標準化的測量指標，意即 Q 統計量不受效果量尺度的影響。

2. 基於 Q 統計量的假設考驗 p 值

事先設定虛無假設為各個個別研究的效果量皆相等，當每個個別研究所研究的樣本數夠大 (n > 30)，Q 統計量服從自由度為 $k-1$ 的卡方檢定 (chi-squared)（李茂能，2015），所以可計算出對應的假設考驗 p 值。通常設定考驗水準 $\alpha = 0.10$ 或 0.05，若 $p < \alpha$，則拒絕虛無假設，得出各個個別研究的效果量不相等，意即異質性存在。

（二）真實效果量的變異數 τ^2，及真實效果量的標準差 τ。

（三）各個別研究之間的變異數 T^2 統計量，及各個別研究之間的標準差 T 統計量。

因為無法直接觀測出真實效果，所以不能直接計算母群體參數 τ^2，但可藉由觀測到的效果量計算出 τ^2 的估計值—統計量 T^2。

（四）I^2 統計量（個別研究間異質性的占比）。

$$I^2 = 100\% \times \frac{Q - df}{Q}$$

即「過度分散化 $(Q - df)$」對於「總離散度 (Q)」的比率。

I^2 統計量也可以下列公式顯示：

$$I^2 = 100\% \times \frac{\tau^2}{\tau^2 + V_Y}$$

其中，右式 $\frac{\tau^2}{\tau^2 + V_Y}$，分子 τ^2 為「個別研究之間的變異數」；分母 $\tau^2 + V_Y$ 為「總體變異數」，其 =「個別研究之間的變異數 (τ^2)」和「個別研究內的變異數 (V_Y)」的總和。

易言之，I^2 統計量是「個別研究之間變異數 (τ^2)」對於「總體變異數 $(\tau^2 + V_Y)$」的比率。所以 I^2 統計量可解釋為個別研究間異質性的占比。

Higgins 等人 (2003) 及 Card(2011) 主張 I^2 統計量之 = 25%、50%、75% 分別顯示異質性的低、中、高程度之下限。

若 I^2 統計量接近 0，則幾乎所有的離散可解釋為隨機抽樣誤差的大小；若 I^2 統計量遠離 0，則有一部分變異為真，可透過次群組分析或後設迴歸來解釋。

二、挑選「固定效果模型」或「隨機效果模型」？

其次，根據異質性檢定的結果決定採用「固定效果模型 (fixed-effects model)」、「隨機效果模型 (random-effects model)」或「混合 (mixed) 效果模型」，進行 Meta

分析。異質性檢定的結果若未達顯著異質性，則採用「固定效果模型」；若達顯著異質性，則採用「隨機效果模型」，說明如下：

(一)固定效果模型

所有個別研究共享一個固定的效果量。觀察值間的變異均來自隨機抽樣誤差所致。

(二)隨機效果模型

隨機效果模型適用的時機是：(1) 各個別研究的效果量不具同質性；(2) 干擾各個別研究效果量的變因不易控制，且想推論到其他母群體。

隨機效果模型具有吸收不同誤差變異源的作用，且具有較強之外在推論性。

三、檢定調節變數

再其次，若異質性檢定結果達統計顯著性，代表各個個別研究之間存在異質性，則需進一步檢定是否有「調節變數」可解釋此異質性。

四、檢定出版偏誤

最後，檢定「出版偏誤 (publication bias)」，以確保 Meta 分析之準確性。出版偏誤有時稱為檔案櫃問題 (file drawer problem) 或傳播偏差 (file drawer problem)。出版偏誤的原因如下（王姵方，2020）：

(一)起源論文作者

1. 因刪除與預期相反的研究結果，意即選擇性呈現研究結果，而造成出版偏誤。
2. 因研究結果與預期相反，或因研究結果未達統計顯著水準，而未投稿造成出版偏誤。

(二)起源期刊編輯者

1. 認為研究結果未達統計顯著水準，而拒絕刊登造成出版偏誤。
2. 認為研究結果違反特定機構或組織的利益，而拒絕刊登造成出版偏誤。

Meta 分析常因缺少納入上述「因未達統計顯著水準而未出版的個別研究」，所以出版偏誤會影響 Meta 分析的效度或正確性 (Pigott, 2012)。

考驗出版偏誤的統計方法舉例如下（李茂能，2015）：

（一）安全失效數估算法 (Fail-Safe Number, FSN) $N_{fs\,0.05}$

（二）圖解法

1. 森林圖 (Forest Plots，舊名為 Forrest Plots)。

2. 漏斗圖 (Funnel Plots)。

（三）Egger's 非對稱性迴歸分析法

（四）Begg 與 Mazumdar 的等級相關考驗法

（五）刪補法 (Trim & Fill)

　　本例採用 Rosenthal(1979) 發表的 Fail-Safe Number（安全失效數，FSN）之方法考驗出版偏誤。以下說明安全失效數估算法：

(一)FSN的意義

　　FSN 係指需加入多少篇未達顯著或未出版的個別研究，才能造成否定該 Meta 分析原本的顯著效果量，使之轉變成不顯著。意即若設定考驗顯著水準 α = .05，原本 p 值 < .05，增加 FSN 篇未達顯著或未出版的個別研究後，p 值 > .05。FSN 的計算公式如下：

$$FSN = N_{fs} = \frac{\left(\sum_{i=1}^{k} Z_i\right)^2}{Z_\alpha^2} - k$$

其中 Z_i = 各個別研究標準常態分配下單尾機率的 Z 值，

　　　Z_α = 標準常態分配下單尾考驗顯著水準為 α 的 Z 值，

　　　k = 個別研究篇數。

顯著水準 α 通常設為 .05，當 α = .05 時，Z 值≈ 1.645（即 $Z_{.05}$ ≈ 1.645）。

(二)評估FSN(fail-safe N)大小的公式

　　FSN 越小，顯示 Meta 分析結果的出版偏誤越大；FSN 越大，顯示 Meta 分析結果的出版偏誤越小。若 FSN 很小，Meta 分析的結果即使顯著，也要注意可能是因為抽樣誤差造成的。若 FSN 很大，則可更有信心地相信 Meta 分析的顯著結果。

　　安全失效數估算法 FSN 尚需搭配以下容忍度 (tolerance level) 的公式加以判斷：

容忍度 = 5K+10

　　若 FSN > 容忍度【即 $\left(\frac{\sum_{i=1}^{k} z_i}{z_\alpha}\right)^2 - k > 5k + 10$】，則顯示尚未納入的未達顯著或未出版的文獻即使納入該Meta分析亦不會改變既有的顯著結果，意即顯示無出版偏誤。

五、判斷效果量強度

依據 Cohen(1998,1992) 所提標準，區分效果量強度，$|r| = .10$ 為小效果量的下限，$|r| = .30$ 為中效果量的下限，$|r| = 0.50$ 為大效果量的下限。詳細說明如下：

積差相關係數 r 值介於 -1 和 1 之間，$r > 0$ 顯示正相關，$r < 0$ 表示負相關，$r = 0$ 表示無相關，並根據 Cohen(1992) 之主張，歸納 r 值的範圍所對應效果量之大小如下：

$$因為 \; -1 \leq r \leq 1$$
$$所以 \; 0 \leq |r| \leq 1$$

$$\begin{cases} 當 \; r = 0 \; 時，r \; 為 \; 0 \; 效果量 \\ 當 \; 0 < |r| < .10 \; 時，r \; 視為 \; 0 \; 效果量 \\ 當 \; .10 \leq |r| < .30 \; 時，r \; 為小效果量 \\ 當 \; .30 \leq |r| < .50 \; 時，r \; 為中效果量 \\ 當 \; .50 \leq |r| < 1 \; 時，r \; 為大效果量 \end{cases}$$

透過 Meta 分析專用之統計軟體 CMA 進行操作，在變數關係之 Meta 分析結果呈現以下數據：

1. 納入分析之個別研究篇數 (k)。
2. 納入分析之個別研究累加的樣本人數 (N)。
3. Q 值。
4. 基於 Q 值的假設考驗 p 值 (p)。
5. I^2 值。
6. FSN 值 (fail-safe N)。
7. 平均效果量（積差相關係數 r 值）。
8. 平均效果量之 95% 信賴區間。

7-5 Meta 分析：心理資本與主觀幸福感（r,Zr 型）：主效果 + 共變數的調節

續前例，使用 Meta 分析中小學教師正向心理資本與主觀幸福感的關聯性（王姵方 2020）。Valentine、Pigott 與 Rothstein(2010) 與 Pigott(2012) 顯示，藉由其他考驗法輔助，個別研究僅需 2 篇以上即可進行 Meta 分析。

7-5-1 正向心理資本與主觀幸福感相關性之 CMA 分析

壹、正向心理資本總構念 (X) 與主觀幸福感總構念 (Y) 之關係

Step 1：如下圖所示，為新開 CMA 畫面步驟，其中，「Identify → Column for ··· → Effect size data」選：「correlation」→「computed effect sizes」→ 「**Corrlation and sample size**」來建資料檔（X 正向心理-Y 幸福感.cma）。

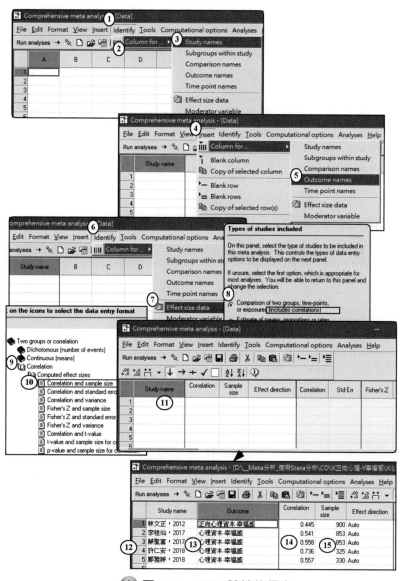

● 圖 7-40　CMA 建檔的程序

Step 2：CMA 執行 Meta 分析的程序

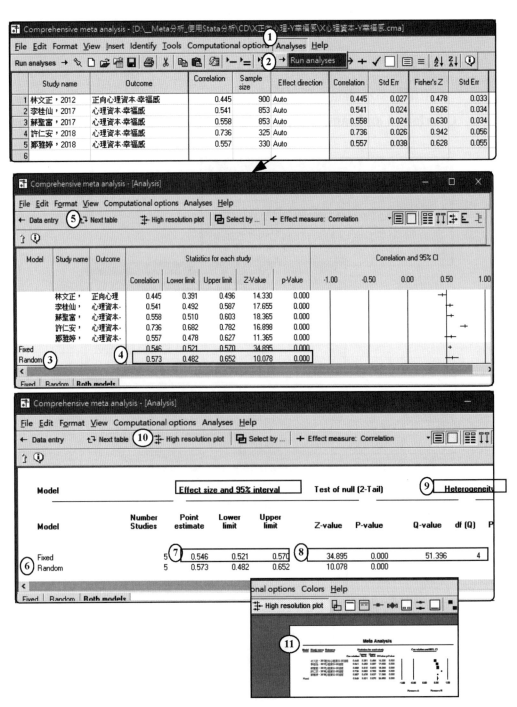

● 圖 7-41　CMA 執行 Meta 分析的步驟

Step 3：Meta 分析結果的整理

　　將上圖「CMA 執行 Meta 分析的步驟」，結果整理成下表，顯示：

教師正向心理資本總構念與主觀幸福感總構念關係基於 Q 統計量的假設考驗 p 值 <0.001，故 Q 值達非常顯著，且 I^2 統計量 > 75%，此 5 篇個別研究具高度異質性，故採隨機效果模型進行 Meta 分析。此外，檢定出版偏誤，採顯著水準 α = .05 的單尾檢定得 (**fail-safe N**, FSN) = 2,280，因容忍度 = $5k + 10 = 35$，FSN > 容忍度，顯示出版偏誤極小，可視為無出版偏誤，故可有信心地相信分析的結果。Meta 分析結果平均效果量（合併效果量，summary effect, SE）r = 0.573，經檢定達 0.001 非常顯著水準，r 值大於 0，故教師正向心理資本總構念與主觀幸福感總構念之間具正向且非常顯著的關係。$0.50 \leq |r| \leq 1$，故得知兩者之關係屬於大效果量。研究結果支持 H_{1-1}：正向心理資本總構念與主觀幸福感總構念具有顯著正相關。

表 7-2　正向心理資本總構念與主觀幸福感總構念關係之 Meta 分析結果（王姵方，2020）

幸福感 ＼ 心理資本		整體正向心理資本 (X)
整體主觀幸福感 (Y)	K	5
	N	3261
	Q	51.396***
	I^2	92.217%
	異質性	高度
	fail-safe N	2280
	出版偏誤	極小（視為無）
	r	.573***（隨機效果模型）
	r 的 $CI_{95\%}$	〔.482, .652〕
	平均效果量性質	正向大效果量

*p < .05 ，**p < .01 ，***p <0.001

貳、正向心理資本子構面與主觀幸福感總構念之關係

　　本例之教師正向心理資本的四個子構面，分別為自我效能 (x1)、希望 (x2)、樂觀 (x3)，及復原力 (x4)。

　　如同「圖 7-41 CMA 執行 Meta 分析的步驟」，依序分別執行 CMA 資料檔：x1 自我效能 -Y.cma、x2 希望 -Y.cma、x3 樂觀 -Y.cma、x4 復原力 -Y.cma。

　　再將 4 個 CMA 檔執行 CMA 結果整理成表 7-3，其中：

　　第一欄自我效能 (x1) 說明如下：教師主觀幸福感總構念和自我效能關係基於 Q 統計量的假設考驗 p 值 <0.001，故 Q 值達非常顯著，且 I^2 統計量 > 75%，故此 5 篇個別研究具高度異質性，故採隨機效果模型進行 Meta 分析。此外，檢定出版偏誤，採顯著水準 $\alpha = .05$ 的單尾檢定得 FSN = 1769，因容忍度 = $5k + 10 = 35$，FSN > 容忍度，顯示出版偏誤極小，可視為無出版偏誤，故可有信心地相信分析的結果。Meta 分析結果平均效果量（合併效果量，Summary Effect, SE）$r = 0.508$，經檢定達 0.001 非常顯著水準，r 值大於 0，故教師主觀幸福感總構念與自我效能之間具正向且非常顯著的關係。$.50 \leq |r| \leq 1$，故得知兩者之關係屬於大效果量。

　　教師正向心理資本四個子構面與主觀幸福感總構念之關係 Meta 分析結果（下表），平均效果量 r 值由高至低順序如下：

1. 「樂觀 (x3)」與整體主觀幸福感關係之 $r = 0.593$

2. 「復原力 (x4)」與整體主觀幸福感關係之 $r = 0.554$

3. 「希望 (x2)」與整體主觀幸福感關係之 $r = 0.553$

4. 「自我效能 (x1)」與整體主觀幸福感關係之 $r = 0.508$

　　綜合上述，教師正向心理資本子構面與主觀幸福感總構念關係之平均效果量介在 0.508 至 0.593 之間，皆屬正相關，且經檢定皆達 0.001 非常顯著水準，均屬大效果量。研究結果支持 H_{1-2}：正向心理資本子構面與主觀幸福感總構念具有顯著正相關。

表 7-3　正向心理資本四個子構面與主觀幸福感總構念關係之 Meta 分析結果（王姵方，2020）

心理資本 ＼ 幸福感		自我效能 (x1)	希望 (x2)	樂觀 (x3)	復原力 (x4)
整體主觀幸福感 (Y)	K	5	5	5	5
	N	3261	3261	3261	3261
	Q	16.402**	42.561***	65.145***	8.365
	I^2	75.612%	90.602%	93.860%	52.180%
	異質性	高度	高度	高度	中度
	fail-safe N	1769	2095	2456	2221
	出版偏誤	極小（視為無）	極小（視為無）	極小（視為無）	極小（視為無）

（續前表）

心理資本 / 幸福感		自我效能 (x1)	希望 (x2)	樂觀 (x3)	復原力 (x4)
	r	0.508*** （隨機效果模型）	0.553*** （隨機效果模型）	0.593*** （隨機效果模型）	0.554*** （隨機效果模型）
	r 的 CI$_{95\%}$	〔.453,.560〕	〔.468,.628〕	〔.492,.677〕	〔.517,.589〕
	平均效果量性質	正向大效果量	正向大效果量	正向大效果量	正向大效果量

*$p < .05$，**$p < .01$，***$p < 0.001$

參、正向心理資本總構念與主觀幸福感子構面之關係

本例歸納之教師主觀幸福感的三個子構面，分別為情緒幸福感 (y1)、心理幸福感 (y2)，及社會幸福感 (y3)。

如同「圖 7-41 CMA 執行 Meta 分析的步驟」，依序分別執行 CMA 資料檔：

X-y1 情緒幸福感 .cma、X-y2 心理幸福感 .cma、X-y3 社會幸福感 .cma。

再將 3 個 CMA 檔執行 CMA 結果整理成下表，其中：

第一欄情緒幸福感 (y1) 為例說明如下：教師正向心理資本總構念和情緒幸福感關係基於 Q 統計量的假設考驗 p 值 <0.001，故 Q 值達非常顯著，且 I^2 統計量 $> 75\%$，故此 4 篇個別研究具高度異質性，故採隨機效果模型進行 Meta 分析。此外，檢定出版偏誤，採顯著水準 $\alpha = .05$ 的單尾檢定得 fail-safe N = 1277，因容忍度 = $5k + 10 = 30$，fail-safe N > 容忍度，顯示出版偏誤極小，可視為無出版偏誤，故可有信心地相信分析的結果。Meta 分析結果平均效果量（合併效果量，Summary Effect,SE）$r = 0.565$，經檢定達 0.001 非常顯著水準，r 值大於 0，故教師正向心理資本總構念和情緒幸福感之間具正向且非常顯著的關係。$.50 \leq |r| \leq 1$，故得知兩者之關係屬於大效果量。

教師正向心理資本總構念與主觀幸福感子構面之關係 Meta 分析結果（參見表 7-4），平均效果量 r 值由高至低順序如下：

1.「心理幸福感 (y2)」與整體正向心理資本關係之 $r = 0.637$

2.「社會幸福感 (y3)」與整體正向心理資本關係之 $r = 0.627$

3.「情緒幸福感 (y1)」與整體正向心理資本關係之 $r = 0.565$

綜合上述，教師正向心理資本總構念與主觀幸福感子構面關係之平均效果量介在

0.565 至 0.637 之間，皆屬正相關，且經檢定皆達 0.001 非常顯著水準，均屬大效果量。研究結果支持 H_{1-3}：正向心理資本總構念與主觀幸福感子構面具有顯著正相關。

表 7-4　正向心理資本總構念與主觀幸福感三個子構面關係之 Meta 分析結果（王姵方，2020）

心理資本　　幸福感		情緒幸福感 (y1)	心理幸福感 (y2)	社會幸福感 (y3)
整體 正向 心理資本 (X)	*K*	4	3	3
	N	2408	1508	1508
	Q	51.803***	26.511***	22.713***
	I^2	94.209%	92.456%	91.195%
	異質性	高度	高度	高度
	fail-safe N	1277	834	819
	出版偏誤	極小（視為無）	極小（視為無）	極小（視為無）
	r	.565***（隨機效果模型）	.637***（隨機效果模型）	.627***（隨機效果模型）
	r 的 CI₉₅%	〔.436,.672〕	〔.504,.740〕	〔.503,.725〕
	平均效果量性質	正向大效果量	正向大效果量	正向大效果量

*p < .05，**p < .01，***p < 0.001

肆、正向心理資本子構面與主觀幸福感子構面之關係

如同「圖 7-41 CMA 執行 Meta 分析的步驟」，依序分別執行 CMA 資料檔：

x1 自我效能 -y1 情緒 .cma、x1 自我效能 -y2 心理 .cma、x1 自我效能 -y3 社會 .cma、x2 希望 -y1 情緒 .cma、x2 希望 -y2 心理 .cma、x2 希望 -y3 社會 .cma、x3 樂觀 -y1 情緒 .cma、x3 樂觀 -y2 心理 .cma、x3 樂觀 -y3 社會 .cma、x4 復原力 -y1 情緒 .cma、x4 復原力 -y2 心理 .cma、x4 復原力 -y3 社會 .cma。

再將 12 個 CMA 檔執行 CMA 結果整理成下表，其中：

第一列自我效能—第二欄心理幸福感 (x1-y2) 為例，其說明如下：教師 x1-y2 關係基於 Q 統計量的假設考驗 p 值 > .05，故 Q 值未達顯著，且 I^2 統計量 = 0%，故此 3 篇個別研究不具異質性（即為同質），故採固定效果模型進行 Meta 分析。此外，檢定出版偏誤，採顯著水準 α = .05 的單尾檢定得 fail-safe N = 622，因容忍度 = 5k + 10 = 25，fail-safe N > 容忍度，顯示出版偏誤極小，可視為無出版偏誤，故可有信心地相信分析的結果。Meta 分析結果平均效果量（合併效果量，Summary Effect,SE）*r*

= 0.555，經檢定達 0.001 非常顯著水準，r 值大於 0，故教師正向心理資本之自我效能子構面和主觀幸福感之心理幸福感子構面之間具正向且非常顯著的關係。.50 $\leq |r|$ ≤ 1，故得知兩者之關係屬於大效果量。

其次，以第二列希望－第三欄社會幸福感 (x2-y3) 爲例說明如下：教師 x2-y3 關係基於 Q 統計量的假設考驗 p 值 > .05，故 Q 值未達顯著，但 I^2 統計量 = 50.940%。因 Q 值在個別研究數量較少時，有時會有不容易顯著的偏誤，故依據 I^2 統計量判斷具異質性 (von Hippel, 2015; Higgins & Thompson, 2002)。因 I^2 統計量大於 50% 且未滿 75%，故此 3 篇個別研究具中度異質性，故採隨機效果模型進行 Meta 分析。此外，檢定出版偏誤，採顯著水準 α = .05 的單尾檢定得 fail-safe N = 773，因容忍度 = $5k + 10 = 25$，fail-safe N > 容忍度，顯示出版偏誤極小，可視爲無出版偏誤，故可有信心地相信分析的結果。Meta 分析結果平均效果量（合併效果量，Summary Effect, SE）r = 0.607，經檢定達 0.001 非常顯著水準，r 值大於 0，故教師正向心理資本之希望子構面和主觀幸福感之社會幸福感子構面之間，具正向且非常顯著的關係。.50 $\leq |r| \leq 1$，故得知兩者之關係屬於大效果量。

教師正向心理資本子構面與主觀幸福感子構面之關係 Meta 分析結果（見表 7-5），顯示如下：

1. 固定主觀幸福感之各子構面檢視：

(1) 主觀幸福感之「情緒幸福感」子構面 (y1) 與正向心理資本子構面關係之平均效果量的高低順序爲：樂觀 (r = .605)、復原力 (r = .551)、希望 (r = .527)、自我效能 (r = .464)。

(2) 主觀幸福感之「心理幸福感」子構面 (y2) 與正向心理資本子構面關係之平均效果量的高低順序爲：樂觀 (r = .649)、希望 (r = .628)、復原力 (r = .573)、自我效能 (r = .555)。

(3) 主觀幸福感之「社會幸福感」子構面 (y3) 與正向心理資本子構面關係之平均效果量的高低順序爲：樂觀 (r = .645)、希望 (r = .607)、復原力 (r = .589)、自我效能 (r = .532)。

2. 固定正向心理資本之各子構面檢視：

(1) 正向心理資本之「自我效能」子構面 (x1) 與主觀幸福感子構面關係之平均效果量的高低順序爲：心理幸福感 (r = .555)、社會幸福感 (r = .532)、情緒幸福感 (r = .464)。

(2) 正向心理資本之「希望」子構面 (x2) 與主觀幸福感子構面關係之平均效果量的高低順序為：心理幸福感 (*r* = .628)、社會幸福感 (*r* = .607)、情緒幸福感 (*r* = .527)。

(3) 正向心理資本之「樂觀」子構面 (x3) 與主觀幸福感子構面關係之平均效果量的高低順序為：心理幸福感 (*r* = .649)、社會幸福感 (*r* = .645)、情緒幸福感 (*r* = .605)。

(4) 正向心理資本之「復原力」子構面 (x4) 與主觀幸福感子構面關係之平均效果量的高低順序為：社會幸福感 (*r* = .589)、心理幸福感 (*r* = .573)、情緒幸福感 (*r* = .551)。

　　綜合上述，所有教師正向心理資本子構面與主觀幸福感子構面關係之平均效果量介於 0.464 至 0.649 之間，皆屬正相關，且經檢定皆達 0.001 非常顯著水準。其中，除自我效能 (x1) 與情緒幸福感 (y1) 之關係屬中效果量外，其餘均屬大效果量。研究結果支持 H_{1-4}：正向心理資本子構面與主觀幸福感子構面具有顯著正相關。

表 7-5　正向心理資本四個子構面與主觀幸福感三個子構面關係之 Meta 分析結果（王姵方，2020）

心理資本 ＼ 幸福感		情緒幸福感 (y1)	心理幸福感 (y2)	社會幸福感 (y3)
自我效能 (x1)	*K*	4	3	3
	N	2408	1508	1508
	Q	16.187**	0.748	4.656
	I^2	81.467%	0.000%	57.041%
	異質性	高度	無	中度
	fail-safe N	832	622	552
	出版偏誤	極小（視為無）	極小（視為無）	極小（視為無）
	r	.464***	.555***	.532***
		（隨機效果模型）	（固定效果模型）	（隨機效果模型）
	r 的 CI$_{95\%}$	〔.384,.537〕	〔.519,.589〕	〔.471,.589〕
	平均效果量性質	正向中效果量	正向大效果量	正向大效果量
希望 (x2)	*K*	4	3	3
	N	2408	1508	1508
	Q	35.845***	15.547***	4.077
	I^2	91.631%	87.136%	50.940%
	異質性	高度	高度	中度
	fail-safe N	1083	811	773
	出版偏誤	極小（視為無）	極小（視為無）	極小（視為無）
	r	.527***	.628***	.607***
		（隨機效果模型）	（隨機效果模型）	（隨機效果模型）
	r 的 CI$_{95\%}$	〔.415,.623〕	〔.528,.711〕	〔.556,.653〕
	平均效果量性質	正向大效果量	正向大效果量	正向大效果量

（續前表）

幸福感 心理資本		情緒幸福感 (y1)	心理幸福感 (y2)	社會幸福感 (y3)
樂觀 (x3)	K	4	3	3
	N	2408	1508	1508
	Q	65.646***	33.561***	30.481***
	I^2	95.430%	94.041%	93.438%
	異質性	高度	高度	高度
	fail-safe N	1491	878	877
	出版偏誤	極小（視為無）	極小（視為無）	極小（視為無）
	r	.605***	.649***	.645***
		（隨機效果模型）	（隨機效果模型）	（隨機效果模型）
	r 的 $CI_{95\%}$	〔.467,.715〕	〔.501,.759〕	〔.505,.752〕
	平均效果量性質	正向大效果量	正向大效果量	正向大效果量
復原力 (x4)	K	4	3	3
	N	2408	1508	1508
	Q	7.986*	4.282	0.495
	I^2	62.436%	53.287%	0.000%
	異質性	中度	中度	無
	fail-safe N	1277	660	715
	出版偏誤	極小（視為無）	極小（視為無）	極小（視為無）
	r	.551***	.573***	.589***
		（隨機效果模型）	（固定效果模型）	（固定效果模型）
	r 的 $CI_{95\%}$	〔.501,.597〕	〔.517,.623〕	〔.555,.621〕
	平均效果量性質	正向大效果量	正向大效果量	正向大效果量

*$p < .05$，**$p < .01$，***$p < 0.001$

7-5-2 正向心理資本與主觀幸福感相關之（連續型）調節變數：Meta 迴歸

由於教師正向心理資本總構念 (X) 與教師主觀幸福感總構念 (Y) 關係的異質性檢定結果達統計顯著性，意即本例納入之各個個別研究之間存在異質性，顯示教師正向心理資本總構念 (X) 與教師主觀幸福感總構念 (Y) 關係受其他因素影響而導致研究差異。故，本例再用 Meta 迴歸 (Meta-regression) 方法將可能的影響因素（即干擾變數）納入 Meta 分析中，以進一步釐清可解釋此異質性的調節變數。

本例以性別、年齡、教育程度、職務、年資及學校規模等 6 項當作調節變數檢定

其是否為教師正向心理資本與主觀幸福感關係的調節變數，分析探討如下。

壹、性別

由於本例具有異質性，因 Q 值對應的 p 值 < 0.05，顯示，不同個別研究的真實效果量可能會有所不同，這意味著數據與固定效果模型的假定會不一致。

「男性占比」為男性人數除以全體人數

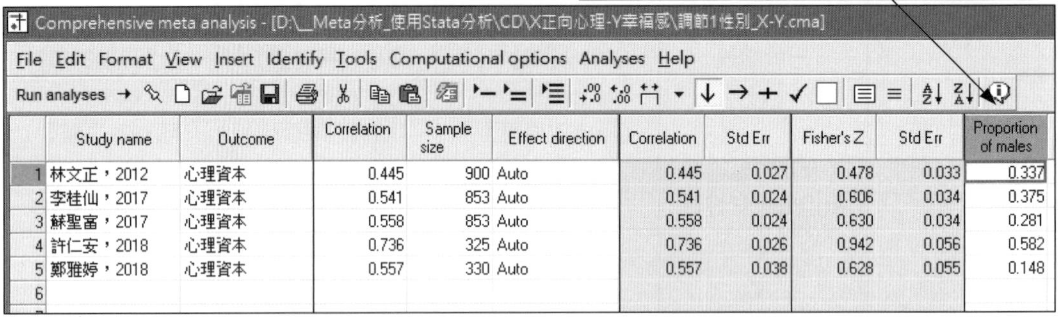

	Study name	Outcome	Correlation	Sample size	Effect direction	Correlation	Std Err	Fisher's Z	Std Err	Proportion of males
1	林文正，2012	心理資本	0.445	900	Auto	0.445	0.027	0.478	0.033	0.337
2	李桂仙，2017	心理資本	0.541	853	Auto	0.541	0.024	0.606	0.034	0.375
3	蘇聖富，2017	心理資本	0.558	853	Auto	0.558	0.024	0.630	0.034	0.281
4	許仁安，2018	心理資本	0.736	325	Auto	0.736	0.026	0.942	0.056	0.582
5	鄭雅婷，2018	心理資本	0.557	330	Auto	0.557	0.038	0.628	0.055	0.148
6										

▶ 圖 7-42 「調節 1 性別 _X-Y.cma」資料檔

本例性別變數共納入 5 篇個別研究（林文正，2012；李桂仙，2017；蘇聖富，2017；許仁安，2018；鄭雅婷，2018），其性別變數之類別均為男性及女性兩類。

本例用「男性占比」為男性人數除以全體人數，以各篇個別研究「男性占比」與「正向心理資本與教師主觀幸福感的關聯性」分析（參見表 7-6 及圖 7-43）結果如下：

1. 斜率（即迴歸係數）達 0.001 非常顯著水準，且其 95% 信賴區間〔0.35389，1.01741〕未含 0，故性別可視為調節變數。

2. 斜率（即迴歸係數）大於 0，故「男性占比」越高的個別研究，其正向心理資本與主觀幸福感的關聯性越高。

3. 「截距」intercept」（即效果量）：若 Meta 迴歸的目標只是估算平均效果量（即截距），故除截距外，你未含共變數 (no covariates)（如圖 7-43 所示）。

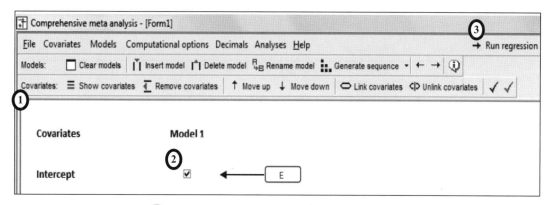

圖 7-43   迴歸設定：要勾選「Intercept」

表 7-6   男性占比 Meta 迴歸分析摘要表

男性占比	點估計	標準誤	95%CI 下限	95%CI 上限
斜率	0.68565***	0.16927	0.35389	1.01741
截距	0.38103***	0.05977	0.26387	0.49818
Tau-squared	0.01519			

*p < .05，**p < .01，***p <0.001

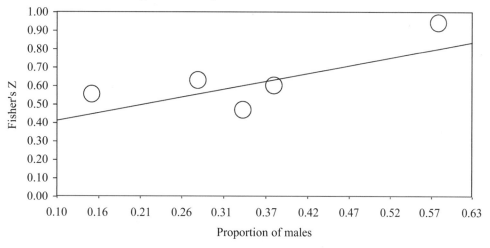

圖 7-44   男性占比 Meta 迴歸分析圖

貳、年齡

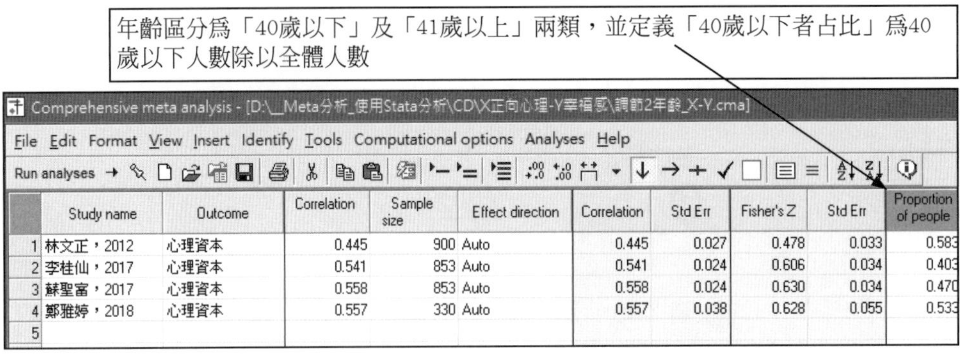

年齡區分為「40 歲以下」及「41 歲以上」兩類，並定義「40 歲以下者占比」為 40 歲以下人數除以全體人數

▶ 圖 7-45 「調節 2 年齡 _X-Y.cma」資料檔

本例年齡變數共納入 4 篇個別研究（林文正，2012；李桂仙，2017；蘇聖富，2017；鄭雅婷，2018），將年齡區分為「40 歲以下」及「41 歲以上」兩類，並定義「40 歲以下者占比」為 40 歲以下人數除以全體人數。以各篇個別研究「40 歲以下者占比」與「教師正向心理資本與教師主觀幸福感的關聯性」分析（表 7-7 及圖 7-46）結果如下：

斜率（即迴歸係數）未達顯著水準，且其 95% 信賴區間〔−1.5444，0.2675〕包含 0，故年齡不是調節變數。

表 7-7　40 歲以下者占比 Meta 迴歸分析摘要表

40 歲以下者占比	點估計	標準誤	95%CI 下限	95%CI 上限
斜率	−0.6384	0.4622	−1.5444	0.2675
截距	0.8970***	0.2308	0.4446	1.3493
Tau-squared	0.0027			

*$p < .05$　，**$p < .01$　，***$p < 0.001$

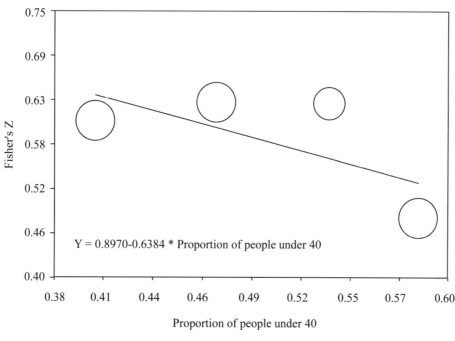

Regression of Fisher's Z on Proportion of people under 40

Y = 0.8970-0.6384 * Proportion of people under 40

▶ 圖 7-46　「40 歲以下」者占比 Meta 迴歸分析圖

參、教育程度

　　本例教育程度變數共納入 3 篇個別研究（林文正，2012；李桂仙，2017；蘇聖富，2017），將教育程度區分為「大學以下」及「研究所以上」兩類，並定義「研究所以上者占比」為研究所以上人數除以全體人數。以各篇個別研究「研究所以上者占比」與「教師正向心理資本與教師主觀幸福感的關聯性」分析（表 7-8 及圖 7-47）結果如下（調節 3 教育程度 _X-Y.cma）：

一、斜率（即迴歸係數）達 .05 顯著水準，且其 95% 信賴區間〔0.19434，0.80710〕未含 0，故教育程度可視為調節變數。

二、斜率（即迴歸係數）大於 0，故「研究所以上者占比」越高的個別研究，其教師正向心理資本與教師主觀幸福感的關聯性越高。

表 7-8　研究所以上者占比 Meta 迴歸分析摘要表

研究所以上者占比	點估計	標準誤	95%CI 下限	95%CI 上限
斜率	0.50072**	0.15632	0.19434	0.80710
截距	0.27160**	0.09509	0.08522	0.45797
Tau-squared	0.00045			

*$p < .05$，**$p < .01$，***$p < 0.001$

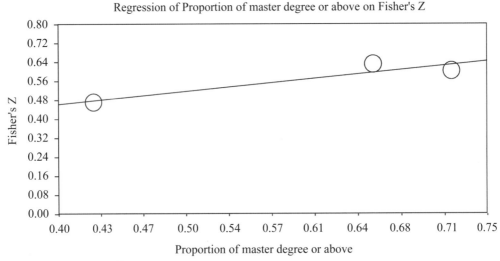

圖 7-47　研究所以上者占比 Meta 迴歸分析圖

肆、職務

　　本例職務變數共納入 3 篇個別研究（林文正，2012；蘇聖富，2017；許仁安，2018），將職務區分為「兼任行政職務（主任或組長等）」及「非兼任行政職務（導師、專任教師或科任教師）」兩類，並定義「兼任行政職務者占比」為兼任行政職務人數除以全體人數。以各篇個別研究「兼任行政職務者占比」與「教師正向心理資本與教師主觀幸福感的關聯性」分析（參見表 7-9 及圖 7-48）結果如下（調節 4 職務_X-Y.cma）：

一、斜率（即迴歸係數）達 0.001 非常顯著水準，且其 95% 信賴區間〔0.40066，0.76400〕未含 0，故職務可視為調節變數。

二、斜率（即迴歸係數）大於 0，故「兼任行政職務者占比」越高的個別研究，其教師正向心理資本與教師主觀幸福感的關聯性越高。

表 7-9　兼任行政職務者占比 Meta 迴歸分析摘要表

兼任行政職務者占比	點估計	標準誤	95%CI 下限	95%CI 上限
斜率	0.58233***	0.09269	0.40066	0.76400
截距	0.35187***	0.04699	0.25978	0.44397
Tau-squared	0.01237			

*$p < .05$，**$p < .01$，***$p < 0.001$

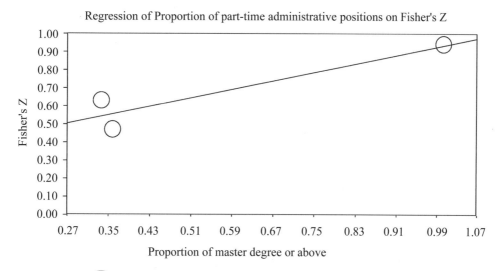

圖 7-48　「兼任行政職務者」占比 Meta 迴歸分析圖

伍、年資

本例年資變數共納入 5 篇個別研究（林文正，2012；李桂仙，2017；蘇聖富，2017；許仁安，2018；鄭雅婷，2018），將年資區分為「年資 10 年以下」及「年資 11 年以上」兩類。以「年資 10 年以下者占比」分析（參見表 7-10 及圖 7-49）結果如下（調節 5 年資 _X-Y.cma）：

斜率（即迴歸係數）未達顯著水準，且其 95% 信賴區間〔−0.5659，2.7362〕包含 0，故年資不是調節變數。

表 7-10　年資 10 年以下者占比 Meta 迴歸分析摘要表

年資 10 年以下者占比	點估計	標準誤	95%CI 下限	95%CI 上限
斜率	1.0851	0.8424	−0.5659	2.7362
截距	0.2870	0.2905	−0.2823	0.8564
Tau-squared	0.0186			

*$p < .05$，**$p < .01$，***$p < 0.001$

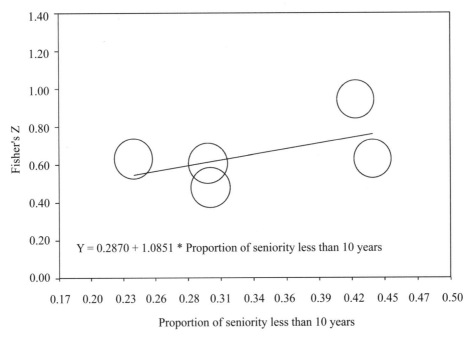

Regression of Fisher's Z on Proportion of seniority less than 10 years

Y = 0.2870 + 1.0851 * Proportion of seniority less than 10 years

圖 7-49　「年資 10 年以下者」占比 Meta 迴歸分析圖

陸、學校規模

本例學校規模變數共納入 3 篇個別研究（林文正，2012；蘇聖富，2017；許仁安，2018），將學校規模區分為「24 班以下」及「25 班以上」兩類。以「24 班以下者占比」分析（參見表 7-11）結果如下（調節 6 學校規模 _X-Y.cma）：

斜率（即迴歸係數）未達顯著水準，且其 95% 信賴區間〔−0.02854，1.69355〕包含 0，故學校規模並非調節變數。

表 7-11　24 班以下者占比 Meta 迴歸分析摘要表

24 班以下者占比	點估計	標準誤	95%CI 下限	95%CI 上限
斜率	0.83251	0.43932	−0.02854	1.69355
截距	0.29725	0.16795	−0.03192	0.62642
Tau-squared	0.10908			

*$p < .05$ ，**$p < .01$ ，***$p < 0.001$

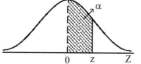

附表 1　Z 分配表

$P(0 < Z < z) = \alpha$

Z	0.00	0.01	0.02	0.03	0.04	0.05	0.06	0.07	0.08	0.09
0.0	0.0000	0.0040	0.0080	0.0120	0.0160	0.0199	0.0239	0.0279	0.0319	0.0359
0.1	0.0398	0.0438	0.0478	0.0517	0.0557	0.0596	0.0636	0.0675	0.0714	0.0753
0.2	0.0793	0.0832	0.0871	0.0910	0.0948	0.0987	0.1026	0.1064	0.1103	0.1141
0.3	0.1179	0.1217	0.1255	0.1293	0.1331	0.1368	0.1406	0.1443	0.1480	0.1517
0.4	0.1554	0.1591	0.1628	0.1664	0.1700	0.1736	0.1772	0.1808	0.1844	0.1879
0.5	0.1915	0.1950	0.1985	0.2019	0.2054	0.2088	0.2123	0.2157	0.2190	0.2224
0.6	0.2257	0.2291	0.2324	0.2357	0.2389	0.2422	0.2454	0.2486	0.2517	0.2549
0.7	0.2580	0.2611	0.2642	0.2673	0.2704	0.2734	0.2764	0.2794	0.2823	0.2852
0.8	0.2881	0.2910	0.2939	0.2967	0.2995	0.3023	0.3051	0.3078	0.3106	0.3133
0.9	0.3159	0.3186	0.3212	0.3238	0.3264	0.3289	0.3315	0.3340	0.3365	0.3389
1.0	0.3413	0.3438	0.3461	0.3485	0.3508	0.3531	0.3554	0.3577	0.3599	0.3621
1.1	0.3643	0.3665	0.3686	0.3708	0.3729	0.3749	0.3770	0.3790	0.3810	0.3830
1.2	0.3849	0.3869	0.3888	0.3907	0.3925	0.3944	0.3962	0.3980	0.3997	0.4015
1.3	0.4032	0.4049	0.4066	0.4082	0.4099	0.4115	0.4131	0.4147	0.4162	0.4177
1.4	0.4192	0.4207	0.4222	0.4236	0.4251	0.4265	0.4279	0.4292	0.4306	0.4319
1.5	0.4332	0.4345	0.4357	0.4370	0.4382	0.4394	0.4406	0.4418	0.4429	0.4441
1.6	0.4452	0.4463	0.4474	0.4484	0.4495	0.4505	0.4515	0.4525	0.4535	0.4545
1.7	0.4554	0.4564	0.4573	0.4582	0.4591	0.4599	0.4608	0.4616	0.4625	0.4633
1.8	0.4641	0.4649	0.4656	0.4664	0.4671	0.4678	0.4686	0.4693	0.4699	0.4706
1.9	0.4713	0.4719	0.4726	0.4732	0.4738	0.4744	0.4750	0.4756	0.4761	0.4767
2.0	0.4772	0.4778	0.4783	0.4788	0.4793	0.4798	0.4803	0.4808	0.4812	0.4817
2.1	0.4821	0.4826	0.4830	0.4834	0.4838	0.4842	0.4846	0.4850	0.4854	0.4857
2.2	0.4861	0.4864	0.4868	0.4871	0.4875	0.4878	0.4881	0.4884	0.4887	0.4890
2.3	0.4893	0.4896	0.4898	0.4901	0.4904	0.4906	0.4909	0.4911	0.4913	0.4916
2.4	0.4918	0.4920	0.4922	0.4925	0.4927	0.4929	0.4931	0.4932	0.4934	0.4936
2.5	0.4938	0.4940	0.4941	0.4943	0.4945	0.4946	0.4948	0.4949	0.4951	0.4952
2.6	0.4953	0.4955	0.4956	0.4957	0.4959	0.4960	0.4961	0.4962	0.4963	0.4964
2.7	0.4965	0.4966	0.4967	0.4968	0.4969	0.4970	0.4971	0.4972	0.4973	0.4974
2.8	0.4974	0.4975	0.4976	0.4977	0.4977	0.4978	0.4979	0.4979	0.4980	0.4981
2.9	0.4981	0.4982	0.4982	0.4983	0.4984	0.4984	0.4985	0.4985	0.4986	0.4986
3.0	0.4987	0.4987	0.4987	0.4988	0.4988	0.4989	0.4989	0.4989	0.4990	0.4990
3.1	0.4990	0.4991	0.4991	0.4991	0.4992	0.4992	0.4992	0.4992	0.4993	0.4993
3.2	0.4993	0.4993	0.4994	0.4994	0.4994	0.4994	0.4994	0.4995	0.4995	0.4995
3.3	0.4995	0.4995	0.4995	0.4996	0.4996	0.4996	0.4996	0.4996	0.4996	0.4997
3.4	0.4997	0.4997	0.4997	0.4997	0.4997	0.4997	0.4997	0.4997	0.4997	0.4998
3.5	0.4998	0.4998	0.4998	0.4998	0.4998	0.4998	0.4998	0.4998	0.4998	0.4998

參考文獻

一、英文文獻

Aydin, A., Uysal, S., Sarier, Y. (2012). The effect of gender on job satisfaction of teachers, a meta-analysis study. *Social and Behavioral Sciences*, 46,356-362.

Barrick, M. R., &; Mount M. K. (1991). The big five personality dimensions and job performance, A meta-analysis. *Personnel Psychology*, 44, 1-26.

Beck, C. T. (1995). The effects of postpartum depression on maternal-infant interaction, A meta-analysis. *Nursing Research*, 44(5), 298-404.

Beck, C. T. (1996). A meta-analysis of predictors of postpartum depression. Nursing.

Beck, C. T. (1999). Facilitating the work of a meta-analyst. *Research in Nursing & Health*, 22(6), 523-530.

Begg, C. B., & Mazumdar, M. (1994). Operating characteristics of a rank correlation test for publication bias. *Biometrics*, 50, 1088-1101.

Begg, C. B., and J. A. Berlin. (1988). Publication bias, A problem in interpreting medical data. *Journal of the Royal Statistical Society*, Series A 151, 419-463.

Berkey, C. S., D. C. Hoaglin, F. Mosteller, and G. A. Colditz. (1995). A random-effectsregression model for meta-analysis. *Statistics in Medicine* 14, 395-411.

Borenstein M, Hedges L.V., Higgins JPT, Rothstein HR. (2010). A basic introduction to fixed-effect and random-effects models for meta-analysis. *Res Syn Meth*. 1; 97-111.

Borenstein, M., Hedges, L. V., Higgins, J. P., & Rothstein, H. R. (2011). *Introduction to meta-analysis*. John Wiley & Sons.

Borenstein, M., Hedges, L., Higgins, J., & Rothstein, H. (2005). *Comprehensive meta-analysis version* 2. Englewood NJ, Biostat.

Borenstein, M., L. V. Hedges, J. P. T. Higgins, and H. R. Rothstein. (2009). *Introduction to Meta-Analysis*. Chichester, UK, Wiley.

Bradburn, M. J., J. J. Deeks, and D. G. Altman. (1998). sbe24, metan-an alternative meta-analysis command. *Stata Technical Bulletin* 44, 4-15. *Reprinted in Stata Technical Bulletin Reprints*, vol. 8, pp. 86-100. College Station, TX, Stata Press. (Updated article is reprinted in this collection on pp. 3-28.)

Brown, S. (1991). Measurement of quality of primary studies for meta-analysis. *Nursing research*, 40(6), 352-357.

Brown, S. A. (1988). Effects of educational interventions in diabetes care, A meta-analysis of findings. *Nursing Research*, 37(4), 223-230.

Bucher H. C.; Guyatt G. H.; Griffith L. E.; Walter S. D. (1997). The results of direct and indirect treatment comparisons in meta-analysis of randomized controlled trials. *J Clin Epidemiol.* 50 (6): 683-691.

Card, N. A. (2011). *Applied meta-analysis for social science research: Methodology in the social sciences.* New York: Guilford.

Chiaburu, D. S. , Tomas Thundiyil, Jiexin Wang. (2013). Alienation and its correlates, A meta-analysis. *European Management Journal*,www.elsevier.com/locate/emj.

Cohen, J. (1960). A coefficient of agreement for nominal scales. *Educational and Psychological Measurement*, 20(1), pp. 37-46.

Cohen, J. (1977). *Statistical Power Analysis for the Behavioral Science*. New York, Academic Press.

Colditz, G. A., T. F. Brewer, C. S. Berkey, M. E. Wilson, E. Burdick, H. V. Fineberg, and F. Mosteller. (1994). Efficacy of BCG vaccine in the prevention of tuberculosis, Meta-analysis of the published literature. *Journal of the American Medical Association* 271, 698-702.

Collaborative Group(1995). ISIS-4. A randomized trial assessing early oral captopril, oral mononitrate, and intravenous magnesium sulphate in 58,050 patients with suspected acute myocardial infarction. *Lancet*, 345,669-687. *controlled trials*. Br Med J , 323,773-776.

Conn, V. S., & Armer, J. M. (1994). A public health nurse's guide to reading meta-analysis research reports. *Public Health Nursing*, 11(3), 163-167.

Conn, V. S., & Armer, J. M. (1996). Meta-analysis and public policy, Opportunity for nursing impact. *Nursing Outlook*, 44(3), 267-271.

Cooper, H. & Hedges, L. V. (1994). *The handbook of research synthesis*. New York, Russell Sage Foundation.

Cooper, H. M. (1982). Scientific guidelines for conducting integrative research reviews. *Review of Educational Research*, 52, 291-302.

Cooper, H. M. (1989). *Integrating research, A guide for literature review* (2nd ed.). CA, Sage.

Cosper, S., Lee, G., Peters, S., & Bishop, E. (2009). InteractiveMetronome training in children with attention deficit and developmental coordination disorders. *International Journal of Rehabilitation Research*, 32(4), 331.

Cozzi F, Morini F, Tozzi C, Bonci E, Cozzi DA. (2002). Effect of pacifier use on oral breathing in healthy newborn infants. *Pediatr Pulmonol*; 33, 368-373.

Daniel, W.W. (1990). *Applied nonparametric statistics* (2nd ed.). Massachusetts, PWS-KENT.

Deeks, J. J., D. G. Altman, and M. J. Bradburn. (2001). *Statistical methods for examining heterogeneity and combining results from several studies in meta-analysis.* In Systematic Reviews in Health Care, Meta-Analysis in Context, 2nd Edition, ed. M. Egger, G. Davey Smith, and D. G. Altman. London, BMJ.

DerSimonian R, Laird N. (1986). Meta-analysis in clinical trials. *Control Clin Trials*, 7, 177-188.

Dickersin, K., Y. I. Min, and C. L. Meinert. (1992). Factors influencing publication of research results, Follow-up of applications submitted to two institutional review boards. *Journal of the American Medical Association* 267, 374-378.

Doi, S.A., Thalib, L.(2008). A quality-effects model for meta-analysis. Epidemiology. 19 (1): 94-100. doi:10.1097/EDE.0b013e31815c24e7

Duval, S. J., & Tweedie, R. L. (2000a). A nonparametric trim and fill method of accounting for publication bias in meta-analysis. *Journal of the American Statistical Association*,95, 89-98.

Duval, S. J., & Tweedie, R. L. (2000b). Trim and fill: A simple funnel-plot-based method of testing and adjusting for publication bias in meta-analysis. Biometrics, 56, 455-463.

Early Breast Cancer Trialists' Collaboration Group, (1991).Tamoxifen for early breast cancer, an overview of the randomized trials. *Lancet*, 338,1127-1130.

Early Breast Cancer Trialists' Collaborative Group. (1988). Effects of adjuvant tamoxifen and of cytotoxic therapy on mortality in early breast cancer. An overview of 61 randomized trials among 28,896 women. *The New England Journal of Medicine*, 319(26), 1681-1692.

EBM (2020).http://jerryljw.blogspot.com/2012/12/ebm-how-to-read-forest-plot_9.html

Egger M, Smith G, Altman D. (2003). *Systemtic Reviews In Health Care,Meta-analysis In Context.* London, UK, BMJ.

Egger, M., Davey, S. G., Schneider, M., & Minder, C. (1997). Bias in meta-analysis detected by a simple, graphical test. *British Medical Journal*, 315, 629-634.

Egger, M., Smith, G. D., Schneider, M., & Minder, C. (1997). Bias in metaanalysis detected by a simple, graphical test. *British Medical Journal*, 315 (7109), 629-634.

Fetzer, S. J. (2002). Reducing venipuncture and intravenous insertion pain with eutectic mixture of local anesthetic, A meta-analysis. *Nursing Research*, 51(2), 119-124.

Fisher, R. A. (1932). *Statistical Methods for Research Workers*. 4th ed. London, Oliver & Boyd.

Friedman, L. (1989). Mathematics and the gender gap, a meta-analysis of recent studies on sex differences in mathematical tasks. *Review of Education Research*, 59(2), 185-213.

GeipelJ, Koenig, J., Hilleckea, T. K., Reschc, F. Kaessb, M.(2018). Music-based interventions to reduce internalizing symptoms in children and adolescents: A meta-analysis. *Journal of Affective Disorders* 225, 647-656.

Glass, G. V. (1976). Primary, secondary, and Meta-analysis of research. *Educational researcher, 5*(10), 3-8.

Glass, G. V., McGaw, B., & Smith, M. L. (1976). Primary, secondary, and meta-analysis of research. *Educational Researcher*, 5, 3-8.

Greenhalgh T. (1997). Papers that summarise other papers. *Br Med J*, 315, 672-5.

Greenland, S., and M. P. Longnecker. (1992). Methods for trend estimation from summarized dose-reponse data, with applications to meta-analysis. *American Journal of Epidemiology* 135, 1301-1309.

Harbord, R. M., and J. P. T. Higgins. (2008). *Meta-regression in Stata*. Stata Journal 8,493-519. (Reprinted in this collection on pp. 70-96.)

Harbord, R. M., M. Egger, and J. A. C. Sterne. (2006). A modified test for small-study effects in meta-analyses of controlled trials with binary endpoints. *Statistics in Medicine*, 25, 3443-3457.

Harrison, L. L.,&; P. McWilliams (1996). Pulling It all Together, The Importance of Integrative Research Reviews and Meta-analyses in Nursing. *Journal of Advanced Nursing*, 24(2), 224-225.

Hartung, J., and G. Knapp. (2001a). On tests of the overall treatment effect in meta-analysis with normally distributed responses. *Statistics in Medicine* 20,1771-1782.

Hartung, J., and G. Knapp. (2001b). A refined method for the meta-analysis of controlled clinical trials with binary outcome. *Statistics in Medicine* 20, 3875-3889.

Hedges, L. V., & Olkin, I. (1983). Regression models in research synthesis. *The American Statistician, 37*(2), 137-140.

Hedges, L.V. & Olkin, I. O.(1985). *Statistical Methods for Meta-analysis*. New York, Academic Press.

Henderson, V. (1996). *The nature of nursing, A definition and its implications, practice, research and education*. New York, Macmillan.

Herman J. Ader, et al.,(2008). *Methodological quality (chapter 3) in Advising on Research Methods, A consultant's companion*. Johannes van Kessel Publishing. ISBN 978-90-79418-02-2.

Hess LM, Benham-Hutchins M, Herzog TJ, et al.(2007). Int J. Gynecol Cancer,17, 561-570.

Higgins, J. P. T., and S. G. Thompson. (2001). *Presenting random effects meta-analyses, Where we are going wrong?* 9th International Cochrane Colloquium, Lyon, France.

Higgins, J. P., Thompson, S. G., Deeks, J. J., & Altman, D. G. (2003). Measuring inconsistency in meta-analyses. *British Medical Journal*, 327(6), 557-560.

Higgins, JPT., Green, S. (editors) (2011). *Cochrane Handbook for Systematic Reviews of Interventions Version 5.1.0* [updated March 2011]. The Cochrane Collaboration, Available from www.cochrane-handbook.org.

Holbert, D., & Daniel, H. J. (1993). Meta-Analysis, Some points to consider. *Health Values*, 17(3), 57-59.

Hunter, J. E., & Schmidt, F. L. (1990). *Methods of Meta-analysis, Correcting Error and Bias in Research Findings*. Newbury Park, CA, Sage.

Hyde, J. S., & Linn, M. C. (1986). *The Psychology of Gender, Advances through Meta-analysis*. Johns Hopkins.

Knapp, G., and J. Hartung. (2003). Improved tests for a random effects meta-regression with a single covariate. *Statistics in Medicine* 22, 2693-2710.

Kraemer, H. C., & Andrews, G. (1982). A nonparametric technique for meta-analysis effect size calculation. *Psychological Bulletin*, 91, 404-412.

Kulik, J. A. (1984). The uses and misuses of meta-analysis. Paper presented at the meeting of the American Educational Research Association, New Orleans. Cited in Bangert-Drowns, R. L. (1986). Review of development in meta-analytic method. *Psychological Bulletin*, 99, 388-399.

Lau, J., E. M. Antman, J. Jimenez-Silva, B. Kupelnick, F. Mosteller, and T. C. Chalmers. (1992). Cumulative meta-analysis of therapeutic trials for myocardial infarction. *New England Journal of Medicine* 327, 248-254.

Lewis, S. J., Egger, M., Sylvester, P. A., & Thomas, S. (2001). Early enteral feeding versus "nil by mouth" after gastrointestinal surgery: systematic review and meta-analysis of controlled trials. *Bmj*, 323(7316), 773.

Light, R. J., and D. B. Pillemer. (1984). *Summing Up, The Science of Reviewing Research*. Cambridge, MA, Harvard University Press.

Light, R. J., & Pillemer, D. B. (1984). *The Science of Reviewing Research*. Mass, Harvard University Press.

Light, R. J., & Smith, P. V. (1971). Accumulating evidence, Procedures for resolving contradictions among different research studies. *Harvard Educational Review*, 41, 429-471.

Light, R.J. & Pillemer, D.B. (1984). *Summing up, The Science of Reviewing Research*. Cambridge, Massachusetts. Harvard University Press. ISBN 0-674-85431-4.

Lipsey, M. W., & Wilson, D. B. (2000). *Practical Meta-analysis*. Thousand Oaks、CA, Sage Publications.

Lipsey, M. W., & Wilson, D. B. (2001). *Introduction, Practical Meta-analysis*. Thousand Oaks, CA, Sage.

Lopopolo, R., Greco, M., Sullivan, D., Craik, R., & Mangione, K.(2006). Effect of therapeutic exercise on gait speed in community-dwelling elderly people, a meta-analysis. *Physical Therapy*, 86(4), 520.

Moher, D., Liberati, A., Tetzlaff, J., & Altman, D. G. (2010). Preferred Reporting Items for Systematic and Meta-Analysis (PRISMA) Group. Preferred reporting items for systematic reviews and meta-analyses: the PRISMA statement. *Int J Surg*, 8, 336-41.

Moore, R. A., M. R. Tram`er, D. Carroll, P. J. Wiffen, and H. J. McQuay. (1998). Quantitative systematic review of topically applied non-steroidal anti-inflammatory drugs. *British Medical Journal* 316, 333-338.

Murdock, George(1949). *Social Structure*. New York, Macmillan.

Murdock, George(1967). *Ethnographic Atlas*, A Summary. Pittsburgh, The University of Pittsburgh Prsrtjh sdxthgn fdty a45tesjtukcn bess.

Murdock, George(1969). and Douglas R. White. Standard Cross-Cultural Sample. *Ethnology* 8,329-369.

Murdock, George(1970). Kin Term Patterns and their Distribution. *Ethnology* 9, 165-207.

Murdock, George(1981). *Atlas of World Cultures*. Pittsburgh, The University of Pittsburgh Press.

Newman, M.G., Caton, J. and Gunsolley, J. C. (2003). The Use of the Evidence-Based Approach in a Periodontal Therapy Contemporary Science Workshop. Ann. *Periodontol*, 8, 1-11.

Normand S. L. (1999). Meta-analysis, formulating, evaluating, combining, and reporting. *Stat Med*,

18,321-359.

Onyskiw, J. E. (1996). The meta-analytic approach to research integration. *Canadian Journal of Nursing Research*, 28(3), 69-85.

Pearson, K. (1904). Report on certain enteric fever inoculation statistics. *British Medical Journal* 2, 1243-1246.

Petitti, D. B. (2000). *Meta-Analysis Decision Analysis and Cost Effectivness Analysis* (2th ed). New York, Oxford.

Petticrew M, Roberts H. (2006). *Systematic reviews in the social sciences*. Wiley Blackwell,

Petticrew, M., Gilbody, S. M., Sheldon, T. A. (1999). Relate between hostility and coronary heart disease. *British Medical Journal*, 319, 917-918.

Pigott, T. (2012). *Advances in meta-analysis*. Springer Science & Business Media.

Raudenbush , S. W., Bccker, B. J., & Kalaian, H. (1988). Modeling multivariate effect sizes. *Psychological Bulletin*, 103, 111-120.

Raudenbush, S. W. (1984). Magnitude of teacher expectancy effects on pupil IQ as a function of the credibility of expectancy induction, A synthesis of findings from 18 experiments. *Journal of Educational Psychology* 76, 85-97.

Reform and research, *Educational Research Review*, 4,177-195.

Reitsma, J. B., A. S. Glas, A. W. S. Rutjes, R. J. P. M. Scholten, P. M. Bossuyt, and A. H. Zwinderman. (2005). Bivariate analysis of sensitivity and specificity produces informative summary measures in diagnostic reviews. *Journal of Clinical Epidemiology* 58, 982-990.

Ressing M, Blettner M, Klug S.J.(2009). Systemic literature reviews and meta-analysis. *Dtsch Arztebl Int*,106, 456-463.

Reynolds, N. R., Timmerman, G., Anderson, J., & Stevenson, J. S. (1992). Meta-analysis for descriptive research. *Research in Nursing & Health*, 15(6), 467-475.

Rice, K., J. P. T. Higgins, and T. Lumley. (2018). A re-evaluation of fixed effect(s) meta-analysis. *Journal of the Royal Statistical Society*, Series A 181, 205-227.

Rosenstock, I. M. (1974). Historical origins of the health belief model. *Health Education Monographs*, 2(4), 328-335.

Rosenstock, I. M. Strecher, V. J., & Becker, M. H. (1988). Social learning theory and the health belief model, *Health Education Quarterly*, 15(2), 175-183.

Rosenthal, R. (1963). *Meta-analytic Procedures for Social Research*. CA, Sage Publications, Inc.

Rosenthal, R. (1963). On the social psychology of the psychological experiment, The experimenter's hypothesis as unintended determinant of experimental results. *American Scientist*, 51, 268-283.

Rosenthal, R. (1979). The file drawer problem tolerance for null results. *Psychological Bulletin*, 86, 638-641.

Rosenthal, R. (1991). Meta-analysis, a review. *Psychosomatic Medicine*, 53, 247-271

Rosenthal, R. (1991). *Meta-analytic procedures for social research (Rev. ed.)*. Beverly Hills, CA , Sage.

Rosenthal, R., and L. Jacobson. (1968). Pygmalion in the classroom. *Urban Review* 3, 16-20.

Rothstein, H., Sutton, A. J. & M. Borenstein.(2005). *Publication bias in meta-analysis: prevention, assessment and adjustments*. Wiley. Chichester, England ; Hoboken, NJ.

Rutter, C. M., and C. A. Gatsonis. (2001). A hierarchical regression approach to metaanalysis of diagnostic test accuracy evaluations. *Statistics in Medicine* 20, 2865-2884.

Sidik, K., and J. N. Jonkman.(2002). A simple confidence interval for meta-analysis. *Statistics in Medicine* 21: 3153-3159.

Silver, N. C., & Dunlap, W. P. (1987). Averaging correlation coefficients: Should Fisher's z transformation be used?. *Journal of Applied Psychology,* 72(1), 146-148.

Sirmon, D. G., & Hitt, M. A. (2003). Managing resources, Linking unique resources, management, and wealth creation in family firms. *Entrepreneurship Theory and Practice, 27*(4), 339-358.

Song, F., Eastwood, A. J., Gilbody, S., Duley, L., & Sutton, A. J. (2000). Publication and related biases. *Health Technology Assessment*, 4(10), 1-115.

Song, F., Khan, K. S., Dinnes, J., & Sutton, A. J. (2002). Asymmetric funnel plots and publication bias in meta-analyses of diagnostic accuracy. *International Journal of Epidemiology*, 31, 88-95.

Sterne, J. A. C., Gavaghan, D., & Egger, M. (2000). Publication and related bias in metaanalysis: Power of statistical tests and prevalence in the literature. *Journal of Clinical Epidemiology*, 53, 1119-1129.

Stouffer, S. A. et al. (1949). *The American Soldier, Adjustment during Army Life*, 1, NJ, Princeton University Press.

Strube, M. J. (1988). Averaging correlation coefficients: Influence of heterogeneity and set size. *Journal of Applied Psychology, 73*(3), 559-568.

Strube, M. J., & Miller, R. H. (1986). Comparison of power rates for combined procedures, A simulation study. *Psychological Bulletin*, 99, 407-415.

Teo, K. K., Yusuf, S., Collins, R, et al.(1991). Effects of intravenous magnesium in suspected acute myocardial infarction, overview of randomized trials. *Br Med J*, 303, 101-105.

Theis, S. L., & Johnson, J. H. (1995). Strategies for teaching patients, A meta-analysis. *Clinical Nurse Specialist*, 9(2),100-105.

Thompson, S.G. (1999). Sharp SJ, Explaining heterogeneity in meta-analysis. A comparison of methods. *Stat Med*, 18, 2693-2708.

Wang, J. & Lin, E. (2009). *A meta-analysis of comparative studies on Chinese and US students' mathematics performance, Implications for mathematics education.*

Wang, M. C., & Bushman, B. J. (1998). Using normal quantile plots to explore meta-analytic data sets. *Psychological Methods*, 3, 46-54.

White, I. R. (2011). Multivariate random-effects meta-regression, Updates to mvmeta. *Stata Journal*, 11, 255-270.

White, I. R., Barrett, J. K., Jackson, D., & Higgins, J. P. T. (2012). Consistency and inconsistency in network meta-analysis, model estimation using multivariate meta-regression. *Research Synthesis Methods*, 3, 111-125.

Whitehead A. (2002). *Meta-Analysis of Controlled Clinical Trials*. Chichester, UK, John Wiley & Sons Ltd..

Whiting, John W.M. (1986). George Peter Murdock, (1897-1985). *American Anthropologist*. 88(3), 682-686.

Wilson, D. B., & Lipsey, M. W. (2001). *Practical meta-analysis.* Thousand Oaks CA, US: Sage.

Yusuf, S, Peto, R., Lewis J, et al.(1985). Beta blockade duringand after myocardial infarction, an over view of the randomized trials. *Prog Cardiovasc Dis*, 17, 335-371.

二、中文文獻

王姵方（2020）。〈臺灣中小學教師正向心理資本與主觀幸福感關係之後設分析〉，政治大學教育學院學校行政碩士在職專班。

王玳雅（2013）。〈故事結構教學對國小學童閱讀理解能力影響之後設分析〉，國立臺北教育大學教育學院課程與教學傳播科技研究所教學碩士班碩士論文。

臺北榮民總醫院婦產部（2013），http//www.tma.tw/ltk/100540204.pdf，擷取日 2013/12/3。

李茂能（2015）。《傳統統合分析理論與實務：ESS & EXCEL》。臺北：五南圖書。

李素珍、蘇意雯（2015）。〈新北市國小教師數學教學幸福感之研究〉，《國教新知》，62(3)，69-78。

官蔚菁（2004）。〈臺灣健康信念模式研究之統合分析〉，國立成功大學護理學系碩士班碩士論文。

林資荃（2014）。〈統合分析簡介〉，《Reg Med News（當代醫藥法規）》，vol.48. 1-17。

洪宜芬（2007）。〈網路銀行經營之關鍵成功因素分析〉，國立彰化師範大學工業教育與技術學系碩士論文。

洪肇基（2009）。〈運動治療對注意力不全過動孩童的影響：統合分析〉，長庚大學物理治療學系碩士論文。

徐碧璣、趙家民、林香蘭（2017）。〈彰化市國小教師休閒活動選擇、休閒滿意度及幸福感之研究〉，《文化事業與管理研究》，17(1)，24-43。

馬信行（2007）。〈後設分析之方法論問題之探討〉，《$\alpha\beta\gamma$ 量化研究學刊》，1，170-183。

張火燦、謝廷豪、劉嘉雯（2007）。〈員工工作滿意、組織承諾與離職意圖關係的統合分析修正模式〉，《臺灣管理學刊》，第 7 卷第 1 期，25-42。

張正平、邱齡瑩、陳羿君（2017）。〈臺灣偏遠地區教師出走現況：幸福感、學校組織氣氛與離職傾向的關係〉，《蘇州大學學報教育科學版》，(2)，94-104。

張家銘、孫美蓮、林素婷、邱瀞瑩（2018）。〈國高中體育教師之教師專業能力、自我效能感對幸福感之影響〉，《運動休閒管理學報》，15(4)，36-53。

張紹勳（2020）。《研究方法》。五南書局。

莊其穆（2011）。〈臨床醫師如何閱讀統合分析（Meta-analysis）的論文〉，《臺灣醫界》，54(2)，74-82。

陳安妮（2010）。〈高中教師休閒利益感受與幸福感之研究 — 以臺南地區高中教師爲例〉，《屏東教大運動科學學刊》，(6)，179-195。

陳政翊、王世璋、秦夢群（2013）。〈國中校長轉型領導、教師幸福感與學校創新經營關係之研究〉，國立政治大學，《教育與心理研究》，36(3)，1-27。

陳雅倩、游正忠（2016）。〈高雄市國中教師休閒涉入、休閒效益及幸福感之研究〉，《高苑學報》，(21)，113-120。

陳瑋婷＆蕭金土（2012）。〈學生性別與網路成癮關聯性之後設分析：多向度觀點〉，《南臺學報》，第 37 卷第 2 期，103-114。

游嘉惠（2007）。〈網路商店經營關鍵成功因素之彙總研究〉，國立彰化師範大學工業教育與技術學系碩士論文。

楊雅鈞、董旭英、黃毅志（2016）。〈社會網絡、組織公民行爲對教師心理幸福之影響—助人爲快樂之本？！〉，《新竹教育大學教育學報》，33(2)，145-182。

趙上瑩（2013）。〈繪本教學對學前與國小學生學習成效影響之後設分析〉，國立臺灣師範大學

課程與教學研究所碩士論文。

劉秀枝（2011）。〈私立幼兒園教師職場幸福感與工作滿意度之關係研究〉，《幼兒教保研究》，(6)，87-115。

蔡佩樺（2020）。〈臺灣學生英語焦慮、英語學習動機與英語學習策略相關之統合分析〉，國立彰化師範大學工業教育與技術學系博士。

蘇意婷、張紹勳（2008）。〈高科技產品行銷績效關鍵成功因素之彙總研究〉，國立彰化師範大學工業教育與技術學系碩士論文。

國家圖書館出版品預行編目資料

Meta分析實作：使用Excel與CMA程式／張紹勳
　著.－－二版.－－臺北市：五南圖書出版股
　份有限公司, 2021.06
　面；　公分
　ISBN 978-986-522-683-1（平裝）

1.社會科學　2.研究方法　3.後設分析

501.2　　　　　　　　　　110005502

1H89

Meta分析實作：
使用Excel與CMA程式

作　　者 — 張紹勳

發 行 人 — 楊榮川

總 經 理 — 楊士清

總 編 輯 — 楊秀麗

主　　編 — 侯家嵐

責任編輯 — 鄭乃甄

文字校對 — 黃志誠、許宸瑞

封面設計 — 王麗娟

出 版 者 — 五南圖書出版股份有限公司

地　　址：106台北市大安區和平東路二段339號4樓

電　　話：(02)2705-5066　　傳　　真：(02)2706-6100

網　　址：https://www.wunan.com.tw

電子郵件：wunan@wunan.com.tw

劃撥帳號：01068953

戶　　名：五南圖書出版股份有限公司

法律顧問　林勝安律師事務所　林勝安律師

出版日期　2014年11月初版一刷
　　　　　2019年 6 月初版三刷
　　　　　2021年 6 月二版一刷

定　　價　新臺幣650元